In der Zeichenwelt. Zu Baudelaires Poetik der *imaginatio*

12. 8. 10

Für Inga, mit herzlichem Gruß

Christina

IMAGINATIO BOREALIS

Bilder des Nordens

In Verbindung mit Heinrich Detering, Annelore Engel-Braunschmidt, Gerhard Fouquet, Silke Göttsch-Elten, Javier Gómez-Montero, Volker Kapp, Lutz Käppel, Ulrich Kuder, Lars Olof Larsson, Albert Meier, Siegfried Oechsle, Lutz Rühling, Bernd Sponheuer und Ludwig Steindorff

herausgegeben von Olaf Mörke

Bd. 18

PETER LANG
Frankfurt am Main · Berlin · Bern · Bruxelles · New York · Oxford · Wien

Christina Johanna Bischoff

In der Zeichenwelt. Zu Baudelaires Poetik der *imaginatio*

Mit der Skizze einer Diskursgeschichte der *imaginatio*

PETER LANG
Internationaler Verlag der Wissenschaften

Bibliografische Information der Deutschen Nationalbibliothek
Die Deutsche Nationalbibliothek verzeichnet diese Publikation in der Deutschen Nationalbibliografie; detaillierte bibliografische Daten sind im Internet über <http://www.d-nb.de> abrufbar.

Zugl.: Kiel, Univ., Diss., 2006

Umschlagabbildung:

Abdruck mit freundlicher Genehmigung des
Graduiertenkollegs „Imaginatio borealis"
der Christian-Albrechts-Universität zu Kiel.

Gedruckt auf alterungsbeständigem,
säurefreiem Papier.

D 8
ISSN 1615-908X
ISBN 978-3-631-58583-2

Printed in Germany 1 2 3 4 5 7

www.peterlang.de

Die vorliegende Arbeit entstand im Rahmen des Graduiertenkollegs *Imaginatio borealis* an der Christian-Albrechts-Universität zu Kiel. Sie wurde durch Stipendien der DFG und des DAAD gefördert.

Ich danke Herrn Professor Javier Gómez-Montero, der mich zur Promotion ermutigte und das Projekt engagiert und geduldig betreute. Seiner vorbehaltlosen Unterstützung verdankt das Buch seine Entstehung. Danken möchte ich auch Herrn Dr. Reinhard Meisterfeld, der mir bei der Abfassung mit freundschaftlichem Rat zur Seite stand und aus seinem unerschöpflichen Wissensfundus viele wichtige Hinweise gab. Mehr, als im Einzelnen nachweisbar ist, verdankt die Arbeit – insbesondere hinsichtlich der Deutung und Bewertung Baudelaires – meiner Lehrerin, Frau Professor Maria Moog-Grünewald. Auch ihr gilt mein aufrichtiger Dank. Danken möchte ich schließlich Herrn Professor Rainer Zaiser und Herrn Professor Harald Thun für die freundliche Bereitschaft zur Mitberichterstattung.

Regine Zöller, Eberhard Matt, Nur Güneli, Oliver Kopf, Loredana Russo und meine Geschwister Heike, Inge, Stephan und Florian hatten für imaginativ-imaginäre Themen immer ein offenes Ohr und für fertige Textpassagen einen kritischen Blick. Ihnen allen sei herzlich gedankt. Ganz besonders danke ich meinen Eltern, die mich in meinen Vorhaben immer unterstützten.

Paderborn, im Oktober 2008 Christina Bischoff

INHALT

EINLEITUNG

„[L'imagination] décompose toute la création, et, avec les matériaux amassés et disposés suivant des règles dont on ne peut trouver l'origine que dans le plus profond de l'âme, elle crée un monde nouveau, elle produit la sensation du neuf"[1]. Es ist H. Friedrichs Verdienst, auf die Bedeutung dieser von ihm als „Fundamentalsatz der modernen Ästhetik"[2] bezeichneten Passage aus Baudelaires *Salon de 1859* aufmerksam gemacht zu haben. Ihre Modernität, so führt er aus, bestehe darin, dass sie einen „zerstörenden Vorgang" an den Anfang künstlerischer Schöpfung stelle, um kraft des Geistes ein „Erzeugnis höheren Ranges", eine „neue Welt"[3] hervorzubringen. Diese erste, grundlegende Bestimmung hat R. Warning ergänzt: Als „seinsoriginäre Potenz"[4] rücke die Imagination in Baudelaires *Salon de 1859* in den Blick. Schöpferisch, nicht lediglich kombinatorisch soll das Vermögen wirken, und dies meint im Kontext der Moderne, dass es das Neue hervorzubringen hat – eine nicht geringe Aufgabe innerhalb einer historischen Konstellation, die, will man Walter Benjamin folgen, in einem ‚Albtraum' universeller Entwertung das je Besondere der Erscheinungswelt auf seinen Typus zurückführt, das Neue demgegenüber als ein der Typisierung sich entziehendes Individuelles, und das heißt: als ein nicht einzuholendes Absolutes, konzipiert[5]. Wie ist auf diesem Horizont ein solches Vermögen zu denken, wenn nicht als ein Undenkbares?

[1] *Salon de 1859*, CE 321. – Baudelaires Werke werden im Folgenden unter den Siglen CE [= Baudelaire 1962], OC [= Baudelaire 1975/76] und Corr. [= Baudelaire 1973] zitiert.

[2] Friedrich 1992 [1956], 56.

[3] Friedrich 1992 [1956], 56.

[4] Mainusch/Warning 1976, 220.

[5] Dass das 19. Jahrhundert als eine solche Konstellation zu bestimmen ist, hätte Benjamins unvollendet gebliebenes *Passagenwerk* zeigen sollen. Die Exposés von 1935 und 1939 reißen diesen Zusammenhang lediglich an: „Mais le cauchemar [...], c'est de voir ces traits distinctifs, particuliers au sujet, se révéler à leur tour n'être autre chose que les éléments d'un type nouveau ; de sorte qu'en fin de compte l'individualité la mieux définie se trouverait être tel exemplaire d'un type" (Benjamin 1991g, 70–71); „La nouveauté représente cet absolu qui n'est plus accessible à aucune interprétation ni à aucune comparaison" (ibd., 71). Vgl. auch Th. W. Adornos *Ästhetische Theorie*, die in direktem Bezug auf Benjamin dessen Geschichtsphilosophie des ‚Neuen' als ein (dem Immergleichen) Inkommensurables im Kontext moder-

Betrachtet man die kunstkritischen Schriften Baudelaires, so scheint in *imaginatio*[6] in der Tat ein Undenkbares fixiert. *Imaginatio* meint bei Baudelaire eine Bewegung der Semiose, aus der in einer reflexiv nicht verfügbaren Weise Sinn hervorgeht. Sie schreibt im Ursprung künstlerischer Schöpfung eine Trennung ein – die von Friedrich konstatierte Zerstörung meint die Setzung einer Differenz, die das Kunstwerk aus außerästhetischen Zusammenhängen entbindet und damit die Voraussetzung für die künstlerische Gestaltung eines „monde nouveau"[7] schafft. Zugleich ruft sie indes die Welt im Kunstwerk auf, mehr noch: Sie verleiht ihr die gesteigerte Präsenz des Neuen, Singulären – des nie Dagewesenen. „Et les choses renaissent sur le papier, naturelles et plus que naturelles, belles et plus que belles, singulières et douées d'une vie enthousiaste comme l'âme de l'auteur"[8], so beschreibt Baudelaire diesen künstlerischen Prozess in einer berühmten Passage aus seinem Aufsatz *Le peintre de la vie moderne*. Am Schnittpunkt von Nachahmung und Schöpfung situiert, rückt *imaginatio* das intrikate Problem ästhetischer Sinnkonstitution in den Blick. Baudelaires Valorisierung der *imaginatio* zeugt vom Bewusstsein, dass ästhetische Erfahrung von der Wahrnehmung ästhetischer Differenz getragen ist. Doch wie, so ließe sich eine Frage formulieren, die seine Prosaschriften wie auch seine Lyrik angesichts dessen implizit an die Kunst richten, ist es möglich, die Kontingenz der Erscheinungswelt in der Kunst zu überschreiten, um dem Zeitfluss sinnhafte ästhetische Figurationen gleichsam zu ‚entreißen'[9]? Und,

ner Ästhetik entfaltet: „Das Neue ist ein blinder Fleck, leer wie das vollkommene Dies da" (Adorno 2003b, 38; vgl. auch ibd., 36–43 und 55–56).

6 Mit *imaginatio* wird hier dasjenige Konzept bezeichnet, das in der Antike durch die Termini φαντασία respektive *imaginatio*, in den neuzeitlichen Texten in Frankreich meist durch die Termini *imagination* und *fantaisie* bezeichnet wurde. Vgl. zur Begriffsgeschichte Ferreyrolles 1995, 125–126. Die heute geläufige Differenzierung von *imagination* und *fantaisie* ist seit dem 18. Jahrhundert nachgewiesen; vgl. ibd., 126.

7 *Salon de 1859*, CE 321.

8 *Le peintre de la vie moderne*, CE 465–466.

9 Das Bildfeld des ‚Entreißens' ist allgegenwärtige Metaphernquelle in Baudelaires Konzeptualisierung des Schöpfungsprozesses. „Celui-là sera le *peintre*, le vrai peintre, qui saura arracher à la vie actuelle son côté épique" (CE 85), so beschreibt Baudelaire schon im *Salon de 1845* die Aufgabe eines *peintre à venir* gleichsam in Antizipation des „tirer l'éternel du transitoire" im Guys-Essai (CE 466). Vgl. auch die dort verwendete analoge Metapher des „extraire": „pour que toute *modernité* soit digne de devenir antiquité, il faut que la beauté mystérieuse que la vie humaine y met involontairement en ait été extraite" (CE 467–468); „La fantasmagorie a été extraite de la nature" (CE 466), sowie die Formel des „tirer l'éternel du transitoire" selbst (CE 466). – Im eigenen poetologischen Programm greift Baudelaire diese Forderung an den Maler auf; vgl. die Verse aus dem für die Ausgabe von 1861 geplanten Epilog zu den *Fleurs du mal*: „j'ai de chaque chose extrait la quintessence, / Tu m'as donné ta boue et j'en ai fait de l'or" (OC I, 192), sowie das bekannte „extraire la *beauté* du mal", das Baudelaire in dem von ihm geplanten Vorwort der *Fleurs du mal* als deren Erzeugungsformel anführt (*Projets de préfaces*, OC I, 181).

entscheidender noch für die Ästhetik: Welcher Wirklichkeitsstatus kommt diesen Figurationen zu, die sich in einem paradoxen Raum zwischen der Universalität des Ideellen und der Partikularität des Historisch-Kontingenten entfalten? Wie können diese Figurationen – abseits repräsentationistischer Sinngarantien – Sinn hervorbringen? Den Seinsstatus geistiger Hervorbringungen auszuloten, sie auf den ihnen eigenen Raum und die ihnen eigene Zeit zu befragen, ist demgemäß ein zentrales Thema der Schriften Baudelaires. Wenn Baudelaire die Erscheinungen der Welt als abwesende und doch in emphatischer Weise präsente Referenten im Kunstwerk dargestellt sieht, so im Namen einer Logik des Zeichens, die dem Repräsentationismus eine Absage erteilt, um die Medialität des Kunstwerks ins Zentrum ästhetischer Sinnkonstitution zu stellen. So markiert Baudelaires Ästhetik der *imaginatio*, wie bereits Hugo Friedrich herausstellte, eine Schwelle im ästhetischen Denken des neunzehnten Jahrhunderts. Sie vollzieht einen Bruch mit der Repräsentationsästhetik und steckt bereits den Rahmen ab, innerhalb dessen sich eine moderne Autonomieästhetik entfaltet.

Die poetologische Relevanz der *imaginatio* für Baudelaires eigenes Werk hat Friedrich demgegenüber gering veranschlagt. „Bei Baudelaire sind das noch theoretische Entwürfe. In seinen Dichtungen finden sich nur wenige Entsprechungen"[10], heißt es dort in Anknüpfung an die Bemerkungen zur *imaginatio*; erst in Rimbauds Lyrik sei das dekompositorische Verfahren der *imaginatio* zum „tatsächlichen Verfahren der Dichtung"[11] geworden. In der Tat führt Baudelaires Einforderung der *imaginatio* nicht zu den spektakulären ‚Weltentwürfen', die Rimbauds Werk kennzeichnen[12]. Dennoch ist *imaginatio* wie vielleicht kein anderes poetologisches Konzept zur Charakterisierung *auch* der Lyrik Baudelaires geeignet; ein im Sinne Baudelaires imaginatives Schreiben, so soll diese Studie zeigen, prägt sich Themen und Motiven, doch auch der sprachlichen Gestaltung seines Werks ein. Dabei ist allerdings zu bedenken, dass sich Baudelaires Einforderung des Imaginativen vor dem Hintergrund der oben skizzierten Ambivalenzen artikuliert: Als Figur einer Konvergenz von Nachahmung und Schöpfung im Kunstwerk ist *imaginatio* *zugleich* Vermögen der Repräsentation *und* subjektive Gestaltungskraft. So geht es Baudelaires Lyrik denn auch nicht, wie Friedrichs Vergleich mit Rimbaud andeutet, darum, einen kritischen Weltbezug des Kunstwerks durch die Ostentation ästhetischer Differenz noch zu bekräftigen. Vielmehr obliegt es ihr, eine Verschränkung von Weltbezug und Kreativität zur Anschauung zu bringen, die geeignet scheint,

10 Friedrich 1992 [1956], 56.

11 Friedrich 1992 [1956], 77.

12 Friedrichs Deutung beruht allerdings auf der problematischen Prämisse, dass die durch *imaginatio* gesetzte Differenz als Deviation vom Normalcode, diese aber über eine in ihr zur Darstellung kommende „äußere Realität" (Friedrich 1992 [1956], 76) zu bestimmen sei. Demgemäß wird bei ihm ein nur schwer greifbarer Realitätsgehalt des Gedichts zum Maßstab dichterischer Transgression.

angesichts des Weltverlusts einer zutiefst als Zeichen-Schöpfung verstandenen künstlerischen Gestaltung der Wirklichkeit deren Sinnhaftigkeit dennoch zu garantieren.

Die vorliegende Arbeit fragt nach der Logik des Zeichens, die in Baudelaires Denken der *imaginatio* zur Geltung kommt. Anhand kunstkritischer und poetologischer Schriften rekonstruiert sie eine diesem Denken implizite Semiotik, um dann in den poetischen Texten die Spuren eines imaginativen Schreibens ausfindig zu machen. *Imaginatio* avanciert in Baudelaires Werk, so die leitende These, zur Denkfigur eines zeichenhaften Weltbezugs. Sie fungiert dabei zunächst als Reflexionsfigur des Dichtens: Die in ihr codierte Differenzerfahrung wird zum Schema einer Semioseleistung, die Sinn nur über ein von ihr ausgeschlossenes Anderes zu konstituieren vermag. Sie kommt weiterhin als Dispositiv eines Schreibens ins Spiel, das über die Verschränkung von Verfahren der Sinnstreuung und der Sinnfixierung diese Differenz zu inszenieren sucht. Solche Differenz-Effekte lassen schließlich den Akt des Lesens als einen Akt der Supplementierung hervortreten, als deren Reflexionsfigur erneut *imaginatio* in Erscheinung tritt.

Fragt man nach den diskursiven Voraussetzungen, vor deren Hintergrund sich ein solches Konzept der *imaginatio* profilieren konnte, so sieht man sich auf einen epistemologischen, auch anthropologischen diskursiven Kontext verwiesen, der seit Beginn der Neuzeit in *imaginatio* eine problematische Repräsentierbarkeit der Welt verzeichnet. Dies mag überraschen, wurden doch Vorbilder für Baudelaires Konzept meist im Bereich der Ästhetik gesucht. Doch es sind Vorgaben aus den Bereichen der Anthropologie und der Epistemologie, die Baudelaires poetologischem Denken die Möglichkeit einer Konzeptualisierung der *imaginatio* als Figur der Sinnkonstituierung in einem offenen Prozess der Semiose eröffnen. Die ersten beiden Kapitel dieser Arbeit umreißen diesen durch den Diskurs der *imaginatio* erschlossenen Repräsentationszusammenhang.

Im ersten Teil wird *imaginatio* zunächst in systematischer Hinsicht verortet. Sie wird als Paradigma eines zeichenhaften Weltbezugs profiliert, das im Rahmen eines neuzeitlich-repräsentationistischen Denkens als dessen Reflexionsfigur in Erscheinung tritt, um mit der beginnenden Moderne zum Dispositiv eines imaginativen Schreibens zu avancieren. Anliegen des zweiten Teils dieser Arbeit ist es dann, diese im ersten Teil skizzenhaft vorgetragene Situierung anhand historischer Paradigmen zu illustrieren und damit den notwendigen Bezugshorizont für die Rekonstruktion einer Poetik der *imaginatio* zu schaffen.

Untersucht werden Konkretisierungen eines Denkens der *imaginatio* in unterschiedlichen Etappen der diskursiven Konstituierung des Konzepts. Im Spielraum anthropologischer, epistemologischer und ästhetischer Diskurse werden dem Vermögen sehr unterschiedliche Funktionen zugewiesen. Doch als gemeinsamer Nenner der vielfältigen Reflexionen zeichnet sich seit Beginn der Neuzeit eine problematische Beziehung von Selbst und Welt ab, auf deren historisch je unterschiedliche Auslegung *imaginatio* antwortet. Hinter den vielfältigen Konzeptualisierungen des Vermögens zeichnen sich dabei Modelle der Repräsentation ab, die – mehr oder minder explizit – ein Undarstellbares der Darstellung bedenken. Wenn nun die Lyrik *imaginatio* als Grundbedingung ihres Schaffens einfordert – und dies tut sie seit der Romantik in geradezu emphatischer Weise[13] –, so darum, weil das Konzept geeignet ist, dem Nichtidentischen eine eigene Semantik zu erschließen und im Zeichen einer Krise der Repräsentation nichtmimetische Modi der poetischen Rede auszuloten. Der heuristische Wert eines diskursgeschichtlichen Zugriffs liegt mithin darin, dass er es erlaubt, epistemologische respektive anthropologische und literarische Repräsentation in eine Beziehung zu setzen; wenn nämlich in *imaginatio* die Bedingungen der subjektiven Wirklichkeitskonstitution zur Reflexion gelangen, so ist das Konzept auch geeignet, Licht auf die semiotischen Prämissen zu werfen, unter denen Baudelaires Lyrik steht. Dabei erlaubt das gewählte Vorgehen, Baudelaires Poetik der *imaginatio* um eine epistemologische und eine anthropologische Perspektive zu bereichern, die in seinen poetischen und poetologischen Schriften als Subtexte unausgesprochen präsent sind, doch erst im Kontext des Diskurses der *imaginatio* erfassbar werden.

Vor dem Hintergrund dieser ersten beiden Teile werden in den folgenden Kapiteln die Besonderheiten, aber auch die Kontinuitäten in Baudelaires Aneignung des Konzepts herausgearbeitet. Das dritte Kapitel rekonstruiert anhand kunstkritischer und im weiteren Sinne poetologischer Schriften Baudelaires Modell der *imaginatio*. Leitfragen sind dabei: Wie wird die anthropologische Kategorie der *imaginatio* auf ästhetische und poetologische Kategorien bezogen? Wie wird die Affinität von *imaginatio* und Literatur respektive Kunst begründet? Und: Welche Strategien ästhetischer Sinnkonstitution werden im Rahmen einer Poetik der *imaginatio* erwogen? *Imaginatio* erweist sich in diesen Schriften einmal mehr als Symptom eines kritisch werdenden Verhältnisses von Welt und Selbst. Vor dem Hintergrund einer Krise der Repräsentation kommt sie als herausragende Reflexionsfigur des Übergangs eines dem subjektiven Zugriff Entzogenen in eine subjektive Ordnung zur Geltung. Dabei eignet ihr allerdings eine grundlegende Ambivalenz: Wenn sie nämlich als Vermögen der Gestaltung zeichenhafter Zusammenhänge zum Grundprinzip der Kunst avanciert, so ist ihre Kehrseite ein Verlust von Selbst und Welt, eine Preisgabe des ‚Eigentlichen' an die Uneigentlichkeit des phantasmatischen Entwurfs. Dass Kunst – die bildende Kunst wie auch die Dichtung – nichts anderes ist als die imaginative Setzung verfehlter Präsenz, erweist sich in den poetologischen Texten als Grundfigur des Denkens der *imaginatio*.

[13] Erstmals ist dies in Mme de Staëls *De l'Allemagne* (1810) der Fall; vgl. auch Lamartines Vorwort zu seinen *Méditations poétiques* (1820). Bereits Chateaubriands Konzept des *vague des passions* situiert *imaginatio* im Kontext einer „poétique du christianisme". – Zu den Imaginationskonzepten der Romantik s.u., Kap. II.5. Vgl. zur romantischen Poetologie auch Penzenstadler 2002; zur literarhistorischen Einordnung Chateaubriands zwischen Klassik und Romantik ibd., 59, und ausführlich Matzat 1990, 85–132.

Diese Ambivalenz wird zum strukturbildenden Prinzip eines imaginativen Schreibens, dem sich die Analysen des vierten Teils widmen. Sie fragen nach Figurationen, in denen sich Baudelaires Poetik der *imaginatio* konkretisiert. Zwei Ausformungen der Denkfigur einer imaginativen Setzung verfehlter Präsenz lassen sich hier voneinander abgrenzen. Zum einen erscheint *imaginatio* als Figur einer Negativität, die in der ästhetischen Erfahrung zu einer – wenngleich flüchtigen – Positivierung gelangt; zum anderen verknüpft sich *imaginatio* mit einem Denken der Alterität, das – jenseits der Dichotomie von Position und Negation – als ein reflexiv unverfügbares, doch evidentes Werden von Sinn in Erscheinung tritt. Diese zweifache Ausprägung wird anhand der Konzeptualisierungen der Zeit, des Raumes und des Zeichens im Werk Baudelaires verdeutlicht[14]. Zeit erscheint in Baudelaires Lyrik in einer charakteristischen Ambivalenz. Denn einerseits ist sie es, die, indem sie das Subjekt in Differenz zu sich selbst und zur Welt setzt, eine Verfehlung am Ursprung des Bedeutens verantwortet; andererseits aber ist sie die Bedingung für einen schöpferischen Weltbezug, der eine subjektive Rekonstruktion der Wirklichkeit überhaupt erst ermöglicht. Die Darstellung dieser Form der Zeitlichkeit ist in Baudelaires Lyrik an einen komplexen Raumentwurf gebunden. Der Raum gibt sich insbesondere in den Prosagedichten als Ergebnis einer subjektiven Konstituierungsleistung – als eine gleichsam in Sprache fixierte Gestaltungskraft der *imaginatio*. Die Grenze, das Ende, doch auch Metafiguren wie etwa *flâneur*, *bouffon*, *saltimbanque* oder *fou* schreiben indes den Raumentwürfen einen Index der Differenz ein und inszenieren sie als Ergebnis eines Akts semiotischer Transfiguration der Wirklichkeit. Wenn in den Entwürfen des Raumes und der Zeit immer wieder latent, doch unüberhörbar die Frage anklingt, wie eine Versöhnung von Welt und subjektivem Bewusstsein denkbar sein kann, so rückt in Baudelaires Reflexionen über das ästhetische Zeichen – Bild, Emblem und Stimme – eine reflexiv unverfügbare, doch evidente Sphäre des Semiotischen in den Blick. In dieser Perspektive erweist sich Sprache – gedacht als ein paradoxes Ineins aus zeitlicher Sukzessivität und räumlicher Simultaneität – als adäquates Darstellungsmedium einer imaginativen Bewegung des Denkens, deren Entwürfen immer schon ihr Anderes eingezeichnet ist.

Wenngleich die Analysen des vierten Teils auf die im dritten Teil erarbeitete Poetik zurückgreifen, sind sie doch keine bloße Applikation des dort entworfenen semiotischen Modells. Baudelaires Lyrik bildet – dies versteht sich – das anthropologische Thema ‚Imagination' nicht lediglich ab, sondern verleiht ihm im Spielraum der Texte Darstellungsformen, die die diskursiven Vorgaben überschreiten: Das

[14] Die Arbeit folgt hier dem einleuchtenden Gliederungsprinzip nach Raum, Zeit und Medium, das K. Münchberg, allerdings mit Blick auf das Werk von René Char, in ihrem Buch *René Char. Ästhetik der Differenz* verwendet (Münchberg 2000). Dabei wird im Rahmen dieser Studie aber einerseits die Bezogenheit von Raum und Zeit, andererseits deren Modellcharakter für Baudelaires Konzeptualisierung des Zeichens präzisiert.

Denken der *imaginatio* gelangt in der Lyrik zu einer Prägnanz, die man in den kunstkritischen und im weiteren Sinne poetologischen Texten vergeblich sucht, wenngleich es *als* Denken der *imaginatio* erst vor dem Hintergrund des im Diskurs der *imaginatio* erschlossenen Repräsentationszusammenhangs erkennbar wird. Zugleich stellen die poetischen Texte das in den vorangehenden Kapiteln entworfene Modell in einen neuen Bezugskontext. Oben wurde der Fluchtpunkt dieser Reinterpretation angedeutet: Die Gedichte der *Fleurs du mal*, insbesondere aber der *Petits poèmes en prose*, perspektivieren das in den kunstkritischen und poetologischen Schriften entworfene Konzept einer in *imaginatio* fixierten Negativität auf ein diese Negativität transzendierendes und sie fundierendes Anderes der poetischen Rede. Ist das poetische Werk geprägt durch die – modernes Dichten kennzeichnende – Erfahrung eines Verlusts ontologischer Gewissheiten, so ist das qua *imaginatio* konzipierte imaginative Schreiben dem Versuch geschuldet, ein ‚Anderes' der poetischen Rede greifbar zu machen, das sich den Dichotomien von Sprache und Welt, Subjekt und Objekt, Position und Negation entwindet[15].

[15] Im Hinblick auf das gewählte Vorgehen sollen zwei Arbeiten, die die vorliegende Untersuchung in je unterschiedlicher Weise anregten, nicht unerwähnt bleiben. M. Wagner-Egelhaafs historisch-systematische Analysen in ihrer Melancholie-Studie lieferten ein Vorbild für die diskursgeschichtliche Auseinandersetzung mit *imaginatio* (vgl. Wagner-Egelhaaf 1997); K. Münchbergs Char-Studie lieferte eine Fülle von Bezugspunkten für die Profilierung semiotischer Grundzüge modernen Dichtens (vgl. Münchberg 2000).

I *UNE IMAGE QUI SE PEINT DANS MON CERVEAU.* ZUR SYSTEMATIK DER *IMAGINATIO*

> Qu'est-ce qu'une idée ?
> C'est une image qui se peint dans mon cerveau.
> Toutes vos pensées sont donc des images ?
> Assurément ; car les idées les plus abstraites ne sont que les filles de tous les objets que j'ai aperçus [...].
> Et quel est le peintre qui fait ce tableau ?
> Ce n'est pas moi, je ne suis pas assez bon dessinateur ; c'est celui qui m'a fait, qui fait mes idées.
> Vous seriez donc de l'avis de Malebranche, qui disait que nous voyons tout en Dieu ?
> Je suis bien sûr au moins que, si nous ne voyons pas les choses en Dieu même, nous les voyons par son action toute-puissante.
> Et comment cette action se fait-elle ?
> Je vous ai dit cent fois dans nos entretiens que je n'en savais pas un mot, et que Dieu n'a dit son secret à personne. J'ignore ce qui fait battre mon cœur, courir mon sang dans mes veines ; j'ignore le principe de tous mes mouvements ; et vous voulez que je vous dise comment je sens et comment je pense ! Cela n'est pas juste[1].

Die Frage, wie es dem Menschen möglich sein kann, unabhängig von der sinnlichen Wahrnehmung mentale Bilder zu erzeugen, ist seit den Anfängen der Reflexion über *imaginatio* stets mitgeführt. Ob *imagines* vom Geist selbst erzeugt werden, wie beispielsweise Aristoteles vermutet, oder aber arbeitsteilig durch göttliche und dämonische Einwirkung zustande kommen, wie Descartes' *Meditationes* erwägen: Die Tatsache, dass die Bilder der *imaginatio* nicht an die sinnliche Präsenz ihres Gegenstandes gebunden sind, doch auch nicht stets intentional erzeugt werden, drängt offenbar die Frage nach ihrem Urheber auf. Die traditionellen Herrschaftsbereiche der *imaginatio* – Traum, Halluzination und Wahnsinn, künstlerische Schöpfung, geniale Entdeckungen – wecken ein Unbehagen am fehlenden Agens. Es ruft Dämonen, Zauberer, göttliche und teuflische Einflüsterungen als Urheber imaginativer Bilder auf den Plan. Nicht zuletzt *imaginatio* selbst in ihren vielfältigen allegorischen Metamorphosen bezeugt diesen geradezu archetypischen Gestus der Substantialisierung. Kein anderes der Seelenvermögen hat in vergleich-

[1] Voltaire 1967, 235.

barer Weise zur Allegorisierung angeregt[2]: In der Figur der „Mutter und Amme des Ehrgeizes" (Pico della Mirandola)[3], der „maîtresse d'erreur et de fausseté" (Pascal)[4], der „coquette qui [...] consulte plus son caprice que la raison" (Condillac)[5], der „enchanteresse" und „magicienne" (Lévesque de Pouilly)[6] oder auch der „reine des facultés" (Baudelaire)[7] wird das Ungreifbare dem diskursiven Zugriff verfügbar gemacht. In diesem Gestus spiegelt sich ein Unbehagen an einem Rest an Nichtverstehbarkeit, der den imaginativen Bildern eingeschrieben ist. Denn anders als die Bilder der Sinnlichkeit implizieren die Bilder der *imaginatio* die Absenz ihres Gegenstandes. Sie entbehren, wie es bei Aristoteles heißt, eines Grundes (ὑποκείμενον), der den Bildern der Sinnlichkeit durch die Präsenz des Gegenstandes gegeben ist: Die Bilder der *imaginatio* indizieren gerade nicht die Präsenz, sondern die Absenz des durch sie Repräsentierten. Darum markieren sie eine Differenz zwischen Welt und Bewusstsein, die sie zwar überbrücken helfen, doch niemals endgültig aufheben. So ist *imaginatio* zwar eine Mittlerinstanz zwischen Welt und Bewusstsein; doch ihre Bilder kehren ostentativ eine problematische Referentialisierung hervor, die eine Kommensurabilität der beiden Seinsbereiche zu einer offenen Frage, den Einbruch des Kontingenten in die sinnhaften Ordnungen des Geistes zu einer nicht auszuschließenden Gefahr werden lassen.

Schon ein erster Blick auf die historische Entfaltung der Reflexion über das Vermögen zeigt, dass immer wieder der Versuch unternommen wurde, das asignifikante Moment der imaginativen Bilder aufzuheben, zumindest aber von der Signifikanz zu scheiden: durch die Trennung von ‚wahren' und ‚falschen' Bildern, von Vernunft und Imagination oder auch von physiologischen und pathologischen Formen der Imagination. Wenn etwa Platon das Vorstellungsvermögen als eine wahre oder falsche Meinung über eine Sinneswahrnehmung bestimmt[8], die φαντάσματα den ὄντα[9], den phantasmatischen Schein dem Sein der Wahrheit gegenüberstellt[10], so ist damit die möglicherweise erste, nicht aber die letzte Ausgrenzung des imaginativen Vermögens vollzogen. Es kann darum nicht erstaunen, dass das aristotelische Diktum von der Unmöglichkeit, ohne Phantasmata zu denken – „νοεῖν οὐκ ἔστιν ἄνευ φαντάσματος"[11] – als „éclat" platonischer Onto-

2 Auf eine Tendenz zur Objektivierung der *imaginatio* und auf die Allegorie als deren bevorzugten Ausdruck macht Starobinski aufmerksam; vgl. Starobinski 1970a, 174.

3 „[A]mbitionis parens et alumna" (Pico della Mirandola 1984, 92; Übers. ibd., 93).

4 Pascal 2000, 551.

5 Condillac 1970a , 99.

6 Lévesque de Pouilly 1803, vi und ix.

7 *Salon de 1859*, CE 321.

8 Vgl. Platon, *Sophistes*, 264a-b.

9 Vgl. Platon, *Politeia* 599a.

10 Vgl. Platon, *Politeia* 596e.

11 Aristoteles, *De memoria et reminiscentia* 1, 449b30–450a2, mit Bezug auf Platons *Sophistes*.

logie, ja, *der* Ontologie „tout court"[12], gefeiert wurde. Ein solcher *éclat* ist in der Geschichte der Reflexion über das imaginative Vermögen freilich ebenfalls keine Einmaligkeit. Ein Vermögen, das in seinen Manifestationsformen obstinat auf die eigene „metaphysische Unbotmäßigkeit"[13] verweist, schreibt dem ‚metaphysischen' Gedankengebäude die Spur eines unverfügbaren Grundes ein. Die Klärung dieses Grundes muss, mündet sie nicht in einen unendlichen Regress, dieses Modell in Frage stellen. Wenn etwa Voltaires Definition der *idée* sich einer Jahrtausende währenden Diskussion um die Frage nach dem Urheber mentaler Bilder durch die Wahl der Reflexivform ‚se peindre' enthebt, so spiegelt sich in der Agensausblendung eine Tendenz, *imaginatio* als Medium, als eine sich selbst zeugende performative Kraft zu konzeptualisieren, die immer dann in den Blick rückt, wenn die Reflexion über *imaginatio* die Aporien präsenzmetaphysischer Modelle sinnfällig werden lässt.

Als Gefahr des Trugbildes wurde die Unbotmäßigkeit des imaginativen Vermögens in der Forschung bislang beschrieben und damit verkannt; denn *imaginatio* steht per se – ob ihre Bilder nun Trug oder Wirklichkeit sind – einem Basispostulat der Repräsentation entgegen: „[Elle est] d'autant plus fourbe qu'elle ne l'est pas toujours, car elle serait règle infaillible de vérité si elle l'était infaillible du mensonge"[14], heißt es scharfsichtig bei Pascal. Der Ort der *imaginatio* ist *weder* die Wahrheit *noch* die Lüge. Eben dies aber macht die unaufhebbare Ambivalenz des Konzepts aus.

Anliegen dieses ersten Kapitels ist es, den Ort der *imaginatio* vor dem Hintergrund dieser Ambivalenz in systematischer Hinsicht zu bestimmen. Dazu wird *imaginatio* zunächst als Figur einer Differenz und als Chiffre eines zeichenhaften Selbst- und Weltbezugs profiliert. Die vorliegende Arbeit folgt hier einer Jahrtausende alten Definition, welche *imaginatio* als Vermögen der Vergegenwärtigung eines Abwesenden erfasst, und sucht in dieser den paradigmatischen Kern eines Denkens der *imaginatio* kenntlich zu machen.

Imaginatio, so die in diesem Kapitel zugrunde gelegte, im historisch-systematischen Abriss (Kap. II) zu illustrierende These, tritt innerhalb des Denkens der Repräsentation – jenes Denkens also, das, folgt man Heidegger, der Neuzeit ihre epochale Signatur verlieh – als deren Reflexionsfigur in Erscheinung. Ihr subversives Potential resultiert daraus, dass sie ein Moment des Kontingenten in den Blick rückt, das Repräsentation, will sie Gültigkeit beanspruchen, zu tilgen hat. Dieses dekonstruktive Moment wird anhand zweier Theorien der Repräsentation – Fou-

12 Castoriadis 1986, 412.

13 So Warning 1997, 108, mit Bezug auf die literarische Fiktion.

14 Pascal 2000, 551.

caults Diskurstheorie und Derridas Dekonstruktion präsenzmetaphysischen Denkens – präzisiert.

Ein abschließender Teil konturiert den Diskurs der *imaginatio* in Anknüpfung an Walter Benjamins in aller Kürze zu skizzierenden Theorie des Allegorischen als Metadiskurs, der Repräsentation inszeniert und damit reflektiert. Im Zeichen einer Krise der Repräsentation erschließt er zu Beginn der Moderne einem neuen Bewusstsein zeichenhaften Weltbezugs eine Semantik; die vom Diskurs der *imaginatio* erschlossene Topologie des Scheins erweist sich nunmehr als Möglichkeit einer Topologie der Kultur. *Imaginatio*, so lässt sich im Vorgriff auf die poetisch-poetologischen Entwürfe Baudelaires sagen, avanciert in diesem Kontext zum kardinalen Dispositiv moderner Lyrik.

* * *

Fragt man, was unter Imagination, Einbildungskraft oder Phantasie zu verstehen ist, so stößt man auf eine schier unüberschaubare Zahl von Definitionen und Funktionszuschreibungen[15]. Bald erscheint *imaginatio* als Vermögen der Vergegenwärtigung eines Abwesenden, bald als kombinatorisches oder kreatives Vermögen. Mal soll sie eine zentrierende, mal eine dezentrierende Instanz in der Konstitution des subjektiven Bewusstseins sein; Selbsterfahrung, Welterfahrung oder gar die Erfahrung des Absoluten sind nur die allgemeinsten Wirkungsbereiche des imaginativen Vermögens. Bedenkt man darüber hinaus, dass *imaginatio* kaum je für sich verhandelt wird, sondern in unterschiedlichste Funktionszusammenhänge eingebettet ist, so muss jeder Versuch, einer Studie über *imaginatio* deren Definition voranzustellen, unter dem Verdacht einer übermäßigen Generalisierung stehen.

Ein Zugang zu diesem vielschichtigen Konzept lässt sich indes gerade über eine der frühesten Bestimmungen des Vermögens gewinnen. *Imaginatio*, so heißt es bei Aristoteles, ist das Vermögen, Abwesendes zu vergegenwärtigen. Sie ist mithin der Ort einer Vermittlung von Präsenz und Absenz: Bereits diese frühe systematische Fixierung dessen, was mit *imaginatio* gemeint sei, lässt eine Janusköpfigkeit hervortreten, die den Diskurs der *imaginatio* fortan durchgängig begleiten wird. Begreift man nun diese Ambivalenz als semantischen Kern des Denkens der *imaginatio*, so erscheint die Frage nach einer einheitlichen Grundbedeutung des Begriffs weniger problematisch, als die Forschung suggeriert. Denn im Zeichen vergegenwärtigter Absenz stehen nicht nur Evokationen des Abwesenden, sondern auch Erinnerung, Traum und Halluzination, Begehren und Erkenntnis – diejenigen

[15] Vgl. zum Spektrum historisch-systematischer Bestimmungsversuche die Überblicksartikel Beil 2003, Schulte-Sasse 2001, Iser 1996, Camassa/Evrard/Benakis/Pagnoni-Sturlese 1989, Mainusch/Warning 1976. Vgl. einleitend zu *imaginatio* auch Wolf 2001.

Leistungen also, die seit dem aristotelischen Fundierungstext *imaginatio* topisch zugeschrieben werden. So ist etwa die Erinnerung als zeitliches Korrelat räumlicher Vergegenwärtigung zu verstehen: Der Evokation des räumlich Fernen eignet – insofern *imaginatio* auf im Gedächtnis gespeicherte Bilder vergangener Sinneseindrücke zurückgreift – notwendig eine zeitliche, im Falle der Erinnerung in die Vergangenheit gerichtete Dimension. Zeitliche Ferne ist indes auch im Spiel, wenn *imaginatio* Bilder zukünftigen Glücks entwirft und damit zum Auslöser des Begehrens – verstanden als Streben nach dem imaginativ Evozierten – wird. Und vergegenwärtigte Absenz steht schließlich in Rede, wenn Traum und Halluzination, die genuinen Wirkungsbereiche der *imaginatio*, bald als Evokation von Gedächtnisbildern, bald als Vergegenwärtigung ontologisch distinkter Sphären – des Göttlichen oder des Dämonischen – gedeutet werden. Vor dem Hintergrund dieser Denkfigur kann es denn auch nicht erstaunen, dass *imaginatio* eine tragende, wenngleich ambivalente und kontrovers diskutierte Rolle im Erkenntnisprozess zugeschrieben wird.

Imaginatio organisiert eine Differenz von Nähe und Ferne: Die Implikationen dieser Form der Konzeptualisierung sind an dieser Stelle knapp zu umreißen[16]. Zunächst ist festzuhalten, dass die Reflexion über *imaginatio* einen Bruch zwischen Präsenz und Absenz statuiert, der in diskursanalytischer Perspektive intrikaterweise gerade darum unaufhebbar ist, weil er in der Rede über *imaginatio* immer schon stillschweigend vorausgesetzt ist. Wenn der Diskurs der *imaginatio* das Präsentmachen eines Abwesenden – und damit auch das Moment des Kontingenten, das diesen Vorgang unweigerlich begleitet – thematisiert, so fixiert er damit eben jene Grenze, deren Überbrückung *imaginatio* zukommt. Er schreibt dem Außen dessen Entzogenheit ein; und so setzt *imaginatio* Präsenz und Absenz in eine doppelbödige Relation, die nicht anders denn als Paradoxie einer trennenden Verbindung zu denken ist. Diese paradoxe Konzeptualisierung wird noch genauer zu erörtern sein; an dieser Stelle mag es genügen, sie anhand einer über die Jahrhunderte hinweg variantenreich tradierten Reflexion über die Affinität der *imaginatio* zum (sprachlichen) Zeichen zu illustrieren. Schon in der aristotelischen Seelenschrift erscheint *imaginatio* als Paradigma eines zeichenvermittelten Weltbezugs. Φαντασία, so heißt es hier beiläufig, verleihe dem Laut Bedeutung[17] – eine Überlegung, die den Ausgangspunkt sowohl sprachtheoretischer als auch rhetorisch-poetologischer Reflexionen markiert. So fasst etwa die Stoa das Lekton als φαντασία λογικὴ und rückt damit explizit die Überschreitung semiotischer Differenz in den Wirkungsbereich des Vorstellungsvermögens[18]. Eine rhetorisch-

[16] Das folgende Kapitel liefert sodann anhand historischer Paradigmen eine detailliertere Beschreibung; s.u., Kap. II.

[17] Vgl. *De anima* II, 8, 420 b 29–33.

[18] Die λεκτά werden bei Sextus Empiricus als „dasjenige, was sich nach Maßgabe einer vernünftigen Vorstellung bildet“, beschrieben: „Λεκτὸν δὲ ὑπάρχειν φασὶ τὸ κατὰ λογικὴν

poetologische Traditionslinie wiederum weiß das suggestive Potential des bereits bei Platon entworfenen Bildes einer der Dichtung eignenden, den Rezipienten bannenden Kraft[19] zur Konzeptualisierung einer die öffentliche Rede und die Dichtung dynamisierenden imaginativen Performanz zu nutzen. So beschreibt Quintilian φαντασία als eine performative Kraft der Rede, die dem Hörer Abwesendes gleichsam vor Augen zu stellen vermag: „inlustratio" und „evidentia", „Ins-Licht-stellen" und „Anschaulichkeit", sind die Effekte des Vermögens[20]. Auch die pseudo-longinische Schrift über das Erhabene rückt φαντασία – ein durch Begeisterung (ἐνθουσιασμός) und leidenschaftliche Erregung (πάθος) erzeugtes Bild – als Dispositiv der Erzeugung von Erschütterung (ἔκπληξις) respektive Deutlichkeit (ἐνάργεια) in den Blick:

> Denn gewöhnlich heißt Vorstellung (φαντασία) jeder aufsteigende Gedanke, der einen sprachlichen Ausdruck hervorruft; das Wort hat sich aber auch für die Fälle eingebürgert, wo man das Gesagte in Begeisterung und leidenschaftlich erregt zu schauen meint und es den Hörern vor Augen stellt[21].

Die Emphase, mit der *imaginatio* bereits in den frühen Texten als Vermögen der Vergegenwärtigung entworfen wird, lässt als Kehrseite die Distanz in den Blick treten, die Außen und Innen trennt: Dass *imaginatio* etwa in der pseudo-longinischen Schrift als Akt der Vergegenwärtigung eines Abwesenden entworfen ist, indiziert eine Kluft zwischen Außenwelt und sprachlich Evoziertem, deren Überwindung dem Vermögen zugemutet wird; die topische Rede von der Kraft der *imaginatio*, der von ihr erzeugten Erschütterung oder auch der Deutlichkeit der imagi-

φαντασίαν ὑφιστάμενον, λογικὴν δὲ εἶναι φαντασίαν καθ' ἣν τὸ φαντασθὲν ἔστι λόγῳ παραστῆσαι" („Ein Lekton aber, so sagen sie, ist dasjenige, was sich nach Maßgabe einer vernünftigen Vorstellung bildet; und eine vernünftige (*logikē*) Vorstellung ist diejenige, derzufolge es möglich ist, das Vorgestellte durch Sprache (‚Rede': *logos*) zu präsentieren"; Sextus Empiricus, *Adversus Mathematicos* VIII 70; zit. in Hülser 1987, 832/834; Übers. 833/835).

19 Vgl. Platon, *Ion*, 533d-534b, 535b-536a.

20 „Quas φαντασίας Graeci uocant (nos sane uisiones appellemus), per quas imagines rerum absentium ita repraesentantur animo ut eas cernere oculis ac praesentes habere uideamur, has quisquis bene ceperit is erit in adfectibus potentissimus. [has] Quidam dicunt εὐφαντασίωτον qui sibi res uoces actus secundum uerum optime finget [...]
Insequetur ἐνάργεια, quae a Cicerone inlustratio et euidentia nominatur, quae non tam dicere uidetur quam ostendere, et adfectus non aliter quam si rebus ipsis intersimus sequentur" (Quintilian, *Institutio oratoria*, VI, 2, 29–32, in: Quintilian 1970a, 335). Vgl. zum Quintilian-Zitat die aufschlussreichen Bemerkungen von M. Moog-Grünewald (Moog-Grünewald 2001, 2).

21 „καλεῖται μὲν γὰρ κοινῶς φαντασία πᾶν τὸ ὁπωσοῦν ἐννόημα γεννητικὸν λόγου παριστάμενον · ἤδη δ' ἐπὶ τούτων κεκράτηκεν τοὔνομα, ὅταν ἃ λέγεις ὑπ' ἐνθουσιασμοῦ καὶ πάθους βλέπειν δοκῇς καὶ ὑπ' ὄψιν τιθῇς τοῖς ἀκούουσιν" ([Pseudo-] Longinus 1988, 42/44; Übers. ibd., 43/45).

nativen Rede sind besonders prägnante Metaphern, welche die von *imaginatio* überbrückte Differenz als solche in den Blick rücken.

Die paradoxe Bezugsetzung von Präsenz und Absenz in der Figur der *imaginatio* kontaminiert nun gleichsam all jene Gegenstandsbereiche, die durch den Diskurs der *imaginatio* organisiert werden. Stark schematisierend lassen sich drei Stufen der Reflexion auf das imaginative Vermögen unterscheiden. Erstens wird die durch den Diskurs der *imaginatio* fixierte Differenz von Nähe und Ferne als Differenz von Selbst und Welt reinterpretiert; spätestens mit Beginn der Neuzeit tritt der Diskurs der *imaginatio* in diesem Sinne als kardinaler Metadiskurs in Erscheinung. Zweitens erfasst die paradoxe Bezugsetzung von Selbst und Welt, reflexiv gewendet, das Subjekt selbst: Ein durch *imaginatio* vermitteltes Selbstverhältnis, wie es seit Beginn des *âge classique* und dann insbesondere in der Romantik erwogen wird, schreibt dem Subjekt ein entzogenes Innen ein. Dieser Aspekt wurde im Rahmen der Frage nach neuzeitlichen Formen der Subjektivität, wenn auch nicht mit Blick auf *imaginatio*, häufig genug beschrieben: Das Subjekt-Objekt-Schema, so ließe sich resümieren, fundiert die Identität des Subjekts in dessen Differenz zum Objekt. Die Paradoxien dieses Modells – dies muss nach den polemischen Debatten um Leben und Tod des Subjekts in den letzten Dekaden kaum eigens hervorgehoben werden – treten zutage, wenn man dem Subjekt als Träger der Erkenntnis die Fähigkeit zur Selbsterkenntnis, mithin zur Selbstobjektivierung zuschreibt. Selbsterkenntnis lässt sich im Subjekt-Objekt-Schema nicht widerspruchsfrei darstellen – ein Problem, das zweifelsohne für die hohe Produktivität des Konzepts sowohl in der literarischen Modellierung als auch, bis in die Postmoderne hinein, in der theoretischen Reflexion verantwortlich ist. Die subjektphilosophische Einsicht, dass das Subjekt als Grund seiner Vorstellungen nicht zugleich Grund seiner selbst sein kann[22], wurde in semiotischer Perspektive um den Befund ergänzt, dass das im Spiel der Zeichen organisierte Subjekt nichts anderes als ein Sinn-Effekt sei, dem keine substantielle Identität jenseits sprachlicher Differenzen zukommen könne[23]. So sieht sich das Subjekt in der reflexiven Rückwendung auf sich selbst auf die Grenzen der eigenen Identität verwiesen. Es stößt auf einen ihm unverfügbaren Grund jenseits illusionärer Bilder des Selbst, der alle Ansprüche auf eine autonome subjektive Selbstbegründung hinfällig werden lässt.

Wenn der Diskurs der *imaginatio* einerseits eine Differenz von Selbst und Welt, andererseits eine Differenz im Selbst organisiert, so bringt er indes nicht lediglich die Fragilität subjektiver Selbst- und Weltentwürfe zur Reflexion. Er wirft auch unabweislich die Frage nach einem ‚Jenseits' der Differenz auf, dessen Unverfügbarkeit er zwar exponiert, doch dessen Evidenz gerade auch angesichts der De-

22 Vgl. bes. Heidegger 2001 [1927]. Vgl. allgemein zu den Aporien, die die Selbstobjektivierung des Subjekts mit sich bringt, Frank 1983.

23 Vgl. bes. Foucault 1966.

struktion transzendenter Sinngarantien unangefochten scheint. Die im Diskurs der *imaginatio* thematisierte Differenzerfahrung lässt sich daher drittens als Erfahrung von Alterität auslegen. Diese kann als Erfahrung des Seins oder auch als Erfahrung des Sinnes entworfen werden; stets geht es ihr um ein den sinnkonstitutiven Differenzen vorausliegendes Anderes, das diese Differenzen fundiert, ihnen aber entzogen bleibt.

Fragt man, wie ein solches Anderes des Denkens zu verstehen ist, so kann es hilfreich sein, *imaginatio* mit dem Imaginären zu kontrastieren, einem Konzept, das vor dem Hintergrund der Diskussion um Möglichkeiten und Perspektiven einer literarischen Anthropologie in den letzten Jahren verstärkt in den Blick gerückt ist. Gilt das Imaginäre im Rahmen psychoanalytisch inspirierter Modellbildungen als Möglichkeitsbedingung der Subjektkonstitution – auf Lacans Aufsatz *Le stade du miroir* ist in diesem Kontext als Ausgangspunkt literaturwissenschaftlicher Modellbildungen hinzuweisen[24] –, so haben jüngere Publikationen seine gesellschaftliche und ästhetisch-poetologische Relevanz untersucht[25]. Maßgebliche Impulse auch für die literatur- und kulturtheoretische Debatte gingen dabei von C. Castoriadis' gesellschaftstheoretisch orientierten Studien aus[26]. Er bestimmt das Imaginäre als „Andersheit" („altérité") und als „beständigen Ursprung von Anderswerden" („origination perpétuelle d'altérité"[27]), aus der in reflexiv nicht verfügbarer Weise Bestimmtheit, mithin Realität und Rationalität hervorgeht[28]. Dezidiert wendet er sich gegen eine Reduktion des Imaginären auf das bloß ‚Spiegelhafte', auf das Trügerische und Täuschende, das etwa Lacans Konzept des Imaginären zugrunde liegt, um es als ein reines Werden von Ordnung auf unverfügbarem Grund zu entwerfen[29].

Im Zuge der Debatte um das Imaginäre wurde auch *imaginatio* als dessen historisches Korrelat häufiger zum Gegenstand konzept- und diskursgeschichtlich orientierter Studien[30]. Betrachtete man das Imaginäre als eine strukturierende und

[24] Vgl. Lacan 1966.

[25] Vgl. Castoriadis 1975; zur Imagination im Kontext literarischer Anthropologie Iser 1993. – Vgl. zum Imaginären auch die instruktiven Bemerkungen von R. Behrens im Vorwort zu dem von ihm herausgegebenen Sammelband (Behrens 2005, 7–13).

[26] Vgl. Castoriadis 1975; Castoriadis 1986.

[27] Castoriadis 1975, 493.

[28] „L'imaginaire […] est création incessante et essentiellement *indéterminée* (social-historique et psychique) de figures/formes/images, à partir desquelles seulement il peut être question *de* « quelque chose ». Ce que nous appelons « réalité » et « rationalité » en sont des œuvres" (Castoriadis 1975, 7–8).

[29] Vgl. Castoriadis 1975, 7–8.

[30] Vgl. unter den neueren Publikationen nur Penzkofer/Matzat 2005; Dewender/Welt 2003; Olejniczak Lobsien/Lobsien 2003; Maierhofer 2003; Behrens 2002a; Westerwelle 2002. Einen Überblick über historische Paradigmen der *imaginatio* bieten neben den bereits genannten Beiträgen – Beil 2003, Schulte-Sasse 2001, Iser 1996, Camassa/Evrard/Bena-

stabilisierende Kraft, die die Emergenz symbolischer Ordnungen ermöglicht[31], so versprach die Rekonstruktion des Diskurses der *imaginatio* die Archäologie eines Denkens, das sich mit der Reflexion auf die referentielle Unhintergehbarkeit der von ihm hervorgebrachten Ordnungen eines Anderen als seiner Möglichkeitsbedingung bewusst wird. So befruchtend sich allerdings die teils im Zeichen des Poststrukturalismus, teils in Auseinandersetzung mit ihm entwickelten Theorien des Imaginären für die Untersuchung des Konzepts der *imaginatio* erwiesen: Nicht selten verstellten diese den Blick auf eben jenes Konzept, dessen Archäologie unternommen werden sollte. Stillschweigend wurde nämlich vorausgesetzt, was erst nachzuweisen war: dass *imaginatio* – quasi *avant la lettre* – schon das Imaginäre sei, dieses aber im neuzeitlich-aufklärerischen Denken Opfer einer systematischen Verdrängung durch *ratio* gewesen sei und gleichsam erst in der Postmoderne – im Zuge eines vermeintlichen Zusammenbruchs ‚metaphysischer' Systeme – zu sich selbst gekommen sei. Implizit unterstellt ein solches Modell eine Teleologie, die von der griechischen Antike bis in die (Post-)Moderne als einer letzten Reflexions-, gar Auflösungsstufe diskursiv-rationalen Denkens reicht.

Dabei betrifft das Missverständnis häufig bereits das Imaginäre selbst. Wenn dieses begrifflich schwer „disziplinierbar[]"[32] ist, so nicht darum, weil es sich durch eine „flottierende […] Dynamik"[33] und einen „Mangel an fester Gestalt"[34] auszeichnet. Die Schwierigkeiten in der Konzeptualisierung des Imaginären sind vielmehr struktureller Art: Das Imaginäre ist als Transzendentalie oder gar, begreift man es als Schwesterbegriff der *différance*, als Ultratranszendentalie menschlicher Wirklichkeitsentwürfe *per definitionem* nur hypothetisch erschließbar. Zu den symbolischen Ordnungen des subjektiven Bewusstseins steht es darum nicht in einem einfachen Oppositionsverhältnis. Als das reine Werden dieser Ordnungen, oder, mit Castoriadis: als deren Anders-Werden, bringt es diese hervor, ohne in ihnen aufzugehen. Bestimmt man das Imaginäre etwa als „eine Art energetisch besetzter, gewissermaßen in Latenz verharrender Raum"[35], so übergeht man, dass dieses reine Werden von Gegenständlichkeit, und mit ihm das Werden von Raum und Zeit, selbst nicht räumlich gedacht werden kann. Präziser spricht Iser von einem „Realwerden des Imaginären", das erst „in der Überführung des Imaginären als eines Diffusen in bestimmte Vorstellungen geschieht"[36]. Das Gestaltwerden des

kis/Pagnoni-Sturlese 1989, Mainusch/Warning 1976 – Starobinski 1970a sowie Lachmann 2002, 27–150, Lachmann 1998 und Iser 1993.

31 R. Behrens spricht prägnant vom „[Vollzug] bildlich stabilisierte[r] Besetzungen psychischer Energien" (Behrens 2002a, V).

32 Behrens 2002a, V.

33 Behrens 2002a, V.

34 Behrens 2002a, V.

35 Behrens 2005, 7.

36 Iser 1993, 22.

Imaginären vollzieht sich ereignishaft. Dabei können die Figuren des Imaginären, wie Iser betont, erst aus dem Zusammenspiel mit dem Realen hervorgehen. Das Imaginäre hingegen bleibt in der Vielfalt seiner Gestalten dem reflexiven Zugriff entzogen. Die besondere Relation des Imaginären zu den von ihm hervorgebrachten Ordnungen wird überspielt, wenn man Imaginäres und Bewusstsein schlicht in eine Opposition setzt und damit indirekt noch jene „Ontologie des Seins"[37] affirmiert, die man im Rekurs auf das Konzept bereits überwunden zu haben glaubt. Eine solche Fassung des Imaginären läuft Gefahr, eben jene Spaltung von *ratio* und *imaginatio* zu iterieren, die der vielfach festgestellten Ausgrenzung der *imaginatio* zugrunde liegt, um in einer *abiectio rationis* das Imaginäre zu verabsolutieren – in einer allerdings radikaleren Weise als etwa das französische *âge classique*, das *imaginatio* immerhin im Bereich der Kunst ein Refugium zugestand.

Wie ist nun das Verhältnis von *imaginatio* und Imaginärem zu beschreiben? – Betrachtet man die vielfältigen Versuche, *imaginatio* auf epistemologischen, anthropologischen, psychologischen oder ästhetischen Bezugshorizonten zu verorten, so erscheint fraglich, ob sich hierauf eine allgemeingültige Antwort finden lässt. Für W. Iser etwa sind Phantasie, Einbildungskraft und Imagination „aspekthaft[e]" Erschließungen des Imaginären, deren unterschiedliche Entfaltungen davon zeugen, „wie wenig sie [sc. die Phantasie] sich durch den kognitiven Diskurs einholen lässt"[38]. Weniger eine „Schwäche des Diskurses"[39] als vielmehr die Tatsache, dass *imaginatio* „als sie selbst nichts Bestimmtes"[40] ist, ist Iser zufolge die Ursache ihrer Ambivalenzen. Dennoch lassen sich in der Konstituierung des Konzepts Regularitäten ausmachen, die allerdings erst dann hervortreten, wenn man von der Frage nach einem Realphänomen ‚imaginatio' absieht und dieses stattdessen als ein diskursives Konstrukt begreift. Dies soll im Rahmen dieser Studie geschehen, die – anders als bislang vorgelegte Arbeiten – nicht die faktische Existenz eines kreativen Vermögens, sei dieses als Phantasie, als *imaginatio* oder als Imaginäres verstanden, voraussetzt[41]. In dieser Perspektive wird die von Iser aufgeworfene Frage, ob *imaginatio* eine „Evidenzerfahrung [ist], vor der der Diskurs versagt"[42], oder aber ob „der Diskurs erst die Imagination zweideutig [macht], weil diese die gesetzten

37 Maierhofer 2003, 9. Bei ihr erfährt man etwa, dass die Imagination „Kultur in unterschiedlichen Räumen und Zeiten herstellt" (Maierhofer 2003, 8) und dass das Wissen um das so verstandene Imaginäre im frühneuzeitlichen Menschen als eine „Ahnung von dieser spezifisch schöpferischen Kraft des Imaginären" keimt (ibd.). Die Imagination erscheint denn auch als „Letzthorizont der vorliegenden Arbeit" (ibd., 9).

38 Iser 1993, 292.

39 Iser 1993, 310.

40 Iser 1993, 310.

41 Damit ist die Möglichkeit einer Existenz des Imaginären natürlich nicht bestritten; doch die Frage nach einem Realphänomen ‚Imaginäres' liegt außerhalb des Erkenntnisinteresses dieser Arbeit.

42 Iser 1993, 301.

Begrenzungen überbordet"[43], hinfällig. *Imaginatio* ‚ist', was ihr im Spielraum der Diskurse zugeschrieben wird. Zur Bestimmung des Verhältnisses von *imaginatio* und Imaginärem ist nun zu berücksichtigen, dass die Herausbildung des Konzepts der *imaginatio* an ein basales epistemologisches Defizit gebunden ist. Als Mittlerin von Selbst und Welt thematisiert *imaginatio* die prekäre Schnittstelle zwischen Körper und Geist, deren Beschaffenheit als Kernproblem abendländischen Denkens gelten darf. *Imaginatio* ist „Knote des Zusammenhanges zwischen Geist und Körper"[44], wie eine vielzitierte Stelle bei Herder lautet, aber eben *auch* Index des notorischen Abgrundes, der sich zwischen Selbst und Welt auftut. Denn als Vermittlerin von Außen und Innen setzt sie die Differenz, die sie überwinden soll, immer schon voraus. So liegt bereits in der diskursiven Konstituierung des Konzepts das Zugeständnis einer Nachträglichkeit der von ihr hergestellten Präsenz beschlossen. Darum – dies ist entscheidend zur Erfassung der diskursiven Regularitäten, welche den Imaginationsdiskurs prägen – perspektiviert *imaginatio* stets schon ihre eigene Dekonstruktion. Die liminale Situierung der *imaginatio* im Zwischenraum von Selbst und Welt impliziert eine dem Konzept nachgerade wesentliche Ambivalenz, die fast unweigerlich zur Frage nach einem ‚Anderen' derjenigen Ordnung, innerhalb derer *imaginatio* reflektiert wird, führen muss und eben jenes Konzept eines ‚Anderen' des Denkens hervortreibt, das sich in den letzten Jahren im Begriff des ‚Imaginären' konkretisierte.

Wenn poststrukturalistisch orientierte Ansätze sich im Zuge einer Dekonstruktion präsenzmetaphysischer Denksysteme der *imaginatio* annahmen, um diese als ultratranszendentales Imaginäres zu rekonzeptualisieren, so gab die Janusköpfigkeit des Vermögens in der Geschichte des Diskurses indes immer wieder Anlass zu einer Fülle unterschiedlich ausgestalteter Supplementierungen, die gerade auch philosophischen, anthropologischen und ästhetischen Texten einen selbst schon als imaginär zu bezeichnenden Subtext unterlegen. Erstaunen kann dies nicht, bedenkt man, dass die von *imaginatio* ausgefüllte Leerstelle des Wissens aufgrund ihres Allgemeinheitsgrades über ein außerordentliches mythogenes Potential verfügen muss. Als besondere Konstante des Diskurses ist dieser Konzeptualisierungsmodus an dieser Stelle zu skizzieren.

43 Iser 1993, 301.

44 „Ueberhaupt ist die Phantasie noch die unerforschteste und vielleicht die unerforschlichste aller menschlichen Seelenkräfte: denn da sie mit dem ganzen Bau des Körpers, insonderheit mit dem Gehirn und den Nerven zusammenhangt, wie so viel wunderbare Krankheiten zeigen: so scheint sie nicht nur das Band und die Grundlage aller feinern Seelenkräfte sondern auch der Knote des Zusammenhanges zwischen Geist und Körper zu seyn, gleichsam die sproßende Blüthe der ganzen sinnlichen Organisation zum weitern Gebrauch der denkenden Kräfte" (Herder 1887, 307–308).

Nirgends zeigen sich die Ambivalenzen der *imaginatio* eindrucksvoller als im medizinischen Diskurs. Bis weit in die Moderne hinein betreibt dieser eine ausgesprochene Perhorreszierung der *imaginatio*. „De toutes ses [sc. de l'âme] puissances, l'*imagination* est une des plus fortes & des plus énergiques [...]. Ses effets sont terribles, ses bornes nous sont inconnues. Elle éteint dans un instant le principe de la vie, & tue soudainement l'homme“[45], heißt es beispielhaft im *Dictionnaire méthodique* (1798). Die Empfehlung, das imaginative Vermögen der Führung durch *ratio* zu unterstellen, ist demgemäß in medizinischen Schriften topisch. Die Gründe sind überzeugend, denn über die Exzesse der *imaginatio* gibt es Haarsträubendes zu berichten: Irrtum und Vorurteil, Aberglaube, religiöser Fanatismus, wissenschaftlicher Eifer und erotische Fixierung, Somnambulismus, Manie, Hypochondrie, Melancholie, Wahnsinn, Liebestod, Selbstmord, Nasenbluten, Epilepsie, Schlaganfälle, Lähmungserscheinungen, Aneurismen, Neurosen, Fehl- und Missgeburten sowie die Disposition zu Wechselfieber und Pest sind dem Vermögen zuzuschreiben. In Acht zu nehmen haben sich darum insbesondere Kinder und Frauen, Verliebte, Geistliche, Gelehrte und Dichter, Heimwehkranke, Schwangere, Engländer, Orientalen, Griechen, Furchtsame, Sensible, Anämiker, Sanguiniker, Melancholiker und Künstler[46]. Der bunte Reigen der Krankheiten und der betroffenen Personen erinnert nicht zufällig an Borges' chinesische Enzyklopädie, der M. Foucault in *Les mots et les choses* zu Berühmtheit verhalf[47]. Ähnlich wie die Melancholie, die nicht zufällig unter den Krankheiten der *imaginatio* immer wieder auftaucht, erscheint *imaginatio* als variable Chiffre zur diskursiven Erschließung rational nicht erklärbarer physiologischer und psychischer Zustände[48]. Greift der Diskurs der *imaginatio* damit auf das Unanalysierte, Noch-nicht-Gewusste aus, um es der diskursiven Bändigung zuzuführen, so lässt er dieses als ein Chaos unverfügbarer Kontingenz in Erscheinung treten. Die Pathologie der *imaginatio* nimmt sich demgemäß im medizinischen Diskurs geradezu als Kontrafaktur des neuzeitlichen *tableau* aus[49]. Ihr eignet der „charme exotique“[50] eines ‚anderen' Denkens, das – weiterhin mit Foucault – die tiefsten Gewissheiten unseres Denkens erschüttert[51]. Ähnlich disparate Symptomkataloge ließen sich zwar zweifellos für zahllose andere Krankheitsbilder aufweisen; dass aber gerade die Ordnung der *imaginatio* das Denken in eben jene Ortlosigkeit treibt, die Foucault anhand seiner Analyse der Borgesschen Enzyklopädie entwarf – dass in *imaginatio*, mit anderen Worten,

45 Brieude 1798b, 488.

46 Vgl. zur Pathologie der *imaginatio* im 19. Jahrhundert Obeuf 1815; Fleury 1818; Joly 1877.

47 Vgl. Borges 1996, 85–86; Foucault 1966, 7–11.

48 Vgl. hierzu Wagner-Egelhaaf 1997, 1–30.

49 Vgl. zum *tableau* als Ort neuzeitlicher, genauer: klassisch-aufklärerischer Repräsentationen des Wissens, Foucault 1966; s.u., S. 31.

50 Foucault 1966, 9.

51 Vgl. Foucault 1966, 9.

nicht lediglich ein noch nicht Gewusstes, sondern ein dem Wissen unzugängliches Fundament des Wissens bezeichnet ist –, zeigt sich, wenn man die medizinischen Texte auf die Ätiologie der *imaginatio* befragt. Hier offenbart sich eine grundlegende Ambivalenz, die gerade auch die scheinbar eindeutige *abiectio* im medizinischen Diskurs birgt. Melancholie, Sensibilität und Leidenschaften erscheinen als Auslöser *und* als Effekte der imaginativen Krankheiten; Musik, Kunst, Narkotika, Reisen oder auch die Erfahrung der Großstadt werden bald als Hervorbringer, bald als Remedium imaginativer Exzesse erwogen. Nicht zuletzt gelten aber gerade Imaginationen als Heilmittel imaginativer Störungen. So heißt es im *Dictionnaire méthodique*: „Pour remédier aux maux qu'elle occasionne, il est plusieurs manières de l'employer. 1°. Il suffit souvent de l'opposer à elle-même. L'expérience nous apprend que cette puissance est un instrument qui tue ou qui guérit, suivant, qu'il est bien ou mal dirigé"[52]. Die Implikationen dieser Auffassung verdienen, hervorgehoben zu werden, denn sie lassen eine Denkfigur in den Blick treten, die keineswegs nur den medizinischen Diskurs prägt: *Im* imaginativen Vermögen soll die Möglichkeit einer Überwindung des Imaginativen liegen; das Imaginativ-Pathologische soll Heilung finden durch das Imaginativ-Physiologische. In aller Prägnanz formuliert der Text hier jene innere Gespaltenheit der *imaginatio*, deren Denknotwendigkeit zu Beginn dieses Kapitels profiliert wurde. Die damit fixierte Unentscheidbarkeit ist unmittelbarer Ausdruck der skizzierten Ambivalenz in der Konzeptualisierung des Vermögens, das die Kluft, die es zu überwinden gilt, immer schon voraussetzt. Vor diesem Hintergrund tritt *imaginatio* in einer charakteristischen doppelten Perspektivierung hervor. Als Materialisierung eines dem Denken Unverfügbaren ist sie eine Ordnungsfigur des noch nicht Analysierten. Sie verleiht dem diskursiv Unerschlossenen eine eigene Semantik. Kann sie daher bald als Figur eines Einbruchs des Kontingenten in die Ordnungen des Denkens angesehen werden, so kann sie bald umgekehrt auch als Instanz der Einsichtnahme in ein dieser Ordnung Unverfügbares in den Blick treten. Bald figuriert sie als Modus der imaginativen Erschließung des noch nicht Gewussten, ja, als Instanz metaphysischer Erkenntnis, bald verweist sie als Figur eines Rests an unverfügbarer Kontingenz das Denken auf einen ihm entzogenen Grund und dementiert damit a priori alle Versuche einer Identitätsstiftung von äußerer Wirklichkeit und Bewusstsein[53]. Gerade auch dann, wenn scheinbar eindeutige positive oder negative Bewertungen der *imaginatio* vorgenommen werden – etwa im Kontext der notorischen neuzeitlichen Marginalisierung der *imaginatio*[54] –, führt nun eben diese Ambivalenz zu

52 Brieude 1798a, 476. Vgl. auch die Ausführungen im Melancholie-Artikel der *Encyclopédie* (Diderot 1778a, 436), und die Hinweise Watzke 2003, bes. 237 und 241.

53 Auch hier sind Affinitäten zum Diskurs der Melancholie hervorzuheben; vgl. noch einmal Wagner-Egelhaaf 1997, 1–30.

54 Die These von einer Verdrängung der *imaginatio* im Prozess der Aufklärung (vgl. Barck 1993, 1–5), von einer „Imaginationsfeindlichkeit" des klassischen Diskurses (Maierhofer

einer Destabilisierung vermeintlich eindeutiger Positionen. So treiben die Reflexionen über das imaginative Vermögen bereits zu Beginn des als imaginationsfeindlich geltenden *âge classique* Betrachtungsweisen hervor, die sich schwerlich als *abiectio imaginationis* erklären lassen – von einer ‚Ehrenrettung' der *imaginatio* in der geistlichen Eloquenz gerade durch Arnauld d'Andilly war etwa die Rede[55], und auch La Bruyère, Fénelon, Du Bos und insbesondere Lamy wurden als Fürsprecher der *imaginatio* genannt[56]. Es ist kein historischer Zufall, dass in Erkenntnistheorie einerseits, Rhetorik respektive Ästhetik und Sprachtheorie andererseits vordergründig konträre Positionen verhandelt werden. Die Diskussion um das Vermögen stellt dieses seit Beginn seiner Thematisierung in der Antike in das Spannungsfeld von Repräsentanz und Performanz, von Metaphysik und Rhetorik, von *mimesis* und *poiesis*, Nachahmung und Schöpfung – Relationsfiguren also, deren Auslegung als eine Konstante des abendländischen Denkens bezeichnet wurde[57]. So sind *abiectio* und *vindicatio imaginationis* – dies gilt gerade auch für den Diskurs des *âge classique* – unaufhebbar miteinander verschränkt. Dies gilt mutatis mutandis *auch* für das als ‚modern' geltende Konzept der *imaginatio* jenseits der epochalen Zäsur um 1800. Baudelaires Theorie der Imagination etwa steht eine Poetik des Rationalen zur Seite, des ästhetischen ‚Kalküls', aus dem das Kunstwerk hervorgehen soll. So sieht H. Friedrich zu Recht die Imagination bei Baudelaire in den Dienst eines subjektiven Konstruktivismus gestellt: „Baudelaire [fasst] die Phantasie als ein intellektuell gelenktes Operieren [auf]"[58]. Diese Bestimmung, die gegenüber neueren Definitionsversuchen die Aufwertung der Imagination bei Baudelaire nicht von vornherein und entgegen der ausdrücklichen Intention seiner Texte als Abwertung der *ratio* deutet, setzt allerdings aufs Spiel, was als *differentia specifica* seiner Ästhetik der *modernité* gilt: eine in emphatischem Sinne als schöpferisch verstandene Einbildungskraft, die gerade nicht „intellektuell gelenkt[]" ist – und eben darum das ‚Neue' schaffen kann. Offen ist dabei bislang die Frage geblieben, wie

2003, 11), oder, pauschal, von einer „Verbannung und Ächtung der Phantasie" (Vietta 1986, 10) bei Descartes, Locke, Malebranche, Gottsched, ja, im ganzen 18. Jahrhundert gehört auch noch in jüngeren Studien zu den wenig hinterfragten Selbstverständlichkeiten (vgl. Maierhofer 2003, 11; Wehr 1997, 27). Neben Heideggers Seinsgeschichte ist in erster Linie auf Horkheimers und Adornos These von der ‚Entzauberung' der Welt im Zuge aufklärerischen Strebens nach Naturbemächtigung als Bezugshorizont dieser Auffassung hinzuweisen. Dieser Prozess habe, wie die *Dialektik der Aufklärung* und, ausführlich, die *Ästhetische Theorie* Adornos erläutert, der Phantasie allenfalls in der Kunst einen Raum der Entfaltung zugestanden (Horkheimer/Adorno 2003 [1944]; zur Ausgrenzung der Kunst ibd., 24–25; 39–41; Adorno 2003, bes. 180). – Eine weniger reduktive, wenngleich nur skizzenhafte Darstellung der Rolle der *imaginatio* im *âge classique* bietet Foucault 1966, 102–107.

55 Vgl. Ricken 1964, 556–557.

56 Vgl. Ricken 1964.

57 Vgl. Blumenberg 1981; Warning 1997; Moog-Grünewald 2001.

58 Friedrich 1992 [1956], 37.

beide Elemente – rationales Kalkül und imaginativ-imaginäre Entgrenzung – in Baudelaires Lyrik vermittelt werden.

* * *

Der Diskurs der *imaginatio*, so sollten die vorangehenden Bemerkungen zeigen, gehört in die Reihe derjenigen Diskurse, die nicht lediglich ihren Gegenstandsbereich konstituieren, sondern zugleich auf die Bedingungen dieser Konstituierung reflektieren. Ein dekonstruktives Moment eignet ihm darum wohl stets. Doch erst in der neuzeitlichen, *ratio*-zentrierten Ordnung scheint *imaginatio* in einen offenen Konflikt zu den dominierenden epistemischen Strukturen zu treten. Die neuzeitliche Ordnung der Repräsentation konstituiert sich, wie im Folgenden näher zu erläutern sein wird, als eine Tilgung des in *imaginatio* thematisch werdenden Moments des Kontingenten, die sich gleichsam als imaginative Selbstüberschreitung der *imaginatio* vollzieht. Im Denken der *imaginatio* ist diese Überwindung der Differenz als Möglichkeit immer schon gegeben; wenn nämlich die Bilder der *imaginatio als* Bilder kenntlich sein sollen, so muss ihnen ein Index ihres Anderen eignen: Sie verheißen mithin die Möglichkeit ‚wahrer', ‚authentischer', ja ‚ursprünglicher' Vorstellungen, die den Gegenstand gerade nicht imaginativ, sondern in seinem Wesen erfassen: als Phantasma einer nicht-phantasmatischen *adaequatio rei et intellectus*. Zu erlangen ist diese, so versichern seit Nietzsche die ‚Philosophen der Moderne'[59], allerdings nur um den Preis eines Vergessens der Differenz. Erst ein solches Vergessen stiftet Identität, Wahrheit oder auch Gewissheit, jene Axiome ‚präsenzmetaphysischen' Denkens also, an denen *imaginatio*, so der Konsens der Forschung, in ihrer neuzeitlichen Ausformung gemessen wird.

Im Paradigma der Repräsentation, wie es insbesondere von M. Heidegger profiliert wurde, ist die in der Neuzeit wohl wirkmächtigste Form eines solchen Vergessens beschlossen. Repräsentation nämlich verpflichtet Vorstellung auf ‚Wahrheit' oder, wie Heidegger formuliert, auf ‚Gewissheit' als neuzeitlicher Auslegung von Wahrheit. Der Ort der *imaginatio* wird zwar innerhalb der Repräsentation durchaus unterschiedlich gefasst – bald wird das Vermögen aus dem Erkenntnisprozess ausgeschlossen, bald wird zumindest der vernunftgeleiteten *imaginatio* zögernd Einlass in die Ordnung des Wissens gewährt. Stets aber ist es die Repräsentation, der sich *imaginatio* anzunähern hat, will sie innerhalb der Episteme Gültigkeit beanspruchen. Das Paradigma der Repräsentation bietet sich daher als Bezugshorizont für die historisch-systematischen Rekonstruktionen der neuzeitlichen *imaginatio* in besonderer Weise an und soll an dieser Stelle ausführlicher beschrieben werden.

[59] In Abwandlung des Titels eines Buchs von J. Habermas: *Der philosophische Diskurs der Moderne* (Habermas 1988).

Als epistemologischen Leitbegriff hat M. Heidegger Repräsentation in den Blick gerückt. Sein Aufsatz *Die Zeit des Weltbildes* gilt als Klassiker der kritischen Reflexion über das Konzept der Repräsentation im Sinne einer inneren Vorstellung[60]. ‚Vorstellen', ‚re-praesentatio', meint hier die besondere Signatur neuzeitlicher – das heißt: im Zeichen fortschreitender Verwissenschaftlichung sich formierender, die diskursiven Regularitäten der Naturwissenschaften aufgreifender und generalisierender – Seinsauslegung. Sie meint eine Vergegenständlichung des Seienden unter, wie er sagt, dem Primat der Regel oder des Gesetzes: Repräsentation ist eine Gegenwärtigung des Seienden, die dieses als Gegenstand, d. h. als ein den Bedingungen der Zeit enthobenes, in emphatischem Sinne ‚Präsentes', in Erscheinung treten lässt und zugleich das Subjekt als Grund der Vorstellungen setzt[61]. In der Neuzeit wird das Seiende erst im ‚Welt-Bild', nämlich in der Vorgestelltheit, seiend[62]. Das Seiende, dem außerhalb des Weltbildes schlichtweg kein Sein zukommt, das vielmehr überhaupt erst durch Gegenwärtigung seiend wird, geht dabei jedoch „in gewisser Weise seines Seins verlustig"[63]. So impliziert Vorstellen für Heidegger einen Akt subjektiver Ermächtigung, durch die eine im Subjekt fundierte Bewegung des Denkens dem Seienden seine Wahrheit zuweist, es damit aber zugleich seines Seins enteignet.

Heideggers These von der Selbstermächtigung des Subjekts ist in einer Vielzahl von Varianten in die poststrukturalistischen Reflexionen über die Möglichkeit eines nachmetaphysischen Denkens eingegangen. Foucaults *Les mots et les choses* gehört zu den wirkmächtigsten Reinterpretationen seines Modells[64]. Die in diesem Werk erstmals entwickelte Diskurstheorie entwirft eine zeichentheoretische Perspektivie-

[60] Vgl. Heidegger 1977.

[61] Vgl. Heidegger 1977, 88. ‚Grund' möchte Heidegger im Sinne des griechischen ὑποκείμενον verstanden wissen (ibd.), gemäß seiner These, dass die cartesische Konzeptualisierung des Subjekts durch ein „entscheidendes" Versäumnis, und zwar der Bestimmung des Seinsstatus der *res cogitans*, gekennzeichnet sei (vgl. Heidegger 2001 [1927], 24). Unreflektiert sei die griechische Bestimmung des Seienden auf das Subjekt übertragen worden, eine Nachlässigkeit, die Heidegger als Kennzeichen aller weiteren philosophischen Subjektivitätsentwürfe gilt: „Jede Idee von ‚Subjekt' macht noch – falls sie nicht durch eine vorgängige ontologische Grundbestimmung geläutert ist – den Ansatz des subjectum (ὑποκείμενον) *ontologisch* mit, so lebhaft man sich auch ontisch gegen die ‚Seelensubstanz' oder die ‚Verdinglichung des Bewußtseins' zur Wehr setzt" (ibd., 46). Vgl. zum Subjektbegriff Heideggers den Überblicksartikel Ch. Menke 2003 sowie Köchler 1998; zu Heideggers Wahrheitsbegriff den ‚Klassiker' Tugendhat 1967.

[62] Vgl. Heidegger 1977, 90.

[63] Heidegger 1977, 101.

[64] Vgl. allgemein zum Einfluss Heideggers auf das Denken Foucaults neben seinen teils widersprüchlichen Selbstaussagen (Foucault 1994a, 703; Foucault 1994c, 780) auch Birus 1982, 49, Anm. 69; Frank 1983, 135–144, passim, und 196; Frank 1989b.

rung der Subjektphilosophie Heideggerscher Prägung. Zwar wurde diese gerade im literaturwissenschaftlichen Kontext häufig genug erörtert; dennoch ist es angebracht, die Grundzüge dieses Werks mit Blick auf das Erkenntnisinteresse dieser Studie noch einmal zu vergegenwärtigen.

Les mots et les choses fragt nach den epistemologischen Basisannahmen, die die Konstituierung des Wissens einer Epoche leiten[65]. Dabei avanciert *représentation* zum Leitbegriff für die Bestimmung der Episteme des *âge classique*, derjenigen Wissensstruktur also, die sich zu Beginn der Neuzeit nach Zerfall des vorneuzeitlichen Analogiedenkens herausgebildet hat. Wenn Foucault unausgesprochen an Heidegger anknüpft, so geht er, anders als dieser, nicht von einer untrennbaren Einheit von Verwissenschaftlichung und Subjektivierung aus. Das Aufkommen neuzeitlicher Subjektivität setzt Foucault erst zu Beginn der Moderne an. Dabei nimmt er nicht lediglich eine historische Neuverortung vor, sondern gibt dem Konzept des Subjekts selbst neue Konturen: Das Subjekt, so ließe sich Foucaults Entwurf der modernen Episteme resümieren, konstituiert sich nicht als autonomer Träger seines Erkennens und Handelns, sondern sieht sich in seiner Konstitution bereits auf einen unverfügbaren Grund verwiesen.

Für das *âge classique* hingegen konstatiert Foucault eine Zentrierung der Repräsentation auf eine das Subjekt überschreitende Ordnung der Vernunft. Die Episteme des *âge classique* findet ihre Einheit, so Foucault, im Bezug der Erkenntnis zu einer überzeitlich gültigen Ordnung der Dinge[66]; im *tableau*, Foucaults Variante des Heideggerschen Welt-Bildes, erhält diese Ordnung eine Anschauungsform. Seine These vom ‚transparenten' Zeichen nun erlaubt es ihm, zu zeigen, inwiefern das *âge classique* die Frage nach einem Subjekt der Vorstellungen suspendieren konnte. Die überzeitlich gültige Ordnung der Vernunft nämlich, so Foucault, ist koextensiv mit einer Ordnung der Zeichen, in die sie bruchlos – „sans résidu ni opacité"[67] – überführt werden kann. Das *âge classique* verfügt hier über ein spezifisches Repräsentationsmodell, das Foucault als *représentation redoublée* beschreibt[68]: Eine Reflexion oder ‚Faltung' der Repräsentation in sich bringt eine Struktur hervor, in der einer bezeichnenden *idée* der Verweis auf das Bezeichnete

[65] ‚Episteme' meint bei Foucault eine unbewusste, historisch variable Konfiguration, die den Diskursen einer Epoche als deren Tiefenstruktur zugrunde liegt, diese organisiert und ihnen damit eine epochenspezifische Signatur verleiht: „Par *épistémè*, on entend, en fait, l'ensemble des relations pouvant unir, à une époque donnée, les pratiques discursives qui donnent lieu à des figures épistémologiques, à des sciences, éventuellement à des systèmes formalisés" (Foucault 1969, 250); vgl. Frank 1989b, 401.

[66] Vgl. Foucault 1966, 71.

[67] Foucault 1966, 78.

[68] Vgl. Foucault 1966, 77–81.

bereits je eingeschrieben ist[69]. Das Zeichen führt einen Index seiner Zeichenhaftigkeit mit sich und hat ihn mit sich zu führen, um die Kluft von Zeichen und Bezeichnetem zu schließen, mithin eine vollkommene Transparenz des Zeichens auf die *idée*, der *idée* auf das Zeichen zu schaffen. In dieser Konstellation nun ist Repräsentation, und nicht das Subjekt, als Zentrum der Episteme zu verstehen.

„[L]e seuil de notre modernité [est] le jour où s'est constitué un doublet empirico-transcendental qu'on a appelé homme"[70]: Das Auftauchen des modernen Subjekts markiert für Foucault die Auflösung der Episteme der Repräsentation und den Eintritt in die tiefendimensional strukturierte Episteme der Moderne. Im Konzept des Menschen, wie es sich seit Beginn des 19. Jahrhunderts – in einem kontingenten Prozess der Umorganisation bestehender Wissensstrukturen – herausbildet, ist, folgt man Foucault, ein Zwiespalt zwischen autonomer Fundierung und heteronomer Determiniertheit festgeschrieben[71]: Der Mensch erfährt sich in Abhängigkeit von einem ihm unverfügbaren Grund, als dessen Letzthorizont Foucault eine spezifisch ‚moderne' Konzeptualisierung der Zeitlichkeit in Anschlag bringt. Eine „finitude fondamentale"[72] nämlich, eine selbstbezügliche – weil nicht mehr auf eine sie transzendierende Unendlichkeit bezogene – Endlichkeit bildet nunmehr den Grund, auf dem die Repräsentationen der Dinge gegeben sind. In rätselhafter Weise indizieren diese die sie ‚fundierende' Negativität: Die Räumlichkeit des Körpers, die Unerfülltheit des Begehrens, die Zeit der Sprache werden im Blick des Archäologen zu Manifestationsformen eines als unverfügbare Kontingenz zu verstehenden Seins, die ein schlechthin Entzogenes in der Positivität des Gegebenen zur Präsenz bringen[73].

Das Sein überbordet das Cogito: Diese für sich genommen nicht neue Einsicht gibt Foucault Anlass zum Entwurf eines Kernproblems der Moderne: Wie kommt es, so formuliert er eine die Moderne kennzeichnende ‚Rätselfrage', dass der Mensch denkt, was er nicht denkt? Und weiter: Wie kann das Denken aus etwas, das nicht denkt, hervorgehen? Wie also kann das Subjekt unter der Prämisse einer Trennung von Sein und Cogito sich dennoch zum Sein in ein Verhältnis setzen?

69 „[L]e signifiant n'a pour tout contenu, toute fonction et toute détermination que ce qu'il représente : il lui est entièrement ordonné et transparent ; mais ce contenu n'est indiqué que dans une représentation qui se donne comme telle, et le signifié se loge sans résidu ni opacité à l'intérieur de la représentation du signe" (Foucault 1966, 78).

70 Foucault 1966, 329–330.

71 Foucault spricht von einer „irreduziblen Anteriorität", der der Mensch in der Rückwendung auf sich selbst begegnet: „[L'homme], dès qu'il pense, ne se dévoile à ses propres yeux que sous la forme d'un être qui est déjà [...], en une irréductible antériorité, un vivant, un instrument de production, un véhicule pour des mots qui lui préexistent. Tous ces contenus que son savoir lui révèle extérieurs à lui et plus vieux que sa naissance, anticipent sur lui, le surplombent de toute leur solidité et le traversent [...]" (Foucault 1966, 324).

72 Foucault 1966, 326.

73 Vgl. Foucault 1966, 326.

Die „sandige Weite des Nichtdenkens", auf die das Cogito gründet, scheint hier „von einem virtuellen Diskurs durchlaufen"[74], der in den logisch-rationalen Diskurs des Cogito übersetzbar wäre – und doch ist das Nichtdenken vom Denken radikal geschieden. In den Blick rückt damit die Grenze ‚zwischen' Sein und *cogito*: ein Raum, der die beiden Seinsweisen zugleich trennt und verbindet. Die nicht zu lösende Paradoxie dieses trennend-verbindenden Raumes führt nun, folgt man Foucault, zu einer die Moderne kennzeichnenden Denkfigur: dass es ein Ungedachtes geben müsse, das zu denken dem Denken aufgegeben sei: „toute la pensée moderne est traversée par la loi de penser l'impensé"[75].

Die Konsequenzen dieses Modells für das Paradigma der Repräsentation sind leicht zu ermessen. Die Repräsentationen – will man noch von Repräsentationen sprechen – erscheinen vor dem Hintergrund der von Foucault skizzierten Konfiguration als Bilder auf einem unverfügbaren Grund: einem Anderen des Denkens, das diesem entzogen ist und dennoch nicht schlicht in Opposition zu ihm steht, sondern vielmehr als dessen Möglichkeitsgrund zu konzipieren ist. Diesen (Ab-)Grund bildet nun die oben beschriebene Form einer als Todverfallenheit verstandenen Zeitlichkeit – deren Index den Repräsentationen also, folgt man Foucault, eingeschrieben ist. Der in den Repräsentationen codierte Entzug kann nun aber wiederum zum Movens einer in *Les mots et les choses* als spezifisch ‚modern' bestimmten Dynamik des Denkens führen: „Elle fait aussitôt bouger ce qu'elle touche: elle ne peut découvrir l'impensé [...] sans l'approcher aussitôt de soi, – ou peut-être encore sans l'éloigner, sans que l'être de l'homme [...] ne se trouve du même fait altéré"[76]. Diese Dynamik betrifft insbesondere auch einen letzten Aspekt, den Foucault für die Episteme der Moderne geltend macht. Uneinholbar ist nämlich innerhalb dieser Konfiguration einer metaphysisch unbehausten Zeit auch der Ursprung des Menschen. Ihn reflexiv einholen zu wollen, bedeutete einen Nachvollzug des Übergangs aus einem präreflexiven in einen reflexiven Zustand, der zu zeigen hätte, wie aus einem unverfügbaren Grund ein reflektierendes Bewusstsein abgeleitet werden kann; die Lösung des Problems ist empirisch nicht erschließbar, sondern, als Reflexion auf diesen Grund, allenfalls hypothetisch zu formulieren. Insofern aber diese Absenz des Ursprungs ihrerseits nichts anderes markiert als die schlechte Unendlichkeit der „finitude fondamentale"[77], wird der Ursprung zum Gegenstand des Begehrens, seine Wiederkehr zur Verheißung für die Zukunft.

[74] Von einer „étendue sablonneuse de la non-pensée" und einer „existence muette, prête pourtant à parler et comme toute traversée secrètement d'un discours virtuel" ist im Kapitel *Le cogito et l'impensé* die Rede (Foucault 1966, 333–334).

[75] Foucault 1966, 338.

[76] Foucault 1966, 338.

[77] Foucault 1966, 326.

Les mots et les choses wurde seit Erscheinen des Werks immer wieder Gegenstand der Kritik[78]. Die Debatten um Foucaults Modell können an dieser Stelle nicht erörtert werden. Ein für den Fortgang der Argumentation relevanter Kritikpunkt soll indes an dieser Stelle referiert werden. M. Frank hat die Frage aufgeworfen, ob der Epistemewechsel, den Foucault zwischen *âge classique* und Moderne ansetzt, in der Tat diskontinuierlich zu denken ist, und dies entschieden verneint[79]. Seine Argumentation verläuft auf zwei Ebenen. Zum einen skizziert er anhand historischer Paradigmen den Beginn modernen Selbstbezugs als Endpunkt einer Folge von Reflexionsstufen, die von der „représentation redoublée" zum Konzept des modernen Subjekts führt[80]. Zum anderen – und dies erscheint im Kontext dieser Studie als das wichtigere Argument – erhebt Frank einen methodologischen Einwand gegen Foucaults Konzeption. Dieser unterstelle nämlich, dass die Episteme ein statisches, invariables Regelsystem sei, auf das alle individuellen Äußerungen reduzibel seien[81]. Ein solches geschlossenes System lässt in der Tat die Vorstellung eines kontinuierlichen Systemwandels nicht zu. Frank hingegen verlagert das Moment der Kontingenz, das Foucault im Epochenumbruch verortet, gleichsam in das System selbst hinein – und zwar als eine „irreduzible Fähigkeit der denkenden und sprechenden Individuen [...], sich auf je einzigartige Weise zu ihrem Allgemei-

78 Vgl. nur die kritische Lektüre durch Frank und Habermas (Frank 1983, 135–215; Habermas 1988, 313–343).

79 Vgl. Frank 1989b, 403.

80 Diese Stufenfolge wurde in Forschungsbeiträgen der letzten Jahre auch anhand von französischen Paradigmen nachvollzogen; spezifisch ‚moderne' diskursive Strukturen wurden bereits im *âge classique* eruiert und als Reflexion auf die Implikationen des klassischen Zeichenbegriffs plausibel gemacht. Dies spricht nicht schon gegen Foucaults Modell, das als Modell revidierbar sein muss, sondern rückt mit der Vielfalt der Anschlussmöglichkeiten eher dessen heuristischen Wert in den Blick. Vgl. bereits Stierle 1985; weiterhin bes. Geyer 1997 und Kablitz 2005. Stierle weist auf ein Opakwerden des Zeichens in der negativen Anthropologie Pascals und La Rochefoucaulds hin (Stierle 1985; zu Foucault 127, Anm. 40). Pascals „Durchgang durch die Negativität" (Kablitz 2005, 126) zum Zwecke der Etablierung eines „Tableau der taxonomischen Ordnung" (ibd., 124) gibt Kablitz Anlass zu der Frage, inwiefern bereits das *âge classique* einen Typus der Zeitanalyse kannte, der Foucault zufolge erst mit der Moderne in Erscheinung tritt (zu Foucault ibd., 111–112 und 124–128). Die These, dass innere Widersprüche der aufklärerischen Anthropologie die moderne Subjekttheorie hervortreiben, gibt schließlich der Studie von P. Geyer die leitende Perspektive vor. Wenn bereits mit La Rochefoucauld der Zeitkern des Menschen ins Bewusstsein tritt, so gelten ihm insbesondere Montesquieu und Rousseau als Paradigmen eines Zerfalls der Episteme der Repräsentation und einer Rekonstruktion im Geiste der Moderne, nämlich als Herausbildung eines historischen Denkens (vgl. Geyer 1997). – Den Versuch einer Überwindung des Kontinuitäts-/Diskontinuitätsproblems mittels einer Verknüpfung systemtheoretischer mit diskursanalystischen Herangehensweisen unternimmt F. Penzenstadler (vgl. Penzenstadler 2000, 14–21).

81 Vgl. Frank 1989b, 403.

nen – z. B. ihrem ‚sol historique' [sc. der Episteme] – zu verhalten“[82]. Gerade der von Foucault konstatierte ‚Abgrund', der in der Moderne eine Trennung von Zeichen und Bezeichnetem einschreibt, gilt Frank mithin als Möglichkeitsbedingung einer kreativen, den Code transzendierenden Zeichenverwendung.

Foucault hat in seinen späteren Schriften das rigide Verhältnis von System und Subjekt, wie es in *Les mots et les choses* entworfen wurde, immer wieder revidiert. Wenn im Folgenden dennoch nicht er selbst zu Wort kommt, sondern einer seiner prominentesten Kritiker, J. Derrida, so darum, weil Derrida, anders als Foucault, in aller Konsequenz das Konzept einer die Strukturen des Codes transzendierenden Instanz der Sinnkonstitution beschrieben hat, ohne dieses Konzept an einen ohnehin bereits polysemen Subjektbegriff rückzubinden, wie dies in Foucaults Wende zu einer Hermeneutik des Subjekts geschah. Seine Position ist auch insofern für diese Studie von größerem Interesse, als in Baudelaires Konzeptualisierung der *imaginatio* – dies gilt, grosso modo, für die gesamte neuzeitliche Diskussion des imaginativen Vermögens – der Aspekt der ‚Andersheit' der *imaginatio* gegenüber Versuchen, *imaginatio* als das ‚Eigene', ja ‚Ureigene' zu deuten, im Vordergrund steht. Daher soll im Folgenden das Konzept der *différance* als Sinnfolie für die weiteren Überlegungen dienen.

„[L]a représentation parfaite est toujours déjà autre que ce qu'elle double et représente […]. Il n'y a jamais de peinture de la chose même et d'abord parce qu'il n'y a pas de chose même.“[83] – Das Konzept der Repräsentation beruht, folgt man Derrida, auf einem zweifachen Missverständnis: der Annahme, es gebe eine ursprüngliche Präsenz (etwa: des Seins, der Wahrheit, des Logos); und der Annahme, dass diese ohne Verluste abbildbar sei. Doch erstens liegt zwischen Abbild und Abgebildetem eine unaufhebbare Differenz; und zweitens lässt sich diese Differenz selbst als Index eines ‚ursprünglichen' Entzugs deuten, der abendländische Basiskategorien wie ‚Sein', ‚Wahrheit', ‚Ursprung' und ‚Identität' in Frage stellt, indem er sie auf ein Moment des Kontingenten, dem sie ihre Entstehung verdanken, transparent macht. Eben diese Infragestellung leitet Derridas Projekt einer kritischen Revision des Denkens der Repräsentation. Radikaler noch als Heidegger will er diese zu einer Dekonstruktion ‚präsenzmetaphysischer' Entwürfe wenden, jener Entwürfe also, zu denen er neben dem gesamten abendländischen Denken auch Heideggers Projekt einer Destruktion der Ontotheologie und zumal Foucaults Versuch einer Archäologie epistemologischer Formationen zählt.

Anders als Foucault betrachtet Derrida die Vergegenwärtigung einer vorgängigen Präsenz im Zeichen, die das Repräsentationsmodell fordert, nicht als Basispostulat einer spezifischen Epoche, sondern als Prämisse metaphysischen Denkens

82 Frank 1989b, 403.
83 Derrida 1967a, 412.

überhaupt. Zwei Grundannahmen leiten ihm zufolge dieses Denken: dass Sinn vorgängig gegeben sei, und dass dieser im Signifikant reibungsfrei zu einer Repräsentation gelangen könne. Ein solches Modell muss, wie Foucault hervorhob, eine vollkommene Transparenz des Zeichens unterstellen. Derrida spricht vielmehr von einem Vergessen der Differenz, das den Signifikant auf die Repräsentationsfunktion festschreibt und damit ein Denken der Präsenz ermöglicht. Dieses, so Derrida, setzt eine Hierarchisierung von Signifikant und Signifikat voraus, in der der Signifikat dem Signifikant übergeordnet ist. Er gilt als eigentliches Telos der Repräsentation; verfügbar wird er indes erst durch ein ‚Ausstreichen' des Signifikanten, durch das in einem quasi archetypischen Gestus der metaphysischen Reduktion die Illusion einer Präsenz des Signifikats erzeugt wird[84].

Fragt man nun, weshalb die Differenz, die das Abbild vom Repräsentierten trennt, immer wieder vergessen wurde, ja, weshalb sie vergessen werden *musste*, so stößt man, wie Derrida in seinem Aufsatz *La structure, le signe et le jeu dans le discours des sciences humaines*[85] zeigte, auf eine grundlegende Aporie präsenzmetaphysischer Modelle. Diese basieren, so Derridas Überlegung, auf der Setzung eines Zentrums, eines Axioms also, das die entsprechende Ordnung fundiert, ohne seinerseits weiter begründbar zu sein. Dieser in der Geschichte des Abendlandes unter verschiedenen Namen – *arche*, *telos*, Bewusstsein, Mensch, Gott etc. – verhandelte transzendentale Signifikat ist nun insofern in sich inkohärent, als er die Struktur transzendiert, aber dennoch als ein Innen der Struktur gedacht werden muss, um eine ordnungsstiftende Funktion entfalten zu können. Diese paradoxe Situierung – dies ist die Pointe der Überlegungen Derridas – ist mithin zu überspielen, soll das Zentrum seine Begründungsfunktion wahrnehmen können. Präsenzmetaphysische Modelle geben den von ihnen gesetzten Ursprung als vorgängig gegeben aus. Dazu verhüllen sie dessen Setzungscharakter; sie verschweigen, dass Sinn sich nur über Differenzen, und das heißt: als Effekt eines primären Akts der Ausgrenzung formieren kann. Sie verschweigen die Negativität ‚jenseits' des Sinnes[86], um einem Denken der Identität Raum zu verschaffen, das seinerseits Mög-

84 Vgl. bes. Derrida 1967c.

85 Derrida 1967c.

86 Unter Negativität versteht Derrida einen „fonds non historique de l'histoire", einen paradoxen, ‚abgründigen' Grund, auf dem sich ein aus einem Spiel der Differenzen hervorgehender Sinn entfaltet; vgl. Derrida 1967b, 54–55, Anm. 1: „[T]oute histoire ne [peut] être, en dernière instance, que l'histoire du sens, c'est-à-dire de la Raison *en général* [...] Et s'il n'y a d'histoire que de la rationalité et du sens en général, cela veut dire que le langage philosophique, dès qu'il parle, récupère la négativité – ou l'oublie, ce qui est la même chose – même lorsqu'il prétend l'avouer, la reconnaître. Plus sûrement peut-être alors. L'histoire de la vérité est donc l'histoire de cette *économie* du négatif. Il faut donc, il est peut-être temps de revenir à l'anhistorique en un sens radicalement opposé à celui de la philosophie classique : non pas pour méconnaître mais cette fois pour avouer – en silence – la négativité. C'est elle et non la vérité positive, qui est le fonds non historique de l'histoire".

lichkeitsbedingung widerspruchsfreier Sinnentwürfe innerhalb der Grenzen seines Hoheitsgebiets ist.

Doch gibt es im Gebäude der Metaphysik selbst ‚Spuren' oder ‚Risse', die dieses Vergessen bezeugen: Die Schrift und das Bild etwa gelten Derrida als Beispiele für einen Modus der Repräsentation, der die Differenz zwischen Abbild und Abgebildetem offen einbekennt. Die Schrift, so zeigt er in *De la grammatologie*, wird im Abendland als bloßer Abglanz des lebendigen Wortes gewertet. Während die Stimme auf ihren Ursprung hin transparent sein soll, impliziert die Schrift eine Trennung von diesem; während die Stimme als Manifestation des Logos Wahrheitsrede sein soll, gilt Schrift als trügerischer Schein des Wahren[87]. Eben darum wird sie für Derrida zur kardinalen Metapher in seinem Versuch, das ‚präsenzmetaphysische' Gedankengebäude in seinen Grundfesten zu erschüttern.

Diese Valorisierung darf nicht so verstanden werden, als stelle die Schrift für Derrida bereits ein Gegenmodell zur Präsenzmetaphysik dar. Die Schrift bezeugt vielmehr eine prinzipielle Verschiebbarkeit der Differenzen, innerhalb derer sich das präsenzmetaphysische Denken – durch die Verhüllung dieser Verschiebbarkeit – etablieren konnte. Sie ist nur *ein* Paradigma, anhand dessen sich zeigen lässt, dass die Ausgrenzungen, die das präsenzmetaphysische Denken fundieren, immer nur unvollkommen vollzogen werden können: Die Differenzen von ‚Außen' und ‚Innen', von ‚Welt' und ‚Selbst', von ‚Körper' und ‚Geist', von ‚Stimme' und ‚Logos', von ‚Signifikant' und ‚Signifikat' gehorchen, so Derrida, samt und sonders einer Logik der *différance*, die sich gerade anhand der Dreierkonstellation Schrift – Stimme – Logos paradigmatisch aufzeigen lässt. Die Stimme ist einerseits äußerlich gegenüber dem in sich ruhenden, selbstbezüglichen Logos. Andererseits aber ist sie dem Logos zugeordnet: Sie ist Materialität, doch signifikante Materialität – ein ‚Außen' ohne Eigenständigkeit gegenüber dem ‚Innen'. Diese Zweideutigkeit, die im präsenzmetaphysischen Modell unreflektiert bleibt, ist im Paradigma der Schrift, deren Materialität ihre Äußerlichkeit ostentativ indiziert, immer schon thematisiert worden; Reflex dieses Sachverhalts ist eine Stigmatisierung, die sie als eine defizitäre Form des gesprochenen Wortes abwertete. Eben darum kann Schrift aber zur Kronzeugin der These werden, dass das stigmatisierte ‚Außen' abendländischer Fundamentalkategorien – Absenz, Körper, Signifikant etwa – das Innen immer schon kontaminiert. Erst der insistierende Hinweis auf die Unmöglichkeit, Grenzen ein für allemal zu fixieren, macht sie zum Index jenes irreduzibel ‚Anderen', das Derrida als „trace", als „archi-écriture", als „brisure" oder auch als *différance* bezeichnet: eines ‚Ursprungs', der ‚immer schon' in sich gespalten ist, genauer: der immer schon ‚nachträglich' erscheint gegenüber einer ‚ursprünglichen' Negativität, die sich den Setzungen der Sprache entzieht.

[87] Das Paradigma dieser Ausgrenzung sieht Derrida in der Erzählung von der Erfindung der Schrift in Platons *Phaidros* gegeben; vgl. ibd., 274c-278e.

Wenn Derrida an Foucaults Einsicht anknüpfen kann, dass sich diskursive Ordnungen immer nur über eine Ausgrenzung ihres ‚Anderen' konstituieren können, so versucht er, über Foucault hinausgehend, noch die Scheidung von Identität und Differenz zu hintergehen, die einem solchen Ausschluss zugrunde liegt. Er versucht, den (Ab-)Grund des Denkens – das Undenkbare selbst – zu denken, „une négativité si négative qu'elle ne pourrait plus se nommer ainsi": ein Anderes des Denkens, das nicht als Ursprung gedacht werden kann, aber doch als Ursprung gedacht werden *muss*. Diesen paradoxen, nicht-begründenden Grund des Sinnes, „[le] sans-fond du non-sens"[88], ausfindig zu machen – „s'enfoncer, en tâtonnant à travers les concepts hérités, vers l'innommable"[89] –, ist das eingestandenermaßen undurchführbare Projekt Derridas[90].

Was verbirgt sich, so fragt er, ‚hinter' dem transzendentalen Signifikat? Was liegt ‚vor' den sinnkonstitutiven Oppositionen der Sprache, oder besser – denn auch ein raumzeitliches ‚vor' fällt unter den Metaphysikverdacht: Wie ist ein Nichtidentisches zu denken, das nicht als vorgängiger Ursprung oder Grund auf das Identische bezogen wäre, sondern einen Raum der Negativität bezeichnete, einen Abgrund, über dem semiologische Differenzen Präsenz-Effekte erzeugen könnten? Im Neologismus *différance* sucht Derrida dieses Undenkbare, das „Irreduzibelste unserer Epoche"[91], zu denken[92].

Die *différance* ließe sich in erster Näherung und vor dem Hintergrund eines ‚klassisch-metaphysischen' Kausalitätsdenkens als eine Hervorbringung sinnkonstitutiver Differenzen beschreiben[93]. Allerdings unterstellte eine solche

88 Derrida 1967b, 54–55, 88, Anm. 1.

89 Derrida 1967d, 86.

90 Undurchführbar darum, weil das Ausstreichen des Signifikanten die vorgängige Setzung einer Differenz präsupponiert, um überhaupt vollzogen werden zu können. Insofern nun diese Setzung die Möglichkeitsbedingung für die Ordnung des Identischen darstellt, kann sich ein Austritt aus der Metaphysik nur als ein in der Ordnung der Sprache schlechthin unmöglicher Eintritt in eine Ordnung des Nichtidentischen vollziehen. – Die Illusion der Präsenz lässt sich zwar durch eine Valorisierung des Signifikanten, wie Derrida dies mit der Metapher der Schrift unternimmt, in Frage stellen; doch auch diese Form der Kritik entgeht nicht einem Zirkel, der darin besteht, dass eine Kritik an der Metaphysik immer nur in den Begriffen der Metaphysik vollzogen werden kann; vgl. Derrida 1967c, 412: „[I]l n'y a aucun sens à se passer des concepts de la métaphysique pour ébranler la métaphysique ; nous ne disposons d'aucun langage […] qui soit étranger à cette histoire ; nous ne pouvons énoncer aucune proposition destructrice qui n'ait déjà pu se glisser dans la forme, dans la logique et les postulations implicites de cela même qu'elle voudrait contester".

91 „[L]e plus irréductible de notre époque" (Derrida 1972a, 7).

92 Vgl. zum Konzept der *différance* bes. Derrida 1972a. Eingeführt wird der Terminus bereits in *De la grammatologie*, 1967, und *La voix et le phénomène*, 1967.

93 „Dans une conceptualité et avec des exigences classiques, on dirait que ‚différance' désigne la causalité constituante, productrice et originaire, le processus de scission et de division dont les différents ou les différences seraient les produits ou les effets constitués" (Derrida 1972a, 9).

Konzeptualisierung, was ja gerade zu überwinden ist: einen Ursprung oder einen Grund dieser Differenzen. Zu denken ist in der *différance* aber ein anarchisches und atelisches reines Werden, das Sinn über dem Abgrund unverfügbarer Kontingenz ereignishaft hervortreten lässt. Demgemäß profiliert Derrida die *différance* zunächst als eine Figur des Widerspruchs. Sie entzieht sich, so führt er im zentralen Aufsatz *La différance* aus, traditionell-ontologischen wie auch theologischen Bestimmungen; sie ist *weder* sinnlich *noch* intelligibel; sie ist *weder* anwesend *noch* abwesend; sie meint *weder* ein Erleiden *noch* eine Tätigkeit: „[L]a différance n'est pas. Elle n'est pas un étant-présent, si excellent, unique, principiel ou transcendant qu'on le désire. Elle ne commande rien, ne règne sur rien et n'exerce nulle part aucune autorité“[94]. Die *différance* lässt sich im metaphysischen Kategoriensystem nicht fassen und ist insbesondere nicht den Kategorien des Subjekts oder des Bewusstseins zu- oder gar unterzuordnen. Denn das Subjekt ist selbst Effekt, nicht Ursprung der *différance*.

Doch eine Bestimmung eines Anderen des Denkens kann sich nicht damit begnügen, dieses in doppelter Negation in ein Außen des Denkens zu relegieren. Sie hat vielmehr auch die Relation dieses Anderen zum Denken selbst zu erhellen. Die *différance* ist also *auch* einer positiven Bestimmung zuzuführen; als Figur des Widerspruchs ‚ist' sie, was jenseits traditioneller metaphysischer Oppositionen als ein von diesen kategorial verschiedenes Anderes sichtbar wird:

> la différance nous tient en rapport avec ce dont nous méconnaissons nécessairement qu'il excède l'alternative de la présence et de l'absence. Une certaine altérité [...] est définitivement soustraite à tout processus de présentation par lequel nous l'appellerions à se montrer en personne[95].

Was also, naiv gefragt, *ist* die *différance*? Sie ist, wie Derrida in *De la grammatologie* erläutert, die Eröffnung ursprünglicher Äußerlichkeit: die Einschreibung einer Differenz, welche aus einer primären Ungeschiedenheit (*indifférence*) die im präsenzmetaphysischen Denken allzu selbstverständlichen Kategorien von ‚Außen' und ‚Innen' hervorbringt[96]. Diesen Gedanken profiliert Derrida in *La différance* als eine komplexe Artikulation von Verräumlichung (*espacement*) und Verzeitlichung (*temporisation*), ein „Raum-werden der Zeit“ und ein „Zeit-werden des Raumes“:

> La différance, c'est ce qui fait que le mouvement de la signification n'est possible que si chaque élément dit „présent“, apparaissant sur la scène de la présence, se rapporte à autre chose que lui-même, gardant en lui la marque de l'élément passé et se laissant déjà creuser par la marque de son rapport à l'élément futur, la trace [...] constituant ce qu'on appelle le présent par ce rapport même à ce qui n'est pas lui : absolument pas lui, c'est-à-dire pas même un

94 Derrida 1972a, 22.
95 Derrida 1972a, 21.
96 Vgl. Derrida 1967a, 103–104.

passé ou un futur comme présents modifiés. Il faut qu'un intervalle le sépare de ce qui n'est pas lui pour qu'il soit lui-même, mais cet intervalle qui le constitue en présent doit aussi du même coup diviser le présent en lui-même, partageant ainsi, avec le présent, tout ce qu'on peut penser à partir de lui, c'est-à-dire tout étant [...], singulièrement la substance ou le sujet. Cet intervalle se constituant, se divisant dynamiquement, c'est ce qu'on peut appeler *espacement*, devenir-espace du temps ou devenir-temps de l'espace (*temporisation*)[97].

Erst das Einschreiben einer Differenz vermag aus ursprünglicher Indifferenz Gegenständlichkeit hervorzubringen. Dabei darf nun aber nicht der Eindruck entstehen, die *différance* scheide schlichtweg Raum und Zeit, Innen und Außen, Eigenes und Fremdes. Denn die *différance* ist Trennung und Artikulation zugleich: das Werden einer trennenden Verbindung, oder auch einer verbindenden Trennung. Die Abscheidung eines ‚Außen' bedeutet also gerade nicht, dass der Gegenstand zu autonomer Präsenz gelangt. Der Gegenstand führt vielmehr einen Index seines unverfügbaren Grundes mit sich, insofern er nur vor dem Hintergrund seines Anderen zu einer in sich stets schon gespaltenen Gegenwart gelangen kann. Für Derrida gibt es keine Präsenz vor oder außerhalb semiologischer Differenzen. Repräsentationen, so ließe sich vereinfacht formulieren, konstituieren sich nicht *im* Raum – wie dies die Welt-Bild- und die *tableau*-Metapher nahe legen – sondern *als* Raum, nicht *in* der Zeit, sondern *als* Zeit. Der Tribut, den Repräsentation fordert, ließe sich mithin als eine entgegenwärtigende Gegenwärtigung ursprünglicher Indifferenz zu raumzeitlicher Struktur beschreiben.

Das so gefasste Konzept der *différance* erlaubt es Derrida schließlich, die Frage nach dem Sinn in den Blick zu nehmen. Sinn nämlich kann für ihn nur darum zutage treten, weil das Andere *als* Anderes im Gleichen in Erscheinung tritt („sans une trace retenant l'autre comme autre dans le même, aucune différence ne ferait son œuvre et aucun sens n'apparaîtrait"[98]):

La trace est en effet l'origine absolue du sens en général. Ce qui revient à dire, encore une fois, qu'il n'y a pas d'origine absolue du sens en général. La trace est la différance qui ouvre l'apparaître et la signification. Articulant le vivant sur le non-vivant en général, origine de toute répétition, origine de l'idéalité, elle n'est pas plus idéale que réelle, pas plus intelligible que sensible, pas plus une signification transparente qu'une énergie opaque et aucun concept de la métaphysique peut la décrire[99].

Die *différance* ist, dem Imaginären vergleichbar, ein Anderes des Denkens, das dessen Ordnungen hervorbringt, doch nicht in ihnen aufgeht. Wenn sie indes dem Denken ungreifbar bleibt, so sieht dieses sich in seinen Figuren stets auf das Undenkbare verwiesen: Derridas Modell formalisiert und generalisiert Foucaults Beobachtung, dass sich zu Beginn des 19. Jahrhunderts in der Reflexion auf die

97 Derrida 1972a, 13–14.

98 Derrida 1967a, 92.

99 Derrida 1967a, 95.

paradoxe Verfasstheit des Subjekts ein Denken der Tiefe herausgebildet habe, das gerade an der Unmöglichkeit einer Grenzziehung von Außen und Innen scheitern muss. Wie Foucault valorisiert auch Derrida einen Raum des ‚Zwischen' als Raum eines entzogenen Anderen des Denkens, der nicht als Grund gedacht werden kann, doch als Grund gedacht werden *muss*: „quelque chose s'écrit [...] qui n'a jamais été dit et qui n'est rien d'autre que l'écriture elle-même comme origine du langage"[100]. Derridas Gedankengang erinnert wiederum an jenen Foucaults, wenn dieser einen „virtuellen Diskurs" in den „Weiten des Ungedachten"[101] erwägt. Doch anders als Foucault unterstreicht Derrida die transhistorische Ubiquität eines Denkens der Differenz, das die präsenzmetaphysischen Entwürfe obstinat – wenngleich nicht stets mit Wissen ihrer Autoren – begleitet.

* * *

Wie lässt sich *imaginatio* vor dem Hintergrund der hier skizzierten Repräsentationsmodelle verorten? – In Heideggers Aufsatz *Die Zeit des Weltbildes* findet *imaginatio* eine nur flüchtige Erwähnung. Ein Bedeutungswandel des Konzepts dient Heidegger als Indiz neuzeitlicher Subjektivierungsprozesse im Rahmen der Etablierung der Repräsentation:

> In der Unverborgenheit ereignet sich die [antike] φαντασία, d. h. das zum Erscheinen-Kommen des Anwesenden [...] Der Mensch als das vorstellende Subjekt jedoch phantasiert, d. h. er bewegt sich in der imaginatio, insofern sein Vorstellen das Seiende als das Gegenständliche in die Welt als Bild einbildet[102].

Wenn bereits die Metaphorik des Welt-Bildes eine ambivalente Verortung der *imaginatio* auf dem epistemologischen Horizont der Repräsentation andeutet, so illustriert auch diese knappe Bemerkung – wenngleich unausgesprochen –, dass *imaginatio* in einer ungeklärten Beziehung zur neuzeitlichen Ordnung der Repräsentation steht. Als ‚Einbilden' des Seienden in das Welt-Bild rückt das Vorstellen in die Nähe der *co-agitatio*, derjenigen Bewegung des Denkens also, aus der heraus, folgt man Heidegger, das *cogito* zur Selbstgewissheit gelangt: „Vor-stellen ist vorgehende, meisternde Ver-gegen-ständlichung. Das Vorstellen treibt so alles in die Einheit des so Gegenständigen zusammen. Das Vorstellen ist coagitatio"[103]. Freilich ist in *imaginatio* – anders als in *co-agitatio*, verstanden als ‚Zusammentreiben' eines schon Gegebenen – nicht zwingend ein vorgängiges Gegebensein dessen, was im Welt-Bild zur Gegenständlichkeit zusammenzuführen ist, bedacht. Mehr noch:

[100] Derrida 1967a, 64.
[101] Vgl. Foucault 1966, 333–334.
[102] Heidegger 1977, 106.
[103] Heidegger 1977, 108.

Anders als im *cogito* ist im *imaginor* – um Heideggers auf die cartesischen *Meditationes de prima philosophia* bezogene historische Semantik zu ergänzen – das Subjekt als Agens des Vorstellens ausgeblendet. Der voluntaristische Akt, der in Heideggers *co-agitatio* mitzudenken ist, wäre, so ließe sich mutmaßen, in *imaginatio* hinfällig, zumindest fragwürdig. So macht *imaginatio* einen inneren Bruch sichtbar, der das Welt-Bild-Modell durchzieht: In der Neuzeit wird zwar die Welt zum Bild; doch ist diese Bildwerdung kein ‚Bilden', sondern ‚co-agitatio' – das ‚Zusammentreiben' dessen, was zuvor schon da war. Dass ein solcher Bruch dem neuzeitlichen Weltbild geradezu wesentlich ist, hat Heidegger – wenn auch nicht mit Blick auf *imaginatio* – immer wieder betont. Will indes Repräsentation als Gewissheit gelten, so hat sie diesen Bruch, der aus dem Akt des Präsentmachens des Seienden hervorgeht, zu verhüllen, um auf diese Weise eine Gewissheit des Gegenstandes in der Repräsentation behaupten zu können. In *imaginatio*, so könnte man nun vorläufig und tentativ formulieren, ist die prekäre Frage nach der vorgängigen Gegebenheit des Gegenstandes gerade *nicht* suspendiert. Sie stellt die Identität des im Subjekt fundierten Seienden in Frage, indem sie den Prinzipiencharakter dieses Grundes bestreitet. Die Begründung von Selbst und Welt als Subjekt und Objekt wird hier auf eine Abgründigkeit transparent: *Imaginatio* wird zum Index eben jenes sich entziehenden Seins, dessen das zum Welt-Bild geronnene Seiende „verlustig"[104] geht.

Foucaults Ausführungen zu *imaginatio* betreffen ausschließlich deren Konzeptualisierung im *âge classique*[105]. *Imaginatio* hat in der Episteme der Repräsentation einen ambivalenten Status, wie er in *Les mots et les choses* zumindest andeutet. Indem sie Abwesendes vergegenwärtigt, lässt sie Ähnlichkeiten zwischen den Dingen in Erscheinung treten. Diese bilden ihrerseits einen „fond indifférencié, mouvant, instable"[106], einen unanalysierten, noch nicht in die Zeitlosigkeit des *tableau* überführten Grund, auf dem sich das *tableau* entfaltet. *Imaginatio* lässt sich darum in zweifacher Hinsicht perspektivieren: als „obscur pouvoir"[107] kontaminiert sie die Erkenntnis mit einem Moment des Kontingenten, der zugleich als „pouvoir d'accéder à la vérité"[108] deren Möglichkeitsbedingung bildet. Das Vermögen ist damit – unausgesprochen – als das ‚Andere' der Episteme der Repräsentation entworfen: Als ein Fundierungsgrund dieser Ordnung, der diese hervorbringt, doch sich ihr entzieht.

Obwohl Derrida *imaginatio* nicht explizit thematisiert, ist gerade sein Modell für die Frage nach dem systematischen Ort der *imaginatio* im Gefüge der Repräsentation von besonderem Interesse. Seine Dreierkonstellation aus Logos, Stimme

[104] Heidegger 1977, 101.
[105] Vgl. Foucault 1966, 102–107.
[106] Foucault 1966, 82.
[107] Foucault 1966, 83.
[108] Foucault 1966, 84.

und Schrift bildet das für den hier betrachteten Kontext erklärungsstärkste Modell der *imaginatio*. Die Ambivalenzen der *imaginatio* erweisen diese, vergleichbar der Schrift, als eine Figur der *différance*: *Imaginatio* indiziert eine Instabilität des Grundes, auf dem sich die Ordnung der Repräsentation etabliert; die Gefahr, die von den *imagines* ausgeht, liegt darin, dass diese die Nachträglichkeit der von dieser Ordnung erzeugten Wahrheit anzeigen, sie also, der signifikanten Materialität der Schrift vergleichbar, auf einen negativen Fundierungsgrund transparent machen. Die Reflexion über *imaginatio* ist eine Reflexion über eben jenes Vergessen einer ursprünglichen Differenz, welches die Ordnung der Repräsentation, will sie Gültigkeit beanspruchen, fordert; und so ist es nur konsequent, dass auch *imaginatio* nur als bezähmtes, *ratio*-geleitetes Vermögen in diese Ordnung Eingang erhalten kann.

Wenngleich für die historisch-systematischen Rekonstruktionen des folgenden Kapitels Derridas Entwurf vor jenem Foucaults der Vorzug gegeben wird, so soll Foucaults Diskurstheorie Derridas Überlegungen mit Blick auf den zu Beginn des 19. Jahrhunderts vollzogenen Bruch im Denken des Zeichens – und, wie zu zeigen sein wird, im Denken der *imaginatio* – ergänzen. Die beiden von Foucault und Derrida eröffneten Perspektiven können in eine produktive Verbindung gebracht werden, wenn man mit W. Matzat davon ausgeht, „daß jede historische Episteme sowohl ihre eigenen Präsenzvorstellungen generiert als auch mit je spezifischen Formen der Destabilisierung des Sinns konfrontiert wird“[109] – dass, anders gesagt, Foucaults Diskurstheorie eine Präzisierung des historischen Ortes der von Derrida anvisierten Subversion präsenzmetaphysischen Denkens leisten kann.

Gerade mit Blick auf die moderne Literatur – und insbesondere auf die moderne Lyrik – hat Foucaults Modell seinen besonderen heuristischen Wert erwiesen. Der Moderne, so Foucault, ist es nie gelungen, ihr Anderes zu denken: „Puisqu'il n'était en somme qu'un double insistant, il n'a jamais été réfléchi pour lui-même sur un mode autonome“[110]. Das ‚Andere' des Subjekts soll nie gedacht worden sein; ein Denken des Anderen soll die Moderne nicht erwogen, geschweige denn realisiert haben. Die paradoxe Doppelfigur des Menschen und seines Anderen konstituiert sich in einem Geflecht von Diskursen, ohne dass sie in einem eigenen Diskurs thematisiert worden wäre. Allerdings entwirft Foucault gerade in *Les mots et les choses* die Möglichkeit einer ästhetischen Darstellung dessen, was sich der Repräsentation im Raster der Diskurse entzieht: Ein literarischer Konterdiskurs soll durch die Transgression vorgegebener diskursiver Normierungen sein Anderes einholen. In einem selbstbezüglichen Sprechen, so führt Foucault aus, entwinde sich die Literatur dem Zugriff diskursiver Ordnungen, um nurmehr sich selbst zu

[109] Matzat 1990, 41.
[110] Foucault 1966, 337–338.

bezeichnen. Insofern in der Literatur auf diese Weise die Grundlosigkeit des Sprechens zur Geltung komme, werde sie zum Index ihres Anderen – ohne dieses aber in einen stabilen Diskurs zu überführen. Vielmehr soll Literatur, folgt man Foucault, *im* Raum der Diskurse ein diesen Diskursen Äußeres inszenieren. *In* der Literatur sollen sich mithin Anschauungsformen des ‚Risses' im Gebäude der Metaphysik – oder, moderater, eines unverfügbaren Anderen epistemischer Ordnungen – auffinden lassen.

Das Bewusstsein einer für die Repräsentation konstitutiven Differenz ist zumal in der Moderne, wie eine Vielzahl von Studien gezeigt hat, von zentraler ästhetischer und poetologischer Relevanz. Die vielbeschworene Krise der Repräsentation zu Ende des *âge classique* gibt seit der Romantik Anlass zu poetologischen Entwürfen, die gerade in der Exploration des ‚Abgrunds' zwischen Zeichen und Bezeichnetem die eigentlichen Möglichkeiten eines poetischen Sprechens suchen[111]. Aus der Differenz des Zeichens zum Repräsentierten lassen sich in Anknüpfung an Foucault zwanglos Darstellungsmodi ableiten, die immer wieder als typisch für die im engeren Sinne moderne Lyrik geltend gemacht wurden[112]: Erstens wurde auf eine Tendenz zu einer gesteigerten Selbstreferentialität hingewiesen, die den Blick auf die signifikante Materialität des Werks lenkt, damit die Differenz des Zeichens zur Geltung bringt und zugleich unter Vervielfachung der Sinnebenen des Textes dessen Referenzbezüge destabilisiert. Zweitens experimentiert die Dichtung, programmatisch seit Mallarmé, mit den Möglichkeiten des Schweigens. Mallarmés Einforderung eines „poème tu, aux blancs"[113] markiert eine vielfach konstatierte Wende zu einer Form der poetischen Selbstreferentialität, die sich als vollkommene

[111] Vgl. unter den zahlreichen Arbeiten zur französischen Literatur, die – in mehr oder weniger enger Rückbindung an Foucaults *Les mots et les choses* – das Aufkommen einer ‚modernen' Lyrik an das ‚Opakwerden' des Zeichens seit der Romantik zurückbinden, nur Kablitz 1985 (der allerdings nicht Foucaults Theorie zugrunde legt, sondern eine romantische Poetik des opaken Zeichens ausgehend von der Sprachtheorie der *idéologues* rekonstruiert); Küpper 1987; Backes 1994; Penzenstadler 2000. Vgl. allgemein zur Sprachproblematik im Kontext modernen Dichtens auch Schmitz-Emans 1997.

[112] Die romantische Lyrik wird hier vorerst nicht in den Blick genommen; zu poetologischen Konzepten der Romantik s.u., S. 158–160 und Kap. I.2, passim. – Die hier aufgeführten Modi werden als „unsaying", „proliferating" und „performing" in einem von S. Budick und W. Iser herausgegebenen Sammelband zur sprachlichen Negativität diskutiert (vgl. Budick/Iser 1987). – Vgl. zu den Kriterien einer ‚modernen' Lyrik auch Friedrich 1992 [1956]. Die Motive, Themen und Textstrukuren moderner Lyrik wurden im Anschluss an Friedrich häufig beschrieben. Einen Versuch, ‚moderne' Literatur allgemein über das Kriterium der Ambiguität zu bestimmen, legte Ch. Bode vor (vgl. Bode 1988).

[113] Mallarmé 2003, 211.

Entsprechung von Signifikant und Signifikat versteht[114]. An der äußersten Grenze des Sagens soll das schweigende Zeichen das Schweigen der Welt bezeichnen und, insofern es eine imaginative Supplementierung des Ungesagten ins Werk setzt, das Werden des Sinns zur Erfahrung bringen. Die beiden Modi sind zwei Manifestationsformen eines und desselben Poetologems: der Einsicht in die Tatsache, dass Sinn nachträglich gegenüber sprachlichen Setzungen ist, dass die poetische Wirklichkeit darum auch nie ‚eingeholt', sondern immer nur ‚hervorgebracht' werden kann. Sie gaben auf poetologischer Ebene Anlass, der Dichtung eine der Zweckrationalität sich entziehende „ästhetische Rationalität"[115] eigenen Rechts zuzusprechen, das Kunstwerk als Ort eines Sinn-, wo nicht Seinsgeschehens zu profilieren[116]. Drittens kann ästhetische Performanz im Gehalt des Textes eine *mise en abyme* erfahren. Diese Option ist nicht zu verwechseln mit einer gesteigerten Selbstreferentialität, in welcher der Anspruch auf mimetische Wirklichkeitsabbildung tendenziell preisgegeben ist. Denn hier soll Ähnlichkeit gestiftet werden nicht zwischen Zeichen und Welt, sondern zwischen der Semantik des Textes und seiner Verlaufsgestalt. Fokussiert wird damit die performative Dimension des Schreibens; ein ‚Sinn-Geschehen' wird als Verflechtung von Figuration und Defiguration weniger thematisiert als vielmehr inszeniert.

Es ist evident, dass diese Darstellungsmodi weniger als Neuerung denn als Steigerung der in der Lyrik per se gegebenen Möglichkeiten zu verstehen sind. So hat schon R. Jakobson geltend gemacht, dass eine Aktualisierung der poetischen Sprachfunktion an die Selbstreferenz des sprachlichen Zeichens gebunden ist[117]. Die Überstrukturiertheit des literarischen, insbesondere aber des poetischen Textes wurde als Quelle einer ihm nachgerade wesentlichen Ambiguität beschrieben[118], die den Blick auf den Prozess der Sinn-Stiftung selbst freigibt[119]. Wenn indes modernes Dichten diese Möglichkeiten verstärkt in die poetische Sinnkonstitution einbringt, so vor dem Hintergrund einer poetologischen Konzeption, die Differenz nicht mehr als Qualität ausschließlich der poetischen Rede begreift, sondern diese als Paradigma der Welterschließung konzipiert.

Will man sich nun angesichts dieser für modernes Dichten offenbar konstitutiven Denkfigur der Differenz nicht auf den Befund einer unaufhebbaren Negativität des lyrischen Selbst- und Weltbezuges beschränken, so kommt der von Foucault

[114] Vgl. zu Mallarmé nur Blanchot 1949; Friedrich 1992 [1956], 117–118; Barthes 1972, 65; Zima 2002, 94. „Chacun sait que le silence a hanté le poète", stellt M. Blanchot lapidar fest (Blanchot 1949, 41).

[115] Vgl. Stierle 1997a, 11.

[116] Vgl. bereits Foucaults Hinweise auf einen „retour du langage" (Foucault 1966, 314–318; vgl. auch 312–313).

[117] Vgl. Jakobson 1993, 92.

[118] Vgl. Stierle 1982, 276.

[119] Vgl. ausführlich Ch. Menke 1991.

angerissenen Frage nach dem ontologischen Status der Sprache eine besondere Relevanz zu. Die Abkehr von der Mimesis muss, wie Foucault in *Les mots et les choses* feststellte, als Reflex eines neuen Sprachbewusstseins begriffen werden. Die ostentative Entbindung der Sprache aus Referenzbezügen lässt sich dabei als Inszenierung einer Unhintergehbarkeit des Sinnes deuten, die um so unverkennbarer in den Blick rücken muss, je weniger der poetische Text mit vorgängigen Schematisierungen der Wirklichkeit verrechenbar ist. Für beide Aspekte des modernen Sprachbewusstseins – sowohl für die durch die Reflexion auf die Differenz hervorgetriebene Krise der Repräsentation als auch für die spezifisch moderne Vorstellung einer autonomen Sphäre des Sinnes – kommt, wie im Folgenden zu zeigen sein wird, dem Diskurs der *imaginatio* eine besondere Relevanz zu. Er stellt der Rede über das Dichten Schemata bereit, die das Andere des Subjekts thematisieren und dessen Darstellbarkeit an das Zeichen binden, und erschließt damit dem neuen und genuin ‚modernen' poetologischen Kontext eine eigene Semantik.

Dass es Diskurse gibt, die gerade dies – die Differenz als Spur eines irreduzibel Anderen sprachlicher Schemata – in den Blick rücken, wurde in Forschungsbeiträgen der letzten Jahre immer wieder hervorgehoben. Der Diskurs der Leidenschaften etwa und der Diskurs der Melancholie wurden als Paradigmen solcher Diskurse herausgestellt[120]. Den wohl frühesten Versuch, ein solches Denken des Anderen in seinen Implikationen zu erschließen und seine Darstellungsverfahren zu formalisieren, um aus ihnen die Signatur einer literarischen Epoche zu gewinnen, stellt indes W. Benjamins Rekonstruktion des ‚Ursprungs' des deutschen Trauerspiels dar. Gerade dieses Werk hat der vorliegenden Studie eine leitende Perspektive vorgegeben. Nicht zuletzt darum ist es in seinen Grundzügen zu skizzieren[121].

Benjamin macht in seinem Trauerspielbuch einen gerade auch für die Poetologie der *Fleurs du mal* zentralen semiotischen Zusammenhang transparent: den Nexus von Melancholie, verstanden als Einsicht in eine verlorene Bedeutungshaftigkeit des Weltzusammenhangs, und einem ‚allegorischen', d. h. differentiellen Darstellungsmodus. Ihm kommt das Verdienst zu, Melancholie – genauer: die barocke Spielart der Melancholie – als Reflex einer problematisch werdenden Lesbarkeit der Welt gedeutet zu haben und das in der melancholischen Attitüde sichtbar werdende prekäre Verhältnis von Sein und Zeichen – oder, wie er sagt, von ‚Physis' und ‚Bedeutung' – einer grundlegenden Bestimmung zugeführt zu haben.

120 Vgl. Matzat 1990; Wagner-Egelhaaf 1997.

121 Die folgenden Ausführungen stützen sich auf W. Benjamins *Ursprung des deutschen Trauerspiels* (Benjamin 1991b) und auf die umfassende Darstellung der Sprachtheorie Benjamins von B. Menke 1991, bes. 161–238; vgl. auch Drügh 2000, 281–408; Wagner-Egelhaaf 1997, 175–195; Menninghaus 1980, bes. 104–110. Grundlegend zu Benjamins Allegorie-Begriff ist Steinhagen 1979.

Seine Überlegungen zum Melancholischen, das er prägnant als ein ,Grübeln' über Zeichen bestimmt[122], gelten als paradigmatisch. Sie reflektieren die Frage, wie vor dem Hintergrund des Verlusts metaphysischer Sinngarantien Bedeutung konzipiert werden kann, und entwerfen Sinnkonstitution als paradoxe Artikulation von Sinnerzeugung und Sinnverweigerung[123].

Benjamin gründet die ,melancholische' Konfiguration, die für ihn im Barock exemplarisch realisiert ist, auf ein problematisch werdendes Zeitbewusstsein. Vor dem Hintergrund des Zerfalls eschatologischen Ordnungsdenkens im Barock, so Benjamin, erweist sich Geschichte im Blick des Melancholikers als heil-lose Kontingenz[124]:

> Wo das Mittelalter die Hinfälligkeit des Weltgeschehens und die Vergänglichkeit der Kreatur als Stationen des Heilswegs zur Schau stellt, vergräbt das deutsche Trauerspiel sich ganz in die Trostlosigkeit der irdischen Verfassung. Kennt es eine Erlösung, so liegt sie mehr in der Tiefe dieser Verhängnisse selbst als im Vollzuge eines göttlichen Heilsplans[125].

Geschichte bietet sich dem Melancholiker als Verfallsgeschichte dar: als Mannigfaltigkeit kontingenter Geschehnisse, denen keine Sinnhaftigkeit zukommen kann. Bedeutung ist in dieser Konfiguration den Dingen nicht mehr unverbrüchlich ,eingezeichnet', sondern erweist sich als supplementär; denn „bedeutend ist [die Welt] nur in den Stationen ihres Verfalls"[126]. Eine als Todverfallenheit bestimmte Zeitlichkeit schreibt den Dingen Vergänglichkeit ein, lässt sie unaufhaltsam dem Tod zutreiben und unterläuft jede Fundierung der Bedeutung *in re*. Ihre Verschränkung mit der Natur zur Natur-Geschichte vollzieht sich im Zeichen der Vergänglichkeit; darum, und dies ist die Pointe der Überlegung Benjamins, wird die Natur zum Ausdruck scheiternden Bedeutens. Bedeutung führt den Verweis auf ihren ,Ursprung' im Tod stets mit sich; so ist die Natur zwar bedeutend, doch in einer zutiefst gefährdeten Weise. Unter dieser Perspektive nun sucht Benjamin, die Allegorie als Figur eines in der Zeitlichkeit fundierten Bedeutens zu bestimmen:

> Unter der entscheidenden Kategorie der Zeit [...] lässt das Verhältnis von Symbol und Allegorie eindringlich und formelhaft sich festlegen. Während im Symbol mit der Verklärung des

122 Vgl. Benjamin 1991b, 370.

123 Benjamins notorisch kryptische Thesen zur barocken Konfiguration wurden im Kontext der Barockforschung immer wieder kritisch revidiert. Mit Blick auf das spanische Barockdrama stellt beispielsweise J. Küpper dem Befund einer metaphysischen Aushöhlung barocker Texte eine gegenläufige Tendenz zur „orthodoxen Wiedervereinnahmung" zur Seite (vgl. Küpper 1990; zur Auseinandersetzung mit Benjamin ibd., 456). Benjamins Überlegungen sind im Kontext dieser Studie indes vornehmlich in systematischer Hinsicht von Interesse; eine Diskussion der literarhistorischen Korrektheit seiner Thesen erübrigt sich darum.

124 Vgl. Benjamin 1991b, 184.

125 Benjamin 1991b, 260.

126 Benjamin 1991b, 343.

Unterganges das transfigurierte Antlitz der Natur im Lichte der Erlösung flüchtig sich offenbart, liegt in der Allegorie die facies hippocratica der Geschichte als erstarrte Urlandschaft dem Betrachter vor Augen. Die Geschichte in allem was sie Unzeitiges, Leidvolles, Verfehltes von Beginn an hat, prägt sich in ihrem Antlitz – nein in einem Totenkopfe aus. [...] es spricht nicht nur die Natur des Menschendaseins schlechthin, sondern die biographische Geschichtlichkeit eines einzelnen in dieser seiner naturverfallensten Figur bedeutungsvoll als Rätselfrage sich aus. Das ist der Kern der allegorischen Betrachtung, der barocken, weltlichen Exposition der Geschichte als Leidensgeschichte der Welt; bedeutend ist sie nur in den Stationen ihres Verfalls. Soviel Bedeutung, soviel Todverfallenheit, weil am tiefsten der Tod die zackige Demarkationslinie zwischen Physis und Bedeutung eingräbt. Ist aber die Natur von jeher todverfallen, so ist sie auch allegorisch von jeher. Bedeutung und Tod sind so gezeitigt in historischer Entfaltung wie sie im gnadenlosen Sündenstand der Kreatur als Keime eng ineinandergreifen[127].

Als Korrelat der zur Allegorie geronnenen Physis entwirft Benjamin den Melancholiker als Figur, die Einsicht nimmt in diesen negativen Grund, aus dem alles Bedeuten entspringt:

Trauer ist die Gesinnung, in der das Gefühl die entleerte Welt maskenhaft neubelebt, um ein rätselhaftes Genügen an ihrem Anblick zu haben [...]. Die Theorie der Trauer [...] ist demnach nur in der Beschreibung jener Welt, die unterm Blick des Melancholischen sich auftut, zu entrollen[128].

Der „Blick des Melancholischen" ist „ein vom empirischen Subjekt gelöstes und innig an die Fülle eines Gegenstands gebundenes Fühlen"[129]. In einem Gestus der Bedeutungszuweisung setzt er sowohl seinen Gegenstand als auch dessen Betrachter. So ist Melancholie ***zugleich*** Grund ***und*** Produkt einer weltkonstituierenden Wahrnehmungsrelation[130]:

[127] Benjamin 1991b, 342–343.

[128] Benjamin 1991b, 318.

[129] Benjamin 1991b, 318. „Jedes Gefühl ist gebunden an einen apriorischen Gegenstand und dessen Darstellung ist seine Phänomenologie" (Benjamin 1991b, 318); „[D]ie Gefühle, wie vage immer sie der Selbstwahrnehmung scheinen mögen, erwidern als motorisches Gebaren einem gegenständlichen Aufbau der Welt" (ibd., 318). Eine Differenzierung von ‚Trauer' und ‚Melancholie' etwa im Sinne Freuds nimmt Benjamin nicht vor; vgl. die Kontrastierung der Positionen Freuds und Benjamins in Wagner-Egelhaaf 1997, 176. Mit der Bestimmung der Melancholie als „Funktion einer Konfiguration" entwerfe Benjamin seine Theorie, so Wagner-Egelhaaf, in dezidierter Abwendung von einer „psychologische[n] Vorgängigkeit des betrachtenden Subjekts", und zwar als „hermeneutische[] Konstellation". Doch sind Parallelen zu Freuds Theorie der Trauer und der Melancholie nicht zu übersehen; vgl. hierzu Haverkamp 1988, 350–351. Das Verhältnis der beiden Positionen bestimmt Haverkamp als komplementär: Benjamins projektiv-neubelebter Welt ist, wie er ausführlich erläutert, Freuds introjektiv-entleerte Welt als Gegenstück zur Seite zu stellen.

[130] Vgl. Wagner-Egelhaaf 1997, 180; Haverkamp 1988, 350.

> Wird der Gegenstand unter dem Blick der Melancholie allegorisch, lässt sie das Leben von ihm abfließen, bleibt er als toter, doch in Ewigkeit gesicherter zurück, so liegt er vor dem Allegoriker, auf Gnade und Ungnade ihm überliefert. Das heißt: eine Bedeutung, einen Sinn auszustrahlen, ist er von nun an ganz unfähig; an Bedeutung kommt ihm das zu, was der Allegoriker ihm verleiht[131].

Prägnant umreißt Benjamin dieses ambivalente Verhältnis des Melancholikers zu den Dingen mit den Begriffen der Treue und des Verrats, die gleichermaßen im Gestus der Bedeutungszuweisung fundiert sind. Dieser nämlich impliziert eine Preisgabe der Phänomene und ist doch zugleich die Möglichkeitsbedingung für ihre „Rettung"[132]: Die zeichenhafte Vergegenwärtigung der Gegenstände ist *zugleich* eine Negation des Nichtidentischen *und* dessen Affirmation als ein der Vereinnahmung durch das Identische sich Entziehendes.

Die implizite Semiotik des Barock, so ließe sich Benjamins komplizierter Gedankengang resümieren, entwirft eine Zeichenhaftigkeit der Dinge, doch eine Zeichenhaftigkeit, die vor dem Hintergrund einer als Todverfallenheit bestimmten Zeitlichkeit Sinnentwürfe nur als eine temporäre „Restauration der Ordnung im Ausnahmezustand"[133] zulässt. Der Akt der Lektüre der Welt führt dabei stets die Frage nach einem Garant ihrer Lesbarkeit mit sich, zeichnet darum eine Kluft ein zwischen den Dingen und ihrer Bedeutung und unterläuft jeglichen Anspruch auf Sinntotalität. Dennoch ist die Physis in dieser Perspektive zugleich Ausdruck: Ausdruck des Bedeutens *und* seiner Vergeblichkeit[134], genauer: Ausdruck der Überschreitung des Gegebenen auf einen Bedeutungszusammenhang, der unter dem Verdacht der Setzung, der Nachträglichkeit von Sinn, steht – doch gerade darin den ihm vorgängigen „apriorischen Gegenstand" findet: „[G]ewaltig [braust] in diesem Abgrund der Allegorie [sc. dem Abgrund zwischen „bildlichem Sein" und „Bedeuten"] die dialektische Bewegung"[135].

Zu Recht unterstreicht H. J. Drügh dieses „Zugleich" von „Sinnbegehren" und einer Einsicht in die Nachträglichkeit von Sinn in kritischer Wendung gegen eine entdifferenzierende Vereinnahmung Benjamins durch dekonstruktivistische Posi-

[131] Benjamin 1991b, 359.
[132] Vgl. Benjamin 1991b, 214–215.
[133] Benjamin 1991b, 253.
[134] Vgl. B. Menke 1991, 161–162.
[135] Benjamin 1991b, 342. Vgl. das Referat von B. Menke: „Im ‚Ursprung' der Bedeutung, dort, wo die Bedeutung auf Natur trifft, ist „Vergängnis" und „Trauer" [...] Die erstarrten Züge der gefallenen Natur-Geschichte (der „melancholischen Welt") *sind* die Züge einer Schrift, lesbarer Chiffren. Darum ist der Melancholiker als Leser bestimmt. Die gewaltige „dialektische Bewegung", die im ‚Abgrund der Bedeutung braust', ist die der „Urgeschichte der Bedeutung" (I, 342); es ist die des Zusammenhangs von „Bedeutung" und „Tod", die allegorisch – in der Allegorie als Schema dieser Bewegung – ausgetragen wird" (B. Menke 1991, 169–170).

tionen[136]. Dieses „Sinnbegehren" hat bereits G. Figal unter Rückgriff auf Benjamins Rede von der „Rettung der Phänomene"[137] als deren Eintritt in die Gegenwärtigkeit ihres Sinns spezifiziert: „Der Sinn der Phänomene ist das Sein ihrer Verständlichkeit, ihr Sein in der Verständlichkeit"[138]. Die Allegorie ist mithin nicht schlicht „Synonym für semantischen Okkasionalismus, d. h. für eine nahezu totale Sinnbeliebigkeit"[139], sondern ist ihrerseits Ausdruck der Aporien der Sinnkonstitution im Rahmen einer auf ihre Prämissen befragten symbolischen Ordnung.

Benjamins Trauerspielbuch wurde vielfach als ‚moderne' Lektüre des barocken Trauerspiels bezeichnet. Gerade neuere Werke zu Melancholie und Allegorie berufen sich gerne auf den Modellcharakter der Studie Benjamins[140]. An der Generalisierbarkeit seiner Reflexionen über die historische Epoche des Barock hinaus kann in der Tat kein Zweifel bestehen[141], zumal es sich um Entfaltungen einer Überlegung handelt, die Benjamin bereits viel früher, und zwar in seinem sprachtheoretischen Aufsatz *Über die Sprache überhaupt und über die Sprache des Menschen* (1916), formuliert[142]. In „so eine[r] Art zweite[m], ich weiß nicht, ob bessere[m], Stadium"[143], so vermerkt Benjamin, geht eben dieser Aufsatz in die erkenntniskritische Vorrede des Trauerspielbuchs ein.

Ein „geistiges Wesen" der Sprache will Benjamin hier bestimmen, genauer: eine die Ebene der Prädikation transzendierende und von dieser kategorial verschiedene Dimension der Darstellung[144], in Benjamins Worten: eine „Mitteilbarkeit schlechthin", deren das „geistige Wesen" der Dinge bedürfe, wenn es denn kommunizierbar sein solle:

> Es gibt kein Geschehen oder Ding weder in der belebten noch in der unbelebten Natur, das nicht in gewisser Weise an der Sprache teilhätte, denn es ist jedem wesentlich, seinen geistigen Inhalt mitzuteilen. Eine Metapher aber ist das Wort „Sprache" in solchem Gebrauche durchaus nicht. Denn es ist eine volle inhaltliche Erkenntnis, dass wir uns nichts vorstellen können, das sein geistiges Wesen nicht im Ausdruck mitteilt […][145].

[136] Vgl. Drügh 2000, 284.
[137] Benjamin 1991b, 214–215.
[138] Figal 1993, 134.
[139] Drügh 2000, 284.
[140] Vgl. Wagner-Egelhaaf 1997, 23. Als „Philosophie der Modernität" bestimmt auch G. Figal Benjamins um den „Chorismus zwischen Phänomen und Idee" kreisendes Sprachdenken (Figal 1993, 130–142, bes. 132). Vgl. auch Drügh 2000, 29.
[141] Vgl. Drügh 2000, 29; Wagner-Egelhaaf, 1997, 23.
[142] Die Filiationen eines vom frühen Sprachaufsatz über das Trauerspielbuch bis hin zur Passagenarbeit reichenden sprachtheoretischen Denkens rekonstruiert Menninghaus 1980.
[143] W. Benjamin, „An Gerhard Scholem, 19. Februar 1925", in: Benjamin 1978, 372.
[144] Vgl. Menninghaus 1980, 10–16.
[145] Benjamin 1991d, 140–141.

Bereits diese frühe Schrift konturiert als Grundproblem des sprachtheoretischen Denkens die Frage nach einer Selbstmitteilung des Seins als „geistige[m] Wesen" der Dinge. Im etwa zeitgleich entstehenden Aufsatz *Über das Programm der kommenden Philosophie* formuliert Benjamin dieses ambitionierte Projekt als Versuch, „die Sphäre der Erkenntnis jenseits der Subjekt-Objekt-Terminologie autonom zu begründen"[146], die Subjekt-Objekt-Differenz auf eine „Sphäre totaler Neutralität"[147] hin zu überschreiten, die zugleich als Sphäre des Intersubjektiven eine Darstellbarkeit des Seins zu gewähren hätte. Es ist dies die Sphäre des Sinns, die im Trauerspielbuch als prekär werdende Artikulation von Physis und Bedeutung, von Sein und Zeichen, erneut virulent wird, und deren Aporien in der Allegorie auf den Begriff gebracht werden[148].

Der Versuch des Sprachaufsatzes, eine die symbolische Ordnung der Sprache transzendierende Dimension des Sinnes ‚dingfest' zu machen, erwächst bei Benjamin aus der Reflexion auf die Notwendigkeit, Sprache als Medium zu konzeptualisieren – eine Notwendigkeit, die bereits die frühe Schrift unter Rückgriff auf die unvermeidliche Metapher des Abgrundes erwägt:

> Die Ansicht, dass das geistige Wesen eines Dinges eben in seiner Sprache besteht – diese Ansicht als Hypothesis verstanden, ist der große Abgrund, dem alle Sprachtheorie zu verfallen droht [...] Dennoch hat diese Paradoxie als Lösung ihre Stelle im Zentrum der Sprachtheorie, bleibt aber Paradoxie und da unlösbar, wo sie am Anfang steht[149].

Eine Verabschiedung der Hierarchie von Geist und Buchstabe wäre, so Benjamin, die Konsequenz einer solchen Zentrierung des Abgründigen, und eine Verabschiedung einer auf dem Dualismus von Form und Inhalt basierenden Zeichenkonzeption ist denn auch die Konsequenz, die Benjamin aus der „*Unmittel*barkeit" des Sprachlichen zieht: „*Einen Inhalt der Sprache gibt es nicht*"[150], so sagt er, indem er dem dualistischen Zeichenmodell das des Mediums entgegensetzt:

> Was an einem geistigen Wesen mitteilbar ist, in dem teilt es sich mit; das heißt: jede Sprache teilt sich selbst mit. Oder genauer: jede Sprache teilt sich in sich selbst mit, sie ist in reinstem

[146] Benjamin 1991e, 167.

[147] Benjamin 1991e, 163.

[148] Prägnant resümiert Drügh diesen Zusammenhang: „Benjamin operationalisiert den Allegoriebegriff, um ein systematisches Problem auf den Nenner zu bringen; in diesem wird der Wunsch nach der Darstellbarkeit des ontologisch Letzten (das Grundproblem von Benjamins Frühphilosophie) skeptisch mit den erkenntnistheoretischen und vor allem sprachphilosophisch-semiotischen Voraussetzungen einer solchen Darstellbarkeit konfrontiert (der Pointe von Benjamins Spätphilosophie)" (Drügh 2000, 284).

[149] Benjamin 1991d, 141–142.

[150] Benjamin 1991d, 145–146 [kursiv im Original].

Sinne „Medium" der Mitteilung. Das Mediale, das ist die *Unmittel*barkeit aller geistigen Mitteilung, ist das Grundproblem der Sprachtheorie[151].

Die ‚Kluft' zwischen Phänomen und Idee, um die Benjamins sprachtheoretisches Denken kreist – wenn auch gerade nicht als bloße Fortführung eines platonistisch inspirierten und dualistisch geprägten Denkzusammenhangs[152], sondern vielmehr, wie schon aus der Einführung des Medienbegriffs erhellt, als Öffnung des dualistischen Zeichenmodells auf ein Modell, das die Relation von Zeichen und Bezeichnetem als dessen Anderes zu denken sucht – ist gerade im barocken „Abgrund der Allegorie"[153] paradigmatisch exponiert. Mitteilung im Sinne des frühen Sprachaufsatzes, oder auch: apriorischer Gegenstand eines Gefühls, nämlich: der Trauer, ist die Allegorie, verstanden als Mitteilung scheiternden Bedeutens.

Diese paradigmatische Bestimmung des Allegorischen macht Benjamins Überlegungen zum Barock an Baudelaires Poetologie anschlussfähig. Dabei lässt sich die vordergründige Beziehung, die Baudelaires Dichtung durch ihren Rückgriff auf das differentielle Verfahren der Allegorie zum Barock unterhält[154], auf eine analoge epistemologische respektive semiologische tiefenstrukturelle Problematik transparent machen[155]. Benjamin selbst hat die Affinitäten von Barock und Moderne in

151 Benjamin 1991d, 142–143 [kursiv im Original].

152 Vgl. bes. Wagner-Egelhaaf 1997, 178–179, und das dortige Résumé des damaligen Forschungsstandes. Die These eines latenten „Platonismus" Benjamins findet sich in Kurz 1976, 174. Korrekter beschreibt B. Menke das Verhältnis zwischen platonischer Zweiweltenlehre und Benjamins sprachphilosophisch perspektivierter Ideenlehre als eines der Dekonstruktion (B. Menke 1991, 257, Anm. 36); vgl. zur ‚Platonismus-Frage' auch Hörisch 1985, Anm. 46. H. J. Drügh spezifiziert für die erkenntnistheoretische Vorrede des Trauerspielbuchs: „Aufgegriffen wird [...] das bei Platon angelegte Problem der Teilhabe (*Methexis*) der Dinge an den Ideen, das gedanklich eine *Anwesenheit* der Idee in den Dingen impliziert. Demzufolge müsste die Idee sich unendlich aufteilen, was ihrer Definition als einem unteilbaren Grund widerspricht. Benjamin wendet das aufgezeigte ontologische Problem in eines der Erkenntnistheorie und gibt diesem wiederum eine sprachphilosophische Form" (Drügh 2000, 308).

153 Benjamin 1991b, 342.

154 Die Bezüge der Dichtung Baudelaires zum Barock hat D. Scholl herausgearbeitet (Scholl 2001, 261). Baudelaires Rückgriff auf die Allegorie, freilich ohne besondere Berücksichtigung des Barock, hat H. R. Jauß in einem grundlegenden Aufsatz beschrieben (Jauß 1979).

155 H. J. Drügh resümiert: „Benjamins Überlegungen, die in der Allegorie vorrangig Probleme der Signifikation ausmachen und diese daher nicht als rhetorisch-didaktisches Mittel verstehen, sind inzwischen längst für die Anbindung barocker Texte an den Problembestand der Moderne unter Begriffen wie Kontingenz (Makropoulos), Verlust von Transzendenz oder eschatologischem Weltverständnis (Steiner), Substanzverlust (Steinhagen) oder *irreparable fissure or crack* symbolischer Ordnungssysteme (Weber) [...] fruchtbar gemacht worden. Die gemeinsame Pointe dieser zumeist sozial- oder religionsgeschichtlich argumentierenden Positionen haben (post)strukturalistische Interpretationen mittlerweile auf einen zeichentheoretischen Nenner gebracht" (Drügh 2000, 283). Analog ist der epistemologische Kontext der

seinen Aufsätzen zu Baudelaire und in der Passagenarbeit immer wieder unterstrichen. So konstatiert er im „Zentralpark",

> dass [Baudelaire] als Zehrpfennig eine kostbare alte Münze aus dem angesammelten Schatz [der] europäischen Gesellschaft auf den Weg mitbekam. Sie wies auf der Kopfseite eine‹n› Knochenmann, auf der Wappenseite die in Grübelei versunkene Melencolia auf[156].

Eine „allegorische Attitüde" bescheinigt er nicht allein Baudelaire – der allerdings, so konzediert er, innerhalb der modernen Konfiguration eine Sonderstellung beanspruchen dürfe –, sondern auch der Moderne schlechthin, so etwa in seiner innerhalb der Benjamin-Forschung schon als klassisch zu bezeichnenden Definition des allegorischen Verfahrens:

> Ein Zeitalter [sc. die Moderne], das der Grübelei abhold ist, hat im puzzle deren Geberde festgehalten. Sie ist im besonderen die des Allegorikers. Der Allegoriker greift bald da bald dort aus dem wüsten Fundus, den sein Wissen ihm zur Verfügung stellt, ein Stück heraus, hält es neben ein anderes und versucht, ob sie zueinander passen: jene Bedeutung zu diesem Bild oder dieses Bild zu jener Bedeutung. Vorhersagen lässt das Ergebnis sich nie; denn es gibt keine natürliche Vermittelung zwischen den beiden[157].

Die Absenz einer natürlichen Vermittlung von Physis und Bedeutung, die die Affinität von Barock und Moderne begründet, fundiert Benjamin nun allerdings für die Moderne in der gesellschaftlichen Heteronomie, die in der Ware ihr Emblem gefunden habe[158]:

> Wie die Ware zum Preis kommt, das läßt sich nie ganz absehen, weder im Lauf ihrer Herstellung noch später wenn sie sich auf dem Markt befindet. Ganz ebenso ergeht es dem Gegenstand in seiner allegorischen Existenz. Es ist ihm nicht an der Wiege gesungen worden, zu welcher Bedeutung der Tiefsinn des Allegorikers ihn befördern wird. Hat er aber eine solche Bedeutung einmal erhalten, so kann sie ihm jederzeit gegen eine andere Bedeutung entzogen werden. [...] Die Welt, in der diese neueste Bedeutung [den flaneur] heimisch macht, ist keine freundlichere geworden. Eine Hölle tobt in der Warenseele, die doch scheinbar ihren Frieden im Preise hat[159].

Die „dialektische Bewegung" im „Abgrund der Allegorie"[160] tobt also als „Hölle" auch in der Warenseele: „Die Ware ist an die Stelle der allegorischen Anschauungs-

Krise, der sich für Barock und Moderne anführen ließe: Dem Obsoletwerden des ternären Zeichens im Barock korrespondiert die Krise des binären Zeichens in der beginnenden Moderne. Zu erstgenanntem Aspekt vgl. B. Menke 1991, 175–178.

156 Benjamin 1991c, 684.

157 Benjamin 1991g, 466.

158 Vgl. Wagner-Egelhaaf 1997, 190–191.

159 Benjamin 1991g, 466.

160 Benjamin 1991b, 342.

form getreten"[161]. Die Ware und ihre „Menschwerdung [...] in der Hure"[162] sind Kristallisationszentren der Reflexionen Benjamins auf die moderne Konfiguration der Lesbarkeit, die nicht auf naturhafter, sondern vielmehr gesellschaftlich bedingter Heteronomie fundiert ist und in der Großstadterfahrung, genauer in der Erfahrung von Paris, der „Hauptstadt des XIX. Jahrhunderts"[163], ihre Idealform findet. Als „Fantasmagorie"[164] hat Benjamin diese „moderne" Konfiguration bezeichnet, als „Traumschlaf"[165], der in einer Konfiguration des „Erwachens" zu überwinden sei[166]. Baudelaires allegorische Anschauung nimmt nun, so sagt Benjamin, in der modernen Konfiguration die isolierte Stellung des Nachzüglers ein[167]; eines Nachzüglers allerdings, dessen Werk sich gerade aufgrund seiner melancholischen Attitüde als „Konfiguration des Erwachens" empfiehlt. Denn im *spleen* als moderner Spielart der Melancholie modelliert Baudelaire eben jene Zeiterfahrung, die Benjamin für die barocke Konfiguration belegte, reflektiert mithin auf den Entstehungsgrund des modernen „Traumschlafs": und zwar vor dem Hintergrund der Einsicht in die Kontingenz der Geschichte als Konzeptualisierung von Zeitlichkeit als Todverfallenheit. Doch auch das zweite von Benjamin herausgearbeitete Moment, die Medialität der Sprache – verstanden als Mitteilbarkeit, und zwar als Mitteilbarkeit gescheiterter Signifikation – findet in Baudelaires Reflexionen Eingang.

Imaginatio, so sollen die folgenden Kapitel zeigen, ist Kristallisationsfigur einer Logik der Repräsentation, die Baudelaires ‚melancholische' Attitüde leitet. In Anknüpfung an Benjamins Beschreibung der Melancholie als Reflexionsfigur der

161 Benjamin 1991c, 686.

162 Benjamin 1991c, 671.

163 So der Titel des deutschen Exposés zur Passagenarbeit (Benjamin 1991g, 45).

164 Vgl. bes. die Einleitung zum französischen Exposé der Passagenarbeit (Benjamin 1991g, 60–61).

165 Benjamin 1991g, 494.

166 Benjamin erläutert in Abgrenzung der eigenen Arbeit gegen Aragons *Paysan de Paris*: „Während Aragon im Traumbereiche beharrt, soll hier die Konstellation des Erwachens gefunden werden. Während bei Aragon ein impressionistisches Element bleibt – die ‚Mythologie' – und dieser Impressionismus ist für die vielen gestaltlosen Philosopheme des Buches verantwortlich zu machen – geht es hier um Auflösung der ‚Mythologie' in den Geschichtsraum. Das freilich kann nur geschehen durch die Erweckung eines noch nicht bewussten Wissens vom Gewesnen" (Benjamin 1991g, 571–572). Der Moment des „Erwachens" meint bei Benjamin im Rahmen seiner in Auseinandersetzung mit der Lebensphilosophie Bergsons entwickelten Theorie der ‚Erfahrung' einen Augenblick der verminderten zweckgerichteten Aufmerksamkeit, die, so Benjamin, mit gemindertem Ich-Bewusstsein und der Fähigkeit zur Wahrnehmung unsinnlicher Ähnlichkeiten einhergeht, sprich: einen das Subjekt-Objekt-Paradigma hintergehenden Wirklichkeitsbezug gestattet. Vgl. hierzu Honneth 1993, bes. 4–9.

167 Benjamin 1991c, 690.

Differenz soll die in *imaginatio* fixierte sinnkonstitutive Nichtkoinzidenz von Signifikant und Signifikat für die Rekonstruktion einer der Lyrik Baudelaires immanenten Semiotik fruchtbar gemacht werden. Mit diesem Ansatz knüpft die Studie nicht nur an Benjamins Modell an, sondern auch an Arbeiten, die vor dem Hintergrund poststrukturalistischer Theoriebildungen die Aushöhlung präsenzmetaphysischer Denkfiguren in den poetischen und poetologischen Texten Baudelaires zu erweisen suchten[168]. Eine solche Herangehensweise bedeutet nun gerade *nicht*, wie A. Kablitz kritisch zu bedenken gab, Baudelaire zum „Poststrukturalisten *avant la lettre* zu erklären“[169]. Die Subversion einer Metaphysik des Zeichens ist nicht an ein Denken des sprachlichen Zeichens gebunden. Sie konkretisiert sich vielmehr als ein Denken der Differenz, das keineswegs erst des *linguistic turn* zu seiner Entstehung bedarf, sondern – im Falle Baudelaires – die ‚melancholische' Einsicht in die Differenz von Selbst und Welt als Ausgangspunkt einer Reflexion auf die Bedingungen der Sinnkonstitution nimmt. Nun kann es allerdings – hierin ist Kablitz recht zu geben – nicht darum gehen, Baudelaires Schreiben auf ein irreduzibles Spiel der

[168] Zu erwähnen sind Hauck 1994 und Doetsch 2004. Haucks differenzierte Analysen erweisen diese Konstellationen als Reflexionsfiguren einer textuell geleisteten Dekonstruktionsarbeit; Hauck unterstreicht aber, dass diese nicht durch ein kritisches Sprachbewusstsein, sondern durch eine „pessimistische [d.h. im Sinne Stierles negative, CB] Anthropologie“ gespeist sei (Hauck 1994, 106). Durchaus sorgloser als Hauck appliziert hingegen Doetsch poststrukturalistische Philosopheme auf Baudelaires Texte, ohne dabei stets die Frage im Auge zu behalten, inwiefern das ‚Spiel' der Signifikanten durch eine Rückbindung an spezifische textuelle Konfigurationen zu einer textimmanenten Reflexion gelangt – anders: Inwiefern Baudelaires Lyrik mehr ist als ein quasi ohne das Wissen des Autors sich abspielender *struggle for meaning*.

[169] Kablitz 2002, 163, Anm. 12. – Kablitz' Vorbehalten gegenüber solchen Versuchen scheint indes ein Missverständnis der poststrukturalistischen – in diesem Fall also Derridaschen – Position zugrunde zu liegen. „Baudelaires Ästhetik, dies sei allen Versuchen, ihn zum Poststrukturalisten *avant la lettre* zu erklären, entgegengehalten, [trennt] von aller postmoderenen [sic!] Reflexion eine entscheidende Grenze. Denn erst jenseits des *linguistic turn* formierte sich eine Poetik, die aus den strukturellen Bedingungen der Sprache die konstitutiven Merkmale der Dichtung ableiten konnte“ (Kablitz 2002, 163, Anm. 12): Kablitz' *knock-out*-Argument übersieht, dass die *différance* im Sinne Derridas keineswegs allein auf sprachliche Strukturen gemünzt ist. Die Schrift ist vielmehr für Derrida Figur einer grundsätzlichen Verschiebbarkeit der Grenzen, mittels derer sich die symbolischen Ordnungen des Denkens konstituieren. Die Reflexion auf diese Verschiebbarkeit erfordert nicht erst den *linguistic turn*. Gerade der von Hauck herausgearbeitete anthropologische Fluchtpunkt der Differenzkonstellationen, das „Leitmotiv des Sündenfalls“ (Hauck 1994, 106) nämlich, realisiert geradezu idealtypisch die von Derrida hervorgehobene ambivalente Beziehung von Innen und Außen, für die die Metapher der Schrift einsteht. Es sei daran erinnert, dass diese Fassung des Konzepts der *différance* an Saussure anknüpfen kann, der seine Reflexionen zur semiotischen Differenz ebenfalls in eine noch zu entwickelnde Wissenschaft vom Zeichen eingebettet wissen wollte, innerhalb derer das sprachliche Zeichen lediglich *ein* Paradigma unter anderen wäre (vgl. Saussure 1979 [1916], 33).

Zeichen zurückzuführen. Ein solches Vorgehen würde in der Tat zum Spezifikum erklären, was doch gerade in den letzten Jahrzehnten im Rahmen der Dekonstruktivismus-Debatten als ein der Sprache per se eignendes Charakteristikum herausgestellt wurde. Die Studie fragt darum nach Figuren, die dieses Spiel der Zeichen zu einer textimmanenten Reflexion bringen. Damit verlässt sie den von poststrukturalistischer Theoriebildung gesteckten Rahmen einer Lektüre der Gedichte Baudelaires. Ihr geht es darum, Sinnfiguren dieser Texte, deren dekonstruktiver Gestus in neueren Studien zuungunsten ihrer sinnkonstitutiven Dimension hervorgehoben wurde, ausfindig zu machen.

An Benjamins Konzept der Lesbarkeit lässt sich hier anknüpfen. Wo aber Benjamin aus den entlegenen Bruchstücken einer historischen Epoche die Konstellation ihres ‚Ursprungs' zu rekonstruieren sucht[170], soll hier der Blick den von den Texten selbst exponierten Figurationen gelten. Baudelaires Werk vollzieht im Zeichen einer Krise der Repräsentation einen Bruch mit dem repräsentationistischen Paradigma, der nicht nur auf Objektebene in einem differentiellen Darstellungsmodus zur Geltung kommt, sondern auch auf Metaebene in Figurationen der Differenz ausgeprägt ist. Als sinnstabilisierende Elemente reflektieren diese die differentielle Faktur der Gedichte und perspektivieren sie als Alteritätsfigurationen. Es gilt nun, ein Leküremodell zu entwerfen, das sowohl dem sinnzersetzenden Moment des differentiellen Schreibens als auch der sinnfixierenden figurativen Dimension Rechnung trägt. Erst vor dem Hintergrund einer solchen doppelten Perspektivierung erscheint Baudelaires Werk im Hinblick auf die ihm inhärente Logik der Darstellung angemessen beschreibbar. Oben wurde angedeutet, dass sein imaginatives Schreiben als Reflex des Versuchs gelesen werden kann, ein ‚Anderes' der poetischen Rede greifbar zu machen, das sich den Dichotomien von Sprache und Welt, Subjekt und Objekt, Position und Negation entzieht[171]. Letzteren bleibt es insofern verpflichtet, als Alterität nur als sprachlicher Differenz-Effekt erfahrbar werden kann – und mithin zu ihrer Darstellung auf eine sprachliche Inszenierung von Differenz notwendig angewiesen ist. Doch liefert dies weniger einen Beleg für eine „Grenze"[172], die Baudelaire von postmodernen Reflexionen trennt, als vielmehr dafür, dass ein den Prämissen der Präsenzmetaphysik sich entwindendes Schreiben nicht Struktureigenschaft eines Textes sein kann, sondern sich erst im Blick des Lesers als Wahrnehmung bedeutungskonstitutiver Sinnverschiebungen vollzieht. Dass Baudelaires Werk solche Sinnverschiebungen nun in der Tat als solche perspektiviert, soll die Analyse der figurativen Dimension seiner Lyrik zeigen.

Von besonderer heuristischer Bedeutung ist hier das im Rahmen dieser Studie entwickelte und anhand der Analyse paradigmatischer Texte profilierte Konzept

[170] Vgl. Benjamin 1991b.
[171] S.o., S. 9–15.
[172] Kablitz 2002, 163, Anm. 12.

der Imaginationsallegorie, das an der Schnittstelle pragmatischer und fiktionaler Texte eine Umcodierung der Figurationen des Wissens in die literarische Repräsentation leistet. Die Imaginationsallegorie ist Bestandteil einer neuzeitlichen Variante der Psychomachie, die – vor dem Hintergrund der im Imaginationsdiskurs topischen Empfehlung, *imaginatio* der Kontrolle der *ratio* zu unterstellen – *ratio* und *imaginatio* als unversöhnliche Gegner einander gegenüberstellt. Das an sich schlichte Motiv wird in der Neuzeit zum quasi ubiquitären Requisit sowohl theoretischer als auch literarischer Strategien der Sinnstiftung im Rahmen des Diskurses der *imaginatio* und liegt gerade auch den Texten Baudelaires als Matrix der dort entworfenen Differenzkonstellationen zugrunde.

Die Imaginationsallegorie leistet in theoretischen Texten eine rudimentäre Narrativierung der Wissensfiguren zu illustrativen Zwecken – so, wenn Pico della Mirandola die gefährlichen Machenschaften der „Mutter und Amme des Ehrgeizes“[173] herausstellt; so auch, wenn Descartes *imaginatio* als ein *balneum diaboli* inszeniert, das zum Gründungsmythos einer autonomen subjektiven Selbstkonstitution avanciert; und so schließlich, wenn Pascal und Condillac *imaginatio* bald als „maîtresse d'erreur et de fausseté“[174], bald – in einer gemäßigten sensualistischen Variante – als „coquette qui [...] consulte plus son caprice que la raison“[175] darstellen. In literarischen Texten hingegen entfaltet sich das narrative Schema seit der Aufklärung, verstärkt sodann seit der Romantik, zu eigenständigen Entwürfen. Von besonderem Interesse sind diese nun darum, weil die Narrativierung es erlaubt, die in *imaginatio* codierten Aporien auszuagieren, mithin zu inszenieren und zu reflektieren. Die kritisch-dekonstruktive Fortschreibung theoretischer Sinnpositionen treibt dabei einen Subcode hervor, der die entsprechenden Narrative als Allegorien sprachlicher Figuration und Defiguration im Prozess der Sinnkonstituierung in Erscheinung treten lässt. Ziel des folgenden Kapitels ist es, anhand theoretischer Texte und fiktionaler Modellierungen diesen Code zu rekonstruieren. Die damit erschlossene Semantik der *imaginatio* soll als Folie für die Analyse der *imaginatio* im Werk Baudelaires herangezogen werden[176].

173 „[A]mbitionis parens et alumna“ (Pico della Mirandola 1984, 92; Übers. 93).

174 Pascal 2000, 551.

175 Condillac 1970a , 99.

176 Es versteht sich, dass bezüglich dieser Aneignung nicht von einer einfachen Hierarchiebeziehung zwischen Diskurs und poetisch-poetologischer Aktualisierung ausgegangen werden kann. Die Semantik der *imaginatio* wird in Baudelaires Aneignung im Sinne einer modernen Ästhetik modifiziert; diese Refiguration der überkommenen Sinnschemata ist Gegenstand des III. und IV. Kapitels.

II *UNE SUPERBE PUISSANCE ENNEMIE DE LA RAISON.* ZUM DISKURS DER *IMAGINATIO*

Die folgenden Analysen untersuchen den Diskurs der *imaginatio* anhand von Texten aus verschiedenen Etappen seiner Konstituierung. Sie sollen *imaginatio* als ein Konzept transparent machen, das Repräsentation reflektiert – in einer von Fall zu Fall unterschiedlichen Weise, doch stets mit dem Ziel, die in ihr fixierte Leerstelle des Wissens diskursiv zu erschließen. Der Überblick versteht sich nicht als Begriffsgeschichte der Imagination und erhebt keinen Anspruch auf Vollständigkeit der dargestellten Positionen. Dies wäre im Rahmen dieser Studie nicht zu leisten. Das Erkenntnisinteresse dieses Kapitels ist vielmehr systematischer Art: Es geht darum, durch die Analyse zentraler Texte zur *imaginatio* paradigmatische Konfigurationen zu ermitteln, innerhalb derer das imaginative Vermögen verortet ist, und Regularitäten zu erfassen, die sich aus der Konzeptualisierung der Imagination als Mittlervermögen zwischen Selbst und Welt, Subjekt und Objekt, Rezeptivität und Spontaneität, Aktivität und Passivität vor dem Hintergrund je unterschiedlicher epistemologischer und anthropologischer Bezugshorizonte ergeben. Fokussiert werden diese letzten beiden Dimensionen gegenüber dem im weiten Sinne sprachtheoretischen – rhetorischen und poetologischen –, dem ästhetischen und dem medizinischen Diskussionskontext. Die Ausblendung poetologischer und ästhetischer Texte mag erstaunen. Doch bis hin zu Baudelaires eigenen Reflexionen geben epistemologische und anthropologische Diskurse der Konstruktion der *imaginatio* eine leitende Perspektive vor. Es scheint daher sinnvoll, zur Untersuchung diskursiver Regularitäten gerade diese Diskurse in den Blick zu nehmen und an diesen sodann die für die Analyse der Poetik Baudelaires nötigen Erweiterungen vorzunehmen.

Ziel dieses Teils ist zweierlei. Erstens wird ein Spektrum an topischen Zuschreibungen erschlossen, das den Diskurs der *imaginatio* bis zu dessen Aneignung durch Baudelaire prägt. Zweitens wird ein Einblick in die historische Entfaltung der mit *imaginatio* verknüpften Reflexion auf die Bedingungen der Repräsentation gegeben. In ihren vielfältigen Varianten wird diese Reflexion als Antwort auf die aporetische Frage nach der Möglichkeit einer Sinnkonstitution angesichts einer als unüberwindbar gesetzten Differenz lesbar: Einer Differenz, die – erkenntnistheoretisch – als Kluft von Subjekt und Objekt, oder – anthropologisch – von Welt und

Bewusstsein, und schließlich – semiologisch – von Zeichen und Bezeichnetem gefasst werden kann. Gerade hier scheint bei aller historischen Vielschichtigkeit des Konzepts eine besondere Kontinuität des Denkens der *imaginatio* begründet zu sein, deren Eruierung gerade mit Blick auf Baudelaires Werk – das freilich weniger die Antwort als vielmehr die Frage selbst einzuholen sucht – besonders lohnt.

Mit dieser Herangehensweise relativiert die Studie nicht zuletzt ein Vorverständnis, das die Bewertung der *imaginatio* in Baudelaires Lyrik bislang leitete. Es gehört zu den unhinterfragten Selbstverständlichkeiten der Baudelaire-Forschung, dass dessen Konzept der *imaginatio* der Romantik verpflichtet sei. Die „Königin der Vermögen“[1], der in einer berühmten Passage des *Salon de 1859* die Fähigkeit zugeschrieben wird, neue Welten hervorzubringen, wird dabei als ein durchaus positiv konnotiertes Vermögen aufgefasst. Baudelaire, so konstatiert exemplarisch etwa W. Wehle, billige *imaginatio* „umfassende Erkenntnishoheit“[2] zu. Vernachlässigt wird hier, dass die Ambivalenzen, die den Diskurs der *imaginatio* über Jahrhunderte hinweg kennzeichnen, auch für Baudelaires Konzeptualisierung volle Gültigkeit haben. Für die Rekonstruktion einer Baudelaires Werk zugrunde liegenden Semiotik ist mit einer solchen Lesart – zumal, wenn sie mit so unterschiedlichen Figuren wie Schelling, Schlegel und Mme de Staël verknüpft wird[3] – wenig gewonnen. Das folgende Kapitel skizziert darum den diskursiven Hintergrund, vor dem die Spezifik des Baudelaireschen Imaginationskonzepts hervortritt. Im Zentrum des Kapitels stehen paradigmatische Figurationen des Wissens und deren narrative Gestaltung. Gemäß der Zielsetzung, sowohl theoretische Modelle als auch Formen ihrer Narrativierung zu untersuchen, erfolgt keine Festlegung auf eine bestimmte Textgattung. Die cartesischen *Meditationes de prima philosophia* werden ebenso in die Untersuchung einbezogen wie Mme de Staëls ungleich schlichter anmutendes Werk *De la littérature* und Chateaubriands *René*. Angesichts der Fülle an Texten, die sich der Imagination widmen, ist die Beschränkung auf einige wenige, doch exemplarische und für die Konzeption Baudelaires relevante Positionen angebracht. Die Betrachtung der neuzeitlichen Imaginationskonzepte beschränkt sich auf französische Paradigmen. Ausgeblendet bleiben dabei die philosophischen Entwürfe des englischen Sensualismus und des deutschen Idealismus[4], wenngleich gerade diese als elaborierte und richtungweisende Modelle für die Konzeptualisierung der *imaginatio* gelten. Die diskursanalytische Zugangsweise allerdings rechtfertigt diese Beschränkung, da es ihr weniger um einen Höhenkamm

1 Als „reine des facultés“ (CE 321) wird *imaginatio* in einer berühmten Passage im *Salon de 1859* bezeichnet.

2 Wehle 1998, 913.

3 Vgl. Wehle 1998, 913.

4 Vgl. zu den genannten Entwürfen den Überblicksartikel Schulte-Sasse 2001 (mit weiteren Literaturhinweisen).

als vielmehr um die Frage nach diskursiven Regularitäten geht, die die Konstruktionen des Wissens leiten.

Untersucht werden Autoren, deren Beiträge im Lauf der Diskursgeschichte immer wieder aufgerufen werden und noch im 19. Jahrhundert als unumstrittene Referenten jeder Beschäftigung mit *imaginatio* gelten, und Paradigmen, die die Semantik der *imaginatio* in besonderer Weise prägten. Aristoteles' *De anima* fächert ein Wirkungsspektrum der *imaginatio* aus, das den paradigmatischen Kern aller weiteren Überlegungen zu *imaginatio* bildet. Der Neuplatonismus konsolidiert sodann in einer frühen Phase die schon bei Aristoteles fixierte liminale Positionierung des Vermögens, welche in der Folge als Topos in den neuzeitlichen Imaginationsdiskurs eingeht. Descartes' *Meditationes de prima philosophia* und Condillacs *Essai sur l'origine des connaissances humaines* werden als Paradigmen einer *abiectio imaginationis* des *âge classique* vorgestellt. Meisters *Lettres sur l'imagination* schließlich lassen Ansätze einer Umcodierung des Paradigmas am Schnittpunkt von klassisch-aufklärerischem Repräsentationismus und moderner Tiefenperspektivik sichtbar werden. Mit Mme de Staëls *De l'Allemagne* und Chateaubriands *René* werden zwei Beispiele für eine Narrativierung des Wissens an der Schwelle zur Moderne erörtert. Erschließt bereits Mme de Staëls *De la littérature* mit seinem Modell einer Nord-Süd-Typologie des Imaginativen den Aporien der neuzeitlichen *imaginatio* ein wirkmächtiges Bildfeld, so exponiert Chateaubriands *René* diese Aporien in einer von zeitgleich entstehenden pragmatischen Textsorten nicht eingeholten Prägnanz. Erstmals wird hier die Denkfigur einer imaginativen Selbstüberschreitung der *imaginatio* zum Gegenstand der Reflexion[5]. Die in diesem Kontext entwickelte Semantik wird die Aktualisierungen des Imaginationsdiskurses in der Folgezeit – und nicht zuletzt auch Baudelaires Aneignung des Paradigmas – prägen.

[5] Zu dieser Denkfigur s.o., S. 30.

1 Phantasie dürfte wohl eine Bewegung sein. Aristoteles, *De anima*

Die aristotelische Seelenschrift, *De anima*, darf als der erste Versuch einer systematischen Erschließung dessen, was mit dem Begriff der φαντασία bezeichnet ist, und als wirkmächtiger Prätext für die Reflexionen über *imaginatio* in der Folgezeit gelten[1]. Die Neigung des imaginativen Vermögens, Trugbilder zu entwerfen, seine Nähe zu Traum, Halluzination und Wahnsinn, doch auch seine konstitutive Funktion für die Ausbildung von Gedächtnis und Erinnerung und sogar für höhere kognitive Leistungen – diese bis in die Neuzeit mit dem Vorstellungsvermögen assoziierten Funktionen sind schon in *De anima* festgeschrieben. Daher eignet sich gerade die Seelenschrift als Ausgangspunkt für die weiterführenden Rekonstruktionen des diskursiven Zusammenhangs, innerhalb dessen *imaginatio* zu situieren ist.

Aristoteles verortet φαντασία im Gefüge der Seelenvermögen zwischen der Fähigkeit des sinnlichen Wahrnehmens (αἴσθησις) und des Denkens (νόησις), indem er sie eher zögernd als eine von der Wahrnehmung abhängige Bewegung bestimmt[2]. Ihre Grundleistung ist es, „sich etwas vor Augen zu stellen“[3]: φαντασία ruft imaginative, von der unmittelbaren Wahrnehmung unabhängige und immaterielle φαντάσματα ins Bewusstsein. Hierin unterscheidet sich das Vorstellungsvermögen vom Vermögen der sinnlichen Wahrnehmung, dessen Tätigkeit an den

[1] Die folgende Darstellung stützt sich auf Rosenmeyer 1986 und Watson 1994. Einen kurzen begriffsgeschichtlichen Abriss bietet Starobinski 1970a; vgl. auch Beil 2003; Camassa/Evrard/Benakis/Pagnoni-Sturlese 1989 (zur Begriffsgeschichte bis zur Renaissance; der Artikel „Imagination“ – Mainusch/Warning 1976 – beschränkt sich hingegen weitgehend auf die neuzeitliche Begriffsverwendung. Dasselbe gilt für Schulte-Sasse 2001). Vgl. zum Konzept der φαντασία in der Antike auch das Standardwerk Bundy 1978 [1927] sowie Watson 1988. Verschiedene in den letzten Jahren erschienene Sammelbände zu Phantasie und Imagination thematisieren Einzelaspekte aus der Konzeptgeschichte (vgl. Fattori/Bianchi 1988; Behrens 2002a; Dewender/Welt 2003). Aufschlussreich sind weiterhin die Ausführungen Olejniczak Lobsien/Lobsien 2003, 11–86; vgl. zur aristotelischen Tradition der Konzeptualisierung von *imaginatio* bis ins französische *âge classique* auch den Überblick Ferreyrolles 1995, 124–137.

[2] „[Die Vorstellung] dürfte […] eine Bewegung sein, welche durch die in Wirklichkeit sich vollziehende Wahrnehmung entsteht“ („ἡ φαντασία ἂν εἴη κίνησις ὑπὸ τῆς αἰσθήσεως τῆς κατ' ἐνέργειαν γιγνομένη“; Aristoteles, *De anima* III, 3, 429a1–2). – Alle Übersetzungen aus dem Griechischen sind, soweit nicht anders vermerkt, den in der Bibliographie genannten Übersetzungen entnommen.

[3] „[Π]ρὸ ὀμμάτων […] τι ποιήσασθαι“ (Aristoteles, *De anima* III, 3, 427b18–19).

affizierenden Gegenstand gebunden ist[4] und, obgleich seine Bilder „Formen ohne die Materie“[5] sind, auf das wahrnehmende Organ als materiellen Träger der Wahrnehmung verwiesen ist; strukturell hingegen sind auch die Bilder der Vorstellung „Wahrnehmungsobjekte, nur ohne Materie“[6]. Suggeriert diese Definition, die φαντάσματα seien bloße wahrnehmungsanaloge, doch von der aktuellen Wahrnehmung entkoppelte Bilder, deren Verortung an der Schnittstelle von Sinnlichem und Intelligiblem eher einem Bedürfnis nach struktureller Symmetrie als der Annahme einer funktionalen Mittlerposition des Vorstellungsvermögens entspringt, so erweist eine genauere Betrachtung der Wirkungsbereiche der φαντασία eine solche Bestimmung als unzureichend. Φαντασία steht in einem Funktionszusammenhang, der ihr einen weit größeren Spielraum zubilligt als die bloße imaginäre Evokation des einmal Wahrgenommenen[7]. Das Vermögen deckt ein breites Spek-

4 Vgl. *De anima* II, 5, 417b19–21. Vgl. zum Verhältnis von αἴσθησις und φαντασία Busche 2003, 43 und Welsch 1987, 381–388. Aufgrund seiner Wahrnehmungsabkünftigkeit sei das φανταστικόν als Seinsweise des αἰσθητικόν, die φαντασία als eine Funktion derselben zu verstehen („ἔστι μὲν τὸ αὐτὸ τῷ αἰσθητικῷ τὸ φανταστικόν, τὸ δ'εἶναι φανταστικῳ καὶ αἰσθητικῷ ἕτερον“; Aristoteles, *De insomniis* 1, 459a15–17). Die Bilder des Vorstellungsvermögens seien also ein „Wahrnehmungsnachhall“, genauer: „die von der wirklichen Wahrnehmung im Organ verursachte Bewegung und fortdauernde Erregung desselben“ (Welsch 1987, 384).

5 „ἡ μὲν αἴσθησίς ἐστι τὸ δεκτικὸν τῶν αἰσθητῶν εἰδῶν ἄνευ τῆς ὕλης“ (Aristoteles, *De anima* II, 12, 424a18–19).

6 „[T]ὰ γὰρ φαντάσματα ὥσπερ αἰσθήματά ἐστι, πλὴν ἄνευ ὕλης“ (Aristoteles, *De anima* III, 8, 432a9–10).

7 Demgemäß ist die Frage nach einer einheitlichen Kernbedeutung des Begriffs in der „streckenweise völlig unübersichtlichen“ (Olejniczak Lobsien/Lobsien 2003, 26) Schrift und, darüber hinaus, im Gesamtzusammenhang des aristotelischen Werks, immer wieder aufgeworfen worden. Insbesondere ältere Forschungsbeiträge unterstreichen die Bedeutungsvielfalt, wenn nicht Widersprüchlichkeit, des Begriffs; vgl. etwa Ross 1995 [1923], 148. M. Schofield hat in einer richtungweisenden Studie, die sich allerdings absichtsvoll auf nur eine zentrale Passage zum Vorstellungsvermögen in *De anima* III, 3 beschränkt, die Grundbedeutung der φαντασία in diesem Kapitel als Vermögen der „non-paradigmatic sensory experiences“ bestimmt. Die Möglichkeit einer die aristotelischen Schriften übergreifenden einheitlichen Gesamtkonzeption des Vorstellungsvermögens beurteilt er allerdings skeptisch (vgl. Schofield 1992, hier 252; zur Ambiguität des Konzeptes der φαντασία bes. 249, 254–255, 272, 276–277). Zweifel an einer „unified theory“ äußert auch M. C. Nussbaum, formuliert aber die These, der Theorie des Vorstellungsvermögens liege die grundlegende Einsicht zugrunde, „that perceptual reception is inseparable from interpretation“ (Nussbaum 1978, 268). Die einheitliche Grundbedeutung des Begriffs der φαντασία in *De anima* III, 3 unterstreicht im Anschluss an Schofield auch Watson 1982. D. Modrak schließlich plädiert für eine „unified and cogent conception“ in den aristotelischen Schriften zur Psychologie und bestimmt diese als „awareness of a sensory content under conditions that are not conducive to veridical perception“ (Modrak 1986). Die Systematizität des aristotelischen Entwurfs betont auch H. Busche, der sich allerdings von der „modernistischen“ These Nussbaums, die Imagination

trum psychischer Funktionen ab, die sich mit H. Busche stark schematisierend auf zwei Grundtypen des Vorstellungsvermögens zurückführen lassen[8]. Von Interesse sind diese insofern, als sich in ihnen eine Differenzierung abzeichnet, die die spätere Geschichte des Vorstellungsvermögens obstinat begleiten wird: Φαντασία αἰσθητική, eine von der Vernunft unabhängig wirkende spontane Variante der *imaginatio*, begegnet, „weil die Vernunft zuweilen durch Leidenschaft, Krankheit und Schlaf verdunkelt ist"[9]: Sie gestaltet Träume und Halluzinationen, aber auch durch Leidenschaften erzeugte Trugbilder[10]. Auch das Verlangen der Tiere fällt in ihren Wirkungsbereich. Sie fungiert als Auslöser und Richtunggeber ihrer Bewegung und ersetzt die ihnen fehlende Vernunft[11]. Eine φαντασία λογιστική ermöglicht hingegen als Beraterin der Vernunft ein intentionales, vernunftgesteuertes Vorstellen: Das bewusste Erinnern[12], das bewusste Wollen[13], ja sogar das abstrakte Erkennen vollziehen sich anhand der φαντάσματα. „[N]οεῖν οὐκ ἔστιν ἄνευ φαντάσματος"[14], heißt es in der Schrift *De memoria et reminiscentia*, und auch *De anima* liefert reichlich Belege für die intrikate Beziehung von φαντασία und νόησις[15]. Da es nämlich „kein Ding, wie es scheint, abgetrennt neben den sinnlich

greife interpretierend in die Wahrnehmung ein, distanziert (vgl. Busche 2003, 26–27; vgl. auch ausführlich Busche 1997). Vgl. speziell zur Thematisierung der *imaginatio* in *De anima* auch Castoriadis 1986, und allgemein zu Aristoteles' *De anima* auch Busche 2001.

8 Vgl. Busche 2003, 35–37 und Busche 2002, 130. Die Unterscheidung stützt sich auf *De anima* III, 10, 433 b 29: „[Φ]αντασία δὲ πᾶσα ἢ λογιστικὴ ἢ αἰσθητική". – Ein weiterer von Aristoteles beschriebener Typus, der einen trügerischen Schein an den Phänomenen selbst bezeichnet, wird in der vorliegenden Studie nicht berücksichtigt. Busche ordnet ihn dem Vorstellungsvermögen im uneigentlichen, metaphorischen Sinne (κατὰ μεταφορὰν) zu, das Aristoteles *De anima* III, 3, 428a2 erwähnt (vgl. Busche 2003, 31–33). Die von Aristoteles beschriebenen Beispiele, etwa, dass beim Anblick der Sterne oder der Sonne deren Entfernung eine angemessene Größenschätzung verhindert, werden in der neuzeitlichen Thematisierung als Sinnestäuschung dem Bereich der sinnlichen Wahrnehmung zugeordnet; vgl. nur die analogen Bemerkungen Bacons (Bacon 1990, 46–49).

9 „[Δ]ιὰ τὸ ἐπικαλύπτεσθαι τὸν νοῦν ἐνίοτε πάθει ἢ νόσοις ἢ ὕπνῳ" (Aristoteles, *De anima* III, 3, 429a7–8).

10 Vgl. Aristoteles, *De insomniis* 1, 459a1–22.

11 Dieser Typus der φαντασία wurde ausführlich von M. C. Nussbaum beschrieben (vgl. Nussbaum 1978); vgl. Aristoteles, *De anima* III, 9, 432b15–17; III, 10, 433b27–29.

12 Anders als das Gedächtnis, das als „Speicher von Phantasmen" („φαντάσματος […] ἕξις"; Aristoteles, *De memoria et reminiscentia* 1, 451a15–16) dem Bewusstsein entzogen ist, ist das Erinnern ein bewusstes Aufsuchen der gespeicherten Bilder („ζήτησις […] φαντάσματος"; Aristoteles, *De memoria et reminiscentia* 2, 453a15–16); vgl. Busche 2003, 40.

13 Vgl. Aristoteles, *De anima* III, 11, 434a5–7.

14 Aristoteles, *De memoria et reminiscentia* 1, 449b30–450a2.

15 Vgl. Aristoteles, *De anima* I, 1, 403a8–9; III, 3, 427b27–28; III, 7, 431a1–431b19; III, 8, 431b20–432a14.

wahrnehmbaren Größen gibt, so sind in den wahrnehmbaren Formen die intelligiblen (enthalten), sowohl die sogenannten abstrakten, als auch alles, was Verhältnisse und Eigenschaften der Sinnesdinge sind“[16]: Erst die Bilder der φαντασία, so lautet jedenfalls die phantasophile Auslegung dieser umstrittenen Passage, ermöglichen ein Transzendieren der Erscheinungswelt auf das Intelligible. Das Wahre und das Falsche, doch auch das Gute und das Schlechte, mithin das Erstrebbare und das zu Meidende[17] liegen in den Vorstellungsbildern. Sie sind Repräsentationen eines intelligiblen Gehalts des Wahrgenommenen, der überhaupt erst durch sie dem Verstand greifbar wird. Bedenkt man, dass bei Platon das φάντασμα gerade den Schein meint – im Gegensatz zum εἰκών, das sich durch seine Teilhabe am Sein auszeichnet –, φαντασία aber die (wahre oder falsche) Meinung hinsichtlich einer Sinneswahrnehmung[18], so wird verständlich, dass C. Castoriadis in der aristotelischen Bestimmung des Vorstellungsvermögens als Möglichkeitsbedingung abstrakten Denkens die Entdeckung einer „radikalen“ „*imagination première* [...] [qui] fait éclater virtuellement l'ontologie aristotélicienne – autant dire, l'ontologie tout court“[19] feiern konnte[20].

16 „[Ἐ]πεὶ δὲ οὐδὲ πρᾶγμα οὐδέν ἐστι παρὰ τὰ μεγέθη, ὡς δοκεῖ, τὰ αἰσθητὰ κεχωρισμένον, ἐν τοῖς εἴδεσι τοῖς αἰσθητοῖς τὰ νοητά ἐστι, τά τε ἐν ἀφαιρέσει λεγόμενα, καὶ ὅσα τῶν αἰσθητῶν ἕξεις καὶ πάθη“ (*De anima* III, 8, 432 a 3–6).

17 Vgl. Aristoteles, *De anima* III, 7, 431b2–11.

18 Vgl. Platon, *Sophistes* 264a-b. Vgl. auch Platon, *Politeia* 599a zur Gegenüberstellung von φαντάσματα und ὄντα; Platon, *Politeia* 596e zur Distinktion von φαινόμενα und ὄντα und 598a-b zum Verhältnis von φάντασμα und ἀληθεία. Vgl. auch die Gegenüberstellung τέχνη εἰκαστικὴ und τέχνη φανταστικὴ in Platons *Sophistes*, 235d und 236c. Weitere Belege in den Schriften Platons bei Camassa/Evrard/Benakis/Pagnoni-Sturlese 1989, 516–517. Vgl. zur Semantik des Begriffs des φάντασμα in den voraristotelischen Schriften Nussbaum 1978, 241–244, Schofield 1992, 251–252, Anm. 11 sowie 265–266, und Rosenmeyer 1986, 212–214. Nussbaum zufolge tritt der Begriff des φάντασμα vor allem im Kontext der Thematisierung von Traum, Halluzination und Erinnerung auf, die demgemäß dessen genuinen Wirkungsbereich bilden würden (ibd., 241).

19 Castoriadis 1986, 412.

20 Die Frage nach der Rolle des Vorstellungsvermögens im Erkenntnisprozess kann hier nicht weiter verfolgt werden. Zu erwägen wäre, ob bei Aristoteles der φάντασμα -Bezug des νοεῖν in der Tat eine phantasmatische Beschaffenheit des Denkens selbst meint, oder ob dieses sich vielmehr gerade in „Absetzung“, sprich: in Abstraktion von den Phantasmen entfaltet. „Der φάντασμα-Bezug des Denkens wird [...] gerade als tätige Absetzung vom φάντασμα, als jeweilige Abstraktion von dessen φάντασμα-Charakter vor Augen geführt. Nicht Assimilation, sondern Abstraktion ist Sinn und Charakteristikum dieses Bezugs“ (Welsch 1987, 386–387, Anm. 6; vgl. auch Schofield 1992, 273). Dass das Denken auf die Phantasmen angewiesen ist, meint auch Busche zufolge weniger, dass ihm keine Autonomie zukäme, sondern erklärt vielmehr gerade seine Autonomie gegenüber der Sinnlichkeit, die Aristoteles in *De anima* gegen die Meinung der Alten vertritt (vgl. *De anima* III, 3, 427a17–b 26); durch die Tätigkeit des Vorstellungsvermögens werde ein wahrnehmungstranszendentes Denken überhaupt möglich (vgl. Busche 2002, 132). Vor der Gefahr eines „platonisch-neuplatoni-

Ist bei Aristoteles in der Tat eine Aufwertung des Vermögens zur Möglichkeitsbedingung der Erkenntnis auszumachen, so bleibt φαντασία jedoch, folgt man Busche, verwiesen auf die Vernunft, deren Herrschaft sie in einer für die Thematisierung der Imagination bezeichnenden Weise unterstellt ist: als „Affektion, die in unserer Macht steht" (πάθος εφ' ἡμῖν[21]) und uns zu „Herren über unsere Vorstellungskraft" (κύριοι τῆς φαντασίας[22]) macht. Die Kontrollfunktion des Rationalen, die den Diskurs der *imaginatio* bis ins neunzehnte Jahrhundert hinein begleiten wird, erhält hier bereits deutliche Konturen.

Die Themen und Motive, die der aristotelische Prätext ins Spiel bringt, bilden den semantischen Kern des sich formierenden Diskurses der *imaginatio*: Traum und Halluzination, Gedächtnis und Erinnerung, Begehren, Leidenschaften, (Er-)Findungsgabe und höhere Verstandesleistungen werden in der Folgezeit immer wieder auf ihre Relation zum imaginativen Vermögen befragt. Während die Affinitäten des Vorstellungsvermögens zu den erstgenannten Bereichen unterschiedlich ausgelegt, doch kaum je bestritten werden, wird seine Funktion für höhere Verstandesleistungen im neuzeitlichen Diskurs ausgesprochen kontrovers diskutiert. Als wirkmächtig erweist sich die Verortung des Vorstellungsvermögens zwischen Sinnlichkeit und Verstand: Zur dominanten Sinnfolie der subjektzentrierten neuzeitlichen Ordnung wird die Denkfigur einer Beherrschbarkeit der *imaginatio* durch *ratio*, die in den allegorischen Szenarien einer vernunftgeleiteten *imaginatio* immer wieder bildhafte Evidenz erlangt. Die Mittelposition der *imaginatio* lässt diese bereits bei Aristoteles als Figur der Grenze von Sinnlichkeit und Verstand erscheinen[23]. Als solche – als eine Figur des ‚Zwischen' – ist das Vermögen einer

schen Vorverständnisses" des aristotelischen Diktums warnt schließlich Th. Welt. Die Rede sei hier nicht von einer „Repräsentation der Inhalte des vou□ ς in der Phantasie", Aristoteles betone vielmehr im Gegenteil, „daß […] sich das Intelligible […] ausschließlich im Bereich der sinnfälligen Formen finden lasse" (Welt 2003, 69–97, 73).

21 Aristoteles, *De anima* III, 3, 427b18.

22 Vgl. Aristoteles, *Ethica Nicomachea* III, 7, 1114a32.

23 Das Verhältnis von Vorstellungsvermögen, Sinnlichkeit und Verstand betrachtet differenziert Busche 2002. Zwar ist auch die αἴσθησις dem subjektiven Willen entzogen, doch während die sinnliche Wahrnehmung auf die ὑποκείμενα als äußerliche Ursachen der von ihr erzeugten Repräsentationen angewiesen ist, fehlt der autogenen Aktivität des imaginativen Vermögens ein solches Prinzip. Dass aber auch das Wahrnehmungsvermögen bei Aristoteles über Spontaneität verfügt, will H. Busche erweisen (vgl. Busche 2002, 112–142). Andererseits ist auch der Verstand bei Aristoteles nicht als reine Spontaneität gedacht: Busche verweist auf eine „berühmt dunkle Unterscheidung von nous poietikós und nous pathetikós" (vgl. *De anima* III 5, 430 a 14–17), die sich „so auffassen [lässt], daß der tätige Verstand das spontane Zentrum allen Denkens bildet, während der leidende Verstand das rezeptive Medium bildet, innerhalb dessen der tätige Verstand seine Vorstellungen auf allgemeine Verhältnisse hin durchleuchtet" (vgl. ibd., 130). Strukturell iteriert sich offenbar die Ambivalenz von Aktivität und Passivität, die hier für das Vorstellungsvermögen angeführt wird, auf allen Ebenen des aristotelischen Modells.

doppelten Perspektivierung zugänglich: Es kann als eine der Wahrnehmung zugeordnete Instanz dem Willen entzogen bleiben, es kann aber auch als eine den Verstand beratende φαντασία λογιστική als Möglichkeitsbedingung höherer Verstandesleistungen fungieren. Bereits in der aristotelischen Seelenschrift eignet ihm also eine Ambivalenz, die auch durch die reflexive Vereinnahmung des Vermögens in der Folgezeit nicht ausgelöscht werden wird: *Imaginatio* ist Figur einer Grenze, die distinkte Wirklichkeitsbereiche trennt *und* verbindet. Sie drängt stets von neuem die Frage nach deren Kommensurabilität auf und lässt diese, mit einem prägnanten Ausdruck Walter Benjamins, als unlösbare ‚Rätselfrage' in Erscheinung treten. Die vielschichtigen und in sich widersprüchlichen Reflexionen über *imaginatio* können als Manifestationen dieser grundlegenden Ambivalenz gedeutet werden. Noch die neuzeitlichen Konzepte der *imaginatio* sind Reflexe eines bei Aristoteles sich abzeichnenden Widerstreits, aus dem zwei distinkte, doch aufeinander verwiesene Konzeptualisierungsstrategien der *imaginatio* hervorgehen: die notorische *abiectio imaginationis*, eine Verwerfung der *imaginatio* zugunsten der *ratio*, und die gegenläufige *vindicatio imaginationis*, die in *imaginatio* die Figur einer Versöhnung des wie auch immer näher zu bestimmenden Getrennten ausfindig zu machen glaubt. Die beiden Strategien sind Perspektivierungen *einer* Aporie, deren Figur *imaginatio* ist.

2 Neuplatonische Grenzgänge

Exemplarisch lassen sich die beiden Perspektivierungen der *imaginatio* in den Imaginationskonzepten des Neuplatonismus gegeneinander profilieren. Der Neuplatonismus stellt ein besonders wirkmächtiges Paradigma für die neuzeitliche Konzeptualisierung der *imaginatio* dar[1]. Die hier entworfenen Modelle substruieren den Diskursen der *imaginatio* im medizinischen, aristotelisch-galenisch geprägten Kontext ein philosophisches Begründungsparadigma, das einerseits entscheidend zu deren Konsolidierung beiträgt, andererseits bereits Denkfiguren entwirft, von denen aus die Aufwertung der *imaginatio* im ästhetischen Diskurs der Neuzeit ihren Ausgang nimmt. So konnten denn auch die ,modernen' Rahmenbedingungen der Thematisierung von *imaginatio* kurzerhand als ,neuplatonisch' angesprochen werden[2]. Daher empfiehlt es sich, mit Blick auf den neuzeitlichen Imaginationsdiskurs die Grundzüge der hier verhandelten Imaginationskonzepte zu skizzieren.

Vor dem Hintergrund einer forcierten axiologischen Markierung der Differenz von Geistigem und Materiellem, festgeschrieben in der räumlichen Differenzierung eines anzustrebenden Innen und eines stigmatisierten Außen[3], bildet sich im Kontext des Neuplatonismus ein spezifischer Modus der doppelten Perspektivierung heraus, der als Ausdruck einer Bewusstwerdung der Ambivalenzen, welche *imaginatio* als einem ,Anderen' des Denkens eignen, gelesen werden kann: ein Anderes, das insofern auf das Selbst bezogen ist, als dieses sich nur über jenes konstituieren kann, seine Ausgrenzung daher nur im Modus der *abiectio* vollzogen werden kann: als oppositive Setzung, die die Perspektivierung der eigenen Dekonstruktion bereits mit sich führt.

Eine gemeinsame Grundtendenz der insgesamt uneinheitlichen neuplatonischen Theorien liegt in der Betonung der Spontaneität der menschlichen Vermögen im Erkenntnisprozess. Gemäß der These, dass die Seele als Unkörperliches affektionsfrei sei[4], gilt Erkenntnis – in kritischer Absetzung von der Stoa, die diese Position vermeintlich vertreten habe – nicht als Affektion (πάθος) der Seele, sondern

[1] Vgl. zur neuplatonischen Konzeption der φαντασία Bundy 1978 [1927], 117–176; Watson 1988, 96–133; Watson 1994, 4765–4810, 4792–4801; Warren 1966, 277–285; Welt 2003; Cürsgen 2003. Einen allgemeinen Überblick über die neuplatonische Seelenlehre gibt Zintzen 1991.

[2] Vgl. Olejniczak Lobsien/Lobsien 2003, 26.

[3] Das wahrhaft Erstrebenswerte, so führt Plotin aus, liege im Inneren: „[T]ὸ ἔξω διώκομεν ἀγνοοῦντες, ὅτι τὸ ἔνδον κινεῖ" („wir jagen dem Äußeren nach und wissen nicht, daß das Innere bewegt"; Plotin, *Enneaden* V, 8, 2, 33–34; diese und die folgenden Plotin-Übersetzungen werden nach der zweisprachigen Ausgabe Plotin 1956–1967 zitiert).

[4] Vgl. bes. Plotin, *Enneaden* III, 6.

als deren aktives Wirken (ἐνέργεια)[5]. Die neuplatonisch inspirierten Verse des Boethius geben der Ablehnung einer materialistischen Seelenkonzeption prägnant Ausdruck:

> Quondam porticus attulit
> Obscuros nimius senes,
> Qui sensus et imagines
> E corporibus extimis
> Credant mentibus imprimi,
> Ut quondam celeri stilo,
> Mos est aequore paginae,
> Quae nullas habeat notas,
> Pressas figere litteras[6].

Die Einsicht, dass „alles […], was erkannt wird, […] nicht gemäß der Kraft seiner selbst, sondern vielmehr gemäß der Fähigkeit des Erkennenden erfasst [werde]“[7], bildet demgegenüber die Grundlage der neuplatonischen Seelenlehre. In ihr liegt, wie vielfach hervorgehoben wurde, das Potential zu einer Aufwertung des künstlerischen Geistes, der vor dem Hintergrund dieser Konzeption zum „Schicksalsgenossen des schaffenden Νοῦς“[8] werden kann; in ihr liegt *auch*, so lautet eine verbreitete These, das Potential zu einer Aufwertung der φαντασία zum schöpferischen Vermögen[9].

Plotins Konzeption der φαντασία veranschaulicht paradigmatisch die ambivalente Einschätzung des imaginativen Vermögens im Kontext des Neuplatonismus. Als Instanz der Bilderzeugung ist φαντασία Mittlerin von Sinnlichem und Intelligiblem. Allerdings ist die von ihr erbrachte Vermittlungsleistung nur unvollkommen. Ihre Tätigkeit trägt dem Innen eine Spur des Außen, dem Außen eine Spur des Innen ein. So sind ihre Bilder stets *zugleich* Darstellung des Außen *und* Selbstdarstellung des Innen: „Weil sie [sc. die φαντασία] indessen alles nur sekundär hat, so wird sie nicht so vollkommen zu allem; sie ist die Grenzscheide und hat einen dementsprechenden Standort: so wendet sie sich nach beiden Richtungen“[10]. Betrachtet man darum ihre Produkte, die Vorstellungen, in der introversen Per-

5 Vgl. Plotin, *Enneaden* IV, 6.

6 Boethius 1997, 300 („Die Stoa brachte ehemals / unverständliche Greise auf, / welche meinten, dem Geist sei / Bildung Eindruck von außen her / durch die Dinge so eingeprägt, / wie mit hurtigem Griffel man / wohl zuweilen die Zeichen tief / in der Schreibtafel Fläche drückt, / die noch niemals beschrieben ward“, ibd., 301).

7 „Omne enim, quod cognoscitur, non secundum sui vim, sed secundum cognoscentium potius comprehenditur facultatem“ (Boethius 1997, 296; Übers. 297).

8 Panofsky 1960, 12.

9 Vgl. bereits Bundy 1978 [1927], 143.

10 „ὅτι γαρ ἔχει πάντα δευτέρως, [καὶ] οὐχ οὕτω τελείως πάντα γίνεται, καὶ μεθόριον οὖσα καὶ ἐν τοιούτῳ κειμένη ἐπ’ ἄμφω φέρεται“ (Plotin, *Enneaden* IV, 4, 3, 15).

spektive einer Erkenntnis des Geistigen, so lassen sie sich als Indices der sie hervorbringenden Kraft lesen, denen sogar eine eingeschränkt anagogische Funktion zugebilligt wird. Für Plotin etwa sind die Vorstellungen der φαντασία nicht bloße Darstellungen einer sinnlich-materiellen Körperwelt; ihnen schreibt sich vielmehr zugleich die Struktur des Geistigen ein, das im Medium der φαντασία wie in einem Spiegel zur Entfaltung gelangt und dem Denken eine reflexive Erfassung seiner selbst ermöglicht[11]. Φαντασίαavanciert somit zur Möglichkeitsbedingung eines Bewusstseins, das der Seele im Gegensatz zur unbewussten Materie eignet[12]. Auch das Gedächtnis, jenes Seelenvermögen also, das der Seele aus ihrem Abstieg in die Körperwelt heraus zukommt und sie zur „eigenständigen Hypostase"[13] macht, indem sie deren Selbstbewusstsein fundiert[14], ist Funktion des Vorstellungsvermögens[15]. Betrachtet man die Vorstellungen hingegen in extroverser Perspektive, so erweisen sie sich als Chiffren des Materiell-Bösen und, zumal in der Gestalt von Bildern des Begehrens, als Schöpfungen einer den subjektiven Willen aushöhlenden, das menschliche Handeln determinierenden Macht[16]. Als „Schlag eines vernunftlosen Äußeren" (πληγὴ ἀλόγου ἔξωθεν)[17] bezeichnet Plotin das Vorstellungsvermögen und kreiert damit, so suggeriert G. Watson, ein Bild, das in der Folge im Diskurs der *imaginatio* zur prominenten Figur einer dem Willen entzogenen Kraft des Vorstellungsvermögens werden wird[18]. Gemäß dieser auf dem metaphysischen Horizont des Neuplatonismus konstitutiven doppelten Lesbarkeit kann φαντασία je nach Perspektive als Instanz der Entäußerung des Selbst an die sinnfällige Wirklichkeit oder aber „miterfüllende[s] Element"[19] des Denkens gedeutet werden. Sie erscheint als Index der Kluft von Sinnlichem und Intelligiblem und *zugleich* als Instanz ihrer Vermittlung; als Grund des Abstiegs der Seele

11 Vgl. Plotin, *Enneaden* IV, 3, 30.

12 Vgl. zur bewusstseinskonstitutiven Funktion des Vorstellungsvermögens bei Plotin Warren 1966, Watson 1994, 4796; 4800 und Welt 2003, 79.

13 Welt 2003, 78.

14 Vgl. Welt 2003, 79.

15 Vgl. die beiden Schriften *Probleme der Seele* (Περὶ ψυχῆς ἀποριῶν; Plotin, *Enneaden* IV, 3 und IV, 4).

16 Vgl. Plotin, *Enneaden* VI, 8, 3.

17 Plotin, *Enneaden* I, 8, 15, 18.

18 Vgl. Watson 1994, 4794. Einen weiteren Beleg macht Watson sodann bei Augustin im siebten Brief an Nebridius ausfindig: „nihil est aliud illa imaginatio [...] quam plaga inflicta per sensus" (*Epistula* VII, 3, in: Augustinus 2004, 16; vgl. Watson 1994, 4802). – Im Vorgriff auf die weiteren Überlegungen sei hier auf die Rekurrenz des insbesondere im medizinischen Diskurs tradierten Motivs noch im 19. Jahrhundert in dem sich erklärtermaßen als imaginativ begreifenden Genre der Phantastik hingewiesen.

19 Cürsgen 2003, 100.

in die Körperwelt – so die Deutung bei Damascius[20] – *und* als Remedium der von ihr induzierten Trennung.

Diese doppelte Perspektivierung der φαντασία ist unschwer als Reflex der beiden in der neuplatonischen Philosophie seit Plotin unvermittelt nebeneinander stehenden Denkfiguren zu erkennen, die den Abstieg der Seele in die Körperwelt in zweifacher Weise deuten: als schöpferischen Akt zum einen, der „Seiendes aus [dem Einen] entspringen [läßt] aufgrund seiner Gutheit, seiner Fülle an Vollkommenheit und seiner Dynamis"[21], zum anderen aber als „Willen des Seienden [...], vom Einen [...] ‚abzufallen', sich ‚loszureißen', den Ursprung zu ‚vergessen', sich ihm zu ‚entfremden', um sich ‚selbst zu bestimmen'"[22]. Die zweite Deutung impliziert die berüchtigte neuplatonische Stigmatisierung der Materie: Als das ‚Andere' des Geistes ‚ist' sie bloßes Nicht-Sein, das als solches das Böse zu verantworten hat[23]. Die unvollkommene Vermittlungsleistung der φαντασία ist in dieser Perspektive nicht in den Defizienzen des Vermögens selbst begründet, sondern darin, dass in der Vermittlung die Kluft, die das Sein des Intelligiblen von der Materie trennt, zu überwinden ist. Der daraus resultierende unvollkommene Typus der Erkenntnis präsentiert dem Geist gleichsam, indem er dem Sein der geistigen Strukturen das Nicht-Sein der Materie zur Seite stellt, sein Anderes *als* Anderes: als Index absoluter Negativität.

Dabei rückt intrikaterweise gerade die Differenz, welche Geist und Materie trennt, letztere in die Nähe des ‚Einen', welches Plotin als den Ursprung des νοῦς und zugleich als das ihm radikal Transzendente fasst: als, wie Beierwaltes mit Bezug auf das ‚Eine' formuliert, die „absolute Differenz"[24] eines paradoxen ἕτερον πάντων (‚anderes von allem')[25] – oder auch: eines οὐδὲν πάντων (‚nichts von allem')[26], das, wie die Materie, „ohne Form, ohne Qualität, reine Privation, Nichts, Andersheit schlechthin"[27] ist. Misslingt indes der φαντασία die Supplementierung der in Gestalt der Materie begegnenden Negativität, so entwirft Plotin im νοῦς ein Gegenmodell dieses defizitären Vermittlungsmodus[28]. Im νοῦς wird die Negativität

20 Vgl. Cürsgen 2003, 105.

21 Beierwaltes 1980, 33.

22 Beierwaltes 1980, 34.

23 Vgl. Beierwaltes 1980, 40.

24 Vgl. Beierwaltes 1980, 26: „Wenn das durch das Eine Seiende [sc. der νοῦς] in sich different, als Vieles durch Andersheit konstituiert ist, dann ist das Eine absolute Differenz dadurch, dass es all das nicht ist, was das in sich Differente ist [...] Die leerste und zugleich umfassendste Aussage über die absolute Transzendenz des Einen oder dessen absolute Differenz lautet daher: Das Eine ist nichts von Allem".

25 Plotin, *Enneaden* VI, 7, 42, 12; V, 3, 11, 18; V, 4, 1, 6. Vgl. Beierwaltes 1980, 25.

26 Plotin, *Enneaden* VI, 7, 32, 12–13; VI, 9, 3, 41.

27 Beierwaltes 1980, 33.

28 Signifikanterweise bestimmt Plotin an anderer Stelle (Plotin, *Enneaden* V, 5) den Geist als ein von jedem Außenbezug freies und darum allererst wahrheitsfähiges Denken, wie Beierwaltes

des ,Einen' selbstbezüglich, doch impliziert dies gerade nicht jene Gebrochenheit, die die Bilder der φαντασία kennzeichnet. In ihm realisiert sich vielmehr idealtypisch die vollkommene Vermittlung von Identität und Differenz zu einer Einheit, die auf einer Identität von Denken und Sein gründet. Als „reine Selbstübereinstimmung" ist diese der Grund dafür, „daß das Sein im Denken seiner selbst *sich selbst* durchsichtig [...], oder ganz durchlichtet [...] wird"[29]. Im Postulat einer absoluten Intelligibilität des Geistes, die sich als vollkommene Transparenz von Denken und Gedachtem realisiert, erfolgt mithin unter radikaler Ausblendung von Zeitlichkeit und Räumlichkeit die Supplementierung der den νοῦς fundierenden Negativität. In einer Passage der Schrift über die geistige Schönheit (Περὶ τοῦ νοητοῦ κάλλους)[30] entwirft Plotin den Ort einer solchen vollkommenen Vermittlung von Identität und Alterität, genauer: der vollkommenen Einheit von Identität und Differenz, die sich im νοῦς realisiert:

> denn alles ist dort durchsichtig und es gibt kein Dunkles, Widerständiges, sondern ein jeder und jedes ist für jeden sichtbar bis ins Innere hinein; denn Licht ist dem Lichte durchsichtig. Es trägt ja auch jeder alle Dinge in sich, und sieht andererseits auch im anderen alle Dinge, überall sind daher alle Dinge da und jedes ist Alles, das einzelne ist das Ganze, und unermesslich ist das Leuchten. [...] Es überwiegt wohl in jedem Einzelnen etwas Besonderes, es werden aber in ihm zugleich auch alle anderen Dinge sichtbar. Auch die Bewegung ist dort rein (denn das Bewegende ist nicht von ihr verschieden und stört sie daher nicht in ihrem Gang) und die Ruhe unerschüttert, weil sie nicht mit dem Nichtruhenden durchsetzt ist, und das Schöne schön, weil es nicht im Nichtschönen weilt. Ein jedes wandelt dort nicht auf einem gleichsam fremden Boden, sondern das, worauf es sich befindet, ist eben sein eigenes Wesen, und wenn es sozusagen nach oben schreitet, so läuft sein Ort mit hinauf, es ist nicht unterschieden von seinem Raum. Denn das Substrat ist Geist und es selber ist Geist. [...] Hier in der sichtbaren Welt entsteht freilich ein Teil aus dem andern und jedes Einzelne ist nur Teil; dort oben aber ist das einzelne immerdar aus dem Ganzen, es ist Einzelnes und Ganzes zugleich[31].

erläutert, ex negatione contrarii, nämlich: in Abgrenzung von der αἴσθησις; vgl. Beierwaltes 2001, 33–36.

29 Beierwaltes 1980, 143. Vgl. auch ausführlich ibd., 24–36.

30 Plotin, *Enneaden* V, 8.

31 „διαφανῆ γὰρ πάντα καὶ σκοτεινὸν οὐδὲ ἀντίτυπον οὐδέν, ἀλλὰ πᾶς παντὶ φανερὸς εἰς τὸ εἴσω καὶ πάντα · φῶς γὰρ φωτί. καὶ γὰρ ἔχει πᾶς πάντα ἐν αὐτῶ, καὶ αὖ ὁρᾷ ἐν ἄλλῳ πάντα, ὥστε πανταχοῦ πάντα καὶ πᾶν πᾶν καὶ ἕκαστον πᾶν καὶ ἄπειρος ἡ αίγλη · [...] ἐξέχει δ' ἐν ἑκάστω ἄλλο, ἐμφαίνει δὲ καὶ πάντα. ἔστι δὲ καὶ κίνησις καθαρά (οὐ γὰρ συγχεῖ αὐτὴν ἰοῦσαν ὃ κινεῖ ἕτερον αὐτῆς ὑπάρχον) καὶ ἡ στάσις οὐ παρακινουμένη, ὅτι μὴ μέμικται τῶ μὴ στασίμῳ · καὶ τὸ καλὸν καλόν, ὅτι μὴ ἐν τῷ ‹μὴ› καλῷ. βέβηκε δὲ ἕκαστος οὐκ ἐπ' ἀλλοτρίας οἷον γῆς, ἀλλ' ἔστιν ἑκάστω ἐν ᾧ ἐστιν αὐτο ὅ ἐστι, καὶ συνθεῖ αὐτῷ οἷον πρὸς τὸ άνω ιόντι τὸ ὅθεν ἐστί, καὶ οὐκ αὐτὸς μὲν ἄλλο, ἡ χώρα δὲ αὐτοῦ ἄλλο. καὶ γὰρ τὸ ὑποκείμενον νοῦς καὶ αὐτος νοῦς · [...] ἐνταῦθα μὲν οὖν [οὐκ] ἐκ μέρους ἄλλο ἄλλου γίνοιτο ἄν, καὶ εἴη ἂν μόνον ἕκαστον

Das Paradox ist Erzeugungsformel dieses atopischen Raumes, der die Einheit von Identität und Differenz als vollkommene Transparenz bei dennoch erhaltener Vereinzelung gewährt. Es generiert durch die Destruktion der innen/außen-Opposition eine radikale Ortlosigkeit, in der Grund und Begründetes in Eins fallen, und fordert mit der Destruktion der Opposition von Ruhe und Bewegung dessen Zeitenthobenheit. Die Möglichkeitsbedingung dieses Entwurfs ist die Behauptung eines wie immer gebrochenen Bezugs zum Ursprung, den die Lichtmetaphorik suggeriert, wenn auch – aus naheliegenden Gründen – nicht argumentativ entfaltet. Die Materie hingegen offenbart gleichsam unverhüllt, was durch dieses Postulat supplementiert ist: eine Negativität, die den Ursprung als reine Differenz kennzeichnet[32].

Mit der Differenzierung von νοῦς und φαντασία scheint der neuzeitlichen *abiectio imaginationis* der Weg geebnet. Geistige und phantasmatische Schau treten in eine Opposition, wie sie etwa noch in den cartesischen *Meditationes* – wenngleich vor verändertem epistemologischen Hintergrund – modelliert wird. Doch gerade angesichts der Komplementarität der beiden Vermögen zeichnet sich bereits bei Plotin die Möglichkeit einer Aufwertung der *imaginatio* ab. Sie zeigt sich etwa, wenn Plotin in Περὶ τοῦ νοητοῦ κάλλους der methektisch auf den νοῦς bezogenen Sinnenwelt zugesteht, diesen darzustellen – und zwar als Abbild (εἰκών) eines geistigen Urbildes (ἀρχέτυπον), eines Musters (παράδειγμα) respektive einer Idee (ἰδέα), deren Gestalt (εἶδος) ihr der schöpferische Vorgang verliehen hat. Die Schönheit eines sinnlich erfassbaren Gegenstandes indiziert als Resultat einer formenden Kraft eben diese als ihren Ursprung; sie lässt sich, wie es an anderer Stelle im Werk Plotins heißt, als „Glanz"[33] bestimmen, in dem sich dessen Herkunft aus dem Einen offenbart[34]. Das Bild (ἄγαλμα) wird hier zum Index eines entzogenen, schöpferischen ‚Innen', das in ihm zur Darstellung gelangt. Die Schemata, aus deren Umbesetzung sich eine Aufwertung der φαντασία ergeben kann, sind hier deutlich konturiert. Greifbar werden sie, wenn etwa behauptet wird, der Gedanke entfalte sich gleich der Form des Schönen zu einem Bild, das die φαντασία widerspiegle; und greifbar werden sie auch in der Bestimmung der φαντασία selbst.

μέρος, ἐκεῖ δὲ ἐξ ὅλου ἀεὶ ἕκαστον καὶ ἅμα ἕκαστον καὶ ὅλον" (Plotin, *Enneaden* V, 8, 4, 4–23.

32 Plotins Konzeptualisierung der Differenz gab Anlass zu der Frage, ob die Metaphysik plotinischer Provenienz mit Heideggers These von der abendländischen Seinsvergessenheit verrechenbar sei. Auf dieses Problem kann hier nur hingewiesen werden; vgl. die Erörterung dieser Frage bei Beierwaltes 1985, 440–441, und Beierwaltes 2001, 120–122 (mit weiteren Literaturhinweisen), sowie ausführlich Beierwaltes 1980, 131–143. In kritischer Wendung gegen Heidegger hebt Beierwaltes die Entschiedenheit hervor, mit der gerade Plotin in seiner Annäherung an das Eine Differenz *als* Differenz gedacht habe.

33 Plotin, *Enneaden* VI, 7, 22, 24–26.

34 Vgl. Scheer 1997, 14.

Zwar scheint Plotins Spiegelmetapher die φαντασία in die Nähe des stoischen τύπωσις-Modells und damit in die Nähe der zu überwindenden materialistischen Seelenkonzeption zu rücken, doch deutet sich zugleich ein alternatives Modell zur Konzeptualisierung des imaginativen Vermögens an. So heißt es in der zweiten Schrift *Probleme der Seele* (Περὶ ψυχῆς ἀποριῶν), die Seele habe ihr Vorstellen nicht als ein ‚Innehaben', sondern entspräche vielmehr selbst dem, was sie sieht[35]. Mit diesem verheißungsvollen Ansatz, Performanz und Repräsentanz in der Instanz der φαντασία vereint zu denken, sie mithin als Medium im eigentlichen Sinne zu entwerfen, rückt das Vorstellungsvermögen in die Nähe der φιλία, jenes Wesensmomentes des νοῦς also, das dessen Einheit als „dynamische Identität des Differenten"[36] fundiert. So zeichnet sich bereits bei Plotin die Möglichkeit einer Umbesetzung des im νοῦς konturierten Denkschemas einer Einheit von Identität und Differenz ab, die der φαντασία als performativer Kraft einen weit höheren Stellenwert konzediert als jenen der bloßen Repräsentation.

Φαντασία steht bei Plotin an der Schnittstelle von Sinnlichkeit und Verstand, wie die Seele an der Schnittstelle von Körperwelt und noetischem Kosmos situiert ist[37]. Ist bereits die Seele Mittelglied zweier distinkter Seinsbereiche, so erhebt sich in ihrem Inneren das Vorstellungsvermögen als Figuration ihrer liminalen Situiertheit. Φαντασία wird zur Chiffre einer konstitutiven Gespaltenheit der menschlichen Seele zwischen Geistigem und Körperlichem; einer Kippfigur vergleichbar, kann sie dabei in charakteristischer Ambivalenz als Index der Trennung vom Ursprung, ja, als deren Auslöser gedeutet werden, doch auch als Möglichkeitsbedingung für die Selbstkonstitution der in der Trennung auf sich verwiesenen Seele.

Die neuplatonischen Imaginationskonzepte führen in aller Deutlichkeit eine Paradoxie vor Augen, die *imaginatio* als Reflexionsfigur einer zwischen Geistigem und Körperlichem gespaltenen *conditio humana* eignet. Zu einer Auflösung kann diese Paradoxie nur in zweierlei Weise gelangen: Erstens, indem *imaginatio* der metaphysischen Reduktion zugeführt, mithin *entweder* dem Körper *oder* aber dem Geist zugesprochen wird; zweitens, indem die Differenz von Körper und Geist, deren Figur *imaginatio* ist, preisgegeben wird. Dass der sich vor dem Hintergrund abendländischer Präsenzmetaphysik formierende neuzeitliche Imaginationsdiskurs die erstgenannte Strategie wählt, kann nicht erstaunen.

* * *

35 Vgl. Plotin, *Enneaden* IV, 4, 3, 5–6.

36 Beierwaltes 2001, 76.

37 Vgl. Cürsgen 2003.

Die Diskursgeschichte der *imaginatio* im Mittelalter und in der frühen Neuzeit verdiente eine eigene Studie und kann an dieser Stelle nicht in der gebotenen Ausführlichkeit dargestellt werden[38]. Folgt man G. Agamben, so kann die Bedeutung der *imaginatio* in der mittelalterlichen „Kultur des Bildes"[39] kaum überschätzt werden. *Imaginatio*, so führt er aus, wirke in kosmologischen, astrologischen, magisch-alchemistischen und medizinisch-psychologischen Schriften als zentrierendes Moment, die Phantasmologie indes avanciere zu *dem* Metadiskurs mittelalterlichen Wissens[40]. Strukturbildend wirkt dabei neben einer neuplatonischen und einer aristotelischen Traditionslinie insbesondere ein durch Galen inaugurierter, an Aristoteles anknüpfender medizinischer Diskurs[41]. Zwar dominiert die aristotelisch-galenisch geprägte Traditionslinie und damit eine zumindest nicht grundsätzlich ablehnende Haltung gegenüber *imaginatio*; „intelligere sine conversione ad phantasmata est ei [sc. animae] præter naturam"[42], heißt es etwa bei Thomas von Aquin in Anknüpfung an die aristotelische Bemerkung, es gäbe kein Denken ohne Phantasmen. Doch ein platonisch inspiriertes Misstrauen bleibt offenbar in Latenz bestehen[43], um in der Renaissance im Zuge eines forcierten Immanenzdenkens zum dominierenden Deutungsschema zu werden. Als paradigmatisch gilt hier Pico della Mirandolas *De imaginatione* (1501)[44], eine Schrift, in der sich erstmals – so der Konsens der Forschung – ein spezifisch neuzeitliches Interesse an *imaginatio*

38 Vgl. zu den Imaginationstheorien des Mittelalters neben Bundy 1978 [1927] auch die entsprechenden Beiträge in dem bereits zitierten Sammelband Fattori/Bianchi 1988. Einen Überblick gibt Park 1984. Die Verquickung der aristotelischen Theorie der *imaginatio* und der neuplatonischen Lehre vom Pneuma als Vehikel der Seele beschreibt R. Klein in einem richtungweisenden Aufsatz (Klein 1970). Ein groß angelegtes Panorama der mittelalterlichen Pneumo-Phantasmologie entwirft vor dem Hintergrund der Heideggerschen Seinsgeschichte Agamben 1977, 71–155. Demselben Thema widmet sich Couliano 1984, bes. 31–45 – die detailfreudige und gelegentlich zur Pauschalisierung neigende Darstellung liefert zahlreiche Belege zur mittelalterlichen Phantasmologie. Vgl. zur aristotelischen Tradition Dewender 2003, zur medizinischen Tradition der inneren Sinne Harvey 1975. Allgemein lexikographisch orientiert ist Meier 2003.

39 „[C]iviltà dell'immagine" (Agamben 1977, 117).

40 Vgl. Agamben 1977, 106.

41 Vgl. Park 1984, 22.

42 Thomas von Aquin, *Summa theologiæ* Ia, 89, 1, in: Thomas von Aquin 2006, 140; „[U]nderstanding without turning to sense images [is off-beat for its nature]", ibd., 141).

43 Vgl. Maierhofer 2003, 15. Dass das Misstrauen gegenüber *imaginatio* genuin platonisch sei, impliziert indes eine Reduktion der Ambivalenzen, die *imaginatio* gerade auch in der aristotelisch-galenischen Tradition prägen. Gerade vor dem Hintergrund medizinischer Modellbildungen treten die Gefahren einer entfesselten *imaginatio* in besonders eklatanter Weise hervor – man denke etwa an Melancholie und *amor hereos* als die wohl bekanntesten *imaginatio* zugeschriebenen Krankheiten. Vgl. zu letzterer bes. Couliano 1984.

44 Vgl. zu Picos Entwurf der *imaginatio* Maierhofer 2003, 15–17; Westerwelle 2002, 166–188; Park 1984.

bekundet[45]. Die durch Aristoteles herausgearbeitete und im neuplatonischen Kontext aufgegriffene Grenzlage der *imaginatio* – „In confinio namque intellectus et sensus posita est et medium inter utrumque locum tenet"[46] – bedingt bei Pico eine Ratlosigkeit gegenüber dem Vermögen[47] und wirft das Problem der Bändigung der *imaginatio* durch Vernunft und Verstand in einer zuvor offenbar nicht gekannten Schärfe auf. Eine ungerichtete, weil nicht durch *ratio* dominierte Aktivität der *imaginatio* wird zur Bedrohung höherer Verstandesleistungen[48] und zur Gefahr für die ethische Selbstkonstitution des Subjekts:

> Sed quoniam hominum vita lubrica propensaque ad labendum et oberrandum, atque, ut sacrae litterae praemonent, ab adolescentia sua prona est ad malum, fit saepenumero ut quibus uti ad felicitatem deberemus, ad infelicitatem et miseriam abutamur. Nam si duce pergeremus lumine nobis congenito, nihil mali ex phantasiae vitiis aut aliis aut nobis cumularemus, utpote quam regeremus rationis imperio, non sequeremur, compesceremus errantem, non praecipitem impelleremus. Qui enim phantasiae dominari contendit in ea persistit dignitate in qua creatus positusque est, a qua jugiter invitatur dirigendam esse mentis aciem in bonorum omnium parentem Deum, nec ab adoptione divina in quam adscitus est ullo pacto degenerandum. Qui autem incurvi sensus fallacisque imaginationis dicto paret, amissa protinus dignitate, in bruta degenerat[49].

45 Vgl. bes. Park 1984, 22.

46 Pico della Mirandola 1984, 78 („Die Vorstellung steht nämlich an der Grenze zwischen Intellekt und Sinneswahrnehmung; ihr Platz ist genau zwischen diesen beiden"; ibd., 79).

47 „[A]rdua quippe eius modi perquisitio, nam, cum ipsa imaginatio intervallum sit incorporeae corporeaeque naturae, mediumque quod conjunguntur, difficile est ut inquit Synesius, naturam eius philosophia comprehendere" (Pico della Mirandola 1984, 82; „eine solche Untersuchung ist deshalb sehr schwer, weil die Vorstellung dem Zwischenreich zwischen der unkörperlichen und der körperlichen Natur angehört und das Medium ist, das beide verbindet, und es daher, wie Synesius sagt, eine schwierige Aufgabe ist, ihre Natur philosophisch zu erfassen"; ibd., 83).

48 „[Est] imaginatio vis quae formas promat ex sese; [est] omnibus viribus potestas agnata; effing[i]t omnes rerum similitudines impressionesque virium aliarum transmutet in alias; [est] potentia assimilandi cetera ad se ipsum" (Pico della Mirandola 1984, 80; „sie [ist] das Vermögen der Seele [...], das Formen aus sich selbst hervorbringt, [...] sie [ist] eine Fähigkeit [...], die mit allen Vermögen in Beziehung steht, [...] sie [gestaltet] alle Ähnlichkeiten der Dinge [...] und [verwandelt] die Eindrücke der anderen Vermögen in andere [...], [...] sie [ist] eine Fähigkeit [...], sich alles übrige zu assimilieren", ibd., 81).

49 Pico della Mirandola 1984, 90 („Da aber das menschliche Leben unsicher ist und zu Abwegen und Irrtümern neigt, und da es – wie die Heilige Schrift mahnend hervorhebt – von Jugend an eine Tendenz zum Bösen hat, geschieht es oft, daß wir, was wir zu unserem Glück gebrauchen sollen, zu unserem Unglück und Elend missbrauchen. Denn wenn wir uns von dem eingeborenen Lichte führen lassen würden, so würden wir weder anderen noch uns selbst Übel aus den Irrtümern der Phantasie anhäufen; wir würden die Phantasie, anstatt ihr zu folgen, der Herrschaft der Ratio unterordnen; wir würden sie in ihren Irrtümern bekämpfen, anstatt sie auf ihrem Weg nach unten noch anzutreiben. Denn wer die Phantasie zu beherr-

Das ‚Kippen' in der Konzeptualisierung der *imaginatio* tritt deutlich hervor, wenn man Picos *abiectio* mit der wenige Dekaden zuvor von Ficino verfassten *Theologia platonica* vergleicht. Zwar beschreibt auch Ficino *imaginatio*[50] als ein durchaus ambivalentes Vermögen, doch gesteht er ihm immerhin zu, vom Unkörperlichen zu träumen[51]. Wenn er weiterhin *mens* und *imaginatio* als Zwillingsaugen begreift[52] und den Bildern der *imaginatio* eine maßgebliche Rolle im Erkenntnisprozess einräumt[53], wenn er schließlich im *spiritus phantasticus* einen Ort der Wahrnehmung von Analogien und eine kardinale Instanz magischer Praktiken entwirft[54], so erscheint Picos Plädoyer für die Herrschaft von *ratio* und *intellectus* in der Tat, wie vielfach vermerkt wurde, als Beginn einer Pathologisierung, ja Perhorreszierung der *imaginatio* im Zeichen frühneuzeitlicher Modernisierungsprozesse[55].

schen trachtet, bewahrt sich jene Würde, mit der er geschaffen und in die er hineinversetzt wurde und die ihn ständig auffordert, die Kraft des Geistes auf Gott, den Schöpfer alles Guten, zu richten und sich in keiner Weise von der Gotteskindschaft, zu der er berufen ist, zu entfernen. Wer dagegen den Einflüsterungen fehlgeleiteter Sinne und trügerischer Vorstellungen folgt, verliert seine Würde und sinkt auf die Stufe des Tieres herab"; Pico della Mirandola 1984, 91).

50 Genauer: *phantasia*. Ficino differenziert, wenngleich nicht konsequent, zwischen *phantasia* und *imaginatio*; *imaginatio* entspricht dabei dem aristotelischen *sensus communis*, *phantasia* hingegen dem von Pico als *imaginatio* bezeichneten Vermögen.

51 „[E]tiam res incorporales somniare videtur"; „it [sc. the phantasy] even seems to be dreaming of the incorporeal" (*Theologia platonica* VIII, 1, in: Ficino 2002, 264; Übers. 265).

52 Vgl. *Theologia platonica* X, 6, in: Ficino 2003, 164.

53 Vgl. *Theologia platonica* X, 6, in: Ficino 2003, 164.

54 Vgl. Park 1984, 43–44; vgl. zum *spiritus phantasticus* und seiner Beziehung zu *phantasia* bes. Klein 1970 sowie Agamben 1977, 105–120 und Couliano 1984, 295–305. Einen Einblick in die rinascimentale *spiritus*-Lehre gibt Sonntag 1991. – Gerade auch Ficino führt allerdings *imaginatio* beispielhaft als zutiefst ambivalentes Vermögen vor. So warnt er vor den Trugbildern der *imaginatio* speziell im Kontext der Gottesschau – „Cave animula, cave inanis istius sophistae praestigias" („Be careful little soul, beware of the tricks of this idle sophist"; *Theologia platonica* IX, 3, in: Ficino 2003, 18; Übers. ibd., 19) – und ermahnt zur Führung der *imaginatio* durch die Vernunft – „[Q]uando in somniantibus, ebriis, iratis, amantibus, amentibus et phreneticis phantasia tota animi attentione suas in se volutat imagines, nonne omne mentis humanae vel rationis iudicium consopitur?" („[I]n those people who are dreaming or drunk or angry or in love or raving or delirious, when the phantasy, with all the attention of the rational soul, ponders its own images in itself, isn't the judgment of the human mind or the reason lulled totally asleep?"; *Theologia platonica* XV, IX, in: Ficino 2005, 104; Übers. ibd., 105). Das facettenreiche Imaginationskonzept Ficinos kann hier nicht ausführlich erörtert werden; vgl. hierzu P. O. Kristellers Darstellung der Philosophie Ficinos (Kristeller 1972, bes. 217–222 und 348–353).

55 Vgl. Schulte-Sasse 2001, 98–99 und Westerwelle 2002, bes. 188.

3 *Tanquam in profundum gurgitem delapsus.* Cartesische Meditationen

Im *âge classique*, so der Konsens der Forschung, gerät *imaginatio* im Zuge der Etablierung einer subjektzentrierten Wissensordnung endgültig ins erkenntnistheoretische wie ethische Zwielicht[1]. Vor dem Hintergrund einer deutlich profilierten Differenz von Geistigem und Körperlichem wird die metaphysische Reduktion der *imaginatio* zum Anliegen erkenntnistheoretischer wie anthropologischer Texte. *Imaginatio*, so heißt es explizit etwa bei Descartes, ist dem *cogito* nicht nur nicht wesentlich, sie konterkariert darüber hinaus dessen Bemühungen um eine Wahrheitsfindung[2]. Für ihre Bilder gibt es kein Wahrheitskriterium, eine Tatsache, die auch Malebranche, den wohl bekanntesten Kritiker der *imaginatio* im *âge classique*, zum Ausschluss des Vermögens aus dem Erkenntnisprozess veranlasst:

> [T]âchons de nous délivrer peu à peu des illusions de nos sens, des visions de notre imagination, et de l'impression que l'imagination des autres hommes fait sur notre esprit. Rejetons avec soin toutes les idées confuses, que nous avons par la dépendance où nous sommes de notre corps ; et n'admettons que les idées claires et évidentes que l'esprit reçoit par l'union qu'il a nécessairement avec le Verbe, ou la Sagesse et la Vérité éternelle[3].

Die These, Malebranche habe in seiner *Recherche* die *abiectio imaginationis* auf ihre abendländische Spitze getrieben, wurde zwar revidiert[4], doch die Diskussion um *imaginatio* ist im Rahmen der Episteme der Repräsentation zweifelsohne von besonderer Brisanz. Wenn die Reflexionen des *âge classique* die Opposition von

[1] Vgl. Barck 1993, 25; Vietta 1986, 23–24.

[2] Vgl. Descartes 1996a, 73; Descartes 1996b, 58.

[3] Malebranche 1979, 291; vgl. Barck 1993, 25–35, bes. 28–29 (ähnlich bereits Vietta 1986, 38–42). Auf eine ambivalente Beurteilung der *imaginatio* auch bei Malebranche weist, anders als diese beiden Autoren, J. Marx hin (vgl. Marx 1980). Auch G. Dürbeck wendet sich in ihrer ausführlicheren Analyse der *Recherche* gegen die, wie sie zeigt, vereinseitigende Lektüre durch die beiden erstgenannten Autoren (Dürbeck 1998, 86–112). Aufschlussreich zur kontroversen Diskussion um *imaginatio* im Rationalismus ist Ricken 1984, 11–76. Vgl. zum kulturhistorischen Ort der *imaginatio* im 17. Jahrhundert auch Ferreyrolles 1995, 132–137, der die cartesisch respektive augustinisch inspirierte *abiectio imaginationis* auf die griffige Formel einer „revanche du platonisme“ (ibd., 134 und 135) – und zwar an der bis ins 17. Jahrhundert hinein dominierenden aristotelischen Tradition – bringt.

[4] Vgl. Dürbeck 1998, bes. 89, Anm. 18, sowie Behrens 2002b, 124–131. Beide Autoren relativieren die Imaginationsfeindschaft der Schriften Malebranches mit Blick auf dessen Reflexion einer anthropologischen Dimension des Vermögens. Vor diesem Hintergrund nämlich erweise sich dessen Kritik als eine „rudimentäre ideologiekritische Rhetorik, die sich als analytische Theorie von zeichenbezogenen Manipulationsprozessen versteht“ (Behrens 2002b, 129).

ratio und *imaginatio* in den Kontext weiterer Grenzziehungen stellen – des Gegensatzes von Körper und Geist, von (männlicher) Vernunft und (weiblicher) Hysterie, von Wissenschaft und Kunst, von (wissenschaftlicher) Entdeckung und (künstlerischer) Nachahmung, von Normalität und Wahnsinn, von natürlicher Körpergestalt und Missgestalt[5] – so mag zwar der Eindruck entstehen, *imaginatio* sei lediglich *ein* Ausgrenzungsobjekt unter anderen, mittels derer die Illusion eines autonomen subjektiven Bewusstseins geschaffen würde. Doch darf dabei der besondere Status der *imaginatio* als kardinaler epistemologischer Metafigur nicht übersehen werden. Wenn nämlich in den erkenntnistheoretischen Schriften des 17. und des 18. Jahrhunderts immer wieder die Rede davon ist, *imaginatio* drohe den ‚reinen' Geist oder gar die ‚ewige' Wahrheit zu kontaminieren, so darum, weil sie eben jenes Ausgrenzungsprinzip indiziert, mittels dessen sich die neuzeitliche Ausgliederung des Selbst aus dem Weltzusammenhang vollzieht. Damit lässt sie die Instabilität der Grenze zwischen Subjekt und Objekt offenkundig werden: Das ‚reine' Denken sieht sich in ihr auf einen ihm unverfügbaren Grund verwiesen, der nicht allein Gewissheit als neuzeitliche Auslegung der Wahrheit, sondern das autonome Denken selbst in seinem Innersten bedroht.

Die als Gründungsdokument neuzeitlicher Subjektivität und als Inauguralschrift der Episteme der Repräsentation[6] geltenden *Meditationes de prima philosophia* (1641) führen zu Beginn des *âge classique* den neuzeitlichen Prozess der *abiectio imaginationis* eindringlich vor Augen. „[C]onſidero iſtam vim imaginandi quæ in me eſt, prout differt a vi intelligendi, ad mei ipſius, hoc eſt ad mentis meæ eſſentiam non requiri; nam quamvis illa a me abeſſet, procul dubio manerem nihilominus ille idem qui nunc ſum"[7], heißt es in der berühmten sechsten Meditation. Keineswegs

5 Vgl. Barck 1993, 29–30, am Beispiel Malebranches.

6 Vgl. nur Heidegger 1977. Zur Ausgrenzung der Imagination bei Descartes Vietta 1986, 25–31; Barck 1993, 25–27. Die Darstellungen beschränken sich allerdings darauf, die Ausgrenzung zu konstatieren, ohne zu vermerken, dass dieser Ausschluss aus systemimmanenten Gründen nicht gelingen kann, und tendieren darum zu einer Reduktion der Ambivalenzen, die *imaginatio* innerhalb der Episteme der Repräsentation kennzeichnen. – Eine umfangreiche Studie zur *imagination* im Gesamtwerk Descartes' hat D. L. Sepper vorgelegt (vgl. Sepper 1996). Vgl. weiterhin Scholl 2005 zur Rolle der *imaginatio* in den cartesischen Meditationen sowie Link 1978, 43–47 zur Konzeptualisierung von *imaginatio* in den cartesischen *Regulae ad directionem ingenii*, denen die Bindung der Erkenntnis an ein *adjumentum imaginationis* noch selbstverständlich ist, bis hin zu den *Meditationes*. Descartes' Preisgabe der produktiven Einbildungskraft als Erkenntnisvermögen deutet Link als einen „Verlust der zeitlichen Konstitution des Bewusstseins" (ibd., 46), durch den eine „Reduktion der zeitlichen Dauer des Selbstbewusstseins auf den punctum mathematicum des ich-denke vollzogen [wird]" (ibd. 46).

7 Descartes 1996a, 73 („Ie remarque […] que cette vertu d'imaginer qui eſt en moy, en tant qu'elle differe de la puiſſance de conceuoir, n'eſt en aucune ſorte neceſſaire à ma nature ou à mon eſſence, c'eſt à dire à l'eſſence de mon eſprit ; car, encore que ie ne l'euſſe point, il eſt

leicht fällt jedoch diese Ausgrenzung, deren Schwierigkeit, wenn nicht Unmöglichkeit die Schrift konstatieren muss. In aller Eindringlichkeit inszenieren die ersten beiden Meditationen den Versuch des Ausschlusses der *imaginatio* und offenbaren dessen Scheitern. Damit stellen sie nicht nur den Text, in den sie sich einschreiben, latent in Frage, sondern sie werden auch zu Kronzeugen des Vergessens, das – folgt man Heidegger – Gewissheit als neuzeitliche Auslegung von Wahrheit schafft.

Weshalb ist *imaginatio* aus den menschlichen Erkenntnisvermögen auszuschließen? Die erste Meditation gibt eine ebenso einfache wie eindringliche Antwort auf diese Frage. Eine Ausgrenzung des Wahnsinns erscheint hier als Telos der Suche nach einem sicheren Wissensfundament; denn in der ersten Meditation erwägt das denkende Ich die Möglichkeit ‚unwahrer', referenzloser Vorstellungen, die das eigene Denken in eine prekäre Nähe zur imaginativen Performanz des Wahnsinnigen rücken. Seine Herkunft aus dem Imaginationsdiskurs kann das hier entworfene Szenarium nicht verleugnen; unverkennbar nämlich figuriert in dem durch referenzlose Bilder gepeinigten Wahnsinnigen *imaginatio*, und nicht minder unverkennbar tritt das sprechende Ich als Aspirant der *ratio* auf den Plan. Der Beginn der zweiten Meditation entwirft folgerichtig das Projekt eines Ausschlusses der *imaginatio*:

> In tantas dubitationes heſternâ meditatione conjectus ſum, ut nequeam ampliùs earum oblivíſci, nec videam tamen quâ ratione ſolvendæ ſint; ſed, tanquam in profundum gurgitem ex improviſo delapſus, ita turbatus ſum, ut nec poſſim in imo pedem figere, nec enatare ad ſummum. Enitar tamen & tentabo rurſus eandem viam quam heri fueram ingreſſus [...]; pergamque porro donec aliquid certi, vel, ſi nihil aliud, ſaltem hoc ipſum pro certo, nihil eſſe certi, cognoſcam[8].

Die referenzlosen Vorstellungen der ersten Meditation fügen sich nunmehr zu einem „tiefen Strudel", der weniger das Wissen des zweifelnden Ich als vielmehr dieses Ich selbst aufzulösen droht. Die Ausführungen rekurrieren hier erneut auf den Imaginationsdiskurs. Descartes' Strudel ruft das ***balneum diaboli*** auf, einen

ſans doute que ie demeurerois touſiours le meſme que ie ſuis maintenant : d'où il ſemble que l'on puiſſe conclure qu'elle dépend de quelque choſe qui differe de mon eſprit" (Descartes 1996b, 58). – Zitiert wird hier wie im Folgenden nach der neuen Ausgabe von Adam/Tannery (Paris 1973) unter Bewahrung der dort verwendeten Graphie. Die ursprüngliche Paginierung findet sich in dieser Ausgabe als Marginalnotat.

8 Descartes 1996a, 23–24 („La Meditation que ie fis hier m'a remply l'eſprit de tant de doutes, qu'il n'eſt plus deſormais en ma puiſſance de les oublier. Et cependant ie ne voy pas de quelle façon ie les pouray reſoudre ; & comme ſi tout à coup i'eſtois tombé dans vne eau tres-profonde, ie ſuis tellement ſurpris, que ie ne puis ny aſſeurer mes pieds dans le fond, ny nager pour me ſoutenir au deſſus. Ie m'efforceray neantmoins, & ſuiuray derechef la meſme voye où i'eſtois entré hier [...] ; & ie continuëray touſiours dans ce chemin, iuſqu'à ce que i'aye rencontré quelque choſe de certain, ou du moins, ſi ie ne puis autre choſe, iuſqu'à ce que i'aye apris certainement, qu'il n'y a rien au monde de certain" (Descartes 1996b, 18–19).

Topos, der den Diskurs der *imaginatio* von den mittelalterlichen Thematisierungen der *acedia* bis hin zu medizinischen Schriften des 19. Jahrhunderts begleitet. Das *balneum diaboli* entsteht, so die *communis opinio*, durch eine zu intensive Betrachtung imaginativer Bilder, die zu deren Autonomisierung führt. Sie ergreifen vom Betroffenen Besitz und ziehen seine Aufmerksamkeit auf sich, um ihn schließlich im Zustand völliger Erschöpfung zurückzulassen[9]. Nicht unbegründet sind im Kontext der *Meditationes* die Ängste vor den Übergriffen der *imaginatio*; denn was Descartes im *cogito* zunächst isoliert, dies meint, wie J. Derrida in seiner Lektüre der *Meditationes* zu Recht – gegen M. Foucault – hervorgehoben hat, eine areferentielle denkerische Performanz, die intrikaterweise *sowohl* dem vernunftbegabten Subjekt als *auch* dem von der pathologischen *imaginatio* geplagten Wahnsinnigen eignen muss[10] und die Differenz von *cogitatio* und *imaginatio* hinfällig erscheinen lässt. Mehr noch: Das cartesische Itinerarium droht zu der Einsicht zu führen, dass die bildschöpferische *vis imaginativa* selbst Paradigma des Denkens ist, das *cogito* hingegen lediglich deren kontingentes Nebenprodukt. Eine Selbstvergewisserung ist damit zwar nicht von vornherein unmöglich, doch kann sie sich auf keinerlei Wahrheitskriterium berufen und mithin *auch* kein substantiell gedachtes Ich fundieren. So ist es kein Zufall, dass die *Meditationes* das cartesische Unternehmen von vornherein als Versuch der Bändigung der *imaginatio* perspektivieren, ist sie es doch, wie das suggestive Bild des *balneum diaboli* nahelegt, die das Projekt einer autonomenn Selbstbegründung konterkariert. Wenn das Ich den Verlust von Grund und Oberfläche beklagt[11], so perspektiviert der Text nur die im Diskurs der *imaginatio* notorische Unmöglichkeit, Ursprung und Telos der imaginativen Performanz zu fixieren und diese damit der Ordnung der *ratio* einzugemeinden.

Wenn aber das *balneum diaboli* als Metapher einer entfesselten *imaginatio* lesbar ist, so impliziert dessen Evokation durch den Betroffenen bereits eine reflexive Distanznahme. Der Text inszeniert mithin *auch* eine Überschreitung des Imaginativen: Das Ich, das sich als *sujet d'énoncé* seiner prekären *conditio* bewusst wird, hat als *sujet d'énonciation* eine subjektive Vergewisserung bereits erlangt. Durchaus unmissverständlich kommt diese Gewissheit zur Geltung, wenn das Ich dem drohenden Selbstverlust ein voluntaristisches Moment subjektiver Selbst- und Wahrheitssetzung entgegensetzt: „Enitar tamen" wird zur Formel einer Fundierungs-

9 Vgl. Hersant 2005, 54. Der cartesische Täuschergott kann mithin als neuzeitliche Metamorphose des für das *balneum diaboli* verantwortlichen Mittagsdämons gelesen werden.

10 Vgl. Derrida 1967b, 51–97. In *Histoire de la folie à l'âge classique* führt Foucault das cartesische *cogito* als Beleg seiner These an, dass sich die neuzeitliche Vernunft in einem Akt der Ausgrenzung des Wahnsinns konstituiert habe. „[*M*]*oi* qui pense, je ne peux pas être fou" lautet die Textstelle, auf die sich Derrida bezieht (Foucault 1972, 57).

11 „[N]ec poſſ[u]m […] pedem figere, nec enatare ad ſummum" (Descartes 1996a, 23–24).

leistung, die das im Zirkel der *imaginatio* festgeschriebene Skandalon eines Verlusts von Ursprung und Telos aufzuheben gedenkt.

Am Ursprung des cartesischen Unternehmens steht die denkerische Bewältigung des Negativen, aus der in einem Akt des Willens die stabile, wenngleich supplementäre Identität des auf den göttlichen Garanten bezogenen Subjekts hervorgeht. Als einen „projet d'un excès inouï et singulier, d'un excès vers le non-déterminé, vers le Rien ou l'Infini, d'un excès débordant la totalité de ce que l'on peut penser"[12] feiert Derrida Descartes' Ausgriff auf die Negativität. Indes darf nicht übersehen werden, dass dieser unerhörte Vorstoß ins Nichts eine Urszene der entfesselten *imaginatio* entwirft, die der neuzeitlichen *abiectio* einen wirkmächtigen Begründungsmythos verleiht, wenn sie die Möglichkeit einer imaginativen Grundierung der Welt als tödliche Bedrohung eines ertrinkenden Subjekts konzeptualisiert.

Der Prozess der *abiectio imaginationis* ist Teil des implikationsreichen Unternehmens, die Möglichkeit einer Emergenz des *cogito* aus einem areferentiellen Nichts auszuschließen, um auf diese Weise die Möglichkeit einer autonomen Selbstbegründung des Subjekts zu schaffen[13]. Doch der zu Beginn der *Meditationes*

[12] Derrida 1967b, 87.

[13] Die Möglichkeit einer Emergenz aus dem Nichts („ex nihilo emergere") erwägt die dritte Meditation, um diese sodann mit dem Verweis auf den göttlichen Grund des Subjekts abzuweisen (Descartes 1996a, 48). Vgl. zur Gefahr eines Eindringens des Negativen in die Positivität des Denkens bes. auch die zweite Meditation mit dem Versuch, das ‚Was' des *cogito* näher zu bestimmen: „Sum autem res [...] cogitans. Quid præterea? Imaginabor: non ſum compages illa membrorum, quæ corpus humanum appellatur; non ſum etiam tenuis aliquis aër iſtis membris infuſus, non ventus, non ignis, non vapor, non halitus, non quidquid mihi fingo: ſuppoſui enim iſta nihil eſſe. Manet poſitio: nihilominus tamen ego aliquid ſum. Fortaſſis verò contingit, ut hæc ipſa, quæ ſuppono nihil eſſe, quia mihi ſunt ignota, tamen in rei veritate non differant ab eo me quem novi? Neſcio [...]" (Descartes 1996a, 27; „[I]e ſuis vne choſe [...] qui penſe. Et quoy dauantage ? I'exciteray encore mon imagination, pour chercher ſi ie ne ſuis point quelque choſe de plus. Ie ne ſuis point cét aſſemblage de membres, que l'on appelle le corps humain ; ie ne ſuis point vn air delié & penetrant, répandu dans tous ces membres ; ie ne ſuis point vn vent, vn ſouffle, vne vapeur, ny rien de tout ce que ie puis feindre & imaginer, puiſque i'ay ſupoſé que tout cela n'eſtoit rien, & que, ſans changer cette ſupoſition, ie trouue que ie ne laiſſe pas d'eſtre certain que ie ſuis quelque choſe"; Descartes 1996b, 21). Die Ausweisung der *imaginatio* aus dem *cogito* erscheint hier als unmittelbare Folge dieser Unsicherheit: „Novi me exiſtere; quæro quis ſim ego ille quem novi. Certiſſimum eſt hujus ſic præciſe ſumpti notitiam non pendere ab iis quæ exiſtere nondum novi; non igitur ab iis ullis, quæ imaginatione effingo. Atque hoc verbum, *effingo*, admonet me erroris mei: nam fingerem reverà, ſi quid me eſſe imaginarer, quia nihil aliud eſt imaginari quàm rei corporeæ figuram, ſeu imaginem, contemplari. Jam autem certò ſcio me eſſe, ſimulque fieri poſſe ut omnes iſtæ imagines, & generaliter quæcunque ad corporis naturam referuntur, nihil ſint præter inſomnia [...] Itaque cognoſco nihil eorum quae poſſum imaginationis ope comprehendere, ad hanc quam de me habeo notitiam pertinere, mentemque ab illis diligentiſſime eſſe

gekeimte Verdacht, *imaginatio* könnte das Grundprinzip menschlichen Denkens sein, ist Reflex einer Unsicherheit, die die gesamten *Meditationes* durchzieht und dazu führt, dass Spuren einer Aufwertung der *imaginatio* dort allenthalben aufzufinden sind. So erscheint *imaginatio* gelegentlich – etwa in der sechsten Meditation – als ein *modus cogitandi* und daher als geeignete Instanz, das imaginierende Ich zur Gewissheit seiner selbst zu führen: „quid igitur ſum? Res cogitans. Quid eſt hoc? Nempe dubitans, intelligens, affirmans, negans, volens, nolens, imaginans quoque, & ſentiens“[14]. Dass ihren Bildern der Makel einer nicht auszuschließenden Täuschung über die Welt anhaftet, erfordert freilich die Distinktion der Performanz – *vis imaginandi* – von den Repräsentationen – *res imaginatae*; doch lässt diese die Möglichkeit einer imaginativen Selbstvergewisserung nur um so klarer vor Augen treten:

> Nam quod ego ſim qui dubitem, qui intelligam, qui velim, tam manifeſtum eſt, ut nihil occurrat per quod evidentius explicetur. Sed verò etiam ego idem ſum qui imaginor; nam quamvis fortè, ut ſuppoſui, nulla prorſus res imaginata vera ſit, vis tamen ipſa imaginandi revera exiſtit, & cogitationis meæ partem facit[15].

Klingt hier in aller Deutlichkeit eine Anerkennung der *imaginatio* als performative Kraft des Denkens und als identitätsstiftende Instanz an, so muss die metaphysische Reduktion, welche zu Beginn der *Meditationes* zur Konstituierung des Subjekts führt, auch *imaginatio* erfassen und deren Eingemeindung in die Ordnung

avocandam, ut ſuam ipſa naturam quàm diſtinctiſſime percipiat“ (Descartes 1996a, 27–28; „[I]'ay reconnu que i'eſtois, & ie cherche quel ie ſuis, moy que j'ay reconnu eſtre. Or il eſt tres-certain que cette notion & connoiſſance de moy-meſme, ainſi preciſement priſe, ne depend point des choſes dont l'exiſtence ne m'eſt pas encore connuë ; ny par conſequent, & à plus forte raiſon, d'aucunes de celles qui ſont feintes & inuentées par l'imagination. Et meſme ces termes de feindre & d'imaginer m'auertiſſent de mon erreur ; car ie feindrois en effet, ſi i'imaginois eſtre quelque choſe, puiſque imaginer n'eſt autre choſe que contempler la figure ou l'image d'vne choſe corporelle. Or ie ſçay des-ja certainement que ie ſuis, & que tout enſemble il ſe peut faire que toutes ces images-là, & generalement toutes les choſes que l'on rapporte à la nature du corps, ne ſoient que des ſonges ou des chimeres. [...] Et ainſi, je reconnois certainement que rien de tout ce que ie puis comprendre par le moyen de l'imagination, n'apartient à cette connoiſſance que i'ay de moy-meſme, & qu'il eſt beſoin de rapeller & detourner ſon eſprit de cette façon de conceuoir, afin qu'il puiſſe luy-meſme reconnoiſtre bien diſtinctement ſa nature“ (Descartes 1996b, 21–22).

14 Descartes 1996a, 28 („Mais qu'eſt-ce donc que ie ſuis ? Vne choſe qui penſe. Qu'eſt-ce qu'vne choſe qui penſe ? C'eſt à dire vne choſe qui doute, qui conçoit, qui affirme, qui nie, qui veut, qui ne veut pas, qui imagine auſſi, & qui ſent“ (Descartes 1996b, 22).

15 Descartes 1996a, 29 („Car il eſt de ſoy ſi euident que c'eſt moy qui doute, qui entens, & qui deſire, qu'il n'eſt pas icy beſoin de rien adjouſter pour l'expliquer. Et i'ay auſſi certainement la puiſſance d'imaginer ; car encore qu'il puiſſe arriuer (comme i'ay ſupoſé auparauant) que les choſes que i'imagine ne ſoient pas vrayes, neantmoins cette puiſſance d'imaginer ne laiſſe pas d'eſtre réellement en moy, & fait partie de ma penſée“, Descartes 1996b, 22–23).

des Denkens verunmöglichen. Im Zuge der Substantialisierung des *cogito* gerät denn auch das produktiv-schöpferische Moment der *imaginatio* in eine prekäre Nähe zu *fingere* oder *effingere*[16], der Repräsentation eines ‚falsum pro vero' also, das zu entlarven die Meditationen sich vorgenommen haben[17]: Denn könnte nicht ein Täuschergott die Welt als bloße Fiktion dem Ich vor Augen gestellt haben? Unverkennbar figuriert im fingierenden *genius malignus* die produktive Seite der *imaginatio*[18]. Im Fortgang der Meditationen erhält er im *optimus Deus* ein freilich nicht für die Hervorbringung der *imagines*, sondern für die Schöpfung der *ideae* zuständiges Korrelat. Die Differenzierung von *genius malignus* und *optimus Deus* und der von ihnen erzeugten *imagines* respektive *ideae* ist unschwer als Projektion der die Ordnung der Repräsentation aushöhlenden Spaltung zu erkennen, deren Paradigma die Scheidung des *cogito* vom *imaginor* ist.

Auch die Fundierung des *cogito* in Gott ist der vieldiskutierte Reflex dieses Problems. Der methodische Zweifel nämlich kann, wie häufig vermerkt wurde, zwar zur Gewissheit des Selbst führen, doch nicht schon Wahrheit begründen; ja, indem er das Selbst von der Welt radikal scheidet, rückt er die Frage nach der Möglichkeit von Wahrheit in bislang offenbar nicht gekannter Deutlichkeit ins Licht und beantwortet diese mit dem Hinweis auf einen göttlichen Wahrheitsgaranten. „Der Archimedische Punkt der Gewißheit, den Descartes gefunden zu haben glaubte, scheint von seiner Stelle zu rücken"[19], heißt es dazu anschaulich bei E. Cassirer: Die konstitutive Instabilität der Grenze, die Gewissheit vom Ungewissen scheidet, wird sinnfällig, wenn mit der Gottesidee ein Erkenntnisgrund außerhalb des *cogito* behauptet wird. Diese Fundierung ist Setzung[20]; doch die damit vollzogene Verschränkung von Prinzip und Telos – genauer: die behauptete Vorgängigkeit eines als denknotwendiges Postulat nachträglich gesetzten sinnstiftenden Prinzips – ist das Letztfundament, auf dem sich das gesuchte ‚stabile' Wissensgebäude der Repräsentation errichten lässt. Exemplarisch ist in dieser Konstellation, die das *cogito* auf eine göttliche Wahrheit bezieht, die *imagines* hingegen als defizitäre Form des rationalen Weltbezugs stigmatisiert, Derridas Dreierkonstellation aus Logos, Stimme und Schrift realisiert. So erscheinen die Bilder als Index der Diffe-

16 Vgl. bes. Descartes 1996a, 27–28; Descartes 1996b, 21–22.

17 Vgl. den Beginn der Meditationen (Descartes 1996a, 17; Descartes 1996b, 13).

18 Vgl. Descartes 1996a, 22; Descartes 1996b, 17.

19 Cassirer 2005, 24.

20 Auf den Setzungscharakter der cartesischen Metaphysik ist häufig aufmerksam gemacht worden; vgl. etwa Sartre 1946, 22. Vgl. auch K. Stierles Hinweis auf den Konstruktcharakter der *méthode* in seiner Analyse des *Discours de la méthode*. Aus Zweifel und radikaler Negation der Welt resultiere hier, so Stierle, Positivität als ein Akt der Welt-Setzung durch einen subjektiven Willen. So kommt auch er zu dem Schluss, dass die cartesische *méthode* als Konstruktion eines autonomen Subjekts zu werten ist, dessen „je pense donc je suis" ein „je veux donc je pense" vorauszusetzen sei (vgl. Stierle 1984, 328).

renz. Die Gefahr, die von ihnen ausgeht, liegt weniger in der Möglichkeit einer Schaffung von Trugbildern, als vielmehr darin, dass ihnen der Bezug auf einen dem Subjekt sich entziehenden Grund notwendig eingeschrieben ist, auf den sich dieses bei der Betrachtung der *imagines* unweigerlich verwiesen sieht. Besteht denn nicht, so ließe sich eine Frage formulieren, die die cartesischen *Meditationes* implizit stellen, stets die Gefahr, dass das reine Denken durch einen Bezug auf sein Anderes gezeichnet ist? Und ist es nicht auf dieses Andere angewiesen, will es Aussagen treffen, die über ein rein inferentielles Wissen hinausgehen? Mehr noch: Ist nicht gerade auch das formale Denken – und mit ihm das denkende Subjekt, die *res cogitans* – auf einem unverfügbaren Grund zu fundieren? Diese Fragen höhlen den Kern des cartesischen Unternehmens einer Begründung der Wahrheit aus. Die Reflexion auf *imaginatio* führt so bereits im Inauguraldiskurs des *âge classique* zu einer subtilen Infragestellung des sich formierenden Diskurses. Es ist diese Infragestellung, die die Ausgrenzung der *imaginatio* in den *Meditationes* zur Notwendigkeit macht – und dies nicht schon darum, weil ihre Trugbilder die postulierte Deckungsgleichheit von Denken und Sein gefährdeten[21], und auch nicht schon darum, weil sie durch den Entwurf alternativer Welten mythische und ideologische Konstrukte in Frage stellten[22], sondern darum, weil ihr Status als kognitive Fähigkeit Zweifel aufkommen lässt an der Möglichkeit eines ‚reinen' Denkens, eines selbstpräsenten Subjekts und einer zeitenthobenen, absoluten Wahrheit.

Die Ordnung des transparenten Zeichens etabliert sich, so Derridas Lektüre, als Vergessen einer ursprünglichen Negativität, oder, wie er formuliert: als Vergessen eines ursprünglichen ‚Sagen-wollens' einer „unerhörten" Grenzüberschreitung[23]. Wenn dieses Vergessen sich in den Meditationen als *abiectio imaginationis* vollzieht, ist ihnen ein Eingedenken des ursprünglichen Ausgriffs auf die Negativität doch vielfach eingeschrieben: so, wenn *imaginatio* als *modus cogitandi* erwogen wird; so, wenn der *genius malignus* im Verlauf der *Meditationes* eine Metamorphose zum *optimus deus* erfährt; so auch, wenn dem argumentativ-rationalen Diskurs ein mythischer Kontext zur Seite gestellt wird, dessen bildhafte Anschaulichkeit geradezu plakativ auf *imaginatio* als Dispositiv des Schreibens verweist. In aller Deutlichkeit entwirft er die Perhorreszierung des zum *balneum diaboli* stilisierten Vermögens als Voraussetzung für die Instituierung des Transparenzideals, das der Setzung einer in den imaginativen Bildern fixierten *obscuritas* bedarf, um als *clarté* des Zeichens in Erscheinung treten zu können.

* * *

[21] So etwa Vietta 1986, 25–31.

[22] Vgl. Westerwelle 2002, 180.

[23] Derrida 1967b, 87.

Die cartesischen *Meditationes* begründen die *abiectio imaginationis* vor dem Hintergrund ihres Modells menschlicher Erkenntnis in einer für das beginnende *âge classique* paradigmatischen Weise. Doch nicht nur erkenntnistheoretische, sondern auch anthropologisch interessierte Schriften entwerfen in der Folge im Rahmen einer negativen Anthropologie *imaginatio* als Schema subjektiver Selbstrepräsentation[24]. Dabei avanciert das Vermögen – als Instanz, die das Subjekt durch ihre Trugbilder in Differenz zu sich selbst setzt –, zur Schlüsselfigur für die Konzeptualisierung einer verfehlten subjektiven Selbstpräsenz. Die von Descartes vollzogene *abiectio imaginationis* erscheint mithin auch im anthropologischen Kontext als dominierende Konzeptualisierungsstrategie. So heißt es etwa besonders prägnant bei Nicole:

> L'homme veut se voir, parce qu'il est vain ; il évite de se voir, parce qu'étant vain, il ne peut souffrir la vue de ses défauts et de ses misères. Pour accorder donc ces désirs contraires, il a recours à un artifice digne de sa vanité [...] : c'est de couvrir d'un voile tous ses défauts, de les effacer en quelque sorte de l'image qu'il se forme de lui-même, et de n'y laisser que les qualités qui le peuvent relever à ses propres yeux. S'il ne les a pas effectivement, il se les donne par son imagination [...] ; et, par le moyen de cette illusion, il est toujours absent de lui-même et présent à lui-même ; il se regarde continuellement, et il ne se voit jamais véritablement, parce qu'il ne voit au lieu de lui-même que le vain fantôme qu'il s'en est formé[25].

Schärfer noch wird indes die Problematik der imaginativen Bilder bei Pascal profiliert[26]. Wenn seine *abiectio* auf den ersten Blick dem cartesischen Ausschluss des Vermögens vergleichbar ist, so weisen indes seine Reflexionen über die Natur des Menschen und über die Möglichkeiten und Grenzen menschlicher Erkenntnis über diesen Entwurf weit hinaus. Wo Descartes nämlich eine logozentristische Supplementierung der in Gestalt des Imaginativ-Imaginären begegnenden Negativität durch die subjektive *ratio* vornimmt, da bleibt für Pascal eine imaginative Fundierung der *raison* unleugbar[27]; wo Descartes mit dem Postulat des *optimus deus* einen ultimativen Wahrheitsgaranten zu finden meint, da beharrt Pascal auf einer unaufhebbaren Differenz, die die Welt vom subjektiven Bewusstsein scheidet, und auf der Unmöglichkeit einer vollständigen und letztgültigen subjektiv-rationalen Welterschließung. Auch Pascals Denken kreist freilich um das Problem, wie das Verhältnis zwischen Welt und Bewusstsein zu denken sei. Doch es setzt gleichsam dort ein, wo sich bei Descartes die Bewegung des Denkens beruhigt: in einer gött-

[24] Vgl. zum Begriff der negativen Anthropologie Stierle 1985; zur Selbstrepräsentation im *âge classique* Matzat 1990, 20–31.

[25] Nicole 1970, 11–12; vgl. zu diesem Zitat und zu Nicoles Konzeption der Leidenschaften im Kontext der Episteme der Repräsentation Matzat 1990, 23–26.

[26] Vgl. zum Konzept der *imaginatio* in Pascals *Pensées* Bras/Cléro 1994, Ferreyrolles 1995 und Maierhofer 2003, 121–156.

[27] Vgl. Reckermann 1992, 313.

lich garantierten Kontinuität, aus der die Scheidung von Wahrheit und Falschheit in den Horizont des Denkbaren rückt[28]. „[L]a vie est un songe un peu moins inconstant“[29] – Pascal konzediert eine nur quantitative Differenz zwischen Wachen und Traum. Es gibt keine Kontinuität, die eine Transparenz von Sein und Bewusstsein letztgültig garantieren würde. Die Repräsentationen sind für Pascal durch ein Moment des Kontingenten kontaminiert, der jedem Weltbezug den Charakter des Vorläufigen und Unabgeschlossenen einprägt. Dass aber diese Verzeitlichung der Erkenntnis das Wissen nicht schlicht verunmöglicht, sondern vielmehr dessen Möglichkeitsbedingung darstellt, wurde zu Recht als genuiner Beitrag Pascals zur neuzeitlichen Rationalitätstheorie herausgestellt[30]. „Wirklichkeit verweigert sich [...] aufgrund einer im Denken selber begründeten Regularität dem definitiven Zugriff der menschlichen Vernunft, so daß diese sich letztlich aufgrund der Verfassung ihres eigenen Könnens den Charakter einer unendlich-unerfüllbaren Bewegung aufprägt“[31], fasst A. Reckermann zusammen; diese Zeitlichkeit des Bewusstseins indes, so fährt er fort, „führt nicht zur Destruktion des Wissens, sondern kann in einzigartiger Weise als sein affektiv grundierter Motor wirksam werden“[32].

Für die Konzeptualisierung der *imaginatio* bei Pascal ist nun dieses ambivalente Modell einer verzeitlichten *ratio* von zentraler Bedeutung. Wenn im oben angeführten Zitat – „la vie est un songe un peu moins inconstant“[33] – das differentielle Moment des menschlichen Bewusstseins als Traum und damit unausgesprochen als Effekt der *imaginatio* konzeptualisiert wird, so ist dies kein Zufall. Denn gerade *imaginatio* etabliert in Pascals Verständnis das differentielle Weltverhältnis, das sowohl Ursache der Kluft zwischen Sein und Bewusstsein als auch Movens für die Konstruktionen des Wissens ist. Angesichts dieser grundlegenden Doppeldeutigkeit zeichnet sich in den *Pensées* weit deutlicher als bei Descartes eine doppelte Konzeptualisierung des imaginativen Vermögens ab. Die cartesischen Sinnpositionen verlieren dabei an bindender Kraft; zu Bewusstsein gelangt demgegenüber eine wissenskonstitutive Fundierungsleistung der *imaginatio*. Eine pauschale *abiectio* des Vermögens scheint damit verunmöglicht; in der Tat gesellt sich ihr in den *Pensées* – meist implizit, doch unverkennbar – eine gegenläufige *vindicatio* bei. Dies bedeutet nun allerdings keineswegs, dass *imaginatio* eine ausgesprochene Aufwertung erfahren würde – als „maîtresse d'erreur et de fausseté“[34] ist sie auch bei Pascal Gegenstand herber Kritik. Doch die Ambivalenzen, die dem Vermögen vor

28 Vgl. Descartes 1996a, 89; Descartes 1996b, 71.
29 Pascal 2000, 814.
30 Vgl. Reckermann 1992.
31 Reckermann 1992, 316.
32 Reckermann 1992, 316.
33 Pascal 2000, 814.
34 Pascal 2000, 551.

dem Hintergrund eines neuzeitlichen Wirklichkeitsverständnisses eignen müssen, treten nun klarer hervor.

Ein entscheidender Impuls für die Konzeptualisierung des Vermögens in der Folgezeit ist dabei die Relationierung von *imaginatio* und Zeitlichkeit. Die Vorstellung eines zeitlichen Moments der *imaginatio* begegnet bereits bei Aristoteles, wenn dieser *imaginatio* als Auslöser und Richtunggeber tierischer Bewegung fasst[35]. Doch erst mit Pascal tritt dieses Moment in den Vordergrund, sind es doch die Bilder der *imaginatio*, die nunmehr auch den Menschen auf der Suche nach imaginären Zielen über sich hinaustreiben. *Imaginatio* wird zur Figur einer Zeitlichkeit, welche eine unendliche Bewegung der Vernunft bedingt, zugleich aber – insofern sie dieser ein Begehren nach einer Überschreitung der durch sie selbst hervorgetriebenen Zeitlichkeit vermittelt – zum Ausgangspunkt subjektiver Weltentwürfe und zur zentralen Instanz für die Konstituierung des subjektiven Bewusstseins. Schemenhaft zeichnen sich hier die Fluchtpunkte einer Umwertung ab, die zunächst die Aufklärung, dann die Romantik in schrittweiser Reflexion auf die hier hervortretende Zweideutigkeit der *imaginatio* vollziehen werden. Insofern diese gerade auch das Denken Baudelaires prägt, soll das komplexe Wechselspiel von *abiectio* und *vindicatio imaginationis* in den *Pensées* an dieser Stelle ausführlicher vorgestellt und erörtert werden.

Sucht man nach Belegen für eine *abiectio imaginationis* in den *Pensées*, so wird man insbesondere in der Passage *Imagination* fündig. „Cette superbe puissance [...] a établi dans l'homme une seconde nature“: Auch für Pascal ist *imaginatio* Schöpferin einer scheinhaften Wirklichkeit. Sie gaukelt Wahrheit am Ort der Lüge vor, unterwirft die subjektive *ratio* und setzt den Menschen durch ihre Trugbilder in eine unüberwindliche Distanz zu sich selbst:

> Elle a ses heureux, ses malheureux, ses riches et ses pauvres. Elle fait croire, douter, nier la raison. Elle suspend les sens, elle les fait sentir. Elle a ses fous et ses sages. Et rien ne nous dépite davantage que de voir qu'elle remplit ses hôtes d'une satisfaction bien autrement pleine et entière que la raison. Les habiles de l'imagination se plaisent tout autrement à eux-mêmes que les prudents ne se peuvent raisonnablement plaire. Ils regardent les gens avec empire. Ils discutent avec hardiesse et confiance, les autres avec crainte et défiance, et cette gaieté de visage leur donne souvent l'avantage dans l'opinion des écoutants, tant les sages imaginaires ont de faveur auprès des juges de même nature. Elle ne peut rendre sages les fous, mais elle rend heureux, à l'envi de la raison qui ne peut rendre ses amis que misérables, l'une le couvrant de gloire, l'autre de honte[36].

Nicht ohne Neid beschreibt Pascal die Kinder der *imaginatio*. Dies kann nicht erstaunen, denn vor dem Hintergrund des Befundes, dass die *conditio humana* ein ultimatives Wahrheitskriterium niemals zulassen kann, sind deren Freuden, wenn-

35 Vgl. Aristoteles, *De anima* III, 9, 432b15–17; III, 10, 433b27–29.
36 Pascal 2000, 552.

gleich imaginär, vom wahren Glück in nichts zu unterscheiden. Pascals unverhohlene Bewunderung für ein Vermögen, das zwar keinerlei Wahrheit zu fundieren vermag, doch zum lebensorganisierenden, ja lebenserhaltenden Prinzip avancieren kann, ist Reflex eines komplexen Gedankengebäudes, das jenseits der topischen *abiectio imaginationis*, doch von dieser ausgehend, *imaginatio* als miterfüllendes, wenn nicht fundierendes Moment des menschlichen Selbst- und Weltbezugs entwirft.

Um dies auszuführen, bedarf es zunächst eines Blicks auf die epistemologischen und anthropologischen Prämissen der *Pensées*. Zu Recht wurde betont, dass dieses Denken mit Foucaults These eines transparenten Zeichens nicht verrechenbar sei[37]. Pascals Denken ist ein Denken der Tiefe: Die *Pensées* vollziehen eine Scheidung von Oberflächen- und Tiefendimension, die erst im Kontext eines im Sinne Foucaults ‚modernen' Denkens angemessen beschreibbar scheint. A. Reckermann hat in seinem Aufsatz „Pascal als Theoretiker der religiösen Erfahrung" diese Scheidung, die sowohl Pascals Rationalitätsmodell als auch sein Menschenbild prägt, in der nötigen Klarheit herausgestellt[38]. Pascal, so erläutert er, entwirft erstens – epistemologisch – eine Tiefenstruktur des subjektiven Bewusstseins, wenn er die fundierenden Prinzipien menschlicher Erkenntnis außerhalb der *ratio* verortet. *Esprit de finesse* und *esprit de géométrie* stehen paradigmatisch für ein solches der *ratio* entzogenes menschliches Vermögen, die Axiome des Wissens intuitiv zu erkennen. Eine Tiefenstruktur zeichnet sich aber zweitens auch in Pascals Konzeption des Menschen ab, wenn dieser im Spannungsfeld einer sozial und kulturell vermittelten *seconde nature* und einer diese fundierenden, doch ihr entzogenen Sphäre der *instincts secrets* einen prekären Ort findet.

Pascals Scheidung von Oberflächen- und Tiefendimension und deren paradoxe Bezugsetzung konstelliert nun, was Foucault als eine Grundfigur der Moderne bestimmt hat: Ein Undenkbares, das zu denken dem Menschen aufgegeben ist. Sie treibt bereits in den *Pensées* eben jene ‚Rätselfrage' hervor, die zum Kernproblem der Moderne werden wird: Wie kommt es, dass der Mensch sich unter der Prämisse einer Trennung von Sein und Cogito dennoch zum Sein in ein Verhältnis setzen kann? In den Blick rückt damit bei Pascal eine Grenze ‚zwischen' Sein und *cogito*, die die beiden Seinsweisen *zugleich* trennt *und* verbindet.

Fragt man nun, wie Pascal die Paradoxie dieses trennend-verbindenden Raumes aufzulösen sucht, so sieht man sich alsbald auf *imaginatio* verwiesen. Oben wurde herausgestellt, dass *imaginatio* bei Pascal zur Figur einer bewusstseinskonstitutiven Zeitlichkeit wird: Das durch die Bilder der *imaginatio* etablierte Weltverhältnis begründet eine Dialektik aus Repräsentation und Begehren, die den Menschen über sich hinaustreibt, die Zeitlichkeit des Menschen als dessen eigentliche Natur her-

[37] Vgl. Stierle 1985, 127, Anm. 40.
[38] Vgl. Reckermann 1992.

vortreten lässt[39]. Dabei geben die Bilder der *imaginatio* den menschlichen Aktivitäten ein Ziel und damit einen Sinn, der verhüllt, dass nicht das Ziel, sondern die Performanz selbst Telos des Begehrens ist: „Nous ne cherchons jamais les choses, mais la recherche des choses"[40]. Durch diese Bindung des Bewusstseins an die Dimension der Zeit ist das dem Menschen verfügbare Wissen für Pascal zwar gezeichnet durch eine unaufhebbare Negativität; für ihn gibt es, wie vielfach hervorgehoben wurde, keine Möglichkeit, das Diesseits zu transzendieren. Doch es gibt eine gleichsam im Diesseits konfigurierte Transzendenz – und diese ist intrikaterweise nicht anders begründbar denn als Möglichkeit einer Selbstüberschreitung, die *imaginatio* selbst mit sich führt. In den Trugbildern der *imaginatio* ist in geheimnisvoller Weise die Möglichkeit authentischer Bilder beschlossen; *in imaginatio* soll die Möglichkeit liegen, das bloß Trügerische zu überschreiten. Wenn Pascal *imaginatio* zugesteht, als denkerische Performanz auf die göttliche Allmacht zu verweisen, die in ihr in paradoxer Weise abwesend präsent ist, so verleiht er dieser Paradoxie eine bis weit in die Romantik hinein geläufige und vielfach reflektierte Figur:

> Tout le monde visible n'est qu'un trait imperceptible dans l'ample sein de la nature. Nulle idée n'en approche ; nous avons beau enfler nos conceptions au-delà des espaces imaginables, nous n'enfantons que des atomes, au prix de la réalité des choses. C'est une sphère infinie dont le centre est partout, la circonférence nulle part. Enfin c'est le plus grand caractère sensible de la toute-puissance de Dieu que notre imagination se perde dans cette pensée[41].

Imaginatio ist als Schöpferin eines falschen Scheins Figur des Falls und der Entzweiung. Doch eine ursprüngliche Wahrheit wäre nicht erfassbar, wäre sie nicht in den Bildern der *imaginatio* als deren Anderes erfahrbar. Das Zitat macht eine Aporie explizit, die Pascals anthropologisches Denken prägt: Der wissenskonstitutive *désir* nach einer *base constante*, den Reckermann zu Recht als Kernpunkt der Pascalschen Anthropologie herausstellte, bedarf zu seiner Entstehung der *imaginatio*, die *zugleich* die Unmöglichkeit seiner Erfüllung bedingt und eben dadurch zur Negativdarstellung ihrer Möglichkeit avanciert.

Die „Unlösbarkeit der Frage nach der menschlichen Natur"[42], die Opazität des menschlichen Wesenskerns, ist Movens dieses Denkens, das, so K. Stierle, aus der radikalen Negativierung des anthropologischen Denkens etwa eines Montaigne oder eines Descartes hervorgegangen sei. Pascal komme dabei das Verdienst zu, die

[39] Pascal 2000, 775. Diese Dialektik des Begehrens hat – wenn auch nicht mit Blick auf *imaginatio* – bereits G. Poulet beschrieben (vgl. Poulet 1956, 66–67). Vgl. weiterhin Reckermann 1992, 315–317 und 320–321, sowie Kablitz 2005, 117.

[40] Pascal 2000, 804.

[41] Pascal 2000, 608–609.

[42] Stierle 1985, 84. Vgl. zur Situierung Pascals in der Geschichte der Subjektivität auch Matzat 2005, 203–216.

kosmologische Dezentriertheit des Menschen zum Verlust einer ursprünglich positiven Menschennatur umgedeutet zu haben[43], um darin die Widersprüchlichkeit der *conditio humana* als Bewegung einer „fundamentalen ‚inquiétude'"[44], der der Mensch immer schon ausgesetzt sei und der er sich doch stets von Neuem zu entziehen suche, zu Bewusstsein zu bringen[45]. „Pascals unerhörter Versuch besteht darin, die Erfahrung des Glaubens als eine aus der menschlichen Natur selbst hervorgehende Notwendigkeit in einer Folge von Schritten darzustellen"[46], so resümiert Stierle Pascals Projekt; indes, so führt er aus, sei doch „unübersehbar, daß gerade dieser Übergang in den *Pensées* nicht gelungen ist"[47]. Hier ist nun jedoch die besondere Beschaffenheit der von Pascal hervorgehobenen Glaubensgewissheiten zu bedenken. Denn die Konzeptualisierung dieser Figurationen des Ungedachten folgt eben jener Logik, die Foucault als strukturierendes Prinzip der modernen Episteme herausgestellt hat[48]. So hegt Pascal keine Illusion über deren epistemologischen Status: Schöpfung, Sündenfall und Erlösung müssen als Axiome gelten, die den Ursprung menschlicher *dualité* beleuchten – jedoch als Erzählung, *nicht* als Erklärung[49]. Gerade religiöse Erfahrung unterliegt dem Denken der Tiefe und führt in letzter Instanz zurück auf *imaginatio*:

> Le péché originel est folie devant les hommes, mais on le donne pour tel. Vous ne me devez donc pas reprocher le défaut de raison en cette doctrine, puisque je la donne pour être sans raison. Mais cette folie est plus sage que toute la sagesse des hommes [...]. Car, sans cela, que dira-t-on qu'est l'homme ? Tout son état dépend de ce point imperceptible. Et comment s'en fût-il aperçu par sa raison, puisque c'est une chose contre sa raison, et que sa raison, bien loin de l'inventer par ses voies, s'en éloigne quand on le lui présente ?[50]

Der Mythos des Sündenfalls ist Wahnsinn, doch *gewusster* Wahnsinn: Die Realisierung des Traums einer die Scheinhaftigkeit ihrer Entwürfe offen einbekennenden *imaginatio*. „Folie" soll der Sündenfall sein: eine erklärungsmächtige Fiktion, die

43 Vgl. Stierle 1985, 87.
44 Stierle 1985, 87.
45 Vgl. Stierle 1985, 86–87.
46 Stierle 1985, 85.
47 Stierle 1985, 87.
48 Vgl. Foucault 1966, 338.
49 Bereits H. Friedrich weist auf den axiomatischen Status der Erzählung vom Sündenfall hin (Friedrich 1936, 338); vgl. auch die Studie von M. Cuntz, der der Erzählung den „Status einer wissenschaftlichen Hypothese, ja geradezu eines Axioms" zuerkennt: „An die Stelle [...] [einer] Erklärung der Religion durch die Vernunft tritt [...] die vernunftgemäße Erklärung über den Zustand der menschlichen Vernunft, der jeder Grund entzogen ist, gegeben durch die Wahrheit der Religion" (Cuntz 2004, 167–168). Die strukturelle Analogie zwischen Pascals Theorie der religiösen Erfahrung und seiner Theorie szientifischer Rationalität hat auch A. Reckermann aufgezeigt (vgl. Reckermann 1992, bes. 308 und 318).
50 Pascal 2000, 786.

die Paradoxie einer Kopräsenz des Konträren im Menschen durch die Überführung in epische Sukzessivität zur Auflösung bringt.

Pascals Reflexion auf die Gründungsmythen des Christentums als paradigmatischen Axiomen menschlicher Sinnentwürfe steht unter einem Denkzwang, der diese in fataler Weise den Hervorbringungen der *imaginatio* angleicht. So kann es nicht erstaunen, dass gerade mit Bezug auf Pascal von einer „Reflexion der Arbeit eines radikal Imaginären [im Sinne Castoriadis', CB]"[51] die Rede war; ebenso wenig, dass – gegenläufig – die Evidenz intuitiv erfassbarer Wahrheiten bei Pascal in ihrer Notwendigkeit um so schärfer profiliert wird, je deutlicher die Unmöglichkeit einer autonomen subjektiven Selbstsetzung hervortritt.

Die Denkfigur einer wahrheitskonstitutiven Selbstüberschreitung der *imaginatio* prägt sich Pascals epistemologischem wie auch seinem anthropologischen Denken ein. So lässt sich seine *connaissance du cœur*, ein die rationale Erkenntnis übersteigendes, authentisches Wissen, unschwer als Figur der imaginativen Selbstüberschreitung der *imaginatio* erkennen. Auch das Kernstück seiner Lehre von den *deux amours* – die Differenzierung von *cupiditas* und *caritas*, letztere verstanden als ein das weltliche Begehren überschreitendes Begehren nach Gott – wird vor diesem Hintergrund als deren Konkretisierung erkennbar. Von besonderem Interesse mag indes eine Metamorphose der Denkfigur sein, die der Umwertung der *imaginatio* in der Folgezeit eine leitende Perspektive vorgeben wird: Das Begehren nach Ruhe – jener Instinkt also, der den Menschen der imaginativ fundierten *occupation au dehors* entziehen soll – schlägt als *contemplatio sui* zum lebensfeindlichen *ennui* aus, *imaginatio* hingegen avanciert als Schöpferin von Bildern des Begehrens und als Motor menschlicher Zerstreuung zum eigentlichen Selbsterhaltungsprinzip.

Pascals Entwurf eignet eine Ambivalenz, die erst vor dem Hintergrund von Foucaults Modell der modernen Subjektivität angemessen beschreibbar scheint. Wenn der subjektive Wesenskern in einer für die *Pensées* charakteristischen doppelten Perspektivierung bald als konstitutiver Mangel im Zentrum des Selbst, bald als Ort des Göttlichen entworfen wird, so tritt eine das Subjekt fundierende, doch durch die göttliche Schöpferinstanz supplementierte Negativität hervor. Diese für das 17. Jahrhundert offenbar repräsentative[52] Paradoxie in der Konzeption des Menschen gelangt bei Pascal nicht zur Auflösung: „Pascals Text verweist auf eine Form der Subjektivität, die noch keinen Ort – weder epistemologisch noch sozial – gefunden hat"[53], wie W. Matzat formuliert. Vor dem Hintergrund der Repräsentation führt die Reflexion auf das Selbst auf einen negativen Fundierungsgrund. Diese Negativität zu wenden zum Konzept eines individuellen, unverwechselbaren

51 Maierhofer 2003, 129.
52 Vgl. Matzat 2005, 206.
53 Matzat 2005, 215.

subjektiven Wesenskerns, wird, so lässt sich vereinfachend und im Vorgriff auf die folgenden Kapitel sagen, zum Projekt der Moderne werden[54].

[54] Pascals Einfluss auf moderne Konzepte der Subjektivität muss kaum eigens hervorgehoben werden. So greift etwa Chateaubriand, der sich als Schüler und Nachfolger Pascals versteht, zur Fundierung seiner Poetik des Christentums auf dessen Konzept der *imaginatio* zurück. Doch auch Baudelaires Imaginationskonzept ist nachhaltig geprägt durch die negative Anthropologie Pascalscher Prägung. So entwirft er in *Le voyage*, dem einzigen Gedicht der *Fleurs du mal*, das *imaginatio* explizit benennt, das Vermögen als eine Instanz, die den Menschen durch den Entwurf von Bildern des Begehrens zu sich selbst in ein Verhältnis der Zeitlichkeit setzt; hierzu s.u., Kap. IV.

4 Von der Notwendigkeit des Begehrens. Condillac, *Essai sur l'origine des connaissances humaines*

Im 18. Jahrhundert erfährt *imaginatio* als Vermögen der Erkenntnisfindung eine nachhaltige Aufwertung[1]: „[T]ous vos raisonnemens, toutes vos connoissances sont fondées sur des images tracées dans votre cerveau“[2], heißt es paradigmatisch in Voltaires *encyclopédie*-Artikel; ähnlich bilderfreundlich weist ihr d'Alembert im *Discours préliminaire* der *Encyclopédie* innerhalb des Feldes menschlicher Erkenntnis neben *mémoire* und *raison* einen eigenen Bereich zu:

> La réflexion est de deux sortes [...] ; ou elle raisonne sur les objets des idées directes, ou elle les imite. Ainsi la *mémoire*, la *raison* proprement dite, et l'*imagination*, sont les trois manières différentes dont notre âme opère sur les objets de ses pensées. Nous ne prenons point ici l'imagination pour la faculté qu'on a de se représenter les objets [...]. Nous prenons l'imagination dans un sens plus noble et plus précis, pour le talent de créer en imitant[3].

Dennoch, so der Konsens der Forschung, ist mit dieser Aufwertung das moderne Konzept einer schöpferischen Imagination noch nicht erreicht[4]. „L'imagination ne crée rien“[5], stellt Diderot klar: „L'imagination ne crée rien. Elle imite, elle compose, combine, exagère, agrandit, rapetisse. Elle s'occupe sans cesse de ressemblances [...]“[6]. Die spontane Schöpferkraft der *imaginatio* beschränkt sich darauf, eine vorgängige Ordnung der Dinge zu reproduzieren. Die für die Moderne entscheidende Frage, wie Spontaneität und Rezeptivität in *imaginatio* vereint gedacht werden können, ist dabei nicht bedacht.

1 Vgl. Schulte-Sasse 2001, 89. Plakativ heißt es dort: „In der jahrtausendelang dominanten Denkfigur eines vertikalen Gegensatzes von (immaterieller) Transzendenz und Materialität wurde die Einbildungskraft als materiell und damit als unzuverlässiges, deshalb rationaler Kontrolle zu unterwerfendes psychisches Vermögen gedeutet. Nach dem Wandel wurde es ein unentbehrliches Vermögen, mit dem sich der Mensch kreativ auf Objekte in Raum und Zeit bezieht“. Vgl. zum Konzept der *imaginatio* speziell in der französischen Aufklärung Marx 1980 sowie Becq 1984, Zollna 1990, 3–22, Behrens 2002b und Steigerwald/Watzke 2003.

2 Voltaire 1778, 561.

3 D'Alembert 1967, 47. Wenn hier der Wirkungsbereich der *imagination* in einer noch durchaus dem 17. Jahrhundert vergleichbaren Weise auf den Bereich der Ästhetik festgeschrieben scheint, so impliziert die Zuordnung doch, insofern bereits der künstlerischen Nachahmung Erkenntnisfunktion zugesprochen wird (vgl. Penzenstadler 2000, 39), eine erkennntnistheoretische Aufwertung der *imagination*.

4 Vgl. Mainusch/Warning 1976, 220; vgl. aber die differenzierenden Bemerkungen von J. Schulte-Sasse mit Blick auf die angelsächsische Tradition (Schulte-Sasse 2001, 781–786).

5 Diderot 1990, 214.

6 Diderot 1990, 214.

Etienne Bonnot de Condillacs 1746 erschienener *Essai sur l'origine des connaissances humaines* markiert in Frankreich den oben skizzierten Wendepunkt in der Verortung der Imagination. Für den Fortgang dieser Studie sind Condillacs Überlegungen in zweierlei Hinsicht von Interesse. Einerseits bildet der *Essai* einen Prä-Text romantischer und moderner Subjektivitätsentwürfe. Er avanciert zu einem kardinalen Referenten der erkenntnistheoretischen Reflexionen der Folgezeit und zu einer dominierenden Sinnfolie poetischer Subjektivitätsentwürfe der Romantik[7]. Noch Baudelaire wird sich in seiner berühmten Passage zur ‚Königin der Fähigkeiten' auf den *Essai* beziehen[8], und das bei Condillac entwickelte, in der romantischen Lyrik fortgeschriebene Modell einer prozessualen, auf die Bilder der *imaginatio* angewiesenen Bewusstseinskonstitution liegt auch seinen poetischen Entwürfen zugrunde.

Von Belang ist Condillacs *Essai* indes auch darum, weil er paradigmatisch die Ambivalenzen exponiert, die dem aufklärerischen Konzept der *imaginatio* eignen müssen. Condillac revidiert den cartesischen Ausschluss der *imagines* aus dem *intellectus purus* und scheint – einem zu Beginn des Werks geäußerten Vorhaben getreu, die cartesische Metaphysik stürzen zu wollen[9] – diese Grenzziehungen zurückzunehmen, zumindest aber zu relativieren. *Imaginatio* avanciert zum generativen Prinzip des subjektiven Selbst- und Weltbewusstseins. Doch Condillacs Grundlegung ist, wie ein genauerer Blick zeigt, in sich widersprüchlich. Dieser Widerspruch treibt nun bereits im *Essai* eine doppelte Argumentationslinie hervor, deren reflexive Aufarbeitung die Theorien zu Beginn der Moderne unternehmen werden.

Der Essai entwirft *imaginatio* als repräsentierendes und kombinatorisches Vermögen, und damit auch – ganz selbstverständlich – als ein konstitutives Element der Erkenntnisfindung: „Le pouvoir que nous avons de réveiller nos perceptions en l'absence des objets, nous donne celui de réunir et de lier ensemble les idées les plus étrangères“[10]. *Imaginatio* ist als Vermögen des Assoziierens aber zugleich auch diejenige Instanz, die neue Erkenntnisse – in Form neuer, noch nicht da gewesener *compositions* gegebener Ideen – ermöglicht[11]. Schließlich ist sie als zeichenschöpferisches Vermögen für die Verknüpfung von *idée* und *mot* verant-

7 Ausführlich legt Kablitz die Beziehungen der Lyrik Lamartines zu den erkenntnis- und zeichentheoretischen Reflexionen der *idéologues* dar, die sich ihrerseits in die Nachfolge Condillacs stellen; vgl. Kablitz 1985.

8 Mit den in dieser Passage der *imaginatio* zugeschriebenen Verfahren der „analyse“ und „synthèse“ sowie den ihnen entsprechenden Bewegungen des „compose[r]“ und „décompose[r]“ (CE 321) verweist Baudelaire unausgesprochen auf die beiden zentralen kognitiven Prozesse bei Condillac.

9 Vgl. Condillac 1970a, 3.

10 Condillac 1970a, 87.

11 Vgl. Condillac 1970a, 108.

wortlich. Bedenkt man, dass Condillac gerade im sprachlichen Zeichen die Voraussetzung für den Erwerb höherer kognitiver Leistungen sieht, so scheint damit die Möglichkeit einer endgültigen Rehabilitierung des Vermögens – wenn nicht gar einer Aufwertung zu *dem* Leitvermögen aufklärerischer *curiositas* – geschaffen.

Allerdings liegt Condillac eine solche uneingeschränkte Aufwertung des Vermögens fern. Legitimiert ist *imaginatio*, wenn ihre Produkte sich als Analoga des je schon Gegebenen ausweisen können: „Toutes ses fictions sont bonnes *lorsqu'elles sont dans l'analogie* de la nature de nos connaissances ou de nos préjugés ; mais dès qu'elle s'en écarte, elle n'enfante plus que des idées monstrueuses et extravagantes"[12] [Herv. CB]. Konzediert Condillac der Imagination also eine zentrale Rolle in der Erkenntnis von Selbst und Welt, so ist es ihm *auch* darum zu tun, ihre Herrschaftsansprüche zu bezähmen, ihre Eigendynamik in vernunftgesteuerte Bahnen zu lenken:

> Rien ne paraît d'abord plus contraire à la vérité que cette manière dont l'imagination dispose de nos idées. En effet, si nous ne nous rendons pas maîtres de cette opération, elle nous égarera infailliblement : mais elle sera un des principaux ressorts de nos connaissances, si nous savons la régler[13].

Die traditionsreiche doppelte Codierung der Imagination findet sich also auch bei Condillac, obgleich sein Modell das Verhältnis von *raison* und *imagination* neu austariert. Doch die topische Thematik der *maîtrise*, der rationalen *disposition* über die Imagination, wird mit der Konzedierung erkenntnistheoretischer Dignität lediglich in einer neuen Weise virulent[14]. Auch für Condillac bedarf *imaginatio* eines Regulativs; mit seinem Konzept der *liaison des idées*, einer assoziativen Relation, welche die Vorstellungen verbindet, stellt er *imaginatio* eine verdinglichte und als vorgängig behauptete Verknüpfung der *idées* zur Seite, der diese zu folgen hat. In anschaulichster Weise vollzieht der *Essai* damit einen Zirkelschluss, der noch bis ins 19. Jahrhundert hinein im Diskurs der Imagination – wie gerade auch Baudelaires berühmte Passage zur *reine des facultés* zeigt – strukturbildend wirkt: Es ist unklar, ob *imaginatio* als schöpferisches Vermögen die *liaison des idées* hervorbringt, oder aber ob die *liaison des idées* als vorgängige Strukturierung der Wirk-

[12] Condillac 1970a, 101. Vgl. auch die Imaginationsallegorie in Kap. X; ibd., 99–102.

[13] Condillac 1970a, 87.

[14] Vgl. nur Condillac 1970a, 54; 63; 64; 67; 87; 102; 115; 372; vgl. auch zur Regulation der *imagination* durch die *analise* das einschlägige Kapitel des *Traité des systèmes* (Condillac 1970b, 279–287); hingegen zur Macht der Imagination Condillac 1970a, 97, 99–102; 146. Vgl. zu den Ambivalenzen der Imagination bei Condillac Zollna 1990, 28 und Derrida 1990, 71–73.

lichkeit *imaginatio* in vorgegebenen Bahnen hält[15]. So sind *imaginatio* und die *liaison des idées* für die prozessuale Entfaltung des Denkens wechselseitig aufeinander verwiesen. Die Frage nach der Vermittlung von Rezeption und Produktion jedoch bleibt auch in Condillacs Theoriegebäude ein blinder Fleck.

Die Ambivalenzen, die *imaginatio* im Werk Condillacs kennzeichnen, erwachsen aus inneren Widersprüchen, die nicht nur den *Essai*, sondern Condillacs gesamtes Werk durchziehen. Erklärte Intention dieses Werks ist es, in Radikalisierung des Sensualismus Lockescher Prägung eine monistische Gegenposition zum cartesischen Dualismus zu entwickeln. Anders als Locke, der in seinem *Essay Concerning Human Understanding* (1690) mit der Unterscheidung von *sensation* und *reflexion* eine apriorische Denkfähigkeit als spontane Aktivität des menschlichen Geistes annimmt[16], setzt sich Condillac zum Ziel, höhere kognitive Leistungen aus nur *einem* Prinzip abzuleiten[17]. Doch Condillacs ambitioniertes Projekt führt in eine Aporie: „En dernière analyse, le sensualisme cache un apriorisme puisqu'il présuppose des facultés actives dont – malgré des affirmations contraires – il est ancapable [sic!] d'expliquer la genèse"[18]. Die „origine des idées" reflexiv einholen zu wollen, bedeutete einen Nachvollzug des Übergangs aus einem präreflexiven in einen reflexiven Zustand, der zu zeigen hätte, wie aus ursprünglicher Identität ein reflektierendes Bewusstsein abgeleitet werden kann; die Lösung des Problems ist empirisch nicht erschließbar, sondern, als Reflexion auf einen unverfügbaren Grund menschlichen Selbst- und Weltbezugs, allenfalls hypothetisch zu formulieren.

Dass der *Essai* einen Widerspruch birgt, ist häufig gesehen worden. Maine de Biran, der zu Beginn des 19. Jahrhunderts eine kritische Revision des Werks Condillacs unternahm, führte ihn auf die Kopräsenz zweier konkurrierender Deutungsschemata des menschlichen Bewusstseins zurück. Unvermittelt stünden sich hier Aktivität und Passivität, Rezeptivität und Spontaneität gegenüber; die Absicht, eine *métaphysique des effets* zu entwerfen, dementiere der obstinate Rekurs auf eine

15 Zur Vorgängigkeit der *liaison* vor der *imagination* vgl. Condillac 1970a, 52; 73; 327; zur Vorgängigkeit der *imagination* hingegen auch ibd., 88. Vgl. zu den Ambivalenzen von *imagination* und *liaison des idées* Zollna 1990, 29. Zu korrigieren ist Ricken 2000, 181, der von der Vorgängigkeit der Imagination ausgeht (Ricken 2000, 181). Ähnliche Ambivalenzen gelten für den Begriff der *analogie*; vgl. ibd., 29, Anm. 2 und Derrida 1990, 24–28.

16 Vgl. Locke 1963, 82–83 (Bd. II, Kap. 1, § 2).

17 Vgl. Condillac 1970a, 5 („Il faut remonter à l'origine de nos idées, en développer la génération, les suivre jusqu'aux limites que la nature leur a prescrites, par-là fixer l'étendue et les bornes de nos connaissances, et renouveler tout l'entendement humain") und 5–6 („[M]on dessein est de rappeler à un seul principe tout ce qui concerne l'entendement humain"). Coseriu kommentiert lapidar: „Offensichtlich liegt hier eine Verwechslung zwischen Ausgangspunkt und Prinzip vor. Die Tatsache selbst, daß es Ideen gibt und daß es nicht bei der sinnlichen Erfahrung bleibt [...], bleibt natürlich ungeklärt" (Coseriu 1972, 224).

18 Trabant 1986, 78.

métaphysique des causes[19]. Ein wenig anders akzentuiert M. Foucault, wenn er das Modell Condillacs im Spannungsfeld von *genèse* und *calcul* als konträren Modi, geistige Funktionen zu denken, verortet; zwischen eben jenen Extrempolen also, innerhalb derer sich, folgt man *Les mots et les choses*, die epistemologische Konfiguration des *âge classique* entfaltet[20]. Condillacs Modell markiert demnach ein basales epistemologisches Defizit; die naheliegende Überlegung, dass dieser „mythe[] épistémologique[]"[21] bereits eine Auflösung der klassisch-aufklärerischen Episteme indizieren könnte, findet sich bei Foucault jedoch, wie Derrida in einem Vorwort zum *Essai* kritisch vermerkt, nicht[22].

Condillacs Reflexionen über den Ursprung von Sprache und Bewusstsein führen auf die Problematik einer denknotwendigen, doch paradoxen Einheit von Identität und Differenz zurück, die als Entfaltungsgrund der Ordnung der *idées* zu denken wäre. Diese Paradoxie ist zwar durch die Doppelfigur von *imaginatio* und *liaison des idées* suspendiert, doch bleibt Condillacs Modell gezeichnet durch eine innere Widersprüchlichkeit. Rezeptivität und Spontaneität, Aktivität und Passivität als gegenläufige Forderungen an die menschliche Erkenntnis gelangen in diesem Modell nicht zur Vermittlung. Eben darum kann der *Essai* paradigmatisch die Bruchstellen, innerhalb derer das moderne Konzept der *imaginatio* einen Ort erhält, vor Augen führen. Schemenhaft zeichnet sich in ihm ein liminaler Raum ab, in dem zwei gegenläufige Denkfiguren – ‚Weltbezug als Wahrheitserschließung' und ‚Weltbezug als Wirklichkeitskonstruktion' – zu prekärer Kopräsenz gelangen.

Condillacs Konzept der *imaginatio* wird im Folgenden, anknüpfend an Derridas richtungweisende Lektüre des *Essai*[23], in einzelnen Aspekten vorgestellt. Drei für den Fortgang der Argumentation relevante Gesichtspunkte werden herausgegriffen: *réflexion* als eine an die Stelle des cartesischen *cogito* tretende Bewegung des Denkens; das ‚Neue' als Ort einer paradoxen Koinzidenz von Identität und Differenz; das ‚Begehren' schließlich als eine das Spiel der Repräsentationen begründende, ihr unverfügbar bleibende Kraft[24].

Condillacs Erkenntnismodell verdient schon darum einige Aufmerksamkeit, weil es paradigmatisch – und in einer bis ins 19. Jahrhundert wirkmächtigen Weise – die Bedingungen einer prozessualen Selbstkonstituierung des Bewusstseins erwägt. Bereits im *Essai* kündet sich der das gesamte Werk Condillacs bestimmende

[19] Vgl. Maine de Biran 1924, bes. 97–99; zu Maine de Birans Condillac-Lektüre Derrida 1990, 39–47.

[20] Vgl. Foucault 1963, 117. („Condillac [...] a hésité sans cesse entre deux logiques des opérations: celle de la genèse et celle du calcul").

[21] Foucault 1966, 89.

[22] Vgl. Derrida 1990, 32–34.

[23] Vgl. Derrida 1990.

[24] Die für Condillacs Werk wichtige Frage nach dem Konnex von Sprache und *imaginatio* kann hingegen im Rahmen dieser Studie nicht aufgeworfen werden.

Gedanke an, dass Denken und Fühlen in eins fallen[25]. Dieses Fühlen ist evident, mithin undefinierbar[26], und lässt sich nicht auf einen Referenten hintergehen: „Soit que nous nous élevions, pour parler métaphoriquement, jusque dans les cieux, soit que nous descendions dans les abîmes, nous ne sortons point de nous-mêmes, et ce n'est jamais que notre propre pensée que nous apercevons“[27]. Unter Verweis auf den Sündenfall sucht Condillac diese Unhintergehbarkeit hypothetisch zu begründen. Dieser nämlich habe die Seele in eine Abhängigkeit von den Sinnen gebracht, die ihre *conditio* nun kennzeichne[28] und einen nur unvollkommenen Typus der Erkenntnis zulasse, bei der die Evidenz der Perzeption nicht zugleich eine Erkenntnis des Gegenstandes impliziere[29]. Der prinzipiellen Unerkennbarkeit der gegenständlichen Welt stellt Condillac nun die menschliche Neigung zur Substruktion von Sein gegenüber; eine Neigung, die zwar die Gefahr der Täuschung birgt[30], doch die *sensation* erst zur *idée*[31] und den Menschen zu einem über das Tier sich erhebenden Wesen macht[32]. „[L]'esprit ne peut pas réfléchir sur rien, car ce serait proprement ne pas réfléchir“[33], so begründet Condillac diese Notwendigkeit, um hieraus die Tendenz zur Verdinglichung der Abstrakta zu erklären: „C'est cette nécessité qui est cause que bien des philosophes n'ont pas soupçonné que la réalité des idées abstraites fût l'ouvrage de l'imagination“[34]. Damit ist der Rahmen, innerhalb dessen sich der *Essai* entfaltet, abgesteckt. Ziel des Unternehmens ist es, dem Menschen einen Ausweg aus selbstverschuldeter Unmündigkeit, der Erbsünde-bedingten Abhängigkeit von der Sinnlichkeit, zu weisen. Dabei avanciert *imaginatio* zur zentralen, doch janusköpfigen Instanz der Befreiung.

Die *idée* – als quasi schon korrumpierte, ‚gefallene' Form der Erkenntnis – umfasst bereits auf der Ebene der Sinneswahrnehmung für Condillac zweierlei: erstens die Wahrnehmung selbst, zweitens ein Bewusstsein von einer äußeren Entsprechung dieser *idée*. Welterschließung ist damit schon auf der Ebene der Wahrnehmung zeichenhaft; Zeichen sind für Condillac mithin nicht lediglich konstitutiv für

25 Vgl. Condillac 1970a, 12. Condillac wird dies in dem 1754 erschienen *Traité des sensations* auf die bekannte Formel der „sensation transformée“ bringen; vgl. Condillac 1970d, 39–40. Vgl. auch Condillac 1970g, 378–382.

26 Vgl. Condillac 1970a, 12; 27.

27 Condillac 1970a, 11.

28 Vgl. Condillac 1970a, 16.

29 Vgl. Condillac 1970a, 23.

30 Vgl. bes. Condillac 1970a, 21–22, wo diese Quelle des Irrtums (*erreur* respektive *obscurité*) dem *jugement* zugeschrieben ist.

31 Vgl. Condillac 1970a, 18.

32 Vgl. Condillac 1970a, 127–128.

33 Condillac 1970a, 159.

34 Condillac 1970a, 161.

das Denken, Denken *ist* vielmehr seinem Wesen nach Zeichenverwendung[35]. Dies aber bedeutet, dass das Denken bereits auf der basalen Ebene der Sinneswahrnehmung die Konstitution eines ‚Außen' meint, in dem das ‚Innen' immer schon mitgedacht ist. So sind Selbst- und Weltbezug im Modell Condillacs unwiderruflich aufeinander verwiesen: „[N]ous ne saurions rien apercevoir en nous que nous ne le regardions comme à nous, comme appartenant à notre être, ou comme étant notre être de telle ou telle façon […]“[36]. Selbstbewusstsein konstituiert sich als ein an die Perzeption des Gegenstandes gebundenes Fühlen[37]; Denken ist eine Prozessierung von Repräsentationen, aus der Selbst- und Weltbewusstsein gleichermaßen hervorgehen. Ähnlich wie für Pascal ergibt sich auch für Condillac der Befund einer bewusstseinskonstitutiven Funktion der Zeit, die, verdinglicht zur *liaison des idées*, für eine Kontinuität steht, die in Pascals negativer Anthropologie allerdings kein Korrelat findet:

> Il est évident que si la liaison qui est entre les perceptions que j'éprouve actuellement, celles que j'éprouvai hier, et le sentiment de mon être, était détruite, je ne saurais reconnaître que ce qui m'est arrivé hier soit arrivé à moi-même. Si à chaque nuit cette liaison était interrompue, je commencerais pour ainsi dire chaque jour une nouvelle vie, et personne ne pourrait me convaincre que le *moi* d'aujourd'hui fût le *moi* de la veille[38].

35 Condillac selbst führt dieses Argument ein, um den Unterschied von Mensch und Tier zu begründen; ein als Reflexion auf den Zeichencharakter der Perzeption verstandenes Bewusstsein zeichnet demnach den Menschen gegenüber dem Tier aus: „[L]es idées et les notions ne peuvent appartenir qu'aux êtres qui sont capables de réflexion. Quant aux autres, tels que les bêtes, ils n'ont que des sensations et des perceptions : ce qui n'est pour eux qu'une perception devient idée à notre égard, par la réflexion que nous faisons que cette perception représente quelque chose“ (Condillac 1970a, 127–128). – Die semiotische Fundierung der Erkenntnis gilt heute als bedeutender, wenn nicht bedeutendster Beitrag Condillacs zu den erkenntnistheoretischen Reflexionen der Aufklärung. Auf diesen zentralen Aspekt des Werks Condillacs kann an dieser Stelle nicht eingegangen werden; vgl. Aarsleff 1982, 146; 161; Harris/Taylor 1989, 121; Ricken 2000, 172; Auroux 1981, II; Zollna 1990, 24–25. Auf die Frage nach einer Vorläuferschaft Leibniz' und Wolffs, die beide die konstitutive Rolle der Sprache für das Denken hervorheben, kann hier nur hingewiesen werden. Bezüge zu Wolffs *Psychologia empirica* und *Psychologia rationalis* untersuchen Rousseau 1986, 117–127; Paganini 1988; Ricken 2000, 179–181.

36 Condillac 1970a, 159; vgl. die ausführliche Begründung Condillac 1970a, 28–34 und bes. 36.

37 Vgl. Condillac 1970a, 38.

38 Condillac 1970a, 38. Vgl. weiterhin ibd.: „[N]on-seulement la conscience nous donne connaissance de nos perceptions, mais encore, si elles se répètent, elle nous avertit souvent que nous les avons déjà eues, et nous les fait connaître comme étant à nous, où comme affectant, malgré leur variété et leur succession, un être qui est constamment le même *nous*. […] Sans elle, chaque moment de la vie nous paraît le premier de notre existence, et notre connaissance ne s'étendrait jamais au delà d'une première perception ; je la nommerai *réminiscence*“ (Condillac 1970a, 37–38).

Erst die *liaison des idées* stiftet Identität zwischen sich differentiell konstituierenden und darum von der Fragmentierung bedrohten Ich-Instanzen. Dass für Condillac Selbstbewusstsein nur als eine an die Perzeption des Gegenstands gebundene Differenzerfahrung denkbar ist, schreibt seinem Modell indes die Möglichkeit des Selbstverlustes ein: Gibt es jene „Seele“, die Condillac allenthalben aufruft, oder entsteht sie ihrerseits lediglich als nachträgliche, imaginative Substruktion von Sein? Diese Frage, die bereits im 18. Jahrhundert kritisch gestellt wurde[39], ließe sich *mutatis mutandis* an das gesamte Modell Condillacs herantragen. Ihre Antwort – zuungunsten der Seele – geht, vereinfachend gesagt, als Melancholie in die Bewusstseinstheorien der Jahrhundertwende ein.

Die Bestimmung der *imaginatio* als komponierendes und dekomponierendes Verfahren legt die Vermutung nahe, Denken sei für Condillac „eine bloß mechanische Operation der Umstellung, die wir an den sinnlichen Wahrnehmungen vollziehen“[40]. „[S]charf und bezeichnend“, meint Cassirer, trete die Konsequenz dieser Ansicht gerade im Bereich der Ästhetik hervor: „Auch die künstlerische Phantasie ist kein eigentümliches und schöpferisches Prinzip, sondern lediglich eine besondere Anwendung des allgemeinen logischen Verfahrens der ‚Analyse‘“[41]. Dieser Bestimmung der Imagination steht allerdings die von Condillac explizit eingeforderte Schaffung des Neuen – als einer Neukombination gegebener *idées* – entgegen[42]. Ein Blick in den *Essai* zeigt, dass das Konzept des ‚Neuen’

[39] Vgl. Ricken 1984, 114. Im *Traité des sensations* wird Condillac sich nachdrücklich gegen diese Lesart seiner Theorie wenden, die, wie Diderot vermerkt, diese in eine prekäre Nähe zu Berkeley stellt, einem „système extravagant qui ne pouvait, ce me semble, devoir sa naissance qu'à des aveugles“. „[I]l faudrait inviter l'auteur de l'*Essai* sur nos connaissances à examiner cet ouvrage [sc. de Berkeley] [...]. L'idéalisme mérite bien de lui être dénoncé ; et cette hypothèse a de quoi le piquer, moins encore par sa singularité que par la difficulté de la réfuter dans ses principes ; car ce sont précisément les mêmes que ceux de Berkeley“ (Diderot 1951, 836). Bereits 1710 hat Berkeley darauf hingewiesen, dass das Ich als Grund seiner Vorstellungen reflexiv uneinholbar ist: „A Spirit is one simple, undivided, active being: as it perceives ideas, it is called the *understanding*, and as it produces or otherwise operates about them, it is called the will. Hence there can be no idea formed of a soul or spirit: for all ideas whatever, being passive and inert [...], they cannot represent unto us, by way of image or likeness, that which acts. A little attention will make it plain to anyone, that to have an idea which shall be like that active principle of motion and change of ideas, is absolutely impossible. Such is the nature of spirit or that which acts, that it cannot be of itself perceived, but only by the effects which it produceth“ (*A Treatise Concerning the Principles of Human Knowledge*, § 27, in: Berkeley 1996, 35; vgl. Schmitt 2002, 38).

[40] Cassirer 1999, 473.

[41] Cassirer 1999, 473.

[42] Vgl. bes. im Kontext der Bestimmung der Einbildungskraft als kombinatorisches Vermögen: „Nous ne créons pas proprement des idées, nous ne faisons que combiner par des compositions et des décompositions, celles que nous recevons par les sens. L'invention consiste à

Condillacs Modell der kompositorischen und dekompositorischen Ideengestaltung in der Tat überfordert: Es geht aus den Verfahren der *composition* und der *décomposition* zwar hervor, doch *nicht* in ihnen auf[43]. Darum dementiert es den Exklusivitätsanspruch der beiden es konstituierenden Operationen: Es fordert Differenz, wo allein Identität als Garant der Wahrheit erwogen ist, und Identität, wo allein Differenz die Neuheit des Neuen sichert[44]. Besonders deutlich wird dies in den Betrachtungen über das *génie*, denjenigen Menschen also, der aufgrund seiner besonderen Begabung, Analogien zu erkennen, *par excellence* das Neue realisiert:

> Il [sc. le génie] envisage des choses sous des points de vue qui ne sont qu'à lui, donne naissance à une science nouvelle, ou se fraie, dans celles qu'on cultive, une route à des vérités auxquelles on n'espérait pas de pouvoir arriver. Il répand sur celles qu'on connaissait avant lui, une clarté et une facilité dont on ne les jugeait pas susceptibles[45].

Das *génie* ist Ort der Interferenz der beiden Systeme, die in Condillacs Modell zu unvermittelter Simultaneität gelangen: Genialität ist eine Fähigkeit zur Auffindung des Neuen, doch *zugleich* zur individuellen Perspektivierung des bereits Gegebenen[46]. In der genialen Schöpfung realisiert sich eine ideale Konvergenz von Rezeptivität und Spontaneität, von Wahrheitsfindung und kreativer Produktivität; eine Konvergenz im Nichtidentischen jedoch, die Condillacs Modell gerade *nicht* vorsieht.

Der Versuch einer Verortung des *génie* legt von dieser Ambivalenz Zeugnis ab. Zeichnet sich das *génie* per definitionem durch seine Exzentrik aus, so wird ihm zugleich eine ideale Mittelposition zwischen einer überbordenden Imagination und dem Fehlen derselben zugesprochen[47]. In ihm stellt sich ein fragiles Gleichgewicht

savoir faire des combinaisons neuves" (Condillac 1970a, 108). – Eine Neubildung von Ideen (so Ricken 1984, 102) erwägt Condillac im *Essai* hingegen nicht.

43 Vgl. zur Unmöglichkeit des ‚Neuen' in Condillacs Modell Derrida 1990, 49–50.

44 Vgl. zum Denken der Identität bei Condillac Derrida 1990.

45 Condillac 1970a, 109.

46 Gerade darin konvergiert Condillacs Fassung des „Neuen" mit jener Baudelaires: „L'enfant voit tout en *nouveauté*", schreibt dieser in *Le peintre de la vie moderne*, um an diese Fassung des Neuen als Perspektivierung des schon Gegebenen seine Version des Geniebegriffs anzuknüpfen: „[L]e génie n'est que l'*enfance retrouvée* à volonté, l'enfance douée maintenant, pour s'exprimer, d'organes virils et de l'esprit analytique qui lui permet d'ordonner la somme de matériaux involontairement amassée" (CE 462). – Vgl. zum Konzept des Genies bei Condillac Derrida 1990, 39–59.

47 Diesen Typus der Positionierung des außergewöhnlichen Menschen hat M. Wagner-Egelhaaf in ihrer Studie zur Melancholie beschrieben: „Das Ideal der Melancholie, das der hervorragenden Männer, ist [...] sowohl exzentrisch wie in einer Mittelposition [...]. Das auffallendste Merkmal der pseudo-aristotelischen Melancholiekonstruktion ist ihre doppelte Ordnungsfunktion, die sie selbst als Element eines Ordnungssystems, der Viersäftelehre, auszeichnet

zwischen der exzessiven Bilderflut, die die entfesselte Imagination eines *fou* hervorbringt, und der Unfähigkeit zur Reflexion, die den der Imagination beraubten *imbecile* kennzeichnet, ein:

> Entre ces deux excès [sc. du trop ou du trop peu d'imagination] on pourrait supposer un milieu, où le trop d'imagination et de mémoire ne nuirait pas à la solidité de l'esprit, et où le trop peu ne nuirait pas à ses agrémens : peut-être ce milieu est-il si difficile que les plus grands génies ne s'y sont encore trouvés qu'à peu près[48].

Im Begriff des *génie* sind *trop* und *trop peu* gleichermaßen mitgeführt: sie bezeichnen einen Ort des Ausgleichs der Extreme, an dem die chaotische Produktivität von *imagination* und *mémoire* in idealer Weise in Ordnung überführt werden kann, um solchermaßen dem Neuen Raum zu geben. Es ist bezeichnend für Condillacs *Essai*, dass dieser Ort, der zugleich die Grenze der oppositiv gesetzten Pole des „trop" und des „trop peu" markiert, zwar benannt, doch als unerreichbar ausgewiesen wird[49]. Er wäre vor dem Hintergrund eines Denkens, dessen Ordnungsprinzip dezidiert dichotomisch ist, undenkbar: als atopischer Ort eines paradoxen ‚Sowohl – als auch' oder eines ‚Weder – noch' der Opposita, oder auch: als Ort einer Konvergenz von Identität und Differenz. Condillacs Modell fordert dennoch dieses Undenkbare ein: als Modus, der es erlaubt, aus der Dynamik der Imagination die Triebkraft für eine gelenkte Prozessualität zu gewinnen, welche zugleich die treibende Kraft der reflexiven Bewegung der *pensée* bildete. Dieser paradoxe Ort markiert die zentrale Leerstelle des *Essai*, deren Supplementierung – und zwar zuungunsten der Differenz – zum dominanten Strukturmoment des Werkes wird. Sie betrifft nicht allein die Rückbindung des Neuen an das Analogieprinzip, sondern auch die Rückführung der Imagination auf das Prinzip der *liaison des idées* und die Tendenz zur Reduktion der reflexiven Selbstkonstitution auf einen vorgängigen, wenn auch unerreichbaren Wesenskern. Die Denkfigur, die diesen Substitutionen zugrunde liegt, führt das energetische Prinzip auf sein materielles Korrelat zurück und sichert so das Konstruktiv-Schöpferische durch die Rückbindung an das bereits Gegebene gegen den Verdacht einer allein imaginati-

und zudem eine anfällige, weil dauernd vom Chaos bedrohte Balance als ‚melancholisch' vorstellt" (Wagner-Egelhaaf 1997, 40).

48 Condillac 1970a, 54.

49 Vgl. auch die Parallelstelle im *Traité des systèmes*, in dem die *analise* als Antagonistin der *imagination* figuriert, die Koinzidenz beider Vermögen aber eine Leerstelle bleibt: „L'imagination doit fournir au philosophe des agrémens, sans rien ôter à la justesse ; et l'analise donner de la justesse au poëte, sans rien ôter à l'agrément. Un homme où ces deux opérations seraient d'accord, pourrait réunir les talents les plus opposés [...]. Il faudrait être dans ce milieu pour montrer sa place à chaque homme. Ne nous attendons pas à avoir jamais un juge si éclairé : quand nous l'aurions, serions-nous capables de le reconnaître ?" (Condillac 1970b, 282–283).

ven Fundiertheit ab. Dies führt zu der Paradoxie, dass das Neue das immer schon Gewusste, das Unbekannte das immer schon Gekannte ist, wie die späte Schrift *La langue des calculs* erläutert:

> Rappelons-nous que nous ne pouvons aller que du connu à l'inconnu. Or, comment pouvons-nous aller de l'un à l'autre ? C'est que l'inconnu se trouve dans le connu, et il n'y est que parce qu'il est la même chose. Nous ne pouvons donc passer de ce que nous savons à ce que nous ne savons pas, que parce que ce que nous ne savons pas est la même chose que ce que nous savons[50].

Und im Fortgang:

> [...] On ne fait donc, dans la langue des calculs, que des propositions identiques, et par conséquent frivoles, objectera-t-on peut-être. [...] il est évident que nous ne pouvons faire que des propositions identiques, lorsque nous passons de ce que nous savons à ce que nous ne savons pas. Cependant, pour être identique, une proposition n'est pas frivole[51].

Wahrheit *und* Neues: beides zugleich ist nur um den Preis der Paradoxie eines im Gegebenen je schon vorhandenen Neuen zu haben. Die innere Spannung, die dieses Modell durchzieht, ist die treibende Kraft für immer neue Versuche, sie in Richtung auf die reine Identität zu reduzieren; ein Verfahren, das allerdings seinerseits in die *frivolité* eines ‚leeren' Geredes zu münden droht.

Frivolité ist der Schlüsselbegriff, auf den hin Derridas Lektüre des *Essai* zielt. Das oben angeführte Zitat aus *La langue des calculs* motiviert seine Verwendung dieses Begriffs. Condillac führt aus:

> *Six est six* est une proposition tout à la fois identique et frivole. Mais remarquez que l'identité est en même temps dans les termes et dans les idées. Or ce n'est pas l'identité dans les idées qui fait le frivole, c'est l'identité dans les termes. En effet, on ne peut jamais avoir besoin de faire cette proposition, *six est six* ; elle ne menerait à rien ; et la frivolité, comme on peut avoir eu occasion de le remarquer, consiste à parler pour parler, sans objet, sans but, sans rien à dire.
>
> Il n'en est pas de même de cette autre proposition, *trois et trois font six*. Elle est la somme d'une addition. On peut donc avoir besoin de la faire, et elle n'est pas frivole, parce que l'identité est uniquement dans les idées[52].

Frivolité, so erläutert Derrida, meint das Ausscheren des Signifikanten aus der über das Zusammenspiel von Identitäten und Differenzen organisierten symbolischen Ordnung; sie meint die Gefahr des überschüssigen, seiner Signifikanz beraubten Signifikanten[53]. Sie bezeichnet ein Denken der Abweichung, der Andersheit; ein aus

50 Condillac 1970h, 44–45.
51 Condillac 1970h, 46.
52 Condillac 1970h, 46–47.
53 Vgl. Derrida 1990, 122.

der Rückwendung des Signifikanten auf sich selbst resultierendes „parler pour parler“[54]. Damit markiert sie *auch* – in der charakteristischen Ambivalenz, die für die Imagination, das Neue und das *génie* herausgestellt wurde – die Grenzen dieser Ordnung: die ursprüngliche Differenz als primäre Abwesenheit von Sein, die in sinnkonstitutiver Bewegung symbolisch zu supplementieren ist[55]. Sie ist, kurzum, Chiffre der *différance*.

Die Spur der *différance*, die Derridas dekonstruktivistische Lektüre in Condillacs *Essai* ausmacht, führt ihn zurück auf eine letzte Metamorphose des differentiellen Prinzips im Werk Condillacs. Der *besoin* als Gegenbegriff zur *frivolité* im oben angeführten Zitat bezeugt eine ursprüngliche Bedürfnisstruktur, die Condillac als Impuls für die Herausbildung des Bewusstseins diesem auf einer präsemiotischen Ebene zugrunde legt[56]. Ausführlich widmet sich der *Traité des sensations* (1754) diesem der *raison* entzogenen, sie generierenden Bereich; Vorbild für die Überlegungen ist einmal mehr Locke, der eine „inquiétude causée par la privation d'un objet“[57] (*uneasiness*[58]) als ersten Impuls für die Entwicklung der Seelenvermögen angenommen hatte. Condillac will das ungerichtete Bedürfnis (*besoin*) vom Begehren (*désir*) unterschieden wissen. So schreibt er in der *Grammaire* aus dem *Cours d'études* (1775):

> LE DÉSIR
> La privation d'une chose que vous jugez vous être nécessaire, produit en vous un malaise ou une inquiétude, en sorte que vous souffrez plus ou moins : c'est ce qu'on nomme *besoin*.
> Le malaise détermine vos yeux, votre toucher, tous vos sens, sur l'objet dont vous êtes privé. Il détermine encore votre âme à s'occuper de toutes les idées qu'elle a de cet objet, et du plaisir qu'elle pourrait en recevoir. Il détermine donc l'action de toutes les facultés du corps et de l'âme.
> Cette détermination des facultés sur l'objet dont on est privé, est ce qu'on appelle *désir*. Le désir n'est donc que la direction des facultés de l'âme, si l'objet est absent ; et il enveloppe encore la direction des facultés du corps, si l'objet est présent[59].

Das Begehren meint den Objektbezug eines per se ungerichteten Bedürfnisses. Sein Wirken erläutert Condillac im *Traité des sensations*:

> Que faisons-nous en effet lorsque nous désirons ? Nous jugeons que la jouissance d'un bien nous est nécessaire. Aussitôt notre réflexion s'en occupe uniquement. S'il est présent, nous fixons les yeux sur lui, nous tendons les bras pour le saisir. S'il est absent, l'imagination le retrace, et peint vivement le plaisir d'en jouir. Le désir n'est donc que l'action des mêmes

[54] Derrida 1990, 138.
[55] Vgl. Derrida 1990, 100.
[56] Vgl. Derrida 1990, 95; 140–144.
[57] Condillac 1970c, 8.
[58] Vgl. Locke 1963, 254–262 (Bd. II, Kap. 21, §§ 30–41).
[59] Condillac 1970g, 319.

> facultés qu'on attribue à l'entendement, et qui étant déterminée vers un objet par l'inquiétude que cause sa privation, y détermine aussi l'action des facultés du corps. Or du désir naissent les passions, l'amour, la haine, l'espérance, la crainte, la volonté. Tout cela n'est donc encore que la sensation transformée[60].

Die Thematik des Begehrens ist eingespannt in die Thematik der Repräsentation. In Abwesenheit des Gegenstands vollzieht die Imagination – an anderer Stelle wird das Gedächtnis (*mémoire*) in dieser Funktion genannt[61] – dessen Supplementierung durch die Repräsentation des Abwesenden, verleiht mithin dem Denken „objet" und „but", die der „frivolen" Rede fehlen[62]. Von Interesse ist hier die Fundierung des ***désir*** im ***besoin*** : Ohne ***besoin*** fehlte dem ***désir*** seine Möglichkeitsbedingung. Doch der ***besoin*** selbst, und damit schließt Derridas dekonstruktiver Zirkel, ist auf den ***désir*** angewiesen. Denn es gibt einen ***besoin de désirer***:

> il n'est plus possible de combler tous nos désirs : au contraire, en nous donnant la jouissance de tous les objets auxquels ils nous portent, on nous mettrait dans l'impuissance de satisfaire au plus pressant de tous nos besoins, celui de désirer. On enleverait à notre âme cette activité qui lui est devenue nécessaire ; il ne nous resterait qu'un vide accablant, un ennui de tout et de nous-mêmes.
> Désirer est donc le plus pressant de tous nos besoins : aussi à peine un désir est satisfait, que nous en formons un autre [...]. Ainsi nos passions se renouvellent, se succèdent, se multiplient, et nous ne vivons plus que pour désirer et qu'autant que nous désirons[63].

Repräsentation setzt für Condillac ein Begehren voraus, in dem sie als welt- und bewusstseinskonstitutive Vergegenwärtigung eines Mangels fundiert ist. Dieses Begehren ist freilich selbst phantasmatisch konstituiert. An den Grenzen der symbolischen Ordnungen des Denkens ist der Blick freigegeben auf ein Imaginäres, das die Dynamik des Begehrens erst ermöglicht: „à peine un désir est satisfait, que nous en formons un autre".

60 Condillac 1970c, 17.

61 Vgl. Condillac 1970c, 16.

62 Allerdings, und auch dieser Ambivalenz werden sich die Theorien der Folgezeit annehmen, ist schon in den Ausführungen zum gegenwärtigen Objekt die Problematik der Repräsentation mitgeführt. Nicht zufällig nämlich folgt in Gegenwart des begehrten Objekts auf die Fixierung mittels des Blicks der Versuch, es zu ergreifen. Der *Traité des sensations* ist ein in Auseinandersetzung mit Berkeley unternommener Versuch, den Erwerb von Gegenstandsgewissheit unter den Prämissen des Sensualismus plausibel zu machen; der Tastsinn wird dabei als jener Sinn angeführt, der im gefühlten Widerstand (*obstacle*) die gegenständliche Welt als solche – und nicht als Setzung – erfahrbar macht. Spricht Condillac also von der Fixierung und dem Versuch, das Objekt zu ergreifen, so insinuieren seine Ausführungen im Kontext des *Traité* einen drohenden Objektverlust auch schon im gegenwärtigen Objekt, dessen Präsenz als eines von den Bildern des Bewusstseins distinkten Anderen der Vergewisserung bedarf.

63 Condillac 1970e, 446–447.

Das Ende des Begehrens ist der *ennui*. Er zieht die Aufmerksamkeit ab von der in den Perzeptionen gegebenen gegenständlichen Welt und verweist das Ich auf eine Innerlichkeit, die allerdings mit dem Weltverlust zugleich ihrer Möglichkeitsbedingung beraubt ist: Das Ausscheren aus der Ordnung der Zeit führt nicht in eine zeitenthobene *éternité* oder eine nicht weniger zeitenthobene *ratio*, sondern in die Leere des Selbstverlusts. Wenn der *désir* auf das abwesende Objekt verweist, so verweist *ennui*, Verlust des Verlustes, gerade *nicht* mehr. In ihm gelangt die Repräsentation an ihre Grenze, öffnet sich auf die Bodenlosigkeit eines „vide accablant": *Ennui* repräsentiert allein die Aporien seiner eigenen Konstitution, markiert Negativität an dem Ort, an dem Position und Negation als Begehren und Verweigerung von Repräsentation konvergieren.

Mit seiner Theorie der Entstehung der Repräsentation aus einem ursprünglichen *besoin* stellt Condillac eine subjektive Beigabe zur Konstitution des Zeichens in den Vordergrund[64]. Das Zeichen repräsentiert auch für Condillac – doch nicht eine zeitenthobene *ratio*, sondern einen Bewusstseinsinhalt, der in letzter Instanz auf ein der Repräsentation entzogenes, diese fundierendes Begehren verweist. Damit ist das Transparenzideal allerdings nicht schon verabschiedet. „[R]ien n'êmpêche d'allier l'exactitude avec la force", ermahnt Condillac seinen Schüler im *Traité de l'art d'écrire*[65]: *force* und *clarté* treten bei ihm in einen in den zeichentheoretischen Reflexionen in Frankreich offenbar bislang nicht explizierten systematischen Zusammenhang[66]. So gehen klassische Transparenz und eine ‚romantisch' anmutende Valorisierung einer subjektiven Innerlichkeit bei Condillac eine nicht eben stabile Verbindung ein:

> notre corps tient malgre [sic] nous un langage qui manifeste jusqu'à nos pensées les plus secrètes. Or ce langage est l'étude du peintre : car ce serait peu de former des traits réguliers. En effet que m'importe de voir dans un tableau une figure muette : j'y veux une âme qui parle à mon âme[67].

Sprache bleibt für Condillac ein auf die Ordnung der Dinge transparentes Zeichensystem, das *auch* imstande ist, die imaginative Performanz reibungsfrei zu repräsentieren. Wenn nun *imaginatio* einerseits eine sinnkonstituierende Tiefenmacht ist, andererseits aber durch das transparente Zeichen repräsentierbar sein soll, so treten Oberflächenstruktur und Tiefendimension der Repräsentationen in ein

64 Vgl. Ricken 1964, 560.

65 Condillac 1970f, 394.

66 „Condillacs Erklärung des Denkens als sensation transformée hebt die Widersprüche auf, in denen der rationalistische Dualismus von Geist und Materie seinen Ausdruck auf grammatischer Ebene gefunden hat: Den unvermittelten Gegensatz des Rationalen und des Emotionalen, den Widerspruch zwischen der aus logischen Prämissen gefolgerten sprachlichen Norm und der sprachlichen Wirklichkeit" (Ricken 1964, 563–564).

67 Condillac 1970f, 391.

Spannungsverhältnis, ohne dass dieses aber bereits argumentativ erschlossen würde. So zeichnet sich in Condillacs Werk eine neue Konzeptualisierung der *imaginatio* ab, die sich freilich nicht gegen den herrschenden Diskurs der Repräsentation behaupten kann. Die Widersprüche in Condillacs Entwurf bezeugen diese ambivalente Situierung an der Schnittstelle zwischen ‚klassischer' Repräsentation und ‚moderner' Tiefendimensionalität: Die Ortlosigkeit des Neuen, der prekäre Status des Subjekts, die ungelöste Frage nach dem Ursprung des Begehrens lässt die Destabilisierung der klassischen Episteme, doch auch das Fehlen eines tragfähigen Neuentwurfs sinnfällig werden.

Mit der neuen Form der *imaginatio* bringt Condillac zudem einen neuen Subjektivitätstypus ins Spiel, der sich nicht, wie im cartesischen Paradigma, als Ausgrenzung des Selbst aus dem Weltzusammenhang konstituiert, sondern überhaupt erst durch den Bezug auf die Bilder der *imaginatio* zu einer Identität gelangt. Wenn Descartes die imaginative Bilderflut als tödliche Bedrohung des Subjekts entwirft, so wird bei Condillac gerade das bildhafte Denken zum Ort des Lebens – wenngleich er die Frage, wie ein solches Denken zu stabilen Selbstentwürfen führen kann, suspendiert.

Die theoretischen und literarischen Texte der Jahrhundertwende werden sich dieser bei Condillac offen gebliebenen Frage annehmen. Sie erschließen dem neuen Subjektivitätstypus, der sich in Condillacs Werk abzeichnet, eine eigene Semantik. Zur Reflexion gelangt dabei zunächst eine grundsätzliche Instabilität der in *imaginatio* fundierten Subjektivitätsentwürfe; darum bilden sich in diesen Texten Konzepte heraus, die zwar *imaginatio* einen überraschenden Spielraum zubilligen, dabei aber zugleich die Frage nach einem Regulativ akzentuieren, das der per se ungerichteten Bewegung der *imaginatio* die Intentionalität verleiht, welche für die Konstituierung stabiler subjektiver Selbstentwürfe nötig scheint. Es entwickeln sich Positionen, die die im *âge classique* fixierte Dualisierung von *imagination active* und *imagination passive* – von autonomer und vernunftgelenkter *imaginatio* – fortführen, diese aber in den Dienst subjektiver Selbstthematisierung stellen.

5 Wie der Norden in den Süden kam[1]. Imaginationskonzepte um die Jahrhundertwende

Condillacs *Essai* gilt den Theoretikern der Imagination um die Jahrhundertwende als kardinaler Referent. Sein Erkenntnismodell ist „à la mode"[2], sein Einfluss auf die Theorien dieser Zeit – gerade auch auf diejenigen, die sich in kritischer Abgrenzung entwerfen – ist beträchtlich. Im Zuge der vielbeschworenen anthropologischen Wende tritt nun aber die im *Essai* nur in Ansätzen entwickelte Theorie des Begehrens gegenüber traditionellen vermögenspsychologischen Erwägungen in den Vordergrund. Die Gültigkeit des Konzepts eines über ein Spiel der Relate sich konstituierenden Bewusstseins ist ungebrochen, wird nun jedoch auf die bei Condillac nicht letztgültig beantwortete Frage nach dessen generativem Prinzip perspektiviert. Dabei gewinnt gerade *imaginatio* als bewusstseinskonstitutive Kraft an Prägnanz.

Obwohl die Imaginationskonzepte in Frankreich um die Jahrhundertwende gegenüber der Aufklärung in den Diskussionsfeldern der Physiologie, der Erkenntnistheorie und der Ästhetik eine inhaltliche Ausdifferenzierung erfahren, können sich die entstehenden Entwürfe an theoretischer Tiefenschärfe nicht an zeitgleich in Deutschland und England entwickelten Modellen messen[3]. Die Gründe dafür, dass in Frankreich keine richtungweisenden Imaginationskonzepte entwickelt wurden, sind schwer zu ermitteln. Offenbar bieten die aufklärerischen Entwürfe zwar ausreichend Reibungsfläche für die Erarbeitung alternativer Ansätze; doch schließen sich diese nicht zu einem kohärenten Modell zusammen, das in der Lage wäre, die divergierenden Perspektiven schlüssig aufeinander zu beziehen. Weniger noch als in den vorangehenden Kapiteln kann es deshalb darum gehen, historisch verbindlich gewordene Modelle aufzusuchen, um aus deren Setzungen einen Horizont für die nachfolgenden Reflexionen zu gewinnen. Vielmehr soll aus der Fülle der zur Einbildungskraft entworfenen Positionen ein Beispiel herausgegriffen werden. An ihm sollen Brüche und Verschiebungen kenntlich gemacht werden, die in der ‚Sattelzeit', im historischen Kontext des Bruchs mit der Episteme der Repräsentation, das Konzept der Einbildungskraft betreffen. Paradigmatisch ist diese Position mit-

1 Der Anklang an den Titel des Buchs von F. Gewecke ist hier nicht ganz unbeabsichtigt; vgl. Gewecke 1986.

2 Auroux/Kaltz 1986, 17.

3 Zu erwähnen sind zumindest die Entwürfe Kants, Humboldts, Schellings und Coleridges; vgl. zu den Letztgenannten Engell 1981, 301–366, zu Coleridge auch Iser 1993, 316–331; zu Kant Barck 1993, 61–72; zu Humboldt Müller-Vollmer 1967. Einen Vergleich deutscher und französischer Imaginationskonzepte um die Jahrhundertwende bietet Zollna 1990, 29.

hin weniger darin, *wie* sie auf die ungelösten Probleme der Aufklärung reagiert, als vielmehr, *dass* sie auf diese Probleme reagiert.

5.1 Das Spiegelspiel der *imaginatio*. Jacob Heinrich Meister, *Lettres sur l'imagination*

Die hier gewählte Schrift, Jacques Henri Meisters 1794 publizierte *Lettres sur l'imagination*, gehört zu den ersten eigenständigen Veröffentlichungen zu *imaginatio* in französischer Sprache[4]. Sie war offenbar, trotz dreier Ausgaben innerhalb von fünf Jahren, wenig wirkmächtig. Die geringe Resonanz ist, so R. Behrens, in dem problematischen epistemologischen Status des Textes begründet: Dieser artikuliere ein „diffuses [...] Unbehagen“ an der „als mechanistisch empfundene[n] ‚Seelenzergliederung‘ spätaufklärerischer Protopsychologien“[5], ohne dieses Unbehagen allerdings in einen alternativen Entwurf einbinden zu können – oder auch zu wollen, dies sei dahingestellt[6]. Damit sind auch Anknüpfungsmöglichkeiten für romantische Theoriebildungen erschwert, wenn nicht verunmöglicht; so spricht Behrens Meisters *Lettres* denn auch einen eher „symptomatischen Wert“[7] als eine modellbildende Funktion zu[8].

Obwohl die Schrift sich auf vorgängige Theorien beruft, erhebt sie durchaus selbstbewusst Anspruch auf eine Originalität, die sich gerade dann geltend macht, wenn der Autor sich in die Traditionslinie des Imaginationsdiskurses einschreibt. So heißt es bezüglich der Frage nach der *génération des idées*: „[A]près avoir rêvé là-dessus ce qu'Aristote et Lucrèce, Leibnitz et Bacon, Condillac et Diderot ont rêvé la-dessus de plus profond, de plus ingénieux, j'ai désespéré de trouver jamais

4 J. H. Meister, *Lettres sur l'imagination*, Londres 1799 [zuerst erschienen Zürich 1794]; im Folgenden wird aus der Ausgabe London 1799 zitiert. Vgl. zu Meisters Theorie in anthropologischem Kontext Behrens 2002c, 150 und – mit Blick auf die in ihr sich artikulierende Ästhetik – Moog-Grünewald 1989b, 100–126.

5 Behrens 2002c, 150.

6 Behrens sieht in dem diffus-tentativen und digressiven Stil des Werks einen Versuch, die „unendlich plurifunktionellen und vielgestaltigen Erscheinungsweisen“ der *imaginatio* in Abkehr von spätaufklärerischen Systematisierungsversuchen in eine ihr angemessene Darstellungsform zu bringen; vgl. Behrens 2002c, 156. Er stellt Meisters erweitertes Imaginationskonzept in den Kontext der Theorien zum „sens intime“, der sich als „unorthodoxer dritter Weg introspektiver Selbstvergewisserung“ neben cartesischen und sensualistischen Erkenntnislehren in der Aufklärung herausgebildet habe. Die Theorie des *sens intime* zeichnet sich gegenüber der rationalistischen und der sensualistischen Alternative offenbar dadurch aus, dass in ihm – als einem ‚sechsten Sinn‘ – explizit die Möglichkeit holistischer Wahrnehmung bedacht ist (vgl. Behrens 2002c, 159–161).

7 Behrens 2002c, 150.

8 Vgl. Behrens 2002c, 151–152.

quelque explication qui pût nous satisfaire"[9]. Der Hinweis auf die onirisch-imaginative Verfasstheit der Theorien der *imaginatio* – und damit auf die Relativität des eigenen wie auch aller vorangegangenen Entwürfe – markiert den genuinen Beitrag dieser Schrift zum französischen Imaginationsdiskurs. „We are such stuff / As dreams are made on"[10]: Das dem dritten Brief vorangestellte Shakespeare-Zitat ließe sich dem gesamten Text als Leitmotiv zuordnen. Denn als ein lebensorganisierendes Prinzip will Meister *imaginatio* in den Blick nehmen[11], als eine der Erkenntnis und dem Willen vorausliegende Kraft, die es – wie Meister in diffusem Rückgriff auf Pascal erläutert – dem Menschen erlaubt, in temporären Sinnentwürfen die eigenen existentiellen Möglichkeiten zu erschließen:

> C'est elle [sc. l'imagination] qui, lui [sc. à l'homme] montrant toujours le but au-delà du terme que ses derniers efforts ont atteint, prolonge sans cesse la durée de sa carrière, et l'entretient, pour ainsi dire, dans le mouvement d'une attente ou inquiétude perpétuelle. Les intervalles de sommeil ou de repos qu'elle lui laisse, (et parmi ces intervalles, je compte aussi les tems de langueur, de dégoût, d'ennui,) ne semblent destinés qu'à réparer ses forces, à les raviver, à leur donner tantôt un nouvel élan, et tantôt une direction nouvelle. Je ne déciderai donc point si l'imagination est de toutes les facultés celle qui contribue le plus à nous rendre heureux ou malheureux ; mais je ne puis douter qu'elle ne hâte, plus qu'aucune autre, le développement de toutes nos forces, qu'elle ne multiplie dans un degré très-étonnant la première somme d'existence que nous tenons de la nature, et ne serve qu'à remplir ainsi la plus haute opinion que nous puissions nous former de notre destinée[12].

Entschiedener als Condillac entwirft Meister *imaginatio* als eine Existenzialie ersten Ranges. Erst durch sie kann sich das Subjekt zu sich selbst und zur Welt in Beziehung setzen; dabei avanciert *imaginatio* zur „force" respektive zum „principe" nicht allein der Erkenntnis und damit des menschlichen Handelns, sondern auch des Willens, dem Meister Priorität gegenüber dem Denken einräumt[13]. „Toute notre existence morale n'est qu'une succession continuelle de sensations et de souvenirs, d'idées et d'impressions"[14]: Als Prinzip einer performativen Subjektkonstitution tritt *imaginatio* aus ihrer traditionellen Bezogenheit auf *ratio* heraus, um, wie

9 Meister 1799, 32–33.

10 Meister 1799, 25.

11 Vgl. Meister 1799, 18, und ibd., 46–47: „S'il existe dans notre être une puissance morale, dont l'action habituelle commence dès le berceau, s'accroisse à mesure que nos facultés se développent, et se propage insensiblement jusqu'au dernier terme de notre existence, c'est celle qui résulte de l'association naturelle des idées. Or, cette association est presque en entier l'œuvre de notre imagination, œuvre qui se consomme le plus souvent dans l'obscurité la plus mystérieuse [...]".

12 Meister 1799, 186.

13 „[L]a force, [...] la faculté, [le] principe (donnez-lui le nom que vous voudrez) qui compare plusieurs sensations différentes, les combine, en produit de nouvelles, et nous fait jouir de la puissance merveilleuse de choisir et de vouloir" (Meister 1799, 34–35).

14 Meister 1799, 94.

R. Behrens prägnant formuliert, zur „Steuerungsinstanz aller mentalen Prozesse“[15] erhoben zu werden.

Doch *imaginatio* löst sich nicht allein aus der Hierarchie der Seelenvermögen; sie erscheint zudem als ein die Welt durchwirkendes, überindividuelles Prinzip der Gestaltung, welches zum Fundierungsgrund subjektiver Projektionen avanciert:

> Si l'espace qu'elle veut embrasser n'est jamais assez vaste à son gré, c'est elle-même qui se charge de l'étendre ou de le créer. Tout ce que la magie de ses miroirs nous fait découvrir d'objets intéressans dans le cercle le plus borné, prête à ce même cercle une étendue infinie[16].

In den *Lettres* ist die Denkfigur einer imaginativen Überschreitung der *imaginatio*[17] paradigmatisch entworfen. *Imaginatio* ist sowohl subjekt- als auch objektseitig verortet und tritt als bewusstseins- wie auch weltkonstitutives Prinzip auf den Plan. Dabei lässt die unendliche Spiegelung ihrer Bilder – erneut erinnern die Formulierungen an Pascal, dessen Überlegungen über eine in den Bildern der *imaginatio* erfahrbar werdende Transzendenz sie zu bildhafter Anschaulichkeit bringen – in den Grenzen des Gegebenen ein Absolutes erahnbar werden: Entzweiende Reflexion und ein dem Spiel der Relate entzogenes *infini* durchdringen einander im Spiegelspiel der *imaginatio*. Eben darum aber meint *imaginatio* nicht allein eine imaginative Evokation des Abwesenden und dessen Kombination, sondern zugleich einen performativen Ausgriff auf das noch nicht Gewusste, das Ungeklärte, das im Denken dennoch in paradoxer Weise präsent ist. Wo Condillac sich in seinen Reflexionen auf das innovative Moment der *imaginatio* in unlösbare Schwierigkeiten verstrickt, da ist bei Meister von einer „idée vague et diffuse“ die Rede, die das Noch-nicht-Gewusste codiert:

> [L]'imagination ne se passionne vivement que pour ce qu'elle ne connoît pas encore. Il faut sans doute avoir quelque idée de ce que l'on désire ; mais plus l'idée est vague et confuse, plus elle laisse encore à deviner, plus elle offre de prise aux recherches, aux illusions, aux rêves créateurs de notre fantaisie, plus cette idée nous ravit, nous enchante, plus l'intérêt qu'elle nous inspire enflamme nos désirs. C'est par cette raison que l'âme humaine n'a point d'extase qui soit comparable au charme dont l'enivre l'amour de Dieu[18].

Als imaginatives Bild weckt das Noch-nicht-Gewusste ein Begehren nach dessen imaginativer Ausgestaltung. Dieses betrifft – hierin ist Meisters Entwurf nur folgerichtig – nicht allein die Wahrheitserkenntnis; „recherches“, „illusions“, „rêves créateurs de notre fantaisie“ – diese in den Figuren der *imagination active* und der *imagination passive* bislang geschiedenen Modi imaginativer Performanz fallen bei Meister zu einer einzigen schöpferischen Bewegung zusammen.

15 Behrens 2002c, 165.
16 Meister 1799, 187.
17 S.o., S. 30.
18 Meister 1799, 175–176.

Wenn damit das ‚moderne' Konzept einer schöpferischen *imaginatio* erreicht scheint, so bleibt dieses doch auf ein vorgängig Gegebenes bezogen, dessen *idée* überhaupt erst zum *rêve créateur* inspiriert. Repräsentation ist hier nicht schon verabschiedet. Die Schrift blendet lediglich die Frage aus, wie eine spontane Schöpferkraft mit den Ansprüchen der Repräsentation vermittelt werden kann[19]. So bündelt sich denn auch das Vage, Unerfasste und Diffuse zu *einer* zentralen Leerstelle des Bewusstseins, die als Figur des Göttlichen zum Telos der imaginativ-schöpferischen Dynamik wird: *Imaginatio* ruft als ein schlechthin unverfügbares performatives Prinzip der Wirklichkeitskonstitution ein Göttliches als ihren Bezugspunkt auf. Fast unweigerlich gelangt Meister zu der Frage, ob *imaginatio* eine Emanation des göttlichen Schöpfungsprinzips selbst sei[20]. Der imaginative Ausgriff auf das Undenkbare trifft also *nicht imaginatio* selbst: Eine aus der Rückbindung an ein transzendentes Prinzip entlassene Bewegung der Sinnkonstitution bleibt bei aller Avanciertheit des Meisterschen Entwurfs undenkbar. So kristallisieren sich seine tentativen Bestimmungen zu einer Folge „‚natürlicher' Paradoxa"[21] der *imaginatio*:

> Notre imagination est à la fois active et passive, diligente et paresseuse. Elle aime le mouvement et craint la fatigue ; elle aime le danger et craint le repos ; elle est tout à-la-fois

[19] Aus anderer Richtung, nämlich vor dem Hintergrund der Frage nach der ästhetiktheoretischen Relevanz des Konzepts der *imaginatio*, gelangt M. Moog-Grünewald zu einem ähnlichen Befund: „Wahr, und das heißt wirkungsvoll, sind weder beliebige ingeniöse Einfälle noch die rohe Wirklichkeit, sondern wahr und wirkungsvoll ist allein die nach den Bedürfnissen der *sensibilité* und des *sentiment* gestaltete Wirklichkeit. Die Kunst- und Literaturästhetik aus dem Geiste Descartes' hat die *raison*, Vernunft und Verstand, zum Richter über das Wahre gemacht [...]. Die Kunst- und Literaturästhetik aus dem Geist Leibnizens hat dagegen den *sentiment*, Gefühl als Geschmack, gesetzt; dabei wurde die Wirklichkeit um das Ideal der Imagination erweitert. Aber beide – und das ist wesentlich – fordern das Ideal der Ordnung und des allgemein Verbindlichen, Gültigen, das dem Beliebigen und Chaotischen, aber auch der Bagatelle wehrt" (Moog-Grünewald 1989b, 111–112).

[20] „S'il est en nous quelque émanation de l'Être suprême, c'est dans cette faculté, plutôt que dans toute autre, qu'elle se manifeste de la manière la plus sensible" (Meister 1799, 121; vgl. ibd., 121–123). – In der emphatischen Affirmation metaphysischer Garantiertheit der imaginativen Selbstüberschreitung scheint ein Hauptunterschied gegenüber den avancierteren Positionen der deutschen Frühromantik zu liegen. Folgt man W. Menninghaus, so zeigen sich hier Tendenzen zur Dekonstruktion des die Reflexion fundierenden Absoluten; das Jenseits des Identischen gelangt damit als paradoxer Einheitsraum von Identität und Differenz zur Reflexion (vgl. Menninghaus 1987, 89). Die hier betrachteten französischen Paradigmen hingegen fundieren die Möglichkeit stabiler Selbstentwürfe im Absoluten. Küppers Befund, ‚romantische' Subjektivität in Frankreich verzichte – anders als die deutsche Romantik – auf die denknotwendige Rückbindung an ein Absolutes (vgl. Küpper 1988, 138), wäre mit Blick auf diese Texte zu präzisieren: weniger die Reflexion auf das Absolute als vielmehr dessen Dekonstruktion scheint der französischen Romantik zu entgehen.

[21] Moog-Grünewald 1989b, 114.

> inconstante et routinière, tantôt inventive et tantôt imitatrice ; elle se plaît à s'égarer dans des routes nouvelles, et souvent à suivre le sentier le plus battu[22].

Vor diesem Hintergrund entwickelt der Text eine doppelte Argumentationslinie. Bemerkenswert ist der Nachdruck, mit dem – trotz Vorschlägen zur experimentellen Untersuchung der *imaginatio*[23] – die letztliche Unverfügbarkeit des Vermögens behauptet wird[24]. Dennoch unterzieht der Text eben diese Unverfügbarkeit einer aporetischen Reflexion: so, wenn die in *imaginatio* codierte Alterität als eine vage „idée" des Noch-nicht-Gewussten in Erscheinung tritt; so auch, wenn auf ein in *imaginatio* fundiertes „être suprême" hingewiesen wird. Der Text vollzieht dabei eine metaphysische Reduktion des von ihm aufgespürten generativen Prinzips der Selbst- und der Weltkonstitution, welche letztinstanzlich nicht allein das Gottesprinzip und dessen Manifestationen, sondern auch das Subjekt erfasst: Wie, so lautet eine Frage, die der Text implizit stellt, kann aus dem Spiegelspiel der *imaginatio* eine Stabilität hervorgehen, die für die Konstitution des Subjekts unabdingbar erscheint? Das Gottespostulat erscheint folgerichtig nicht allein als Figur einer zentralen Leerstelle des Bewusstseins, sondern auch als Korrektiv der Paradoxie einer entgrenzenden und zugleich sich selbst beschränkenden ursprünglichen Macht und als Metapher subjektiver Selbstkonstitution:

> Aux yeux de quelques métaphysiciens, la nature entière n'est que le développement continuel d'une force éternelle dont les émanations particulières naissent, s'accroissent et s'évanouissent dans les limites d'un tems donné. Ces philosophes osent n'attribuer à la divinité que le pouvoir d'arrêter et de circonscrire le progrès de cette force, qu'ils regardent comme un résultat nécessaire du premier mouvement imprimé par la nature même des choses. Sans examiner ici

22 Meister 1799, 180–181.

23 Eine Belegstelle sei hier zitiert, weil sie einen Aspekt der *imaginatio* ins Licht rückt, den gerade auch Baudelaire valorisieren wird – den Schwellenmoment zwischen Tag und Nacht als Figur einer Koinzidenz von *imagination active* und *imagination passive*: „Je crois, mon cher Hipolite, que rien ne seroit plus propre à répandre un jour tout nouveau sur les procédés habituels de notre faculté pensante, que de l'observer tour-à-tour dans trois états forts différens, l'état de veille, l'état de sommeil, et cet état mitoyen entre la veille et le sommeil, où les sens extérieurs se trouvent plutôt dans le calme et dans l'inaction que dans une véritable engourdissement, où l'activité du sens intérieur est comme isolée, où l'on peut douter en quelque sorte si l'on rêve ou si l'on médite" (Meister 1799, 19–20).

24 Vgl. Meister 1799, 34–35 („Avec quelque art que le matérialisme accumule hypothèse sur hypothèse, il ne sera jamais possible de nous faire confondre avec l'action de nos sens, celle de la force, de la faculté, du principe (donnez-lui le nom que vous voudrez) qui compare plusieurs sensations différentes, les combine, en produit de nouvelles, et nous fait jouir de la puissance merveilleuse de choisir et de vouloir. C'est à cette faculté, que je ne connois pas mieux que vous, mais dont la conviction la plus intime m'assure l'existence, que nous devons attribuer, ce me semble, l'origine d'un ordre d'idées, qui, pour être tout-à-fait hors de la portée de nos sens, n'en forme pas moins une partie importante du cercle […] de nos connoissances").

> toutes les raisons de la vraisemblance ou de l'autorité de ce systême, j'y trouve l'image la plus auguste et la plus vraie de l'espèce de pouvoir que l'homme peut exercer sur lui-même. Nous ne saurions nous donner les forces que la nature et le sort nous refusent ; mais notre intelligence, notre volonté guidée par elle, semblent souvent chargées du travail de les étendre et de les développer[25].

Wie aber lässt sich aus einer ungerichteten *force éternelle* Selbstbeschränkung ableiten? Anders: Woraus bezieht die Dynamik der *imaginatio* die Intentionalität, die nötig scheint, damit ein subjektives Bewusstsein aus einem selbst Unbewussten hervorgehen kann? Es ist offenkundig, dass diese Frage im Rahmen eines repräsentationistischen Modells nicht zu beantworten ist. Sie setzte eine Identität von vorgängigem Begehren und dem aus ihm hervorgegangenen Denken voraus, die in die Aporie eines Ineinsfallens von Prinzip und Telos führte.

Meisters Entwurf, wiewohl nicht modellbildend, reflektiert mit seinem Konzept einer durch die Kraft des Willens zu bändigenden, ungerichteten Bewegung des Lebens auf ein Schema der *imaginatio*, das auch in dem sich formierenden romantischen Subjektivitätsdiskurs strukturbildend wirkt. *Imaginatio* erscheint hier als eine dem Raster der Identitäten und Differenzen entgleitende Kraft, die als ihr eigenes generatives Prinzip zur Selbstüberschreitung drängt. Diese Denkfigur findet im Kontext der romantischen Konzeptualisierung der Subjektkonstitution vielfältige literarische Modellierungen; zu besonderer Prägnanz gelangt die offene Frage, wie aus einer per se ungerichteten Bewegung stabile subjektive Selbstentwürfe hervorgehen können, indes gerade in Texten an der Schwelle zur Romantik. In den Blick genommen werden in diesem Kapitel Mme de Staëls Entwurf eines ‚neuen' Imaginationstypus, der *imagination septentrionale*, in *De la littérature*, und Chateaubriands Imaginationsallegorie in *René*, jeweils mit Seitenblicken auf *De l'Allemagne* und *Le génie du christianisme*.

De la littérature und *René* greifen auf den Diskurs der *imaginatio* zurück, um in ihm die Aporien der Repräsentation wie auch der subjektiven Selbstkonstitution zu reflektieren. Zugleich sind sie Fortschreibungen des Diskurses: Obgleich sie sich nicht explizit der systematischen Verortung der *imaginatio* widmen, agieren sie deren prekäre Rolle in der Konstitution des Subjekts aus und erschließen ihr eine Semantik, die gerade auch Baudelaires Werk nachhaltig prägt. Die melancholische Reflexion auf eine in *imaginatio* beschlossene Differenz und auf den durch sie hervorgetriebenen Welt- und Selbstverlust, doch auch die Frage nach Modi der Aufhebung dieser Differenz sind Themen und Motive, die noch in Baudelaires Texten, wenngleich in neuer Perspektivierung, als Dimensionen der *imaginatio* zur Geltung kommen.

25 Meister 1799, 122–123.

5.2 *Imaginatio borealis.* Germaine de Staël, *De la littérature*

Die Reflexion auf *imaginatio* kennt seit ihren Anfängen als bevorzugten Darstellungstypus die Allegorie. Die weibliche *imaginatio* ist dabei auf die männlich gedachte *ratio* bezogen, eine Instanz, die zumeist mit dem *Je* oder einem verallgemeinernden *nous* zusammenfällt[26]. Im dominierenden Diskurs der Vormoderne ist dabei die Herrschaft der *ratio* über *imaginatio* eine Selbstverständlichkeit, das Vorherrschen der *imaginatio* hingegen ist den (pathologischen) Grenzbereichen des Traums, der Halluzination und des Wahnsinns vorbehalten. Um die Jahrhundertwende nun zeichnet sich mit der Rekonzeptualisierung der *imaginatio* als performatives Prinzip der Selbst- und Weltkonstitution in aller Deutlichkeit eine Umstrukturierung der überkommenen Allegorie ab. Denn in dem Maße, wie Performanz als Grundbedingung des Denkens in den Blick rückt, erfährt auch das Verhältnis von *ratio* und *imaginatio* eine Neubestimmung. Die oben skizzierte Frage nach der Möglichkeit einer entgrenzenden, doch zugleich sich selbst beschränkenden Macht führt dabei fast unweigerlich zu einer Destabilisierung der Opposition von *ratio* und *imaginatio*, als deren Letzthorizont sich – zunächst latent, doch unübersehbar – der Verdacht einer imaginativen Fundierung *auch* der *ratio* aufdrängt. Die beiden Seelenvermögen treten nunmehr in eine Relation, in der sie – einer Kippfigur vergleichbar – wechselseitig zu Figur und Grund werden. Damit ist die transzendente Sinnposition, die die ‚klassische' Verhältnisbestimmung kennzeichnet, preisgegeben. An ihre Stelle tritt jedoch zunächst kein stabiler Neuentwurf, sondern eine Vielfalt heterogener Konzepte, in denen paradigmatisch die Fragilität romantischer Subjektivitätsmodelle zur Anschauung kommt.

Die Bezugnahme auf Mme de Staëls *De la littérature* im Kontext der Frage nach neuen Allegorien der *imaginatio* mag auf den ersten Blick erstaunen. In der Tat bietet der Text weder eine Theorie der *imaginatio* noch die herkömmlichen Personifikationsallegorien, die in diesem Kontext entworfen werden. Sehr wohl findet sich aber eine allegorisierende Semantisierung des Raumes, in der sich das Verhältnis der Seelenvermögen reflektiert. Mme de Staëls berühmte Nord-Süd-Typologie der Literaturen lässt sich, wie im Folgenden gezeigt werden soll, als eine allegorische Verhältnisbestimmung von *ratio* und *imaginatio* im Zeichen der beginnenden Moderne lesen.

Zur Erläuterung dieser These bedarf es zunächst eines Blicks auf einen Leitdiskurs, der Mme de Staëls Differenzierung einer *littérature du nord* und einer *littérature du midi* zugrunde liegt. Die Rede ist von der Klimatheorie, deren Ursprünge in der Antike liegen, doch die gerade im 18. Jahrhundert zu einem

[26] Eine bemerkenswerte Ausnahme bildet Pascals Imaginationsallegorie. Pascal stellt der Allegorie der *imaginatio* eine Allegorie der *ratio* zur Seite, billigt indes dem *sujet de l'énonciation* eine beide Positionen transzendierende Sphäre zu; vgl. etwa Pascal 2000, 552.

beliebten Ordnungsschema zur Erklärung der Ausdifferenzierung physischer, psychischer und historisch-sozialer Variabilität avanciert[27]. Auf sie beruft sich etwa Rousseau in seinem *Essai sur l'origine des langues*, wenn er den Übergang aus einem ursprünglichen Naturzustand in eine historisch-soziale Ordnung als göttlichen Akt der Setzung von Variabilität entwirft: „Celui qui voulut que l'homme fut sociable toucha du doigt l'axe du globe et l'inclina sur l'axe de l'univers“[28]. Rousseaus rhetorischer Kunstgriff wirft Licht auf eine Unschärfe, die mit der Klimatheorie engstens verknüpft ist und gegen Ende des 18. Jahrhunderts zu einem kaum merklichen, darum schwer nachvollziehbaren Wandel des Modells führt. Es stellt sich nämlich die Frage, ob – um in Rousseaus bildhafter Rede zu bleiben – der durch göttlichen Anstoß provozierten Neigung der Erdachse und der durch sie bedingten typologischen Differenzen zwischen den Bewohnern verschiedener Klimazonen in der Tat, wie das Zitat suggeriert, ein ahistorischer Zustand vorangeht; ob sich, anders gesagt, ‚hinter' der klimaabhängigen Variabilität der menschlichen Spezies eine konstante Menschennatur ausmachen lässt, oder aber ob diese Variabilität bereits eine wesenhafte Verschiedenheit der Menschen in den unterschiedlichen Klimazonen bedingt[29]. Folgt man F. Penzenstadler, so ist dieses Problem gerade auch im Kontext der Frage nach der Entstehung romantischer Subjektivität von Belang. Wenn sich zu Beginn des 19. Jahrhunderts nämlich – etwa bei Simonde de Sismondi und bei Mme de Staël – vor dem Hintergrund klimatheoretischer Reflexionen das Konzept eines Relativismus der Literaturen abzeichne, so reflektiere sich in dieser Reinterpretation zugleich bereits ein neues, nämlich romantisches Modell des Menschen[30].

Als räumliche Projektion eines anthropologischen Modells lässt sich aber bereits die Klimatheorie des 18. Jahrhunderts lesen. Punkt für Punkt bildet diese die Hierarchie der Seelenvermögen auf die Nord-Süd-Achse ab und stellt sie als geographische, konkret be- und erfahrbare Räume dar. Der Süden gilt dabei als Raum der Sinnlichkeit und der Imagination. Eine entzündliche *imaginatio* lässt seine Bewoh-

27 Vgl. Penzenstadler 2000, 73, Anm. 145; Geyer 1997, 111. Vgl. zur Klimatheorie auch die allgemein gehaltenen Ausführungen in Gusdorf 1976, 156–161, sowie – mit Fokus auf dem Norden – den materialreichen historischen Teil der Studie von C. Soetbeer (Soetbeer 2003, 23–78) und die Überblicksdarstellung von G.-L. Fink (Fink 2002, 45–107); vgl. auch, mit Blick auf die Ästhetik, doch vor dem Hintergrund der übergreifenden Fragestellung nach Manifestationsformen des epistemischen Wandels an der Schwelle zur Moderne, Penzenstadler 1992, 263–286. Erhellend für die Frage nach anthropologischen Modellen, die im Kontext der Klimatheorie verhandelt werden, ist Fumaroli 2005, 210–224.

28 Rousseau 1995, 401.

29 Das hier verwendete, der Biologie entlehnte Vokabular knüpft an F. Penzenstadlers Vorschlag an, die Klimatheorie unter das Leitparadigma der Botanik zu stellen und den Wandel des Konzepts vor dem Hintergrund des von Foucault konstatierten Epistemewechsels zu Beginn der Moderne zu beleuchten; vgl. Penzenstadler 1992, 279.

30 Vgl. Penzenstadler 1992, 27.

ner nur allzu leicht zu Opfern ihrer Leidenschaften werden; speziell im Orient und in Spanien, zwei explizit ‚melancholischen' Räumen, führt die Hitze darüber hinaus durch eine übermäßige Verbrennung schwarzer Galle zur gefährlichen *melancholia adusta*[31]. Dem Menschen des Nordens hingegen fehlen Sinnlichkeit und Imagination. Er ist leidenschaftslos – denn Leidenschaften entstehen erst durch die Aktivität dieser beiden Vermögen – und gilt als phlegmatisch. Selbstverständlich ist England hier auszunehmen: Die „Modekrankheit Melancholie"[32], die dort offenbar in Nachahmung der Italiener[33] seit der Renaissance grassiert, geht als Topos auch in den klimatheoretischen Diskurs ein.

Montesquieus *De l'esprit des lois* gilt als wirkmächtiges Paradigma, das die Differenz von ‚Norden' und ‚Süden' im erläuterten Sinne in einer bis ins 19. Jahrhundert hinein tradierten Weise festschreibt. Die Völker des Südens, so erläutert Montesquieu, vereinen eine Neigung zum Nichtstun – eine Folge ihrer hitzebedingt schlaffen Fasern[34] – mit einer überbordenden Imagination. Dass er für sie alsbald einen weisen Gesetzgeber, und zwar die *raison*, fordert, kann kaum überraschen[35]. Wenig überraschend erscheint auch die Verbannung der *imaginatio* aus der Ordnung des ‚Eigenen' in die heterotopische Exklave des Südens[36]. Erstaunlicher mag hingegen scheinen, dass auch das Gegenstück der *imaginatio* keineswegs umstandslos dem ‚Eigenen' zugesprochen ist, sondern, wenn auch zögernd, in den Norden ausgewiesen wird. Der Mensch des Nordens zeichnet sich durch eine außerordentlich rudimentär ausgebildete Fähigkeit zur sinnlichen Wahrnehmung aus: „Il faut écorcher un Moscovite pour lui donner du sentiment", heißt es besonders anschaulich in *De l'esprit des lois*[37]. Das Nord-Süd-Schema entwirft den Raum

31 Vgl. Schings 1977, 59–72, bes. 66; Fumaroli 2005. – Vgl. hingegen zum Konnex von Melancholie und Norden – mit Blick auf die bildende Kunst – die Studie von Engelstätter 2008.

32 Wagner-Egelhaaf 1997, 93; vgl. auch Babb 1965, vii.

33 Vgl. Wagner-Egelhaaf 1997, 93.

34 Von „fibres" ist bei Montesquieu die Rede; es sei dahingestellt, ob Muskel-, Nerven- oder Bindegewebsfasern gemeint sind (Montesquieu 1951, 474).

35 „[L]es peuples de ces climats ont plus besoin d'un législateur sage que les peuples du nôtre. Plus on est aisément et fortement frappé, plus il importe de l'être d'une manière convenable, de ne reçevoir pas des préjugés, et d'être conduit par la raison" (Montesquieu 1951, 478).

36 Vgl. zum Konzept der Heterotopie Foucault 1994b. – Genau genommen ist eine Heterotopie eine Exklusion, die das ‚Andere' *innerhalb* der eigenen Ordnung ausschließt. Vgl. zur Grenzziehung zwischen ‚Eigenem' und ‚Fremdem' durch die diskursive Konstruktion geographischer Räume die grundlegende Studie zum Orientalismus von E. Said (Said 1979).

37 Auch bezüglich der mangelhaften Fähigkeit zur sinnlichen Wahrnehmung kann Montesquieu mit einer physiologischen Erklärung aufwarten; vgl. Montesquieu 1951, 474–477. An dieser Stelle soll der Hinweis genügen, dass Montesquieu die Auswirkungen von Temperaturschwankungen auf Gewebefasern anhand einer eigens zu diesem Zweck eingefrorenen und sodann mikroskopierten Schafszunge überprüfen konnte. – Die Topoi, aus denen sich der

des Nordens als Raum der Absenz des Sinnlich-Imaginativen und würdigt diese Absenz durchaus nicht positiv – etwa im Sinne einer besonderen Disposition des nördlichen Menschen zum abstrakten Denken. Montesquieus bildhafte Rede versagt dem Menschen des Nordens vielmehr, was dem Menschen des Südens auf hervorragende Weise zukommt: Leben, verstanden als Wirken der Imagination, der Sinnlichkeit und der Leidenschaften. Dennoch achtet Montesquieu im Menschen des Nordens dessen besondere Tapferkeit, die ihn dem Süden überlegen erscheinen lässt – ein Aspekt, der als ‚richtungweisend' für die französische Romantik bezeichnet wurde[38].

In der Bewertung des Nordens zeichnet sich eine grundlegende Ambivalenz des klimatheoretischen Modells ab[39]. Sie lässt sich auf eine Überlagerung des binären Modells durch ein triadisches Schema zurückführen: Norden und Süden sind Gegensätze und als solche aufeinander bezogen. Eben dieser Bezug nun, die Grenze also, die Norden und Süden trennt und zugleich verbindet, ist in den Modellen des 18. Jahrunderts als eine ideale Mittelposition ausgefaltet. Sie ist – man ahnt es bereits – durch Frankreich besetzt. Die Konstruktion eines französischen Nationalcharakters basiert auf der Substantialisierung einer strukturellen Differenz zwischen Norden und Süden, wobei die Grenze gegenüber den durch sie konstituierten, doch als ‚Extrem'räume stigmatisierten Bereichen zur Figur des Vollkommenen avanciert.

Schon im 17. Jahrhundert gilt der französische Nationalcharakter als eine harmonische Synthese der Nationalcharaktere Europas[40]. Dies heißt ganz konkret, dass die Franzosen die vier Temperamente in eukrasischer Mischung in sich vereinen, wie etwa Louis Pascal de la Court 1616 in seinem *Tableau des Gaules en forme de colloque entre des hommes des principales nations de l'Europe, un François, un Espagnol, un Allemand, un Italien* erläutert:

> Si le Midy fait melancholique, colere & prudent : & le Septentrion fait flegmatique sanguin & simple : Il s'ensuit que le tempéré milieu faict flegmatique, sanguin & melancholique & colere,

Nördlichkeitsdiskurs speist, gehen letztlich auf die Antike zurück; die Konstituierung des Diskurses skizziert Soetbeer 2003, 23–78.

38 Vgl. Soetbeer 2003, 24.

39 Die Studie muss sich an dieser Stelle auf die Betrachtung der Nord-Süd-Differenz in einigen wenigen herausragenden Werken beschränken. Komplexer liegen die Verhältnisse, wenn man nationale Stereotypen in die Betrachtung einbezieht. Vgl. das Résumé im Artikel „Nation" in der *Encyclopédie*: „Chaque *nation* a son caractere particulier : c'est une espece de proverbe que de dire, léger comme un françois, jaloux comme un italien, grave comme un espagnol, méchant comme un anglois, fier comme un écossois, ivrogne comme un allemand, paresseux comme un irlandois, fourbe comme un grec, *&c*" (Diderot 1778b, 747).

40 Vgl. Fumaroli 2005.

> & par consequent prudent & simple [...]. Au milieu consiste la vertu : la France est le milieu entre les deux extremes ; la vertucósiste [sic!] donc en France [41].

Die Lehre von der Eukrasie bildet nun offenbar auch im 18. Jahrhundert die Sinnfolie für die Semantisierung Frankreichs. In einer idealen Mittelposition partizipiert Frankreich am sinnlich-imaginativen Süden und am sinnesfeindlichen Norden gleichermaßen; dabei zeichnen sich allerdings seine Bewohner – anders als die der Extremräume – durch echte Außergewöhnlichkeit aus.

Exemplarisch präsentiert Rivarol 1784 in seinem *Discours sur l'universalité de la langue française* diesen Semantisierungstypus. Er führt die Argumente der Klimatheorie zusammen, um aus ihnen die Exzellenz und die Universalität der französischen Sprache zu begründen: „[I]l est certain que c'est sous les zones tempérées que l'homme a toujours atteint son plus haut degré de perfection"[42], heißt es apodiktisch; und so ist es in Rivarols Perspektive selbstverständlich, dass die Außergewöhnlichkeit des französischen Nationalcharakters diesen zum Modell der Nationen avancieren lassen muss[43]. Auch hier sind die Differenzen im Nationalcharakter Projektionen anthropologischer Differenzen[44]. Dass diese gerade in der Sprache ihren deutlichsten Niederschlag finden, kann angesichts Rivarols sensualistischer Prämisse, dass Denken und Sprache in eins fallen, nicht überraschen[45].

41 Pascal de la Court 1622, 24–25; vgl. Fumaroli 2005, 211.

42 Rivarol 1991, 105.

43 „Quand on compare un peuple du Midi à un peuple du Nord, on n'a que des extrêmes à rapprocher ; mais la France, sous un ciel tempéré, changeante dans ses manières et ne pouvant se fixer elle-même, parvient pourtant à fixer tous les goûts" (Rivarol 1991, 51/52); „Sans avoir la subtilité qu'on reproche aux peuples du Midi et l'excessive simplicité du Nord, la France a la politesse et la grâce ; [...] c'est elle qui fournit les modèles dans les mœurs, dans les manieres et dans les parures" (Rivarol 1991, 50/51).

44 Vgl. Rivarol 1991, 49.

45 Vgl. Rivarol 1991, 44. – Gerade der Sprachvergleich ist im 18. Jahrhundert in klimatheoretisch inspirierten Arbeiten ein geläufiger Topos. Für „plus vive" hält etwa auch Condillac die besonders ursprünglichen – und dies heißt im Rahmen seines Modells der Sprachentstehung: die südlich-imaginativ geprägten – Sprachen; „froid et flegmatique" hingegen sind die Sprachen des Nordens. Ähnlich beschreibt Rousseau diese Differenz: „[Les langues] du midi durent être vives, sonores, accentuées, éloquentes et souvent obscures à force d'énergie : celles du Nord durent être sourdes, rudes, articulées, criardes, monotones, claires à force de mots plustot que par une bonne construction" (Rousseau 1995, 409). Die stärker durch Vokale geprägte Sprache des Südens ist, wie Rousseau in den vorangehenden Kapiteln erläutert, unmittelbarer Ausdruck der Leidenschaften; die konsonantisch geprägten Sprachen des Nordens hingegen sind Ausdruck des Bedürfnisses. Ihre besondere Klarheit geht auf die Notwendigkeit, sich verständlich zu machen, zurück: „les langues, tristes filles de la necessité se sentent de leur dure origine" (ibd., 407). Von Anfang an, resümiert Geyer, seien die Sprachen des Nordens instrumentalisiert durch die Vernunft, mithin Indices subjektiver Entfremdung vom Ursprung (vgl. Geyer 1997, 189). „Nos langues valent mieux écrites que parlées, et l'on nous lit avec plus de plaisir qu'on ne nous écoute" (ibd., 409), so lautet Rousseaus

Das klimatheoretische Modell erinnert mit seinem Versuch, in der binären Opposition von Norden und Süden den Vorbildcharakter Frankreichs zu fundieren, an eine Kippfigur, in der die Position Frankreichs bald als Grund, bald als Figur erscheint: Sie ist einerseits als Grenze von Norden und Süden gedacht; doch andererseits erfährt sie in Gestalt Frankreichs eine Substantialisierung, die sie zum Modell von Norden und Süden gleichermaßen macht. Strukturell entspricht Frankreichs Positionierung auf der Nord-Süd-Achse Condillacs Verortung des *génie* in der Mitte zwischen *fou* und *imbecile*. Während bei Condillac diese Position allerdings bereits problematisch erscheint, hat die klimatheoretische Begründung der kulturellen Vorrangstellung Frankreichs im 18. Jahrhundert offenbar noch den Status einer unhinterfragten Setzung; erst im 19. Jahrhundert beerbt das Modell die bei Condillac bereits zutage tretenden Ambivalenzen[46].

Um die Jahrhundertwende nämlich wird der französische Balanceakt auf der Grenze zwischen Norden und Süden offenbar prekär. Wenn Mme de Staël in ihrer 1800 erschienenen Schrift *De la littérature* die beiden Räume gegenüberstellt, so gibt es keine ideale Mitte mehr. Die problematisch werdende Verortung Frankreichs zeigt sich deutlich in einer Leerstelle der berühmten Distinktion zweier Literaturen, die das aktuelle Frankreich absichtsvoll ausklammert:

> Il existe, ce me semble, deux littératures tout-à-fait distinctes, celle qui vient du midi et celle qui descend du nord, celle dont Homère est la première source, celle dont Ossian est

abschließendes Verdikt, ein allerdings wenig ermutigender Befund, wenn man bedenkt, dass in der Schrift *vivacité* und *énergie* unweigerlich verloren gehen (vgl. ibd., 388). – Die Erklärung sprachlicher Differenzen über klimabedingte Variabilität findet sich erstmals, so Eco, in einem Brief Epikurs an Herodot, „in cui si diceva che anche i nomi delle cose non furono originariamente posti per convenzione, ma a crearli fu la natura stessa degli uomini che, a seconda delle stirpi, provando particolari emozioni e ricevendo particolari percezioni, in modo altrettanto particolare emettevano l'aria improntata dal singolo stato d'animo e dalla particolare percezione" (Eco 1993, 98; der Brief an Herodot findet sich Diogenes Laertius, *Vitae philosophorum* X, 75–76, in: Diogenes Laertius 1981, 519–521).

46 Problematisch wird diese Positionierung allerdings bereits im 18. Jahrhundert, wenn eine Deduzierbarkeit der Figur aus ihrem Grund behauptet wird, wie dies der Fall ist, wenn Condillac und Rousseau im Rückgriff auf die Barbarenthese eine genetische Perspektive in das Modell einführen. Zu erwägen wäre, ob hier bereits eine Destabilisierung des Modells erfolgt, die unmittelbar auf die Konzeptualisierung des 19. Jahrhunderts vorausweist. – Bereits Dante unterscheidet in *De vulgari eloquentia* drei Sprachen, die nach der babylonischen Sprachverwirrung nach Europa gebracht worden seien: „alii meridionalem, alii septentrionalem regionem in Europa sibi sortiti sunt; et tertii, quos nunc Grecos vocamus, partim Europa, partim Asye occuparunt" (*De vulgari eloquentia*, I, VIII, 2, in: Dante 1957, 46). Doch erst im 15. Jahrhundert formuliert Flavio Biondo – mit Bezug auf die Herausbildung der italienischen Dialekte – die Barbarenthese. Er schreibt die Differenz von Norden und Süden damit auf eine sprachliche Differenz fest, die ihrerseits im Sinne einer Differenz zwischen „Antike" und „Nicht-Antike" gefasst wird; vgl. Coseriu/Meisterfeld 2003, 159.

l'origine. Les Grecs, les Latins, les Italiens, les Espagnols, et les Français du siècle de Louis XIV, appartiennent au genre de littérature que j'appellerai la littérature du midi. Les ouvrages anglais, les ouvrages allemands, et quelques écrits des Danois et des Suédois, doivent être classés dans la littérature du nord[47].

Frankreich gehört seiner Herkunft nach zum Raum des Südens; doch in der neuen binären Form der Schematisierung zeichnet sich eine Zerrissenheit ab, die zwar zuallererst die Autorin selbst zu betreffen scheint, zugleich aber ein prinzipielles Problematischwerden individueller und überindividueller Selbstverortung spiegelt[48]. Die Schlüsselkonzepte, die im 18. Jahrhundert zur Distinktion von Norden und Süden ins Feld geführt wurden, verlieren bei Mme de Staël an definitorischer Schärfe. Sie bedürfen der Vergewisserung, bevor sie zögernd zu einer Rekonstruktion der Differenz herangezogen werden, die im Norden nicht mehr das Negativ des Südens entwirft, sondern diesem eine eigene Dignität zuerkennt. Die Revision überkommener Kategorisierungen, das Zugeständnis, dass die jeweiligen Leitkategorien beiden Räumen zukommen, sodann die erneute Festschreibung auf die Nord-Süd-Differenz in revidierter Form: Dieses Oszillieren zwischen einer als Versöhnung begriffenen Bezugsetzung der oppositiven Räume und einer gegenläufigen Betonung ihrer jeweiligen Eigenständigkeit ist ein hervorstechender Zug in Mme de Staëls Adaptation des klimatheoretischen Paradigmas[49]. So lässt Mme de Staël Sinnlichkeit, *imaginatio* und Leidenschaften keineswegs als unterscheidende Merkmale der geographischen Räume gelten. Die Leidenschaften etwa, die dem

47 Staël 1998, 176–177.

48 Vgl. Staël 1998, 179. – Für den Nördlichkeits-Boom der Jahrhundertwende lassen sich freilich auch ‚handgreifliche' Fakten anführen: die Rezeption Ossians und Werthers gegen Ende des 18. Jahrhunderts; die ersten Edda-Übersetzungen durch Mallet; die Rezeption der Erhabenheitstheorie Burkescher Prägung ebenfalls gegen Ende des 18. Jahrhunderts (vgl. Kapp 2001, 108; Soetbeer 2003, 24–43). Demgegenüber gilt das Interesse dieser Studie weniger der Frage, wie ein einmal vorgegebenes Schema je unterschiedlich semantisiert werden kann, als vielmehr der Frage, inwiefern das Schema selbst zu Beginn der Moderne einen strukturellen Wandel erfährt, der seinerseits zu beziehen wäre auf die epistemische Umbruchsituation zu Beginn des Jahrhunderts. Im Folgenden bleibt darum auch die Frage nach der Aneignung und Transformation nationaler Stereotypen sowie ihrer widersprüchlichen Valorisierung im Werk Mme de Staëls ausgeblendet; vgl. hierzu Rosset 1994. – Es versteht sich, dass das Problem der Selbstverortung sowohl in *De la littérature* als auch – verstärkt – in *De l'Allemagne* im metapoetologischen Kontext einer Verabschiedung des *mimesis*-Modells der französischen Klassik steht. Dieser Aspekt soll indes nicht Thema der folgenden Analyse sein; vgl. die eingehende Untersuchung von Penzenstadler 2000, 70–78, sowie zu Simonde de Sismondis und Nodiers analoger Funktionalisierung des Nord-Süd-Modells im Kontext der programmatischen Einforderung künstlerischer Kreativität ibd., 80–83 und 85–86.

49 Auf das „paradoxe Nebeneinander zweier Argumentationslinien", welche „höchstmögliche Eigenständigkeit" der Nationalliteraturen mit der prinzipiellen Möglichkeit einer „Integration des Fremden" vereine, hat F. Penzenstadler aufmerksam gemacht (Penzenstadler 1992, 285).

Norden des 18. Jahrhunderts mangels *imaginatio* durchaus fremd waren, sind bei Mme de Staël in Norden und Süden gleichermaßen zu finden: „C'est à tort, ce me semble, qu'on a dit que les passions étoient plus violentes dans le midi que dans le nord“[50]. Die Differenz von Norden und Süden ist in dieser versöhnlichen Geste indes nicht schon verabschiedet. In einem für den Duktus des Werks überaus typischen *or* wird das Zugeständnis einer Gemeinsamkeit von Norden und Süden nämlich alsbald relativiert: „On y [sc. dans le midi] voit *plus d'intérêts divers*, mais *moins d'intensité* dans une même pensée; *or* c'est la fixité qui produit les miracles de la passion et de la volonté [Herv. CB]“[51]. Deutlicher noch ist dieses Verfahren am Werk, wenn von *imaginatio* die Rede ist. *Imaginatio* kommt Norden und Süden gleichermaßen zu. *Doch*:

> Les poètes du midi mêlent sans cesse l'image de la fraîcheur, des bois touffus, des ruisseaux limpides, à tous les sentiments de la vie [...]. Cette nature qui les environne, excite en eux plus de mouvemens que de pensées [...]. Les peuples du nord sont moins occupés des plaisirs que de la douleur ; et leur imagination n'en est que plus féconde. Le spectacle de la nature agit fortement sur eux ; elle agit, comme elle se montre dans leurs climats, toujours sombre et nébuleuse. Sans doute les diverses circonstances de la vie peuvent varier cette disposition à la mélancolie ; mais elle porte seule l'empreinte de l'esprit national[52].

Die Imagination des Südens ist sinnlich, jene des Nordens geistig. Die Imagination des Südens schafft emotionales Beiwerk, die Imagination des Nordens ist Movens der dem Nordländer wesentlichen *pensée*. Die Imagination des Südens beschwört Bilder eines erotischen Begehrens; die Imagination des Nordens hingegen sublimiert die Erfahrung unverfügbarer Kontingenz. Die Imagination des Südens unterwirft den Menschen seinen Leidenschaften, die Imagination des Nordens entbindet ihn aus naturhafter Determiniertheit. Sie eröffnet die grenzenlosen Weiten des Geistes und damit eine in emphatischem Sinne als Entfaltungsraum der Freiheit verstandene Dimension. Unausgesprochen liegt die Differenz von *imagination active* und *imagination passive* Mme de Staëls Konzeption zugrunde. Es kann nicht wundernehmen, dass die konstitutive Instabilität dieser Opposition auch Mme de Staëls Gedankengebäude untergräbt und damit die säuberliche Trennung von Norden und Süden, Vernunft und *imaginatio*, Bewusstsein und Unbewusstem immer wieder bedroht. *Imaginatio* ist die heimliche Protagonistin des in *De la littérature* inszenierten Spiels aus Setzung und Auflösung von Identitäten. Eben darin – und weniger in dem vordergründigen und durchaus ambivalenten Lob der *imaginatio*, zu dem sich *De la littérature* gelegentlich bereitfindet – liegt das Interesse dieser streckenweise nicht eben reflektierten Schrift für die hier verfolgte Fragestellung.

50 Staël 1998, 179.

51 Staël 1998, 179.

52 Staël 1998, 179–180.

An die einmal eröffnete Opposition lassen sich zahlreiche weitere und nicht minder instabile Distinktionen anknüpfen. Die zeitliche Differenz von Antike und Mittelalter etwa, die *De l'Allemagne* eine leitende Perspektive vorgibt, ist Abkömmling der Differenz zwischen südlicher Sinnlichkeit und nördlicher *ratio*, ebenso auch die Differenz zweier Literaturen, denen sich wiederum zwei Typen der Literatur – Mme de Staël unterscheidet zu Beginn ihres Werkes die *écrits philosophiques* von den *ouvrages d'imagination*[53] – zuordnen lassen. Wichtiger noch ist aber die anthropologische Differenz des südlich-sinnlichen Menschen und des nördlichen Melancholikers. Die Figur des Melancholikers scheint in der Tat allein dem Norden zugeschrieben. Kaum noch finden sich Spuren einer hitzeinduzierten *melancholia adusta* der südlichen Länder; letzte Reminiszenzen tilgt ein *or*:

> La mélancolie, ce sentiment fécond en ouvrages de génie, semble appartenir presqu'exclusivement aux climats du nord.
> Les orientaux, que les Italiens ont souvent imités, avoient néanmoins une sorte de mélancolie [...] *mais* elle a un caractère distinct de celle dont nous allons parler, en analysant la littérature du nord [...]. Ce n'est pas ce vague horrible qui porte à l'ame une impression plus philosophique et plus sombre [Herv. CB][54].

Gerade im Konzept der Melancholie scheint nun Mme de Staëls Zirkel aus Versöhnung und Entzweiung zum Stillstand zu gelangen. Melancholie indiziert eine Spaltung, die allein den Nordländer betrifft. Die durch die „imagination septentrionale“[55] hervorgebrachten Bilder sind Bilder eines entzogenen Seins: Dunkelheit und Nebel, zwei kardinale Begriffe in Mme de Staëls Entwurf des Nordens, figurieren eine unaufhebbare Differenz von Welt und Bewusstsein, die sich auch der dem Nordmenschen nachgerade wesentlichen reflexiven Bewegung des Denkens einprägt. Melancholie avanciert zur Chiffre dieses negativen Grundes, der die Bedingung einer Rekonstruktion der Welt im Bewusstsein bildet. Sie ist jenes Moment, das die nördliche *imaginatio* gegenüber der südlichen Variante auszeichnet: Die ‚echte' *imaginatio*, die nördliche *imagination active* also, ist *zugleich* eine melancholische *imaginatio*. Nur diese lässt sich gemäß dem Theorem der vernunftgelenkten Wahrheitserkenntnis qua *imaginatio* auf Erkenntnis verpflichten; eine Erkenntnis, die allerdings nurmehr darin bestehen kann, dass die imaginativen Bilder ihren trügerischen, d. h. differentiellen Charakter offen einbekennen. In Mme de Staëls Traum vom Norden wird Pascals Traum von einer universalen Falschheit der imaginativen Bilder Wirklichkeit: *Imaginatio* ist gerade als Figur der Differenz von Selbst und Welt Instanz der Wahrheitsfindung. Daraus ergibt sich die intrikate Situation, dass der hochrangige Typus der *écrits philosophiques* nur nördlich sein kann, dass aber der basalere Typus der *ouvrages d'imagination ebenfalls* nördlich

53 Staël 1998, 16.
54 Staël 1998, 175–176.
55 Staël 1998, 183.

ist. Insofern ist die kritische Feststellung, Mme de Staël habe in *De la littérature* eine neue Poetik entwerfen wollen, nicht falsch[56]; sie übersieht lediglich den Umstand, dass damit zugleich der Gegenstand der alten Poetik für nicht existent erklärt wird. Mme de Staëls Modell entzieht der Literatur des Südens den Boden; Literatur schlechthin ist ‚nördlich', wie übrigens auch die anthropologische Disposition des Nordländers gelegentlich zur anthropologischen Universalie, die Neuzeit zum „âge de la mélancolie"[57] erklärt wird.

Dieses von Mme de Staël sicherlich nicht beabsichtigte Ausgreifen des Nordens auf den Süden lässt sich im Text auch auf semantischer Ebene nachvollziehen. Bedenkt man nämlich, dass *De la littérature* zufolge erst die Barbareninvasion den Anstoß für die Herausbildung der neuzeitlichen Kultur gab, so wird deutlich, dass eine ‚andere', nicht-nördliche Literatur, allenfalls in der Antike existieren konnte. Hier lohnt sich eine nähere Betrachtung, denn Mme de Staëls Konstruktion indiziert eine erhebliche Verschiebung im Denken der *imaginatio* im Sinne des oben entworfenen Modells einer imaginativen Selbstüberschreitung der *imaginatio*[58].

Wir befinden uns in der Zeit der Barbareninvasion. Die Barbaren, Figuren eines unbeugsamen Willens[59], dringen in den korrumpierten Süden ein – zum Zweck der Verjüngung, wie Mme de Staël erläutert[60]. Diese Verjüngung erfolgt nun allerdings nicht schlicht durch eine Verbindung der beiden Völker; zunächst tritt vielmehr das Christentum auf den Plan, um als vermittelnde Instanz zu fungieren:

> [J]e suis convaincue que la religion chrétienne, à l'époque de son établissement, étoit indispensablement nécessaire à la civilisation et au mélange de l'esprit du nord avec les mœurs du midi. Je crois de plus que les méditations religieuses du christianisme [...] ont développé les facultés de l'esprit pour les sciences, la métaphysique et la morale[61].

Der kaum verhüllte Gestus der Gewalt, der der Bezähmung des Nordens inhäriert, lässt das Christentum freilich selbst zur Figur des Willens avancieren. Ihm gegenüber zeigt sich der nördlich-unbeugsame Wille zur Selbstbehauptung deutlich gefügiger als die südliche Indolenz:

> La religion chrétienne dominoit les peuples du nord, en se saisissant de leur disposition à la mélancolie, de leur penchant pour les images sombres, de leur occupation continuelle et pro-

56 Vgl. die Stellungnahme Mme de Staëls zum Vorwurf einer „poétique nouvelle" (Staël 1998, 2), und die Anmerkungen Staël 1998, 425.

57 Staël 1998, 87; vgl. auch ibd., 23.

58 S.o., S. 30.

59 Vgl. zur Charakerisierung der ‚nördlichen' Völker Staël 1998, 132 („Les peuples du nord n'attachoient point de prix à la vie. Cette disposition les rendait courageux pour eux-mêmes, mais cruels pour les autres. Ils avoient de l'imagination, de la mélancolie, du penchant à la mysticité, mais un profond mépris pour les lumières, comme affoiblissant l'esprit guerrier").

60 Vgl. Staël 1998, 128.

61 Staël 1998, 130.

> fonde du souvenir et de la destinée des morts [...]. L'intrépidité destructive fut changée en résolution inébranlable ; la force qui n'avoit d'autre but que l'empire de la force, fut dirigée par des principes de morale[62].

> La religion leur [sc. aux peuples du sud] fut moins utile qu'aux peuples du nord, parce qu'ils étoient beaucoup plus corrompus, et qu'il est plus facile de civiliser un peuple ignorant, que de relever de sa dégradation un peuple dépravé.[63]

Dem ungebändigten Süden steht der disziplinierbare Norden gegenüber; aus ihm – und nicht aus dem Süden – geht darum im Zweckbündnis von Nord und Süd hervor, was für Mme de Staël die Moderne gegenüber der Antike auszeichnet:

> Les dogmes spirituelles exerçoient les hommes à la conception des pensées abstraites ; et la longue contention d'esprit, qu'exigeoit l'enchaînement des subtiles conséquences de la théologie, rendoit la tête propre à l'étude des sciences exactes[64].

Mme de Staël entwirft im zentralen Kapitel *De l'invasion des Peuples du Nord* eine Szene der Bezähmung, die aus dem Norden ein Instrument der Beherrschung bildet. Doch während dieser durch das Christentum in eine Zucht genommen wird, die aus ihm *ratio*, das sinnesentbundene Vermögen zur Erkundung metaphysischer Gefilde, formt, bleibt die rudimentäre, sinnesgebundene Rationalität des Südens unbotmäßig gegenüber ihrem neuen Herrn. Geradezu als Urszene moderner Subjektivität erweist sich die Nord-Süd-Konstellation im Zeichen christlicher Versöhnung, wenn dem rationalen Norden in Gestalt des Südens ein irrationales Komplement zur Seite gestellt wird, die Konstituierung nördlicher *ratio* indes um die Aporie einer aus ungerichtetem Behauptungswillen hervorgehenden Identität kreist.

Die Barbareninvasion ist indes nur *ein* besonders ausführlich entfaltetes Beispiel für einen geschichtlich sich iterierenden Akt der Usurpation, durch den hierarchisch höherrangige Kulturstufen entstehen. So erscheint Rom gleichsam als der Norden Griechenlands, Griechenland aber als der Norden archaischer Völker[65]. Die changierenden Positionen von ‚Norden' und ‚Süden' stehen hier im Dienst der These einer Perfektibilität des Menschen, die als eine zyklische ‚Nordung' des Bestehenden konzeptualisiert wird: Als Eingemeindung eines Nichtidentischen in die Ordnung des Identischen, dessen gewaltsames Moment durch den Mythos der Perfektibilität indes nur notdürftig verhüllt wird. So ist es auch kein Zufall, dass Mme

62 Staël 1998, 134–135.

63 Staël 1998, 136.

64 Staël 1998, 142–143.

65 Vgl. die Differenzierung römischer *ratio* und griechischer Leidenschaft: „C'étoit un peuple, dont la puissance consistoit dans une volonté suivie, plutôt que dans l'impétuosité de ses passions. Il falloit le persuader par le développement de la raison, et le contenir par l'estime. Plus religieux que les Grecs, quoique moins fanatique, plus obéissant aux autorités politiques, moins enthousiaste [...], il n'étoit jamais privé de l'exercice de sa raison" (Staël 1998, 92).

de Staël sich entschieden gegen die Annahme wendet, die Ägypter seien die Lehrmeister der Griechen gewesen. Denn ein ‚südlicher' Ursprung der griechischen Literatur, eine Entstehung aus einer vorgängigen Kultur also, würde Mme de Staëls Ordnungsschema den Boden entziehen. Im Ursprung erwiese sich der Norden als Süden, eine Erwägung, die sie entschieden zurückweist:

> On peut considérer les Grecs, relativement à la littérature, comme le premier peuple qui ait existé : les Egyptiens qui les ont précédés ont eu certainement des connoissances et des idées, mais l'uniformité de leurs règles les rendoit, pour ainsi dire, immobiles sous les rapports de l'imagination ; les Egyptiens n'avoient point servi de modèles à la poésie des Grecs ; elle étoit en effet la première de toutes[66].

Die Tilgung des Südens im Ursprung ist Reflex einer metaphysischen Reduktion, mittels dessen dem ungerichteten Spiel der Kräfte eine Teleologie unterlegt wird, welche im Mythos von der Bezähmung des Nordens nur zu bildhafter Anschaulichkeit gelangt.

Mme de Staëls Nord-Süd-Modell kann als Projektion der Problematik von *imagination active* und *imagination passive*, von vernunftgesteuerter und autonomer Imagination gelesen werden. Die Barbareninvasion veranschaulicht modellhaft die Möglichkeit einer Unterordnung der *imaginatio* unter die Ordnung der Vernunft, aus der, so Mme de Staël, eine neuzeitliche Disposition der *pensée* habe hervorgehen können. Prekär wird das Modell allerdings, wenn man nach der Entstehung dieses die *imaginatio* bezähmenden Willens fragt. Die Dynamik der Setzung und der Auflösung von Identitäten wird hier auf das Problem der autogenen Konstituierung einer Ordnung des Identischen transparent. Erst eine letzte Metamorphose des Nord-Süd-Schemas rückt diese Leerstelle in Mme de Staëls Werk in den Blick. Von wahrhaft unbefangener Naivität appliziert Mme de Staël ihr Modell auf die französische Revolution. Sie entwirft diesen heimlichen Fluchtpunkt ihres Buchs als Iteration der Barbareninvasion, die eine Verjüngung der distinguierten, doch verweichlichten Klasse der Adligen durch das Volk in Aussicht stellt. Allerdings fehle, so erläutert die Autorin, zur vollständigen Versöhnung ein wesentliches Moment:

> Heureux si nous trouvions, comme à l'époque de l'invasion des peuples du nord, un système philosophique, un enthousiasme vertueux, une législation forte et juste, qui fût, comme la religion chrétienne l'a été, l'opinion dans laquelle les vainqueurs et les vaincus pourroient se réunir ![67]

Dass der Bezähmung des nördlichen Willens durch das Christentum ein voluntaristisches Moment eignet; dass womöglich nicht das Christentum den Norden be-

[66] Staël 1998, 48.
[67] Staël 1998, 138.

zähmt habe, sondern vielmehr das Christentum selbst, ähnlich wie Mme de Staëls Traum einer „législation forte et juste", nachträglich ‚gefunden' wurde; dass das Christentum mithin selbst die Verhüllung eines ursprünglichen Willens zur Macht sein könnte, ist eine Konsequenz, die Mme de Staël – dies kann kaum überraschen – nicht zieht.

Mme de Staël dürfte kaum im Sinn gehabt haben, in *De la littérature* eine Geschichte subjektiver Selbstermächtigung – oder eine Phantasie subjektiver Selbstermächtigung – zu entwerfen. Dass ihr dies dennoch gelungen ist, mag in einer Dialektik begründet sein, die *imaginatio* als eine performative Kraft der Sinnkonstitution kennzeichnet. In den semantischen Verschiebungen, die Mme de Staëls Text charakterisieren, wird nur allzu offenkundig, dass die Verdichtung zur stabilen Figur des neuzeitlich-rationalen Menschen und die Verhüllung seines Ursprungs untrennbar aufeinander verwiesen sind. Die Differenz von *imagination passive* und *imagination active*, die Mme de Staëls Modell als Sinnschema zugrunde liegt, erweist hier eine konstitutive Instabilität: In einer dem reflexiven Zugriff letztlich unverfügbar bleibenden Bewegung der Entgrenzung und der Selbstbeschränkung konstituiert sich eine moderne Subjektivität in temporären Figuren, deren Kontingenz nur im Mythos von der Perfektibilität aufgefangen werden kann. Der Verlust des Nichtidentischen ist hier gleichsam vorgesehen, wenn Mme de Staël *ratio* als eine in ihrem Wesen melancholische, d. h. durch einen irreversiblen Weltverlust gezeichnete Instanz der subjektiven Selbstkonstitution entwirft. Das Problem des Weltverlusts klang auch in den bislang betrachteten Modellen des *âge classique* an – besonders eklatant im cartesischen *balneum diaboli*, aber auch in Condillacs Axiom des Sündenfalls als einer ursprünglichen Entzweiung des Subjekts, aus der ein nur unvollkommener Modus der Erkenntnis hervorgehen kann. Aus dieser Prämisse ergab sich aber in deren Anthropologie nicht schon eine melancholische Disposition des Bewusstseins selbst. Implizite Prämisse dieser Autoren ist vielmehr, dass die Kluft zwischen Welt und Bewusstsein durch eine subjektive Rekonstruktion der Wirklichkeit überbrückt werden könne. Für Mme de Staël hingegen prägt sich die Melancholie dem Denken ein; ihr dürfte das Verdienst zukommen, die melancholische Disposition der *pensée* zwar nicht theoretisch fundiert, ihr aber in ihrem Nord-Süd-Modell eine eingängige Semantik erschlossen zu haben, die nicht allein die melancholischen Landschaften der romantischen Dichtung prägt, sondern noch in Baudelaires Werk ihre Spuren hinterlässt[68].

[68] Melancholie erfährt bereits im späten 18. Jahrhundert als Moment der Bewusstseinskonstitution verstärkte Aufmerksamkeit. So rückt etwa Diderot in seinem *Salon de 1765* den topischen Zusammenhang von melancholischer Disposition und künstlerischem Genie in den Blick: „Méfiez-vous de ces gens qui ont leurs poches pleines d'esprit et qui le sèment à tout propos. Ils n'ont pas le démon ; ils ne sont pas tristes, sombres[,] mélancoliques et muets ; ils ne sont jamais ni gauches ni bêtes. Le pinson, l'alouette, la linotte, le serin jasent et babillent

De la littérature entwirft das anthropologische Modell einer ‚modernen' Subjektivität im Spannungsfeld von Identischem und Nichtidentischem. Dabei erweist sich Selbstbezüglichkeit als Grundbedingung des menschlichen Wesenskerns und zugleich als Reflex der auch in der Romantik ungelöst bleibenden Frage nach der Möglichkeit subjektiver Selbstkonstitution. Die semantischen Verschiebungen, die das Werk kennzeichnen, markieren indes eine Leerstelle des Wissens, deren imaginative Besetzung als Desiderat ersten Ranges erscheinen muss. Denn vor dem Hintergrund des melancholischen Weltverlusts wird die Verfügbarkeit der Welt prekär. Mehr noch: Die Kluft von Welt und Bewusstsein schreibt sich dem Subjekt als ein in das subjektive Innen eingetragenes Außen ein. Wenn die nördliche Melancholie in der Figur des Todes ihren bevorzugten Gegenstand findet, so wird deutlich, dass sie im Weltverlust implizit den Verlust des Selbst beklagt. Dieser Aspekt deutet sich bereits in *De la littérature* an, wenngleich dort die dialektische Beziehung von Selbst- und Weltverlust unreflektiert bleibt. Brisant wird er indes in *De l'Allemagne*, einem zehn Jahre nach *De la littérature* erstmals erschienenen Werk, in dem die anthropologische Konstellation auf ihre semiotischen Implikationen transparent wird.

Wenn sich die Differenz von Welt und Bewusstsein dem Bewusstsein einschreibt, so kontaminiert sie die subjektive Identität mit einer entzogenen Alterität. Vergewisserung kann fortan nur im – und als – Entzug des Selbst denkbar sein. Dem Entzug entspricht ein emphatisch akzentuiertes Begehren nach einer Wiedergewinnung des Verlorenen, das sich um so stärker artikulieren muss, je entschiedener die Kluft zwischen Identität und Alterität affirmiert wird. Das Konzept des Erhabenen ist die Fixierung und das Vergessen dieser Differenz. Ein kurzer Blick auf *De l'Allemagne* soll genügen, diesen im Folgenden genauer entfalteten Konnex zu erschließen[69]. In dieser Schrift tritt, inspiriert durch A. W. Schlegels Unterscheidung klassisch vs. romantisch[70], das Nord-Süd-Schema in den Dienst des Vergleichs der ‚klassischen' Literatur Frankreichs und der ‚romantischen' Literatur Deutschlands. Ausgangspunkt der Differenzierung ist, wie Mme de Staël erläutert, eine tiefgreifende Differenz in der jeweiligen Modellierung des Weltbezugs:

tant que le jour dure, le soleil couché, ils fourrent leur tête sous l'aile et les voilà endormis. C'est alors que le génie prend sa lampe et l'allume, et que l'oiseau solitaire, sauvage, inapprivoisable, brun et triste de plumage, ouvre son gosier, commence son chant, fait retentir le bocage et rompt mélodieusement le silence et les ténèbres de la nuit" (Diderot 1984, 47). Dennoch bleibt die Melancholie bis ins letzte Drittel des Jahrhunderts offenbar dominant negativ konnotiert (vgl. Faroult 2005). Erst gegen Ende des Jahrhunderts setzt eine zögernde Aufwertung der Melancholie in ihrer ‚süßen' Variante ein: Die „douce mélancolie" bezeichnet, anders als ihr ‚bitteres' Gegenstück, einen Zustand der *rêverie*, eines Typus der melancholischen Introspektion, die sich an den eigenen Bildern erfreut. Eben dieser Typus einer natürlichen, nichtpathologischen Form der Melancholie erhält auch Eingang in Mme de Staëls Schriften.

69 Vgl. zum Erhabenen auch die ausführlicheren Ausführungen Kap. III.2.

70 Vgl. Zelle 1995, 279.

> On pourrait dire avec raison que les Français et les Allemands sont aux deux extrémités de la chaîne morale, puisque les uns considèrent les objets extérieurs comme le mobile de toutes les idées, et les autres, les idées comme le mobile de toutes les impressions[71].

Die suggerierte Umkehrbarkeit der Erkenntnismodelle ist jedoch problematisch: Sind für die „Français" die „objets extérieurs" Ursprung der „idées", so sind bei den „Allemands" die „idées" nicht Ursprung äußerer Objekte, sondern lediglich der „impressions". Die Möglichkeit eines Objektverlusts, die sich schon bei Condillac abzeichnete, ist hier mitbedacht. Sie schreibt dem binären Modell ein Ungleichgewicht ein, das die von Mme de Staël behauptete Opponierbarkeit von ‚Norden' und ‚Süden' dementiert. In ihr artikuliert sich eine semiotische Ambivalenz, die gerade auch in der französischen Sprachtheorie der Jahrhundertwende zur Geltung kommt und, folgt man M. Foucault, das moderne ‚Opakwerden' des Zeichens ankündigt: die Frage nämlich, ob *idées* Entsprechungen der Gegenstände oder aber lediglich in arbiträrer Weise den Gegenständen zugeordnet seien. Die Distinktion von Norden und Süden ist mithin *auch* eine Projektion der bei Condillac offen gebliebenen Frage, wie angesichts des Zwiespalts im Zeichen selbst, angesichts der Tatsache also, dass ihm der Objektverlust immer schon eingeschrieben ist, Bedeutung überhaupt gedacht werden kann.

Zur Begründung dieses Zwiespalts bemüht Mme de Staël einmal mehr die christliche Religion, deren Aufkommen die Bedeutung einer als lesbar begriffenen Wirklichkeit in ein Jenseits signifikanter Materialität entrückt:

> La nature, que les anciens avoient peuplé d'êtres protecteurs qui habitoient les forêts et les fleuves, et présidoient à la nuit comme au jour ; la nature est rentrée dans sa solitude, et l'effroi de l'homme s'en est accru. La religion chrétienne, la plus philosophique de toutes, est celle qui livre le plus l'homme à lui-même[72].

Ist hier Objektverlust als Setzung von Differenz konstatiert und damit fixiert, so entspricht der Einschreibung der Kluft die Frage, wie angesichts des Entzugs ein Transzendieren der signifikanten Materialität auf eine Bedeutung möglich sein kann. Es ist vor diesem Hintergrund kein historischer Zufall, dass mit Melancholie zugleich Erhabenheit als Signum der *imagination septentrionale* in den Blick tritt[73]; in der Relationsfigur aus Nördlichkeit, Melancholie und Erhabenheit konstelliert sich ein ‚modernes' Modell der Repräsentation: „L'imagination de l'homme du nord s'élance au-delà de cette terre dont ils habitoient les confins ; elle s'élance à

71 Staël 1968a, 46.

72 Staël 1998, 184.

73 Damit ist natürlich nicht gesagt, das Erhabene habe in die Ästhetik des *âge classique* nicht Eingang gefunden. Das Erhabene ist vielmehr, wie C. Zelle in seiner umfassenden Studie zeigt, seit den Anfängen der klassizistischen Kunsttheorie in Frankreich als dessen Gegenmodell bedacht (vgl. Zelle 1995).

travers les nuages qui bordent leur horizon, et semblent représenter l'obscur passage de la vie à l'éternité"[74]. „[L]'obscur passage" ist ein Raum des Übergangs aus irdischer Zeitgebundenheit in ein zeitenthobenes Absolutes. Er gelangt als eine Vertiefung der Kluft, die die Immanenz von der Transzendenz scheidet, und als Figur eines Ausgreifens auf ein Unverfügbares zur Reflexion. Idealtypisch ist dabei die Erfahrung des Erhabenen an *imaginatio* gebunden und, vor dem Hintergrund des Modells einer den Weltverlust codierenden *imagination septentrionale*, als Einlösung des Begehrens, *imaginatio* durch *imaginatio* zu überschreiten, modelliert.

Mme de Staëls Modell des Erhabenen reflektiert die bei Condillac suspendierte Frage nach der Kluft zwischen Immanenz und Transzendenz und, im Zuge dessen, das diffizile Verhältnis von Repräsentation und Performanz in einer neuen Weise. *Imaginatio* tritt dabei als diejenige Instanz in Erscheinung, der angetragen wird, eine Differenz zu überwinden; im Zeichen einer problematisch werdenden Subjektivität ist die imaginative Grenzüberschreitung dabei zugleich als Modus subjektiver Selbstvergewisserung bedacht[75]. Semiotisch gewendet meint die Kluft einen Verlust der Bedeutung, die im imaginativen Akt – hierin ist das Modell des Erhabenen den Imaginationstheorien der Aufklärung verpflichtet – weniger geschaffen denn erreicht werden muss. Bedeutung bleibt mithin auch in Mme de Staëls Modell nicht transzendental unbehaust, sondern resultiert aus einer Rückbindung an die göttliche Transzendenz, die in der Erfahrung des Erhabenen zur Evidenz gelangt. Die Vermittlung von Körperlichem und Geistigem, von Sinnlichem und Übersinnlichem, wird angesichts der zuvor eingezeichneten Kluft zwar als notwendig, doch auch als möglich angesehen. Eben dies – dass diese ‚Kluft' in einer für die Romantik offenbar typischen Weise[76] eine metaphysische Reduktion erfährt – schreibt

[74] Staël 1998, 179. Angekündigt ist dieser in *De l'Allemagne* verstärkt in den Blick rückende Aspekt auch, wenn Mme de Staël in *De la littérature* unter Berufung auf Kant *imaginatio* die Fähigkeit zuschreibt, die Grenzen des Gegebenen zu überschreiten: „Le célèbre métaphysicien allemand, Kant, en examinant la cause du plaisir que font éprouver l'éloquence, les beaux arts, tous les chefs-d'œuvre de l'imagination, dit que ce plaisir tient au besoin de reculer les limites de la destinée humaine ; ces limites qui resserrent douloureusement notre cœur, une émotion vague, un sentiment élevé les fait oublier pendant quelques instants ; l'ame se complaît dans la sensation inexprimable que produit en elle ce qui est noble et beau ; et les bornes de la terre disparoissent quand la carrière immense du génie et de la vertu s'ouvre à nos yeux. En effet, l'homme supérieur ou l'homme sensible se soumet avec effort aux loix de la vie, et l'imagination mélancolique rend heureux un moment, en faisant rêver l'infini" (Staël 1998, 357).

[75] Vgl. die Überlegungen zum *enthousiasme*: „Dès que l'homme se divise au dedans de lui-même, il ne sent plus la vie que comme un mal, et si de tous les sentiments l'enthousiasme est celui qui rend le plus heureux, c'est qu'il réunit plus qu'aucun autre toutes les forces de l'âme dans le même foyer" (Staël 1968b, 311).

[76] Vgl. Penzenstadler 2000, 90; 111; 113; 117; 126.

dem Modell eine grundlegende Ambivalenz ein, die zu einer doppelten Argumentationslinie führt: Einerseits ist das Göttliche, das in Gestalt eines „divin dans le cœur de l'homme“[77] zugleich ein subjektives Innen meint, als radikal Entzogenes gedacht, das als Mysterium in der Natur gleichsam inszeniert, nicht aber expliziert ist; andererseits bildet gerade auch die Natur eine Sprache, die, übersetzt in die dichterische Sprache, vorzüglich geeignet ist, das Entzogene zur Vorstellung zu bringen – „dégager le sentiment prisonnier au fond de l'âme“[78], wie Mme de Staëls berühmte Formel lautet. In dieser doppelten Argumentation erweist sich das Modell als Variante der von Derrida entworfenen Doppelfigur aus Logos und Stimme. Unter Ausblendung des Signifikanten – „Le véritable poète conçoit [...] son poème [...] au fond de son âme : sans les difficultés du langage [...]“[79] – wird eine unmittelbare Präsenz des Transzendenten in der Stimme behauptet *und* dementiert: Die Affirmation der Zeichenhaftigkeit des entzogenen Innen fokussiert eine von der Ebene der Prädikation kategorial verschiedene Ebene des Semiotischen[80], doch diese Ebene kann vermittels der Bilder der Natur semantisch aufgefüllt werden:

> [P]ourquoi [...] l'intelligence suprême, qui a formé la nature et l'âme, n'aurait-elle pas fait de l'une l'emblème de l'autre ? Ce n'est point un vain jeu de l'imagination que ces métaphores continuelles, qui servent à comparer nos sentiments avec les phénomènes extérieurs, la tristesse, avec le ciel couvert de nuages, le calme, avec les rayons argentés de la lune, la colère, avec les flots agités par le vent ; c'est la même pensée du créateur qui se traduit dans les deux langages différents[81].

Voraussetzung dieser Konfiguration – und damit der vielbeschworenen Aufwertung der *imaginatio* in der Romantik – ist die Bildwerdung der Natur, ein Aspekt, den Mme de Staël mit dem Hinweis auf deren emblematischen Charakter unterstreicht:

> La nature a revêtu l'infini des divers symboles qui peuvent le faire arriver jusqu'à nous : la lumière et les ténèbres, l'orage et le silence, le plaisir et la douleur, tout inspire à l'homme cette religion universelle dont son cœur est le sanctuaire[82].

Die doppelte Argumentationslinie prägt sich gerade auch in der Frage nach der Transparenz des Zeichens aus. Die Bilder der *imaginatio* werden zu Indices eines

77 Staël 1968a, 206.
78 Staël 1968a, 206.
79 Staël 1968a, 208.
80 „Une seule voix sans parole, mais non pas sans harmonie, sans force, mais irrésistible, proclame un Dieu au fond de notre cœur“ (Staël 1968b, 102).
81 Staël 1968b, 167.
82 Staël 1968b, 239.

Entzogenen, einer „profondeur [...] revêtue d'images"[83], wie Mme de Staël anschaulich formuliert; so kommt es zu dem scheinbaren Paradox, dass das Zeichen opak wird, doch gerade *in* seiner Opazität verweist: „[L]e vague de l'imagination correspond à l'obscurité de la pensée"[84].

‚Norden', dies meint bei Mme de Staël eine bewusst gemachte Differenz und ein Begehren nach deren Aufhebung. Die boreale *imaginatio* ist Movens eines Transzendierens des Irdischen, insofern sie als Dispositiv melancholischer Semiose eine *obscuritas* zur Darstellung bringt, die ihrerseits zeichenhaft einsteht für einen Verlust und mithin, dialektisch gewendet, für eine ursprüngliche Fülle. Die Dialektik des Erhabenen erweist sich in dieser Perspektive als Reflex eines Brüchigwerdens der Repräsentation, deren Anspruch auf Präsenz nurmehr mit dem Verweis auf eine Selbstdarstellung des Absoluten im Spiel der Repräsentationen eingelöst werden kann.

5.3 *Une femme selon mes désirs*. François René de Chateaubriand, *René*

Ein traditioneller Typus der Imaginationsallegorie findet sich in Chateaubriands *René*. Die kurze, der Erstausgabe des *Génie du christianisme* (1802) beigefügte Erzählung gilt als paradigmatische Darstellung romantischer Subjektivität[85]. Renés Hang zu absoluter Gesellschaftsferne, sein unbewusst-inzestuöses Liebesverlangen und seine aus metaphysischen Horizonten entbundene Hingabe an *rêverie* und *contemplation* wurden als zentrale semantische Merkmale dieses Subjektivitätstypus genannt[86]; individuelle Identität im Sinne von Anders-Sein, Bewusstheit dieses Anders-Seins sowie ein Verzicht auf pragmatisches Suspendieren dieser Bewusstheit[87], Einzigartigkeit, Absolutheit und Nicht-Relationierbarkeit wurden, allgemeiner gesprochen, als basale Qualitäten der solchermaßen konzipierten Subjektivität geltend gemacht[88]. Diese Subjektivität nun – hierin liegt das Interesse der Schrift für die weiteren Betrachtungen – ist engstens bezogen auf *imaginatio*, die als subjektkonstitutive Kraft in Erscheinung tritt. Der aufklärerische Imaginationsdiskurs unterlegt freilich auch dieser Erzählung fundierende Schemata; doch die bislang latenten Aporien dieses Diskurses werden in einer noch nicht gekannten Prägnanz literarisch ausagiert. Nicht zuletzt darum ist das von Chateaubriand inaugurierte

83 Staël 1968a, 207.
84 Staël 1968b, 75.
85 Vgl. Küpper 1988. Vgl. zur Modellierung von Subjektivität bei Chateaubriand auch Matzat 1990, 90–98; Wehle 1998, 921–937.
86 Vgl. Küpper 1988, 137.
87 Vgl. Küpper 1988, 137.
88 Vgl. Küpper 1988, 138.

literarische Paradigma bis hin zu Baudelaires Entwürfen der *imaginatio* modellbildend.

René ist strukturell wie inhaltlich eng mit dem Kapitel zum *vague des passions* im *Génie du christianisme* verknüpft. In der Erstausgabe folgt es diesem Kapitel unmittelbar, und zwar als Exempel des dort entworfenen *état d'âme*. Es ist angebracht, sich dessen Grundzüge und deren semiotische Implikationen zunächst zu vergegenwärtigen. Chateaubriand entwirft in *Le vague des passions* eine moderne Konfiguration selbstbezüglicher Innerlichkeit:

> Il reste à parler d'un état de l'âme, qui, ce nous semble, n'a pas encore été bien observé ; c'est celui qui précède le développement des passions, lorsque nos facultés, jeunes, actives, entières mais renfermées, ne se sont exercées que sur elles-mêmes, sans but et sans objet. Plus les peuples avancent en civilisation, plus cet état du *vague* des passions augmente ; car il arrive alors une chose fort triste : le grand nombre d'exemples qu'on a sous les yeux, la multitude de livres qui traitent de l'homme et de ses sentiments, rendent habile sans expérience. On est détrompé sans avoir joui ; il reste encore des désirs, et l'on n'a plus d'illusions. L'imagination est riche, abondante et merveilleuse ; l'existence pauvre, sèche et désenchantée. On habite, avec un cœur plein, un monde vide ; et, sans avoir usé de rien, on est désabusé de tout[89].

Chateaubriands *vague des passions* konstituiert sich als imaginativ-imaginäre Fülle angesichts einer leeren Welt. Ein Gegenstand und ein Ziel kommen ihm nicht zu; „expérience", Weltbezug, fehlt dem desillusionierten Begehren der in sich verschlossenen Innerlichkeit. Der Mangel setzt nun ein selbstbezügliches Spiel der Fakultäten ins Werk. Indem dieses die Absenz des Begehrten gleichsam ex negativo zur Darstellung bringt, wird es, ähnlich wie das Spiegelspiel Meisters und Mme de Staëls melancholische Semiose, selbst zum Index des Abwesenden.

Aus der Absenz erwächst Melancholie. Dem vom *vague des passions* geplagten, des Lebens überdrüssigen jungen Leidenden ist der Rückzug aus weltlichem Leben nicht verstattet; in mundanem, doch einsamem Dasein erzeugt seine Imagination Chimären und eine „coupable mélancolie":

> [D]e nos jours, quand les monastères, ou la vertu qui y conduit, ont manqué à ces âmes ardentes, elles se sont trouvées étrangères au milieu des hommes. Dégoûtées par leur siècle, effrayées par leur religion, elles sont restées dans le monde, sans se livrer au monde : alors elles sont devenues la proie de mille chimères ; alors on a vu naître cette coupable mélancolie qui s'engendre au milieu des passions, lorsque ces passions, sans objet, se consument d'elles-mêmes dans un cœur solitaire[90].

Das Sich-Verschließen des Ich angesichts einer degoutanten Welt markiert den Beginn einer melancholischen Semiose. *Repraesentatio* ist dabei an ihre Grenze geführt: Die imaginativ hervorgebrachte Bilderflut verweist nurmehr auf die Abwe-

89 Chateaubriand 1978, 714.
90 Chateaubriand 1978, 716.

senheit eines Referenten. Sie bringt in überbordender Produktivität gerade die von ihr ausgeschlossene Leere der Welt zur Darstellung. Negativität ist den Bildern gleichsam als Kehrseite der Abundanz des Imaginativen eingezeichnet; eine Negativität, die allerdings bei Chateaubriand an die Positivität einer – wenn auch „entleerten" – Welt zurückgebunden bleibt: Gerade aus der *obscuritas* bezieht auch hier das Zeichen eine prekäre Transparenz. Die Negativität des subjektiven Wesenskerns ist, ähnlich wie bei Mme de Staël, in einer Repräsentation zweiten Grades darstellbar. Zu bildhafter Konkretion gelangt sie in der Allegorie der Melancholie: Die Formel „on a vu naître cette coupable mélancolie" postuliert ein unverfügbares Zentrum „au milieu des passions", das sich im melancholischen Subjekt gleichsam als Reflex der auf die Abwesenheit eines Referenten verweisenden Bildwelten formiert. In reflexiver Doppelung trägt sich die Grenze von Welt und Bewusstsein, die der „vague des passions" modelliert, als Grenze des Symbolischen und seines Anderen in den subjektiven Innenraum ein: In Gestalt der Melancholie erhebt sich das entzogene Außen im Ich als Figur des Negativen[91].

Le génie du christianisme formuliert den für die Folgezeit topisch werdenden Gedanken der Unhintergehbarkeit einer melancholischen Disposition des Menschen[92]. Dieser Befund einer melancholischen Grundverfassung ‚moderner' Subjektivität lässt sich auch bei Chateaubriand als Beginn der semantischen Erschließung einer Leerstelle des Wissens deuten, die einen entzogenen subjektiven Wesenskern betrifft. Das Werk entwirft eine negative Anthropologie, die diesen Wesenskern in einer Bedürfnisstruktur verortet und daraus eine konstitutive Dezentriertheit des Subjekts herleitet. Paradigmatisch für die Romantik ist dieser Entwurf einer dezentrierten Subjektivität, die im „choc perpétuel [...] entre son entendement et son désir, entre sa raison et son cœur"[93], wie Chateaubriand an

[91] Chateaubriands Modellierung der Melancholie reproduziert damit eine allegorische Struktur, die den Melancholiediskurs über Jahrhunderte hinweg prägte; vgl. Wagner-Egelhaaf 1997, 17: „Von Anfang an [...] ist die Melancholie als materialisiertes Bild eines unzugänglichen Innen ein allegorisches Konstrukt, dessen signifikante Vergegenständlichung ein Innen seiner Bedeutung konfiguriert". Melancholie erscheint dabei als Allegorie der Grenze von Welt und Bewusstsein. Mit einigem Recht sieht M. Wagner-Egelhaaf darum in der personifizierten Melancholie eine Allegorie zweiten Grades: „Melancholie ist [...] nicht nur *eine* Allegorie (unter vielen anderen), sondern aufgrund ihrer diskursiven, an der Leitkategorie des Körpers sich bemessenden Formierung eine Verkörperung des allegorischen, Körperliches und Geistiges zusammenspannenden Repräsentationsprinzips selbst" (Wagner-Egelhaaf 1997, 17). Nachgewiesen hat diese Struktur erstmals J. Starobinski am Beispiel des Rondeau bei Charles d'Orléans (vgl. Starobinski 1963); im Anschluss an Starobinski rekonstruiert sodann auch Stierle die melancholische Konstitution eines Ich-Bewusstseins aus der bei Starobinski festgehaltenen ursprünglichen Spaltung und profiliert die Affinitäten dieses Paradigmas zur modernen Lyrik (Stierle 1995).

[92] Vgl. Grimm 1991, 42.

[93] Chateaubriand 1978, 534.

anderer Stelle schreibt, über sich hinausgetrieben wird und gerade darin zu prekärer Identität gelangt: „la seule créature qui cherche au dehors, et qui n'est pas à soi-même son tout, c'est l'homme"[94].

Der von Chateaubriand anvisierte *génie du christianisme* erscheint in diesem Kontext nun nicht geradezu als ad-hoc-Hypothese, aber doch als ein ex post herangezogenes Begründungsmodell zur Erklärung einer letztlich universal gedachten *conditio humana*[95]. Die Entbindung der Anthropologie aus einem sündentheologischen Kontext – signifikanterweise ist die bei Pascal hervorgehobene Distinktion von *caritas* und *cupiditas* bei Chateaubriand weitgehend preisgegeben – sowie die Ästhetisierung der Religion können als Reflexe dieses allerdings latent bleibenden Aspekts begriffen werden. Die christliche Religion erfährt in diesem Kontext eine Ambiguisierung: Es ist unklar, ob der Sündenfall – als willentlicher Akt der Loslösung des Menschen von seinem Ursprung – oder aber ob das Christentum selbst die Ursache der den modernen Menschen kennzeichnenden Melancholie ist. Daher erscheint die christliche Religion bald als Auslöser, bald als Heilmittel der Melancholie[96] und reproduziert damit eine dem Konzept der Melancholie per se eignende Ambivalenz: Als Figur einer Verklammerung von ‚Innen' und ‚Außen' ist diese zugleich Figur der Differenz, die sie überbrücken soll.

René ist zweifellos das bekannteste Beispiel eines vom *vague des passions* heimgesuchten jungen Melancholikers. In ihm ist paradigmatisch ein ‚moderner' Subjektivitätstypus figuriert, dessen Selbstbegründung im Begehren eben jenen unverfügbaren Grund vor Augen führt, den Foucault für die Moderne geltend machte. Anders als etwa Mme de Staël reflektiert Chateaubriand auf diese Selbstbezüglichkeit. Sie ist für ihn der Ausgangspunkt einer zutiefst ungesicherten Subjektkonstitution, die ihrerseits zur Grundbedingung einer gebrochenen Repräsentation wird. Letztere kann auch im Erhabenen nicht mehr zu einer – und sei es temporären – Aufhebung gelangen; als Möglichkeit der Vergewisserung bietet sich nurmehr eine ‚profane' Erleuchtung, wie W. Benjamin die von Chateaubriand valorisierte moderne Verfallsstufe des Erhabenen – wenn auch nicht mit Blick auf diesen Autor – bezeichnete[97].

94 Chateaubriand 1978, 603–604.

95 Vgl. zur Funktionalisierung der christlichen Religion im Rahmen der in *Le génie du christianisme* entworfenen negativen Anthropologie Grimm 1991, 30.

96 Vgl. Grimm 1991, 31; 43.

97 Den Begriff der profanen Erleuchtung hat W. Benjamin in seinem Aufsatz *Der Sürrealismus* geprägt. Die profane Erleuchtung meint eine Sinnerfahrung vor dem Hintergrund eines irreparablen Verlustes metaphysischer Garantien. Sie ist die Erfahrung einer Evidenz des Sinnes, die nicht – mit Derrida gesprochen – Anlass zu einer metaphysischen Reduktion geben kann, darum auch nicht mit präsenzmetaphysischen Positionen verrechenbar ist, sondern die Alterität des Sinnes *als* solche in Erscheinung treten lässt; vgl. Benjamin 1991f.

René stellt eine narrative Entfaltung des in *Du vague des passions* entworfenen *état d'âme* dar. Die zentrale Passage des in die Einsamkeit zurückgezogenen jungen Helden ist eine Reprise der Ausführungen dort:

> « La solitude absolue, le spectacle de la nature, me plongèrent bientôt dans un état presque impossible à décrire. Sans parents, sans amis, pour ainsi dire seul sur la terre, n'ayant point encore aimé, j'étais accablé d'une surabondance de vie. Quelquefois je rougissais subitement, et je sentais couler dans mon cœur comme des ruisseaux d'une lave ardente ; quelquefois je poussais des cris involontaires, et la nuit était également troublée de mes songes et de mes veilles. Il me manquait quelque chose pour remplir l'abîme de mon existence : je descendais dans la vallée, je m'élevais sur la montagne, appelant de toute la force de mes désirs l'idéal objet d'une flamme future ; je l'embrassais dans les vents ; je croyais l'entendre dans les gémissements du fleuve ; tout était ce fantôme imaginaire, et les astres dans les cieux, et le principe même de la vie dans l'univers[98].

Dass es sich bei *René* um die narrative Inszenierung eines Seelendramas handelt, wurde – gemäß einer expliziten Lektüreanweisung zu Beginn der Erzählung – häufig gesehen. Mit dem Hinweis auf den geringen Unterhaltungswert seiner Geschichte verweigert René nämlich zunächst die Lebensbeichte: „René avait toujours donné pour motifs de ses refus, le peu d'intérêt de son histoire qui se bornait, disait-il, à celle de ses pensées et de ses sentiments"[99]. Ein Bericht über eine subjektive Innenwelt steht also zu erwarten. Allzu wörtlich ist diese Ankündigung allerdings nicht zu nehmen: Immerhin gehen dem *vague des passions* ausgedehnte Reisen nach Italien, Griechenland und Kaledonien voraus, die in einer lebensgefährlichen Besteigung des Ätna ihren Höhepunkt finden. So lässt sich René denn auch eigens auffordern, über seine Heimat zu berichten – „Tu nous as fait parcourir une partie de l'Europe, fais-nous connaître ta patrie"[100] –, um endlich zum Bericht des ‚eigentlichen' Seelendramas zu gelangen. Der ostentativ allegorische Gestus, der die geographischen Räume des Südens und des Nordens zur Projektionsfläche einer verdinglichten Zeit, die Reisen zum melancholischen *parcours*, den Vulkan – „qui brûle au milieu d'une île"[101], wie der Text überflüssigerweise bemerkt – zur Figur eines leeren Zentrums macht, mag erklären, weshalb der allegorischen Struktur der Erzählung meist eine eher geringe Aufmerksamkeit gewidmet wurde. Allzu offensichtlich beschreibt diese ja ‚anders-redend' das Itinerarium einer modernen, dezentrierten Subjektivität. Doch lässt sich dieser Befund gerade mit Blick auf das zugrunde liegende allegorische Diskursschema präzisieren: *René*, so die hier vertretene These, steht in der Tradition der Imaginatonsallegorien, die er freilich einer spezifisch modernen Transformation unterzieht. Expliziter als in Mme

[98] Chateaubriand 1969, 128–129.
[99] Chateaubriand 1969, 117.
[100] Chateaubriand 1969, 125.
[101] Chateaubriand 1969, 124.

de Staëls Modellierung borealer Imaginationen ist dabei das Vorstellungsvermögen als ein Prinzip subjektiver Selbstkonstitution in einer grundlegenden Ambivalenz entworfen: als ein trennend-verknüpfendes Vermögen, das in einer reflexiv unverfügbar bleibenden Selbstkonstitution das Subjekt auf negativem Grund in Erscheinung treten lässt. Eine Schlüsselszene des Werks kann als Figuration dieses Aspekts gelesen werden:

> La nuit, lorsque l'aquilon ébranlait ma chaumière, que les pluies tombaient en torrent sur mon toit, qu'à travers ma fenêtre je voyais la lune sillonner les nuages amoncelés, comme un pâle vaisseau qui laboure les vagues, il me semblait que la vie redoublait au fond de mon cœur, que j'aurais eu la puissance de créer des mondes. Ah ! si j'avais pu faire partager à une autre les transports que j'éprouvais ! O Dieu ! si tu m'avais donné une femme selon mes désirs ; si, comme à notre premier père, tu m'eusses amené par la main une Ève tirée de moi-même... Beauté céleste ! je me serais prosterné devant toi [...][102].

Renés *redoublement* in der Tiefe des Herzens entwirft die Urszene moderner Subjektivität: ein Begehren, die noch ungerichtete Bewegung des Lebens zu einer imaginären Gestalt zu verdichten, in dem das Ich als in seinem Anderen ein Spiegelbild fände. René artikuliert ein Begehren nach einer Trennung aus ursprünglicher Ungeschiedenheit, die *zugleich* mit der Trennung eine Verbindung setzen müsste: „Ah! si j'avais pu faire partager à une autre les transports que j'éprouvais!" Am Anfang ist nicht die Differenz, sondern eine Bewegung des Lebens, die als ihr eigenes generatives Prinzip zur Selbstüberschreitung drängt. Nicht auf den Sündenfall, sondern auf die Erschaffung Evas rekurriert denn auch der Text zum Entwurf des Gründungsmythos moderner Subjektivität; genauer wohl auf eine in der *Poétique du christianisme* angeführte Passage aus Miltons *Paradise lost*, in der Eva die ersten Momente ihres Lebens beschreibt:

> That day I oft remember, when from sleep
> I first awaked, and found myself reposed
> Under a shade of flowers, much wondering where
> And what I was, whence thither brought, and how.
> Not distant far from thence a murmuring sound
> Of waters issued from a cave and spread
> Into a liquid plain, then stood unmoved
> Pure as the expanse of heaven; I thither went
> With unexperienced thought, and laid me down
> On the green bank, to look into the clear
> Smooth lake, that to me seemed another sky.
> As I bent down to look, just opposite,
> A shape within the watery gleam appeared
> Bending to look on me, I started back,
> It started back, but pleased I soon returned,

[102] Chateaubriand 1969, 130.

Pleased it returned as soon with answering looks
Of sympathy and love; there I had fixed
Mine eyes till now, and pined with vain desire,
Had not a voice thus warned me, What thou seest,
What there thou seest fair creature is thyself,
With thee it came and goes: but follow me,
And I will bring thee were no shadow stays
Thy coming, and thy soft embraces, he
Whose image thou art, him thou shall enjoy,
Inseparably thine, to him shalt bear
Multitudes like thyself, and thence be called
Mother of human race: what could I do,
But follow straight, invisibly thus led?[103]

Eva figuriert eine paradoxe, auf entzogenem Grund sich konstituierende Subjektivität, deren eitle – im Sinne Condillacs: frivole – Bemühung um eine reflexive Selbstvergewisserung$_{453-467}$ alsbald durch göttliche Intervention unterbunden wird$_{467-476}$. Eva wird ihrem Ursprung und damit ihrer eigentlichen Bestimmung zugeführt, nämlich: der Unterordnung unter ihren Erzeuger:

> Toutefois ces créatures célestes [sc. Adam et Ève] diffèrent entre elles, ainsi que leurs sexes le déclarent : IL est créé pour la contemplation et la valeur ; ELLE est formée pour la mollesse et les grâces : Lui pour Dieu seulement ; Elle pour Dieu, en Lui[104].

Einmal mehr erhält hier die von Derrida herausgearbeitete Konfiguration aus Logos, Stimme und Schrift eine Anschauungsform, deren Instabilität allerdings gerade in der von Chateaubriand zitierten Szene der Bewusstwerdung Evas deutlich wird. Zweifellos bedürfte diese einer eigenen ausführlichen Analyse. Hier soll nur festgehalten werden, dass Chateaubriand die bei Milton vorgezeichnete Konstellation zu einer Grundfigur moderner Subjektivität ausarbeitet. Wenn die changierenden Positionen von *ratio* und *imaginatio*, die sich etwa auch in Mme de Staëls Oppositivsetzung von Norden und Süden ausprägten, bei Chateaubriand in der traditionellen Relationsfigur von Mann und Frau eine Entsprechung finden, so kippt dabei das Modell der *ratio*-dominierten *imaginatio*. *Imaginatio* und *ratio* werden einander wechselseitig zum Bezugshorizont, ohne dass dabei einem der beiden Pole Priorität zuzuerkennen wäre. Sie sind nicht mehr die Komplemente eines metaphysisch fundierten Ganzen, sondern enthüllen eine offenkundig als fatal empfundene Ähnlichkeit, die eine Komplementarität zum Ganzen je schon dementiert. Eine Figur erhalten sie in einer spezifisch ‚romantischen' Ausprägung

103 Milton 2005, 118; die entsprechende Stelle im *Génie du christianisme* findet sich Chateaubriand 1978, 654–656.

104 Chateaubriand 1978, 653.

der ‚klassischen' Imaginationsallegorie: der inzestuösen Beziehung zwischen René und seiner Schwester Amélie.

Das oben beschriebene nächtliche Unwetter findet zunächst eine Entsprechung in einem *état d'âme* in der atopischen Grauzone des Pascalschen ‚nulle part et partout'[105], mit dem hier allerdings keineswegs das Universum, sondern der widersprüchliche Ort des Subjekts gemeint ist:

> « Hélas ! j'étais seul, seul sur la terre ! Une langueur secrète s'emparait de mon corps. Ce dégoût de la vie que j'avais ressenti dès mon enfance revenait avec une force nouvelle. Bientôt mon cœur ne fournit plus d'aliment à ma pensée, et je ne m'apercevais de mon existence que par un profond sentiment d'ennui.
> « Je luttai quelque temps contre mon mal [...]. Enfin, ne pouvant trouver de remède à cette étrange blessure de mon cœur, qui n'était nulle part et qui était partout, je résolus de quitter la vie.
> « [...] J'étais plein de religion, et je raisonnais en impie ; mon cœur aimait Dieu, et mon esprit le méconnaissait ; ma conduite, mes discours, mes sentiments, mes pensées, n'était que contradiction, ténèbres, mensonges[106].

Der Nacht des Geistes entspringt nun in der Tat der Gegenstand des Begehrens. Das „fantôme imaginaire"[107], das Renés *vague des passions* schemenhaft entwirft, erhält in der engelsgleichen Amélie eine Figur. Sie, die Schwester, erscheint als Konkretisierung des Imaginären im Zeichen des Begehrens, als Doppel des Ich[108] und „la seule personne au monde que j'eusse aimée"[109]. Zugleich ist sie, wie der Text mehrfach vermerkt, das zuvor schon Dagewesene: die an die Stelle der verstorbenen Mutter tretende Begleiterin, die den jungen Helden seit seiner Geburt behütet hat: „c'était presque une mère"[110], bemerkt René, und auch Amélie erinnert an die gemeinsame Kindheit: „moi, qui ai vu naître tes premiers sentiments"[111]; „A peine plus âgée que vous, je vous balançais dans votre berceau ; souvent nous

[105] Vgl. erneut Pascals *Pensées*: „Tout le monde visible n'est qu'un trait imperceptible dans l'ample sein de la nature. Nulle idée n'en approche; nous avons beau enfler nos conceptions au-delà des espaces imaginables, nous n'enfantons que des atomes, au prix de la réalité des choses. C'est une sphère infinie dont le centre est partout, la circonférence nulle part. Enfin c'est le plus grand caractère sensible de la toute-puissance de Dieu que notre imagination se perde dans cette pensée" (Pascal 2000, 608–609).

[106] Chateaubriand 1969, 130–131.

[107] Chateaubriand 1969, 129.

[108] Vgl. Chateaubriand 1969, 119 („Une douce conformité d'humeur et de goûts m'unissait étroitement à cette sœur"); 120 („[N]ous avions tous les deux un peu de tristesse au fond du cœur : nous tenions cela de Dieu ou de notre mère"); 133 („elle était comme moi, [...] elle ne savait pas ce qu'elle avait"); auf die Ähnlichkeiten der Geschwister weist W. Wehle hin (Wehle 1998, 932).

[109] Chateaubriand 1969, 131.

[110] Chateaubriand 1969, 132.

[111] Chateaubriand 1969, 132.

avons dormi ensemble"[112]. Sie ist Figur der dem Bewusstsein vorgängigen *imaginatio* und damit *zugleich* Figur des Begehrens: „ce fantôme imaginaire"[113], „les astres dans les cieux"[114], „le principe même de la vie dans l'univers"[115] erhalten in ihr eine Gestalt. Sie ist aber *auch* die aus dem Begehren erzeugte Figur selbst: das imaginative Prinzip der Subjektkonstitution *und* dessen Verdichtung zur imaginativen Gestalt; das Vermögen der Hervorbringung phantasmatischer Entwürfe *und* der Entwurf selbst.

Die so vollzogene Ineinanderblendung von Prinzip und Telos kann freilich, so die Botschaft des Textes, nicht stabil sein. Zwar führt die Schwester eine prekäre Identität innerhalb des durch die christliche Religion ins Spiel gebrachten normativen Bezugshorizontes herbei – immerhin nimmt sie ihrem Bruder den Schwur ab, sich nicht das Leben zu nehmen. Doch René ist letztlich nicht imstande, der performativen Bewegung der Subjektkonstitution eine Selbstvergewisserung abzugewinnen. „[S]i votre projet est de paraître à l'autel le jour de ma profession, daignez m'y servir de père ; ce rôle est le seul digne de votre courage, le seul qui convienne à notre amitié"[116]: Die von Amélie eingeforderte Rolle des Urhebers vermag René signifikanterweise nicht zu übernehmen. Er ist Urheber *und* Produkt der *imaginatio*, wie diese Prinzip *und* Telos seines Begehrens ist. In dieser Konfiguration erweist sich die Subjektkonstitution aber als ein quasi im Ursprung scheiterndes Unternehmen.

Die Frage nach der Möglichkeit einer Selbstbegrenzung angesichts des Strebens nach Selbstüberschreitung findet in *René* keine abschließende Lösung. Die Emergenz des Subjekts aus negativem Grund bleibt reflexiv unverfügbar. Doch greift die Erzählung gerade *nicht* auf die christliche Religion zurück, um die daraus resultierende Aporie in metaphysischer Fundierung aufzufangen. Die Frage nach der Möglichkeit der Konstituierung einer stabilen Identität bleibt – gerade auch angesichts der ganz unterschiedlichen Bewertung des Erzählten durch die beiden Zuhörer – ungelöst. So schließt Chactas, der blinde indianische Adoptivvater Renés, die Erzählung mit einem als *mise en abyme* zu verstehenden Bild: einer Variante des bereits bei Meister begegnenden Motivs des überbordenden Flusses:

> « Un jour le Meschacebé, encore assez près de sa source, se lassa de n'être qu'un limpide ruisseau. Il demande des neiges aux montagnes, des eaux aux torrents, des pluies aux tempêtes, il franchit ses rives, et désole ses bords charmants. L'orgueilleux ruisseau s'applaudit d'abord de sa puissance ; mais voyant que tout devenait désert sur son passage ; qu'il coulait, abandonné dans sa solitude ; que ses eaux étaient toujours troublées, il regretta l'humble lit que lui avait

[112] Chateaubriand 1969, 135.
[113] Chateaubriand 1969, 129.
[114] Chateaubriand 1969, 129.
[115] Chateaubriand 1969, 129.
[116] Chateaubriand 1969, 137–138.

> creusé la nature, les oiseaux, les fleurs, les arbres et les ruisseaux, jadis modestes compagnons de son paisible cours[117].

Unnötig ist es, den Verlust vorgängiger naturhafter oder kultureller Ordnungen weiter auszuleuchten, der Renés *ennui* textuell plausibiliert. Für den hier betrachteten Zusammenhang genügt es, anhand dieses Beispiels den romantischen Modus einer imaginativ fundierten Subjektkonstitution darzustellen. Die imaginative Selbstüberschreitung der *imaginatio* ist in *René* in ihrer grundsätzlichen Ambivalenz entworfen: als eine Ineinanderblendung von Prinzip und Telos, die im Skandalon der inzestuösen Geschwisterbeziehung eine Figur, in der Erzählung selbst eine wirkmächtige Semantik erhält.

Vermerkenswert ist aber, dass – anders als in Mme de Staëls Konzept des Erhabenen – die Überschreitung der Kluft, die sich dem subjektiven Weltbezug einprägt, nicht auf einen metaphysischen Horizont bezogen ist. Der Raum des ‚Zwischen', den der Zwiespalt im Subjekt gründet, tritt vielmehr als Ort der Sprache, genauer der Schrift in Erscheinung. So schreibt etwa der zum Selbstmord entschlossene René in einer nur als störend zu empfindenden Pragmatik einen letzten Brief an seine Schwester, weil er es für nötig hält, vor dem geplanten ultimativen Akt seine Vermögensverhältnisse zu klären. Gerade dieser Brief aber offenbart Amélie, wie es um den Seelenzustand des Bruders bestellt ist:

> Je m'imaginais pourtant avoir bien dissimulé mon secret ; mais ma sœur, accoutumée à lire dans les replis de mon âme, le devina sans peine. Elle fut alarmée du ton de contrainte qui régnait dans ma lettre [...]. Au lieu de me répondre, elle me vint tout à coup surprendre[118].

Die Schrift wird zum Mittler, der aus der Erfahrung der Negativität die Figur des Begehrens als Supplement des verlorenen Weltbezugs hervortreibt.

Auch Amélie schreibt an herausragender Stelle einen Brief, allerdings, um eine Trennung schreibend zu besiegeln. Sie teilt dem Bruder ihren Entschluss mit, ihr Leben in einem Kloster zu beschließen. Wie Amélie ist natürlich auch René in der Lage, in den Seelen-Falten des Geschwisters zu lesen; doch führt seine Lektüre zu einer falschen Deutung des brieflich inszenierten *vague*, der nach einem kurzen Briefwechsel zum Befund der Unverfügbarkeit des Geheimnisses führt. „Je fus révolté de l'obstination d'Amélie, du mystère de ses paroles, et de son peu de confiance en mon amitié"[119]: Dem Text ist die Lesbarkeit entzogen; er ist auf sich selbst zurückverwiesen, verdichtet sich zum Ort eines Mysteriums, das erst der symbolische Tod Amélies lüftet. Trennung und Verbindung als paradoxe Konstituenten des Verhältnisses von *ratio* und *imaginatio* kommen in diesem Ungleichgewicht zur Darstellung: Steht Amélie der Bezug zum Bruder offen, so vermag

[117] Chateaubriand 1969, 145.
[118] Chateaubriand 1969, 131.
[119] Chateaubriand 1969, 136.

René als Figur der *ratio* in eine nurmehr imaginäre Verbindung zu seinem Anderen zu treten. Damit ist der Tod des Anderen – verstanden als dessen subjektive Vereinnahmung – freilich in einer für die Romantik typischen Weise schon besiegelt, und so kann es nicht erstaunen, dass Tod und Schrift schließlich in der Mitteilung des Todes Amélies noch einmal zusammentreten. Die Schrift erscheint in dieser Konfiguration als Pharmakon im Sinne Derridas[120]: als Überlebensstrategie, aus der eine prekäre Möglichkeit der Selbstvergewisserung hervorgeht, *und* als Ort des Todes; als paradoxes Ineinsfallen von Leben und Tod, oder anders: als Figur der *différance*, die eine ursprüngliche Negativität fixiert und die Möglichkeit ihrer Überschreitung markiert.

In *René* zerfasern sich die widersprüchlichen Aspekte der Schrift als Index einer trennenden Verbindung im Sinne Derridas. Die Nachricht vom Tod Amélies wird zwar zum Anlass der Lebensbeichte Renés; die Erzählung selbst hat ihren Ursprung also in der Konfiguration aus Tod und Schrift. Sie wird selbst zu einer Konfiguration des Begehrens, und zwar des Begehrens nach einer Mitteilung des nunmehr Verlorenen. Doch die damit noch potenzierte Selbstbezüglichkeit des subjektiven Wesenskerns, der als Grund und Telos seines Begehrens immer nur erneut auf ein Begehren verweist, begründet nicht schon ein hermeneutisches Selbstverhältnis des Menschen, der sich schreibend einen subjektiven Entfaltungsraum im liminalen Raum von Identität und Differenz eröffnen könnte. Vielmehr entfaltet sich auch die Erzählung Renés vor dem Hintergrund seines bereits gewussten Todes; auch ihn trifft mithin die für Amélie dargestellte Dialektik, die die Vereinnahmung des Subjekts in die Sprache nicht anders denn als dessen Enteignung zu konzipieren imstande ist.

* * *

Wenn die romantischen Subjektivitätsentwürfe neue Strategien der Selbstthematisierung entwickeln, so darf dies nicht darüber hinwegtäuschen, dass diese vor dem Hintergrund eines im *âge classique* ausgebildeten Sinnhorizonts stehen, der das subjektive Innen nicht anders denn als Leere des Selbstverlustes zu entwerfen vermag. Gerade am Konzept der *imaginatio* entzünden sich dabei die Reflexionen auf die konstitutive Instabilität einer subjektiven Selbstsetzung, deren Aporien, so die These des folgenden Kapitels, Baudelaires Konzept der *imaginatio* verhandeln wird. Bevor aber dessen Entwurf betrachtet wird, sollen die Ergebnisse dieses Kapitels im Zusammenhang referiert werden.

[120] Vgl. Derrida 1972b.

6 Résumé. Zum neuzeitlichen Paradigma der *imaginatio*

Obwohl die hier betrachteten Texte *imaginatio* auf einem sehr unterschiedlichen Reflexionsniveau und in unterschiedlichen Zusammenhängen entwerfen, lassen sich doch gemeinsame Grundzüge in der Konzeptualisierung des Vermögens ausmachen, die sich aus dessen Situierung an der Schnittstelle von Nähe und Ferne, Innen und Außen, Selbst und Welt ergeben. Wenn der liminale Ort der *imaginatio* bereits in den frühesten Texten zu einer doppelten Perspektivierung des Vermögens Anlass gibt, so ist für den Fortgang der Studie ein Bedeutungswandel, der sich zu Beginn der Neuzeit abzeichnet, hervorzuheben. *Imaginatio* wird im epistemologischen Rahmen der Repräsentation zur prominenten Reflexionsfigur nicht allein des Weltbezugs, sondern – vor dem Hintergrund neuzeitlicher Selbstthematisierungstendenzen – auch derjenigen Relation, in die das Subjekt in reflexiver Rückwendung zu sich selbst tritt. Angesichts der oben skizzierten Aporien der Selbstobjektivierung[1] versteht es sich, dass im Rahmen des Paradigmas der Repräsentation der Gestaltung von Subjektivität enge Grenzen gesetzt sind[2]. Die Reflexion auf die Möglichkeiten und Grenzen der Selbstrepräsentation qua *imaginatio* treibt ein wirkmächtiges Konzept der Negativität hervor, dessen diskursive Erschließung intrikaterweise gerade darum erschwert ist, weil das Paradigma der Repräsentation dessen Stigmatisierung nachgerade fordert. Die Perhorreszierung der *imaginatio* in diesem Kontext kann daher nicht erstaunen. Die Bilder der *imaginatio* gewähren eine defizitäre Form des Selbst- und Weltbezugs, die – wie die cartesischen Meditationen zeigten – als Figuren einer konstitutiven Instabilität der Ordnung der Repräsentation zu deuten sind.

Den Reflexionen Pascals kommt hier in systematischer Hinsicht ein besonderes Gewicht zu. Die *Pensées* erschließen im *âge classique*, wie insbesondere W. Matzat hervorhob[3], dem noch Undenkbaren eine Semantik. Pascals Distinktion von *raison* und *cœur* repristiniert gegenüber Descartes das subjektive Innen als Anderes der Repräsentationen – freilich um den Preis der Fixierung einer Kluft, welche die intuitiv erfassten Wahrheiten nunmehr von der rationalen Erkenntnis trennt, und vor dem Hintergrund einer Differenzierung, die die göttliche Wahrheit von den imaginativen Entwürfen scheidet, ohne aber deren Grenze mit letzter Gewissheit festlegen zu können. In der extremen Zuspitzung der *Pensées* treten *imaginatio* und göttliche Intuition in ein Substitutionsverhältnis, das in idealtypischer Weise die von Derrida beschriebene Instituierung eines transzendentalen Signifikats ver-

1 S.o., S. 22.
2 Vgl. Matzat 1990, 25.
3 Vgl. Matzat 2003, 215; s.o., S. 92.

anschaulicht. ‚Jenseits' des Wirkens der *imaginatio* macht Pascal eine Sphäre des Göttlichen ausfindig; und *zugleich* lässt der Ausfall der imaginativen Bilder die Negativität des Selbstverlusts als deren Jenseits vor Augen treten:

> Ennui. / Rien n'est si insupportable à l'homme que d'être dans un plein repos, sans passion, sans affaire, sans divertissement, sans application. Il sent alors son néant, son abandon, son insuffisance, sa dépendance, son impuissance, son vide. Incontinent il sortira du fond de son âme l'ennui, la noirceur, la tristesse, le chagrin, le dépit, le désespoir[4].

Die Romantik sucht die im *âge classique* festgeschriebene Form der Negativität zu wenden zur subjektiven Individualität – so, wenn Mme de Staël das Konzept eines selbstmächtigen Willenssubjekts entwirft; so auch, wenn Chateaubriand in seinen Figuren René und Amélie eine Form der subjektiven Selbstkonstitution erwägt, die das Subjekt in eine Beziehung zu seinem eigensten, gerade in *imaginatio* konkretisierten Wesenskern setzen soll. Doch diese Entwürfe haben gleichsam noch mit der Erblast des aus dem *âge classique* überkommenen Negativitätskonzepts zu kämpfen. Explizit wird dies in *René* mit dem Tod der beiden Helden: Der Ausgriff auf ein individuelles, der Ordnung der Repräsentation entzogenes subjektives Innen, auf eine unverwechselbare Einzigartigkeit des Selbst, fördert nichts anderes als eine als Todverfallenheit zu verstehende Zeitlichkeit zutage. Baudelaire, so ließen sich an dieser Stelle die Ergebnisse der folgenden Kapitel vorwegnehmen, wird die Notwendigkeit der Fundierung von Subjektivität in der Zeitlichkeit in seinem Werk zu einer in der Romantik nicht gegebenen Prägnanz bringen. Negativität und Individualität, Zeit und *imaginatio* erweisen sich bei ihm als unwiderruflich aufeinander verwiesene Prinzipien der Sinnkonstitution. Zugleich aber bedenken seine Texte die Aporien dieser Konfiguration und gewinnen aus ihnen ein Alteritätskonzept, das die negativen Formen der Selbstthematisierung, wie sie das *âge classique* bereithält, überschreitet.

* * *

Im Rahmen der epistemologischen Prämissen des *âge classique* treibt die Reflexion auf die Repräsentierbarkeit des Selbst ein Spiel von Supplementierungen hervor, das gerade anhand der Konzeptualisierung der *imaginatio* greifbar wird. *Imaginatio* tritt im neuzeitlichen Kontext typischerweise in dualen Konfigurationen auf, die als Projektionen der im Konzept festgeschriebenen Ambivalenzen gelten können. Wahre und falsche Bilder, *optimus Deus* und *genius malignus*, *ideae* und *imagines*,

4 Pascal 2000, 772. Vgl. auch ibd., 585: „[O]n cherche le repos en combattant quelques obstacles et, si on les a surmontés, le repos devient insupportable, par l'ennui qu'il engendre ; [...] quand on se verrait même assez à l'abri de toutes parts, l'ennui de son autorité privée, ne laisserait pas de sortir du fond du cœur où il a des racines naturelles, et de remplir l'esprit de son venin."

charité und *cupidité* als ihnen entsprechende Formen des Begehrens, *imaginatio* und *cogitatio* sind Manifestationen der von Derrida anhand der Prinzipien der Stimme und der Schrift aufgewiesenen Aporien präsenzmetaphysischen Denkens. Bildhafte Evidenz erlangt diese Doppelstruktur auch in den neuzeitlichen Imaginationsallegorien, die die weibliche *imaginatio* als boshaft-bedrohliche „maîtresse d'erreur"[5], als fröhlich-verspielte „coquette"[6] oder auch als göttergleiche „compagne du génie"[7] entwerfen und in ihr einen Konterpart zum Wirken des *cogito*, der *raison* oder des *esprit* dingfest zu machen suchen. *Imaginatio* ist dabei nicht lediglich die Figur eines aus der Ordnung der Dinge Ausgeschlossenen. Ihr produktiv-schöpferischer Aspekt rückt sie in eine bedenkliche Nähe zur *raison* und lässt sie, vergleichbar der Schrift im Sinne Derridas, als Figur der *différance* in Erscheinung treten. Sie bezeichnet eine konstitutive Instabilität der Grenze, vermittels derer sich die Ordnung der Repräsentation formiert. Die Gefahr, die von ihren Bildern ausgeht, liegt darin, dass diese die figurative Konstituiertheit des Diskurses und die notwendige Nachträglichkeit des von ihm erzeugten Sinnes zu Bewusstsein bringen, damit aber ein nicht auszuschließendes Moment des Kontingenten in der Ordnung des Bewusstseins anzeigen. Die Reflexion auf *imaginatio* erweist sich darum immer auch als Reflexion auf die Strukturalität der Struktur und auf das Vergessen der Differenz, das die Etablierung symbolischer Ordnungen offenbar unweigerlich begleitet[8]. So ist es nur konsequent, dass die Frage nach der Eingemeindung der *imaginatio* in die Ordnung des Identischen stets als Frage nach der Möglichkeit ihrer Bändigung gestellt wird. *Imaginatio* ist der Führung durch *ratio* unterzuordnen: Dieser hartnäckig tradierte Topos bildet den Hintergrund noch der Inthronisierung der *imaginatio* zur „reine des facultés"[9] in Baudelaires *Salon de 1859*, die nichts anderes als eine Inversion des überkommenen Schemas darstellt. Das Problem der Bezähmung des Vermögens gibt Anlass zur Differenzierung des autonomen, dem subjektiven Zugriff entzogenen Anteils der *imaginatio* von einem der Leitung der *ratio* unterstellten Anteil – von *imagination passive* und *imagination active*, wie die beiden Ausformungen irreführend, doch in einer für das *ratio*-zentrierte Denken des *âge classique* bezeichnenden Weise benannt werden[10]. Auch die romantische Aufwertung des Vermögens lässt diese Ambivalenz nicht hinfällig werden. Die Frage nach einer Bezähmung der *imagina-*

5 Pascal 2000, 551.
6 Condillac 1970a, 99.
7 Lévesque de Pouilly 1803, v.
8 Vgl. Derrida 1967c, 409.
9 CE 321.
10 Gerade die *imagination passive* meint nämlich die autonome, nicht vernunftgeleitete Instanz; vgl. Voltaires Enzyklopädie-Artikel zur *imagination* (Voltaire 1778, 372–373). Die Doppelfunktion der *imaginatio* als *action* wie auch als *passion de l'âme* hebt bereits Descartes in *Les passions de l'âme* hervor; vgl. hier article XX-XXI (Descartes 1996c, 344).

tio, für die das Konzept der *imagination active* einsteht, stellt sich um so dringlicher, je deutlicher *imaginatio* als eine per se ungerichtete Bewegung in den Blick rückt. Gerade die Tendenz, *imaginatio* als schöpferische, selbst- und weltsetzende Bewegung zu konzeptualisieren, rückt die ungelöste Frage in den Blick, wie aus ihr die Intentionalität des subjektiven Bewusstseins hervorgehen kann.

Wenn in der Romantik mit der Frage nach der Subjektkonstitution eine neue Perspektivierung des Vermögens vorgenommen scheint, so lässt sich das romantische Paradox einer sich selbst beschränkenden Bewegung der Entgrenzung darum doch unschwer als Manifestationsform der in *imaginatio* angelegten Spannung von Aktivität und Passivität, Spontaneität und Rezeptivität lesen. Mme de Staëls Nord-Süd-Dichotomie und Chateaubriands Doppelfigur René/Amélie sind allegorische Metamorphosen der Doppelung von *ratio* und *imaginatio* respektive *imagination active* und *imagination passive*. Die Unmöglichkeit ihrer Hierarchisierung, die in Mme de Staëls ambivalenten Zuschreibungen latent anklingt, in Chateaubriands Geschwisterbeziehung aber offen zum Austrag kommt, ist Ausdruck einer Unentscheidbarkeit, die bereits in den cartesischen Meditationen in der Familienähnlichkeit von *genius malignus* und *optimus Deus*, von *imagines* und *ideae* zur Geltung kommt. So ist die Aufwertung der *imaginatio* zum kreativen Vermögen gezeichnet durch die Ambivalenzen, die dem Konzept bereits im *âge classique* eignen. Von einer uneingeschränkten Aufwertung des Vermögens kann in den betrachteten Schriften, sieht man von Meisters *Lettres sur l'imagination* ab, nicht die Rede sein. Will man darum in der Romantik den Übergang zum Konzept einer schöpferischen *imaginatio* ansetzen, so ist zu bedenken, dass die vordergründig für *imaginatio* in der Tat emphatisch eingeforderte Kreativität – zumindest in den hier betrachteten Paradigmen – noch vor dem Hintergrund dieser ungelösten Frage steht. Sie prägt sich in den Aporien der Poetik aus: Dichtung will *zugleich* kreativ *und* wahr sein, will *zugleich* metaphysische Erkenntnis *und* schöpferische Auslegung des Gegebenen sein[11].

* * *

Die neuzeitlichen Reflexionen über *imaginatio* sind untrennbar mit der Frage nach der Konstitution des subjektiven Bewusstseins verknüpft. Wenn das cartesische *cogito* die imaginativen Bilder noch ausschließt, um aus einem göttlichen Garanten eine wenngleich supplementäre Identität zu beziehen, so entwirft Condillac *imaginatio* selbst als ein generatives Prinzip der Bewusstseinskonstitution. Ein an den Gegenstand gebundenes Fühlen wird zum Ausgangspunkt einer imaginativen Bewegung des *penser*, aus der Selbst- und Weltbewusstsein gleichermaßen hervorgehen. Die Crux dieser imaginativen Fundierung von Subjekt und Objekt liegt nun

[11] Vgl. Penzenstadler 2000, 73; 90; 108.

darin, dass in ihr der Verlust von Selbst und Welt bereits mitbedacht ist: Wenn die *idée* ein Außen und ein Innen zu denken gibt, so als eine durch die Repräsentation je schon verfehlte Eigentlichkeit. Der vielbemühte Gründungsmythos neuzeitlicher Subjektivität, der Sündenfall, berichtet von einer Setzung von Differenz, die Identität zum Gegenstand des Begehrens werden lässt.

Eine semiotische Grundierung dieser als anthropologische Grundgegebenheit entworfenen Entzweiung klingt etwa bei Pascal an, wenn er in einer als lesbar konzipierten Welt das Signum menschlicher Gefallenheit zu erblicken glaubt. Von einem der Natur eingeschriebenen „caractère" ist bei ihm die Rede: „la nature est telle, qu'elle marque partout un Dieu perdu, et dans l'homme, et hors de l'homme, et une nature corrompue"[12]. Eine Zeichenhaftigkeit der Welt unterstellt aber auch Condillac, wenn er bereits auf der Ebene der Sinneswahrnehmungen eine Differenz ansetzt, die ein inneres Bild von einem äußeren Korrelat scheidet. *Imaginatio*, dies zeigen besonders deutlich die Schriften Condillacs, begründet ein zeichenhaftes Weltverhältnis. Das imaginative Denken ist seinem Wesen nach Zeichenverwendung. Dabei fixiert *imaginatio* nicht lediglich eine Differenz; das durch die Differenz Ausgeschlossene tritt zugleich in den Blick, und zwar als verfehlte Eigentlichkeit. Als melancholische Semiose findet dieser Modus des Weltbezugs Eingang in die hier betrachteten Beispiele aus der Romantik. *Imagination septentrionale* und *vague des passions* entwerfen ein Repräsentationsmodell, das ‚hinter' dem Zeichen eine Leere ausfindig macht. Der von Mme de Staël geprägte Begriff der *imagination septentrionale* meint vor diesem Hintergrund eine durch ein Bewusstsein der Differenz immer schon gezeichnete Bewegung des Denkens, die Präsenz nicht anders denn als Verfehlte zu konzipieren vermag. Dieses in *De la littérature* erstmals ins Spiel gebrachte Imaginationskonzept schlägt sich seit der Jahrhundertwende in literarischen Texten nieder, die gerade über die Semantisierung des Nordens eine imaginative Entgrenzung zu entwerfen suchen – man denke an Balzacs *Séraphîta* oder Gautiers *Spirite*, doch gerade auch an poetische Texte, die von Gautiers Winterlandschaften bis hin zu Mallarmés Evokationen der Kälte, des Eises und des Schnees die Requisiten eines Imaginariums des Nordens zu poetologischen Kardinalmetaphern avancieren lassen. Auch Baudelaires Lyrik lässt sich in diesem Sinne – sowohl thematisch als auch im Hinblick auf das zugrunde gelegte Imaginationskonzept – als eine ‚boreale' Lyrik beschreiben[13]: als ein Dichten, das die Denkfigur eines in der Sprache je schon verfehlten, weil als verfehlt gesetzten Seins ins Zentrum seiner Poetik stellt. Eine Besonderheit aber und, wie zu zeigen sein wird, ein über die Moderne hinausweisendes Moment seines Dichtens ist gerade in seiner Überschreitung der negativen Ästhetik der Moderne zu suchen, die

12 Pascal 2000, 709.

13 Die These, die moderne Lyrik sei eine Lyrik der Nördlichkeit, hat B. Teuber formuliert; vgl. Teuber 2001.

typologisch mit dem Übergang von einer borealen Topographie des *spleen* zu einer urbanen Topographie verknüpft ist.

Wenn das Denken eine Kluft einzeichnet, die es vom ‚Eigentlichen' scheidet, so enteignet es nicht nur die gegenständliche Welt, sondern in dialektischer Bewegung auch das autonome Subjekt. Die Differenz von Selbst und Welt schreibt sich ihm als ein in das subjektive Innen eingetragenes Außen ein. So kontaminiert die imaginative Bewegung des *penser* die subjektive Identität durch eine unaufhebbare Differenz im Selbst, die gerade in den romantischen Entwürfen verstärkt in den Blick rückt.

Die Lesbarkeit von Selbst und Welt wird vor diesem Hintergrund prekär. ‚Bedeutung' ist der signifikanten Materialität der Natur nicht mehr eingeschrieben. Sie muss vielmehr gefunden werden: Enthusiasmus, Erhabenheit, imaginative Entgrenzung werden als Modi der Überschreitung einer Kluft entworfen, die unüberwindbar ist – und doch überwunden werden muss. So bildet sich in der Romantik eine doppelte Argumentationslinie heraus, die einerseits die Lesbarkeit der Natur mit dem Verweis auf die Unverfügbarkeit des göttlichen Sinnes in Frage stellt, andererseits unter Ausblendung der signifikanten Materialität der Zeichen Identität behauptet zwischen Zeichen und Bezeichnetem. Von einem Opakwerden des Zeichens lässt sich gemäß dieser doppelten Argumentationslinie nur in dem oben dargestellten Sinn sprechen: Indem die Bilder der *imaginatio* ihre Bezeichnungsfunktion verlieren, werden sie zu Figuren eines Jenseits. Damit bleiben sie einer Dichotomie von Signifikant und Signifikat verpflichtet, wenn auch zweifelsohne Medialität im Sinne Benjamins – als eine von der Ebene der Prädikation kategorial verschiedene Ebene der Mitteilung – in den Blick rückt.

Obwohl Baudelaire das Paradigma des Erhabenen aufgreifen wird, ja, die im Erhabenen erfahrbare Differenz zum Denkmodell einer imaginativen Erschließung der Wirklichkeit erhebt, lässt sich bei ihm gerade mit Bezug auf das Erhabene eine Dekonstruktion romantischer Vorgaben ausmachen. Dabei geht es allerdings weniger darum, ein neues Konzept des Erhabenen zu entwickeln, als vielmehr darum, die Aporien des Erhabenen als Faszinosum poetischer Rede zur Geltung zu bringen – sie im Sinne Benjamins als ‚Rätselfrage' zu profilieren, die in der Dichtung weniger zu einer Lösung als vielmehr zu einer Darstellung gelangt.

* * *

Die Konstellation aus *ratio* und *imaginatio* impliziert im neuzeitlichen Diskurs immer auch ein problematisches Verhältnis von Zeit und Raum. Ist *ratio* auf eine überzeitliche Ordnung des Wissens bezogen, so setzt *imaginatio* das Subjekt zu sich und zur Welt in ein Verhältnis der Zeitlichkeit. Dies ist zu bedenken, will man die Aufwertung der *imaginatio* zu Ende des *âge classique* angemessen beurteilen. Dass nämlich bei Condillac quasi ko-evolutiv mit der erkenntnistheoretischen Aufwertung der *imaginatio* eine Vergegenständlichung der Zeit zur *liaison des idées* in

Erscheinung tritt, legt Zeugnis ab von einer ungebrochenen Wirkmacht des Paradigmas der Repräsentation – und ist, vereinfachend gesagt, der Grund dafür, dass Condillacs *imaginatio nicht* melancholisch ist. Seine Aufwertung der *imaginatio* ist an eine Bändigung der Zeit gebunden, die in Form der *liaison des idées* eben jene Kontinuität herstellt, in der sich bereits das Denken Descartes' beruhigte.

Anders stellt sich die Situation in der Romantik dar. In Chateaubriands *René* tritt Zeit als eine vitalistisch gegründete Tiefenmacht in Erscheinung, die das Ich in Differenz zu sich setzt und dessen Versuche, eine stabile Identität zu gründen, in eine Aporie treibt. Erst hier offenbart sich auch die Instabilität der imaginativen Projektionen als Kernproblem subjektiver Selbstrepräsentation. – Das intrikate Problem der Relationierung von Zeit und *imaginatio* kann hier nicht umfassend erörtert werden. Von Belang für den Fortgang der Studie ist allerdings eine Verschränkung von Zeit und *imaginatio*, die sich bereits in Pascals und Condillacs Schriften abzeichnet. Einerseits ist es gerade *imaginatio*, die durch die Prozessierung ihrer Bilder die Zeit hervortreibt; andererseits aber hat die Zeit, insofern sie das Subjekt in Differenz zu sich selbst setzt, bewusstseinskonstitutive Funktion. So lässt erst der Eintritt in die Sphäre der Zeitlichkeit Condillacs Statue zum Bewusstsein erwachen. Paradigmatisch kommen diese Ambivalenzen etwa auch in La Metries *L'homme machine* zum Ausdruck, wenn er Zeit einerseits im proteischen Charakter der *imaginatio* fundiert sieht, andererseits die traditionelle Flussmetaphorik zu deren Konzeptualisierung bemüht – und die gegenläufigen Entwürfe zu einem Bild verdichtet, das quasi als *subscriptio* für Condillacs Entwurf der *imaginatio* dienen könnte:

> [L]'imagination, véritable Image du tems, se détruit et se renouvelle sans cesse.
> Tel est le cahos et la succession continuelle et rapide de nos idées ; elles se chassent, comme un flot pousse l'autre ; de sorte que si l'imagination n'emploie, pour ainsi dire, une partie de ses muscles, pour être comme en équilibre sur les cordes du cerveau, pour se soutenir quelque tems sur un objet qui va fuir, et s'empêcher de tomber sur un autre, qu'il n'est pas encore tems de contempler ; jamais elle ne sera digne du beau nom de jugement[14].

Ein ähnlicher Zirkel liegt dem Verhältnis von *imaginatio* und Begehren zugrunde. Wenn *imaginatio* Präsenz als Verfehlte setzt, so setzt sie mit dieser ein Begehren – und das Bewusstsein um die Unmöglichkeit, dieses zu stillen. Ihre Bilder sind in einer charakteristischen Ambivalenz *zugleich* Auslöser *und* Manifestationsformen des Begehrens. Sie figurieren jenes paradoxe Prinzip des *mouvement*, das Pascal als kennzeichnendes Moment der menschlichen Natur profiliert.

In einer nicht weniger charakteristischen doppelten Perspektivierung erscheint der Ausfall der *imaginatio* vor einem metaphysischen Bezugshorizont als Wiedererlangung ursprünglichen Glücks, vor einem anthropologischen Bezugshorizont

14 La Mettrie 1990, 68. Vgl. den kurzen Kommentar zu dieser Passage in Behrens 2002b, 138–139, Anm. 38–41.

hingegen als Negativität des *ennui* – als Fluchtpunkt des Begehrens, der zugleich das Ende des Lebens meint. Die ambivalente Bezogenheit von Zeit, Begehren und *ennui*, die sich in den Schriften zu *imaginatio* latent, doch unübersehbar abzeichnet, wird zum Movens der durch Baudelaire vollzogenen Rekonzeptualisierungen werden.

Die Setzung verfehlter Präsenz durch die Repräsentationen des Bewusstseins, die Instabilität der imaginativ konstituierten Figuren des Selbst und der Welt, das Begehren nach Identität und das Bewusstsein ihrer Unerreichbarkeit sind zentrale Motive und Denkfiguren, die sich dem Denken der *imaginatio* nach 1800 – und gerade auch Baudelaires Reflexionen – einprägen. Baudelaire sucht in *imaginatio* eine Überschreitung der Grenze, die Welt und Bewusstsein trennend verbindet, zu denken. Als Frage nach der Koinzidenz zeitlicher Sukzessivität des Bewusstseins und räumlicher Simultaneität des Weltzusammenhangs prägt sich diese Reflexion seiner Dichtung ein. Verfehlt ist die gesuchte Koinzidenz für ihn gleichsam von Anfang an. Doch gerade die Verfehlung, der *ennui*, verstanden als Ausfall der imaginativen Semiose und als Ausfall der Zeitlichkeit, wird für ihn zum Denkmodell eines Schreibens, das im Abgründigen einen Modus imaginativer Selbstvergewisserung auszumachen sucht. Im Zuge dessen avanciert die Sprache zum paradoxen Ort der Vermittlung von Sukzessivität und Simultaneität – und zum Ort eines Sich-Ereignens von Sinn, das keiner reflexiven Vergewisserung zur Disposition steht.

III *UNE FACULTÉ QUASI DIVINE.* POETIK DER *IMAGINATIO*

Dass *imaginatio* in Baudelaires Werk als produktionsästhetische Kategorie eine herausragende Rolle spielt, zeigt schon eine kursorische Lektüre seiner kunstkritischen und poetologischen Schriften. *Imaginatio* wird hier als Fluchtpunkt verschiedenster Poetologeme erwogen. So schafft sie als Vermögen der Auffindung von Analogien Neues[1]; sie sistiert eine kontingente, dem Wandel unterworfene Wirklichkeit zum Bild[2]; sie ist Instanz subjektiver Selbstvergewisserung und Prinzip künstlerischer Gestaltung[3]. Ihre Schöpfung ist Semiose: Sie gibt der sinnlich wahrgenommenen Wirklichkeit einen „sens moral"[4], ist mithin als Vermögen der Überschreitung ontosemiotischer Differenz Gewähr für eine Lesbarkeit der Erscheinungswelt. *Imaginatio* setzt Selbst und Welt in eine Beziehung, indem sie die Welt im subjektiven Bewusstsein als „univers de signes"[5] abbildet. Mit Analogie und Metapher schafft sie überhaupt erst die Möglichkeit zeichenhaften Verweisens – „L'imagination est une faculté quasi divine qui perçoit tout d'abord, en dehors des méthodes philosophiques, les rapports intimes et secrets des choses, les correspondances et les analogies"[6], heißt es in den *Notes nouvelles sur Edgar Poe.* Diese für sich genommen nicht neuen, teils vorromantischen, teils romantischen Bestimmungen führt Baudelaire im *Salon de 1859* in einer berühmten Passage über die „Königin der Fähigkeiten" zusammen:

> Mystérieuse faculté que cette reine des facultés ! Elle touche à toutes les autres ; elle les excite, elle les envoie au combat. Elle leur ressemble quelquefois au point de se confondre avec elles,

[1] Vgl. *Salon de 1859*, CE 321.

[2] Vgl. *Le peintre de la vie moderne*, CE 465–466, und *Salon de 1859*, CE 322.

[3] Vgl. *Salon de 1859*, CE 321, CE 329 und passim.

[4] *Salon de 1859*, CE 321; vgl. auch *Salon de 1859*, CE 322.

[5] *Eugène Delacroix*, CE 430.

[6] *Notes nouvelles sur Edgar Poe*, CE 630; vgl. auch in einem Brief an A. Toussenel: „Il y a bien longtemps que je dis que le poète est souverainement intelligent, qu'il est l'intelligence par excellence, – et que l'imagination est la plus scientifique des facultés, parce que seule elle comprend l'analogie universelle, ou ce qu'une religion mystique appelle la correspondance" (À Alphonse Toussenel, 21 janvier 1856, Corr I, 336).

> et cependant elle est toujours bien elle-même, et les hommes qu'elle n'agite pas sont facilement reconnaissables à je ne sais quelle malédiction qui dessèche leurs productions comme le figuier de l'Evangile.
> Elle est l'analyse, elle est la synthèse; et cependant des hommes habiles dans l'analyse et suffisamment aptes à faire un résumé peuvent être privés d'imagination. Elle est cela, et elle n'est pas tout à fait cela. Elle est la sensibilité, et pourtant il y a des personnes très sensibles, trop sensibles peut-être, qui en sont privées. C'est l'imagination qui a enseigné à l'homme le sens moral de la couleur, du contour, du son et du parfum. Elle a créé, au commencement du monde, l'analogie et la métaphore. Elle décompose toute la création, et, avec les matériaux amassés et disposés suivant des règles dont on ne peut trouver l'origine que dans le plus profond de l'âme, elle crée un monde nouveau, elle produit la sensation du neuf. Comme elle a créé le monde (on peut bien dire cela, je crois, même dans un sens religieux), il est juste qu'elle le gouverne[7].

Die Bedeutung dieser Passage ist häufig hervorgehoben worden[8]. Dass Baudelaire die ‚Kardinalfakultät'[9] *imaginatio* hier als kreatives – und nicht lediglich kombinatorisches – Vermögen entwirft, gilt als Symptom einer Auflösung der Ambivalenzen, die das aufklärerische Konzept der *imaginatio* kennzeichnen. Denn wenn *imaginatio* zugebilligt wird, als „seinsoriginäre Potenz"[10] neue Welten hervorzubringen, so ist damit die in der Aufklärung ungelöst bleibende Spannung zwischen Nachahmung und Schöpferkraft als zweier unvereinbarer Aspekte der *imaginatio* zugunsten des Schöpferischen entschieden. Dass Baudelaire diese Schöpfungen zudem dezidiert als ‚wahr' bezeichnet – „L'imagination est la reine du vrai"[11], heißt es im Fortgang –, lässt das Kapitel zur *reine des facultés* zugleich als

[7] *Salon de 1859*, CE 321.

[8] Vgl. Friedrich 1992 [1956], 56; Barck 1993, 6; Barck 1983; Mainusch/Warning 1976, 220. Ob man allerdings vom „Dokument einer Epochenwende im ästhetischen Denken" (Barck 1993, 6) sprechen sollte, lassen neuere Untersuchungen fraglich erscheinen. J. Schulte-Sasse setzt einen Einschnitt schon im 18. Jahrhundert an und nennt Joseph Addisons *On the pleasures of imagination* (1712) sowie Alexander Gerards *Essay on Genius* (1774) als Wegmarken in einem Wandel in der Konzeptualisierung der Einbildungskraft, die sich sodann exemplarisch in Samuel Taylor Coleridges *Biographia literaria* (1817) dokumentiere: „In [einer] jahrtausendelang dominanten Denkfigur [...] wurde die Einbildungskraft als materiell und damit als unzuverlässiges, deshalb rationaler Kontrolle zu unterwerfendes psychisches Vermögen gedeutet. Nach dem Wandel wurde es ein unentbehrliches Vermögen, mit dem sich der Mensch kreativ auf Objekte in Raum und Zeit bezieht" (Schulte-Sasse 2001, 89). Vgl. zu diesem konzeptuellen Wandel auch Engell 1981; zu Coleridges Konzept der *imaginatio* weiterhin Iser 1993, 316–331. – Das Konzept der *imaginatio* als Schlüsselbegriff der Ästhetik Baudelaires wurde häufiger in den Blick genommen; vgl. Kreutzer 1970; zur ‚kreativen Phantasie' bei Baudelaire Friedrich 1992 [1956], 53–57; zum Konzept der *imaginatio* im Kontext der Herausbildung einer modernen Ästhetik Moog-Grünewald 1986; zu *imaginatio* als Figur an der Schnittstelle von *mimesis* und *poiesis* bes. Holstein 2004, 149–179.

[9] Vgl. *Salon de 1859*, CE 324.

[10] Vgl. Mainusch/Warning 1976, 220.

[11] *Salon de 1859*, CE 322.

Gründungsdokument einer ‚modernen' Poetik erscheinen, die den Setzungen der Kunst jenseits der überkommenen Opposition von Sein und Schein einen Wirklichkeitsstatus eigenen Rechts zubilligen will.

Wenn aber Baudelaires Lob der *imaginatio* neue Perspektiven auf das Vermögen selbst und auf dessen Hervorbringungen eröffnet, so ist das Konzept in diesem Zuschnitt doch alles andere als frei von den Ambivalenzen, die es bis in die Romantik hinein kennzeichnen. Mit der Behauptung, die „reine des facultés" sei ein göttliches Vermögen, stellt sich Baudelaire in eine Traditionslinie, die in *imaginatio* eine Emanation des Göttlichen sehen will[12]. Doch „schüchtern"[13] nimmt er zugleich eine dekonstruktive Transformation am Topos vor: Die Königin der Vermögen ist nicht auf ein Göttliches bezogen, sondern ist *selbst* dieses Göttliche. Wenn in der Romantik *imaginatio* als Mittlerinstanz zwischen einem sich entziehenden Sein und dem subjektiven Bewusstsein auf eine göttliche Transzendenz verwiesen bleibt, die sich im Wirken des Vermögens manifestieren soll, so ist Baudelaires „reine des facultés" aus solchen Bezügen entbunden. Doch vor dem Hintergrund des Verlusts metaphysischer Garantien wird sie selbst zur Figur einer gleichsam in der Immanenz restituierten Dimension des Transzendenten: *Imaginatio* ist ‚Mysterium', ihr Wirken welt-schöpferisch, ihre Absenz – in Anspielung auf die biblische Erzählung vom verdorrten Feigenbaum[14] – Symptom eines göttlichen Fluchs. Der Divinisierung des Vermögens trägt auch die sprachliche Gestaltung des Textes Rechnung. Die „mystérieuse faculté" erscheint in einer irreduziblen semantischen Vielschichtigkeit. Ihre begriffliche Fixierung scheint trotz der emphatischen Behauptung ihrer Selbstidentität zu misslingen: „Elle est l'analyse, elle est la synthèse [...]. Elle est cela, et elle n'est pas tout à fait cela. Elle est la sensibilité, et pourtant il y a des personnes très sensibles [...] qui en sont privées". Der Text inszeniert *imaginatio* als *ineffabile*. Was *imaginatio* ist, ist nicht sagbar; doch *dass* sie ist, dies ist in einer tautologischen Identitätsformel – „elle est toujours bien elle-même" – emphatisch bestätigt. So erscheint *imaginatio* als ein widersprüchliches Vermögen. Sie entzieht sich einer sprachlichen Festschreibung, ja, ihre Identität scheint gerade darin zu liegen, dass sie jeden Versuch einer Referentialisierung

[12] Vgl. Meisters Konzept der *imaginatio*; s.o., Kap. II.5, hier S. 110–115. Baudelaire beruft sich indes in der Folge auf C. Crowes *Night side of Nature*: „,*By imagination, I do not simply mean to convey the common notion implied by that much abused word, which is only fancy, but the* constructive *imagination, which is a much higher function, and which, in as much as man is made in the likeness of God, bears a distant relation to that sublime power by which the Creator projects, creates, and upholds his universe.*' [...]. Je ne suis pas du tout honteux, mais au contraire très heureux de m'être rencontré avec cette excellente Mme Crowe, de qui j'ai toujours admiré la faculté de croire [...]" (*Salon de 1859*, CE 325).

[13] „Hier soir, après vous avoir envoyé les dernières pages de ma lettre, où j'avais écrit, mais non sans une certaine timidité : *Comme l'imagination a créé le monde, elle le gouverne*, je feuilletais la *Face Nocturne de la Nature* [...]" (*Salon de 1859*, CE 324).

[14] Vgl. Mt. 21,18–22.

augenblicklich dementiert. Als säkularisierte Schöpferinstanz stiftet sie eine symbolische Ordnung, der sie selbst nicht zugehört und in der sie dennoch präsent ist – freilich in der ‚geheimnisvollen' Weise eines Mysteriums: Im Inneren der von ihr fundierten Ordnung ist sie als deren Außen in paradoxer Weise gegenwärtig[15].

Der Rede von der Schöpferkraft der „reine des facultés" liegt eine in der Baudelaire-Forschung wohlbekannte Denkfigur zugrunde. Künstlerische Kreativität erwächst dieser Konzeption zufolge, wie die *Fleurs du Mal* ebenso wie die *Petits poèmes en prose* in immer neuen Bildern veranschaulichen, aus einer Dynamik des Konträren. Bereits Walter Benjamin hat in seinen *Zentralpark*-Fragmenten in dem Spannungsverhältnis einer „aufs höchste gesteigerten Sensitivität" und „konzentrierte[r] Kontemplation" die „entscheidende Grundlage für Baudelaires Produktion" gesehen. Allerdings geht er von einem beziehungslosen Nebeneinander der beiden Denkfiguren, die sich in einer „Lehre von den correspondances" und einer „Lehre von der Allegorie" manifestieren, aus: „Baudelaire hat niemals den Versuch gemacht, zwischen diesen ihm angelegensten Spekulationen irgend eine Beziehung herzustellen"[16]. Auch Hugo Friedrich hat in einer „dissonantischen Spannung", wie sie in Baudelaires Lyrik realisiert ist, nicht nur das Kompositionsprinzip der *Fleurs du Mal*, sondern „ein Ziel moderner Kunst überhaupt"[17] ausgemacht. In „‚Konzentration' und ‚Zentralisierung des Ich'" einerseits, „‚Auflösung' und ‚Prostitution'" andererseits sieht er Schlüsselbegriffe der Lyrik Baudelaires[18]. Solchen polaren Entgegensetzungen im Werk Baudelaires hat Th. Greiner eine eingehende Untersuchung gewidmet. Er machte in deren unterschiedlichen Ausprägungen ein Ausdruckssystem zur Codierung von Subjektivität aus, das auf den „Widerspruch" als „systemtragende Kategorie"[19] rekurriert und dabei das lyrische Ich in einer paradoxen Situiertheit zwischen Autonomie und Heteronomie in Erscheinung treten lässt[20]. Als Dialektik von „vaporisation" und „centralisation"[21], so Greiner, ist diese

15 Das Baudelairesche Imaginationskonzept schreibt sich mithin in einen „Prozess der Immanentisierung der Transzendenz" ein, der die moderne Dichtung, so M. Moog-Grünewald, quasi seit ihren Anfängen begleitet hat und insbesondere auch Baudelaires poetologische Reflexionen prägt (vgl. Moog-Grünewald 2008, 84).

16 Benjamin 1991c, 674. – An anderer Stelle, und zwar im *Exposé de 1939* aus dem *Passagen-Werk*, deutet Benjamin eine mögliche Beziehung zwischen den beiden Denkfiguren, die er in ‚spleen' und ‚idéal' figuriert sieht, an: „Pour Baudelaire il n'y a pas contradiction entre les deux concepts. Il reconnaît dans le spleen la dernière en date des transfigurations de l'idéal – l'idéal lui semble être la première en date des expressions du spleen" (Benjamin 1991g, 72). Die Überlegung wird im Rahmen dieser Skizze freilich nicht weiter entfaltet.

17 Friedrich 1992 [1956], 15.

18 Friedrich 1992 [1956], 37–38.

19 Greiner 1993, 3.

20 Vgl. Greiner 1993, 3.

21 Greiner 1993, 50.

Bewegung mit Baudelaires eigenen Worten zu beschreiben: „De la vaporisation et de la centralisation du *Moi*. Tout est là"[22], heißt es in einem Tagebucheintrag, den er dem dichterischen Schaffen Baudelaires quasi als Leitmotiv zuordnet.

Greiners Entwurf profiliert das Baudelairesche Ich als Figur einer entzweiten Subjektivität. In ihr ist paradigmatisch die paradoxe Gestalt des Menschen entworfen, deren Konturen Foucault in *Les mots et les choses* umrissen hat[23]. Wenn nämlich „Widerspruch" das „A priori" der Dichtung Baudelaires sein sollte, so lässt dies den Ursprung der in ihr sich artikulierenden Subjektivität entzogen erscheinen. Das von Greiner emphatisch beschworene „Ureigene[]"[24] erweist sich in dieser Perspektive als durch das Fremde je schon kontaminiert; eine mit ihm zusammenfallende Individualität, so ist Greiners These darum zu ergänzen, kann allenfalls als Sinneffekt, nicht aber als Prinzip ästhetischer Darstellung erwogen werden[25].

In *imaginatio*, so zeigt die Passage aus dem *Salon de 1859*, erhält die paradoxe Konstituiertheit des modernen Subjekts eine Figur. Baudelaires Bestimmung des Vermögens projiziert die aporetische Verfasstheit des Subjekts auf die ‚Königin der Vermögen': In einer Dynamik der „vaporisation" und der „centralisation", die im Zitat in ‚se confondre' und in ‚être bien elle-même' ein Echo finden, erscheint sie in eben jener Ambivalenz, die dem modernen Subjekt eignet. Wenig plausibel ist vor dem Hintergrund dieses Befundes die gelegentlich geäußerte Annahme, dass *imaginatio* die Konkretisierung eines autonomen, selbstpräsenten Subjekts sein sollte[26]. In ihr ist vielmehr das ‚Andere' des Denkens entworfen, ein ‚Ungedachtes', dessen Besonderheit darin liegt, dass es *als* Ungedachtes einen Möglichkeitsraum für die Errichtung der symbolischen Ordnungen des Denkens bildet. Wenngleich sie in diesen Ordnungen nicht aufgeht, hat sie dennoch in ihnen einen Ort – freilich als ‚Mysterium', das zu denken dem modernen Subjekt, folgt man Foucault, als unabschließbares Unternehmen aufgegeben ist.

22 *Mon cœur mis à nu*, OC I, 676.

23 Vgl. Foucault 1966; s.o., S. 31–36.

24 Vgl. Greiner 1993, 3.

25 Damit soll die Gültigkeit der Analysen Greiners selbstverständlich nicht bestritten werden. Doch wenn es bei ihm etwa heißt, der Widerspruch werde dadurch zum Dispositiv der Kunst, „daß hier ein Ich seine gegensätzlichen Tendenzen, ein unverzichtbares Streben nach Idealem und ein ebenso unverzichtbares Streben nach souveräner Bewahrung des Selbst zu einer Dialektik des Begehrens vereinigt, bei der der Begehrende sein Idealstreben dadurch am Leben erhält, daß er ihm selbst immer neu widerspricht" (Greiner 1993, 3), so übergeht diese Deutung die für das Werk Baudelaires entscheidende Frage, wie es möglich sein kann, dass der Begehrende ‚selbst' sich widerspricht. Die von Greiner herausgearbeitete Dialektik von Begehren und Widerspruch, so wäre zu ergänzen, ist bei Baudelaire auf einem anthropologischen Modell fundiert, in dem eine Unverfügbarkeit des Selbst bedacht ist.

26 Vgl. etwa Greiner 1993, 4.

Die Voraussetzungen dieser Konzeption des imaginativen Vermögens sind in Subjektivitätskonzepten der französischen Romantik zu suchen. Den romantischen „Mythos der Subjektivität“[27] hat J. Küpper untersucht. Die Romantik, so erläutert er mit Blick auf Chateaubriands *René* und Mme de Staëls *De l'Allemagne*, fundiere Subjektivität in einem als Absage an ästhetische und moralische Normen zu verstehenden ‚Anders-Sein'; romantische Lyrik nun fordere emphatisch eine Repräsentation der so verstandenen Subjektivität ein. Sie vollziehe diese als „Simulation von [...] Non-Codehaftigkeit“[28]: Repräsentierbar wird Subjektivität im Sinne von Anders-Sein als ein ambivalentes Sprechen, das, indem es die sinnkonstitutiven Differenzen der Sprache unterläuft, das lyrische Ich als ein Jenseits des Codes inszeniert. Dieser Darstellungsmodus birgt die Gefahr eines ‚archetypischen' Missverständnisses[29] in sich: Die Möglichkeit nämlich, den aus dem „Verweisspiel der Signifikanten“[30] generierten Subjektivitätseffekt auf eine ihm vorgängige und in ihm repräsentierte Subjektivität zu beziehen, mithin eine Identität zwischen sprachlicher Setzung und einem vorgängigen Ursprung der Rede zu behaupten. Romantisches Dichten nun zielt, folgt man Küpper, auf die Herbeiführung eben dieses Missverständnisses[31]. Wenn sich etwa Lamartine schmeichelt, er habe eine „lyre à sept cordes de convention“ durch die „fibres mêmes du cœur humain“[32] ersetzt, so vollzieht er damit plakativ eben jene Substitution: Er überspielt die medialen Voraussetzungen der Kunst, um an deren Stelle ein vergegenständlichtes Innen als Ursprung der Rede zu setzen.

Betrachtet man demgegenüber die Modellierung der Subjektivität bei Baudelaire – dies soll vorerst nur thesenhaft geschehen – so ist zunächst festzuhalten, dass Subjektivität, verstanden als ‚Anders-Sein', auch bei ihm als privilegierter Gegenstand poetischer Rede begegnet, wenn auch eher als Subjektivität des Wahrnehmens denn des Gefühls[33]. Bereits Hugo Friedrich hat dieses Moment der ‚Entpersönlichung' als Abgrenzungskriterium gegenüber romantischem Dichten geltend gemacht: „Mit Baudelaire beginnt die Entpersönlichung der modernen Lyrik, zumindest in dem Sinne, daß das lyrische Wort nicht mehr aus der Einheit von Dichtung und empirischer Person hervorgeht“[34]. Diese Entzweiung der in romantischem Dichten vorausgesetzten Personalunion von Zeichen und Bezeichnetem ist

27 So der Titel seines Aufsatzes; vgl. Küpper 1988, 137.

28 Küpper 1988, 139.

29 Von einem archetypischen Irrtum, nämlich „the recurrent confusion of sign and substance“, ist bei P. de Man in seiner kritischen Revision der von Derrida vorgeschlagenen Rousseaulektüre die Rede (de Man 1983a, 136).

30 Küpper 1988, 139.

31 Vgl. Küpper 1988, 139.

32 Lamartine 1968, 303.

33 Vgl. zu dieser Differenzierung Küpper 1988, 138.

34 Friedrich 1992 [1956], 36.

nun aber vor dem Hintergrund des von Küpper skizzierten romantischen Paradigmas bereits das Symptom einer Revision des Subjektivitätskonzepts selbst. Gelangt das romantische Subjekt im Unterlaufen sprachlicher Oppositionen zur Vergewisserung seiner selbst, so ist dem Subjekt der Lyrik Baudelaires diese Möglichkeit nicht gegeben; es erfährt sich im Gegenteil in schmerzhafter Weise an den Code gebunden. Überspielt romantisches Dichten die medialen Bedingungen seiner Rede, so inszeniert Baudelaires Lyrik demgegenüber gerade deren Gebundenheit an den Code. Glaubt Lamartine im Normalcode ein „opakes Derivat"[35] einer ursprünglichen „parole primitive et révélée"[36] zu erkennen, und sieht er die Möglichkeit, im Aufbrechen des „verbe terni"[37] in die Tiefe eines Ursprungs der poetischen Rede vorzudringen, so entdeckt Baudelaire jenseits des Ästhetischen ein Chaos unverfügbarer Kontingenz, dem erst die Kunst Struktur zu verleihen vermag. Demgemäß ist es die Kunst, die in Baudelaires Lyrik als Modus subjektiver Selbstvergewisserung fungiert – einer prekären Selbstvergewisserung allerdings, die eine paradoxe Einheit des Subjekts als unerreichbaren Gegenstand des Begehrens in Erscheinung treten lässt.

Das romantische Paradigma der Subjektivität, so führt Küpper aus, erhält in Chateaubriands *René* (1802) erste Konturen[38], um in Mme de Staëls *De l'Allemagne* (1810/1813) zum einzig legitimen Gegenstand der Dichtung erklärt zu werden[39] und in Lamartines *Méditations poétiques* (1820) eine paradigmatische poetische Modellierung zu erfahren[40]. Zwar deute sich schon bei ihm eine Reflexion auf die Unmöglichkeit einer Versprachlichung dieser als *ineffabile* konzipierten Subjektivität an. Doch erst die Dichtung Nervals vollziehe eine Auflösung des Diskurses[41], die in Rimbauds „JE est un autre" und Mallarmés Diktum „je suis maintenant impersonnel" zur Vollendung gelange[42]. Küpper sieht in den futuristischen Dichtungsexperimenten der Moderne und der daran anschließenden formalistischen Lyriktheorie die endgültige Verabschiedung der präsenzmetaphysischen

35 Küpper 1987, 145.

36 Lamartine 1856, 84; vgl. Küpper 1987, 145.

37 Lamartine 1963, 865; vgl. Küpper 1987, 145.

38 Vgl. Küpper 1988, 137, und Küpper 1987, 64–74.

39 Vgl. Küpper 1988, 137.

40 Vgl. Küpper 1988, 140–153.

41 Vgl. Küpper 1988, 153–163. In einem späteren Aufsatz geht Küpper auf Baudelaire ein und stuft dessen Lyrik ebenfalls als Dekonstruktion des romantischen Subjektivitätskonzepts ein; vgl. Küpper 2002, 150–152.

42 Küpper 1988, 163. Das Rimbaud-Zitat stammt aus den *Lettres du voyant* (Arthur Rimbaud, *Lettre à Paul Demeny, 15 mai 1871*, in: Rimbaud 1972, 250), das Zitat von Mallarmé aus einem Brief an Cazalis im Mai 1867 (Mallarmé 1959, 242).

Konzeption, die noch dem Subjektivitätsmodell romantischen Dichtens implizit zugrunde liege, realisiert[43].

Doch bereits die Lyrik Baudelaires, so die leitende These des folgenden Kapitels, gelangt zu Subjektivitätsentwürfen, die über die Romantik hinausweisen. Wenn Baudelaire in immer neuen Varianten die Situation des Subjekts im Spannungsfeld von Identischem und Individuellem beschwört, so geht es ihm darum, die Paradoxien der Menschennatur als Faszinosum und als unlösbare ‚Rätselfrage' an das Dichten herauszustellen. Eine poetologische Begründung erhalten seine Entwürfe gerade in den Reflexionen auf *imaginatio*. In der Figur der *imaginatio* fixiert Baudelaire einen Repräsentationsmodus, der der Opazität des Zeichens Rechnung trägt. Die über die Jahrhunderte hinweg tradierten Ambivalenzen des Konzepts werden für ihn zum Inbegriff der Aporien, auf die eine Selbstobjektivierung des Subjekts stoßen muss: *Imaginatio* tritt als Figur eines unverfügbaren Innen in Erscheinung, das sich dem Denken entzieht und doch als dessen Möglichkeitsbedingung gedacht werden muss. Semiotisch gewendet, bedeutet dies, dass in *imaginatio* Differenz in neuer Weise thematisch wird. Wenn Baudelaire nämlich die Kluft von Zeichen und Bezeichnetem offen hält, um in *imaginatio* eine paradoxe trennend-verbindende Instanz der ästhetischen Schöpfung zu entwerfen, so im Bestreben, gerade das Abgründige als Möglichkeit der Sinnkonstitution zu entwerfen. Wenn er das Kunstwerk auf Selbst und Welt als je schon abwesende Referenten öffnet, so im Namen einer Logik des Zeichens, die dem Werk eine es fundierende ästhetische Rationalität eigenen, und das heißt: metaphysisch ungesicherten, Rechts erschließt. Mit einer in der Forderung nach ästhetischer Autonomie zumeist mitgedachten Dichotomie einer referenzentbundenen Ordnung des Ästhetischen einerseits, einer (im autonomen Kunstwerk verabschiedeten) referentiellen Kunst andererseits lässt sich diese Konzeption indes nicht verrechnen. In der Reflexion auf *imaginatio* liegt die Möglichkeitsbedingung für die Entfaltung von ästhetischen und poetologischen Positionen, die in der Verschränkung von *mimesis* und *poiesis* zu einer Bestimmung der Kunst gelangen, welche ihr gerade in ihrer Teilhabe an einer sie fundierenden Negativität ein – wenngleich problematisches – welterschließendes Potential zubilligt.

Die Ausführungen dieses Kapitels sollen die Logik des Zeichens, deren Grundfigur *imaginatio* ist, erschließen. Im Zentrum stehen kunstkritische und poetologische Texte. Der Rückgriff auf diese Schriften kann kaum überraschen. Längst darf als erwiesen gelten, dass sie als poetologische Zeugnisse im Hinblick auf das dichterische Schaffen Baudelaires von herausragender Bedeutung sind. Baudelaire selbst hat immer wieder auf die Bezogenheit der Künste, insbesondere aber der Dichtung und der bildenden Kunst, hingewiesen; man denke nur an die bekannte Bemer-

[43] Und zwar in deren Suspendierung der Mitteilungsfunktion, die mit dem Verweis auf die Logik des Gemachtseins einhergeht; vgl. Küpper 1988, 164.

kung, „le meilleur compte rendu d'un tableau pourra être un sonnet ou une élégie"[44]. Sieht man zudem in *imaginatio* das fundierende Prinzip sowohl der Kunstkritik als auch der Dichtung Baudelaires, so mag sich gar der Schluss aufdrängen, dass sich in den kunstkritischen Schriften „weit mehr Spezifisches zu Baudelaire als bspw. zu Delacroix"[45] findet. Dennoch: Die Frage, in welcher Beziehung die poetologischen Reflexionen zu Baudelaires poetischer Praxis stehen, ist im Einzelnen nachzuvollziehen, will man nicht Gefahr laufen, Baudelaires Dichtung eine ihr fremde, unangemessene Begrifflichkeit aufzudrängen. Es gilt also, eine Semiotik des Kunstwerks zu rekonstruieren, die der Differenz der beiden Medien Rechnung trägt, dabei aber nach gemeinsamen Strukturen der Repräsentation fragt; ihre Gültigkeit für das poetische Werk hat der Gang der Analyse zu erweisen. Es ist dabei nicht nur angebracht, sondern unverzichtbar, die betrachteten Konzepte vor dem Hintergrund textueller Verfahren der Sinnkonstitution zu profilieren. Gedichtanalysen ergänzen darum die anhand der kunsttheoretischen und im weiteren Sinne poetologischen Texte gewonnenen Befunde.

Anhand der kunstkritischen Schriften, die die explizitesten Äußerungen über das imaginative Vermögen enthalten, wird zunächst Baudelaires Konzept der *imaginatio* untersucht und als Figur semiotischer Differenz profiliert (Kap. II.1). *Imaginatio* erweist sich in den hier betrachteten Schriften als produktionsästhetische Zentralkategorie zur Konzeptualisierung einer Sinnkonstitution, die sich von repräsentationistischen Prämissen distanziert, ohne dabei aber die Darstellungsfunktion des Kunstwerks preisgeben zu wollen. Diese stellt sich in Baudelaires Werk allerdings weit komplexer dar, als dies in traditionell-mimetischen Kunstauffassungen der Fall ist. Das Kunstwerk ist für Baudelaire nicht lediglich die Vergegenständlichung einer sinnkonstitutiven Setzung von Differenz, es hat diese Differenz, soll es als Kunstwerk erfahrbar sein, selbst noch einmal zur Darstellung zu bringen. Das ‚Neue', das ‚Schöne' oder auch das ‚Erhabene' bezeichnen in Baudelaires Ästhetik solche Darstellungsmodi, die im Kunstwerk dessen Anderes zur Geltung bringen. Paradigmatisch sollen diese am Beispiel des Erhabenen erörtert werden (Kap. II.2).

Auf die poetologische Relevanz der Melancholie in Baudelaires Werk hat zuerst W. Benjamin hingewiesen. Sie ließe sich gleichsam als Kehrseite der *imaginatio* beschreiben: Wo *imaginatio* die subjektive Welterschließung als Ereignis einer Präsenz des Sinnes feiert, da beklagt die Melancholie die Leere jenseits dieser Präsenz. Doch gerade diese Leere wird, mit Baudelaire gesprochen, zum *incitamentum* einer imaginativen Semiose, die die Differenz von Zeichen und Bezeichnetem als Dispositiv der poetischen Rede fruchtbar macht (Kap. II.3).

[44] *Salon de 1846*, CE 101.

[45] Moog-Grünewald 1989a, 222.

Im Zeichen einer Krise der Repräsentation erschließen *imaginatio*, Erhabenheit und Melancholie der Opazität des Zeichens eine eigene Semantik. Repräsentation profiliert sich vor diesem Hintergrund als Setzung verfehlter Präsenz, die bald als Verlust beklagt, bald als Möglichkeit kreativer Schöpfung begrüßt wird, stets und insistierend aber die Frage aufwirft, wie unter den Bedingungen der Differenz Sinnkonstitution möglich sein kann. Ein der Analyse des Prosagedichts *Une mort héroïque* gewidmetes Kapitel nimmt diesen Zusammenhang in den Blick. *Une mort héroïque* ist quasi die poetisch-poetologische Summe des Denkens der *imaginatio*. Expliziter noch als die poetologischen Schriften bringt das Gedicht den anthropologischen Fluchtpunkt dieses Denkens ins Spiel: Zur Debatte steht in *Une mort héroïque* die intrikate Frage nach der Möglichkeit einer subjektiven Selbstsetzung im Zeichen der *imaginatio*. Dass eine solche Selbstsetzung nicht stabil sein kann, versteht sich; *imaginatio* wird zur Chiffre einer textuellen Dekonstruktionsarbeit, die die Beständigkeit der Figur des Subjekts als illusionär erweist. Entscheidend ist nun aber, dass diese Bewegung der Dekonstruktion *auch* die von *imaginatio* hervorgebrachten Figuren des Sinnes, ja, noch *imaginatio* selbst erfasst. *Une mort héroïque* führt mithin in einer letzten Wende des Denkens der *imaginatio* deren Selbstaufhebung vor (Kap. II.4).

1 Die Schaffung einer Welt. Imaginationen des Künstlers

> Qu'est-ce que l'art pur suivant la conception moderne ? C'est créer une magie suggestive contenant à la fois l'objet et le sujet, le monde extérieur à l'artiste et l'artiste lui-même[1].

Sucht man nach expliziten Äußerungen zum Konzept der *imaginatio* in Baudelaires Werk, so hat man sich an die kunstkritischen Texte zu halten. In den poetischen Texten wird *imaginatio* selten ausdrücklich erwähnt; und die im weiteren Sinne poetologischen Texte wiederum enthalten zwar verstreute Äußerungen über *imaginatio*, doch diese lassen sich erst vor dem Hintergrund der Entwürfe in den kunstkritischen Schriften zu einem schlüssigen Konzept zusammenführen. Die Anknüpfung an die in den ersten Kapiteln herausgearbeitete semiotische Konfiguration der *imaginatio* erfolgt daher ausgehend von eben diesen Schriften.

Vor dem Hintergrund einer Krise der Repräsentation reflektieren Baudelaires *Salons*, die *Exposition de 1855*, *Le peintre de la vie moderne* und *Œuvre et vie d'Eugène Delacroix* die Frage nach der Möglichkeit ästhetischer Sinnkonstitution. *Imaginatio* avanciert hier, wie die Passage zur *Reine des facultés* exemplarisch vor Augen führt, zur Zentralinstanz einer Sinnbildung, die sich abseits metaphysischer Garantien vollzieht. Die poetologischen Implikationen dieser Konzeption wurden häufig vermerkt, wenngleich sie nicht explizit als Manifestationsformen eines Denkens der *imaginatio* gedeutet wurden: Baudelaires kunstkritische Schriften gelten als Zeugnisse eines Übergangs von einer Ästhetik der *imitatio* zu einer Ästhetik der *imaginatio*. Gerade der *Salon de 1859* wird als Gründungsdokument einer ‚modernen' Ästhetik angesehen, die sich vom Anspruch auf eine mimetische Wirklichkeitsabbildung löst, um dem Kunstwerk eine Sphäre eigenen Rechts zu erschließen. ‚Wie eine Welt'[2] ist dieses zu erschaffen, so heißt es dort; und das bedeutet, wie im Fortgang deutlich wird, durch die Herstellung ästhetischer Binnenstrukturen, welche das Kunstwerk aus außerästhetischen Zusammenhängen entheben. Die Schaffung solcher Strukturen ist Sache der *imaginatio*. Sie ist es, die durch die Verfahren der *décomposition* und der *composition* eine Differenz einschreibt, die Kunstwerk und Welt trennt und das Kunstwerk dadurch erst als solches erfahrbar macht.

Wenn mit dieser Bestimmung ästhetische Autonomie besiegelt scheint, so bedeutet dies indes – wie das folgende Kapitel zeigen soll – noch keine Preisgabe

1 *L'art philosophique*, CE 503.

2 „Un bon tableau, fidèle et égal au rêve qui l'a enfanté, doit être produit comme un monde" (*Salon de 1859*, CE 327).

der Darstellungsfunktion des Kunstwerks. *Mimesis* und *poiesis* sind in Baudelaires kunstkritischen Schriften in komplexer Weise verschränkt; die Reflexionen kreisen um die Frage, wie eine Vermittlung von subjektiver Schöpferkraft und Weltbezug möglich sein kann. Kristallisationspunkt dieser Ambivalenzen ist wiederum *imaginatio*. Als trennend-verbindendes Vermögen erscheint sie in einer irreduziblen Zweidimensionalität, in der sich die ungelöste Frage nach einer Vermittlung von ‚Subjektivem' und ‚Objektivem' zur „magie suggestive"[3], wie es im eingangs angeführten Zitat heißt, spiegelt.

In Forschungsbeiträgen, die den Brückenschlag zwischen den kunstkritischen und den poetischen Texten Baudelaires versuchten, wurden diese Ambivalenzen der kunstkritischen Schriften häufig gesehen, doch ihre Implikationen nicht immer angemessen bedacht. Die dort entworfene Ästhetik schien sich aufgrund ihrer vordergründigen Heterogenität als Steinbruch zur Gewinnung variabelster Interpretamente für die Analyse des poetischen Werks zu empfehlen. Andererseits tendierten Studien, die die kunstkritischen und poetologischen Schriften als eigenständige Entwürfe in den Blick nahmen, dazu, deren Komplexität durch die Rückführung ihrer inneren Gegenstrebigkeiten auf je einen Pol zu reduzieren. Die in ihr artikulierte Ästhetik wurde demgemäß je nach Blickpunkt als *noch* romantisch oder aber *schon* modern gewertet[4]. Besonders bedenkenswert ist allerdings der Ansatz von

3 *L'art philosophique*, CE 503.

4 Der Kunsttheorie Baudelaires widmen sich eine Fülle von Veröffentlichungen. Als Referenzwerke gelten immer noch Ferran 1968 [1933], Gilman 1943 und Prévost 1953. Instruktiv ist weiterhin die neuere Studie von P. Laforgue (Laforgue 2000); weniger informativ hingegen Carrier 1996. Die zentralen ästhetischen Konzepte der kunstkritischen Schriften resümiert Drost 1976. Besonders aufschlussreich zur Situierung der kunstkritischen Überlegungen Baudelaires im Kontext der französischen Kunstkritik des 19. Jahrhunderts ist auch ein neuerer Aufsatz Drosts (Drost 2007). Vgl. weiterhin Castex 1969 und die einführende biobibliographische Skizze von Brookner 1988, 57–87. – Vgl. zur Situierung Baudelaires innerhalb der kunsttheoretischen Tradition in Frankreich bes. May 1957 sowie Valverde 1994, die mit Diderot und Stendhal die beiden neben Delacroix, Hoffmann und Cousin wohl wichtigsten Gewährsleute der kunstkritischen Schriften Baudelaires in den Blick rücken; weiterhin Abel 1980 und Guillerm 1997. Letzterer unterschätzt allerdings im Bestreben einer Inventarisierung topischer Elemente der kunstkritischen Schriften deren innovatives Moment. Instruktiv zu Baudelaires über Cousin vermittelte Kant- und Platonrezeption ist Hartung 1997. – Vgl. zum Konzept der *imagination* in den kunstkritischen Schriften bes. Frey 1986, 53–90, und Vivier 1967. Den Versuch des Brückenschlags von Baudelaires kunstkritischen Schriften zu seiner Lyrik unternehmen mit unterschiedlichem Erfolg Hirschberger 1993, 9–30, und Abel 1980. Die Analyse von E. Hirschberger beschränkt sich auf den geradezu topischen Hinweis auf eine Abkehr von der ‚Mimesis', die Baudelaire in Delacroix' Malerei realisiert sehe und in der eigenen Dichtung betreibe, und auf den ungleich weniger trivialen, doch in seiner Relevanz unterschätzten Befund, dass sowohl Gemälde als auch Gedichte sich jeweils über immanente Bezüge konstituieren (Hirschberger 1993, 21). Deutlich problembewusster ist der lesenswerte Aufsatz von E. Abel. Ausgehend von dem primären Befund einer Differenz der

H.-J. Frey, der seine Analyse der in den kunstkritischen Schriften zur Geltung kommenden Ästhetik differenziert und überzeugend entfaltet. Den Übergang zu einer modernen Ästhetik sieht er in einem Wechsel von der Frage nach dem „Abbildcharakter“[5] zu der „Frage nach der Entstehung des Bildes“[6] gegeben, die in Baudelaires kunstkritischen Schriften exemplarisch zur Anschauung komme. Sie kristallisiere sich in einer ästhetischen Theorie, die das Kunstwerk in seiner Relation zum Betrachter fundiere. Die Sinnlichkeit avanciere dabei zu einer autonomen Sphäre, in der sich eine künstlerische Überschreitung konventioneller Dispositive der Wahrnehmung vollziehe. Natur konstituiere sich demgemäß erst im Gesehenwerden, sie sei nicht „Vorbild“[7], das Kunstwerk dementsprechend auch kein (sekundäres) „Abbild“[8]. Wenn Frey allerdings in der Folge „Ganzheit“[9], einen in der Tat zentralen Begriff der Kunsttheorie Baudelaires, als Telos der Kunst ins Spiel bringt, ohne aber auf die Frage zu reflektieren, wie sich eine solche Ganzheit abseits metaphysischer Garantien konstituieren kann, dann reduziert auch er die Ambivalenzen dieser Ästhetik. So trifft er mit seiner eingangs formulierten Fragestellung – „Wie entsteht das Bild, das Bild ist, ohne doch das Abbild eines Vorbilds zu sein?“[10] – zwar den Kern der Reflexionen Baudelaires, doch führt er in der Folge einer Lösung zu, was in den Texten Baudelaires absichtsvoll offen gehalten wird[11].

Die Ambivalenzen der kunstkritischen Schriften sind Reflexe einer kritisch werdenden Repräsentierbarkeit der Welt. Sie kommen in Baudelaires Schriften nicht zu einer Lösung. Dies kann nicht erstaunen, wenn man bedenkt, dass sie eine Leerstelle des Wissens betreffen, die gerade zu Beginn der Moderne in aller Deutlichkeit ins Bewusstsein tritt: die Frage, wie angesichts einer Krise der Repräsentation eine intersubjektive Erfahrbarkeit eines zeichenvermittelten Sinnes möglich sein kann. Erst allmählich löst sich denn auch Baudelaires Ästhetik aus den Vorgaben des Repräsentationismus, um in der Medialität des Kunstwerks ein neues Konzept der Sinnkonstituierung zu suchen.

Fragt man nach Konstituenten einer Poetik der *imaginatio* in Baudelaires kunstkritischen Schriften, so empfiehlt es sich darum, einen Blick auf seine frühesten Überlegungen zur von ihm so genannten ‚modernen' Kunst zu werfen. Sie ste-

Medien Malerei und Dichtung konturiert die Autorin eine immanente Semiotik der Malerei Delacroix' und der Dichtung Baudelaires, wobei sie ‚Harmonie' sowie die Synthese von Bewegung und Form als gemeinsame Strukturen der beiden Paradigmen herausarbeitet.

5 Frey 1986, 53.

6 Frey 1986, 53.

7 Frey 1986, 56.

8 Frey 1986, 56.

9 Frey 1986, 62–72.

10 Frey 1986, 56.

11 Ähnliche Einwände ließen sich gegen Th. Greiners Versuch, die oppositiven Schemata der Baudelaireschen Kunstkritik zusammenzudenken, anführen; vgl. Greiner 1993, 7–71.

hen noch im Kontext des Entwurfs einer ‚romantischen' Kunst, doch zeichnen sich in ihnen bereits die Grundzüge der späteren, als modern gewürdigten Ästhetik ab, wie sie etwa im *Salon de 1859*, in *Le peintre de la vie moderne* oder im Wagner-Essai zur Geltung kommt. Gerade die inneren Widersprüche dieses frühen, heterogenen – noch Diderot und Stendhal, doch auch Delacroix verpflichteten – ästhetischen Modells markieren die Bruchstellen, von denen die Entwürfe der späten Schriften ihren Ausgang nehmen. Sie sind daher geeignet, die Prämissen zu beleuchten, unter denen Baudelaires Kunstauffassung steht (Kap. 1.1). Die späteren Schriften tendieren dazu, in der Autonomie des Kunstwerks – in seiner Differenz sowohl zu seinem Schöpfer als auch zu dem in ihm repräsentierten Gegenstand – eine Grundbestimmung des Ästhetischen zu suchen. *Imaginatio* erweist sich nun als kardinale Figur einer Konvergenz von *mimesis* und *poiesis*, deren Vergegenständlichung dem zutiefst als Medium verstandenen Kunstwerk zukommt (Kap. 1.2).

1.1 *Il n'y a dans la nature ni ligne ni couleur*. Die Differenz des Ästhetischen

Baudelaires früheste Bestimmung moderner Kunst findet sich im *Salon de 1846*. Sie setzt diese in Eins mit der Romantik, genauer: mit der Malerei der Romantik, die er im Werk Delacroix', „chef de l'école *moderne*"[12], verwirklicht sieht. „Qui dit romantisme dit art moderne"[13], heißt es apodiktisch im Kapitel *Qu'est-ce que le romantisme?* im *Salon de 1846*. Im Sinne des oben skizzierten romantischen Modells der Darstellung künstlerischer Subjektivität im Kunstwerk[14] valorisiert Baudelaire in der „modernen" Kunst eine „manière de sentir", oder, wie er präzisiert, „intimité" und „spiritualité", „couleur" und „aspiration vers l'infini"[15] – in dezidierter Abkehr von Bestimmungen, die das spezifisch Romantische etwa in der Wahl des Sujets oder gar in realistischer Wirklichkeitsabbildung zu finden meinen[16]. Kriterium dieser Kunst ist für Baudelaire vielmehr eine Entbindung aus mimetischen Ansprüchen. Das romantische Kunstwerk soll Ausdruck einer künstlerischen Individualität sein[17]; so habe etwa Delacroix durch seine ‚harmonische' Farbgebung ein Ausdruckssystem zur Codierung von Subjektivität entwickelt, das

[12] *Salon de 1846*, CE 111.
[13] *Salon de 1846*, CE 103.
[14] S.o., S. 158–160.
[15] „Qui dit romantisme dit art moderne, – c'est-à-dire intimité, spiritualité, couleur, aspiration vers l'infini" (*Salon de 1846*, CE 103).
[16] Vgl. *Salon de 1846*, CE 102–103.
[17] Vgl. *Salon de 1846*, CE 101.

auf einer präsemantischen Ebene nichts Geringeres als die „originalité" des Künstlers, verstanden als dessen „pensée intime", ins Bild setze[18].

Baudelaires Kunstauffassung ist auf den ersten Blick alles andere als modern. Geradezu emphatisch valorisiert er ein subjektives Innen, das im Kunstwerk zur Darstellung kommen soll. Seine Abkehr von der *imitatio* einer äußeren Wirklichkeit setzt vorerst die Seele des Künstlers als Referenten des Kunstwerks. Von einer Verabschiedung repräsentationistischer Prämissen kann keine Rede sein; Repräsentation ist nicht schon hinfällig, sondern lediglich auf einen subjektiven Wesenskern bezogen, der im Kunstwerk zur Präsenz gelangen soll. Wenn etwa in den Werken Delacroix' eine künstlerische Individualität, ein ‚Ursprung', ein authentisches Innen zur Evidenz gelangen soll, so wird als repräsentierbar behauptet, was zugleich als ein Jenseits der Repräsentation gesetzt ist.

Dennoch wird die Applizierbarkeit der repräsentationistischen Prämisse einer den Zeichen vorgängigen, durch diese aufgeschobenen Präsenz auf einen subjektiven Wesenskern, der im Kunstwerk zur Darstellung kommen sollte, bereits in dieser frühen Schrift bedenklich. Das Kapitel *De la couleur* widmet sich der in der Romantik suspendierten Frage nach der Repräsentierbarkeit des Ursprungs künstlerischer Gestaltung. Die symbolische Ordnung der Farbe, so führt Baudelaire dort aus, bildet ein System, in dem Bedeutung allein aus der Relationierung der Elemente gemäß einer dem Werk immanenten „Logik"[19] hervorgehen könne. Durch diese am Leitparadigma der Musik orientierte Bestimmung wird der sinnlichen Präsenz des einzelnen Farbtons eine potentielle Bedeutung entzogen. Erst in der Relationierung der Elemente erhalten diese ihren jeweiligen Wert. Den Elementen der Struktur hingegen kann keine substantiell gedachte Bedeutung zukommen[20]. Gerade diese Entbindung aus den Zwängen der Repräsentation prädestiniert Farbe

18 „Delacroix part donc de ce principe, qu'un tableau doit avant tout reproduire la pensée intime de l'artiste, qui domine le modèle, comme le créateur la création" (*Salon de 1846*, CE 118); „Un tableau de Delacroix [...] laisse toujours une impression profonde, dont l'intensité s'accroît par la distance. Sacrifiant sans cesse le détail à l'ensemble, et craignant d'affaiblir la vitalité de sa pensée par la fatigue d'une exécution plus nette et plus calligraphique, il jouit pleinement d'une originalité insaisissable, qui est l'intimité du sujet" (*Salon de 1846*, CE 119). Vgl. auch die Definition der Kunst im *Salon de 1859* als „le domaine de l'impalpable et de l'imaginaire", näherhin: „ce qui ne vaut que parce que l'homme y ajoute de son âme" (CE 319), und den Nachruf auf Delacroix von 1863: „quel est donc ce je ne sais quoi de mystérieux que Delacroix, pour la gloire de notre siècle, a mieux traduit qu'aucun autre ? C'est l'invisible, c'est l'impalpable, c'est le rêve, c'est les nerfs, c'est l'*âme*" (*Œuvre et vie d'Eugène Delacroix*, CE 424).

19 Vgl. *Salon de 1846*, CE 107.

20 „La couleur est [...] l'accord de deux tons. Le ton chaud et le ton froid, dans l'opposition desquels consiste toute la théorie, ne peuvent se définir d'une manière absolue : ils n'existent que relativement" (*Salon de 1846*, CE 107).

zum Ausdrucksmedium einer Subjektivität, die nun in der Tat als ein nicht repräsentierbares Jenseits der Repräsentation perspektiviert wird.

Es ist hier besonders aufschlussreich, sich die Herkunft dieser neuen, farbbasierten Innerlichkeit zu vergegenwärtigen. Die Farbe gilt in der Kunsttheorie traditionell als sekundär gegenüber der Zeichnung[21]. Während die Zeichnung als Konkretisierung eines mentalen Bildes Garant des Gegenstandes und damit eigentlicher Träger der Mimesis ist, erscheint Farbe als Darstellungsmodus einer asignifikanten Sinnlichkeit[22]. Aus dieser Erwägung heraus behauptet etwa Rousseaus *Essai sur l'origine des langues* den Vorrang der Zeichnung gegenüber der Farbe:

> De belles couleurs bien nuancées plaisent à la vüe, mais ce plaisir est purement de sensation. C'est le dessein, c'est l'imitation qui donne à ces couleurs de la vie et de l'ame, ce sont les passions qu'elles expriment qui viennent émouvoir les nôtres, ce sont les objets qu'elles réprésentent qui viennent nous affecter. L'intérest et le sentiment ne tiennent point aux couleurs ; les traits d'un tableau touchant nous touchent encore dans une estampe ; otez ces traits dans le Tableau, les couleurs ne feront plus rien[23].

Eben diese Gewissheit einer Darstellbarkeit der Leidenschaften weist Rousseau, wie Derrida vermerkte, als Repräsentant einer traditionell-mimetischen Kunstauf-

[21] Versuche der Aufwertung der Farbe gegenüber der Zeichnung begleiten freilich die kunsttheoretische Debatte in Frankreich; der Farbe wird dann indes, so M. Imdahl mit Bezug auf Roger de Piles, „eine Referenz auf ein Konzept, nämlich auf das im Geiste vorgestellte Leitbild einer Idee angesonnen", sie wird also in das repräsentationistische Modell künstlerischer Mimesis eingebunden. Vgl. Imdahl 1987, hier 57.

[22] Vgl. Imdahl 1987, 32. Die Zeichnung gilt als Konkretisierung einer mentalen Entsprechung – von *dissegno interno* ist seit der italienischen Kunsttheorie der Renaissance die Rede –, die aufgrund ihres Bezugs auf ein ihr Äußeres zugleich „bildgemäße Garantie der Körperintegrität" ist (ibd, 43). Unumstritten ist darum, dass „die Zeichnung grundsätzlich auf das Geistige, Essentielle, dagegen die Farbe auf das Sinnliche, Akzidentielle gerichtet ist" (ibd., 31). Vgl. zu dieser Konzeption die paradigmatische Bemerkung Kants in der Kritik der Urteilskraft: „In der Malerei, Bildhauerkunst, ja allen bildenden Künsten [...] ist die Zeichnung das Wesentliche, in welcher nicht, was in der Empfindung vergnügt, sondern bloß, was durch seine Form gefällt, den Grund aller Anlage für den Geschmack ausmacht. Die Farben, welche den Abriss illuminieren, gehören zum Reiz; den Gegenstand an sich können sie zwar für die Empfindung belebt, aber nicht anschauungswürdig und schön machen; vielmehr werden sie durch das, was die schöne Form erfordert, mehrenteils gar sehr eingeschränkt, und selbst da, wo der Reiz zugelassen wird, durch die erstere allein veredelt" (Kant, *Kritik der Urteilskraft*, B 42). – Vgl. zur Opposition von Farbe und Zeichnung in der französischen Kunsttheorie neben Imdahl 1987 (zu Delacroix bes. ibd., 87–98) auch Imdahl 1966. Vgl. zur Differenzierung von *dessinateur* und *coloriste* im Kontext der Debatte um den Vorrang von Farbe oder Zeichnung um die Jahrhundertmitte auch Kelley 1969, bes. 342–344.

[23] Rousseau 1995, 412–413.

fassung aus[24]. Wenn Baudelaire nun gerade Farbharmonie als Code einer „intimité" und einer „spiritualité" des Künstlers zelebriert, so impliziert dies den Entwurf einer Innerlichkeit, die mit der repräsentationistischen Konfiguration eines ‚Innen' der Bedeutung, auf die hin die signifikante Materialität des Kunstwerks zu überschreiten wäre, nicht verrechenbar ist. Denn die *spiritualité* des Kunstwerks an die Farbe zu binden, bedeutet, das Sinnliche zum Ort subjektiver Innerlichkeit aufzuwerten. Eine so verstandene *spiritualité* verdankt sich einer Zentrierung des liminalen Raumes, der im repräsentationistischen Diskurs die Grenze zwischen Außen und Innen, zwischen der signifikanten Materialität des Gegenstandes und seiner Bedeutung bildet. So führt die Reflexion auf die Darstellbarkeit einer als Jenseits symbolischer Ordnungen konzipierten Subjektivität zu einer subtilen Infragestellung dieser Ordnung: Nicht als ein zu repräsentierendes Innen erweist sich der ‚Ursprung' der Kunst, sondern als das Andere der Repräsentation.

Deutlicher noch profiliert sich diese Implikation in einer Verknüpfung der ‚modernen' Kunst mit einem zweiten oppositiven Schema. In Anknüpfung an die durch Mme de Staëls Werke populär gewordene Nord-Süd-Typologie der Künste stellt Baudelaire die genuin ‚nördliche' Kunst der Romantik in Opposition zu einer mimetisch-südlichen Kunst. Im Norden nämlich – in England und Flandern, so präzisiert er, die topische Zuordnung der Kunst des Nordens als eine Kunst der Farbe aufgreifend – sei der Ursprung romantischer Kunst zu suchen, ihre „rêves" und „féeries" seien Kinder des Nebels:

> Que la couleur joue un rôle très important dans l'art moderne, quoi d'étonnant ? Le romantisme est fils du Nord, et le Nord est coloriste ; les rêves et les féeries sont enfants de la brume. L'Angleterre, cette patrie des coloristes exaspérés, la Flandre, la moitié de la France, sont plongées dans les brouillards [...].
> En revanche le Midi est naturaliste, car la nature y est si belle et si claire que l'homme, n'ayant rien à désirer, ne trouve rien de plus beau à inventer que ce qu'il voit : ici, l'art en plein air, et, quelques centaines de lieues plus haut, les rêves profonds de l'atelier et les regards de la fantaisie noyés dans les horizons gris.
> Le Midi est brutal et positif comme un sculpteur dans ses compositions les plus délicates ; le Nord souffrant et inquiet se console avec l'imagination [...].
> Raphaël, quelque pur qu'il soit, n'est qu'un esprit matériel sans cesse à la recherche du solide ; mais cette canaille de Rembrandt est un puissant idéaliste qui fait rêver et deviner au delà. L'un compose des créatures à l'état neuf et virginal, – Adam et Eve ; – mais l'autre secoue des haillons devant nos yeux et nous raconte les souffrances humaines[25].

Ex negativo konturiert sich die *conditio* moderner Kunst gegen eine „positive", ja „brutale" Kunst des Südens. „[B]rume" und „brouillard" figurieren dabei eine geheimnisvolle, sich entziehende Wirklichkeit, die sich den ‚nördlichen' Bildern der

[24] Derrida 1967a, 289–290; vgl. aber die kritisch-differenzierenden Ausführungen de Man 1983a, bes. 126–127.

[25] *Salon de 1846*, CE 104.

imaginatio einschreibt. Ihnen steht das auf eine mimetische Wirklichkeitsabbildung verpflichtete Kunstwerk des Südens gegenüber, das aus dem repräsentierten Gegenstand eine supplementäre Identität bezieht. ‚Norden', dies meint eine bewusst gemachte Differenz von Welt und Bewusstsein, die in einem ‚nördlichen', nämlich imaginativen Kunstwerk, zur Darstellung gelangt. In seiner Entbindung aus referentiellen Bezügen verliert dieses seine qua Referenzbezug gesicherte Bedeutung, um in seinen Bildern zweierlei zu figurieren: die Absenz des Bedeuteten und das Begehren nach dessen Präsenz. Der Raum des Nordens erweist sich hier als ein Gegenraum, der dem als ‚Süden' figurierenden Raum der Repräsentation das Nicht-Identische entgegensetzt, es affirmiert und, wie man mit Blick auf die Metaphorik der Gewalt, die für die Kunst des Südens herangezogen wird, sagen könnte, es ‚rettet' vor der Vereinnahmung durch das Identische.

Baudelaires Ästhetik der Moderne erhält im *Salon de 1846* erste Konturen. Am Ursprung des Kunstwerks ist eine verfehlte Repräsentation: Das Spiel der imaginativen Bilder vollzieht sich über einer Absenz, die als Mangel und als Begehren den Manifestationen moderner Kunst eingeschrieben ist. Wenn Baudelaire freilich die Differentialität auf ein subjektives Innen oder aber auf einen ‚nördlichen' Ursprung zurückführt, so ist die im ‚modernen' Kunstwerk thematisch werdende Negativität vorerst überspielt. Erst in den späteren Schriften gelangt der semiotische Status ästhetischer Differenz zur Reflexion; Differenz erweist sich nun als Index eines sich entziehenden Anderen, das die ästhetische Ordnung in einer ungeklärten, doch evidenten Weise durchdringt.

Betrachtet man den dreizehn Jahre später erschienenen *Salon de 1859*, so zeigt sich, dass die im Sinne des *Salon de 1846* ‚moderne' Kunst seit ihren borealen Anfängen erheblich an Terrain gewonnen hat. Nicht mehr Kunst des Nordens oder Kunst der Farbe, sondern vielmehr Kunst schlechthin ist die vormalige Kunst des *rêve* und der *féerie*; zur kunstfeindlichen Doktrin hingegen stigmatisiert Baudelaire die auf mimetische Wirklichkeitsabbildung zielende Kunst des Südens: „Dans ces derniers temps nous avons entendu dire de mille manières différentes : „Copiez la nature […]." Et cette doctrine, ennemie de l'art, prétendait être appliquée non seulement à la peinture, mais à tous les arts […]"[26]. Baudelaires Reduktion der im *Salon de 1846* verfochtenen binären Schemata – Süden/Norden, *imitation/imagination*, *dessin/couleur* – auf das jeweils zweite Glied und dessen Generalisierung markieren eine Wende zu einer Ästhetik, die Kunst nicht mehr dem empirisch Gegebenen verpflichtet weiß, sondern deren Kriterium gerade in ihrer Differenz zur Natur sucht. So heißt es im Fortgang des Zitats:

> A ces doctrinaires si satisfaits de la nature un homme imaginatif aurait certainement eu le droit de répondre : „Je trouve inutile et fastidieux de représenter ce qui est, parce que rien de

[26] *Salon de 1859*, CE 320.

ce qui est ne me satisfait. La nature est laide, et je préfère les monstres de ma fantaisie à la trivialité positive“[27].

Ein Schönes lässt sich der per se hässlichen Natur nicht mehr abgewinnen. Der Positivität des Gegebenen ist die künstlerische Schöpfung entgegenzusetzen, die sich, wie im Fortgang deutlich wird, durch ihre innere Notwendigkeit, mithin: durch ihre Sinnhaftigkeit, gegenüber einer kontingenten Wirklichkeit zu legitimieren hat. Als *surnaturalisme* wurde Baudelaires Einforderung künstlerischer Erhebung über die Natur in der Forschung diskutiert[28]; ihr entspricht der Befund einer Differentialität *aller* künstlerischen Darstellungsmodi. So fallen in einer Schrift von 1861 die beiden im *Salon de 1846* noch oppositiv gesetzten Modi des „dessin“ respektive der „ligne“ und der „couleur“ in eins: „Pour parler exactement, il n'y a dans la nature ni ligne ni couleur. C'est l'homme qui crée la ligne et la couleur. Ce sont deux abstractions qui tirent leur égale noblesse d'une même origine“[29]. Wenn beide Darstellungsmodi in gleicher Weise als Abstraktion zu begreifen sind, so impliziert dies die Preisgabe jener Konzeption, die sie als privilegierte Mittel der Darstellung einer subjektiven Innerlichkeit respektive äußerer Gegenstände auffasst. In je gleicher Weise gewinnen beide Modi erst in der Differenz zum Darzustellenden ihre „noblesse“: Das Kunstwerk bringt in seiner Erhebung über die Natur gleichsam jenen „Adel“ seines Schöpfers zur Anschauung, den Baudelaire verschiedentlich als spezifisch moderne Spielart des „héroïsme“ ausgewiesen hat[30].

Es kann nicht überraschen, dass Baudelaire die Fundierung dieser Sinnhaftigkeit in der *ratio* erwägt. Aus gleichsam logischem Kalkül heraus, so erläutert er in *Le*

27 *Salon de 1859*, CE 320. Vgl. auch die bekannten Invektiven gegen die Natur in Baudelaires Guys-Essai, *Le peintre de la vie moderne*, CE 453–502, bes. 489–494. – Vgl. zur Abwertung der Natur zugunsten des Artifiziellen in der Ästhetik Baudelaires Jauß 1991.

28 Vgl. Jauß 1989a, 91.

29 *Peintures murales de Delacroix à Saint-Sulpice*/*Œuvre et vie d'Eugène Delacroix*, CE 432.

30 Erwähnt seien als Figurationen des „héroïsme“ der Dandy, aber auch die hübsch zurechtgemachte Frau. Über modernes Heroentum sowie über den Dandy als dessen exemplarische Realisierung informiert das einschlägige Kapitel des *Salon de 1846*, „De l'héroïsme de la vie moderne“, CE 195–200, das den heroischen Akt des Dandy vor dem Hintergrund generalisierter Uniformität als Einforderung des Individuellen valorisiert, sowie „Le Dandy“ aus dem Guys-Essai, CE 481–486, und verschiedene Tagebucheinträge (so etwa Baudelaires berühmte Definition der Schönheit, *Fusées* X, OC I, 657; weiterhin *Mon cœur mis à nu* IX, OC I, 657; XIII, OC I, 684; XX, OC I, 689 etc.). Baudelaires „Lob der Schminke“ ist im oben angeführten Guys-Essai zu finden („Éloge du maquillage“, CE 489–494). Angesichts der „supériorité aristocratique de son esprit“ (CE 483) ist der Dandy, gleichsam „suprême incarnation de l'idée du beau transportée dans la vie matérielle“ (*Notes nouvelles sur Edgar Poe*, CE 626), prädestiniert zur Figur des Künstlers; unnötig fast ist die Erwähnung, dass Baudelaire auch seinem Double Delacroix Dandy-Allüren bescheinigt (vgl. *Œuvre et vie d'Eugène Delacroix*, CE 417–451). Vgl. zur Figur des Dandy bei Baudelaire Gnüg 1988, bes. 224–234, 235–239 und passim.

peintre de la vie moderne, entstehe das Kunstwerk als Ausdruck künstlerischer Autonomie, mithin als Index eines es transzendierenden Schöpfers: „Tout ce qui est beau et noble est le résultat de la raison et du calcul [...]. La vertu [...] est artificielle, surnaturelle [...]. Le mal se fait sans effort, naturellement, par fatalité ; le bien est toujours le produit d'un art“[31]. Wenn hier ästhetische Differenz mit der emphatischen Valorisierung des schöpferisch-autonomen Subjekts vorerst supplementiert wird, so erweist sich die wohlkalkulierte ästhetische Ordnung aber im Fortgang der Passage selbst als Effekt eines präreflexiven Begehrens:

> Le sauvage et le baby témoignent, par leur aspiration naïve vers le brillant, vers les plumages bariolés, les étoffes chatoyantes, vers la majesté superlative des formes artificielles, de leur dégoût pour le réel, et prouvent ainsi, à leur insu, l'immatérialité de leur âme[32].

In der Kontaminierung der *ratio* mit dem Begehren zeigt sich die für Baudelaires Werk charakteristische Tendenz, das Kunstwerk als Exponent einer genuin ästhetischen, der *ratio* sich entziehenden Rationalität zu begreifen[33].

Die Reflexion auf eine von Subjekt und Objekt unabhängige Medialität des Kunstwerks profiliert sich in der oben erwähnten Schrift von 1861 als eine Selbstoffenbarung des Kunstwerks an seinen Betrachter. Beim Anblick der Gemälde überkomme diesen nämlich eine „volupté surnaturelle“, die gegenstandsunabhängig allein durch die Farbharmonie induziert werde:

> Un tableau de Delacroix, placé à une trop grande distance pour que vous puissiez juger de l'agrément des contours ou de la qualité plus ou moins dramatique du sujet, vous pénètre déjà d'une volupté surnaturelle. Il vous semble qu'une atmosphère magique a marché vers vous et vous enveloppe. Sombre, délicieuse pourtant, lumineuse, mais tranquille, cette impression, qui prend pour toujours sa place dans votre mémoire, prouve le vrai, le parfait coloriste. Et l'analyse du sujet, quand vous vous approchez, n'enlèvera rien et n'ajoutera rien à ce plaisir primitif, dont la source est ailleurs et loin de toute pensée secrète[34].

„[A]illeurs et loin de toute pensée secrète“ bezeichnet den atopischen Ursprung dessen, was zuvor als das subjektive Innen des Künstlers entworfen war, nunmehr aber als „atmosphère magique“ dem Kunstwerk selbst als ein Jenseits des Sagbaren wesenhaft zukommen soll: eine Dimension unmittelbarer Selbstmitteilung, die ge-

31 *Le peintre de la vie moderne*, CE 491.

32 *Le peintre de la vie moderne*, CE 491.

33 Vgl. zum Begriff der ‚ästhetischen' Rationalität als einer autonomen „Eigenlogik des Ästhetischen“ Stierle 1997a, 11.

34 *Œuvre et vie d'Eugène Delacroix*, CE 433. Vgl. analog dazu in der *Exposition universelle de 1855*: „il faut remarquer, et c'est très important, que, vu à une distance trop grande pour analyser ou même comprendre le sujet, un tableau de Delacroix a déjà produit sur l'âme une impression riche, heureuse ou mélancolique“ (CE 237). – Eine Semiotik der Farbe entwirft Imdahl 1987, 19–34; zu Delacroix 87–98. Vgl. zur Farbtheorie Delacroix' auch Abel 1980, 372–376.

rade erst vor dem Hintergrund einer Absenz propositionaler Inhalte erfahrbar ist. Ein im Sinne Foucaults opakes – weil nicht auf einen Referenten bezogenes – Zeichen wird zum Index einer Sphäre des Semiotischen, in der Subjektives und Objektives, Außen und Innen zu einer Koinzidenz gelangen.

1.2 *Un beau tableau doit être produit comme un monde.* Das Kunstwerk als Medium

Baudelaires kunsttheoretische Schriften führen den Schritt von einer allerdings schon brüchig werdenden mimetischen Kunstauffassung zu einer modernen Ästhetik exemplarisch vor Augen. Wo die frühen Schriften noch versuchen, ein als Jenseits der Repräsentation gedachtes subjektives Innen als Gegenstand der Repräsentation zu profilieren, da konzipieren die späteren Schriften das Kunstwerk als Vergegenständlichung eines die Differenz von Subjekt und Objekt übergreifenden liminalen Raumes, der Selbst und Welt trennend verbindet. Das nunmehr als Medium begriffene Kunstwerk gründet seine Mittlerfunktion gerade in einer scheiternden Repräsentation: in Sinnentwürfen, die das Gegebene im Eingedenken seiner unaufhebbaren Differenz zur Darstellung bringen. So ist auch die Bemerkung im *Salon de 1859*, *imaginatio* sei Schöpferin der Welt, Auftakt einer Serie von Metaphorisierungen, die künstlerische Schöpfung als *création*, auch *conception* zu fassen suchen. „Un bon tableau, fidèle et égal au rêve qui l'a enfanté, doit être produit comme un monde“[35], heißt es dort: Nicht Teil der Welt soll Kunst sein, sondern vielmehr – im Bezug auf ihren imaginativ-imaginären Ursprung – selbst Welt. Von zentraler Bedeutung ist in diesem Kontext die Vorstellung einer *idée génératrice*, eines imaginativ-imaginären Ursprungs des Werks, auf den die ästhetischen Sinnstrukturen zurückzuführen sind. Im Kunstwerk gelangt diese, so führt Baudelaire aus, zu einer Vergegenständlichung. Harmonie als Ausdruck der Einheit seines Ursprungs ist diesem darum, so ließe sich ergänzen, geradezu wesentlich:

> Dans une pareille méthode, qui est essentiellement logique, tous les personnages, leur disposition relative, le paysage ou l'intérieur qui leur sert de fond ou d'horizon, leurs vêtements, tout enfin doit servir à illuminer l'idée génératrice et porter encore sa couleur originelle, sa livrée pour ainsi dire. Comme un rêve est placé dans une atmosphère qui lui est propre, de même une conception, devenue composition, a besoin de se mouvoir dans un milieu coloré qui lui soit particulier[36].

Indem nun das Kunstwerk jene ursprüngliche und determinierende *idée* „illuminiert“, zeichenhaft auf sie verweist, ist es die Möglichkeitsbedingung für deren Les-

[35] *Salon de 1859*, CE 327.
[36] *Salon de 1859*, CE 327.

barkeit – und damit zugleich die Möglichkeitsbedingung einer als Deutungsarbeit verstandenen ästhetischen Erfahrung[37]. Bedeutung nämlich, so legt Baudelaire mit einem Diktum Delacroix' dar, komme dem Kunstwerk nicht durch seinen Weltbezug, sondern durch die Relationalität seiner Elemente zu: „Tout l'univers visible n'est qu'un magasin d'images et de signes auxquels l'imagination donnera une place et une valeur relative"[38]. Die Implikationen dieses Entwurfs sind geeignet, diesen als Paradigma einer modernen Ästhetik zu kennzeichnen. Das Werk inszeniert die Relationierung zu seinem imaginativ-imaginären Ursprung durch die Schaffung ästhetischer Binnenstrukturen: Gesteigerte Selbstbezüglichkeit darf als Charakteristikum dieser Konzeption der Kunst gelten. Dem entspricht eine Entbindung aus (fremd)referentiellen, nunmehr als außerästhetisch begriffenen Bezügen[39]. Die damit freigesetzte genuin ästhetische Dimension des Kunstwerks gründet Baudelaire in dessen Werkcharakter – er spricht von *ensemble*[40] –, der seinerseits in imaginativ erzeugten Relationen fundiert ist und seine Einheit aus dem Bezug auf die *idée* gewinnt[41]. Ästhetische Erfahrung resultiert daher für Baudelaire, wie sich mit K. Stierle formulieren lässt, aus einem „Akt der Grenzüberschreitung in einen eigenen Raum der Erfahrung"[42], aus einer Hineinversetzung in eine „Ordnung des Imaginären"[43] oder, nun mit Baudelaire: als „sensation du neuf"[44], die das imaginativ verfasste Kunstwerk als autonomer Erfahrungsraum erzeugt.

37 Vgl. unter den zahllosen Belegen, die gerade das Unvollständige, Lückenhafte als Auslöser ästhetischer Erfahrung valorisieren, etwa das Beispiel Balzacs in der *Exposition de 1855*, das ästhetische Erfahrung als Konjektur, als imaginative Supplementierung von Leerstellen fasst: „J'ignore quel est le peintre qui a eu l'honneur de faire vibrer, conjecturer et s'inquiéter l'âme du grand romancier, mais je pense qu'il nous a donné ainsi, avec son adorable naïveté, une excellente leçon de critique. Il m'arrivera souvent d'apprécier un tableau uniquement par la somme d'idées ou de rêveries qu'il apportera dans mon esprit" (CE 216–217). Entsprechungen sind die Metaphern der *traduction* und der *interprétation* (s. u., S. 175, Anm. 45), doch auch des *rêve* respektive der *rêverie*, wie besonders Baudelaires bekannte Definition des ‚Schönen' zeigt (*Fusées* X, OC I, 657–658; s. u., S. 220. Vgl. zur Ästhetik des Traums auch das Prosagedicht *Le* confiteor *de l'artiste*, OC I, 278–279; zur Interpretation des Gedichts s.u., S. 339–352).

38 *Salon de 1859*, CE 328–329.

39 Vgl. zum Nexus von Selbstbezüglichkeit und „imaginärer Enthebung" des Werks auch Stierle 1997a, 53–54.

40 Vgl. etwa CE 374, CE 469. Dass diese Konzeption des Kunstwerks ihr poetisches Korrelat in einer Dichtung findet, die durch ein hohes Maß an Formbewusstsein geprägt ist, ist vielfach festgestellt worden; vgl. unter anderen Friedrich 1992 [1956], 38–41.

41 Als „imaginäre Synthesen" hat K. Stierle diese für das Kunstwerk konstitutiven Relationen auf den Begriff gebracht (Stierle 1997b, 52).

42 Stierle 1997b, 55.

43 Stierle 1997b, 55.

44 *Salon de 1859*, CE 321.

Wenn aber die formale Struktur des Kunstwerks auf eine ihm vorgängige *idée* verweist, so ist eine Einheit statuiert, durch die eine repräsentationistische Ästhetik gerade affirmiert scheint. Als Repräsentation der *idée* wäre es darum zu bestimmen – zugespitzt formuliert: als Mimesis an seinem Ursprung –, wäre nicht diese Einheit selbst als Substruktion seitens des Rezipienten aufzufassen. Denn das Kunstwerk, so wird Baudelaire nicht müde zu betonen, ist gerade nicht eindeutig lesbar, sondern vielmehr unendlich offen für Interpretationen[45]. Der ästhetische Raum ist in seinem Ursprung gezeichnet durch ein Moment des Kontingenten, das die Bedingung für diese Unabschließbarkeit des im Kunstwerk entfalteten Sinnes darstellt. Nicht die vorgängige *idée* oder der Gegenstand konstituieren darum in dieser Perspektive die Einheit des Werks, sondern erst ihre Synthese, die sich als *illumination* der Dinge durch den menschlichen Geist vollzieht: „[L]'imaginatif [...] dit: ‚Je veux illuminer les choses avec mon esprit et en projeter le reflet sur les autres esprits'"[46]. So ist das Kunstwerk zwar Ausdruck einer *idée* respektive eines Gegenstandes; doch zunächst und vornehmlich ist es Ausdruck eines Wirkens des imaginativen Vermögens, wie der Hinweis auf den „imaginatif" zu Beginn des Zitats andeutet. Nicht als ‚eigentlich' Vorgängiges, als re-präsentierte Präsenz, haben Gegenstand oder *idée* zu gelten, erscheinen sie doch vielmehr, wie das Zitat belegt, als gleichrangige Manifestationsformen eines *durch* Imagination und *als* Imagination schöpferisch ins Werk gesetzten Vermögens der *poiesis*.

In Baudelaires kunstkritischen Schriften konturieren sich zwei aufeinander irreduzible Perspektiven. Im Verweis auf eine (substruierte) *idée*, allgemeiner gesprochen: im Verweis auf eine repräsentierte Präsenz, der ihrerseits angesonnen wird, einzustehen für die Schöpferkraft seines Urhebers, wird das Kunstwerk zur Figur subjektiver Autonomie. Indem das Kunstwerk aber zugleich in seiner Differenz zu Subjekt und Objekt auf das „Ich-freie"[47] schöpferische Vermögen verweist, das es hervorgebracht hat, dementiert es eben jene ‚Metaphysik der Präsenz', die der Bezug des Werks auf eine fundierende Einheit einfordert: Seine Teilhabe an einem

45 Zu einer als *interprétation* gefassten *poiesis* bes. *Salon de 1846*, CE 150 (oppositiv zu *copier*); *Exposition universelle de 1855*, CE 227; *Salon de 1859*, CE 352; vgl. die analoge Metapher der *traduction*, etwa *Exposition universelle de 1855*, CE 227; CE 233; CE 240; *Salon de 1859*, CE 326; *Œuvre et vie d'Eugène Delacroix*, CE 422; CE 424; CE 426; *Le peintre de la vie moderne*, CE 455; CE 470 etc. Vgl. auch die Metapher der *réflexion* in der bekannten Definition der Kunstkritik des *Salon de 1846*: „un beau tableau étant la nature réfléchie par un artiste, – celle qui sera ce tableau réfléchi par un esprit intelligent et sensible. Ainsi le meilleur compte rendu d'un tableau pourra être un sonnet ou une élégie" (CE 101). Vgl. zur Metapher der ‚Übersetzung' die Skizze von Hannoosh 1986, die allerdings die Konjunktur der Metapher in der Kunsttheorie des 19. Jahrhunderts und speziell in den kunstkritischen Schriften Baudelaires als Affirmation künstlerischer Subjektivität deutet.

46 *Salon de 1859*, CE 329.

47 Den Begriff der ‚Ich-freien Reflexion' prägte Benjamin in seiner Studie zur deutschen Frühromantik; vgl. Benjamin 1991a, 40.

sei es subjektiven, sei es objektiven Sein erweist sich als nicht einlösbare Einforderung seines Anderen.

Künstlerische Schöpfung ist eine *illumination* der Welt: Sie ist ein Akt der Sinnzuweisung, die in der Materialität des Gegebenen einen Sinn ausmacht und diesen im Kunstwerk zu ästhetischer Prägnanz bringt. Eine solche ‚Lesbarmachung' der Welt ist allerdings, wie zuerst Walter Benjamin hervorhob, ambivalent. Ungeklärt bleibt in ihr die Relation des Lesers zu den Phänomenen: Im Akt des Lesens wird die Physis, wie Benjamin formuliert, herabgestuft zur signifikanten Materialität[48]. In Baudelaires Schriften zeigt sich ein deutliches Bewusstsein der Ambivalenzen dieses – im Sinne Benjamins – allegorischen Gestus der Bedeutungszuweisung, welchen die künstlerische *illumination* der Wirklichkeit vollzieht. Dass Baudelaire Selbst und Welt gleichermaßen dem Kunstwerk äußerlich denkt, doch ihm zugleich deren Rettung anträgt, erhellen die wenig beachteten, doch keineswegs seltenen Stellen in den kunstkritischen Schriften, die eine getreue Abbildung der Wirklichkeit in der Kunst fordern. Sie mögen als Beleg dafür dienen, dass Baudelaire nicht für eine radikale Subjektivierung des Werks optiert; dass ihm vielmehr eine Konzeptualisierung des Kunstwerks als Medium eher denn als signifikante Vergegenständlichung subjektiver Schöpferkraft angelegen ist. Angeführt sei der besonders eindrückliche Hinweis im *Salon de 1859* anlässlich der Besprechung des „genre fantastique":

> C'est dans ce genre surtout qu'il faut choisir avec sévérité ; car la fantaisie est d'autant plus dangereuse qu'elle est plus facile et plus ouverte ; [...] elle ressemble à l'amour qu'inspire une prostituée et qui tombe bien vite dans la puérilité ou dans la bassesse ; dangereuse comme toute liberté absolue. [...] [La fantaisie] est la première chose venue interprétée par le premier venu ; et, si celui-là n'a pas l'âme qui jette une lumière magique et surnaturelle sur l'obscurité naturelle des choses, elle est une inutilité horrible, elle est la première venue souillée par le premier venu[49].

48 Vgl. zur Rettung der Phänomene durch deren geistige Aneignung W. Benjamins *Erkenntniskritische Vorrede* des Trauerspielbuchs (vgl. Benjamin 1991b, 214–215); s.o., S. 47–55.

49 *Salon de 1859*, CE 352. Vgl. neben der zitierten Stelle u. a. die Ausführungen zu Ingres' ‚Deformationen' seiner Modelle in der Schrift *Exposition de 1855* (CE 224–225). Deutliche Worte fallen auch anlässlich der emphatischen Einforderung des „juste" und des „vrai" in *L'école païenne*: „Le goût immodéré de la forme pousse à des désordres monstrueux et inconnus. [...] La passion frénétique de l'art est un chancre qui dévore le reste ; et, comme l'absence nette du juste et du vrai dans l'art équivaut à l'absence d'art, l'homme entier s'évanouit" (CE 580). Deutlich auch ist die Absage an eine Entbindung des Kunstwerks aus Referenzbezügen im *Salon de 1859* anlässlich der Betrachtung eines Portraits von Chenavard: „Parce que je réclame sans cesse l'application de l'imagination, l'introduction de la poésie dans toutes les fonctions de l'art, personne ne supposera que je désire, dans le portrait surtout, une altération consciencieuse du modèle" (CE 367). Auch die Metaphern der *interprétation* und der *traduction* legen das imaginative Vermögen letztlich auf einen Objektbezug fest;

Als Beherrschungswille erweist sich die auf ein ‚hergelaufenes' Subjekt zurückzuführende künstlerische Schöpferkraft, die auf die vermittelnde Instanz einer „lumière magique et surnaturelle" der *imaginatio* verzichten zu können vermeint und das Kunstwerk demgemäß nicht anders denn als Konkretisierung einer hierarchischen Beziehung von Geist und Gegenstand zu konzipieren imstande ist. In analogem Rückgriff auf eine Metaphorik der Gewalt entwirft Baudelaire das Gegenstück der radikal subjektiven, nämlich eine „realistische" Kunst: „Les artistes qui veulent exprimer la nature, moins les sentiments qu'elle inspire, se soumettent à une opération bizarre qui consiste à tuer en eux l'homme pensant et sentant, et malheureusement, croyez que, pour la plupart, cette opération n'a rien de bizarre ni de douloureux"[50]. Künstlerische Tätigkeit als interpretierende Aneignung von Welt wird gegen eine nach Bemächtigung strebende Form des Weltzugangs konturiert. Weniger eine Subjektivierung denn eine Perspektivierung der Wirklichkeit schwebt Baudelaire offenbar in dieser Fassung des künstlerischen *surnaturalisme* vor; ein Referenzbezug ist nicht schon hinfällig, doch gebrochen durch ein Bewusstsein von der unaufhebbaren Differenz des Dargestellten[51]. Allerdings wird die Frage, wie der durch das Kunstwerk hervorgebrachte Sinn unter diesen Bedingungen zu denken sei, zur ‚Rätselfrage', um die Baudelaires kunsttheoretische und poetologische Reflexionen kreisen.

Die kunstkritischen Schriften Baudelaires entfalten seine ‚moderne' Ästhetik als zweifache Perspektivierung des Kunstwerks. Ästhetische Schöpfung gelangt vor dem Hintergrund einer Krise der Repräsentation als sinn-schöpferische Tätigkeit zur Reflexion. Voraussetzung dieser Konzeption ist die Einsicht in eine immer schon veräußerte, doch stets intendierte Unmittelbarkeit des Welt- und Selbstbezugs. Baudelaires Ästhetik als eine Entbindung des Symbolischen aus Referenzbezügen zu fassen, wäre daher verkürzend, bedeutete dies doch eine Reduktion auf das Prinzip der *poiesis*, die Baudelaire gerade *nicht* vornimmt. Doppelbödig ist vielmehr die von ihm entworfene Kunst: Das Begehren des ihr ‚Anderen' schreibt sich ihr ebenso ein wie die Tendenz, in gesteigerter Selbstbezüglichkeit das ‚harmonieschaffende', zwischen Selbst und Welt vermittelnde Prinzip der *imaginatio* zur Darstellung zu bringen.

insbesondere *Le peintre de la vie moderne* akzentuiert das ästhetische Potential einer künstlerischen „traduction *légendaire* de la vie" (CE 470). Vgl. auch Delacroix' Wörterbuchmetapher, die bei dezidiertester Absage an ein Paradigma der *imitatio* dennoch die Natur als „élément" der „composition" fasst und damit letztlich die Relation von Natur und deren künstlerische Aneignung in Analogie setzt zur Relation des Kunstwerk zu seinem Rezipienten (CE 326).

50 *Salon de 1859*, CE 371.

51 Zu modifizieren ist also die dahin gehende These (etwa in Hirschberger 1993, 12; Froidevaux 1989, 9).

Imaginatio erscheint vor diesem Hintergrund als vereinheitlichendes Konzept, in dem die Traumpoetik der frühen Schriften mit der späteren Kalkülpoetik zu einer – allerdings prekären – Vermittlung gelangt. Sie ist als „reine des facultés“[52] die Trägerin eines subjektiven Konstruktivismus, der eine Überschreitung der kontingenten Wirklichkeit auf einen Raum des Ästhetischen erlaubt, und zugleich ist sie als „reine du vrai“[53] zur säkularisierten Schöpferinstanz überhöht. Ihr wird angetragen, eine unaufhebbare, weil von ihr selbst überhaupt erst gesetzte Differenz zu überbrücken. Als Figur subjektiver Autonomie oder auch einer präreflexiven subjektiven Tiefendimension ist sie darum nicht hinreichend bestimmt. Insofern in ihr eine Tiefendimension des Selbst mit einer Tiefendimension der Welt zur Vermittlung gelangt, könnte sie vielmehr als Reflexionsfigur der für das *âge classique* geltenden Verschränkung von Denken und Sein erscheinen[54]; doch ist sie ein nicht anders denn als ‚modern' zu bezeichnendes Zuendedenken dieser Verschränkung, das dem so konstituierten Einheitsraum nurmehr den Status einer Setzung zuzuerkennen vermag. Diese Setzung erlaubt freilich, das Kunstwerk als eine widersprüchliche Einheit von Identität und Differenz, von Weltbezug vor dem Hintergrund eines irreparablen Weltverlustes zu denken: als Konkretisierung eines imaginativ-imaginären, die Dichotomie von Subjekt und Objekt zugleich setzenden und transzendierenden atopischen Raumes.

Aus der Engführung von *mimesis* und *poiesis* erwächst eine Ästhetik, die weder als mimetische Wirklichkeitsabbildung noch als Schöpfung eines ästhetischen Ordnungsraums im freien Spiel subjektiver Vermögen schon hinreichend bestimmt ist. Im Kunstwerk gelangen vielmehr die aufeinander irreduziblen Perspektiven zu prekärer Einheit – prekär, weil ein gründendes Prinzip ihr nicht zukommt. Das doppelt fundierte Kunstwerk ist in die Ursprungslosigkeit entlassen, figuriert mithin die aporetischen Bedingungen seiner eigenen Schöpfung. Wird nun *imaginatio* als kreatives Prinzip ins Feld geführt, so erweist sich das Konzept selbst als Sinnhybride, dient es doch der Konzeptualisierung dieses paradoxen Ursprungs. Am Schnittpunkt von Selbst und Welt, von Körperlichem und Geistigem, von Sinnlichkeit und Intellekt situiert, kommt es *imaginatio* zu, die Erscheinungswelt, eine Welt der schweigenden Zeichen, in konfigurierender Tätigkeit zur Lesbarkeit zu bringen; wenn sich das „univers visible“[55] dem Blick des Betrachters zeichenhaft bietet, so bleibt es dem im „Wörterbuch“[56] der Natur blätternden Künstler, genauer: seiner Imagination, überlassen, diese Zeichen in eine Konstellation zu überführen, die

52 *Salon de 1859*, CE 321.

53 *Salon de 1859*, CE 322. Vgl. auch CE 321: „Comme elle a créé le monde (on peut bien dire cela, je crois, même dans un sens religieux), il est juste qu'elle le gouverne“.

54 Vgl. Foucault 1966, 60–225; s.o., S. 31–36.

55 *Salon de 1859*, CE 328–329.

56 *Salon de 1859*, CE 326.

ihnen per se – als „image“[57] respektive „signe“[58] – nicht eignet. Mutatis mutandis gilt die Hybridisierung von Perzeption und Konstruktion auch für die Rezeption des Kunstwerks. Die repräsentationistische Prämisse einer *clôture* des Werks ist dabei preisgegeben zugunsten einer den prozessualen Charakter ästhetischer Erfahrung akzentuierenden Konzeption. Die im Kunstwerk vermittelte Einheitserfahrung vollzieht sich gleichsam im Dialog von Werk und Betrachter als je individuelle Perspektivierung eines immanenten Sinnangebots und hat darum selbst, wie Baudelaire betont, den Charakter einer künstlerischen Schöpfung. Baudelaires ontosemiotische Kardinalmetaphern, *création*, *conception* und *illumination*, situieren das Kunstwerk im Spannungsfeld von Rezeptivität und Spontaneität, von autonomer Subjektivität und Objektbezug, von einer nicht anders denn als ereignishaft zu bezeichnenden Emergenz subjektiver Schöpferkraft und gleichzeitiger Einforderung seiner Bindung an Regelhaftigkeit als Gewähr intersubjektiver Erfahrbarkeit. Sie kommt auch in Metaphern wie *interprétation* oder *traduction* zum Ausdruck, die ästhetische Erfahrung als kommunikatives Geschehen konzeptualisieren und in der je individuellen Perspektivierung eines offenen Sinnhorizonts fundieren. Als Kristallisation der Frage nach den Möglichkeitsbedingungen von Sinnkonstitution erweist sich mithin moderne, und dies heißt für Baudelaire: eine im Zeichen einer Krise der Repräsentation konzipierte Kunst. In der Modellierung von Alterität, genauer: in der Auslotung der Grenze von Selbst und Anderem im Kunstwerk gelangt diese zur Darstellung. Freilich nicht mehr schlicht als vergegenständlichte Vor-Stellung des Anderen, als Repräsentation, die dies Andere vermeintlich bereits auf das Selbst öffnet, sondern als paradoxe Vergegenständlichung eines Nicht-Identischen.

Beschreibt man daher die ‚Modernität' der Ästhetik Baudelaires mit Kategorien wie *nouveauté*, *bizarrerie*, *étrangeté* oder *surprise*[59], so ist zu bedenken, dass das von Baudelaire in der Tat emphatisch eingeforderte ‚Neue' nicht den propositionalen Gehalt des Kunstwerks meint, sondern vielmehr den Akt der Transgression des Gegebenen selbst. ‚Modernität' verortet sich für Baudelaire auf der Ebene ästhetischer Performanz, sie ist, im Rückgriff auf sein Diktum zur Romantik, „ni dans le choix des sujets ni dans la vérité exacte, mais dans la manière de sentir“[60]. Einer entpersönlichten „manière de sentir“ freilich, die ihrerseits einen Raum des Liminalen als paradoxen Ort ästhetischen Vollzugs meint[61].

Im Licht dieser Neukonzeptualisierung erscheint *imaginatio* nicht lediglich als eine ästhetische Kategorie unter anderen. Der Zuschnitt des Konzepts trägt den aporetischen Bedingungen ästhetischer Sinnkonstitution in besonderer Weise

57 *Salon de 1859*, CE 328–329.
58 *Salon de* 1859, CE 328–329.
59 Vgl. bes. Valverde 1994, 358–367.
60 *Salon de 1846*, CE 103.
61 Vgl. zur Kategorie der „Entpersönlichung“ Friedrich 1992 [1956], 36–38.

Rechnung. Seine Konstruktion ausgehend von den frühen Schriften kann geradezu als Prozess einer epistemischen Defizitbilanzierung nachvollzogen werden. Nach ersten, beiläufigen und nicht weiter explizierten Erwähnungen im *Salon de 1846*, der in unsystematischer Form mit verschiedenen Spielarten des noch wenig profilierten Vermögens aufwartet[62], avanciert *imaginatio* im letzten der von Baudelaire verfassten *Salons* zum zentrierenden Begriff, dem die Vermittlung von *mimesis* und *poiesis* zukommt. Die Kluft zwischen Selbst und Welt, zwischen Subjektivem und Individuellem ist die epistemische Leerstelle, die das von Baudelaire entworfene Konzept auszufüllen hat[63]. Dabei ist *imaginatio* Figuration des figurativen Prinzips selbst: die Verklammerung von Innen und Außen, von Materiellem und Spirituellem im Akt der Sinnkonstitution erscheint als die eigentümliche Leistung dieses Vermögens, das, zugespitzt formuliert, selbst schon phantasmatisch konstituiert ist[64]. Dualität ist den Produkten der *imaginatio* darum stets eingezeichnet. Sie sind immer auch Negativdarstellungen ihres Anderen, das sie im (symbolischen) Verweis auf den abwesenden Referenten und im (indexikalischen) Verweis auf ihren (nicht weniger abwesenden) Schöpfer stets mit sich führen. Als Figuration des figurativen Prinzips dementiert *imaginatio* darum immer auch schon dessen Möglichkeit, indem sie die genuine Unverfügbarkeit des Figurierten exponiert; sie perspektiviert, anders gesagt, stets schon die eigene Defiguration.

Im Rahmen dieser Ästhetik ist das imaginative Vermögen weit mehr als ein romantisches Korrektiv des klassischen *mimesis*-Gebots. *Imaginatio* ist Gegenprinzip zur repräsentationistischen Option auf Unmittelbarkeit und Präsenz des (ästhetischen) Signifikats, zugleich aber auch Gegenentwurf eines selbstpräsenten, das Kunstwerk in autonomem Schöpfertum hervorbringenden Subjekts. Das Wirkungspotential des Kunstwerks verdankt sich diesem quasi-autonomen Vermögen, das dessen formative Elemente zur Struktur organisiert und damit ästhetische Sinn-

62 Neben einer „imagination poétique" (*Salon de 1846*, CE 111) verzeichnet Baudelaire etwa eine spezifische „imagination du dessin" (ibd., CE 111), die wiederum von einer „imagination nécessaire aux grandes compositions" (ibd., CE 190) abzugrenzen ist.

63 Die solchermaßen entworfene „reine des facultés" ist mithin Reflex neuzeitlicher Modernisierungsprozesse, deren paradigmatischer Kern sich in dreifacher Hinsicht bestimmen ließe: der Antagonismus von subjektivem Ermächtigungsstreben und Entfremdungserfahrung angesichts naturhafter und diskursiver Determiniertheit treibt nicht nur einen Keil zwischen Selbst und Welt, sondern enthüllt zugleich die Identität des Selbst als gespalten zwischen autonomer Souveränität und heteronomer Determiniertheit; damit einhergehend vollzieht sich vor dem Hintergrund des Verlusts transzendentaler Wahrheitsgarantien die Zersetzung intersubjektiv verbindlichen Sinns. – Einen Überblick über die Vielzahl theoretischer Positionen, die diesen Kern entfalten, gibt Habermas 1988. – Vgl. zur Differenzierung von Subjektivem und Individuellem Frank 1988 und Frank 1986. Einen begriffsgeschichtlichen Abriss bietet Riedel 1989.

64 Vgl. zu diesem Typus einer das Repräsentationsprinzip figurierenden Allegorie – mit Bezug auf die Melancholie – Wagner-Egelhaaf 1997, 17.

Erfahrung überhaupt erst ermöglicht. So bleibt eine solche Öffnung des Werks ambivalent, ist sie doch ohne den Verzicht auf Ansprüche auf Sinntotalität nicht zu haben.

Dass Baudelaires Entwurf der *imaginatio* innerhalb der modernen Episteme keine isolierte Erscheinung ist, wurde bereits ausgeführt. Insbesondere im Bereich der Sprachphilosophie finden sich vergleichbare Entwürfe, wie Foucault in *Les mots et les choses* aufgezeigt hat[65]; „le langage ‚s'enracine' non pas du côté des choses perçues, mais du côté du sujet en son activité"[66], so kommentiert Foucault diesen Wandel in der Konzeptualisierung des sprachlichen Zeichens. Doch ist noch zweierlei festzuhalten, um diese Bestimmung hinsichtlich Baudelaires Konzept der *imaginatio* zu präzisieren. *Imaginatio* ‚wurzelt' bei Baudelaire nicht allein im Subjekt, sondern ist als eine die Welt durchwaltende Kraft der Gestaltung konzipiert. Sie figuriert nicht nur als anthropologische Universalie, sondern zugleich als Schöpferinstanz: Ihre Titel einer „reine des facultés" *und* einer „reine du vrai" tragen dieser doppelten Universalität Rechnung[67]. *Imaginatio* schreibt mithin Nichtidentität nicht schon fest auf ein subjektives (Un-)Bewusstes; das Konzept trägt nicht nur der Einsicht in eine spezifische Form der Indexikalität des sprachlichen Zeichens Rechnung – seinen Verweis auf eine kreative Potenz, deren ‚Spur' das *ergon* wäre – sondern stößt zugleich, und dies ist für die Ästhetik Baudelaires nicht minder relevant, auf die Frage nach Universalien, die eine überindividuelle Gültigkeit des Sprechens gerade angesichts der Krise der Repräsentation plausibel zu machen suchen.

Zum anderen aber potenziert Baudelaire die Universalität von *imaginatio* noch einmal, indem er Semiotizität nicht allein Zeichensystemen, sondern dem Gesamt der empirischen Wirklichkeit zuspricht. Seine Theorie der Darstellung ist im Kern eine Ontosemiologie. Die Wörterbuchmetapher macht dies sinnfällig: Sie unterstellt eine „Sprache der Dinge", deren imaginative Aneignung sich in der Welterfahrung des Künstlers, allgemeiner aber in jeder Welterfahrung vollzieht[68]: Jeder Akt der Welterschließung ist gezeichnet durch die Abgründigkeit, die der Sprache, doch nicht allein ihr, ja nicht einmal vorzüglich ihr, eignet; *imaginatio* aber ist konzipiert als Vermögen, das diese Differentialität zu überwinden vermag.

65 Vgl. Foucault 1966, 292–307. Konzeptuelle Affinitäten unterhält *imaginatio* etwa zu Humboldts fast vier Jahrzehnte zuvor erarbeitetem Konzept der *energeia* als sprachschöpferischer Instanz.

66 Foucault 1966, 302.

67 Wenn Baudelaire nun den überindividuellen Charakter von *imaginatio* hervorhebt, so verbietet es dieser erste Aspekt, das imaginative Vermögen, wie dies häufig genug geschieht, schlicht individualpsychologisch zu deuten und in ihr – je nach Perspektive – die Figuration eines autonomen ‚Selbst' oder auch eine Präfiguration des ‚Unbewussten' zu sehen.

68 Vgl. dazu bes. *Le peintre de la vie moderne*, CE 453–502.

Mit dem Begriff der ‚Subjektivierung' ist denn auch Baudelaires Aneignung des Konzepts der *imaginatio* nicht adäquat gefasst, eher schon mit dem der ‚Medialisierung' – versteht man mit Walter Benjamin unter dem ‚Medium' eine die Prädikation überschreitende und von dieser kategorial verschiedene sprachbildende Kraft, wie sie in der Rede von der ‚volupté surnaturel' einer ‚magischen' Sinnerfahrung impliziert ist:

> [J]ede Sprache teilt sich selbst mit. Oder genauer: jede Sprache teilt sich in sich selbst mit, sie ist in reinstem Sinne „Medium" der Mitteilung. Das Mediale, das ist die *Unmittel*barkeit aller geistigen Mitteilung, ist das Grundproblem der Sprachtheorie[69].

Imaginatio kann die Prinzipien von *mimesis* und *poiesis* nicht zur Deckung bringen. Das von Baudelaire entworfene Konzept ist selbst hybrid; es figuriert als Einheitskonzept, das die unaufhebbare Differenz des Zeichens zu supplementieren hat. Die Valorisierung des Aspekts der *poiesis* ist, so wurde vielfach angenommen, das spezifisch ‚moderne' Moment der Ästhetik Baudelaires; Kreativität als Fähigkeit zur Überschreitung des je schon Gegebenen galt als Index eben jener souveränen Subjektivität, die Baudelaire vorgeblich in der Individualität des Künstlers gesichert wissen wollte. Seine Lyrik würde sich demgemäß in einen Prozess der ‚Subjektivierung' von Sinn einschreiben, der sich mit der Wende zur Moderne vollzog, und dessen Ergebnis sich mit M. Frank als die Einsicht resümieren lässt, dass „[d]er Sinn [...] als Zufall oder Nicht-Sinn auf die Welt [kommt], bevor er im Rahmen einer menschlichen Unternehmung ‚subjektiviert' und mit dem Index einer ‚Deutung' versehen wird"[70], ein Index, der, so fährt Frank fort, auf die menschliche Freiheit verweise. Dennoch ist *mimesis* bei Baudelaire nicht schon verabschiedet, und es ist offenkundig, weshalb diese Verabschiedung schwierig erscheinen muss. Käme Sinn in der Tat als „Zufall" auf die Welt, so könnte ihn keine „menschliche Unternehmung" mit dem „Index einer ‚Deutung'" versehen, wie Frank an anderer Stelle ausführlich dargelegt hat[71]. Des Postulats einer Kontinuität als eines „Zusammenbestehen[s] von Identität und Differenz"[72], so argumentiert er, bedarf es allemal, um die Möglichkeit eines Verstehens zeichenhafter Äußerungen überhaupt plausibel zu machen[73]. Diese Denknotwendigkeit prägt sich auch Baudelaires Kunsttheorie ein:

69 Benjamin 1991d. – Es sei angemerkt, dass auch bei Benjamin ‚Sprache' an dieser Stelle universalistisch, nämlich im Sinne einer ‚Sprache der Dinge', gedacht ist; vgl. ibd., 140–141.

70 Frank 1989a, 210.

71 Vgl. Frank 1983, 520–572.

72 Frank 1983, 537. An Gadamers Konzept eines alles Verstehen leitenden „Vorgriff[s] auf die Vollkommenheit" (Gadamer 1977, 58) ist hier zu erinnern, die Unterstellung einer vollkommenen Einheit des Sinnes also als „Voraussetzung [...], die alles Verstehen leitet" (ibd., 58–59).

73 Vgl. Frank 1983, 556.

als Entfaltung der Frage nach der spannungsvollen Beziehung von Identität und Differenz, die im Kunstwerk zu paradoxer Einheit gelangen sollen.

Das kunstkritische Werk Baudelaires entwirft eine Logik des ästhetischen Scheins, die sich *in* der Abwendung und *als* Abwendung von einer vormodernen Logik der Repräsentation entwirft. Zu dieser Logik gehört einerseits: die Einsicht in die Nichtgegebenheit eines unmittelbaren Gegenstandsbezugs in der Kunst, die sich ihrerseits aus der Einsicht in eine Unverfügbarkeit der Welt speist, welche Baudelaire als referentielle Unhintergehbarkeit eines nur zeichenhaft gegebenen Universums perspektiviert; die Einsicht in die Kollision dieser Nichtgegebenheit mit einem Begehren, das Zeichenuniversum auszuloten und seinen Grund – für das, wie noch zu zeigen sein wird, die unvermeidlichen Begriffe des ‚Einen', ‚Ewigen', ‚Unendlichen', ‚Absoluten' einstehen – zu erschließen: das mit der Differenz gesetzte, darum unerfüllbare Begehren nach einer zentrierten Struktur; andererseits: der Versuch, die strukturelle Offenheit der symbolischen Ordnung zu wenden zur Voraussetzung einer unabschließbaren Lesbarkeit; damit einhergehend das Verständnis des Kunstwerks als Medium und seine Verortung in einem liminalen Raum, der sich seinerseits auf einem Grund des Negativen ereignishaft entfaltet; und schließlich: der Versuch, Subjekt und Objekt als Dimensionen des Mediums respektive des Negativen zu entwerfen.

Dass der Wunsch, „Identität zu ‚stiften' zwischen *Poiesis* und *Mimesis*"[74] das „Wesen der Dichtung"[75] von Anbeginn bestimmt habe, wurde in Forschungsbeiträgen der letzten Dekade verschiedentlich herausgestellt und am Beispiel Baudelaires exemplifiziert[76]. In seiner Reflexion auf das Kunstwerk gelangt Baudelaire zu einer Position, die der Irreduzibilität des Mimetischen und des Poietischen inne wird und ästhetische Erfahrung gerade nicht mehr auf deren prätendierte Identität, sondern vielmehr auf die Erfahrung ihrer Nichtidentität, gleichsam als Erfahrung einer „höheren" Wahrheit, zu gründen sucht:

> La Poésie est ce qu'il y a de plus réel, c'est ce qui n'est complétement vrai que dans *un autre monde.*
> Ce monde-ci, dictionnaire hiéroglyphique[77].

Es bedarf einer anderen Welt, die Wahrheit des Poetischen zur Geltung zu bringen. Die Alterität poetischer Wahrheit als Nonplusultra des Realen zu fassen, die, wie sich mit Blick auf den Zusatz ergänzen ließe, ihre Wahrheit gerade aus einer generalisierten ‚inadaequatio' *rei et intellectus*, aus dem Bewusstsein der Arbitrarität jeg-

[74] Moog-Grünewald 2001, 1.
[75] Moog-Grünewald 2001, 1.
[76] Vgl. bes. Holstein 2004, 149–179.
[77] *Puisque réalisme il y a*, CE 825.

licher Sinnzuweisung schöpft, ist das paradoxe Unternehmen der Ästhetik Baudelaires.

2 Verfehlte Erhabenheit[1]. Imaginationen des Lesers

Wenn ästhetische Erfahrung in der Medialität des Kunstwerks begründet ist, so muss dessen medialer Charakter – verstanden als paradoxe Einheit von Identität und Differenz – in ihm zur Darstellung gelangen, damit das Werk als solches überhaupt erfahrbar ist. Aus dieser Implikation der von Baudelaire entworfenen Ästhetik erhellt, weshalb die durch *imaginatio* gesetzte Differenz für Baudelaire *auch* eine Selbstdarstellung des Kunstwerks meint. Dieses nämlich kann vor dem Hintergrund des bislang skizzierten Modells als solches nur dann in Erscheinung treten, wenn es seine Differenz zur Welt werkimmanent noch einmal reproduziert und sie damit für den Betrachter erfahrbar macht. Dem Kunstwerk eignet in dieser Perspektive eine zweifache Differentialität: Es konstituiert sich nicht allein in Differenz zu außerästhetischen Zusammenhängen; Differenz ist ihm auch selbst noch einmal eingeschrieben. Dies bedeutet aber *auch*, dass die in der Einheit des Werkganzen fundierte Identität durch eben jene Differenz, die diese Einheit hervorgetrieben hat, kontaminiert ist. – Die Frage indes, wie letztere sich im Kunstwerk darstellen kann, führt ins Zentrum der Baudelaireschen Ästhetik: Das ‚Erhabene' und das ‚Schöne', das ‚Neue', das ‚Bizarre', nicht zuletzt auch das ‚Schockierende' sind kardinale rezeptionsästhetische Kategorien, mittels derer die kunstkritischen Schriften die Präsenz eines Anderen des Kunstwerks *im* Kunstwerk zu fassen suchen. Der erstgenannten dieser Kategorien gelten die Überlegungen des folgenden Kapitels. Es untersucht mit dem Erhabenen und dem *surnaturel* zwei zentrale Reflexionsfiguren der Differenz in Baudelaires Werk. Mit beiden Konzepten sucht Baudelaire die Frage nach der Les- und Darstellbarkeit der Welt vor dem Hintergrund ihrer Entzogenheit zu denken. Dabei führt die Aushöhlung der im Erhabenheitsparadigma codierten Präsenz des Absoluten zur Konzeption einer die Dichotomie von Selbst und Welt hintergehenden, doch diese fundierenden Bewegung der Semiose (Kap. 2.1). Die im Erhabenen erfahrbare Differenz wird für Baudelaire zum Denkmodell einer imaginativen Erschließung der Wirklichkeit, die im Konzept des *surnaturel* ihre wichtigste Ausprägung gefunden hat (Kap. 2.2).

2.1 *Un infini diminutif.* Zur Darstellbarkeit des Undarstellbaren

> Pourquoi le spectacle de la mer est-il si infiniment et si éternellement agréable ?
> Parce que la mer offre à la fois l'idée de l'immensité et du mouvement. Six ou sept lieues représentent pour l'homme le rayon de l'infini. Voilà un infini diminutif. Qu'importe s'il suffit

[1] Zum Begriff der ‚verfehlten' Erhabenheit – in Anknüpfung an Benjamins Trauerspielbuch – Menke 1991, 198–228.

> à suggérer l'idée de l'infini total ? Douze ou quatorze lieues (sur le diamètre), douze ou quatorze lieues de liquide en mouvement suffisent pour donner la plus haute idée de beauté qui soit offerte à l'homme sur son habitacle transitoire[2].

Dass Baudelaire, der Dichter des Hässlichen und des Bösen, der Natur die Erfahrung eines höchsten Schönen abgewinnen will, kann nur erstaunen. Die romantisch-erhabene Szenerie, die er in diesem Tagebucheintrag evoziert, ist in seiner Dichtung nur selten zu finden[3]. Wo sie dennoch entworfen wird, steht sie nicht, wie in der Romantik, im Dienst subjektiver Selbstaffirmation; sie wendet vielmehr den im Erhabenen festgeschriebenen Zwiespalt von Sinnlichem und Übersinnlichem zum „ewigen Kampf" und zum „Brudermord" zwischen Selbst und Welt[4].

Dennoch scheint das Erhabene, wie Baudelaires Schriften vielfach belegen, in dessen Poetologie eine besondere Rolle zu spielen. Dabei erfährt das überkommene Konzept indes eine Reinterpretation im Sinne der oben profilierten Ästhetik[5]. So greift auch der Tagebucheintrag den Topos zwar affirmierend auf – denn das Erhabene wird keineswegs in Frage gestellt, sondern erscheint im Gegenteil als eine

[2] *Mon cœur mis à nu* XXX, OC I, 696.

[3] Wenn von „la plus haute idée de beauté" die Rede ist, so ist hier doch unverkennbar die Erfahrung dessen gemeint, was in der klassizistischen Poetik als ‚Erhabenes' dem ‚Schönen' zur Seite gestellt wurde. Die Verknüpfung der beiden Kategorien ist in Frankreich bereits in Chateaubriands *Génie du christianisme* belegt (vgl. Penzenstadler 2000, 63). Eine ausführliche Darstellung einer um das ‚Schöne' und das ‚Erhabene' zentrierten doppelten Ästhetik bietet Zelle 1995, bes. 3–24 und passim, sowie Zelle 1989, bes. 55–56 und 72. Für Zelle sind Schönes und Erhabenes seit den Anfängen der Ästhetik – terminus a quo ist für ihn die *Querelle des Anciens et des Modernes* – wechselseitig aufeinander verwiesen; das Erhabene erscheint dabei als Grenzphänomen des Ästhetischen und als Korrektiv des klassizistischen Schönheitsbegriffs (vgl. Zelle 1995, 5). Vgl. zum Verhältnis von Schönem und Erhabenen auch Wehle 1994 und Marquard 1987. Instruktiv zur Ikonographie des Erhabenen ist der Ausstellungskatalog Bernard/Saint-Giron et al. 1997.

[4] Vgl. bes. das Gedicht *L'homme et la mer* aus den *Fleurs du mal*:

> Homme libre, toujours tu chériras la mer !
> La mer est ton miroir; tu contemples ton âme
> Dans le déroulement infini de sa lame,
> 4 Et ton esprit n'est pas un gouffre moins amer.
> […]
> Et cependant voilà des siècles innombrables
> Que vous vous combattez sans pitié ni remord,
> Tellement vous aimez le carnage et la mort,
> 16 Ô lutteurs éternels, ô frères implacables ! (OC I, 19).

Von einer „guerre […] fratricide" ist in *Le gâteau* (*Petits poèmes en prose*, OC I, 299) die Rede. Vgl. zu Baudelaires Aneignung des Erhabenen auch *Le* confiteor *de l'artiste* (zur Interpretation des Gedichts s.u., S. 339–352).

[5] S.o., Kap. III.1.

Erfahrung von höchster Evidenz –, bedenkt dabei aber die Frage nach der Repräsentierbarkeit des im Erhabenen codierten Absoluten: Wie kann es möglich sein, dass sich im sinnlich Wahrnehmbaren ein der Sinnlichkeit Entzogenes manifestiert? Ostentativ betont die Passage das Unerhörte einer solchen Grenzüberschreitung: Aus einer „bewegten Flüssigkeit", von der dem Betrachter zudem lediglich sechs bis sieben Meilen sichtbar sind – obwohl sich die Fläche verdoppelt, wenn man statt des Radius den Durchmesser des Blickfeldes zugrunde legt, wie der Text überflüssigerweise zu bedenken gibt –, aus dieser im Sinne Heideggers gegenständlichen, subjektzentrierten Wirklichkeit soll die Erfahrung eines Unendlichen hervorgehen: „Six ou sept lieues représentent [...] le rayon de l'infini". Baudelaires Aneignung des Erhabenen lässt sich nur verstehen, wenn man in Betracht zieht, dass er, anders als etwa die französische Romantik, die prekäre Frage nach der Darstellbarkeit des *infini* in der Erscheinungswelt nicht suspendiert. Seine Distinktion von „infini diminutif" und „infini total" markiert eine Kluft zwischen der signifikanten Materialität des „liquide en mouvement" und der in ihr bedeuteten Unendlichkeit, die auch durch ein für Baudelaire charakteristisches „Qu'importe" weniger überspielt als hervorgehoben wird[6]. Die Erfahrung des Erhabenen ist gebrochen durch ein Bewusstsein von der Unverfügbarkeit des repräsentierten *infini*, und so ist es nur konsequent, wenn der Abschluss des Zitats dem Erhabenen nicht in romantischer Manier eine Vergewisserung des Selbst abzugewinnen sucht, sondern dessen Kehrseite, die Todverfallenheit des Irdischen, hervorkehrt.

Das Erhabene, so soll das folgende Kapitel zeigen, erfährt bei Baudelaire eine tiefgreifende Transformation. Die Reflexion auf seine Darstellbarkeit führt zu einer Revision des Paradigmas: Für Baudelaire ist Erhabenheit weniger die Darstellung als vielmehr die Herstellung eines dem Menschen entzogenen Anderen. Dies wird schon im Zitat deutlich, wenn von ‚suggérer', ‚donner [une idée]' oder auch von ‚offrir' die Rede ist: Die „idée de beauté" ist das Erfahrbarwerden einer Differenz, die sich dem Betrachter in der Erscheinungswelt entbirgt. Auf eine vorgängige, zu re-präsentierende Präsenz kann sich eine so verstandene Erhabenheit nicht berufen. Die Differenz codiert vielmehr eine Unerreichbarkeit des Transzendenten, die dieses als ein radikal Anderes des subjektiven Bewusstseins in Erscheinung treten lässt. Zugleich aber konturiert sich in dem schöpferischen Moment, das Baudelaire der Erhabenheit unterlegt, der Fluchtpunkt eines für die Lyrik Baudelaires zentralen Poetologems, das Schöpfung als Setzung verfehlter Präsenz entwirft.

Dass das Erhabene eine problematische Darstellbarkeit impliziert – da in ihm Physis und Bedeutung nicht bruchlos ineinander aufgehen – hat Hegel hervorgehoben.

[6] Vgl. zur Funktion des „Qu'importe" als Marker einer semiotischen Differenz die Prosagedichte *La chambre double*, *Le mauvais vitrier* und besonders *Les fenêtres*: „Peut-être me direz-vous : « Es-tu sûr que cette légende soit la vraie ? » Qu'importe ce que peut être la réalité placée hors de moi, si elle m'a aidé à vivre, à sentir que je suis et ce que je suis ?" (OC I, 339).

Insofern in ihm nichts als ein „Hinaussein und Hinausgehen zur Darstellung kommt“[7], verweise es, anders als die „Schönheit des Ideals“[8], auf ein Undarstellbares im Dargestellten. Dieses Doppelverhältnis des im Erhabenen zur Darstellung gelangenden Undarstellbaren zur Erscheinungswelt hat Hegel ins Zentrum seiner Überlegungen zur *Symbolik der Erhabenheit* gestellt. Erhabenheit, so heißt es in der *Ästhetik*, sei ein „Gestalten, welches durch das, was es auslegt, selbst wieder vernichtet wird, so daß sich die Auslegung des Inhalts zugleich als ein Aufheben des Auslegens zeigt“[9]. Diese paradoxe Selbstaufhebung profiliert Hegel als problematische Darstellbarkeit:

> Das Erhabene überhaupt ist der Versuch, das Unendliche auszudrücken, ohne in dem Bereich der Erscheinungen einen Gegenstand zu finden, welcher sich für diese Darstellung passend erwiese. Das Unendliche, eben weil es aus dem gesamten Komplex der Gegenständlichkeit für sich als unsichtbare, gestaltlose Bedeutung herausgesetzt und innerlich gemacht wird, bleibt seiner Unendlichkeit nach unaussprechbar und über jeden Ausdruck durch Endliches erhaben [...] [D]ie Substanz [wird] über die einzelne Erscheinung, an der sie zur Darstellung gelangen soll, erhoben [...], obschon sie nur in Beziehung auf das Erscheinende überhaupt kann ausgesprochen werden, da sie als Substanz und Wesenheit in sich selbst gestaltlos und der konkreten Anschauung unzugänglich ist[10].

Es ist diese im Erhabenen angelegte Spannungsbeziehung zur Erscheinungswelt, die in Baudelaires Lyrik zum Austrag kommt, eher denn das ambitionierte Projekt, in der Erfahrung des Erhabenen schon die Gewissheit von Selbst und Welt – wenn auch ästhetisch – zu fundieren. Ein solches Projekt liegt nun allerdings dem Erhabenheitsparadigma in seiner neuzeitlichen und besonders seiner romantischen Ausprägung implizit zugrunde. Gerade das Paradigma der Erhabenheit ist darum geeignet, Baudelaires Lyrik in ihrer Spezifität gegenüber romantischem Dichten zu profilieren.

Das Paradigma zeichnet sich bei aller historisch je unterschiedlichen Bestimmung seines sinnlichen Substrats – bald werden seine Größe, bald seine Gewalt oder der von ihm ausgehende Schrecken akzentuiert – seit Beginn der Neuzeit durch eine besondere strukturelle Stabilität aus[11]. Es ist jenseits inhaltlicher Bestimmungen, die in ihm die Erfahrung des Göttlichen oder auch eines unverfügbaren

7 Hegel 1986a, 479.

8 Hegel 1986a, 479.

9 Hegel 1986a, 468.

10 Hegel 1986a, 468.

11 Vgl. die Einleitung von Ch. Pries zu dem von ihr herausgegebenen Sammelband: Pries 1989b. Einen Überblick über das Paradigma des Erhabenen geben Kallendorf/Zelle/Pries 1994 und Homann/Müller/Tonelli 1972. Den Transformationen des Konzepts von den Anfängen seiner neuzeitlichen Konzeptualisierung bis hin zur Moderne widmeten sich in den letzten Jahren eine Fülle von Studien; vgl. bes. Zelle 1995, Wehle 1995 und Wehle 1994. Die romantische Ausformung des Erhabenen untersucht Penzenstadler 2000, 96–112.

subjektiven Wesenskerns sehen wollen, als ein schlechthin Anderes, genauer: als ein der Repräsentation Unverfügbares gedacht[12], das im Diskurs zwar aufgerufen, doch nicht repräsentiert werden kann. Dass ein solches Konzept geeignet ist, als Modus der Selbstvergewisserung einer gleichermaßen unverfügbaren Subjektivität zu fungieren, hat Kant in seiner Analytik des Erhabenen vorgeführt[13]. Er deutet die innere Widersprüchlichkeit des Erhabenen als Index eines die Sinnlichkeit überschreitenden menschlichen Vermögens:

> Das gegebene Unendliche [...] ohne Widerspruch auch nur denken zu können, dazu wird ein Vermögen, das selbst übersinnlich ist, im menschlichen Gemüte erfordert. Denn nur durch dieses und dessen Idee eines Noumenons, welches selbst keine Anschauung verstattet, aber doch der Weltanschauung, als bloßer Erscheinung, zum Substrat untergelegt wird, wird das Unendliche der Sinnenwelt [...] unter einem Begriffe ganz zusammengefaßt[14].

Das Erhabene ist für ihn die Negativdarstellung einer „reine[n] selbständige[n] Vernunft"[15], die eine Überlegenheit des Menschen als eines vernunftbegabten Wesens über die Physis indiziert: „Also ist die Erhabenheit in keinem Dinge der Natur, sondern nur in unserem Gemüte enthalten, sofern wir der Natur in uns, und dadurch auch der Natur (sofern sie auf uns einfließt) außer uns überlegen zu sein uns bewußt werden können"[16]. Konjunktur hat ein so verstandenes Erhabenes in der französischen Romantik. Im Rahmen ihrer ‚christlich' respektive ‚nördlich' inspirierten Ästhetik erklärt diese die in der Erfahrung des Erhabenen sich ereig-

[12] Als „Darstellung des Undarstellbaren" bestimmt Ch. Pries das Erhabene, hierin Hegels Bestimmung aufgreifend (Pries 1989b, 6; vgl. Hegel 1986a, 467).

[13] Vgl. Kant, *Kritik der Urteilskraft*, B 74–113.

[14] Kant, *Kritik der Urteilskraft*, B 92–93.

[15] Kant, *Kritik der Urteilskraft*, B 99.

[16] Kant, *Kritik der Urteilskraft*, B 109. – Die vielfach aufgeworfene Frage, inwiefern Kants Bestimmung des ‚Erhabenen' das Modell der Repräsentation *noch* affirmiert, inwiefern es *schon* als Subversion dieses Modells lesbar ist, kann nicht Gegenstand dieser Studie sein. Zu bedenken wäre in diesem Kontext die spezifische Funktion, die Kants Kritik dem Erhabenen zuweist: Analog zum Schönen, das die Zweckmäßigkeit des Verstandes indiziert, soll das Erhabene die Zweckmäßigkeit der Vernunft aufweisen. Die *Kritik der Urteilskraft* tendiert darum zur Fixierung des per se Ungreifbaren im Begriff der Vernunft. Dass Kants Analyse des Erhabenen das unhintergehbar Andere mit dem Vernunftbegriff zu überschreiben sucht, scheint offenkundig; dennoch ist damit das Erhabene nicht schon der metaphysischen Reduktion im Sinne Derridas unterworfen. Nimmt man nämlich Kants Einschränkung, „sofern sie auf uns einfließt", ernst, so scheint dieser Befund selbst erst auf einer reduktionistischen Lektüre der Analytik des Erhabenen zu beruhen. Die These Begemanns, im Erhabenen – speziell bei Kant – reflektiere sich „der neuzeitliche Wille zur unumschränkten, den Zweck bloßer Selbsterhaltung übersteigenden Herrschaft der Natur", scheint in dieser Zuspitzung nicht haltbar (Begemann 1987, 137).

nende Transgression des Irdischen zum Grundzug des Ästhetischen schlechthin[17]. Doch noch die romantische Ästhetik trägt der repräsentationistischen Prämisse, dass sich das als Vergegenständlichung des Erhabenen verstandene Kunstwerk qua Gegenstandsbezug legitimiere, Rechnung, indem es die Vorgängigkeit des in die symbolische Ordnung einzuholenden Absoluten unterstellt. Paradigmatisch ist Mme de Staëls emphatische Affirmation einer einenden Kraft der künstlerischen *imaginatio*: „Le poète sait rétablir l'unité du monde physique avec le monde moral; son imagination forme un lien entre l'un et l'autre"[18]. So gewinnt etwa das Ich in Lamartines *Isolement* der Heraussetzung des Transzendenten aus der Kontingenz des Irdischen die Möglichkeit einer Selbstvergewisserung ab, welche sich gerade daraus ergibt, dass es sich in der Erfahrung des Erhabenen als der Endlichkeit entzogen zu begreifen vermag:

Qu'importe le soleil ? je n'attends rien des jours.

Quand je pourrais le suivre en sa vaste carrière,
Mes yeux verraient partout le vide et les déserts ;
Je ne désire rien de tout ce qu'il éclaire,
Je ne demande rien à l'immense univers.

Mais peut-être au delà des bornes de sa sphère,
Lieux ou le vrai soleil éclaire d'autres cieux,
Si je pouvais laisser ma dépouille à la terre,
Ce que j'ai tant rêvé paraîtrait à mes yeux ?

Là, je m'enivrerais à la source ou j'aspire,
Là, je retrouverais et l'espoir et l'amour,
Et ce bien idéal que toute âme désire,
Et qui n'a pas de nom au terrestre séjour !

Que ne puis-je, porté sur le char de l'aurore,
Vague objet de mes vœux, m'élancer jusqu'à toi,
Sur la terre d'exil pourquoi resté-je encore ?
Il n'est rien de commun entre la terre et moi. [...][19]

[17] S.o., S. 129–133 (mit Bezug auf Mme de Staëls *De l'Allemagne*). Der „Beginn tiefendimensionaler Modellierung" (so der Titel des Chateaubriand-Kapitels in Küpper 1987, 64) ließe sich unter der Perspektive einer in den Blick rückenden ‚erhabenen' Dimension des Wirklichen beschreiben. Vgl. auch Chateaubriands Fundierung einer christlichen Ästhetik in der Erfahrung des Numinosen: „Les déserts ont pris sous notre culte un caractère plus triste, plus vague, plus sublime ; le dôme des forêts s'est exhaussé ; les fleuves ont brisé leurs petites urnes, pour ne plus verser que les eaux de l'abîme du sommet des montagnes : le vrai Dieu, en rentrant dans ses œuvres, a donné son immensité à la nature. [...] Oh ! que le poète chrétien est plus favorisé dans la solitude où Dieu se promène avec lui !" (Chateaubriand 1978, 719–720). Vgl. zur Ästhetik Chateaubriands Küpper 1987, 64–74; Penzenstadler 2000, 59–67.

[18] Staël 1968a, 237.

[19] Lamartine 1968, 4.

Für Baudelaire hingegen prägt die Differenz, die im Erhabenen zur Geltung kommt, der zum Zeichen fixierten Erscheinungswelt ein Stigma referentieller Unhintergehbarkeit ein. Der repräsentationistischen Illusion einer Vergewisserung im Erhabenen bleibt hier kein Spielraum. Wenn erst das Einzeichnen einer Kluft von Materialität und Geistigem die Möglichkeitsbedingung für die erhabene Erfahrung eines Transzendierens des Irdischen schafft, so ist mit dem Erhabenen zugleich dessen Unerreichbarkeit gesetzt.

Freilich ist damit die romantische Konzeption nicht in toto verabschiedet, sondern so zugespitzt, dass die Paradoxie der menschlichen *conditio* in neuer Schärfe zutage tritt. Wenn nämlich das Transzendente als Setzung entworfen wird, so avanciert der Mensch selbst zu einer Schöpferinstanz, die dieses hervorbringt, und mit ihm die Welt – als Negatives, Unterworfenes und Dienendes, als Endliches und Substanzloses[20] –, nicht zuletzt aber auch sich selbst als unterworfene Kreatur setzt. „Hält sich [...] das Individuum in seiner Endlichkeit gegen Gott fest, so wird diese gewollte und beabsichtigte Endlichkeit das *Böse*, das als Übel und Sünde nur dem Natürlichen und Menschlichen angehört"[21], stellt Hegel lapidar fest. Baudelaires Festhalten an der Endlichkeit ist indes weniger gewollt und beabsichtigt als vielmehr eine notwendige Konsequenz aus der Einsicht, dass der Mensch aus der Setzung der Transzendenz nur als Unterworfener hervorgehen kann. In der Setzung Gottes ist eine Unterwerfung, die den Menschen in den Stand der sündigen Kreatur versetzt, immer schon vollzogen. So herrscht bei Baudelaire keine Illusion darüber, ob das menschliche Individuum in der „Anerkennung der Nichtigkeit der Dinge" und im „Loben Gottes" Ehre, Trost und Befriedigung finden könne, wie Hegel dies für das Erhabene festgehalten wissen möchte[22]. Die Heraussetzung eines Jenseits aus irdischer Materialität setzt diese als Verfehlte; den Menschen indes trifft kreatürliche Schuld im Augenblick der Enthebung Gottes aus der Endlichkeit der Erscheinungen. So impliziert die in Baudelaires Schriften allenthalben zu findende Ausprägung des Leib-Seele-Paradigmas – die Differenzierung von *matériel* und *spirituel* etwa, von *naturel* und *surnaturel*, von *physique* und *moral* – unweigerlich eine axiologische Markierung der Dichotomien, die die Physis zur Nachtseite des *homo duplex* stigmatisiert[23].

[20] So Hegels Bestimmungen der Natur in der Anschauung der Erhabenheit; vgl. Hegel 1986a, 479.

[21] Hegel 1986a, 485.

[22] Hegel 1986a, 483.

[23] Vgl. etwa die besonders prägnante Formulierung in dem 1861 publizierten Tannhäuser-Artikel: „*Tannhäuser* représente la lutte des deux principes qui ont choisi le cœur humain pour principal champ de bataille, c'est-à-dire de la chair avec l'esprit, de l'enfer avec le ciel, de Satan avec Dieu" (*Richard Wagner et Tannhäuser*, CE 706).

Zugleich ist – wiederum mit Hegel – zu vermerken, dass die in der Immanenz sich manifestierende Transzendenz schlichtweg nicht anders denn als Schöpferinstanz gedacht werden kann:

> Soll nun aber dies in sich Einige vor die Anschauung gebracht werden, so ist dies nur dadurch möglich, daß es als Substanz auch als die schöpferische Macht aller Dinge gefasst wird, an denen es daher seine Offenbarung und Erscheinung und somit ein positives Verhältnis zu denselben hat[24].

Aus dieser zweifachen Bestimmung ergibt sich nun eine besondere, doppelbödige Beziehung des Erhabenen zur Erscheinungswelt. So heißt es in unmittelbarer Fortsetzung des Zitats:

> Zugleich aber ist seine Bestimmung ebenso sehr diese, daß ausgedrückt werde, die Substanz erhebe sich über die einzelnen Erscheinungen [...], wodurch sich denn im konsequenteren Verlauf die positive Beziehung zu dem negativen Verhältnis umsetzt, von dem Erscheinenden als einem Partikulären und deshalb der Substanz auch nicht Angemessenen und in ihr Verschwindenden gereinigt zu werden[25].

Schöpfung ist die Setzung verfehlter Präsenz. Aus dieser Prämisse einer im schöpferischen Akt zu setzenden Unerreichbarkeit des Transzendenten erhellt die poetologische Relevanz, die Baudelaire dem Bösen konzediert. Sein „ruinöses Christentum“[26] ist weniger eine Affirmation des Bösen mit dem „Ziel, aus solchem Höchstmaß des Bösen den Absprung in die Idealität zu gewinnen“[27], sondern vielmehr, in Umkehrung der These H. Friedrichs, die Heraussetzung einer Transzendenz aus der Materialität des Irdischen, die den Menschen als gefallene Kreatur erweisen muss.

Entscheidend für Baudelaires Poetologie ist nun, dass die Schöpfung des Kunstwerks und die Schöpfung Gottes dabei ihre Unterscheidbarkeit verlieren: Das Kunstwerk ist als Setzung von Differenz ein Nachvollzug jener Schöpfung, aus welcher eine aus der Zeitlichkeit enthobene Transzendenz hervorgeht. Kunst wird damit zur Figur eines Bösen, das nicht mehr schlicht als *privatio boni* zu verstehen ist, sondern als performatives Prinzip einer in der Immanenz sich vollziehenden Schöpfung[28].

24 Hegel 1986a, 468.
25 Hegel 1986a, 468.
26 Friedrich 1992 [1956], 45.
27 Friedrich 1992 [1956], 46.
28 Mit dieser These differenziert diese Studie die Auffassung, Baudelaires Aufwertung des Bösen zum Substrat des Schönen sei als Funktion eines mit gesellschaftlichen Modernisierungsprozessen in Erscheinung tretenden Autonomieanspruchs der Kunst zu deuten, die sich so der Vereinnahmung durch außerästhetische, speziell moralische Sphären zu entziehen sucht. Eine solche Deutung unterschlägt die spezifische poetologische Relevanz des Bösen in der Ästhe-

Betrachtet man die Schriften Baudelaires, so erweist sich die Denkfigur einer als Transgression zu verstehenden Schöpfung immer wieder als Fluchtpunkt des theologischen, anthropologischen und ästhetischen Denkens. In ihrer Gesamtheit fügen sich diese Reflexionen zu einem komplexen Modell, das Schöpfung als Akt der Setzung verfehlter Präsenz konzeptualisiert. Von Interesse sind diese einerseits darum, weil sie Baudelaires Abschied von einer Metaphysik des Zeichens vor Augen führen, andererseits insbesondere darum, weil sich in ihnen ein Modell der Semiose abzeichnet, das gerade auch für seine Lyrik erhellend sein kann.

Die mit dem Erhabenen verknüpfte Frage nach der Darstellbarkeit eines Absoluten in der Welt der Erscheinungen soll als Ausgangspunkt für die Rekonstruktion dieser Reflexionen dienen. In Baudelaires Schriften taucht diese bislang wenig beachtete, doch zentrale Frage immer wieder auf. So findet sich schon im *Salon de 1846* eine frühe, ein wenig diffuse, doch für Baudelaires Poetologie aufschlussreiche Überlegung. „Quoique le principe universel soit un, la nature ne donne rien d'absolu, ni même de complet ; [...] la dualité, qui est la contradiction de l'unité, en est aussi la conséquence“[29], heißt es dort in Bezug auf die diffizile Frage, wie man sich das Ideal vorzustellen habe, auf das hin eine künstlerische Idealisierung der Wirklichkeit sich vollziehe. Doch wie kann Vielheit *zugleich* Folge ursprünglicher Einheit *und* deren Widerspruch sein? Baudelaire selbst empfindet das Problem offenbar als nicht hinreichend geklärt, denn in einer Anmerkung präzisiert er: „Je dis la contradiction, et non pas le contraire ; car la contradiction est une invention humaine“[30]. „Contradiction“ also wird ex post einem primären Zusammenhang von Einheit und Zweiheit zugeschrieben. Die postulierte Ungeschiedenheit von *unité* und *dualité*, so die wohlwollende Auslegung dieser Überlegung, gelangt erst durch den Eintritt in die Ordnung der Diktion zur Entzweiung[31]. In einem Jenseits

tik Baudelaires, die gerade nicht als eine bloße ästhetische Negierung des Außerästhetischen erklärbar ist. Freilich soll hier auch nicht K. H. Bohrers Versuch, das ‚Böse' – substantialisierend, wie B. Teuber vermerkt – als ästhetische Kategorie zu deuten, das Wort geredet werden (vgl. Bohrer 1988; zur Kritik an Bohrer Teuber 1998, 617). Hingegen trifft sich die hier vorgeschlagene Bestimmung mit Teubers Deutung des Bösen als Figur eines differentiellen Prinzips poetischer Sinnkonstitution, wenngleich unter einer modifizierten Perspektivierung. Wenn Baudelaire auf neuplatonische Denkfiguren zurückgreift, die die Natur als ein „Simulacrum“, eine „schlechte Kopie des ursprünglich Schönen und Guten“ (Teuber 1998, 618) entwerfen, so, indem er die diesen Denkfiguren zugrunde liegende Ursprungshypothese in der oben beschriebenen Weise dekonstruiert. Die Kunst gewinnt das Schöne nicht vermittels einer „meontologischen Finte“ (Teuber 1998, 618) aus einem vorgängigen Bösen – das schöpferische Prinzip selbst vielmehr, verstanden als Setzung von Differenz, zeichnet für die gleichursprüngliche Entstehung des ‚Bösen' wie des ‚Schönen' verantwortlich.

29 *Salon de 1846*, CE 148.

30 *Salon de 1846*, CE 148.

31 „Contraire“ hingegen impliziert im *Salon de 1846* – dies zeigt insbesondere das Kapitel über die Farbe – die Gegebenheit eines tertium, in dem die Kontraria konvergieren; so im Falle der

der symbolischen Ordnung gibt es indes ein Zugleich von Einheit und Gespaltenheit, eine begrifflich nicht einholbare, doch ästhetisch erfahrbare Konvergenz von Position und Negation, welche das schöpferische Prinzip selbst meint.

Aufschlussreich ist auch ein Aphorismus aus Baudelaires Tagebuch, der die Schöpfung unter Rekurs auf die gnostische Heilslehre als Fall Gottes fasst[32]:

> La Théologie.
> Qu'est-ce que la chute ?
> Si c'est l'unité devenue dualité, c'est Dieu qui a chuté.
> En d'autres termes, la création ne serait-elle pas la chute de Dieu ?[33]

Der notorische Rückgriff auf den Sündenfall als Erklärungsmodell zur Fundierung menschlicher Dualität erfährt bei Baudelaire eine Neuperspektivierung. Wird die Schöpfung nämlich als Fall Gottes ausgewiesen, so bedeutet dies, dass ihre Bestimmung nicht aus der Opposition zu einem zeitenthobenen Sein hervorgeht, sondern in der Prozessualität eines Werdens liegt, in dem *unité* und *dualité* zur Vermittlung gelangen. Einerseits entzieht dies dem Menschen den Ursprung, der im Mythos vom Sündenfall immer schon mitgedacht ist: Bereits sein Schöpfungsakt, so suggeriert das Zitat, habe ihn in den Zustand der Unerlöstheit versetzt, die seine *conditio* fortan kennzeichnet[34]. Andererseits, und dies ist für die poetologische Wendung, die Baudelaire der Denkfigur in seinen kunstkritischen Schriften gibt, erheblicher, erweist sich der Schöpfer selbst als Funktion eines *devenir*: Das Werden tritt als schöpferisches Prinzip an die Stelle des absoluten Seins Gottes.

Farbe den „accord“: „La couleur est donc l'accord de deux tons. Le ton chaud et le ton froid, dans l'opposition desquels consiste toute la théorie, ne peuvent se définir d'une manière absolue : ils n'existent que relativement“ (*Salon de 1846*, CE 107); vgl. auch den Rückgriff auf Lavaters „idée du principe“ im Kapitel „De l'idéal et du modèle“ zur Begründung der „harmonie“, die jedem Individuum eignet: „Que Lavater se soit trompé dans le détail, c'est possible ; mais il avait l'idée du principe. Telle main veut tel pied ; chaque épiderme engendre son poil. Chaque individu a donc son idéal“ (ibd., CE 148–149). Die Restitution dieser „idée du principe“, mithin die Restitution einer der Ordnung der Diktion entzogenen Einheit, kommt gemäß dieser frühen Schrift der Kunst zu. Obwohl die Kluft zwischen (symbolischer) Diktion und (präsymbolischer) Einheit damit – zumindest imaginativ – geschlossen ist, ließe sich hier bereits ein Bewusstsein der Differenz unterstellen, das in den späteren Schriften zur Entfaltung der Theorie der Imagination und des *éternel* führen wird.

32 Vgl. zum Zitat auch die Bemerkungen in H. Doetschs Studie (Doetsch 2004, 119–120). Baudelaires Rezeption gnostischer Theoreme dürfte über Joseph de Maistre erfolgt sein; vgl. Friedrich 1992 [1956], 46; Doetsch 2004, 115–116.

33 *Mon cœur mis à nu* XX, OC I, 688.

34 Vgl. zum Mythos des Sündenfalls und seiner ästhetischen Relevanz Jauß 1981. Als anthropologisches Paradigma einer modernen, sprich: dezentrierten Subjektivität zeichnet W. Wehle den Mythos im 19. Jahrhundert in Frankreich nach (vgl. Wehle 1998, 901–908 und passim).

34 *Notes nouvelles sur Edgar Poe*, CE 623.

Das Werk, die *création*, wird grundlos. Fokussiert wird mithin die Ereignishaftigkeit einer Schöpfung, die aus einem dynamischen Werden heraus zur Gestaltung kommt.

Auf die poetologische Relevanz des Tagebucheintrags hat H. Doetsch hingewiesen. Sein Befund, „Schöpfung" werde hier gekennzeichnet als „Vernichtung des Einen und Eigenen im Akt der Kreation", Schöpfung heiße notwendig „zu fallen und zu sündigen", sie sei „essentiell Transgression"[35], ist gerade für die Frage nach der poetologischen Relevanz des Bösen im Werk Baudelaires von Interesse. Die Kehrseite der Transgression – deren „Sündhaftigkeit" im Text nicht explizit wird, sondern auf der Ebene der Konnotation zu suchen ist[36] – ist jedoch die Kontinuität, in der die Schöpfung zu ihrem Schöpfer steht. Die Natur ist in dieser Konzeption als Emanation des Göttlichen selbst Teil des Göttlichen; und so antwortet auch dieser Tagebucheintrag implizit auf die Frage, wie Einheit dem Betrachter in der Vielfalt des Sinnlichen erschließbar sei, mit dem Hinweis auf die Partizipation des Einen am Entzweiten.

Die betrachteten Beispiele sind Ausprägungen einer Denkfigur, die das schöpferische Werden als eine Setzung von Differenz begreift, in der eine Kontinuität des Differenzierten dennoch nicht preisgegeben ist. Fluchtpunkt des ersten Zitats ist die Darstellbarkeit eines Absoluten in der Immanenz der Erscheinungswelt; dieses steht, mit Peirce gesprochen, in einer indexikalischen Relation zu den Erscheinungen. Das zweite Zitat betreibt eine Aushöhlung der präsenzmetaphysischen Prämissen, die dort zur Geltung kommen. Schöpfung ist eine Gestaltung von Differenz, die die Schöpfung als Gefallene, den Schöpfer selbst aber als Figur des Satanisch-Bösen erweist. In einer Reihe von Aphorismen entwirft Baudelaire in seinen Tagebüchern diese intrikate Denkfigur, die Theologie, Anthropologie und Ästhetik auf den gemeinsamen Nenner einer Bewegung der Selbstüberschreitung

35 Doetsch 2004, 120.

36 Die sündentheologischen Implikationen des Sündenfalls stehen in der Adaptation des Sündenfalls im 19. Jahrhundert, das in dem Mythos ein erklärungsmächtiges anthropologisches Modell ausmachte, wohl weniger eindeutig im Vordergrund, als Doetsch annimmt. Der Sündenfall des Menschen, so lehrte bereits Rousseaus *Discours sur l'inégalité*, bestand in einer Selbstbewusstwerdung, die aus vorreflexiver Indifferenz des Naturzustandes in eine Ordnung des Bewusstseins, aus naturhafter Determiniertheit in die Emanzipation führte. Vgl. zur Positivierung des Mythos Marquard 1981, 53–71, und Wehle 1998. Ein Reflex dieser Auffassung findet sich in Baudelaires *Peintre de la vie moderne*, der – nunmehr mit Bezug auf den menschlichen Sündenfall – auf dieses Theorem der Indifferenz rekurriert, um Undarstellbarkeit als Implikation eines *In-dividu* zu modellieren (das Zitat ist dem Plädoyer für das Transitorische in der Kunst entnommen): „Cet élément transitoire, fugitif, dont les métamorphoses sont si fréquentes, vous n'avez pas le droit de le mépriser ou de vous en passer. En le supprimant, vous tombez forcément dans le vide d'une beauté abstraite et indéfinissable, comme celle de l'unique femme avant le premier péché" (*Le peintre de la vie moderne*, CE 467).

qua Differenz-Setzung bringt. Die Prostitution wird für ihn zur zentralen Figur dieser Überschreitung; sie betrifft das göttliche und das menschliche Schöpferprinzip gleichermaßen und kann darum auch zum Denkmodell der Ästhetik werden:

> Goût invincible de la prostitution dans le cœur de l'homme, d'où naît son horreur de la solitude. – Il veut être *deux*. L'homme de génie veut être *un*, donc solitaire.
> La gloire, c'est de rester *un*, et se prostituer d'une manière particulière[37].

> L'être le plus prostitué, c'est l'être par excellence, c'est Dieu, puisqu'il est l'ami suprême pour chaque individu, puisqu'il est le réservoir commun, inépuisable de l'amour[38].

> Qu'est-ce que l'art ? Prostitution[39].

Dass Baudelaire im ersten Zitat nach der Gegenüberstellung von „être *deux*" und „être *un*" für die Unentscheidbarkeit eines „se prostituer d'une manière particulière" optiert, unterstreicht einmal mehr die zentrale Bedeutung der Denkfigur einer Einheit von Identität und Differenz in seinen Schriften, von Selbstverlust an den Anderen und Selbstbewahrung als autonomes Ich, die, positiv gewendet, ein generatives Prinzip der Sinnkonstitution bezeichnen. Das Prosagedicht *Les foules* entwirft diese Konstellation:

> Il n'est pas donné à chacun de prendre un bain de multitude : jouir de la foule est un art ; et celui-là seul peut faire, aux dépens du genre humain, une ribote de vitalité, à qui une fée a insufflé dans son berceau le goût du travestissement et du masque, la haine du domicile et la passion du voyage.
> Multitude, solitude: termes égaux et convertibles pour le poète actif et fécond. Qui ne sait pas peupler sa solitude, ne sait pas non plus être seul dans une foule affairée.
> Le poète jouit de cet incomparable privilège, qu'il peut à sa guise être lui-même et autrui. Comme ces âmes errantes qui cherchent un corps, il entre, quand il veut, dans le personnage de chacun. Pour lui seul, tout est vacant ; et si de certaines places paraissent lui êtres fermées, c'est qu'à ses yeux elles ne valent pas la peine d'être visitées[40].

„[L]a haine du domicile et la passion du voyage", „Multitude, solitude", „peupler sa solitude" und „être seul dans une foule", „être lui-même et autrui": Diese antithetisch aufeinander bezogenen Elemente konstellieren die Einheit von Identität und Differenz als Prinzip einer Sinnschöpfung, die im „poète actif et fécond" eine Figur erhält. Unterlegt ist auch hier das Schema der *prostitution*, wie es die Tagebücher entwerfen: Als „sainte prostitution de l'âme" ist diese das Ergebnis einer Hybridisierung theologischer und anthropologischer Schemata. So heißt es im Fortgang des Gedichts:

37 *Mon cœur mis à nu*, OC I, 700.
38 *Mon cœur mis à nu*, OC I, 692.
39 *Fusées*, OC I, 649.
40 *Les foules*, OC I, 291.

> Le promeneur solitaire et pensif tire une singulière ivresse de cette universelle communion [...]. Ce que les hommes nomment amour est bien petit, bien restreint et bien faible, comparé à cette ineffable orgie, à cette sainte prostitution de l'âme qui se donne tout entière, poésie et charité, à l'imprévu qui se montre, à l'inconnu qui passe[41].

Gerade in der Ambivalenz des Konzepts einer „heiligen Prostitution" wird offenkundig, wie sehr sich Baudelaire von platonisierenden Entwürfen, die seiner Ästhetik immer wieder substruiert werden, entfernt. Eine Trennung von Transzendenz und Immanenz ist vor dem Hintergrund der oben skizzierten Selbstschöpfung qua Gottesschöpfung nicht haltbar; *chute*, *prostitution* und *amour* werden gleichermaßen zur Chiffre einer trennend-verbindenden schöpferischen Bewegung.

Es ist aufschlussreich, zu sehen, wie sich Baudelaire mit dem Versuch, eine Koinzidenz von Identität und Differenz im schöpferischen Werden zu entwerfen, an das Konzept einer aus metaphysischen Bezügen entbundenen Bewegung der Semiose annähert, ohne diese aber in letzter Konsequenz als anarchisches und atelisches Werden von Sinn denken zu können. Wenn Schöpfung die Setzung verfehlter Präsenz ist, so ist sie eine Setzung, die die Vorgängigkeit der Präsenz notwendig fordert – und damit zugleich, dies scheint sich für Baudelaire als notwendiges Implikat zu ergeben, eine Vergegenständlichung des Ursprungs. In einem Brief an Flaubert reflektiert Baudelaire auf diese sein Dichten prägende Denkfigur:

> [É]tant descendu très sincèrement dans le souvenir de mes rêveries, je me suis aperçu que de tout temps j'ai été obsédé par l'impossibilité de me rendre compte de certaines actions ou pensées soudaines de l'homme sans l'hypothèse de l'intervention d'une force méchante extérieure à lui. – Voilà un gros aveu dont tout le 19e siècle conjuré ne me fera pas rougir[42].

Was auf den ersten Blick wie ein Rückgriff auf repräsentationistische Philosopheme wirken könnte, ist bei Baudelaire indes in einer neuen Weise perspektiviert. Sein Beharren auf einer vorgängigen Präsenz vollzieht sich im Bewusstsein ihres Setzungscharakters, den gerade auch die Allegorisierung zu einer mit dem *mainstream* des 19. Jahrhunderts offenbar nicht kompatiblen „force méchante" eher hervorkehrt denn verhüllt.

Wiederum ist es ein kunstkritischer Text, in dem die Frage nach dem besonderen Seinsstatus des Absoluten im Kunstwerk ihren deutlichsten Ausdruck gefunden hat. In Baudelaires Essai *Le Peintre de la vie moderne* finden sich seine wohl bekanntesten und, sieht man vom poetischen Werk selbst ab, elaboriertesten Reflexionen auf die Implikationen eines differentiellen Prinzips, das ästhetische Hervor-

41 *Les foules*, OC I, 291.
42 À Gustave Flaubert, 26 juin 1860, Corr. II, 53.

bringungen fundiert[43]. Das Schöne, so lautet hier ein vielzitiertes Diktum, vereine Ewiges und Zeitgebundenes, *éternel* und *transitoire* respektive *circonstanciel*:

> Le beau est fait d'un élément éternel, invariable, dont la quantité est excessivement difficile à déterminer, et d'un élément relatif, circonstanciel, qui sera, si l'on veut, tour à tour ou tout ensemble, l'époque, la mode, la morale, la passion[44].

Dem Künstler komme es zu, dieses „Ewige" aus dem „Transitorischen" zu gewinnen – „de dégager de la mode ce qu'elle peut contenir de poétique dans l'historique, de tirer l'éternel du transitoire"[45]. Kunst sei nämlich eben dies: die Darstellung eines Ewigen im Aktuellen: „La modernité, c'est le transitoire, le fugitif, le contingent, la moitié de l'art, dont l'autre moitié est l'éternel et l'immuable"[46]. Baudelaires Bemerkungen zum *éternel* sind von tiefer Ambivalenz. Folgt man dem erst- und dem letztgenannten Zitat, so sollen *éternel* und *relatif* zwei Seiten einer Münze sein. Doch wenn dies deren Komplementarität nahelegt, so entwirft die bekannte Formel des „tirer l'éternel du transitoire" und das ihm korrespondierende „dégager de la mode ce qu'elle peut contenir de poétique dans l'historique" das *éternel* als eine im *transitoire* selbst beschlossene Transzendenz, deren Darstellung dem Kunst-

43 Der Guys-Essai gehört wohl zu den am häufigsten herangezogenen kunstkritischen Schriften Baudelaires. Vgl. neben den beiden im Folgenden resümierten Aufsätzen von H. R. Jauß (Jauß 1970 und Jauß 1989a) bes. Gumbrecht 1979. Als Paradigma modernen Zeitbewusstseins verortet Habermas Baudelaires Ausführungen vor dem Hintergrund eines sich formierenden philosophischen Diskurses der Moderne (vgl. Habermas 1988, 17–20). Im Anschluss an die genannten Autoren, doch unter Vernachlässigung der gerade hier virulent werdenden Dialektik, die sich aus dem Antagonismus subjektiven Autonomiestrebens und des damit einhergehenden Bewusstseins heteronomer Determiniertheit ergibt, erörtert Valverde ausführlich Baudelaires Essai (vgl. Valverde 1994, 351–429). Aufschlussreich im Hinblick auf einen anthropologischen Kontext des Guys-Essais ist Doetsch 2007, der den wahrnehmungsphysiologischen Kontext des Essai ausleuchtet und aus ihm die Leitlinien einer modernen Poetologie gewinnt. Vgl. weiterhin zum Guys-Aufsatz Hiddleston 1995, mit der Besprechung einiger Bilder Guys' und einer skizzenhaften Bezugsetzung zu Baudelaires Lyrik, und Frey 1986, 64–72. Ansätze einer Poetik der Karikatur als Paradigma moderner Kunst, genauer: als „ästhetische Theorie der doppelten Brechung" ihres Gegenstandes, nämlich als Vermittlung von sympathetischer Einfühlung und polemischer Wendung entwirft ausgehend vom Guys-Essai Oesterle 1998, hier 285. Instruktiv zur Figur des *flâneur* ist Smith 1998, vgl. hierzu auch die Ausführungen in K. Stierles Entwurf einer Poetik der *Tableaux parisiens* (Stierle 1974, 289–296). Wenig mehr als eine Paraphrase des Essais bietet Carrier 1994–95. – Das Guys-Kapitel gehört nach wie vor selbstverständlich auch zu jeder neueren Studie, die sich Baudelaire widmet; vgl. Doetsch 2004, 136–156; Holstein 2004, 151–157; Hauck 1994, 41–51; Greiner 1993, 21–27 und passim.

44 *Le peintre de la vie moderne*, CE 455–456.

45 *Le peintre de la vie moderne*, CE 466.

46 *Le peintre de la vie moderne*, CE 467.

werk obliegt. ‚Extraktion' ist die kardinale Metapher, die Baudelaire andernorts für diesen Akt ästhetischer Transfiguration verwendet[47].

Die Frage, wie das *éternel* zu deuten sei, wurde in der Baudelaire-Forschung häufig diskutiert. Das Grundproblem hat H. R. Jauß umrissen. Er wies auf die Relevanz der in *Le peintre de la vie moderne* artikulierten Gründungsformeln einer modernen Ästhetik hin, die das ästhetische Modell der Klassik verabschieden, indem sie Kunst auf die Darstellung des Neuen verpflichten[48], dabei aber – und dies sei die entscheidende Weiterführung gegenüber Stendhals Theorie des *romanticisme* als einer ersten Forderung nach Aktualitätsbezug der Kunst – eine „Doppelnatur"[49] des Schönen postulieren. Dies führt nun zum entscheidenden Problem, das der Guys-Essai aufwirft:

> Wie kann das Schöne dem ständig wechselnden Ideal der *nouveauté* genügen, dem Einmaligen der gegenwärtigen Zeit [...] entsprechen und doch auch wieder seinen eigenen Gegensatz bilden, insofern es als klassisch Gewordenes unvergänglich, im historischen Wechsel beharrend, ja ewig erscheint?[50]

Jauß formuliert eine Frage, die sich jedem Versuch einer Annäherung an die im Guys-Essai entworfene Ästhetik stellt – zumal unter der von ihm formulierten Prämisse, dass diese sich in „antiplatonischer Wendung"[51], genauer, wie er in einem späteren Aufsatz[52] ausführt, in der Absage an Rousseaus These einer ursprünglich guten Menschennatur und an den platonisierenden Symbolismus der Romantik entfaltet[53]. W. Benjamins Vorschlag, das Ewige rufe die Antike als statischen Gegenpol zu einer aus der Erfahrung beständigen Wandels ihr Selbstverständnis schöpfenden Moderne auf[54], hat Jauß energisch zurückgewiesen[55]. Wenn nämlich die Erfahrung

47 Vgl. *Salon de 1859*, CE 370; *Le peintre de la vie moderne*, CE 466; CE 468; *Projets de préfaces*, OC I, 181.

48 Die Entbindung von „modern" aus der Antithese ‚alt/neu' und die Überführung in die Antithese ‚aktuell/inaktuell' ist Jauß zufolge Stendhal zuzuschreiben. Auf die Darstellung des Aktuellen, Gegenwärtigen schreibt letzterer das ‚Romantische' in *Racine et Shakespeare* (1823–1825) fest; vgl. Jauß 1970, 51–53.

49 Jauß 1970, 55.

50 Jauß 1970, 54.

51 Jauß 1970, 57.

52 Und zwar in dem an die Darstellung von 1965 anknüpfenden Aufsatz Jauß 1989, 91 (zu Baudelaire 89–96).

53 Jauß 1989a, 91.

54 Vgl. Benjamin 1991c, 570–604.

55 „Da sich die Moderne auch bei Baudelaire – wie zuvor das Romantische bei Stendhal – im Prozess der geschichtlichen Erfahrung ständig von sich selbst abscheidet [...], jede *modernité* also unentrinnbar sich selbst wieder zur *antiquité* werden muss, kann keine bestimmte Vergangenheit – auch nicht die (oder eine) Antike, wie W. Benjamin meinte – den für das Schöne der modernen Kunst konstitutiven Gegensatz bilden" (Jauß 1970, 56).

eines prozessualen Geschichtsverlaufs Definiens der Moderne sei, so müsse der „ruhende[] Pol" des *éternel* vielmehr aus diesem Prozess der „Abscheidung des Vergangenen"[56] selbst heraus verstanden werden. Das ewig Schöne sei, so sagt er, Ausdruck einer menschlichen Fähigkeit zur Hervorbringung einer – inhaltlich variablen – „Idee des Schönen".

> Auch was uns ewig schön erscheint, musste erst hervorgebracht werden: das zeitlos Schöne – diese Folgerung ergibt sich zwingend aus Baudelaires *théorie rationnelle et historique du beau* und ihrer Erläuterung am Phänomen der Mode – ist nichts anderes als die vom Menschen selbst entworfene und ständig wieder aufgegebene Idee des Schönen im Status des Vergangenseins[57].

Das ‚Ewige' wäre also, so ließe sich der Gedankengang fortführen, zu verstehen als Ausdruck einer Fähigkeit zur ästhetischen Schöpfung vor dem Hintergrund des Verlusts metaphysischer Sinngarantien, für die das verabschiedete Idealschöne einstand[58]. In ähnliche Richtung zielt trotz kritischer Vorbehalte gegen die von Jauß vorgenommene Temporalisierung des *éternel* K. Stierles Auffassung, letzteres sei als anthropologische Konstante zu verstehen, die in der formalen Einheit des Kunstwerks ein objektives Korrelat finde[59]; dabei warnt auch er vor einem

[56] Jauß 1970, 56.

[57] Jauß 1970, 56.

[58] Emphatisch begrüßt Jauß daher Baudelaires Behauptung der Undarstellbarkeit des ‚élément éternel' („Cet élément transitoire, fugitif, dont les métamorphoses sont si fréquentes, vous n'avez pas le droit de le mépriser ou de vous en passer. En le supprimant, vous tombez forcément dans le vide d'une beauté abstraite et indéfinissable, comme celle de l'unique femme avant le premier péché", CE 467): „Eva nach dem Fall als Inbegriff der Schönheit im Weltverständnis der *modernité* und als Sinnbild der Auflehnung gegen die Metaphysik des zeitlos Schönen, Wahren und Guten! Dieser kühne Vergleich besiegelt die Antithese von *modernité* und *éternel*, die den jüngsten, hier nicht mehr zu behandelnden Abschnitt in der Begriffsgeschichte des Modernen eröffnet, zugleich aber auch jene antiplatonische Wendung Baudelaires bezeugt, die der ästhetischen Erfahrung und dem neuen Kanon der Kunst Bahn brach, die unsere gegenwärtige Modernität kennzeichnen" (Jauß 1970, 57).

[59] „[Das „éternel"] ist die Einheit der Form des Kunstwerks, seine Gestalt, die für Baudelaire als diese selbst den Bedingungen der Zeitlichkeit entzogen ist" (Stierle 1974, 304); vgl. auch ibd., 318: „Das „éternel", das Baudelaire dem „fugitif" entgegensetzt, ist die metaphysisch interpretierbare, physiologisch in ihrer leiblichen Verwurzelung erfassbare anthropologische Konstante. [...] Die Einheit der ästhetischen Konstruktion ist kein Selbstwert. Die letzten Bedingungen ihrer formalen Konsistenz liegen begründet in anthropologischen Konstanten jenseits aller geschichtlichen Bedingtheit. Die Form des Gedichts geht so hervor aus einer zugrunde liegenden Tiefenthematik, die ihrerseits der Vermittlung mit der Aktualität der Erfahrung gegenwärtiger Moderne bedarf". – Vgl. zur Kritik an Jauß Stierle 1974, 304, Anm. 30.

platonistischen Missverständnis[60]. Eine antiplatonische Wende sieht schließlich auch R. Warning gegeben, wenn er im Anschluss an Jauß die Konkretisierung des *éternel* im Kunstwerk „nicht [als] Vertikalität der Partizipation an substantiellem Sein“, sondern als „horizontale Relation der Intertextualität“[61] bestimmt. Bei aller je unterschiedlichen Akzentuierung suchen die genannten Ansätze das offenkundig als Rätsel empfundene *éternel* zu erhellen: Als „Idee“ des Schönen, als anthropologische Konstante oder auch als Intertextualitätsrelation soll das im Kunstwerk erfahrbare Ewige ‚dingfest' gemacht werden.

Vor dem Hintergrund der oben skizzierten Denkfigur einer Einheit von Identität und Differenz lässt sich die doppelte Perspektivierung des *éternel* indes als Ausdruck einer unaufhebbaren Ambivalenz im Konzept des *éternel* selbst lesen. Dieses ist, ähnlich wie *imaginatio*, Figur einer Differenz, die das Kunstwerk von der Wirklichkeit sondert und es damit als ästhetischen Gegenstand in Erscheinung treten lässt. Wie, so lautet indes die unlösbare Frage, die sich als Fluchtpunkt der im *éternel* festgeschriebenen Uneindeutigkeit abzeichnet, ist die Kluft, die das Kunstwerk von außerästhetischen Zusammenhängen scheidet, in der Immanenz des Kunstwerks denkbar? Wie kann, anders gesagt, im Kunstwerk eine Differenz zur Darstellung kommen, die doch nur als dessen Anderes gedacht werden kann? Wie *imaginatio* im nur wenig früher entstandenen *Salon de 1859*[62] erschließt auch das *éternel* der Differenz des Ästhetischen eine eigene Semantik, ohne letztlich aber das Paradox einer im Kunstwerk zur Geltung kommenden Einheit von Identität und Differenz einer Lösung zuführen zu können. Wo aber die Reflexion auf *imaginatio* die Kontinuität des Kunstwerks zu seinem Grund betont, akzentuiert das *éternel* eine Differenz, die es von diesem scheidet, und forciert damit die Frage, wie dieses Nichtidentische im Kunstwerk zur Anschauung kommen könne. Dem Erhabenen vergleichbar, exponiert es eine Undarstellbarkeit, die im Kunstwerk dennoch erfahrbar sein soll.

60 „Gewiss verfällt Baudelaire nicht einem naiven Platonismus, so wenig wie er einem naiven Historismus verfällt. Die ‚Ewigkeit' der Kunst liegt für ihn nicht primär in der metaphysischen Ordnung ihrer Gehalte, so sehr gerade Baudelaire ein metaphysisch beunruhigter Dichter ist, sondern in einer, konstanten ästhetischen Grundbedürfnissen des Menschen Rechnung tragenden, Werkstruktur“ (Stierle 1997b, 48).

61 Warning 1997, 138; vgl. ibd., S. 141: „Was das Gedicht dem Leser abverlangt, ist eine doppelte Einstellungsweise, wobei jeweils die eine zum Horizont der anderen wird. Es ist nicht lesbar als Modernitätserfahrung, ohne daß der ihm eingeschriebene Intertext filigranhaft aufschiene. Es ist aber auch nicht mit den Augen der Vergangenheit lesbar, ohne daß Modernität mitgegeben wäre. ‚Éternel' und ‚fugitif' bezeichnen bei Baudelaire nicht mehr eine metaphysische Opposition, sondern eine Relation der Intertextualität. Mit dieser intertextuellen Bezogenheit des dargestellten Transitorischen auf das ‚Ewige' seiner antikisierenden Darstellung wird die Passantin zur Metapher der différance, der Text selbst zum Objekt des Begehrens“.

62 Der 1863 publizierte Guys-Essai entstand aller Wahrscheinlichkeit nach schon um 1860, nur kurze Zeit nach dem letzten *Salon* also (vgl. die Anmerkungen OC II, 1413–1420).

Die Denkfigur einer Entäußerung des Schöpferischen an die Materie findet in *Le peintre de la vie moderne* eine bislang unbeachtete Entfaltung. Denn der Forderung nach einer Darstellung des ‚Ewigen' im Kunstwerk liegt das Emanationsmodell als „a priori"[63], wie Baudelaire sagt, zugrunde: „La corrélation perpétuelle de ce qu'on appelle *l'âme* avec ce qu'on appelle *le corps* explique très bien comment tout ce qui est matériel ou effluve du spirituel représente et représentera toujours le spirituel d'où il dérive"[64]. Die Möglichkeit, das Geistige in der Kunst zu einer Darstellung zu bringen, erklärt Baudelaire mit einer Kontinuität von Spirituellem und Materiellem, die den behaupteten Leib-Seele-Dualismus implizit desavouiert. „Considérez, si cela vous plaît, la partie éternellement subsistante comme l'âme de l'art, et l'élément variable comme son corps"[65]: Auch das *éternel* ist Ausdruck der Reflexion auf ein Werden, das in der symbolischen Ordnung als deren Anderes zur Geltung kommt. Das ‚élément relatif', das Baudelaire an anderer Stelle mit der Kontingenz der Erscheinungswelt in Eins setzt[66], meint „l'époque, la mode, la morale, la passion"; das ‚éternel' hingegen entzieht sich jeder Bezüglichkeit. Es ist „excessivement difficile à déterminer"[67], genauer aber, wie Baudelaire weiterhin unter Abgrenzung vom ‚transitoire' erläutert, „indéfinissable":

> Cet élément transitoire, fugitif, dont les métamorphoses sont si fréquentes, vous n'avez pas le droit de le mépriser ou de vous en passer. En le supprimant, vous tombez forcément dans le vide d'une beauté abstraite et indéfinissable, comme celle de l'unique femme avant le premier péché[68].

Das Kunstwerk erweist sich im Zitat gerade *nicht* als Repräsentation des *éternel*, das zwar unabdingbares Ingrediens des Schönen, doch nicht darstellbar, vielmehr „abstraite" und „indéfinissable", ja, als Inbegriff der *unité*, die mit der Figur der „unique femme avant le premier péché" aufgerufen wird, *ineffabile*, nämlich: individuell, ist. In der Einheit des Kunstwerks kann ‚ursprüngliche' Schönheit allein als Negatives ins Werk gesetzt werden. Erst in seinen vielfältigen historischen Metamorphosen, so die Pointe der Überlegung Baudelaires, scheint das Absolut-Schöne als Spur eines Inkommensurablen im Kunstwerk auf. Gelangt damit das Entzweite

63 „En pareille matière, il serait facile et même légitime de raisonner *a priori*" (*Le peintre de la vie moderne*, CE 468).

64 *Le peintre de la vie moderne*, CE 468.

65 *Le peintre de la vie moderne*, CE 456. – Baudelaire knüpft an einen Gedanken aus dem *Salon de 1846* an, der das Gesamt der phänomenalen Welt dualistisch interpretiert: „Toutes les beautés contiennent, comme tous les phénomènes possibles, quelque chose d'éternel et quelque chose de transitoire, – d'absolu et de particulier" (CE 195).

66 „La modernité, c'est le transitoire, le fugitif, le contingent, la moitié de l'art, dont l'autre moitié est l'éternel et l'immuable" (*Le peintre de la vie moderne*, CE 467).

67 *Le peintre de la vie moderne*, CE 455.

68 *Le peintre de la vie moderne*, CE 467.

in ihm zu imaginärer Synthese, so wird das Kunstwerk indes zum Zeichen eines nicht einholbaren Absoluten, dessen unaufhebbare Alterität es indiziert, indem es dieses als sein eigenes schöpferisches Werden hervortreten lässt. Ästhetische Negativität, bestimmt als Ostentation ästhetischer Differenz, oder anders: als Negation der Präsenz in der Affirmation des vermittelnden Charakters künstlerischer Sinn-Schöpfung, wird mittels des *relatif* zur Darstellung gebracht.

Dies erhellt gerade Baudelaires Entwurf einer „théorie rationnelle et historique du beau", die er in Abgrenzung zu einer „théorie du beau unique et absolu" entwickelt:

> C'est ici une belle occasion, en vérité, pour établir une théorie rationnelle et historique du beau, en opposition avec la théorie du beau unique et absolu ; pour montrer que le beau est toujours, inévitablement, d'une composition double [...]. Le beau est fait d'un élément éternel, invariable, dont la quantité est excessivement difficile à déterminer, et d'un élément relatif, circonstanciel, qui sera, si l'on veut, tour à tour ou tout ensemble, l'époque, la mode, la morale, la passion. Sans ce second élément, qui est comme l'enveloppe amusante, titillante, apéritive, du divin gâteau, le premier élément serait indigestible, inappréciable, non adapté et non approprié à la nature humaine[69].

Wenn mit der Affirmation der Zeitgebundenheit eines jeden Schönen zugleich die Partialität der Kunst valorisiert wird und die Theorie eines „beau unique et absolu" dezidiert verabschiedet wird, so bleibt ein „élément éternel" Faszinosum auch noch der historisch-rationalen Theorie, die das Kunstwerk zum Index dessen erhebt, was es symbolisch niemals darstellen könnte: das vollkommene Schöne, genauer: ein die Immanenz des Werkes überschreitendes Absolutes oder, in Baudelaires eigenen Worten, die ‚unverdauliche' Göttlichkeit einer „beauté abstraite et indéfinissable".

Auf die Fragilität des hier entworfenen Konzepts wurde bereits hingewiesen[70]. Der Fortgang der Überlegungen im Guys-Essai zeigt, dass der Ort des Kunstwerks gerade nicht, wie zunächst behauptet, als Ort der *ratio* bestimmbar ist:

> Tout ce que je dis de la nature comme mauvaise conseillère en matière de morale, et de la raison comme véritable rédemptrice et réformatrice, peut être transporté dans l'ordre du beau. Je suis ainsi conduit à regarder la parure comme un des signes de la noblesse primitive de l'âme humaine. Les races que notre civilisation, confuse et pervertie, traite volontiers de sauvages, avec un orgueil et une fatuité tout à fait risibles, comprennent, aussi bien que l'enfant, la haute spiritualité de la toilette. Le sauvage et le baby témoignent, par leur aspiration naïve vers le brillant, vers les plumages bariolés, les étoffes chatoyantes, vers la majesté superlative des formes artificielles, de leur dégoût pour le réel, et prouvent ainsi, à leur insu, l'immatérialité de leur âme[71].

[69] *Le peintre de la vie moderne*, CE 455–456.
[70] S.o., S. 172.
[71] *Le peintre de la vie moderne*, CE 490–491.

Ein „intuitives" Schönheitsstreben wird gerade nicht im Bereich der *ratio* verortet, sondern im Bereich eines aus der Rationalität ausscherenden, doch auch nicht schlicht tierhaften Dritten: „le sauvage et le baby", die ihr Streben nach Schönheit vorreflexiv, „à leur insu", bezeugen, stehen ein für eine „noblesse primitive de l'âme humaine".

Wenn nun aber einesteils *ratio* – mithin: „insatisfaction", das Ungenügen am Bösen – anderenteils eine vorbewusste „noblesse primitive" für die Hervorbringung des Schönen erwogen wird, wenn also das Böse selbst gemäß der ersten Erklärung den Menschen zum Entwurf des Schönen treibt, der Mensch aber gemäß der zweiten Erklärung durch ein vorbewusstes Begehren zum Entwurf des Schönen getrieben ist, so reproduziert sich einmal mehr die Antinomie von Rezeption und Produktion, und erneut konturiert sich der Ort des Schönen als Raum des Liminalen, hier: des ‚Zwischenraumes' von Natur und *ratio*. Kunst ist darum „une déformation [...] *ou plutôt* [...] un essai [...] de réformation de la nature"[72] [Herv. CB] – Deformierung und Re-Formierung werden im künstlerischen Akt ineinandergeblendet. Der künstlerische Akt ist *zugleich* Iteration *und* Inversion des Sündenfalls[73]: Die Rückkehr zum Ursprung als Abkehr vom Ursprung zu denken und aus diesen gegenstrebigen Bewegungen das Prinzip künstlerischer Kreativität abzuleiten, ist das diffizile ästhetisch-poetologische Projekt Baudelaires.

2.2 Die Lesbarkeit der Welt

In Baudelaires Aneignung des Erhabenen avanciert dieses zur kardinalen Figur ästhetischer Schöpfung im Zeichen verlorener Transzendenz. Zugleich bilden seine Überlegungen über dessen Repräsentierbarkeit das paradigmatische Zentrum weiterreichender Reflexionen, die – über die Erfahrbarkeit des Absoluten hinaus – die Erfahrbarkeit der Erscheinungswelt schlechthin betreffen. Das Erhabene liefert in Baudelaires Poetologie ein Modell des menschlichen Weltbezugs. In seinem poetischen Werk sind diesbezügliche Überlegungen quasi omnipräsent: Als Reflexion auf eine problematische Lesbarkeit der Welt begegnen sie in den *Fleurs du mal* wie auch in den *Petits poèmes en prose*. Der poetologische Ort dieser Reflexionen ist an dieser Stelle zu skizzieren. Als Bezug dienen einmal mehr die Überlegungen Ben-

72 *Le peintre de la vie moderne*, CE 492.

73 Daraus resultiert eine zirkuläre Struktur, die Teuber als „meontologische Finte" bezeichnet hat: „Poesie kennzeichnet sich [...] als das geradezu kabbalistische Unterfangen, aus dem substanzlosen Bösen (gefallene Natur) mit Hilfe eines Bösen zweiter Ordnung (dichterische Imagination) Funken zu schlagen, das Böse gewissermaßen zu retten, zu resubstantialisieren, ihm eine Essenz zurückzugeben, nämlich die Essenz des ihm inkommensurablen Schönen" (Teuber 1998, 617).

jamins, der mit dem Konzept der profanen Erleuchtung ein säkularisiertes Erhabenes entwarf und dessen semiotische Implikationen auslotete.

Für Benjamin avanciert das Erhabene zum Paradigma der Überschreitung semiotischer Differenz, seine Verfehlung – die er insbesondere im barocken Trauerspiel inszeniert sieht – zur Darstellung der aporetischen Verfasstheit aller Sinnkonstitution[74]. In der Allegorie hat letztere, so zeigt er in seinem Trauerspielbuch, eine adäquate Gestaltung gefunden: Als kardinaler Tropus der verfehlten Erhabenheit lässt diese eine für jeden zeichenhaften Weltbezug konstitutive Instabilität des Sinns hervortreten[75]. Unter dem Begriff der „profanen Erleuchtung"[76] diskutiert Benjamin indes in seinem *Sürrealismus*-Aufsatz eine gleichsam in der Immanenz rekonfigurierte Transzendenz, wie sie etwa im Akt des Lesens zur Geltung kommt:

> Der Leser, der Denkende, der Wartende, der Flaneur sind ebensowohl Typen des Erleuchteten wie der Opiumesser, der Träumer, der Berauschte. Und sind profanere. Ganz zu schweigen von jener fürchterlichsten Droge – uns selbst –, die wir in der Einsamkeit zu uns nehmen[77].

Benjamins doppelte Perspektivierung des Erhabenen, das für ihn zum einen das Scheitern des Bedeutens, zum anderen eine Erfahrung des Sinnes vor dem Hintergrund des Verlusts transzendenter Garantien figuriert, ist unmittelbarer Ausdruck seines sprachtheoretischen Denkens. Das Erhabene nämlich reflektiert eine Aporie, die für Benjamin der Sinnkonstitution unabweislich inhäriert: Die subjektive Weltzuwendung setzt einerseits die Einzeichnung einer Kluft von Physis und Bedeutung voraus, andererseits aber soll aus eben dieser Kluft in einer reflexiv nicht verfügbaren, doch evidenten Weise Sinn hervorgehen. So gelten die Denkfiguren der verfehlten Erhabenheit und der profanen Erleuchtung einer jeden Sprechakt begleitenden Dialektik aus Sinnentzug und Sinnstiftung.

Die Reflexion auf diese Dialektik setzt nicht, wie Benjamins Aufsatz suggerieren mag, mit dem Surrealismus ein. Wo nämlich die Moderne den Entzug transzendenter Sinngarantien konstatiert, da muss sich die Frage nach den Bedingungen einer Lesbarkeit der Welt geradezu aufdrängen. So ist es denn auch nicht erstaunlich, dass gerade im Werk Baudelaires ein Denken der profanen Erleuchtung zentrale Bedeutung erhält: Die Doppelbödigkeit des Erhabenen, sein Oszillieren zwischen signifikanter Materialität und einer als ‚Jenseits' der Physis begriffenen Bedeutung, avanciert zum Modell menschlichen Weltbezugs; im pansemiotischen Universum liegt in der Lektüre der Erscheinungswelt die Möglichkeit einer dem Erhabenen vergleichbaren Erfahrung der Überschreitung signifikanter Materialität

[74] Vgl. zu Benjamins Konzept des Erhabenen bes. B. Menke 1991, 198–228.
[75] S.o., S. 48.
[76] Vgl. Benjamin 1991f, 295–310.
[77] Benjamin 1991f, 308.

auf eine sie transzendierende Tiefendimension. Ein Tagebucheintrag illustriert diese Affinität zwischen der Erfahrung des Erhabenen und der Lesbarkeit der Welt:

> Je crois que le charme infini et mystérieux qui gît dans la contemplation d'un navire, et surtout d'un navire en mouvement, tient, dans le premier cas, à la régularité et à la symétrie qui sont un des besoins primordiaux de l'esprit humain, au même degré que la complication et l'harmonie, – et, dans le second cas, à la multiplication successive et à la génération de toutes les courbes et figures imaginaires opérées dans l'espace par les éléments réels de l'objet.
> L'idée poétique qui se dégage de cette opération du mouvement dans les lignes est l'hypothèse d'un être vaste, immense, compliqué, mais eurythmique, d'un animal plein de génie, souffrant et soupirant tous les soupirs et toutes les ambitions humaines[78].

Die Ablösung der „plus haute idée de beauté"[79] aus dem ersten Zitat durch die „idée poétique" indiziert eine Transformation des Erhabenheitsparadigmas, die die Dimension des Transzendenten gleichsam in der Immanenz als eine Dimension des Imaginären rekonfiguriert. Die Überschreitung des Sinnlichen ist hier Sache der *imaginatio*. Die von ihr hervorgebrachte *idée poétique* ruft zwar mit „vaste" noch ein Attribut des Göttlichen auf und knüpft damit an das Erhabenheitsparadigma an. Doch das *dégagement*, die Überschreitung des Sinnlichen, erweist sich als eine subjektive Schematisierungsleistung, die die sinnliche Wahrnehmung in räumliche und zeitliche Anschauungsformen überführt: in „régularité", „symétrie" und „courbes et figures imaginaires", eine Zusammenfassung der Sukzessivität der Bewegung zur Vorstellung einer zwar komplexen, doch geordneten Bahn[80], die eine ungesicherte Substantialisierung erfährt: Ein „être vaste, immense, compliqué, mais eurythmique", ein „animal plein de génie" ist das Ergebnis der subjektiven Wirklichkeitsaneignung. Wo das erste Zitat die problematische Darstellbarkeit des Erhabenen profilierte, rückt das zweite Zitat ein sinnproduktives Moment in den Blick, das erst dann in aller Deutlichkeit in Erscheinung treten kann, wenn das Erhabene nicht mehr auf die Darstellung einer vorgängigen Präsenz verpflichtet ist. Der Seinsstatus des Phantasmas bleibt indes ambivalent: Die *idée poétique* schließt als „hypothèse d'un être vaste" das Bewusstsein einer imaginativen Substruktion von Leben in sich und indiziert damit jenen paradoxen Ort des Sinnes, den Benjamin im Widerspruch der profanen Erleuchtung zu fixieren suchte. Die beiden irreduzibel differenten Dimensionen des *réel* und des *imaginaire* gelangen zwar zu einer Synthese, doch dabei wird das Bewusstsein ihrer Differenz nicht suspendiert.

78 *Fusées*, OC I, 663–664.

79 *Mon cœur mis à nu* XXX, OC I, 696; s.o., S. 185.

80 *Dégager* bzw. *dégagement* ersetzen bei Baudelaire signifikanterweise die noch in der Romantik geläufigeren Termini *découvrir* bzw. *découverte* als künstlerische Verfahren der Interpretation der Wirklichkeit. Auf den Gebrauch der letztgenannten Termini in der Romantik und auf ihre Herkunft aus der klassizistischen Tradition weist F. Penzenstadler hin (vgl. Penzenstadler 2000, 109).

In die Ursprungslosigkeit entlassen, verweist die *idée poétique* vielmehr auf diese beiden inkompatiblen Dimensionen, die ihren Ermöglichungsgrund bilden. Greifbar wird in dieser Variante des Erhabenen eine Umdeutung des Paradigmas der Repräsentation in ein semiotisches Paradigma. Dieses trägt der Differenz von Physis und Bedeutung Rechnung, ohne in letzterer die Präsenz eines überweltlichen Sinnes zu statuieren. Die *idée* ist nachträglich angesichts einer Präsenz der Physis. Ihr vorgängig indes ist das *dégagement*, verstanden als Hervorbringung der *idée*, die in diesem Zitat unzweideutig an *imaginatio* delegiert ist.

Die Reinterpretation, die das Erhabene bei Baudelaire erfährt, erscheint geeignet, einmal mehr die Differenz seiner Poetologie zu romantischen Konzeptionen zu unterstreichen. Es mag mit Blick auf die zitierten Tagebucheinträge überraschen, dass Baudelaire gerade in der Natur Paradigmen ästhetischer Erfahrung sucht[81]. Seine Abkehr von der romantischen Konzeption der Natur als Ort einer sinnhaften Vermittlung zwischen Subjekt und Objekt gilt als Ausgangspunkt einer modernen Lyrik, die ihre Autonomie gerade in der Ausgrenzung der Natur als ihrem Anderen fundiert und im Zuge dessen die ästhetische Legitimierbarkeit mimetischer Naturdarstellungen entschieden bestreitet[82]. Baudelaires Äußerungen indes mögen belegen, dass seine Naturfeindschaft weniger dem Gegenstand selbst als vielmehr dessen ästhetischer Aneignung gilt: Denn mit der romantischen Korrespondenzlandschaft und der ihr inhärenten Semiotik lässt sich Baudelaires Reflexion auf das Schöne in der Tat nicht verrechnen. Die Natur ist zwar auch für Baudelaire Projektionsfläche einer in ihr sich entwerfenden Subjektivität, doch zugleich wird in ihr eine Widerständigkeit erfahrbar, die ein der Darstellung Unverfügbares zu Bewusstsein bringt. Sie ist signifikante Materialität, die in ihrer Gegenständlichkeit den Signifikanten der Sprache ähnelt – „Tout l'univers visible n'est qu'un magasin d'images et de signes“[83] –, zugleich aber entzieht sie sich dem entziffernden Blick – „Ce monde-ci, dictionnaire hiéroglyphique“[84]. Wenn das Gesamt der gegenständlichen Welt zur Hieroglyphe wird, so entrückt Bedeutung in ein Jenseits der Physis; diese aber wird zum Index einer ungesicherten Bedeutung, die im Lektüreakt erst herzustellen ist.

Die Restitution einer sinnhaften Ordnung der Natur im Akt des Lesens ist vor diesem Hintergrund von tiefer Ambivalenz. Bald wird sie dem mit *imaginatio* begabten Subjekt[85], bald der Natur selbst zugesprochen[86]; besonders in den späten

81 S.o., S. 185 und 206.

82 S.o., S. 170. Vgl. zu Baudelaires ‚Naturfeindschaft' Jauß 1991, 357–382, zur Auflösung der romantischen Korrespondenzlandschaft in seiner Lyrik Matzat 1987, 147–165.

83 *Salon de 1859*, CE 328–329.

84 *Puisque réalisme il y a*, CE 825.

85 Vgl. erneut das Zitat zur *imagination* als *reine des facultés* im *Salon de 1859* (CE 321; s.o., S. 153).

Schriften aber erweist sie sich als Rätselfrage, aus der die Natur als Trägerin eines Mysteriums hervorgeht[87]. Oben wurde ausgeführt, dass es des Konzepts einer die Natur umgreifenden und doch dem Subjekt zugehörigen Imagination bedarf, um diese Paradoxie aufzufangen[88]: *Imaginatio* sollte die Negativität, auf der jedes Sinn-Ereignis gründet, auf einen liminalen Raum öffnen, der als unmittelbares Weltverhältnis einen Möglichkeitsraum der Repräsentation bildet. Doch auch in Gestalt des *surnaturalisme* hat Baudelaires Konzeption eines die Dichotomie von Selbst und Welt transzendierenden „monde moral" oder „surnaturel" Eingang in dessen poetologische Reflexionen gefunden[89]. Vielgestaltig wie *imaginatio* ist dieser zentrale Begriff der Schriften Baudelaires; seine Bedeutungsdimensionen spiegeln den problematischen Kontext, aus dem heraus sie als Besetzung variabler Leerstellen erwachsen. So erscheint der Terminus *surnaturaliste* in einem frühen Beleg im *Salon de 1846* im Kontext eines ersten Gegenentwurfs zu einer mimetischen Kunstauffassung. Als Symbol einer subjektiven „Idee" will Baudelaire das Kunstwerk hier verstanden wissen[90]; die auf den Bereich der Ästhetik beschränkte Bestimmung des *surnaturel* will erklären, wie eine künstlerische Idealisierung der Natur möglich sein kann. Sie tritt indes in ein spannungsvolles Verhältnis zu der ebenfalls geäußerten Forderung nach einem Objektbezug der Kunst, und es kann nicht erstaunen, dass der Begriff in der Folge eine Modifizierung erfährt, die dem Rechnung trägt. Ein bekanntes Tagebuchzitat relativiert die Subjektivierung zur *idée innée*, indem es die Sphäre des *surnaturel* als Mittler zwischen Selbst und Welt entwirft: Ist das *surnaturel* auf den ersten Blick subjektseitig verortet, so bedarf es doch eines objektseitigen *incitamentum*, um mittels einer Synthese von Subjektivem und Objektivem den ästhetischen Gegenstand hervorzubringen:

> Deux qualités littéraires fondamentales : surnaturalisme et ironie.
> Coup d'œil individuel, aspect dans lequel se tiennent les choses devant l'écrivain, puis tournure d'esprit satanique[91].

86 Von einer „masse suggestive" ist im *Salon de 1859* die Rede (CE 370); gar von den „intentions de la nature", welche der Künstler in romantischer Manier zu entdecken habe, im frühen *Salon de 1846* (CE 150). „[L]a nature […] pose devant nous", heißt es schließlich im Essai *Victor Hugo* (CE 733).

87 Vgl. bes. den Essai über Victor Hugo: „La nature […] qui nous enveloppe comme un mystère, se présente sous plusieurs états simultanés […]" (*Victor Hugo*, CE 733).

88 S.o., S. 177–183.

89 Vgl. zum *surnaturalisme* Baudelaires bes. Jauß 1989a, 91.

90 Im *Salon de 1846* schreibt Baudelaire, Heines *Gemäldeausstellung von 1831* zitierend: „En fait d'art, je suis surnaturaliste. Je crois que l'artiste ne peut trouver dans la nature tous ses types, mais que les plus remarquables lui sont révélés dans son âme, comme la symbolique innée d'idées innées, et au même instant" (CE 118).

91 *Fusées*, OC I, 658. Vgl. auch im *Salon de 1859*: „[La fantaisie] est la première chose venue interprétée par le premier venu ; et, si celui-là n'a pas l'âme qui jette une lumière magique et

Surnaturel meint hier nicht die Sphäre der subjektiven *idées innées*, sondern eine je individuelle Perspektive auf die gegenständliche Welt. Es avanciert zum Inbegriff des Individuellen, ohne doch mit einer Subjektivierung im Sinne einer genieästhetisch inspirierten Valorisierung subjektiven Schöpfertums schon verrechenbar zu sein; anders als im *Salon de 1846* nämlich ist diese Perspektivierung an den Gegenstand gebunden, ist ein „aspect dans lequel se tiennent les choses" und bezeichnet zugleich, so fährt Baudelaire fort, Schemata, die der wahrgenommenen Wirklichkeit ästhetische Prägnanz verleihen: „intensité, sonorité, limpidité, vibrativité, profondeur et retentissement dans l'espace et dans le temps"[92].

Baudelaires Konzept des *surnaturalisme* eignet eine Unschärfe: Es ist unentscheidbar, ob die surnaturale Erfahrung als ekstatische Selbstentäußerung der Dinge oder aber als eine subjektive Schematisierung der Wirklichkeit zu denken ist. P. de Man hat zuerst auf die Relevanz dieser offenen Frage im Werk Baudelaires aufmerksam gemacht. Im Gegensatzpaar von „sens$_{14}$" und „esprit"$_{14}$ aus dem Sonett *Correspondances* sieht er die Figur einer unaufhebbaren Disjunktion von Physis und Bedeutung gegeben[93]. Seiner Lektüre der Gedichte Baudelaires ist daran gelegen, Ausprägungen dieser Kluft von, wie er sagt, Wissen und ästhetischer Erfahrung – von Epistemologie und Rhetorik – sowie ‚Phantasmen' ihrer Versöhnung ausfindig zu machen. Von geringerer Relevanz ist für de Man die Frage nach einer genuin ästhetischen Erfahrung, die erst aus der Einzeichnung dieser Kluft entspringt. Gerade sie ist indes geeignet, den historischen Ort des Dichtens Baudelaires genauer zu bestimmen. Denn Baudelaires Phantasmen der Versöhnung erwachsen weniger aus einem Begehren nach Einheit als vielmehr aus der ‚Rätselfrage', wie angesichts der Kluft von Selbst und Welt eine Sinnkonstituierung – deren Evidenz für Baudelaire unleugbar ist – dennoch möglich sein kann.

Zur Illustration sei Baudelaires Adaptation des platonischen *ascensio*-Schemas angeführt. Die Transgression des Irdischen erweist sich hier, anders als bei Lamartine[94], nicht als Moment subjektiver Selbstvergewisserung in der Negierung der Endlichkeit, sondern als Öffnung eines Kommunikationsraumes, in der eine

surnaturelle sur l'obscurité naturelle des choses, elle est une inutilité horrible, elle est la première venue souillée par le premier venu" (CE 352).

92 *Fusées*, OC I, 658.

93 Vgl. de Man 1984, 258, und *Correspondances*, OC I, 11:

Il est des parfums frais comme des chairs d'enfants,
Doux comme les hautbois, verts comme les prairies,
– Et d'autres, corrompus, riches et triomphants,

Ayant l'expansion des choses infinies,
Comme l'ambre, le musc, le benjoin et l'encens,
Qui chantent les transports de l'esprit et des sens.

94 S.o., S. 190.

stumme Natur eine Stimme erhält. So endet die *ascensio* in einer Sphäre der Kommunikation, welche gleichsam als neue Transendenz in Erscheinung tritt:

ELÉVATION

Au-dessus des étangs, au-dessus des vallées,
Des montagnes, des bois, des nuages, des mers,
Par-delà le soleil, par-delà les éthers,
Par-delà les confins des sphères étoilées,

Mon esprit, tu te meus avec agilité,
Et, comme un bon nageur qui se pâme dans l'onde,
Tu sillonnes gaiement l'immensité profonde
Avec une indicible et mâle volupté.

Envole-toi bien loin de ces miasmes morbides ;
Va te purifier dans l'air supérieur,
Et bois, comme une pure et divine liqueur,
Le feu clair qui remplit les espaces limpides.

Derrière les ennuis et les vastes chagrins
Qui chargent de leur poids l'existence brumeuse,
Heureux celui qui peut d'une aile vigoureuse
S'élancer vers les champs lumineux et sereins ;

Celui dont les pensers, comme des alouettes,
Vers les cieux le matin prennent un libre essor,
– Qui plane sur la vie, et comprend sans effort
Le langage des fleurs et des choses muettes ![95]

Der Widerspruch einer Sprache der stummen Dinge ist unmittelbarer Reflex eines Denkens, das vor dem Hintergrund eines irreversiblen Weltverlusts eine Tiefendimension zu denken sucht, in der Selbst und Welt dennoch zur Vermittlung gelangen. Evoziert ist hier wie in zahlreichen poetischen und poetologischen Texten Baudelaires zwar in der Tat das Phantasma einer Versöhnung. Die im eigentlichen Wortsinn surnaturale Erfahrung, die *Élévation* modelliert, postuliert eine Selbstdarstellung der Physis und mithin die Möglichkeit einer Welterschließung, die der subjektiven Weltzuwendung vorausliegt und diese ermöglicht, sich ihr aber entzieht; das *surnaturel* erweist sich in dieser Perspektive als Figur des Foucaultschen „virtuellen Diskurs[es]"[96], der die „sandige Weite des Nichtdenkens" durchläuft. Was dieses „Nichtdenken" ‚ist', dies bleibt indes, so wäre de Mans Befund zu ergänzen, in Baudelaires Werk unbestimmt. Das im *surnaturel* codierte Nichtidentische ist als Sein der Welt – als Sprache der stummen Dinge – *und* als

[95] OC I, 10; zuerst erschienen 1857 (*Journal d'Alençon*).

[96] Von einer „étendue sablonneuse de la non-pensée" und einer „existence muette, prête pourtant à parler et comme toute traversée secrètement d'un discours virtuel" ist im Kapitel *Le cogito et l'impensé* die Rede (Foucault 1966, 333–334); s.o., S. 34.

Sein des Selbst – als Aufschwung des Geistes – entworfen; dass indes eine Versöhnung, in der sich die Denkbewegung endgültig beruhigt, nicht intendiert ist, belegt sowohl der widersprüchliche Raumentwurf, der die „élévation" als ein Eintauchen in eine Tiefendimension entwirft$_7$, als auch die Verwendung der dritten Person in eben dem Augenblick, in dem die Einheitserfahrung beschworen wird$_{15}$.

Die poetischen Konkretisierungen dieser Ambivalenz sind an anderer Stelle auszuleuchten[97]. An dieser Stelle soll lediglich *eine* Festschreibung des Nichtidentischen in den poetologischen Texten betrachtet werden: die Konzeptualisierung des Sinnlichen als ein die Differenz von Subjekt und Objekt transzendierender liminaler Raum. Zu skizzieren sind hier die semiotischen Implikationen dieser Konzeption. An ihnen sollen Brüche aufgewiesen werden, denen die poetischen Adaptationen des Paradigmas – wie der Fortgang der Studie zeigen soll – Rechnung tragen.

Baudelaires Fassung des *surnaturel* korrespondiert die Aufwertung der Sphäre der Sinnlichkeit zu einem gegenüber den Sphären des Subjektiven und des Objektiven quasi autonomen Bereich. Die Sinnlichkeit wird als liminaler Raum der Vermischung zweier getrennter Seinsbereiche, des subjektiven Bewusstseins und der gegenständlichen Welt, entworfen. So schreibt Baudelaire in dem Delacroix gewidmeten Kapitel aus der *Exposition universelle de 1855*:

> Edgar Poe dit, je ne sais plus où, que le résultat de l'opium pour les sens est de revêtir la nature entière d'un intérêt surnaturel qui donne à chaque objet un sens plus profond, plus volontaire, plus despotique. Sans avoir recours à l'opium, qui n'a connu ces admirables heures, véritables fêtes du cerveau, où les sens plus attentifs perçoivent des sensations plus retentissantes, où le ciel d'un azur plus transparent s'enfonce comme un abîme plus infini, où les sons tintent musicalement, où les couleurs parlent, où les parfums racontent des mondes d'idées ? Eh bien, la peinture de Delacroix me paraît la traduction de ces beaux jours de l'esprit. Elle est revêtue d'intensité et sa splendeur est privilégiée. Comme la nature perçue par des nerfs ultra-sensibles, elle révèle le surnaturalisme[98].

Dem Erhabenheitsparadigma – „le ciel d'un azur plus transparent s'enfonce comme un abîme plus infini" – ist eine Tiefendimension zur Seite gestellt, die sich einer „ultrasensiblen" Sinnlichkeit erschließt. Rezeptivität und Produktivität treten in der Erfahrung der Überschreitung signifikanter Materialität auf ein *surnaturel* in engste Verschränkung; Genügen findet das wahrnehmende Subjekt wiederum an einem emphatisch valorisierten Gefühl. Die Erfahrung des Erhabenen erwächst auch hier nicht aus dem Gegenstand der Betrachtung, auch nicht schon aus dem sich seiner Autonomie bewusst werdenden Subjekt, sondern aus dem Akt der Überschreitung des Gegebenen auf die surnaturale Sphäre einer quasi unmittelbaren Einheitserfahrung von Selbst und Welt.

[97] S.u., S. 324–339.

[98] *Exposition universelle de 1855*, CE 239–240.

Zwei Aspekte dieser Überschreitung sind im Hinblick auf den Fortgang der Analysen hervorzuheben. Erstens impliziert die Unterwerfung der signifikanten Materialität unter eine sie transzendierende Bedeutung – sei diese als *surnaturel*, als Traum, als Rausch oder als Sinnlichkeit bestimmt –, wie W. Benjamins Reinterpretation des Erhabenen hervorhob, eine Abwertung der Physis. Auch die von Baudelaire vorgenommene Valorisierung einer sinnlichen Tiefendimension erscheint vor diesem Hintergrund als imaginativ-imaginäre Supplementierung des Differentiellen. Bedenkt man, dass sie das vorgeblich ‚gerettete' Singuläre gerade übergeht, indem sie die Anschauungsform an seine Stelle setzt, so gerät das Erhabene unweigerlich in den Verdacht, das verhüllte Bemächtigungsstreben eines autonomen Subjekts zu figurieren. Dieser Bruch kommt auch im Zitat zur Sprache, wenn „un sens plus profond" zugleich als „plus *volontaire*, plus *despotique*" [Herv. CB][99] ausgewiesen wird.

Zweitens enteignet die Einzeichnung dieser Kluft in dialektischer Bewegung das autonome Subjekt. Die im Erhabenheitsdiskurs beschworene Möglichkeit subjektiver Selbstvergewisserung erweist sich darum als prekär: Die Erfahrung des *surnaturel* schreibt dem Subjekt seinerseits die Kluft von Physis und Bedeutung als Kluft von Identität und (entzogener) Alterität ein, gewährt ihm Vergewisserung nur im und als Entzug seiner selbst. So funktionalisiert Baudelaire in seinem Aufsatz *Théodore de Banville* mit Bezug auf dessen Lyrik die Instrumentenmetapher in einer eher an Rimbauds Violine[100] denn an Lamartines singende Herzfasern[101] erinnernden Weise: „La lyre exprime en effet cet état presque surnaturel, cette intensité de vie où l'âme *chante*, où elle est *contrainte de chanter*, comme l'arbre, l'oiseau et la mer"[102]. Wenn das Erhabene nicht Symbol, sondern nur Index eines Subjektiven sein kann, so resultiert daraus eine tiefgreifende Ambivalenz, die es zur paradoxen Figur des Todes als Entzug des Individuellen und *zugleich* der Selbstvergewisserung, damit zur Chiffre eines ‚höheren' Lebens avancieren lässt[103]. Die Reflexion

99 *Exposition de 1855*, CE 239.

100 Im ersten Seher-Brief entwirft Rimbaud mittels der Metapher der Violine den Dichter als ein selbst willenloses Medium: „Tant pis pour le bois qui se trouve violon, et Nargue aux inconscients" (Rimbaud 1972, 249); vgl. auch die ähnliche Formulierung im zweiten Seher-Brief: „si le cuivre s'éveille clairon, il n'y a rien de sa faute […] cela m'est évident : j'assiste à l'éclosion de ma pensée" (Rimbaud 1972, 250).

101 Vgl. Lamartine 1968, 303; s.o., S. 158.

102 *Théodore de Banville*, CE 765.

103 Vgl. hierzu ausführlich Kap. IV. In der „Einwanderung" der diese paradoxe Situation figurierenden Allegorie ins Innere des Subjekts sieht B. Menke sogar ein Kriterium für die Bestimmung der Moderne, wie sie sich in der Lyrik Baudelaires ausprägt, gegenüber der barocken Ausformung des Allegorischen: „Für die Allegorie als Ausdruck einer heillosen Geschichte, die unterm Zeichen der Vergänglichkeit zur Natur-Geschichte wird, bedeutet die ‚Moderne' eine Radikalisierung: die Ruinenlandschaft […] wandert ins Innere des Subjekts

auf diese Implikationen der Überschreitung des Wirklichen auf eine Dimension des *surnaturel* ist in Baudelaires Werk keineswegs suspendiert. Sie führt, so lässt sich mit Blick auf die Analysen des IV. Teils vorwegnehmen, zu einer ästhetischen Theorie und einer poetischen Praxis, die der Kunst nurmehr in der *imitatio* ihrer selbst den ihr gemäßen Modus der Darstellung wird zuerkennen können.

Wie ist indes die dichterische Sprache auf die surnaturale Einheitserfahrung bezogen? Wie können ihre Zeichen die Zeichen der Natur, wie können sie ihr Undarstellbares wiedergeben? – Dass nämlich die Sprache, und insbesondere die dichterische Sprache, als Übersetzung einer schon gegebenen Sprache der Natur fungiert, dass sie eine in ihr schon aufzufindende Sinnhaftigkeit wiederzugeben hat, hat Baudelaire häufig unterstrichen. So heißt es im Essai zu Victor Hugo:

> [N]ous arrivons à cette vérité que tout est hiéroglyphique, et nous savons que les symboles ne sont obscurs que d'une manière relative, c'est-à-dire selon la pureté, la bonne volonté ou la clairvoyance native des âmes. Or qu'est-ce qu'un poète (je prends le mot dans son acception la plus large), si ce n'est un traducteur, un déchiffreur ?[104]

Demgemäß will Baudelaire im Werk Hugos denn auch eine Übersetzbarkeit selbst noch des Mysteriums festgestellt haben – „Non seulement il [sc. Victor Hugo] exprime nettement, il traduit littéralement la lettre nette et claire; mais il exprime, avec l'*obscurité indispensable*, ce qui est obscur et confusément révélé"[105]. Die Dichtung vermag also die Sphäre des *surnaturel* darzustellen. Auch in seinem Aufsatz zu *Théophile Gautier* unterstreicht Baudelaire diesen Aspekt:

> Pour parler dignement de l'outil qui sert si bien cette passion du Beau, je veux dire de son style, il me faudrait jouir de ressources pareilles, de cette connaissance de la langue qui n'est jamais en défaut, de ce magnifique dictionnaire dont les feuillets, remués par un souffle divin, s'ouvrent tout juste pour laisser jaillir le mot propre, le mot unique, enfin de ce sentiment de l'ordre qui met chaque trait et chaque touche à sa place naturelle et n'omet aucune nuance. Si l'on réfléchit qu'à cette merveilleuse faculté Gautier unit une immense intelligence innée de la correspondance et du symbolisme universels, ce répertoire de toute métaphore, on comprendra qu'il puisse sans cesse, sans fatigue comme sans faute, définir l'attitude mystérieuse que les objets de la création tiennent devant le regard de l'homme. Il y a dans le mot,

ein; es wird zum Schauplatz, auf dem die Andenken als ‚Denkmäler' der abgestorbenen Erfahrung ausgestreut liegen" (B. Menke 1991, 425).

104 *Victor Hugo*, CE 735.

105 *Victor Hugo*, CE 734. Vgl. auch die Aufsätze *Peintures murales de Delacroix à Saint-Sulpice/Œuvre et vie d'Eugène Delacroix*, CE 432 („La nature extérieure [...] n'est qu'un amas incohérent de matériaux que l'artiste est invité à associer et à mettre en ordre, un *incitamentum*, un réveil pour les facultés sommeillantes"); *Victor Hugo*, CE 735 („qu'est-ce qu'un poète [...], si ce n'est un traducteur, un déchiffreur ?")

> dans le *verbe*, quelque chose de sacré qui nous défend d'en faire un jeu de hasard. Manier savamment une langue, c'est pratiquer une espèce de sorcellerie évocatoire[106].

Wie Delacroix verfügt offenbar auch der Maler-Dichter[107] Gautier über ein „dictionnaire", das eine Übersetzung der Sphäre des Sinnlichen in die Positivität des Kunstwerks erlaubt: in der Wahl des „mot propre", des „mot unique", in dem Gefühl für eine „natürliche" Ordnung, das jeden „trait", jede „touche" der ihnen zukommenden Position gemäß plaziert, ohne eine Nuance zu übergehen und im Verzicht auf Vollständigkeit jene Leerstellen zu erzeugen, die Baudelaires eigene Arbeit prägen. Die Übersetzbarkeit, die Baudelaire hier behauptet, gründet auf der Prämisse sprachlicher Ikonizität; fassbar ist sie allenfalls metaphorisch, nämlich durch die Substitution der medialen Bedingungen der Sprache durch die der Malerei, wodurch der Mangel der Sprache an sinnlicher Präsenz verschleiert wird, und in mythischer Verbrämung – mit dem Verweis auf eine vorgängige Ordnung, die eine ursprüngliche, nicht-arbiträre Sprache wiedergibt. So vermag die Feder eines Théophile Gautier eben jenes profane Erhabene zu erzeugen, zu dessen Erfahrung der Geist in „glücklichen" Stunden befähigt ist:

> C'est alors que la couleur parle, comme une voix profonde et vibrante ; que les monuments se dressent et font saillie sur l'espace profond ; que les animaux et les plantes, représentants du laid et du mal, articulent leur grimace non équivoque ; que le parfum provoque la pensée et le souvenir correspondants ; que la passion murmure ou rugit son langage éternellement semblable[108].

Baudelaires Lyrik, dies ist im Vorgriff auf das folgende Kapitel zu ergänzen, ist allerdings zu diesem repräsentationistischen Kunststück nicht in der Lage. Sie ist gebrochen durch das Bewusstsein der Abwesenheit des intendierten Gegenstandes wie auch des gewaltsamen Moments, das eine ‚Extraktion' des Schönen aus dem Substrat des Gegebenen impliziert. Seine Gedichte entwerfen keine ekstatischen Momente räumlicher oder zeitlicher Präsenz, sondern die ungleich komplexere Situation der Präsenz innerhalb einer Dimension, in der Abwesenheit stets schon gegeben und unhintergehbar ist. Diesen Bruch zwischen der Erscheinungswelt und ihrer ästhetischen Lesbarkeit hat Baudelaire in der „conjecture" auf den Begriff gebracht: als „conjectures éternelles de la curieuse humanité"[109] entfalte sich Dichtung, oder: als „rêveries suggérées par le spectacle infini de la vie sur la terre et dans les cieux"[110].

[106] CE 676.

[107] Als „peintre-poète" bezeichnet Baudelaire Delacroix verschiedentlich in seinen Schriften; vgl. *Salon de 1859*, CE 336; *Œuvre et vie d'Eugène Delacroix*, CE 418, CE 430.

[108] *Théophile Gautier*, CE 676.

[109] *Victor Hugo*, CE 741.

[110] *Victor Hugo*, CE 741.

* * *

An Lyotards Bestimmung des Erhabenen lässt sich anknüpfen, um den von Baudelaire erwogenen Modus surnaturaler Erfahrung zu präzisieren. Im Anschluss an Heideggers Ereignis-Begriff fasst Lyotard das Erhabene als Ereignis – als ein dem subjektiven Bewusstsein unverfügbares Geschehen, von dem Kunst Zeugnis ablegen soll[111]. Es erwächst aus dem Zerbrechen subjektkonstitutiver Differenzen als eine von jedem semantischen Gehalt gesonderte Erfahrung eines *„es geschieht“*[112]. Folgt man Lyotard, so soll die ‚erhabene' Erfahrung eines der symbolischen Ordnung Inkommensurablen, von diesem schlechthin nicht Einholbaren, als ent-differenzierende Intensitätserfahrung zur Geltung gelangen[113]. Auch Baudelaire entwirft den ästhetischen Augenblick, wie gerade sein Konzept des *surnaturel* zeigt, immer wieder als Erfahrung der Intensität: Als surnaturale Erfahrung einer Transfiguration des Sinnlichen, das im Blick des Betrachters zur Gegenständlichkeit einer subjektiven Anschauungsform gelangt, doch etwa auch als Schmerz, mithin, wie Lyotard sagt, als „Drohung, daß nichts mehr geschieht“[114]. Dennoch bildet eine Ästhetik der Intensität nicht schon den Letzthorizont der Reflexionen Baudelaires. Ihren eigentlichen Bezugspunkt haben diese, so soll der Fortgang der Studie zeigen, im Problem der Darstellbarkeit eines uneinholbaren Anderen der Sprache.

Weniger als ein Seinsgeschehen denn als ein Sinn-Geschehen profiliert indes auch Lyotard seinen Ereignis-Begriff, wenn er ihn mit Adornos Konzept eines mikrologischen Denkens verknüpft[115]. Die *Negative Dialektik* erwägt – in unausgesprochenem Rückgriff auf W. Benjamin – ein solches Denken. Sie entwirft es als eine der Herrschaft des Identischen sich nicht beugende Metaphysik, die allein als eine „lesbare Konstellation des Seienden“[116] möglich sei: „Von diesem [sc. dem Seienden] empfinge sie den Stoff, ohne den sie nicht wäre, verklärte aber nicht das Dasein ihrer Elemente, sondern brächte sie zu einer Konfiguration, in der die Elemente zur Schrift zusammentreten“[117]. In dieser Konfiguration sieht er ein Nichtidentisches bewahrt, von dessen Selbstaufhebung *in* den Ordnungen des Denkens eben diese Ordnungen beredt Zeugnis ablegen:

[111] Vgl. Lyotard 1984, 154. Vgl. zu Lyotards Konzept des Erhabenen auch Zima 2002, 97–100; Zima 2005, 145–184.
[112] Vgl. Lyotard 1984, 154.
[113] Vgl. Lyotard 1984, 160.
[114] Vgl. Lyotard 1984, 158. Vgl. nur das Gedicht *Le* confiteor *de l'artiste* (OC I, 278). Zur Interpretation des Gedichts s.u., S. 339–352.
[115] Lyotard 1984, 162; vgl. Adorno 2003a, 399–400.
[116] Adorno 2003a, 399.
[117] Adorno 2003a, 399.

> Das Bedürfnis im Denken will [...], daß gedacht werde. Es verlangt seine Negation durchs Denken, muß im Denken verschwinden, wenn es real sich befriedigen soll, und in dieser Negation überdauert es, vertritt in der innersten Zelle des Gedankens, was nicht seinesgleichen ist[118].

Den Ordnungen des Denkens ist der Index eines Anderen eingeschrieben – eines Bedürfnisses, zu denken –, das in dem Maße hervortritt, in dem das Denken durch die Etablierung seiner Ordnungen den Mythos einer Verfügbarkeit der Welt inszeniert. Das Undarstellbare erweist sich hier als ein Anderes des Denkens, das im Denken als Entzogenes zur Geltung kommt, dessen Anspruch auf Sinntotalität negiert, indem es dessen genuines sinn-stiftendes Potential indiziert und dieses – mit Benjamin gesprochen – als ‚Rettung' des Nichtidentischen affirmiert[119].

Auch Baudelaires Ästhetik lässt sich in diesem Sinne als Versuch verstehen, ein Ungeschriebenes, das den Konfigurationen der Lesbarkeit eingezeichnet ist, zu erschließen. Das *surnaturel* ist – wie das Erhabene und das Ewige – Chiffre eines der symbolischen Ordnung des Bewusstseins entzogenen Anderen, das ihr als deren Werden vorausliegt und in ihr in einer reflexiv unverfügbaren Weise zur Erfahrung gelangt. Wenn die als lesbar konzipierte Welt zum Erfahrungsraum eines Nichtidentischen wird, so avanciert sie zum Reflexionsmedium der Aporien des Sinnes, zugleich aber zum Index einer Bewegung der Semiose, welche gerade in diesen Aporien zutage tritt.

Indes zeigt die Erhebung des Bösen zum Konstituens des Kunstwerks, wie sehr diese Konzeption des Schöpferischen durch die neuzeitliche Stigmatisierung der Negativität geprägt ist. Dass sich in Baudelaires Werk *auch* Tendenzen finden, diese Stigmatisierung aufzuheben, soll an anderer Stelle gezeigt werden[120]. Vorerst ist das wichtigste Implikat der Baudelaireschen Ästhetik herauszuarbeiten: Das Poetologem der Melancholie als Signatur einer Kunst der Alterität.

[118] Adorno 2003a, 399–400.
[119] Vgl. zum Konzept einer „Rettung der Phänomene" Benjamin 1991b, 214–215.
[120] S.u., Kap. IV.

3 Allegorien der Trauer. Imaginationen des Kindes

Als Spur der *conditio humana* deutet Baudelaire die im vorangehenden Kapitel skizzierte paradoxe Dualität der Kunst: „La dualité de l'art est une conséquence fatale de la dualité de l'homme“[1], heißt es in *Le peintre de la vie moderne*. Der Kunst prägt sich aus ihrer Herkunft heraus ein Index menschlicher Gespaltenheit ein: Ihre *dualité* soll Konsequenz – und nicht bloßes Symbol – der *conditio humana* sein. Dieses anthropologische Substrat poetischer Rede ist Thema des folgenden Kapitels. In den Blick genommen wird die Melancholie, Baudelaires kardinale Reflexionsfigur der Differenz. Intendiert ist damit keine Reduktion der poetischen Rede auf vorgeblich sie bedingende anthropologische Schemata. Es wäre verkürzt, wollte man Baudelaires Metaphorik etwa einseitig in den Dienst der Modellierung einer subjektiven Innerlichkeit stellen, ihre Bilder als Figuren ‚dunkler' Seelenmächte lesen, die in der Kunst zur Anschauung kommen sollen. Wenn bei Baudelaire die *conditio* des Menschen zum kardinalen Referenten des Ästhetischen avanciert, so wird vielmehr das Kunstwerk als deren Figur der Spiegel einer Innerlichkeit, die erst in der ästhetischen Gestaltung einer Darstellung zugänglich wird; ja, es zeichnet sich gerade in den späten Schriften unabweislich die Frage ab, ob nicht das Umgekehrte dessen gilt, was *Le peintre de la vie moderne* behauptet: dass nämlich die *dualité de l'homme* überhaupt erst eine Konsequenz der *dualité de l'art*, genauer: einer Spaltung des Zeichens ist. Die von Baudelaire behauptete Verschränkung von Anthropologie und Ästhetik avanciert damit zum Ort einer Reflexion auf die referentielle Unhintergehbarkeit des Zeichens, die dem Zeichen eine eigene Dignität zuerkennt: nicht als Spiegel der äußeren Welt oder auch des in poetischer Rede sich artikulierenden lyrischen Ich, sondern als Reflexionsfigur einer Unverfügbarkeit von Selbst und Welt, die in der poetischen Rede einen adäquaten Darstellungsmodus findet. Die Betrachtung dieses Zusammenhangs fokussiert mithin die für Baudelaires Dichtung konstitutive und eminent ‚moderne' Frage nach dem Status einer Lyrik, die mit der Entbindung aus den Vorgaben der Repräsentation ihre Legitimation nicht aus vorgängigen, lediglich ‚zur Sprache zu bringenden' diskursiven Schemata, sondern vielmehr gerade aus ihrer Differenz zum schon Gegebenen bezieht. Vor diesem Hintergrund konturiert sich Baudelaires poetische Rede als eine Sprache, deren besonderes Signum in einer performativen Dimension zu suchen ist, welche angesichts der Krise der Repräsentation eine Vergewisserung in der Evidenz der Semiose selbst verspricht.

Es ist Benjamins Verdienst, in Baudelaires Werk die Melancholie als Signatur der poetischen Rede und als Reflexionsfigur eines zeichenvermittelten Weltbezugs ausfindig gemacht zu haben. „Le génie de Baudelaire, qui trouve sa nourriture dans

[1] *Le peintre de la vie moderne*, CE 456.

la mélancolie, est un génie allégorique“[2], heißt es in der Vorrede zum Passagen-Werk. Die besondere Bedeutung der Melancholie in der Dichtung Baudelaires ist seitdem häufig hervorgehoben worden[3]. Im Zentrum des Interesses steht dabei meist die Frage nach der Relevanz des Paradigmas für die Herausbildung einer modernen Ästhetik. Indiziert nämlich schon zu Beginn des 19. Jahrhunderts die Einbeziehung der Melancholie in die ästhetische Reflexion den Übergang vom ‚Klassischen' zum ‚Romantischen'[4], so gilt Baudelaires Adaptation des Paradigmas als stilbildend. Mit seinen *Fleurs du mal*, so der Konsens der Forschung, verleiht er der modernen Grunderfahrung dezentrierter Subjektivität einen Ausdruck im Entwurf von Bildfeldern und Sinnhorizonten, die die Lyrik, ja die Kunst der Folgezeit nachhaltig prägen[5]. *Mélancolie* gilt ihm als Signum seiner Zeit, einer Epoche der generalisierten Trauer[6], und zugleich als *conditio* moderner Kunst, die in Chateaubriand als Begründer einer „école de la mélancolie“[7] ihr Gründungsparadigma, im künstlerischen Schaffen etwa eines Gautier, eines Poe oder eines Delacroix ihre Entfaltung gefunden hat. Dass Baudelaire die eigene Dichtung ins Zeichen der Melancholie stellt, bedarf kaum des Hinweises.

2 Benjamin 1991g, 54.

3 Vgl. unter der Vielzahl an Veröffentlichungen zum Thema der Melancholie bei Baudelaire die materialreiche Studie von H. Mehnert (Mehnert 1978) sowie Starobinski 1989; zur ästhetischen Relevanz des Konzepts neben Benjamins *Zentralpark* (Benjamin 1991c) bes. Bohrer 1996, 43–319; Jauß 1979, bes. 694–700; Jauß 1982, 813–865. – Vgl. zur melancholischen *écriture* als strukturbildendes Darstellungsprinzip in den *Fleurs du mal* Stamelman 1983; Chambers 1987, 167–186. – Eine Fülle von Publikationen widmen sich dem Konnex von ‚spleen' und ‚idéal', deren Komplementarität bereits Hess in seiner Gegenüberstellung der Landschaft des ‚spleen' und der Landschaft des ‚idéal' geltend macht (Hess 1953). Grundlegend dazu ist der oben genannte Aufsatz von K. Stierle zu den *Tableaux parisiens* (Stierle 1974), der „spleen“ und „Synästhesie“ als konträre Organisationsschemata der *Fleurs du mal* beschreibt. Kürzlich legte K. Westerwelle einen umfangreichen Aufsatz vor, der neben einer historischen Betrachtung der beiden Begriffe eine Deutung des *spleen* als poetologische Figuration eines mythischen Chaos deutet (Westerwelle 2007b). – Vgl. zur poetologischen Relevanz der Melancholie für die Herausbildung einer modernen Ästhetik bes. Moog-Grünewald 1986, zum Konnex von Melancholie und Neugierde als „Gründungsinstanz der Moderne“ Moog-Grünewald 2002a; zur soziohistorischen Verortung Jonard 1998, 155–180.

4 Vgl. Moog-Grünewald 1986, 114.

5 Vgl. bes. Jauß 1982, 841–842; Moog-Grünewald 1986, 113–128. Dass auch die kunst- und literaturtheoretischen Schriften Melancholie als *conditio* künstlerischer Schöpfung valorisieren, ist bekannt; so werden etwa Baudelaires bevorzugte Künstlerkollegen Delacroix und Poe – selbstverständlich, möchte man sagen – von ihm als Melancholiker ausgewiesen. Unter den zahlreichen Stellen seien die topischen Referenzen auf die Melancholie der Gemälde Delacroix' (etwa im *Salon de 1846*, CE 127–129) und auf die Melancholikergestalt Poe (bes. in *Edgar Poe, sa vie et ses œuvres*, CE 593–618) erwähnt.

6 Vgl. bes. das Kapitel *De l'héroïsme de la vie moderne* im *Salon de 1846*, CE 195–200, bes. 196.

7 *Théophile Gautier*, CE 684; vgl. auch CE 675.

An dieser Stelle soll der Vielzahl an Deutungen der Melancholie im Werk Baudelaires kein weiterer Versuch der thematischen Annäherung zur Seite gestellt werden. Zu untersuchen bleibt aber die Einordnung der Melancholie in das bislang skizzierte semiotische Gefüge, und damit die poetologische Relevanz dieser bei Baudelaire als Möglichkeitsbedingung moderner Kunst figurierenden anthropologischen Kategorie.

Das Paradigma der Melancholie in Literatur und Kunst ist häufig genug beschrieben worden[8]. Die für den hier untersuchten Kontext relevante Frage nach dem semiotischen Ort der Melancholie hat M. Wagner-Egelhaaf in einer richtungweisenden Studie aufgeworfen. Der Melancholie-Diskurs, so ihre These, ist ein Metadiskurs insofern, als er in spezifischer Weise – jenseits variabler inhaltlicher Bestimmungen des Melancholischen – immer auch die Möglichkeitsbedingungen des diskursiven Zugriffs auf die Welt thematisiert. Seit den Anfängen der diskursiven Formierung des Paradigmas darf die Melancholie als Figur einer historisch je unterschiedlich ausgelegten Differenz gelten: einer Differenz von Körper und Geist etwa, von Welt und Bewusstsein, von Zeichen und Bezeichnetem, von Signifikant und Signifikat[9], die den melancholischen Sinnverlust bedingt. Insofern nun im Diskurs der Melancholie Differenz thematisch wird, vollzieht dieser zugleich eine Reflexion auf die Bedingungen der Repräsentation. Deshalb konstituiert er nicht allein seinen Gegenstand, die Melancholie, sondern er trägt, so Wagner-Egelhaafs These, auch selbst das Attribut des Melancholischen. Figur dieser Reflexion ist der ektopische[10], aus der ‚Ordnung der Dinge' entlassene Melancholiker – Litteratus bei Ficino, Gelehrter in Burtons *Anatomy of Melancholy* oder Allegoriker in Benjamins Trauerspielbuch, stets aber ein „Grübler über Zeichen"[11], der eben jenen Prozess der Signifikation in den Blick nimmt, für den *imaginatio* paradigmatisch steht.

Auch Baudelaires ‚moderne' Ästhetik, eine Ästhetik, die der Differentialität des Subjekts wie des ästhetischen Gegenstands Rechnung trägt, steht im Zeichen der Melancholie, ja, die Melancholie muss in ihr als Kehrseite der schöpferischen *imaginatio* gelten. Ist nämlich mit *imaginatio* ein Prinzip der Auffindung von Korrespondenzen innerhalb eines *univers de signes* bezeichnet, so ist in der Melancholie der vorgängige Verlust einer Ordnung der Dinge bedacht, der überhaupt erst den Entfaltungsraum der *imaginatio* eröffnet. Wenn *imaginatio* und Melancholie bei Baudelaire untrennbar verknüpft sind, so darum, weil erst vor dem Hintergrund der melancholischen Einsicht in den Verlust von Selbst und Welt *imaginatio* als Figur der Überschreitung der Differenz hervortreten kann. Doch auch das Umgekehrte

8 Vgl. nur den ‚Klassiker' Klibansky/Panofsky/Saxl 1992.

9 Vgl. bes. Wagner-Egelhaaf 1997, 205.

10 Als „ektopisch": ἔκτοποι, bezeichnet das pseudo-aristotelische Problem XXX.1 die Melancholiker ([Pseudo-]Aristoteles, *Problemata physica* 954b2).

11 Benjamin 1991b, 370.

gilt: Erst die Einsicht in die imaginative Verfasstheit der subjektiven Wirklichkeit treibt die Melancholie hervor. Melancholie avanciert in den poetischen und kunstkritischen Schriften mithin zum Index des problematischen Grundes, auf dem sich Kunst als Sinnstiftung vollzieht. So räumt Baudelaire ihr in seiner Definition des Schönen als dessen „illustre compagne" eine privilegierte Stellung innerhalb einer „modernen" Ästhetik ein:

> J'ai trouvé la définition du Beau, – de mon Beau. C'est quelque chose d'ardent et de triste, quelque chose d'un peu vague, laissant carrière à la conjecture. Je vais, si l'on veut, appliquer mes idées à un objet sensible, à l'objet, par exemple, le plus intéressant dans la société, à un visage de femme. Une tête séduisante et belle, une tête de femme, veux-je dire, c'est une tête qui fait rêver à la fois, – mais d'une manière confuse, – de volupté et de tristesse ; qui comporte une idée de mélancolie, de lassitude, même de satiété, – soit une idée contraire, c'est-à-dire une ardeur, un désir de vivre, associé avec une amertume refluante, comme venant de privation ou de désespérance. Le mystère, le regret sont aussi des caractères du Beau. Une belle tête d'homme [...] contiendra aussi quelque chose d'ardent et de triste, – des besoins spirituels, des ambitions ténébreusement refoulées, [...] – quelquefois aussi, – et c'est l'un des caractères de beauté les plus intéressants, – le mystère, et enfin (pour que j'aie le courage d'avouer jusqu'à quel point je me sens moderne en esthétique), *le Malheur*. – Je ne prétends pas que la Joie ne puisse s'associer avec la Beauté, mais je dis que la Joie [en] est un des ornements les plus vulgaires ; – tandis que la Mélancolie en est pour ainsi dire l'illustre compagne, à ce point que je ne conçois guère (mon cerveau serait-il un miroir ensorcelé ?) un type de Beauté où il n'y ait du *Malheur*"[12].

Das Schöne ist hier als *coincidentia oppositorum* gefasst[13]: „C'est quelque chose d'ardent et de triste"; zugleich ist es gemäß Baudelaires zentralem Theorem der ästhetischen Erfahrung als konjizierender Tätigkeit „quelque chose d'un peu vague, laissant carrière à la conjecture". Dieser substantialisierenden Bestimmung ist nun aber eine Perspektivierung überlagert, die das Schöne nicht im Dargestellten, sondern in der Darstellung selbst sucht. Schön nämlich ist ein Frauenkopf dann zu nennen, wenn er im Betrachter einen Prozess der Semiose in Gang setzt („une tête qui fait rêver"). Damit ist eine kategoriale Neuverortung des Schönen vollzogen: Die *rêverie* ist keine Eigenschaft des Gegenstandes, sondern eine prozessuale und referentiell nicht hintergehbare Symbolisierungsleistung. Dass eine ambivalente *voluptas dolendi* sie begleitet, lässt sich vor diesem Hintergrund als Reflexion auf den Verlust ihres Objekts deuten. So erscheinen Begehren und Trauer als Darstellungsmomente eines Unverfügbaren, das in der ästhetischen Erfahrung zwar aufgerufen werden kann – und aufgerufen werden *muss* –, doch nurmehr als *incitamentum* der melancholischen Semiose in die *rêverie* eingeht, mithin niemals ästhetisch einholbar sein kann. Das Schöne erscheint damit als *mise en abyme* eines elementa-

12 *Fusées* X, OC I, 657–658.
13 Vgl. Jauß 1982, 837.

ren Aktes des Verstehens, der der Unverfügbarkeit seines Gegenstandes Rechnung trägt.

Baudelaires Fassung des Schönen knüpft an Chateaubriands *Génie du christianisme* an, das mit der Passage zum „vague des passions“ ein Gründungsdokument des melancholischen *ennui* im Zeichen des *mal du siècle* lieferte[14]. Das anthropologische Modell einer dezentrierten Subjektivität, das Chateaubriand entwirft, avanciert bei Baudelaire zum Paradigma des Ästhetischen: Das selbstreferentielle Spiel der imaginativen Tätigkeit angesichts der Abwesenheit des Begehrten ist bei ihm als Erfahrung des Schönen bestimmt; sein „Unbestimmtes“, das „vague“, meint hier die „conjecture“, die der schöne Gegenstand als „rêve“ aus „volupté“ und „tristesse“ initiiert. Bezeichnend und neu gegenüber dem romantischen Verständnis der Melancholie ist allerdings, dass sich die melancholische Semiose bei Baudelaire nicht über einem „vide“, nicht in Gestalt referenzloser Bilder entfaltet, in denen eine entleerte Welt eine wenn auch an ihre Grenzen geführte Repräsentation erfährt, sondern vielmehr angesichts des Gegenstands selbst, und zwar als Scheitern des intendierten Objektbezugs. Ästhetische Erfahrung wird bei Baudelaire zum Ausdruck eines „innig an die Fülle seines Gegenstandes gebundene[n] Fühlen[s]“[15], eines Fühlens, das im Negieren substantieller Präsenz eben diese Präsenz schon setzt, und zwar als verfehlte: dessen Gehalt darum allein noch das Begehren und dessen Unerfüllbarkeit sein kann. Nicht mehr über die Teilhabe an einer Seinsfülle legitimiert sich das Schöne, sondern indem es der Positivität des Gegebenen ästhetische Differenz einzeichnet und eben diese als Trauer um das Objekt in die eigene Darstellung hineinnimmt. Negativität avanciert zum Ingrediens eines ‚modernen' Schönen oder, sieht man in der „mélancolie“ ihre Figur, zu dessen „illustre compagne“. So ist es signifikant und für Baudelaires Schriften paradigmatisch, dass das Schöne, als *idée génératrice* par excellence Garant eines zentrierten Kunstwerks, in der Allegorisierung eine Doppelung erfährt, die ihr die Melancholie als „illustre compagne“ beigesellt und, indem sie seiner Positivität die Negativität der Melancholie gleichrangig zuordnet, den ‚Ursprung' des Kunstwerks mit seinem Anderen kontaminiert.

3.1 Phantasus und Brockengespenst. *Un mangeur d'opium*

Der Konnex dieser beiden Momente einer problematisch werdenden Repräsentation ist in *Un mangeur d'opium*, einem Résumé der autobiographischen Schriften Thomas De Quinceys, narrativ entfaltet. Der Text folgt zwar in weiten Passagen der Vorgabe De Quinceys, ist aber dennoch für die Untersuchung des Zusammen-

[14] S.o., S. 134–136.
[15] Benjamin 1991b, 318.

hangs von *imaginatio* und Melancholie im Werk Baudelaires nicht ohne Interesse. Denn Baudelaires Lektüre versucht, den digressiven Stil De Quinceys zu bändigen, ihn zu narrativer oder, wie er sagt, „dramatischer" Prägnanz zu bringen[16]. Zu diesem Zweck unterlegt er dem Text eine *idée génératrice*, die sich zu einem Ursprungsmythos des Melancholischen ausfaltet:

> Souvent, en contemplant des ouvrages d'art, non pas dans leur *matérialité* facilement saisissable, dans les hiéroglyphes trop clairs de leurs contours, ou dans le sens évident de leurs sujets, mais dans l'âme dont ils sont doués, dans l'impression atmosphérique qu'ils comportent, dans la lumière ou dans les ténèbres spirituelles qu'ils déversent sur nos âmes, j'ai senti entrer en moi comme une vision de l'enfance de leurs auteurs. Tel petit chagrin, telle petite jouissance de l'enfant, démesurément grossis par une exquisite sensibilité, deviennent plus tard dans l'homme adulte, même à son insu, le principe d'une œuvre d'art. Enfin [...], ne serait-il pas facile de prouver [...] que le génie n'est que l'enfance nettement formulée, douée maintenant, pour s'exprimer, d'organes virils et puissants ?[17]

Baudelaires Bemerkung ist Interpretation der Lebensgeschichte und zugleich strukturierendes Moment des nun folgenden Résumés. Es versteht sich, dass im Falle De Quinceys keineswegs eine „petite jouissance" den Ursprung des späteren Werks bildet. Trauer steht vielmehr am Anfang seines Lebens, und Trauer ist auch der Gehalt, der sich als „impression atmosphérique" dem Leser seiner Werke mitteilt. Relevant für Baudelaires eigene Poetik ist nun, dass der Mythos der Trauer als Ursprung späterer Werke im Verlauf des Textes dekonstruiert und semiotisch rekonstruiert wird: Am Ursprung des Kunstwerks ist *nicht* das verlorene Objekt, sondern eine Trauer ohne Gegenstand. Damit ist aber auch der im Mythos behauptete Letzthorizont der Lektüre als fiktional, die Lektüre des Textes als ein unabschließbares Unternehmen über einem imaginativ-imaginären Zentrum ausgewiesen. Melancholie kommt nun in einer für die *écriture* Baudelaires spezifischen Weise als Paradigma des Ästhetischen zur Geltung: als „illustre compagne", die ein leeres Zentrum weniger indiziert als vielmehr überhaupt erst hervorbringt. Modus der Gestaltwerdung dieses leeren Zentrums ist eine selbstbezügliche Semiose, die in der Setzung ihrer Bilder zugleich ein verfehltes Anderes der Repräsentationen setzt. Der Tod figuriert dabei als zentrale Absenz; doch im Text gibt es sogar noch eine Tendenz zur Dezentrierung und zur Disseminierung dieses leeren Zentrums. ‚Bild'

16 „De Quincey est un auteur affreusement conversationniste et digressionniste, et ce n'était pas une petite affaire que de donner à ce résumé une forme dramatique et d'y introduire l'ordre. De plus il s'agissait de fondre mes sensations personnelles avec les opinions de l'auteur original et d'en faire un amalgame dont les parties fussent indiscernables" (*Lettre à Auguste Poulet-Malassis, 16 février 1860*, in: Corr. I, 655).

17 *Un mangeur d'opium,* OC I, 497–498.

und ‚Stimme' sind Figuren dieser Umcodierung, die ‚Abwesenheit' als konstitutives Element eines jeden Aktes der Sinnkonstitution ausweist[18].

Bei De Quincey erwächst die Trauer, die, folgt man Baudelaire, das spätere Werk prägt, aus einem unsagbaren, der symbolischen Ordnung sich entziehenden Verlust[19]. De Quincey muss in seiner Kindheit den Tod seiner drei Schwestern erleben, eine Erfahrung, die zum Ausgangspunkt einer als Trauerarbeit zu verstehenden Bewegung der imaginativen Semiose wird:

> Les vastes silences de la campagne, les étés criblés d'une lumière accablante, les après-midi brumeuses, le [sc. De Quincey] remplissaient d'une dangereuse volupté. Son œil s'égarait dans le ciel et dans le brouillard à la poursuite de quelque chose d'introuvable, et il scrutait opiniâtrement les profondeurs bleues pour y découvrir une image chérie, à qui peut-être, par un privilège spécial, il avait été permis de se manifester une fois encore. C'est à mon très grand regret que j'abrège la partie, excessivement longue, qui contient le récit de cette douleur profonde, sinueuse, sans issue, comme un labyrinthe. La nature entière y est invoquée, et chaque objet y devient à son tour *représentatif* de l'idée unique[20].

Der melancholische Darstellungsmodus ist im Sinne Benjamins allegorisch: Alles wird in den Augen des Melancholikers zum Zeichen, genauer: Allem schreibt sich der Verweis auf das Verlorene ein. Dass diese Semiose nichts anderes als ein Supplement des Todes ist, unterstreicht ein Hinweis auf die Selbstmordgedanken des jungen Thomas De Quincey[21]. Das Zentrum dieser imaginativen Bewegung der Semiose ist der Tod; der Anfang ist durch das Ende bereits kontaminiert, das Ende wird zum generativen Prinzip einer imaginativen Aktivität, deren Produkte nurmehr Ausdruck einer Absenz des Repräsentierten sind.

Zwei komplementäre Aspekte der Trauerarbeit sind im Zitat aufeinander bezogen. Die imaginative Belebung der Natur ist an deren „weite Stille" gebunden, an eine erhabene Landschaft und an die Erwartung einer Epiphanie, die nicht statt hat. „[L]e désespoir est muet"[22], heißt es auch in Baudelaires Vorbemerkung; und dennoch kommt die melancholische Fixierung auf eine entleerte Welt in überborden-

[18] Dass für Baudelaire *imaginatio* als Prinzip der Setzung verfehlter Präsenz im Akt der Sinnstiftung Melancholie hervortreibt, hat bereits J. Starobinski vermerkt: „L'imagination expansive, qui s'approprie le monde et le repeuple à son image, introduit la mort ou le vide au creux des figures qu'elle construit" (Starobinski 1975, 142).

[19] Die Unsagbarkeit dieses Verlusts, auf die in den oben angeführten Zitaten aus *Le peintre de la vie moderne* und *Un mangeur d'opium* nur angespielt ist, wird an späterer Stelle in *Un mangeur d'opium* explizit, wenn das traumatische Kindheitserlebnis als „douleur ineffable", als „une de ces désolations muettes" beschrieben wird (*Un mangeur d'opium,* OC I, 512; s.u., S. 225).

[20] *Un mangeur d'opium,* OC I, 503.

[21] „[L]'imagination, obsédée, fascinée, subit avec délices *les sublimes attractions du tombeau*" (*Un mangeur d'opium,* OC I, 503–504).

[22] *Un mangeur d'opium,* OC I, 496.

der Beredsamkeit zur Sprache. Ostentativ zelebriert der Prätext De Quinceys einen Prozess der Umcodierung, in dem die Natur als Repräsentant des verlorenen Objekts zum Bild wird, das seinerseits Anlass zur Performanz einer referenzentbundenen Sprache als adäquater Artikulation der „douleur profonde, sinueuse, sans issue" ist. Bild und Stimme werden als Figuren zweier Prinzipien der Semiose – der Repräsentanz und der Performanz – in ihrer wechselseitigen Bezogenheit bewusst[23]; dabei erweist sich die scheinbare Widersprüchlichkeit von Schweigen und exzessiver Beredsamkeit als Ausdruck einer anasemischen Figuralität der Sprache, die im Sprechen nurmehr auf ein der Sprache Entzogenes verweist[24]. Textuelle Figur dieses ver- und entstellenden Prozesses ist das Labyrinth als dialektisches Bild, in dem Bewegung und Stillstand, Sistierung und Aufschub von Bedeutung zur Einheit gelangen[25].

Die kindlichen Phantasien, durch die der Trauernde die Natur imaginativ belebt, finden in den Halluzinationen des Erwachsenen eine Fortsetzung. Das Opium tritt dabei an die Stelle der kindlichen *imaginatio*[26], die Visionen, die den *Mangeur d'opium* im Opiumrausch heimsuchen, fügen sich zu einem Reigen von ‚Allegorien der Trauer'[27]. Diese sind teils unschwer als Allegorien des verlorenen Objekts zu erkennen; so figurieren etwa drei „Notre-Dame des Tristesses" die verstorbenen Schwestern. Teils erhalten sie aber auch als Bilder einer selbstbezüglichen Trauer metafiguralen Status. Herausragende Figur ist dabei das Brockengespenst, das als Allegorie des Verlustes zugleich paradoxer Ort des Ich ist:

23 Dieser allegorische Gestus der (Bild-)Häufung ist in Benjamins Trauerspielbuch ausführlich als Moment des melancholischen Bedeutens beschrieben; vgl. Benjamin 1991b.

24 Vgl. zu dem von N. Abraham geprägten Begriff der anasemischen Figuralität Derrida 1976, 11, sowie das Résumé Wagner-Egelhaafs (Wagner-Egelhaaf 1997, 169–173). Die von Abraham und Torok entworfene Theorie der Melancholie wurde, soweit ersichtlich, zuerst von M. Wagner-Egelhaaf in die literaturtheoretische Diskussion eingebracht; vgl. Wagner-Egelhaaf 1997, 169–173 sowie – als Überblick über psychoanalytische Modelle der Melancholie – ibd., 159–174.

25 Auf die Relevanz des Labyrinths als Figur der ‚melancholischen' Dialektik von Stillstand und Bewegung hat J. Starobinski aufmerksam gemacht (Starobinski 1963, 15; vgl. auch Wagner-Egelhaaf 1997, 18 und passim).

26 Vgl. De Quinceys emphatische Anrufung des Opiums: „Ô juste, subtil et puissant opium ! [...] tu bâtis sur le sein des ténèbres, avec les matériaux imaginaires du cerveau, avec un art plus profond que celui de Phidias et de Praxitèle, des cités et des temples qui dépassent en splendeur Babylone et Hékatompylos ; et du chaos d'un sommeil plein de songes tu évoques à la lumière du soleil les visages des beautés depuis longtemps ensevelies, et les physionomies familières et bénies nettoyées des outrages de la tombe" (*Un mangeur d'opium*, OC I, 442).

27 In *Un mangeur d'opium* ist von „[une] galerie mélancolique de peintures, vastes et mouvantes allégories de la tristesse, où je trouve [...] un charme musical autant que pittoresque" (*Un mangeur d'opium*, OC I, 513) die Rede.

> Je suppose que, dans votre enfance, vous avez subi quelque douleur ineffable, traversé un désespoir inguérissable, une de ces désolations muettes qui pleurent derrière un voile [...]. Voilez votre tête en commémoration de cette grande douleur. Le fantôme du Brocken, lui aussi, a déjà voilé sa tête, comme s'il avait un cœur d'homme et comme s'il voulait exprimer par un symbole silencieux le souvenir d'une douleur trop grande pour s'exprimer en paroles. « Cette épreuve est décisive. Vous savez maintenant que l'apparition n'est que votre propre reflet, et qu'en adressant au fantôme l'expression de vos secrets sentiments, vous en faites le miroir symbolique où se réfléchit à la clarté du jour ce qui autrement serait resté caché à jamais. »[28]

Das Gespenst ist Figur des Subjekts und zugleich „symbole silencieux" einer unsagbaren Trauer. Es ist weniger die Darstellung einer subjektiven Innerlichkeit als vielmehr die Inszenierung ihrer Unzugänglichkeit. In ihm gewinnt ein der symbolischen Ordnung unverfügbar bleibendes Zentrum des Selbst Gestalt. Seine Verdichtung zum Bild jedoch perpetuiert die melancholische Belebung der Welt, die der Verlust der Schwester auslöste; die Ausdifferenzierung des subjektiven Innen erweist sich hier als durch die Trauer überhaupt erst hervorgetrieben. Dabei ist das Gespenst indes nicht nur Figur eines entzogenen Selbst, sondern zugleich auch Figur des allegorischen Repräsentationsprinzips und damit Figur eines Verstehens, das die Undarstellbarkeit des Bezeichneten im Zeichen bedenkt. Wenn das autobiographische Ich sich in der Figur des Brockengespenstes auf das eigene, entzogene Innen verwiesen sieht, so sind damit zugleich die semiotischen Prämissen einer Gestaltwerdung, vermittels derer Selbst und Welt als Entzogene in Erscheinung treten, perspektiviert. In der Spiegelmetapher kommt dieser Aspekt deutlich zur Geltung. Der Spiegel fungiert hier nicht als Figur der Selbstentzweiung – oder schlicht als Metapher für ein subjektives Unbewusstes, das in ihm zur Darstellung käme. Im Zauberspiegel des Phantoms ist kein vorgängiges Urbild, sondern ein Anderes des Selbst abgebildet („ce qui autrement serait resté caché à jamais"); oder aber, wie die intrikate Semantik zu verstehen gibt: Der Spiegel selbst, der im sprachlichen Gestus der Apostrophe heraufbeschworen wird, *ist* dieses Andere („en adressant au fantôme l'expression de vos secrets sentiments, *vous en faites* le miroir [...]" [Herv. CB]). In ihm ist die Grenze von Imaginärem und Symbolischem bezeichnet, doch als eine Grenze, die sich in paradoxer Weise in der Ordnung des Sprachlichen als dessen Äußeres erst konstituiert. Seine Spiegelfläche ist gleichsam ein Geflecht aus Zeichen, die – jenseits des von ihnen transportierten propositionalen Gehalts – ihr Anderes, als ein in ihrer Tiefe verborgenes Geheimnis, artikulieren.

Doch nicht nur das Bild, auch die Stimme erhält bei De Quincey als Mittler und Hervorbringer des Anderen eine eigene Figur:

[28] *Un mangeur d'opium*, OC I, 512.

> Le mangeur d'opium a aussi près de lui un sombre interprète, qui est, relativement à son esprit, dans le même rapport que le fantôme du Brocken vis-à-vis du voyageur. Celui-là est quelquefois troublé par des tempêtes, des brouillards et des pluies ; de même le Mystérieux Interprète mêle quelquefois à sa nature de reflet des éléments étrangers. « Je crois que ce fantôme est généralement une fidèle représentation de moi-même ; mais aussi, de temps en temps, il est sujet à l'action du bon Phantasus, qui règne sur les songes »[29].

Ein abwesendes Anderes, für das das Bild des Brockengespensts steht, kommt auch in der Hybridgestalt aus Selbst und Phantasus, dem imaginativen Vermögen des Traumes, zur Geltung. Wenn das Bild eine metaphorische Bezogenheit des Zeichens auf das Bezeichnete codiert, so konnotiert die Figur der Stimme die metonymische Verknüpfung der Zeichen untereinander. Absenz ist dabei nicht allein in der metaphorischen Relation indiziert; auch die metonymische Relation ist immer schon Index der Trennung von einem sie hervorbringenden und in ihr präsenten „Geist". Sieht man in Bild und Stimme zudem Figuren von Tod und *imaginatio*, so konturiert sich deren Bezogenheit hier in einer neuen Facette: Kommt dem Tod als Figur der Trennung ein welterschließendes Potential zu, sofern er Ursprung der imaginativen Entwürfe ist, so zeichnet umgekehrt *imaginatio* als Figur der Verknüpfung in der Immanenz des von ihr konstituierten zeichenhaften Universums zugleich eine Trennung ein. Wenn die Figuren der *imaginatio* für den Tod einstehen können, so darum, weil in ihnen die Kluft von Zeichen und Bezeichnetem sprachimmanent als verknüpfende Trennung reproduziert ist; wenn umgekehrt der Tod als Figur der Sprache in diese hineingenommen ist, so als Index einer sinnkonstitutiven trennenden Verknüpfung.

Die Umcodierung des Paradigmas der Repräsentation in ein semiotisches Paradigma ist in den oben angeführten Zitaten geradezu mit Händen greifbar. Die Sprache der Melancholie, die das Brockengespenst figuriert, birgt eine semantische Tiefe, die entweder – repräsentationistisch – als Abbild oder aber – semiotisch – als Prinzip des Abgrunds, der Sprache und Welt trennt, aufzufassen ist: als Abbild, das die Setzungen der Sprache auf ihr Anderes zu überschreiten intendiert; oder aber als Prinzip, das die Aporien des repräsentationistischen Modells insofern überwindet, als es den Abgrund selbst in paradoxer Weise als Grund und Effekt der Differenzierungsleistung der Sprache entwirft. Die aus referentiellen Bezügen entbundene Sprache der Melancholie vollzieht sich als Performanz, die Position und Negation erst hervorbringt. Sie offenbart sich damit in einer Mächtigkeit, die ihr im Paradigma der Repräsentation niemals hätte zukommen können: als Schöpferin eines Selbst, das in sprachlichen Konfigurationen nicht einen Spiegel seiner selbst entwirft, sondern sich als in ihnen konstituiert erfährt. Sprache wird eine Kraft des Ausdrucks zugesprochen, die als schöpferische Performanz das repräsentationistische Mythologem einer mimetischen Teilhabe am Sein übersteigt. Damit lässt sich

[29] *Un mangeur d'opium*, OC I, 513.

ein Repräsentationszusammenhang beleuchten, der in den kunstkritischen Schriften als unaufhebbarer Widerspruch erscheint: die Forderung nach einer Vereinbarung von *mimesis* und *poiesis* im Kunstwerk[30]. Es wird deutlich, worin künstlerische *mimesis* in der Konzeption Baudelaires nurmehr bestehen kann: in der Anähnelung des Kunstwerks an eine Bewegung der Semiose, die das Selbst – und mithin Welt – in figurierend-defigurierender Bewegung konstituiert[31]. Denn wie könnte das Kunstwerk Baudelaires paradoxe Forderung nach einem Realitätsbezug bei gleichzeitiger Entbindung aus referentiellen Zusammenhängen einlösen, wenn nicht in der Nachahmung der schöpferischen, selbst- und weltsetzenden symbolischen Performanz, oder: in der Nachahmung eines im Bewusstsein in paradoxer Weise anwesend abwesenden Prinzips?

Melancholie avanciert zum Paradigma einer ästhetischen Erfahrung, die mit Adorno als „Paradoxie eines Daseienden, das seinem Sinn nach ein Werden ist"[32], gefasst werden kann. Ihr Schema ist in der melancholischen Verdichtung von Sinneinheiten und deren syntagmatischer Reihung, wie sie in den gegenstrebigen Prinzipien von Bild und Stimme bezeichnet ist, als Koinzidenz von Bewegung und Stillstand gefasst. Bild und Stimme avancieren in Baudelaires Lyrik zu zentralen Momenten einer Darstellung, die das Zusammenspiel von Nähe und Ferne, von Anwesenheit und Abwesenheit, von *mimesis* und *poiesis* zum kardinalen Dispositiv poetischer Sinnkonstitution erhebt.

Als „melancholische" Semiose[33] wurde dieser Typus der Zeichenschöpfung treffend bezeichnet: Dem melancholischen Bewusstsein eines Auseinanderbrechens von Signifikant und Signifikat öffnet sich ein Raum, den eine nunmehr aus dem Gefüge der Repräsentation entbundene *imaginatio* zu erfüllen unternimmt. Freilich ist Baudelaires Dichtung keine Dichtung, die intendiert, in ossianischem Gestus die Natur imaginativ zu beleben. Baudelaires Aneignung des Melancholischen vollzieht sich im Modus des „Als ob": die Autorfigur, die im ersten Zitat De Quinceys Trauer abkürzt, bedient sich eines Verfahrens der Häufung, das sich die melancholische Geschwätzigkeit zu eigen macht – „douleur profonde, sinueuse, sans issue,

[30] S.o., Kap. III.1.

[31] Doetsch weist in Abgrenzung gegen De Man darauf hin, dass „die Entfremdung des Subjekts [...] keineswegs primär in der Sprache [entstehe], sondern [...] die conditio humana selbst [darstelle]" (Doetsch 2004, 130, Anm. 130; vgl. de Man 1983b). Die Annahme dürfte sich wohl kaum verifizieren lassen. Es soll an dieser Stelle aber auch nicht um die Frage nach der Vorgängigkeit von Subjektivität und Sprache gehen, noch auch darum, ob ‚die' *conditio humana* als „Entfremdung" schon hinreichend erfasst ist. Festzuhalten ist, dass eine als entfremdet begriffene *conditio humana* bei Baudelaire in der Sprache selbst das ihr adäquate Entfaltungsmedium findet, diese also im Sinne eines anthropologisch-ästhetischen Parallelismus als deren Figur für sie einstehen kann.

[32] Adorno 2003b, 274.

[33] Vgl. Wagner-Egelhaaf 1997, 20.

comme un labyrinthe"[34], so heißt es asyndetisch-emphatisch –, doch sich von seinen Exzessen distanziert („j'abrège la partie, excessivement longue [...]"[35]), wenn auch quasi trauernd („à mon très grand regret"[36]) um die preisgegebenen Allegorien der Trauer. In dieser reflexiven Distanznahme von der Trauer um das verlorene Objekt ist die chaotische Bilderflut einer entfesselten *imaginatio* gebändigt, das Imaginäre in eine ästhetische Ordnung überführt. Baudelaires *réécriture* transformiert die Trauer um das verlorene Objekt zum Dispositiv einer melancholischen *écriture*, in der nurmehr eine Trauer der Sprache zum Ausdruck kommt: als poetische Rede, die in der Darstellung der ihr eigenen Aporien ihr Telos findet.

3.2 Setzung verfehlter Präsenz: *Un fantôme*

Es gibt in den *Fleurs du mal* eine Folge von Gedichten, in denen die melancholische Setzung verfehlter Präsenz, die *Un mangeur d'opium* entwirft, zu paradigmatischer Gestaltung kommt. Die *Un fantôme* überschriebene Vierergruppe erinnert bereits mit ihrem Titel an De Quinceys Brockengespenst und erweist sich denn auch als Variation des „bâtir sur les ténèbres"[37], der imaginativen Belebung der Welt, von der in *Un mangeur d'opium* die Rede ist. Vor dem Hintergrund der poetologischen Vorgaben dieses Textes werden die Texte als *mise en scène* eines melancholisch-imaginativen Schreibens und als Entfaltung der dort entworfenen impliziten Semiologie lesbar.

Gemeinsames Thema der auf den ersten Blick nur lose verbundenen Gedichte ist die Frage nach einer Verschränkung von *mimesis* und *poiesis* zur Setzung verfehlter Präsenz im Zeichen. Die Auslotung des negativen Grundes poetischer Rede führt dabei zu der ‚Rätselfrage', wie sich angesichts dessen dennoch Sinn konstituieren kann – und zu einer Sprache, die ihrer „nature de reflet" „des éléments étrangers"[38] beizumischen sucht, indem sie dieser vor dem Hintergrund einer bewusst gemachten Differenz Sinnfiguren einzeichnet und diese Figuren wiederum als nichtgegenwärtig und temporär markiert. Im Spannungsfeld von melancholischer Verlusterfahrung und imaginativer Entgrenzung erweist sich dabei das Andere des

34 *Un mangeur d'opium,* OC I, 503.

35 *Un mangeur d'opium,* OC I, 503; vgl. auch OC I, 444.

36 *Un mangeur d'opium,* OC I, 503.

37 Vgl. noch einmal in *Un mangeur d'opium*: „[T]u bâtis sur le sein des ténèbres, avec les matériaux imaginaires du cerveau, avec un art plus profond que celui de Phidias et de Praxitèle, des cités et des temples qui dépassent en splendeur Babylone et Hékatompylos ; et du chaos d'un sommeil plein de songes tu évoques à la lumière du soleil les visages des beautés depuis longtemps ensevelies, et les physionomies familières et bénies nettoyées des outrages de la tombe" (*Un mangeur d'opium,* OC I, 442).

38 *Un mangeur d'opium,* OC I, 513.

Subjekts als Anderes der Sprache, dieses aber als Fluchtpunkt des dichterischen Sprechens.

LES TÉNÈBRES

Dans les caveaux d'insondable tristesse
Où le Destin m'a déjà relégué ;
Où jamais n'entre un rayon rose et gai ;
Où, seul avec la Nuit, maussade hôtesse,

Je suis comme un peintre qu'un Dieu moqueur
Condamne à peindre, hélas! sur les ténèbres ;
Où, cuisinier aux appétits funèbres,
Je fais bouillir et je mange mon cœur,

Par instants brille, et s'allonge, et s'étale
Un spectre fait de grâce et de splendeur.
A sa rêveuse allure orientale,

Quand il atteint sa totale grandeur,
Je reconnais ma belle visiteuse :
C'est Elle ! noire et pourtant lumineuse[39].

Les ténèbres konfiguriert durch eine für die poetischen Topographien Baudelaires charakteristische Ineinanderblendung von Außenwelt („caveaux"$_1$) und subjektiver Innerlichkeit („tristesse"$_1$) einen melancholischen Atopos, der den paradoxen Ursprung einer Stimme abgibt. Diese entwirft sich als *peintre condamné*$_5$ und behauptet damit, mit der Schöpfung des Gedichts zu vollziehen, was das Gedicht beschreibt: die Hervorbringung von Figuren vor dem Hintergrund des Verlusts einer repräsentierbaren Wirklichkeit. Das dominierende Bild des Malens in der Dunkelheit$_{5/6}$ perspektiviert dabei die melancholische Trauer$_1$ des lyrischen Ichs als Verlust der Repräsentation. Erinnert es an die platonische Metapher des Malens für den Entwurf von Bewusstseinsbildern[40], so impliziert das Baudelairesche Malen ein gebrochenes Zusammenspiel von Repräsentanz und Performanz: Es ist auf die Performanz eines Ich reduziert, das Negativität im Bildentwurf zu supplementieren sucht.

Der gebrochene Weltbezug, für den die Grundlosigkeit des atopischen Raumes steht, ist auch dem lyrischen Ich eingeschrieben: Werden mit „Destin"$_2$ und „Dieu moqueur"$_5$ noch dem Ich fremde Instanzen als Urheber der subjektiven Qualen benannt, so erweist es sich alsbald selbst als Verursacher seines Schmerzes. Das prägnante Bild des verschlungenen Herzens lässt sich als ironische Transformation

[39] OC I, 38; die Gedichte erschienen zuerst 1860 (*L'Artiste*).

[40] Vgl. Platon, *Philebos*, 38e-39e.

der Vision Beatrices in Dantes *Vita nuova* lesen[41]. Wenn Amor Beatrice zwingt, das Herz des Liebenden zu verspeisen, so ist das lyrische Ich in *Les ténèbres* als Movens, Agens und Patiens seiner Qualen auf sich selbst verwiesen. Dabei perspektiviert die Verlaufsgestalt des Gedichts seinen Selbstverlust unauffällig als Folge des Malens in der Dunkelheit: als Ergebnis des performativen Aktes, durch den das Ich Welt setzt.

Das Gedicht klingt mit einem zweiten prägnanten Bild aus: der Evokation einer Erscheinung, die sich im Inneren des Subjekts als entzogenes Anderes des Selbst erhebt. Ähnlich wie De Quinceys Brockengespenst lässt sich auch Baudelaires Phantasma als Figur des Zeichens lesen. Das Phantasma perspektiviert ja per se schon dessen referentielle Unhintergehbarkeit; doch in *Les ténèbres* ist dieser Aspekt einerseits durch die Pluralisierung fremdreferentieller Bezüge – die Hybridisierung von religiösem und erotischem Diskurs in der Figur einer profanen Heiligen[42] –, andererseits durch eine gesteigerte Selbstreferentialität noch hervorgehoben: Das düster leuchtende Gespenst ist metaphorisch und metonymisch auf das Vorangegangene, auf „Nuit“$_4$ und „rayon rose et gai“$_3$ bezogen, deren paradoxen schwarzen Glanz es quasi aufgreift und kondensiert. Es ist damit als eine durch den Text selbst hervorgetriebene Materialisierung jener Rede inszeniert, die aus dem gebrochenen Weltbezug des Melancholikers hervorgeht, und erscheint mithin als das Ergebnis des Malens in der Dunkelheit. Auch die syntaktische Struktur

41 „E ne l'una de le mani mi parea che questi tenesse una cosa la quale ardesse tutta, e pareami che mi dicesse queste parole: « Vide cor tuum ». E quando elli era stato alquanto, pareami che disvegliasse questa che dormia; e tanto si sforzava per suo ingegno, che le facea mangiare questa cosa che in mano li ardea, la quale ella mangiava dubitosamente“ (*Vita nuova* III, 5–6, in: Dante 1995, 38–39; vgl. in der Folge ibd. 1995, 42:

> […]
> Già eran quasi che atterzate l'ore
> del tempo che onne stella n'è lucente,
> quando m'apparve Amor subitamente,
> cui essenza membrar mi dà orrore.
> Allegro mi sembrava Amor tenendo
> meo core in mano, e ne le braccia avea
> madonna involta in un drappo dormendo.
> Poi la svegliava, e d'esto core ardendo
> lei paventosa umilmente pascea:
> appresso gir lo ne vedea piangendo.

42 Legen nämlich der religiös konnotierte Titel des Gedichtes, die Attribute „noire et pourtant lumineuse“$_{14}$ und der epiphane Moment der Erkenntnis („C'est Elle!“$_{14}$) nahe, dass es sich um eine Offenbarung des Numinosen handelt, so deuten „grâce“$_{10}$, „rêveuse allure orientale“$_{11}$ und „ma belle visiteuse“$_{13}$ vielmehr auf eine weltliche Geliebte hin, wie auch das iterative Moment („Par instants“$_9$) das mit dem Epiphaniebegriff verknüpfte Merkmal der Einmaligkeit desavouiert.

markiert die Nachträglichkeit der Erscheinung: „un spectre“$_{10}$ als Subjekt des ersten, über zehn Verse sich erstreckenden Satzes gelangt erst durch die Inversion, akzentuiert durch die Retardierung in den Quartetten, in Endstellung. Freilich ist diese Nachträglichkeit als rhetorische Setzung markiert; in der Inversion ist mithin auch eine ‚eigentliche' Vorgängigkeit des Phantasmas bedacht. Unentscheidbar ist vor diesem Hintergrund, ob das Phantasma aus der Entzweiung des Selbst als imaginative Projektion des Begehrens hervorgeht, oder aber ob umgekehrt die Entzweiung des Selbst aus der Setzung des Phantasmas resultiert. Das Phantasma und die Setzung subjektiver Entzweiung$_5$ erscheinen als Effekte eines und desselben sich entziehenden Grundes.

Im Akt der Identifizierung ist der paradoxen Konstituiertheit des Phantasmas Rechnung getragen. Gelingt in ihm eine Distinktion des Anderen („C'est Elle !“$_{14}$), so bleibt die Identität der Erscheinung bei aller emphatischen Affirmation des Erkennens dennoch unbestimmt. Als Supplement des Namens kann das Pronomen eine Vereinnahmung des Anderen in die symbolische Ordnung zwar nicht unterbinden, doch es kann im ostentativen Verzicht auf den Anspruch auf dessen Repräsentation seine uneinholbare Alterität als solche markieren, um Bedeutungsfülle am Ort textueller Leere zu suggerieren.

Das Phantasma ist zugleich ein metapoetisches Bild, mit dem das ‚Andere' der symbolischen Ordnung bezeichnet ist. Wenn das Polysyndeton in V. 9 mit der Häufung der Verbalformen („Par instants brille, et s'allonge, et s'étale“) insistierend den Entfaltungsprozess der Erscheinung evoziert, so erhält damit, wie auch mit „Quand il atteint sa totale grandeur“$_{12}$, der Akt des Schreibens ein Bild. Vor diesem Hintergrund wird auch das abschließende „noire et pourtant lumineuse“$_{14}$ als Verweis auf das Prinzip der Schrift lesbar. Steht dessen signifikante Materialität für die *obscuritas*, die dem Zeichen in seiner Relation zum Bezeichneten eignet, so ist mit „lumineuse“$_{14}$ ein Modus der profanen Erleuchtung bezeichnet, der die Arbitrarität des Zeichens auf eine Dimension des Sinnes hin überschreitet. Nicht im Akt der Identifizierung des Anderen, sondern im Verweis auf das kontradiktorische Sinn-Ereignis poetischer Rede kulminiert also das Gedicht.

Les ténèbres lässt sich zweifelsohne in die Reihe jener ‚melancholischen' Texte stellen, die die in ihnen beschworene Ohnmacht in eindringlichen Bildern beschwören[43]. Der Verlust der Repräsentation ist dabei in einer ästhetischen Ordnung quasi aufgefangen, das Gedicht selbst inszeniert sich als Figur der Doppelung von Schönheit und Melancholie, die Baudelaires Schönheitsdefinition fordert. Dabei erschöpft es sich nicht in der Widersprüchlichkeit einer Abwesenheit, die in poetischer Rede zu imaginativer Supplementierung gelangen soll, sondern

43 Von einer solchen „lignée de ceux qui savent chanter fortement la faiblesse“ ist bei Starobinski 1963, 423 die Rede.

perspektiviert das aus dieser Rede hervorgehende Sinnangebot als eine profane Erleuchtung, deren Ort die Schrift ist.

Fragt man vor diesem Hintergrund nach Verfahren, die es erlauben, die auf semantischer Ebene umspielte Frage nach der Verschränkung von Performanz und Repräsentanz in der Erzeugung des Kunstwerks poetisch zu inszenieren, so ist zunächst auf die ostentative Markierung einer entfesselten Performanz in den Quartetten hinzuweisen. Anaphorische Wiederholungen$_{2-4/7}$ exponieren im melancholischen Gestus der Häufung insistierend eine Fixierung auf das entzogene Zentrum und tragen der figurativen Ordnung des Textes einen Index des Melancholischen ein, der dem melancholischen Selbstbezug des Ich ein textuelles Korrelat verleiht. Doch zugleich eignet der Häufung selbst ein sinnproduktives Moment, das in der Topothesia und in den Metaphern des „peintre"$_5$ und des „cuisinier aux appétits funèbres"$_7$ zur Geltung kommt. Die Absenz, die das Gedicht entwirft, ist als paradoxer Ort der Semiose gesetzt: Aus der Negativität des atopischen Raumes geht gleichsam ein Sprechen hervor, das im Eingedenken seiner Differentialität Sinn konstituiert[44]. Anders als in den Quartetten, in denen eine aus der Repräsentation entbundene Performanz in einem fragmentierenden Duktus zur Geltung kommt, markieren Hypotaxe$_{11-14}$ und periodischer Bau in den Terzetten ein synthetisierendes Prinzip, das Fragmentierung und Relationierung zur Einheit bringt. Fragmentarische Häufung einerseits, Synthese andererseits können als Strategien einer Darstellung der Verschränkung von Performanz und Repräsentanz in der Konstituierung des Kunstwerks gelesen werden.

* * *

Im folgenden Gedicht, *Le parfum*, sind Bezüge zu *Les ténèbres* vordergründig kaum gegeben. Doch bereits der Titel signalisiert, dass auch hier der Prozess der imaginativen Semiose in den Blick genommen wird[45]. Auftakt ist eine Apostrophe an den Leser, die die Aufmerksamkeit erneut auf die medialen Bedingungen der Sinnkonstitution lenkt:

44 Diese dem ‚melancholischen' Text eignende Möglichkeit der doppelten Perspektivierung hat M. Wagner-Egelhaaf im Anschluss an Starobinski herausgearbeitet; vgl. Wagner-Egelhaaf 1997, 18, und Starobinski 1963.

45 Der Duft gilt als ein die Imagination in besonderer Weise stimulierender Reiz. Vgl. paradigmatisch in Rousseaus *Émile*: „L'odorat est le sens de l'imagination. Donnant aux nerfs un ton plus fort il doit beaucoup agiter le cerveau ; c'est pour cela qu'il ranime un moment le tempérament et l'épuise à la longue. Il a dans l'amour des effets assés connus. Le doux parfum d'un cabinet de toilette n'est pas un piége aussi foible qu'on pense, et je ne sais s'il faut féliciter ou plaindre l'homme sage et peu sensible que l'odeur des fleurs que sa maitresse a sur le sein ne fit jamais palpiter" (Rousseau 1969, 416).

LE PARFUM

Lecteur, as-tu quelquefois respiré
Avec ivresse et lente gourmandise
Ce grain d'encens qui remplit une église,
Ou d'un sachet le musc invétéré ?

Charme profond, magique, dont nous grise
Dans le présent le passé restauré !
Ainsi l'amant sur un corps adoré
Du souvenir cueille la fleur exquise.

De ses cheveux élastiques et lourds,
Vivant sachet, encensoir de l'alcôve,
Une senteur montait, sauvage et fauve,

Et des habits, mousseline ou velours,
Tout imprégnés de sa jeunesse pure,
Se dégageait un parfum de fourrure[46].

Die Apostrophe markiert die performative Dimension des Sprechens und knüpft damit an das vorangehende Gedicht an. Sie markiert die Prämisse allen Sprechens, das als Akt der Kommunikation per se den Anderen schon supponiert. Dass dieser hier als Leser angesprochen wird, perspektiviert eine neue Facette der im ersten Sonett aufgeworfenen Frage nach der Möglichkeit der Erfahrung von Alterität: ‚Lesen' tritt hier an die Stelle des in *Les ténèbres* akzentuierten ‚Malens' respektive ‚Schreibens'. Das Motiv des Duftes lässt sich als eine figurative Gestaltung dieses Themas begreifen, denn der Duft ist selbst, wie der Text betont, zeichenhaft: Seine evokative Kraft vermag die Vergangenheit imaginativ zu beleben und durch die Rekonstruktion von Bildern der Erinnerung Gegenwart zu konstituieren$_{6}$. Wenn der Duft somit als Metapher der Schrift fungiert, so ist in einem zweiten Schritt das Gedicht wiederum als Figur des durch den Rückgriff auf das Duftmotiv modellierten assoziativen Relationierung entworfen. Exemplarisch nämlich führt es eine solche vor Augen: Es setzt mit der rhetorischen Frage an den Leser im ersten Quartett ein, um dann in die allgemeine Betrachtung des zweiten Quartetts und in die konkrete Situation des Eingedenkens in den Terzetten überzugehen. Die Bezugsetzung dieser Teile projiziert das analogische Prinzip, mittels dessen der Duft die Vergangenheit evoziert, in die Dimension des Sprachlichen: Wie der Duft die Vergangenheit an die Gegenwart bindet, so reiht das Gedicht Momente des Eingedenkens assoziativ aneinander. So ist auch dieses Gedicht in seiner Verlaufsgestalt Figur seines Gehalts. Die imaginative Evokation der Liebenden mag dabei auf die platonische Anamnesis-Lehre anspielen. Der Körper der Geliebten ist *incitamentum* für die Schau der Idee, die in der „fleur exquise"$_{8}$ ein Bild erhält. Doch diese platonisierende Reminiszenz erfährt eine signifikante Umdeutung, wenn in den

[46] OC I, 39.

Terzetten die Erinnerung des Liebenden eine Konkretisierung erhält, die mit dem Rückgriff auf das religiöse Bildfeld$_{10}$ auf den zu Beginn des Sonetts beschworenen Akt der imaginativen Entgrenzung$_{3}$ zurückverweist. Das Gedicht intendiert nicht, die Transzendierung des Irdischen, die das zweite Quartett andeutet, einzulösen. Es ist vielmehr auf sich als Grund seiner selbst verwiesen. Gerade hierin offenbart sich aber der Akt des Eingedenkens als ein vergeistigter Akt der Einverleibung des Selbst, den *Les ténèbres* entwarf: als Zirkulation von Bedeutung in einem offenen Prozess der Semiose, in dem Figuration und Defiguration einander ablösen, Heiliges und Profanes, Sinnliches und Geistiges, in einer die vertikale Dimension des Sinnes nivellierenden, dynamischen Oberflächenstruktur ineinander übergehen. So sind nicht von ungefähr Haar und Kleidung als Quellen des Duftes genannt: Die rauschhafte Vergegenwärtigung des Anderen nimmt Abschied von einer als Innerlichkeit codierten Eigentlichkeit; nicht der Andere ‚selbst' ist erfahrbar, vielmehr ist es die Oberfläche, die sich dem Ich ‚offenbart', und zwar ihrerseits nur in dem ihr arbiträr zugeordneten Duft. Die Alterität des Anderen hingegen ist emphatisch behauptet, wenn dessen Duft als „sauvage"$_{11}$ und „fauve"$_{11}$ bezeichnet wird.

Wenn die in *Les ténèbres* profilierte sehende Bezugnahme auf den Anderen in *Le parfum* dem Duft weicht, so gelangen Nähe und Ferne zu dialektischer Verschränkung: Das Andere ist evoziert, ohne dass dessen Präsenz behauptet würde. Insofern dieser Modus der Welterfahrung die Kluft, die die Alterität des Anderen bezeichnet, nicht suspendiert, sondern ostentativ ausstellt, ist er im Sinne Benjamins als allegorisch zu bezeichnen. Doch zugleich – und hier knüpft das Gedicht an das Motiv der profanen Erleuchtung in *Les ténèbres* an – indiziert er ein nichtsignifikantes Moment der Sprache, das sich in ihr manifestiert, ohne doch in Sinnhaftigkeit aufzugehen: eine von der Ebene der Proposition unabhängige ‚Magie', die den imaginativen Evokationen inhärieren soll. Codiert nämlich der Duft Differenz, so führt er zugleich den Verweis auf einen nicht-differentiellen Grund mit sich. Er ist eine Spur des Anderen, deren Ursprung in einem „Charme profond, magique"$_{5}$ zu suchen ist. So ist es signifikant, dass die letzten Verse der Quartette$_{6/7}$, in denen im vorangehenden Sonett von der melancholischen Einverleibung des Selbst die Rede war, nun einer Rezentrierung des Selbst in der Erfahrung des Anderen gewidmet sind. „Charme profond, magique"$_{5}$: damit ist eine Tiefen- oder besser Oberflächendimension bezeichnet, die an der Grenze von Sinnlichem und Geistigem als Möglichkeitsgrund einer Sinnentfaltung über dem Sinnlichen operiert, ohne die Kluft von Sinnlichem und Geistigem im Sinne eines ‚Vergessens' der Differenz zu supplementieren. Es gibt keine Ordnung, auf die hin das Sinnliche zu transzendieren wäre; es gibt kein Geistiges, das sich dem Sinnlichen einprägte. „Charme profond, magique"$_{5}$ ist keineswegs die pathetische Beschwörung einer geheimnisvollen, die kontingente Wirklichkeit transzendierende Tiefendimension, wie sie etwa die französische Romantik entwirft. Mit ihm ist vielmehr eine paradoxe Erfahrung indiziert, die einem jeden Weltbezug inhäriert: Ein semiotischer Vollzug, der dem Gegenwärtigen Abwesenheit einschreibt, das Ferne zur Präsenz bringt.

Die Metapher des Duftes erinnert, insofern Duft Raum erfüllt, ohne selbst gegenständlich zu sein, an die Metaphorik des Lichts und die des Einverleibens, die das vorangehende Gedicht aufrief. Dennoch ist sie mehr als die bloße Fortschreibung einer dem präsenzmetaphysischen Denken verpflichteten Metaphorisierung, ist doch eine Mortifizierung des Gegenstandes, die Baudelaires Metaphorik des Einverleibens in Radikalisierung der Lichtmetaphorik bezeichnet, und deren Gegenstück, das von seinem Gegenstand entfesselte Zeichen, hier gerade nicht gegeben[47]. Duft als eine von seinem Gegenstand unabhängige und doch arbiträr auf ihn bezogene sinnliche Spur des Abwesenden ist Figur des begrifflich schwer fassbaren atopischen, auf subjektive *ratio* irreduziblen Prinzips der Sinnkonstitution, das Baudelaire in den kunstkritischen Schriften in Gestalt der *imaginatio* entwarf. Doch selbst noch das dort entworfene Prinzip des Auffindens von Ähnlichkeiten ist an seine Grenze geführt, wenn es im Paradigma des Duftes durch das metonymische Prinzip des Assoziierens kontiger Sachverhalte substituiert wird. Beschworen ist ein Prinzip der Sinnkonstitution, das im Akt der Stiftung seiner Ordnung den Anderen und das Selbst nicht schon unterwirft, sondern dieses bewahrt, ja – in der Formulierung Benjamins – es ‚rettet' vor dessen Zugriff[48]. In der *allocutio* erhält dieses Prinzip eine sprachliche Gestalt: in einem Sprechakt, der eine der propositionalen Ordnung des Textes vorausliegende Hinwendung, ein in der Sprache nicht aufgehendes Begehren nach dem Anderen markiert. Seine Figur ist der Leser, der in der rhetorischen Frage in den Text hineingenommen wird und doch – als Leser – von diesem distanziert bleibt.

* * *

Le parfum ist Denk-Bild einer Sinnkonstitution, die ebenso wenig stabil ist wie der Akt des Eingedenkens, dem seine Existenz zu verdanken es behauptet. Doch die Paradoxie seiner Bannung in Sprache führt erneut zum Paradigma des Bildes, das im folgenden Gedicht evoziert ist.

LE CADRE

Comme un beau cadre ajoute à la peinture,
Bien qu'elle soit d'un pinceau très vanté,
Je ne sais quoi d'étrange et d'enchanté
En l'isolant de l'immense nature,

Ainsi bijoux, meubles, métaux, dorure,
S'adaptaient juste à sa rare beauté ;
Rien n'offusquait sa parfaite clarté,
Et tout semblait lui servir de bordure.

[47] Zur Metaphorik der Einverleibung s.u., S. 282–291.
[48] Vgl. zur „Rettung der Phänomene" Benjamin 1991b, 214–215.

Même on eût dit parfois qu'elle croyait
Que tout voulait l'aimer ; elle noyait
Sa nudité voluptueusement

Dans les baisers du satin et du linge,
Et lente ou brusque, à chaque mouvement
Montrait la grâce enfantine du singe[49].

Das Gedicht knüpft inhaltlich und strukturell an *Les ténèbres* an. Wie dort ist von einer Frauengestalt die Rede, deren Evokation durch die syntaktische Inversion retardiert ist. Wenn der ambivalente Wirklichkeitsstatus der Erscheinung in *Les ténèbres* in gesteigerter Selbstbezüglichkeit und einer mit ihr einhergehenden Destabilisierung fremdreferentieller Bezüge begründet war, so ist in *Le cadre* diese Destabilisierung durch den Vergleich mit dem Bild in den Text hineingenommen. Der Andere erscheint als Effekt einer imaginativen Aneignung, die im intentionalen poietischen Akt Gestalt gewinnt. Sieht man in der Frauengestalt die Figur einer kindlich-vorreflexiven Ich-Instanz$_{14}$ in ihrer Beziehung zu der sie umgebenden materiellen Welt, so wird das Gedicht, ähnlich wie *Les ténèbres*, als ambivalente Figur einer unzugänglichen Innerlichkeit lesbar[50].

Mit dem Rahmen ist ein Motiv aufgerufen, auf dessen metafigurale Relevanz J. Derrida hingewiesen hat[51]. Der Rahmen, so führt er mit Bezug auf Kants Bemerkungen zu den „Zieraten" des Kunstwerks in der *Kritik der Urteilskraft* aus[52], gehört zu den Parerga, den ‚Beiwerken' des Kunstwerks, die die Grenze zwischen einem als autonom konzipierten Raum des Ästhetischen und einem ihm fremden Außen bilden. Der Diskurs über das Parergon ist insofern für eine dekonstruktiv orientierte Ästhetik von Interesse, als in ihm das prekäre Verhältnis von Identität und Alterität thematisiert wird, das der traditionelle kunstphilosophische Diskurs in den bekannten binären Oppositionen von Innen und Außen, Sinn und Form, *signifié* und *signifiant* statuiert[53]. Das Parergon ist, wie Derrida in seiner Lektüre Kants zeigt, par excellence Ort des Verhüllens der Einsicht in die konstitutive Nachträglichkeit von Sinn im differentiellen Spiel der Zeichen; doch zugleich ist es funktionalisierbar als Figuration der ‚Spur', als „simulacre d'une présence qui se disloque, se déplace, se renvoie"[54], das geeignet ist, die genannten metaphysischen Oppositionen zu unterlaufen.

49 OC I, 39–40.

50 Neben V. 14 legen auch „clarté"$_{7}$ und „nudité"$_{11}$, die als Anspielungen auf mittelalterliche Seelendarstellungen gelesen werden können, die Deutung der Frauengestalt als Figur eines subjektiven Innen nahe.

51 Vgl. Derrida 1978; zu den folgenden Ausführungen zu Derridas Parergon-Konzept auch Holstein 2004, 12–22, und Dünkelsbühler 1991, 45–62.

52 Vgl. Kant, *Kritik der Urteilskraft*, B 43.

53 Vgl. Derrida 1978, 26; Holstein 2004, 13.

54 Derrida 1972a, 25.

Wie ist vor diesem Hintergrund das Parergon in Baudelaires Gedicht zu bestimmen? Der Rahmen ist in Baudelaires Gedicht doppelt codiert. Das Kunstwerk, so behauptet der Text, ist *repraesentatio*, ist ein Ausschnitt der Wirklichkeit, von der es durch den Rahmen überhaupt erst isolierbar wird$_4$; es konturiert sich vor dem Hintergrund, genauer in Differenz zur Unendlichkeit der Natur. Durch den Rahmen ist mithin ästhetische Differenz bezeichnet. Doch spezifiziert ist diese, wie der Text in Anknüpfung an das vorangehende Sonett behauptet, als „Je ne sais quoi d'étrange et d'enchanté“$_3$: Der Rahmen avanciert, analog zum Duftmotiv im vorangehenden Sonett, zur Figur des magischen Moments sinn-konstitutiver Verknüpfung, deren Ort das Kunstwerk ist.

Die mit ihm verglichenen parergonalen Attribute des Evozierten – „bijoux, meubles, métaux, dorure“$_5$ – sollen nun ihrerseits, so will es der Vergleich, einer nicht näher bestimmten Frauengestalt Konturen verleihen. Signifikanterweise ist hier insistierend auf die Materialität der parergonalen Elemente und damit auf deren Äußerlichkeit gegenüber einem als ein ‚Innen' der Bedeutung verstandenen ‚eigentlichen' Kunstwerk hingewiesen; dabei eignet aber dem Parergon selbst, bedenkt man die Proliferation seiner Elemente, ein deutliches produktives Moment. Formal geht diese Perspektivierung des Marginalen mit dessen Zentrierung einher: Die Position der Mittelachse$_{7-8}$ nimmt gerade die Thematisierung des Rahmens ein, dem zudem mit „rien“$_7$ und „tout“$_8$ zwei das Absolute bezeichnende Begriffe zugesprochen werden. Sie tauchen im syntaktischen Parallelismus in eben jener Doppelstruktur auf, die auch das „noire et pourtant lumineuse“$_{14}$ in *Les Ténèbres* als Bild des Ineinsfallens von Tod und *imaginatio* und zugleich als Figur der Schrift kennzeichnete. Vakant hingegen bleibt die Position dessen, was in der rahmenden Materialität bezeichnet ist: Die „peinture“$_1$ nämlich, das Kunstwerk – oder die Frauengestalt – wird erst in V. 6 mit „sa rare beauté“ vage bezeichnet und bleibt im Verlauf des Gedichts, vergleichbar der Evokation der „Elle“ in *Les ténèbres*$_{14}$, unbestimmt. Der Emanzipation des „cadre“$_1$ zum eigenständigen Bedeutungsträger opponiert ein leeres Zentrum, auf das in erneutem Rückgriff auf eine Metaphorik neuplatonischer Provenienz „rare beauté“$_6$ und „parfaite clarté“$_7$ anspielen.

Das Gedicht perspektiviert die Zeichenhaftigkeit des Kunstwerks in zweifacher Weise: Auf einem metaphysischen Bezugshorizont ist die radikale Transzendenz – die Unerreichbarkeit des Bezeichneten – herausgestellt; auf einem ästhetischen Bezugshorizont aber entfaltet die Peripherie des leeren Zentrums, der Rahmen, eine exuberante Produktivität[55]. Diese doppelte Perspektivierung als Aspekte einer und derselben Konfiguration zu begreifen, die Leere des Zentrums auf einen von der Transzendenz radikal geschiedenen Schöpfungsakt zu beziehen, erweist sich

55 Vgl. zu diesem ‚melancholischen' Modus der doppelten Perspektivierung – mit Bezug auf das barocke Stilleben – Wagner-Egelhaaf 1997, 81.

auch hier als Telos der Dichtung Baudelaires. Es wäre dabei verkürzt, wollte man in dem Gedicht die Modellierung einer Preisgabe des Signifikats zugunsten des Signifikanten sehen. Bild und Rahmen bilden einen Verweisungszusammenhang: Gelangen „beauté“$_6$ und „clarté“$_7$ in der Rahmung zur Erscheinung, so erhält der Rahmen seine *raison d'être* durch seine Funktionalisierung als Verweis auf die entzogene Innerlichkeit, die er in paradoxer Weise bezeichnen soll. Diese Verschränkung bezieht auch den textinternen Perspektivträger ein:

> Même on eût dit parfois qu'elle croyait
> Que tout voulait l'aimer [...]

Die Perspektive auf die Frau („on eût dit“$_9$) korrespondiert jener der Frau auf den Rahmen („elle croyait“$_9$), des Rahmens auf die Frau („tout voulait l'aimer“$_{10}$). Im Spiel der Perspektiven ist ein komplexer Zusammenhang von Rezipient, Gegenstand und Rahmen hergestellt, der selbst als System sinnhafter Substruktionen markiert ist. In der Bild-Rahmen-Konfiguration konvergieren Signifikanten und Signifikate in einem generativen Prinzip der Sinnkonstitution, der sich im Blick des Betrachters herstellt.

Es liegt nahe, den Funktionszusammenhang von Bild und Rahmen als den von signifikanter Materialität und Bedeutung metapoetisch auf das Gedicht selbst zu beziehen. Die ersten Verse des Gedichts mit dem retardierten, erst in V. 6 explizierten Vergleich inszenieren den Text als Ergebnis eines Aktes der Deviation, der rhetorischen Überformung, verstanden als Abweichung von einer ‚natürlichen' Ordnung des Sprechens. Paradoxerweise aber bezeichnet dann gerade die Deviation, ein rhetorisches Verfahren also, das in privilegierter Weise die Sprachlichkeit des Gedichts bewusst macht, eine „parfaite clarté“$_7$, die, nimmt man den Text beim Wort, die *obscuritas* einer dezentrierten Sprachlichkeit meint. Das leere Zentrum erweist sich, semiotisch perspektiviert, als Resultat einer Engführung von rhetorischer Überformung und metaphysischem Transparenzideal in einem Akt der Sinnkonstitution, der das Zeichen auf die eigene Opazität transparent macht, mithin erneut auf die Medialität des Sprachlichen zurückführt.

* * *

Wenn das anschließende Gedicht mit seinem Titel, *Le portrait*, zur Annahme verleitet, dass die in *Le cadre* eröffnete Leerstelle geschlossen werde, so wird diese Erwartung enttäuscht. Ein „portrait“ begegnet hier nur als „blasse“$_8$ Zeichnung:

> LE PORTRAIT
>
> La Maladie et la Mort font des cendres
> De tout le feu qui pour nous flamboya.
> De ces grands yeux si fervents et si tendres,
> De cette bouche où mon cœur se noya,

De ces baisers puissants comme un dictame,
De ces transports plus vifs que des rayons,
Que reste-t-il ? C'est affreux, ô mon âme !
Rien qu'un dessin fort pâle, aux trois crayons,

Qui, comme moi, meurt dans la solitude,
Et que le Temps, injurieux vieillard,
Chaque jour frotte avec son aile rude...

Noir assassin de la Vie et de l'Art,
Tu ne tueras jamais dans ma mémoire
Celle qui fut mon plaisir et ma gloire ![56]

Das barocke *memento-mori*-Motiv setzt Zeitlichkeit mit Todverfallenheit gleich und stellt diese dem Leben – metaphorisch benannt in „feu“$_2$, „yeux“$_3$, „bouche“$_4$, „baisers“$_5$, „transports“$_6$ – gegenüber. Auch die Kunst ist dem *vanitas*-Verdikt unterworfen; allein *memoria*, eine subjektive Dimension des Zeitlichen, verspricht ein Refugium angesichts der zersetzenden Wirkung der Zeit.

Das Gedicht ist die Entfaltung einer räumlich gedachten kryptischen Konfiguration, die dem Ich in Gestalt der verlorenen Geliebten, genauer: ihres Bildes, ein entzogenes Innen einträgt. Dabei geht es keineswegs nur um eine Evokation des zum Klischee erstarrten Topos einer vom Dichter verliehenen Unsterblichkeit. Der emphatisch behaupteten Sterblichkeit der Geliebten steht zwar die nicht minder emphatisch behauptete Unsterblichkeit ihres im Gedächtnis verwahrten Bildes gegenüber. Dass dieses Bild aber gerade *kein* Bild ist, sondern ‚Eigentliches', dies suggeriert der „dessin fort pâle“$_8$, der sich gleichsam zwischen die spatiotemporal verortete Geliebte und ihr Introjekt schiebt und damit der naheliegenden Deutung, man habe es hier mit einer ‚klassischen' Abbild-Urbild-Relation zu tun, eine zweite Lesart zur Seite stellt. Der Status des Gedächtnisbildes bleibt ambivalent: Das Bild$_{13/14}$ erscheint ‚eigentlich' als Geliebte, die Geliebte hingegen ‚eigentlich' als Bild$_8$. Dabei herrscht keine Illusion darüber, was die Konstitution des Anderen im Gedächtnis bestimmt: „Celle qui fut mon plaisir et ma gloire“ erweist die verlorene Geliebte als subjektive Projektion, welche weniger als Repräsentation denn als Figur einer imaginativen Transfigurationsleistung Unsterblichkeit beanspruchen kann.

Worin aber besteht die paradoxe uneigentliche Eigentlichkeit des Introjekts? – Oben wurde die Emphase vermerkt, mit der Sterblichkeit respektive Unsterblichkeit der Geliebten behauptet wird. Erzeugt wird diese freilich in je unterschiedlicher Weise: Anaphorische Wiederholungen$_{2-6}$ inszenieren den Akt des Eingedenkens, der das Sonett eröffnet, als Trauerarbeit; das Ich nimmt Distanz zu der verlorenen Geliebten, bis diese schließlich zum „dessin fort pâle“$_8$ verblasst, das seinerseits dem Tod, nämlich dem Vergessen, anheim gegeben ist. Unsterblichkeit hingegen ist

[56] OC I, 40.

in der Apostrophe an den Tod$_{12-14}$ behauptet. Die Rede des Ich inszeniert sich in ihrer offenkundigen Rhetorizität als uneigentlich und behauptet, gerade darin Index des Eigentlichen, nämlich: Zeitenthobenen, oder, wie das Gedicht behauptet, Unsterblichen zu sein. Die Sprachlichkeit des Gedichts erweist sich hier erneut als Figur des paradoxen Ursprungs einer imaginativen Konstitution von Selbst und Anderem im Symbolischen, das als differenzierendes Prinzip Identität und Alterität setzt. In dieser Konfiguration, in der Zeitlichkeit als Implikat subjekt- und objektkonstitutiver differenzierender Relationierung entworfen ist, ist der performative Akt der Sinnkonstitution selbst als radikal zeitenthoben zu denken, ist unsterblich gerade angesichts der für das Ich behaupteten Sterblichkeit$_{9}$[57].

Un fantôme ist die poetische Reflexion über die in *Un mangeur d'opium* zur Geltung kommenden Prinzipien der Performanz und der Repräsentation und deren Inszenierung als sinnkonstituierendes Prinzip poetischer Rede. Die kryptische Konfiguration aus *Un mangeur d'opium* erfährt hier eine für Baudelaires Werk paradigmatische Adaptation: Die anthropologische Denkfigur einer entzogenen Innerlichkeit wird semiotisch reinterpretiert und avanciert zum zentralen Dispositiv der Textgestaltung. So ist auch *Un fantôme* als ein Beschreiben der Grenze von Imaginärem und Symbolischem lesbar, das die beschriebene Grenze überhaupt erst einschreibt: als Grenze von Sprache und Schweigen, von vorsymbolischer und symbolischer Ordnung, die sich im Akt des Symbolisierens konstituiert.

[57] Zu dieser paradoxen, vergänglichen Ewigkeit s.u., S. 282–291.

4 Strahlen der Kunst, Ruhm des Martyriums. Das Spiel der *imaginatio*

Wenn als Abschluss dieses ersten, der Rekonstruktion einer Poetik der *imaginatio* gewidmeten Kapitels das Prosagedicht *Une mort héroïque* vorgestellt wird, so darum, weil dieser Text gleichsam die Summe von Baudelaires Denken der *imaginatio* enthält. Als *conclusio* des vorliegenden und Auftakt des folgenden Kapitels bietet sich das Gedicht in zweierlei Hinsicht besonders an: Einerseits kommt in ihm die Logik der Repräsentation, die in den kunsttheoretischen und im weiteren Sinne poetologischen Texten Baudelaires unter Rückgriff auf das Paradigma der *imaginatio* verhandelt wird, in ihren vielfältigen Facetten exemplarisch zur Anschauung; und andererseits wird diese Logik einer kritischen Reflexion unterzogen, die – dies sollen die Analysen des folgenden Kapitels zeigen – für die poetischen Texte charakteristisch ist.

Von Interesse für den Fortgang dieser Studie ist der erstgenannte Aspekt insofern, als das Gedicht – expliziter noch als die bislang betrachteten Texte – die im Denken der *imaginatio* thematisch werdende semiotische Konfiguration auf deren anthropologische Fundierung befragt. Es greift dazu auf die Tradition der Seelenallegorie zurück: Inszeniert wird ein Kampf um die Herrschaft im Seelenraum, in dem sich *ratio* und *imaginatio* unversöhnlich gegenüberstehen. Von einem Wechselspiel aus Ermächtigung und Unterwerfung erzählt es, von einer Bezauberung der *ratio* durch das Phantasma und von der Nichtung der *imaginatio* in einem Akt der subjektiven Selbstbehauptung. *Une mort héroïque* eröffnet damit eine Perspektive auf das Vermögen, die zwar im Diskurs der *imaginatio* fest verankert ist, doch in Baudelaires kunstkritischen und im weiteren Sinne poetologischen Schriften nur beiläufig zur Sprache kam: Die prekäre Nähe der *imaginatio* zu Halluzination und Wahnsinn als deren pathogenen Manifestationsformen. Die Janusköpfigkeit der *imaginatio*, die in der Formierung des Diskurses über Jahrhunderte hinweg strukturbildend wirkte, liegt, so zeigt das Gedicht, auch Baudelaires Konzept der *imaginatio* zugrunde: Der Ort der *imaginatio* ist auch für ihn die Grenze von Rationalem und Irrationalem, von Autonomie und Unterwerfung; das Vermögen selbst erscheint als Figur eines Konflikts von *esprit* und *image*[1], der die Gefahr einer Enteignung des Subjekts birgt.

Die Vorgaben, die der anthropologische Diskurs liefert, werden indes durch das Gedicht nicht lediglich evoziert, sondern in zweierlei Hinsicht reinterpretiert. Baudelaires Text profiliert erstens das besondere Verhältnis von *imaginatio* und Zeit: Wenn einerseits das schöpferische Vermögen zu seiner Entfaltung auf die Dimen-

[1] Als Konflikt von „esprit“ und „image“ beschreibt ein 1877 erschienener Text die Pathologie der *imaginatio*; vgl. Joly 1877, 11.

sion der Zeit verwiesen ist, so tritt andererseits Zeit auch erst durch die Tätigkeit der *imaginatio* in Erscheinung. In einer für die Moderne typischen Weise, so ließe sich mit Foucault argumentieren, fallen determinierendes und schöpferisches Prinzip zum unvordenklichen Fundierungsgrund des Subjekts und zum generativen Prinzip der Sinnkonstitution zusammen. Eine solche Konfiguration soll nun aber die Moderne, folgt man *Les mots et les choses*, nicht gedacht haben – wenngleich sie ihr als epistemologisches Substrat zugrunde liegt. Dass sie bei Baudelaire dennoch zur Reflexion gelangt, führt unmittelbar zum zweiten für den Fortgang der Analysen relevanten Aspekt. Mit der Reflexion auf die Paradoxie dieses unvordenklichen Grundes nämlich vollzieht der Text eine Überschreitung der diskursiven Vorgaben der Moderne. ‚Jenseits' der Konfiguration aus Subjekt, Zeit und *imaginatio* wird ein Anderes des Denkens sichtbar – eine Alterität, die sich mit den überkommenen Denkmodellen der Negativität nicht verrechnen lässt. Eine Wende des Denkens, die die Zeit in *imaginatio*, *imaginatio* in der Zeit gründet, lässt eine Sphäre des Sinnes in Erscheinung treten, die sich den Kategorien der Präsenz und der Absenz gleichermaßen verweigert.

Die Analyse des Gedichts versteht sich als Zusammenschau der bislang herausgearbeiteten Elemente einer Poetik der *imaginatio* und als Vorgriff auf die im folgenden Kapitel (Kap. IV) zu profilierende Konfiguration einer reflexiv werdenden *imaginatio*. Neben der Frage nach dem Denken der *imaginatio*, das dem Gedicht zugrunde liegt, gilt ein besonderes Augenmerk auch der Frage nach Darstellungsverfahren eines imaginativen Schreibens. *Imaginatio* ist nämlich nicht lediglich Thema des Gedichts; *imaginatio* geht auch als Dispositiv des Schreibens in dessen textuelle Figuration ein. Neben den poetologischen werden darum auch die poetischen Konkretionen der *imaginatio* zum Gegenstand der Analyse. Die in *Une mort héroïque* entworfene Ästhetik, so lässt sich vorwegnehmen, findet ihren Vollzug in zwei gegenläufigen Verfahren: Einerseits erzeugt der Text durch eine Pluralisierung seiner Bedeutungsebenen ambivalente, ja, widersprüchliche Sinneffekte. Andererseits aber bietet er eine Vielfalt von Bezügen an, die es erlauben, im Akt der Lektüre Kohärenzen zu bilden, ohne dass sich diese allerdings zu einem geschlossenen Entwurf fügen. Quasi kaleidoskopartig bringen Spiegeleffekte semantische Konfigurationen hervor, die jedoch nicht in stabile Sinnentwürfe münden, sondern im Akt der Lektüre immer wieder zu revidieren sind. Sinnpluralisierung und Sinnfixierung erscheinen als konstitutive Aspekte der imaginativen *écriture* Baudelaires: Das Gedicht erschließt sich dem Leser nicht, sondern hält ihn auf Distanz zu einem in ihm niedergelegten Textsinn, ohne sich indes der Möglichkeit zwar temporärer, doch angesichts der Fülle an Bezügen geradezu proliferierender Sinnentwürfe zu verschließen.

4.1 *Un sifflet, rapide comme un glaive.* Phantasmen des Sinnes

Ein Fürst, gottgleicher Herrscher in einem kleinen Staat – „souverain“[2], „jeune[] Néron[]“[3], passionierter Kunstliebhaber[4] und selbst Künstler[5], doch „[a]ssez indifférent relativement aux hommes et à la morale“[6] – ruft seinen Hofnarr Fancioulle auf die Bühne, „[qui] devait jouer l'un de ses principaux et de ses meilleurs rôles“[7]. Diese Rolle spielt der Narr im Angesicht des Todes: ***bouffon*** mit revolutionären Ambitionen, der er ist[8], hat er sich an einer Verschwörung gegen den Fürst beteiligt; Anlass genug für seinen Herrn, ein physiologisches Experiment von eminenter Wichtigkeit durchzuführen:

> [L]e Prince voulait juger de la valeur des talents scéniques d'un homme condamné à mort. Il voulait profiter de l'occasion pour faire une expérience physiologique d'un intérêt *capital*, et vérifier jusqu'à quel point les facultés habituelles d'un artiste pouvaient être altérées ou modifiées par la situation extraordinaire où il se trouvait [...][9].

Das Gedicht nimmt eine im poetischen und poetologischen Werk Baudelaires rekurrente Fragestellung auf: Wie entfalten sich künstlerische Fähigkeiten im Zeichen des Todes? – Sie entfalten sich in äußerster Perfektion:

> Fancioulle fut, ce soir-là, une parfaite idéalisation, qu'il était impossible de ne pas supposer vivante, possible, réelle. Ce bouffon allait, venait, riait, pleurait, se convulsait, avec une indestructible auréole autour de la tête, auréole invisible pour tous, mais visible pour moi, et où se mêlaient, dans un étrange amalgame, les rayons de l'Art et la gloire du Martyre. Fancioulle introduisait, par je ne sais quelle grâce spéciale, le divin et le surnaturel, jusque dans les plus extravagantes bouffonneries[10].

Fancioulles Aufführung subsumiert das Vielfältige – „Ce bouffon allait, venait, riait, pleurait, se convulsait“ – unter die Einheit des Kunstwerks. Über den Gegenstand des Schauspiels allerdings schweigt das Gedicht beharrlich, ja, dieses wird unauffällig als ein *ineffabile* ausgewiesen („je cherche à vous décrire cette inoubliable soirée“[11]). In der Tat wird dem Erzähler – und nur diesem – eine Erleuchtung, wenngleich in ihrer ‚profanen' Variante, zuteil: Der Erfahrung des Schönen beim

2 OC I, 320.
3 OC I, 320.
4 „[A]moureux passionné des beaux-arts“ (OC I, 320).
5 „[V]éritable artiste“ (OC I, 320).
6 OC I, 320.
7 OC I, 320.
8 Vgl. OC I, 319.
9 OC I, 320.
10 OC I, 321.
11 OC I, 321.

Anblick des Meeres vergleichbar, fordert Fancioulles Spiel – „une parfaite idéalisation, qu'il était impossible de ne pas *supposer* vivante, possible, réelle" [Herv. CB] – eine Substruktion von Sein, die dem Imaginären die Bestimmtheit des Realen verleiht. Wenn darum im Fortgang des Textes von einem „paradis excluant toute idée de tombe et de destruction"[12] die Rede ist, so nicht im Sinne einer Transzendenz, auf die das Kunstwerk bezogen wäre, sondern im Sinne eines Index des Vollkommenen, der im – und *als* – Verhüllen des *tremendum* des Todes aufscheint:

> Fancioulle me prouvait, d'une manière péremptoire, irréfutable, que l'ivresse de l'Art est plus apte que toute autre à voiler les terreurs du gouffre ; que le génie peut jouer la comédie au bord de la tombe avec une joie qui l'empêche de voir la tombe, perdu, comme il est, dans un paradis excluant toute idée de tombe et de destruction[13].

Das Geschehen endet für den Narren, wie die Metaphorik der „terreurs du gouffre" schon andeutet, tödlich. Der eifersüchtige Fürst[14], so suggeriert der Text, schickt seinen Pagen aus, das Handwerk des Henkers zu übernehmen; ein Pfiff, „rapide comme un glaive"[15], zerreißt die Luft und Fancioulles Spiel:

> [U]n coup de sifflet aigu, prolongé, interrompit Fancioulle dans un de ses meilleurs moments, et déchira à la fois les oreilles et les cœurs. Et de l'endroit de la salle d'où avait jailli cette désapprobation inattendue, un enfant se précipitait dans un corridor avec des rires étouffés. Fancioulle, secoué, réveillé dans son rêve, ferma d'abord les yeux, puis les rouvrit presque aussitôt, démesurément agrandis, ouvrit ensuite la bouche comme pour respirer convulsivement, chancela un peu en avant, un peu en arrière, et puis tomba roide mort sur les planches[16].

Gleichsam nur geborgt war die durch Fancioulles Kunst erzeugte Wirklichkeit, als Phantasmagorie entlarvt durch eine schlichte Geste des Unglaubens – „une désapprobation inattendue", die nicht nur Ohren und Herzen, sondern zugleich auch Fancioulles Traum zerreißt[17].

[12] OC I, 321.
[13] OC I, 321.
[14] Vgl. OC I, 322.
[15] OC I, 322.
[16] OC I, 322.
[17] Das Gedicht ist im Anhang abgedruckt; s.u., S. 151. – *Une mort héroïque* wurde nicht selten zum Gegenstand der Analyse, wird hier aber erstmals in die Tradition der Imaginationsallegorie gestellt. So interpretiert J. Starobinski das Gedicht als Allegorie der *conditio* moderner Kunst: „bouffon" und „prince" deutet er als Identifikationsfiguren des Künstlers, genauer: als Figuren der beiden von Baudelaire als „qualités littéraires fondamentales" bezeichneten wirklichkeitstransformierenden Prinzipien des *surnaturel* und der *ironie* (Starobinski 1967). Dekonstruktivistische Lektüren valorisieren besonders die autoreflexive Dimension des Textes. Aufschlussreich ist hier der Aufsatz von V. E. Swain, die den durch Fancioulles Tod ver-

Die Pseudologik, mit der der Text den Tod des Helden mit dem Pfiff eines Kindes verknüpft, wird durch die mit dem Pfiff korrelierte Metaphorik hergestellt, die dem Geschehen eine prekäre Plausibilität verleiht: „coup“, „aigu“, „déchirer“, in der Folge auch „rapide comme un glaive“[18] sind allesamt doppeldeutig, denotieren körperliche Verletzungen und meinen doch die Wirkung des körperlosen Pfiffs. Erst vor dem Hintergrund der durch diese Ambivalenz suggerierten Aufhebung des Dualismus von Körper und Geist wird der Tod Fancioulles als Hinrichtung lesbar. Der Text bleibt jedoch uneindeutig, ja, er unterstreicht noch eigens die Offenheit seines Ausgangs: „Le sifflet, rapide comme un glaive, avait-il réellement frustré le bourreau ? Le Prince avait-il lui-même deviné toute l'homicide efficacité de sa ruse ? Il est permis d'en douter“[19]. *Une mort héroïque* schließt mit dem Zugeständnis einer Verstehenskrise[20], die aus dem rätselhaften Tod des Narren erwächst. Das Skandalon dieses Sterbens gab zu den unterschiedlichsten Deutungen Anlass[21]. Bedenkenswert ist der Hinweis Starobinskis auf einen bei Montaigne kolportierten Fall überbordender Imagination, in der ein zum Tode Verurteilter die eigene Hinrichtung imaginativ antizipiert: „Il y en a qui, de frayeur, anticipent la main du bourreau. Et celuy qu'on debandoit pour luy lire sa grace, se trouua roide mort sur l'eschafaut du seul coup de son imagination“[22]. Andererseits wäre für eine referentielle Lektüre die Symptomatik des Schlafwandelns, die ebenfalls in den Wirkungsbereich der *imaginatio* fällt[23], offenkundig ein geeigneterer Bezug: „[I]ls manquent rarement de se tuer“, heißt es in der *Encyclopédie* über plötzlich aus dem Schlaf

ursachten „Legitimierungsnotstand“ als performatives Prinzip der Textkonstitution aufweist, den Text demgemäß als „the representation of the ‚excentricity' of language, its ‚inherent' arbitrariness and its performative function“ deutet (Swain 1982, hier 462). Ergänzend hierzu deutet D. Sanyal den Text als Dekonstruktion eines sich formierenden Diskurses über die Autonomie des Ästhetischen. Poetologische Relevanz erhält diese Forderung nach einem „*impure* poetic space“ ihm zufolge in den Prosagedichten selbst, die als hybrides Genre diese Kontamination vor dem Hintergrund der Großstadterfahrung exemplarisch inszenierten (Sanyal 1999, hier 305). Weniger instruktiv für die hier verfolgte Fragestellung ist hingegen S. Murphys Ausleuchtung des soziokulturellen Hintergrundes, in den das Gedicht gehören mag (Murphy 1996; vgl. auch die Wiederaufnahme des Themas in Murphy 2003, 113–160). Wenig innovativ sind die Ausführungen in Rubin 1985–86, 51–60. Vgl. weiterhin Greiner 1993, 262–267; Labarthe 1999, 404–407. Vgl. zum zentralen Motiv des *bouffon* als spezifisch moderner Figur künstlerischer Selbstauslegung auch die ausführliche Studie Starobinski 1970b; zur Thematik des *comédien* im Kontext der Schriften Baudelaires Chambers 1971, bes. 214–251.

18 OC I, 323.

19 OC I, 323.

20 Vgl. Swain 1982, 453.

21 Vgl. das Résumé Swain 1982, 456–457.

22 Montaigne 1981, 122.

23 Vgl. in der *Encyclopédie*: „[L']imagination échauffée [du somnambule] dirige seul & facilite ses mouvemens“ (Diderot 1778c, 393.

aufgeschreckte Schlafwandler[24]. Von Interesse sind diese Deutungen insofern, als sie die Hinrichtung Fancioulles in den Kontext einer Pathologie der *imaginatio* stellen, deren Grundmotiv, den ‚Schlag eines vernunftlosen Äußeren'[25], der Text entfaltet.

Trotz seiner suggestiven Metaphorik lässt der Text indes eine vereindeutigende Lektüre des Todes Fancioulles nicht zu. Er plausibilisiert vielmehr divergierende Deutungen, die sich nicht zu einer kohärenten Lektüre zusammenschließen lassen. Dabei aktualisiert er geradezu exemplarisch Strategien der Fantastik, eines Genres also, für das eine textuell inszenierte Verstehenskrise definitorisch ist. Die im Text exponierten Ambivalenzen können gemäß der immer noch grundlegenden Definition T. Todorovs als Strategie der Ambiguisierung des Dargestellten mit dem Ziel der Schaffung von Referenzunsicherheit gedeutet werden[26]. So ist die Übergängigkeit von Geist und Materie, die durch die imaginativ-imaginäre Kausalität von Pfiff und Tod suggeriert wird, der Fantastik alles andere als fremd[27]. Sie bringt eine fantastiktypische realistisch-übernatürliche Ambivalenz zur Anschauung, die auf eine referentielle Destabilisierung der Geschehnisse zielt: Es ist unklar, ob für den Tod Fancioulles die quasi pathophysiologische Erklärung einer entfesselten *imaginatio* zu veranschlagen ist – die Rede von der „expérience physiologique"[28] zu Beginn des Gedichts liefert hierfür einen textinternen Bezugspunkt – oder ob Fancioulle als fiktionsintern ‚faktische' Inkarnation eines künstlerischen Ideals mit der „désapprobation"[29] der Zuschauer seine *raison d'être* verliert. Ch. Wehr hat den hier inszenierten fantastischen Grundkonflikt konkurrierender Deutungsmodelle des Wirklichen vor dem Hintergrund der Diskurstheorie Foucaults als Modellie-

24 „[I]l y en a [sc. des somnambules] qui nagent & font des actions très-périlleuses par elle-mêmes, comme de marcher sur le bord d'un toit sans peur, & par-là sans danger ; ils ne risquent que de s'éveiller, & si cela leur arrive, ou par hasard, ou par le secours funeste de quelque personne imprudente, ils manquent rarement de se tuer" (Diderot 1778c, 393); vgl. auch in Meisters *Lettres sur l'imagination*: „On a donc eu raison de dire que la plupart des hommes étoient de vrais somnambules, errans sur les bords d'un abîme, et qu'il seroit, par-là même, fort dangereux de vouloir les réveiller trop brusquement" (Meister 1799, 25–26), und Joly 1877, der den *somnambulisme* als eine Krankheit der spontanen Imagination beschreibt, welche eine Art zweites, aus Bildern bestehendes Leben hervorbringt (vgl. Joly 1877, 29–49).

25 „πληγὴ ἀλόγου ἔξωθεν" (Plotin, *Enneaden* I, 8, 15, 18).

26 Vgl. Todorov 1970, bes. 28–38; zum Begriff der „Referenzunsicherheit" Preisendanz 1992, 119. Auf die Relevanz der Gattungsstrukturen der Fantastik im Werk Baudelaires hat R. Warning aufmerksam gemacht; vgl. Warning 1994. Vgl. zu den Grundmerkmalen der Fantastik auch das prägnante Résumé von R. Lachmann (Lachmann 1995).

27 Todorov zählt diese Übergängigkeit zu den genuin ‚fantastischen' Themen; vgl. Todorov 1970, 119.

28 OC I, 320.

29 OC I, 322.

rung epistemologischer Ambivalenzen der Moderne gedeutet[30]. Dieser Konflikt, so führt er aus, lasse das Subjekt in der von Foucault beschriebenen Duplizität als *souverain soumis* in Erscheinung treten[31]. Die Fantastik inszeniert, anders gesagt, den paradoxen Konstitutionsgrund des Subjekts zwischen den Polen der transzendentalen Konstitution und der empirischen Determiniertheit. Dieser epistemologische Konflikt erfährt nun allerdings in *Une mort héroïque* eine reflexive Brechung. Eine Besonderheit gegenüber den für den ‚typischen' französischen *récit fantastique* festgestellten Gattungsnormen liegt dabei darin, dass die epistemologische Konfiguration im Text auf ihre semiotischen Prämissen hin transparent gemacht wird[32]. Prägnanz gewinnt diese Umcodierung nicht zuletzt aus der Entpersönlichung des subjektiv-innerlichen Moments, für das in den *Fleurs du mal* und in den *Petits poèmes en prose* gewöhnlich das lyrische Ich einsteht; denn nicht Ich und Welt, sondern Fürst und Narr stehen sich gegenüber in diesem Gedicht, das mit Subjektivität zugleich Repräsentation, und zwar als eine agonale Bezogenheit des Identischen und des Nichtidentischen thematisiert: als ein Gefüge aus Macht und Ohnmacht, Transgression und Unterwerfung, dessen Schau-Platz – in shakespeareescher Manier – der Hof des Fürsten, „théâtre [...] pour son génie"[33], ist.

Die Thematik von Souveränität und Unterwerfung ist geradezu aufdringlich präsent in diesem Gedicht. Der Prinz ist per se „souverain"[34], doch zugleich der Macht des *Ennui* wie der *Providence* unterworfen[35], ja, er ist Opfer seiner „sensibilité [qui] le rendait [...] plus cruel et plus despote que tous ses pareils"[36]. Sein Narr, „*voué[] par état* au comique"[37] [Herv. CB], ist Untergebener nicht nur des Prinzen,

[30] Vgl. Wehr 1997, 14–38.

[31] Vgl. Wehr 1997, 77–85.

[32] Mit ‚typisch' ist hier gemeint: den von Todorov und Wehr herausgearbeiteten Gattungsnormen entsprechend. Damit ist nicht gesagt, dass sich die in *Une mort héroïque* erreichte Reflexionsstufe nicht auch in anderen fantastischen Erzählungen ausmachen ließe; die im Anschluss an die Hoffmann-Rezeption beliebten Künstlernovellen, etwa Gautiers *Onuphrius*, weisen naturgemäß ein hohes Maß an Selbstreflexivität auf.

[33] OC I, 320.

[34] OC I, 320.

[35] „[I]l ne connaissait d'ennemi dangereux que l'Ennui"; „L'imprévoyante Providence avait donné à celui-ci des facultés plus grandes que ses Etats" (OC I, 320). Mit ‚Ennui' und ‚Providence' sind zwei Tiefenmächte benannt, deren Omnipräsenz im Werk Baudelaires nicht eigens herausgestellt werden muss. Man denke nur an das Eingangsgedicht der *Fleurs du mal*, *Au lecteur*, das die Macht des *ennui* paradigmatisch formuliert: „Quoiqu'il ne pousse ni grands gestes ni grands cris, / Il ferait volontiers de la terre un débris / Et dans un bâillement avalerait le monde"$_{33-35}$ (OC I, 6).

[36] OC I, 319–320.

[37] OC I, 319.

sondern zugleich der „idées de patrie et de liberté“[38], die sich „despotisch“[39] seiner bemächtigen und selbst noch den Versuch einer Revolution als blanken Determinismus stigmatisieren. Und auch Fancioulles künstlerische Realisierung menschlicher Freiheit, die dem Revolutionär Fancioulle versagt bleibt, lässt allenfalls eine Inversion der Machtverhältnisse in den Bereich des Möglichen rücken: „Tout ce public, si blasé et frivole qu'il pût être, ***subit bientôt la toute-puissante domination*** de l'artiste“[40] [Herv. CB]. Vor diesem Hintergrund erhält auch die auffallende Abwesenheit des Eigennamens Signifikanz: Im Machtgefüge der Repräsentation konstituieren sich die Elemente gleichsam nur als *personae*. Der Fürst als oberster Repräsentant der Ordnung wird allein mittels Periphrasen näher bezeichnet, bleibt aber namenlos; Fancioulle hingegen ist zwar durch seinen Namen hinreichend individualisiert, doch wird gerade vor diesem Hintergrund auch die Ausblendung dieses quasi ‚individuellen' Moments signifikant[41]. Allein als Kunstwerk und als konspirierender „gentil[]homme[] mécontent[]“[42] behält Fancioulle seinen Namen als Index eines unverfügbar Individuellen[43]. Der Text entwirft ein Universum aus Symbolen, in dem alles bis hin zur rhetorischen Überformung des Textes durch die Erzählerstimme[44] auf den *re*-präsentierenden Charakter der Repräsentationen ver-

38 „[B]ien qu'il puisse paraître bizarre que les idées de patrie et de liberté s'emparent despotiquement du cerveau d'un histrion, un jour Fancioulle entra dans une conspiration formée par quelques gentilshommes mécontents“ (OC I, 319).

39 OC I, 319.

40 OC I, 322.

41 „Mais pour les *personnes vouées par état au comique*, les choses sérieuses ont de fatales attractions, et, bien qu'il puisse paraître bizarre que les idées de patrie et de liberté s'emparent despotiquement du cerveau d'un *histrion*, un jour Fancioulle entra dans une conspiration formée par quelques gentilshommes mécontents“ (OC I, 319); „Le *sieur* Fancioulle excellait surtout dans les rôles muets ou peu chargés de paroles“ (OC I, 321); „Tout ce public, si blasé et frivole qu'il pût être, subit bientôt la toute-puissante domination de *l'artiste*“ (OC I, 322); „[Le prince] applaudissait ostensiblement les talents de *son vieil ami*, *l'étrange bouffon*, qui bouffonnait si bien la mort“ (OC I, 322) [alle Herv. CB].

42 OC I, 319.

43 „Fancioulle devait jouer l'un de ses principaux et de ses meilleurs rôles“ (OC I, 320); „Fancioulle fut, ce soir-là, une parfaite idéalisation“ (OC I, 321); „Fancioulle introduisait, par je ne sais quelle grâce spéciale, le divin et le surnaturel, jusque dans les plus extravagantes bouffonneries“ (OC I, 321); „Fancioulle me prouvait [...] que l'ivresse de l'Art est plus apte que toute autre à voiler les terreurs du gouffre“ (OC I, 321).

44 Vgl. nur etwa die exuberante Verwendung topischer Epitheta zur Erzeugung von Evidenz – so etwa „œil clairvoyant“ zur Bezeichnung des Erzähler-Ich (OC I, 323) –, die Personifizierung von „Ennui“ und „Providence“ (OC I, 320), die metaphorische Umschreibung der Eigennamen, etwa „hommes de bien“ (OC I, 319); „individus d'humeur atrabilaire“ (OC I, 319); „jeunes Nérons“ (OC I, 320); „esprits superficielles“ (OC I, 319), schließlich die Antithetik, die teils lediglich *ornatus*-Funktion hat – „le grand jour arrivé, cette petite cour déploya toutes ses pompes“ (OC I, 320–321), teils im Sinne des oben skizzierten

weist. Das Jenseits der Zeichenwelt aber bleibt entzogen: Der Fürstenhof wird zum Ort einer problematischen Lesbarkeit, der den Blick des textinternen Perspektivträgers an die Grenzen des Deutbaren führt. Ihm, dem zum „œil clairvoyant“[45] stilisierten Chronisten, kommt die Lektüre der Ereignisse am Hof zu. Das Gesicht des Fürsten, die Physiognomie des Pagen, sein eiliges Verschwinden: All dies wird ihm zum deutungswürdigen Zeichen und zum Movens einer Deutungsarbeit, mittels derer Leerstellen – genauer: die Frage nach Motiv und Agens der Hinrichtung – aufzufüllen sind:

> Cependant, pour un œil clairvoyant, son ivresse, à lui [sc. du Prince], n'était pas sans mélange. Se sentait-il vaincu dans son pouvoir de despote ? humilié dans son art de terrifier les cœurs et d'engourdir les esprits ? frustré de ses espérances et bafoué dans ses prévisions ? De telles suppositions non exactement justifiées, mais non absolument injustifiables, traversèrent mon esprit pendant que je contemplais le visage du Prince, sur lequel une pâleur nouvelle s'ajoutait sans cesse à sa pâleur habituelle, comme la neige s'ajoute à la neige[46].

> A un certain moment, je vis Son Altesse se pencher vers un petit page, placé derrière elle, et lui parler à l'oreille. La physionomie espiègle du joli enfant s'illumina d'un sourire ; et puis il quitta vivement la loge princière comme pour s'acquitter d'une commission urgente[47].

> Quelques minutes plus tard un coup de sifflet aigu, prolongé, interrompit Fancioulle dans un de ses meilleurs moments, et déchira à la fois les oreilles et les cœurs. Et de l'endroit de la salle d'où avait jailli cette désapprobation inattendue, un enfant se précipitait dans un corridor avec des rires étouffés[48].

Une mort héroïque ist eine Allegorie des Lesens. Ostentativ verweist der Text auf eine sinnkonstituierende Macht der Zeichen, deren Lesbarkeit prekär, deren Bedeutung entzogen bleibt; und so konstatiert die Erzählerstimme – mit Bezug auf den Fürsten, doch für den Text paradigmatisch – resignierend: „[A]u-delà, existait-il dans son âme une intention plus ou moins arrêtée de clémence ? C'est un point qui n'a jamais pu être éclairci“[49]. Der Text entwirft ein zeichenhaftes Universum, in dem sich die symbolische Ordnung des Identischen *durch* und *gegen* das Nichtidentische konstituiert. Dabei herrscht keine Illusion darüber, ob im Zeichen ein Individuelles zur Präsenz gebracht werden könnte; zwischen Zeichen und Bezeichnetem liegt eine Differenz, die jede Überschreitung der Physis zum ungesicherten Lektüreakt werden lässt. Mehr noch: Ein Innen der Bedeutung, auf die hin die sig-

fantastischen Grundkonflikts zur Ambiguisierung des Dargestellten beiträgt – „Le Prince n'était ni meilleur ni pire qu'un autre ; mais une excessive sensibilité le rendait, en beaucoup de cas, plus cruel et plus despote que tous ces pareils“ (OC I, 319–320).

45 OC I, 323.

46 OC I, 322.

47 OC I, 322.

48 OC I, 322.

49 OC I, 320.

nifikante Materialität der Zeichen zu überschreiten wäre, wird ihm zutiefst fragwürdig. Doch vor dem Hintergrund dieser unaufhebbaren und als unaufhebbar gewussten Differenz zeichnet sich im Gedicht die Unhintergehbarkeit des Sinnes ab. Als Aufscheinen des Nichtidentischen in der symbolischen Ordnung erweist dieser sich als deren Anderes, das in ihr als Mysterium zur Geltung kommt. Die Vorbereitungen zur Feierlichkeit können als *mise en abyme* dieses für Baudelaire zentralen Poetologems gelesen werden:

> Enfin, le grand jour arrivé, cette petite cour déploya toutes ses pompes, et il serait difficile de concevoir, à moins de l'avoir vu, tout ce que la classe privilégiée d'un petit Etat, à ressources restreintes, peut montrer de splendeurs pour une vraie solennité. Celle-là était doublement vraie, d'abord par la magie du luxe étalé, ensuite par l'intérêt moral et mystérieux qui y était attaché[50].

Das ironische Spiel mit dem Wahrheitsbegriff dekonstruiert das repräsentationistische Modell und macht es auf seine Prämissen transparent. „[V]raie", das zunächst lediglich der expressiven Verstärkung dient, erweist sich als eine Wahrheit, die nicht aus einer Entsprechung von *res* und *verba*, sondern aus einem performativen Akt der Sinnstiftung erwächst: Wahrheit kommt der Feierlichkeit durch die Magie des „luxe étalé" und durch einen „intérêt moral et mystérieux [...] attaché" zu, mithin durch eine Geheimnishaftigkeit, die sich auf eine zweifache Performanz – *étaler* und *attacher* – gründet. Als Reflexion auf die Deutungsarbeit des Lesens lässt sich der Hinweis auf die Doppelbödigkeit der Wahrheit, die sowohl die konkrete Gegenständlichkeit als auch einen abstrakten „intérêt moral" repräsentiert, lesen. Und kommt dieser Wahrheit Ostentation im Sinne Benjamins zu[51], so ist doch das ‚Mysterium', das in den magisch-geheimnisvollen „splendeurs" des betont kleinen Hofs, einem gleichsam nach Größe ringenden Zwergstaat, liegt, deutlich positiv konnotiert, ja, ruft sogar mit dem „il serait difficile de concevoir"[52] den Undarstellbarkeitstopos auf, der alsbald bei der Aufführung Fancioulles als „je cherche à vous décrire cette inoubliable soirée"[53] ein Echo findet. Die Dekonstruktion des repräsentationistischen Modells behauptet mithin nicht schon ein Scheitern des Bedeutens. Sie gibt den Blick frei auf das Mysterium menschlicher Schöpferkraft, ein ‚magisches' Potential der Zeichen-Schöpfung, das dem „luxe" ebenso wie dem „intérêt moral", den materiellen und den geistigen Schöpfungen, zukommt.

50 OC I, 320–321.

51 Ostentation fasst Benjamin als Charakteristikum des barocken Trauerspiels und als zentrales Moment eines melancholischen, d.h. differentiellen Darstellungsmodus: „[Den Trauerspielen] eignet eine gewisse Ostentation. Ihre Bilder sind gestellt, um gesehen zu werden, angeordnet, wie sie gesehen werden wollen" (Benjamin 1991b, 298).

52 OC I, 321.

53 OC I, 321.

Eine komplexere Perspektivierung erhält die Reflexion auf die Prämissen der Repräsentation indes in der Meta-Repräsentation, die in Fancioulles Theaterspiel inszeniert ist. Als zeichenhafte Repräsentation eines Arkanum – „représent[ation] symbolique[] [du] mystère de la vie“[54] – erfährt der Chronist die Aufführung Fancioulles, und die latente *contradictio in adiecto* ist wiederum Auftakt einer Dekonstruktion repräsentationistischer Prämissen. In aufwendigen Formulierungen umkreist das Gedicht ein Unsagbares, das den performativen Akt des Repräsentierens selbst meint:

> Quand on dit d'un comédien : « Voilà un bon comédien », on se sert d'une formule qui implique que sous le personnage se laisse encore deviner le comédien, c'est-à-dire l'art, l'effort, la volonté. Or, si un comédien arrivait à être, relativement au personnage qu'il est chargé d'exprimer, ce que les meilleures statues de l'Antiquité, miraculeusement animées, vivantes, marchantes, voyantes, seraient relativement à l'idée générale et confuse de beauté, ce serait là, sans doute, un cas singulier et tout à fait imprévu. Fancioulle fut, ce soir-là, une parfaite idéalisation, qu'il était impossible de ne pas supposer vivante, possible, réelle [...]. Fancioulle introduisait, par je ne sais quelle grâce spéciale, le divin et le surnaturel, jusque dans les plus extravagantes bouffonneries[55].

Fancioulle ist eine „parfaite idéalisation“, die auf eine „idée [...] de beauté“ bezogen ist: Was auf den ersten Blick wie ein Rückgriff auf platonisierende Schemata wirkt, ist bereits Ergebnis ihrer Reinterpretation. Denn der Abschnitt vollzieht in extremer Verdichtung eine Inversion des anzitierten Modells. Dementiert wird dieses schon durch die indistinkte „idée confuse“ des Schönen, zeichnet sich doch das Schöne in platonisierender Tradition gerade durch seine Klarheit aus. Auch die „statue animée“ entspricht nicht dem Modell, bedenkt man, dass in ihr die zeitenthobene „idée de beauté“ durch das Werden kontaminiert ist. Wenn aber Bedeutung solchermaßen aus transzendenten Garantien entlassen ist, so kann das Ereignis des Sinnes als profane Erleuchtung vor Augen treten: als Alteritätserfahrung, die in der Immanenz der Zeitlichkeit deren Anderes zur Geltung bringt – im „Martyrium“ die „Strahlen der Kunst“ aufscheinen lässt[56].

4.2 *Les terreurs du gouffre.* Zeit und *imaginatio*

Die Logik der Repräsentation, die Baudelaires Text zur Geltung bringt, ist, wie eingangs angedeutet, im Gedicht anthropologisch begründet. Prinz und Narr sind unschwer als Figurationen von *ratio* und *imaginatio* erkennbar, die einander in einer allegorischen Seelenlandschaft als Figuren des agonalen Verhältnisses von

[54] OC I, 321.
[55] OC I, 321.
[56] Vgl. OC I, 321.

Identischem und Nichtidentischem gegenübertreten. Auf die Relevanz eines allegorischen Referenzsystems für die Deutung des Prosagedichts hat zuerst J. Starobinski aufmerksam gemacht. Er interpretiert den Text als allegorische Inszenierung eines subjektiven Innenraums, der die Beziehung dreier Ich-Instanzen – *bouffon*, *Prince* und Chronist – modelliert[57]. Diese grundlegende Bestimmung lässt sich mit Blick auf die im Rahmen dieser Studie konturierte Tradition der Imaginatonsallegorie noch präzisieren: Die Personifikationsallegorien *Ennui* und *Providence*, doch auch die Polysemie des Begriffs „faculté"[58], besonders aber die Doppeldeutigkeit des Begriffs „âme" – als „âme curieuse et malade"[59] wird der Fürst bezeichnet – lassen das Gedicht als Inszenierung einer Seelenlandschaft[60], das dargestellte Geschehen als Psychomachie erscheinen. So liegt es nahe, in den konspirierenden „gentilshommes mécontents"[61] Figuren jener „Mächte des Unbewussten"[62] zu sehen, die Baudelaires Aneignung der Allegorie, wie H. R. Jauß zeigte, auf den Plan ruft. Auch das Paar aus Fürst und Narr trägt unverkennbar die Züge von *ratio* und *imaginatio*. Schon Fancioulles Name lässt das englische *fancy* und die französische *fantaisie* anklingen; wichtiger ist indes, dass der Text in der Figur des *bouffon* eben jene Ambivalenzen inszeniert, die der *Salon de 1859* der Königin der Fähigkeiten zuschreibt. Wenn die Autonomie der *imaginatio* gegenüber der *ratio* dort eher harmlos wirkt, so offenbart sich in *Une mort héroïque* die Gefahr, die dem Subjekt aus einer Machtergreifung der *imaginatio* erwächst. *Imaginatio* ist zwar dem Subjekt untergeordnet, doch verfügt sie über eine Eigendynamik, die die zentrierende Funktion der *ratio* in Frage stellt. So akzentuiert der Text bereits zu Beginn die Analogien zwischen Fürst und Narr und lässt den Narr eher als Doppelgänger denn als groteskes Komplement[63] des *souverain* in Erscheinung treten: Beide sind Melancholiker und teilen neben ihrer melancholietypischen Exzentrik auch die mit der Melancholikerfigur verknüpfte Exzellenz. Das Verhältnis der Protagonisten erweist sich denn auch als Konkurrenzverhältnis: Fancioulles *bouffonnerie* übt eine „toute-puissante domination"[64] auf seine Betrachter aus, eine Allmacht, die in deutlicher Opposition zu der in ihrer Reichweite eingeschränkten Macht des Fürsten steht. In ironischer Doppeldeutigkeit kommentiert der Text: „L'imprévoyante

[57] Vgl. Starobinski 1967, bes. 406–409. Vgl. auch Labarthe 1999, 58.

[58] OC I, 320.

[59] OC I, 320.

[60] Als Seelenlandschaften hat zuerst G. Hess die Landschaften der *Fleurs du Mal* gedeutet (vgl. Hess 1953).

[61] OC I, 319.

[62] Jauß 1979, 695.

[63] So Starobinskis Deutung (vgl. Starobinski 1967, 403).

[64] OC I, 322.

Providence avait donné à celui-ci [sc. au Prince] des facultés plus grandes que ses États“[65].

Will man nun in Fancioulle eine Objektivierung der dezentrierenden *imaginatio* sehen, so eröffnet diese keineswegs, wie etwa die *reine des facultés*, einen Raum schöpferischer Freiheit, in dem sich das Subjekt providentieller Notwendigkeit entziehen könnte. Sie erweist sich im Gegenteil als eine das Subjekt determinierende, seine Autonomie gefährdende Macht. Im Rückgriff auf die Allegorie modelliert das Prosagedicht den „anthropologischen Zirkel“, den Ch. Wehr aus dem „aporetischen Widerspiel von transzendentaler Konstitution und empirischer Determination“[66] hergeleitet hat: einen Modus subjektiver Selbstentäußerung, der sich in der Hingabe an *imaginatio* schicksalhafter Determination entzieht und sich doch gerade darin wieder determinierenden Mächten ausgeliefert sieht. So ist die Geschichte der *imaginatio* zugleich die Geschichte des modernen Subjekts, und Fancioulles Schauspiel lässt sich als Inszenierung einer Selbstsetzung des Lebens, vergleichbar etwa der imaginativen Selbstüberschreitung Renés im Zuge seines nächtlichen *redoublement*[67], verstehen – nicht zufällig ist von einer „représent[ation] symbolique[] [du] mystère de la vie“[68] die Rede. Das Gedicht erzählt von der Gestaltwerdung des Imaginären, von seiner Enthebung aus unverfügbarer Kontingenz, die sich als Wunder des Sinnwerdens zumindest im Blick des Chronisten erweist. Im Blick der *ratio* hingegen wird *imaginatio* zum Index eines dem Subjekt eigenen, doch unverfügbaren Grund, wenn sich Fancioulle als Figur der ‚Mächte' des Unbewussten aus der Mitte der „gentilshommes mécontents“ erhebt, um sie zu distanzieren und ihnen dabei doch zugleich erst eine Gestalt zu verleihen.

Wenn *imaginatio* als Figur einer subjektiven Selbstsetzung in Erscheinung tritt, so kommen in ihr nicht allein die Aporien moderner Subjektivität zur Geltung, sondern zugleich auch jene, die der Repräsentation unter diesen Bedingungen eignen müssen. Der Text bringt hier das Denken der *imaginatio* zu einer Prägnanz, die sich in den Prosatexten nicht findet: Repräsentation entwirft er als eine Bezauberung durch ein Phantasma, dessen magisches Potential darin liegt, dass es den Betrachter seine Bindung an die Bedingungen der Zeit vergessen lässt. Eben darum kann es Wahrheit stiften: Denn die Illusion eines stabilen Sinnes ist nur dann möglich, wenn die Instabilität des Grundes, auf dem sich die phantasmatischen Entwürfe entfalten, nicht zur Reflexion gelangt. Doch das Phantasma ist prinzipiell einer doppelten Perspektivierung zugänglich. Wenn das Vergessen der Differenz im Blick des Betrachters zur Illusion eines stabilen Sinnentwurfs führt, so verweist ihr Eingedenken das Subjekt auf einen unverfügbaren Grund – und auf

[65] OC I, 320.
[66] Wehr 1997, 79.
[67] S.o., S. 138.
[68] OC I, 321.

das sinnkonstitutive Ereignis seiner Enthebung aus diesem Grund, das keiner metaphysischen Rückversicherung zur Disposition steht. So offenbart sich in *imaginatio* eine konstitutive und offenkundig als fatal empfundene Instabilität nicht nur des Subjekts, sondern auch der subjektiven Repräsentation der Wirklichkeit. Betrachtet man, wie diese Instabilität näher begründet wird, so zeichnet sich eine besondere Facette in Baudelaires Aneignung des Themas ab: Wenn nämlich *imaginatio* die ‚Strahlen der Kunst' und den ‚Ruhm des Martyriums' vereint, so als Figur einer Überschreitung der Natur *und* einer mit der Überschreitung gleichursprünglichen Todverfallenheit. Der Ausgang aus ursprünglicher Ungeschiedenheit, der die imaginäre Evokation vom Imaginären distanziert, meint zugleich einen Eintritt in die Ordnung der Zeit, genauer: Die Überschreitung selbst treibt als Setzung einer Differenz unweigerlich eine als Todverfallenheit zu verstehende Zeitlichkeit hervor. So erweisen sich in *Une mort héroïque* das Gestaltwerden des Imaginären und eine Distanznahme, die eine temporäre Fixierung von Sinn erlaubt, als aufeinander verwiesene Aspekte einer und derselben trennend-verbindenden Bewegung. *Imaginatio* und Zeit treten zu einem in der Selbstkonstitution des Subjekts beschlossenen unvordenklichen Ermöglichungsgrund der Figuren des Sinnes, damit *auch* der Figur des Subjekts, zusammen.

Die Bezogenheit von Zeit und *imaginatio* bedarf als beosndere Konstante in Baudelaires Denken der *imaginatio* einer näheren Betrachtung. Die Zeit erhält in *Une mort héroïque* eine eigene Figur: Sie ist im Henker Fancioulles verkörpert. Über diese Figur wurde, wenn es nicht gänzlich aus den Interpretationen ausgeblendet wurde, viel spekuliert: Ist der Page „innocent? pervers? ou simplement obéissant?"[69]. Auch Starobinskis Hinweis auf den Parallelismus zwischen Page und *bouffon* erleichtert nicht eben die Deutung der Figur[70]. Erhellend sind aber Baudelaires eigene Bemerkungen über das Kind. Er bedenkt es in seinen Schriften mit ambivalenten Zuschreibungen, hinter denen obstinat die Vorstellung eines in ihm inkarnierten präreflexiven, ja animalischen ‚Außerhalb' diskursiver Formationen sichtbar wird: „l'enfant voit tout en nouveauté"[71], heißt es paradigmatisch in *Le peintre de la vie moderne*: Die Wahrnehmung des Kindes ist nicht vorgeprägt durch diskursive Schemata. Es kann darum zur Figur eines unvordenklichen Ineinsfallens von Welt und subjektiver Wahrnehmung werden. „[L]e génie n'est que l'*enfance retrouvée* à volonté"[72], heißt es im Fortgang des angeführten Zitats: Mit diesem Hinweis auf die ‚geniale' Gabe, eine kindliche Fähigkeit zur Entgrenzung in den Dienst einer künstlerisch-reflexiven Aneignung der Wirklichkeit zu

69 Starobinski 1967, 408.

70 ‚Fancioulle', vermerkt er, ist die französische Variante des italienischen *fanciullo*, „petit garçon" (Starobinski 1979, 255).

71 *Le peintre de la vie moderne*, CE 462.

72 *Le peintre de la vie moderne*, CE 462.

stellen, entwirft Baudelaire das Verhältnis von *génie* und *enfant* als Analogon des Verhältnisses von *ratio* und *imaginatio*. *Enfant* und *imagination* erscheinen damit als austauschbare Elemente einer und derselben Denkfigur, die sich der Rätselfrage einer Einheit aus sinnzerstörender Entgrenzung und sinnstiftender Begrenzung annimmt. Wenn nun im „théâtre [...] pour son génie"[73] auch der Fürst, will er sein *ingenium* nicht preisgeben, eines ihm willfährigen Vollstreckers bedarf, so erweist sich das Kind als das der *ratio* unterworfene Pendant einer in Fancioulle figurierten entfesselten *imagination passive*; seine Intervention bezeichnet die Ablösung einer passiv erlittenen zugunsten einer aktiv gesteuerten *imagination*, damit auch die Abwendung drohenden Selbstverlusts an *imaginatio*. Wenn diese der Macht des Souveräns zu unterstehen scheint, so ist sie freilich kategorial der durch Fancioulle figurierten präsemantischen Dimension semiotischen Vollzugs zugeordnet: In einer aufs Äußerste reduzierten symbolischen Handlung, die der schweigenden Darstellung Fancioulles ein asemantisches Komplement zur Seite stellt, übereignet das Kind die imaginäre Evokation der Nichtung. Drastisch führt der Pfiff die performative Kraft einer den Sinn fundierenden Performanz vor Augen: Ein gleichsam aller Semantizität entleertes Semiotisches bricht ein in das Spiel Fancioulles, entlarvt es als Spiel und verunmöglicht es damit.

Dass die Zeit hier als Korrelat der in Fancioulle figurierten *imaginatio* erscheint, fügt der Verschränkung von imaginativem Entwurf und Zeit eine weitere Facette hinzu. Bedenkt man nämlich die von Starobinski vermerkte Familienähnlichkeit zwischen Fancioulle und dem Kind, bedenkt man also, dass Fancioulle in der Figur des Kindes, das Kind wiederum in der Figur Fancioulles eine Spiegelung erfährt, so rückt diese reziproke Bezogenheit den *bouffon* als Figur der Zeit, das Kind hingegen als Figur der *imaginatio* in den Blick. In verwirrender Weise ist der Doppelfigur von Tod und *imaginatio* die Differenz, die sie trennt, noch einmal eingeschrieben: *Imaginatio*, das Prinzip der Bild-Häufung, erscheint hier *zugleich* als Prinzip der Zerstörung, wie auch der Tod als Figur der Zerstörung *zugleich* Prinzip der Fügung ist. *Bouffon* und Page sind mithin nicht einfach Figuren zweier komplementärer Prinzipien der Sinnkonstitution – des Imaginären und der Zeit –, sie sind zugleich Figuren des Ineinsfallens dieser Prinzipien, die deren Unterscheidbarkeit dementiert und damit das in ihnen figurierte Modell der Sinnkonstitution als ein paradoxes Ineins von Trennung und Verbindung in Frage stellt.

Erst aus dieser gegenseitigen Abschattung, die *imaginatio* als Figur der Zeit, Zeit als Figur der *imaginatio* in Erscheinung treten lässt, rückt die Möglichkeit eines Jenseits noch der phantasmatischen Entwürfe in den Blick. Wie diese Denkfigur in Baudelaires Werk näher begründet wird, ist noch genauer zu betrachten[74]. Vorerst soll die Feststellung genügen, dass dieses Jenseits nicht – in romantischer

[73] OC I, 320.

[74] S.u., Kap. I.

Manier – als Ursprung entworfen wird. Es ist vielmehr im Diesseits je schon präsent. Im Gedicht ist es durch einen Abgrund figuriert, der zum Grund der imaginativen Sinnstiftung gewendet wird. Denn Fancioulles Double, das „joli enfant“[75], erweist sich als Herrscher über einen Abgrund gleich jenem, der den *bouffon* verschlingt: „[U]n enfant *se précipitait* dans un *corridor* avec des rires étouffés [...]“[76] [Herv. CB]. Im lachenden Kind erhält ein ‚Anderes' eine Figur, das im Abgründigen selbst seinen Grund ausfindig zu machen versteht. Fancioulles Abgrund indes erweist sich in dieser Perspektive als eine selbst schon imaginäre Setzung, die das *incitamentum* für die von Fancioulle vollzogene melancholische Semiose abgibt. Die Bewegung der Dekonstruktion, vermittels derer der Text die Differenz von Zeichen und Bezeichnetem herausstellt, erfasst hier auch *imaginatio* selbst: *Imaginatio* erscheint selbst schon als phantasmatisch konstituiert; aber gerade *als* Phantasma soll sie den Blick freigeben auf ein Anderes des Denkens, das in ihr zur Anschauung kommt.

Besondere Beachtung verdient in diesem Kontext der Chronist, die dritte Ich-Instanz des Seelenraums. Ist die subjektive Selbstkonstitution in der Doppelkonfiguration aus Fürst und Narr als Dialektik von Selbstentäußerung und Selbstbewahrung angesichts einer Ordnung des Identischen entworfen, so ist im Chronist eine Überschreitung des agonalen Bezugs inszeniert, wenngleich nicht repräsentationistisch aufgelöst. Im Schreiben des Erzählers erhält die Reflexion auf die Prämissen der Repräsentation eine letzte *mise en abyme*. Mit zitternder Feder will dieses Ich seine Trauer den Buchstaben einschreiben, um die Materialität des Mediums zum unmittelbaren Ausdruck des subjektiven Gefühls werden zu lassen: „Ma plume tremble, et des larmes d'une émotion toujours présente me montent aux yeux pendant que je cherche à vous décrire cette inoubliable soirée“[77]. Die zitternde Feder bezeichnet die Denkfigur einer im Akt des Schreibens sich enthüllenden Verhüllung des Schreckens. Erneut ist hier eine Koinzidenz von Zeichen und Bezeichnetem insinuiert; und zugleich ist das Scheitern des Schreibaktes in seinem Bestreben nach Unmittelbarkeit inszeniert, ist die hier intendierte Unmittelbarkeit doch durch die Selbstidentität des gedruckten Buchstaben als Wiederholung des Immergleichen verunmöglicht. In dieser Konstellation avanciert die Schrift zur Negativdarstellung ihres Anderen. Dabei ist es gerade eine sie auszeichnende besondere Positivität[78], ihre ostentative Materialität, die sie gleichsam prädestiniert,

75 OC I, 322.

76 OC I, 322.

77 OC I, 321.

78 Die Positivität, die der Schrift gegenüber den anderen Künsten eignet, hebt Baudelaire in seinem Wagner-Aufsatz hervor: „Dans la musique, comme dans la peinture et même dans la parole écrite, qui est cependant le plus positif des arts, il y a toujours une lacune complétée par l'imagination de l'auditeur“ (*Richard Wagner et Tannhäuser*; CE 694).

in selbstwidersprüchlichen Figuren die Kluft von Zeichen und Bezeichnetem offen zu halten, um in ihr das ‚Mysterium' des Sinnwerdens *als* Mysterium zu inszenieren.

4.3 Alteritätserfahrung als Paradigma ästhetischer Erfahrung

Une mort héroïque modelliert eine Krise der Repräsentation und bietet vor diesem Hintergrund eine doppelte Perspektivierung der Sinnkonstitution. Einerseits erfolgt Sinnbildung über temporäre Entwürfe, denen, insofern sie einen Index der Zeitlichkeit tragen, der Verweis auf einen negativen Grund eingeschrieben ist. Andererseits ist aber das scheiternde Zeichen gerade im Scheitern zugleich Ausdruck, und zwar Ausdruck der es fundierenden Negativität, als deren Teilhaberin das Kunstwerk sich im Leseblick des Betrachters erweist.

Diese doppelte Perspektivierung resultiert aus einer gleichermaßen doppelten Perspektivierung der Zeit, die einerseits den Tod als totale Desintegration des Subjekts bezeichnet, andererseits – bedenkt, man, dass das tödliche Schauspiel zugleich die Darstellung eines „mystère de la vie"[79] ist – in ihm die Bedingung eines in emphatischem Sinne verstandenen Lebens sucht. Ästhetische Erfahrung wird als ein Bewusstsein der Differenz und eine gleichzeitige Einsicht in deren sinnkonstitutive Funktion modelliert; dem Kunstwerk wird einmal mehr angetragen, eine paradoxe Einheit von Identität und Differenz zur Anschauung zu bringen.

Eine solche Objektivierung, so ließe sich einwenden, muss allerdings das Andere des Kunstwerks zwangsläufig verhüllen. Es drängt sich die Frage auf, wie dieses zum Ort einer (Negativ-)Darstellung des Nichtidentischen werden kann. Dieser per se nicht zu beantwortenden Frage trägt der Text in zweierlei Hinsicht Rechnung: zum einen thematisch mit einer Verortung ästhetischer (Differenz-)Erfahrung im Blick des Betrachters; zum anderen mittels Strategien der Sinnkonstitution, die das Kunstwerk auf den Akt seiner Schöpfung transparent machen. Zum ersten:

> Ce bouffon allait, venait, riait, pleurait, se convulsait, avec une indestructible auréole autour de la tête, auréole invisible pour tous, mais visible pour moi, et où se mêlaient, dans un étrange amalgame, les rayons de l'Art et la gloire du Martyre [...].
> Tout ce public, si blasé et frivole qu'il pût être, subit bientôt la toute-puissante domination de l'artiste. Personne ne rêva plus de mort, de deuil, ni de supplices. Chacun s'abandonna, sans inquiétude, aux voluptés multipliées que donne la vue d'un chef-d'œuvre d'art vivant. Les explosions de la joie et de l'admiration ébranlèrent à plusieurs reprises les voûtes de l'édifice avec l'énergie d'un tonnerre continu. Le Prince lui-même, enivré, mêla ses applaudissements à ceux de sa cour[80].

[79] OC I, 321.
[80] OC I, 321–322.

Wenn das frivole Publikum Fancioulle in seinen Traumschlaf folgt, so muss dies vor dem Hintergrund der Bemerkung, eine solche dem Bewusstsein entzogene Transfigurationsleistung sei geradezu ‚unkünstlerisch' – blende sie doch das Artifizielle und mit ihm „l'effort"[81] und „la volonté"[82] aus – als eine Negierung ästhetischer Erfahrung gelten. Ästhetische Erfahrung, so wird hier behauptet, ist nicht an die Immanenz des Werks gebunden, sondern konstituiert sich erst im Blick des Betrachters – als paradoxe Erfahrung eines ereignishaften Sinnwerdens unter den Bedingungen der Zeitlichkeit. Das Bewusstsein des Betrachters von der Differenz künstlerischer Sublimierung und unkünstlerischer Natur wird dabei als *conditio sine qua non* des ästhetischen Vollzugs entworfen. „[L]'art est le seul domaine spirituel où l'homme puisse dire: ‚Je croirai si je veux, et, si je ne veux pas, je ne croirai pas'"[83], heißt es im *Salon de 1859* – und andererseits in *De l'essence du rire*: „[L]'artiste n'est artiste qu'à la condition d'être double et de n'ignorer aucun phénomène de sa double nature"[84]. Kunst ist nicht mimetische Abbildung der Abgründigkeit der *conditio humana*; sie avanciert vielmehr im Blick des Betrachters zu deren Index, die deren Doppelbödigkeit als ästhetische Differenz reproduziert und damit den Möglichkeitsraum einer imaginativen Selbstvergewisserung im Modus des ‚Als ob' eröffnet. So ist denn auch das „mystère de la vie" in ihr nicht der Erkenntnis preisgegeben, sondern tritt im Gegenteil als Mysterium in Erscheinung. Das künstlerisch inszenierte Mysterium erweist sich als Ort eines sich entziehenden Unsagbaren[85].

Wie inszeniert indes der Text die so konzipierte Sinn-Schöpfung? – Gerade der oben formulierte Vorbehalt, dass das Kunstwerk stets nur als ein Sistieren des Werdens denkbar ist, wirft die Frage nach Strategien auf, die diese notwendige Verdichtung zum Bild auf eine sie gründende Performanz der Zeichen-Schöpfung transparent machen können. Es ist fast schon müßig, auf die häufig diskutierten Verfahren aufmerksam zu machen, die in der Suspendierung heteroreferentieller Bezüge ein leeres Zentrum der Dichtung Baudelaires organisieren, damit zugleich die sinnerzeugende Bewegung der Semiose in den Blick rücken. So wurde die „literarische Erinnerung"[86] – die Intertextualitätsrelation, die Baudelaires Lyrik zu Prätexten etwa aus dem Kontext des Petrarkismus unterhält – als kardinales Dispositiv der Darstellung einer Koinzidenz des Identischen und seines Anderen im

81 OC I, 321.
82 OC I, 321.
83 *Salon de 1859*, CE 331.
84 *De l'essence du rire*, CE 263.
85 Vgl. zum Geheimnis als immanentem Ort der Transzendenz Assmann/Assmann 1998.
86 Warning 1997, 141.

Kunstwerk herausgestellt[87]. Sie impliziert eine Vervielfachung der den Text konstituierenden Sinnhorizonte und damit eine Dezentrierung des textuellen Sinnentwurfs, die den ambivalenten Status des poetischen Textes zwischen *repraesentatio* und *imaginatio* reproduziert. Mit J. Kristeva kann sie als Index einer die poetische Rede fundierenden *négativité* gedeutet werden[88]. Gerade *Une mort héroïque* führt exemplarisch diese der Intertextualität zugesprochene Funktion vor. Das Gedicht nimmt innerhalb der *Petits poèmes en prose* eine exzentrische Position ein. Es referiert, anders als die Mehrzahl der Prosagedichte, auf eine aus raumzeitlichen Bezügen enthobene Vergangenheit, die sich weniger über konkrete denn über mythische und literarische Referenten konstituiert: So ruft die Konstellation von (melancholischem) Prinz und Narr unweigerlich das Shakespeare-Drama auf; auch Horaz, Bandello, Montaigne, Hoffmann und Poe wurden als Referenten erwogen[89]. Dabei sind die intertextuellen Bezüge selbst Funktionen elementarer mythischer Konstellationen, die dem Text einen Deutungshorizont vorgeben[90].

In analoger Weise wären auch die rhetorischen Verfahren zu interpretieren, die der Text verschwenderisch ins Werk setzt. Unabhängig von den jeweiligen konkreten Funktionszuschreibungen, die solche Verfahren repräsentationistisch legitimieren, erzeugen diese, wie die Intertextualitätsrelation, eine „ständige Umpolung der Referenz von der je evozierten Gegenständlichkeit oder Befindlichkeit auf andere Texte"[91], rücken also die Instabilität des textuellen Sinnentwurfs ins Licht und bringen dessen referentielle Unhintergehbarkeit zur Reflexion.

Als zentrales Verfahren der Sinnpluralisierung ist schließlich die Allegorie zu nennen. Dieser kardinale Tropus der Lyrik Baudelaires verdient mit Blick auf die

87 Vgl. Warning 1997. Die Intertextualitätsrelation, so erläutert Warning, ermögliche ein Aufscheinen eines ‚éternel' im ‚fugitif', jener Figuration also, unter der Baudelaire im Guys-Essai die Konvergenz der beiden Pole zu denken sucht; s.o., S. 197–204.

88 „Dans cette perspective, il est clair que le signifié poétique ne peut pas être considéré comme relevant d'un code unique. Il est le lieu de croisement de plusieurs codes (au moins deux) qui se trouvent en relation de négation par rapport à l'autre" (Kristeva 1969, 194); vgl. Warning 1997, 117.

89 V. E. Swain etwa hat darauf hingewiesen, dass die Frage nach der Reue des Prinzen („Regretta-t-il [...] Fancioulle ? Il est doux et légitime de le croire", OC I, 323) das Diktum des „Dulce et decorum est pro patria mori" (Horaz, *Oden*, III, 2.13, in: Horace 1959, 97) anzitiert, um es einer ironischen Brechung zu unterziehen (Swain 1982, 461). Vgl. zu den Referenten Bandello und Montaigne Starobinski 1979, 251–259. Sanyal verweist auf Parallelen zu Poes Erzählung *Hop-Frog* (Sanyal 1999, 311).

90 Die menschliche Auflehnung gegen die Götter und der Mythos des Götterneides ließen sich als zugrunde liegende mythische Konfigurationen erwägen, die mit Prinz und Narr eine für die Neuzeit paradigmatische Besetzung erfahren. Zu letzterer vgl. W. Benjamins Trauerspielbuch, in dem der Fürst als „Paradigma des Melancholischen" entworfen wird; drastisch veranschauliche er durch sein Unterworfensein unter die Melancholie die „Gebrechlichkeit der Kreatur" (Benjamin 1991b, 321).

91 Warning 1997, 119.

Fragestellung dieser Studie eine eingehendere Betrachtung. Als Modus einer auf Ostentation semiotischer Differenz bedachten Sinnstiftung rückt die Allegorie, wie Forschungsbeiträge der letzten Jahre immer wieder herausstellten, eine Nachträglichkeit von Bedeutung in den Blick. Ihr eignet, wie zuerst Benjamin im Anschluss an Hegel herausgestellt hat, ein Index der Differenz, ohne den die Deutungsarbeit des Lesers, der den *sensus litteralis* auf einen *sensus allegoricus* zu überschreiten hat, nicht denkbar wäre[92]: Die Allegorie ist weniger „Konvention des Ausdrucks" als „Ausdruck der Konvention", wie er pointiert formulierte[93]. Das Verfahren der Allegorisierung in der Lyrik Baudelaires wurde unter dieser Perspektive häufig zum Gegenstand der Untersuchung[94]. Dass auch Baudelaire die poetologische Relevanz der Allegorie in der ihr eignenden Differentialität begründet sieht, hat er selbst öfter unterstrichen. So beschreibt er die Allegorie im *Salon de 1859* gemeinsam mit der Metapher und dem Vergleich als einen Modus der Semantisierung, mittels dessen aus einer „masse suggestive", einer gleichsam nach Entäußerung drängenden chaotischen Mannigfaltigkeit, ein genuin menschlicher sinnhafter Kosmos, ein zeichenhaftes Universum nämlich, zu entwerfen ist:

> Je sais bien que l'imagination humaine peut, par un effort singulier, concevoir un instant la nature sans l'homme, et toute la masse suggestive éparpillée dans l'espace sans un contemplateur pour en extraire la comparaison, la métaphore et l'allégorie[95].

Im Blick des Betrachters konstituiert sich die Allegorie als Wahrnehmungsrelation, die gleichsam figürlicher „Extrakt" aus einer unstrukturierten Mannigfaltigkeit des Gegebenen ist. In der modernen Kunst ist die Allegorie darum privilegierter Ort eines poetischen *dégagement*, wie Baudelaire mit Blick auf die von ihm allerdings wenig geschätzten Werke des *art philosophique* zugesteht. Ein „caractère poétique, vague et confus" ist hier der gleichsam unbeabsichtigte Nebeneffekt allegorischer Deutungsarbeit:

> Il faut, dans la traduction des œuvres d'art philosophiques apporter une grande minutie et une grande attention ; là les lieux, le décor, les meubles, les ustensiles […], tout est allégorie, allusion, hiéroglyphes, rébus.
> […] les accessoires s'offrent, non pas avec un caractère littéral et précis, mais avec un caractère poétique, vague et confus, et souvent c'est le traducteur qui invente les intentions[96].

[92] *Locus classicus* ist Quintilians *Institutio oratoria*. Sie beschreibt die Allegorie als eine Figur des Doppelsinns, der, mit Benjamin gesprochen, Ostentation ihrer Ambivalenz eignet: „Allegoria […] aliud uerbis, aliud sensu ostendit" (Quintilian, *Institutio oratoria*, VIII, 6, 44, in: Quintilian 1970b, 472).

[93] Benjamin 1991b, 351.

[94] An erster Stelle ist einmal mehr W. Benjamin zu nennen (vgl. bes. Benjamin 1991c). Vgl. auch die grundlegenden Betrachtungen in Jauß 1979 und Warning 1994, sowie die groß angelegte literarhistorisch orientierte Studie Labarthe 1999.

[95] *Salon de 1859*, CE 370.

Im Verfehlen klarer Distinktionen eines „caractère littéral et précis" gründet für Baudelaire die besondere Poetizität der Allegorie. Ihr eignet eine semantische *obscuritas*, die sie in die Nähe der Hieroglyphe und des Rebus stellt: In einer dialektischen Bewegung des Enthüllens und Verbergens exponiert sie ihren Doppelsinn und bleibt dabei doch bedeutungsmäßig unbestimmt, so dass die Allegorese gerade auch in jenen Werken, die einen „caractère [...] précis" intendieren, zu imaginativen Projektionen des „traducteur" Anlass gibt. Der Akt der Deutung wird zum kreativen Akt der Sinnstiftung, die Allegorie indes erscheint als ein Tropus, der Eindeutigkeit konterkariert und noch gegenüber seinem Schöpfer die Bedeutungsoffenheit des Sprachlichen behauptet. Nicht die Entzifferung vorgegebener Bedeutungen, sondern die Produktion von Bedeutung im Akt der *traduction* ist in ihr beschlossen; damit ist eine Unhintergehbarkeit des Zeichens ins Werk gesetzt, die den Mythos eines präsenten, sinnerfüllten Zeichens dementiert, den Betrachter selbst zur sinnstiftenden Instanz einsetzt. Die Allegorie avanciert zu einem Index der Nachträglichkeit von Sinn: nicht als „caractère littéral et précis" eines transparenten Zeichens, sondern als „caractère poétique, vague et confus", der – produktionsästhetisch – als Ergebnis der imaginativen Tätigkeit des Künstlers zu deuten ist, rezeptionsästhetisch gewendet hingegen eine imaginative „Konjektur" ins Werk setzt, die Baudelaire als Telos poetischer Rede entwirft[97].

Nicht zuletzt aufgrund der Vieldeutigkeit des Allegorischen, die jegliche Tendenz der Sprache auf Eindeutigkeit konterkariert, hat H. R. Jauß die Valorisierung der Allegorie bei Baudelaire als Versuch der Freisetzung eines ästhetischen Potentials bestimmt, das sich der Entbindung der Sprache aus Referenzbezügen verdankt. Wohl mit Blick auf Benjamin, der seinerseits den Goetheschen Symbolbegriff als Kontrastbegriff der Allegorie heranzieht[98], bemerkt er, eine hierarchische, symbolische Ordnung der Dinge werde bei Baudelaire mit dem Rückgriff auf die Allegorie verabschiedet zugunsten einer horizontalen – und, so könnte man hinzu-

96 *L'art philosophique*, CE 507–508.

97 „[C]e mot conjecture [...] sert à définir, passablement, le caractère extra-scientifique de toute poésie [...] Raconter en vers les lois connues, selon lesquelles se meut un monde moral ou sidéral, c'est décrire ce qui est découvert et ce qui tombe tout entier sous le télescope ou le compas de la science, c'est se réduire aux devoirs de la science et empiéter sur ses fonctions, et c'est embarrasser son langage traditionnel de l'ornement superflu, et dangereux ici, de la rime ; mais s'abandonner à toutes les rêveries suggérées par le spectacle infini de la vie sur la terre et dans les cieux, est le droit légitime du premier venu, conséquemment du poète, à qui il est accordé alors de traduire, dans un langage magnifique, autre que la prose et la musique, les conjectures éternelles de la curieuse humanité. En décrivant ce qui est, le poète se dégrade et descend au rang de professeur ; en racontant le possible, il reste fidèle à sa fonction ; il est une âme collective qui interroge, qui pleure, qui espère, et qui devine quelquefois" (*Victor Hugo*, CE 740–741).

98 Bei Baudelaire selbst findet sich diese explizite Differenzierung zwischen Symbol und Allegorie nicht.

fügen: heterarchisch-imaginativen – Bewegung der Aisthesis. Als Figur der Differenz ist die Allegorie zentrales Requisit eines poetischen Konterdiskurses, wie er sich, folgt man M. Foucault, im 19. Jahrhundert formiert. R. Warning hat dies am Beispiel des Prosagedichts *Le crépuscule du soir* demonstriert[99]: Als Preisgabe romantischen Korrespondenzdenkens bestimmt er hier die durch die Allegorie betriebene Dekonstruktion einer symbolischen Ordnung, die eine Vermittlung von Ich und Welt intendiere[100]; in dieser Bewegung aber trete die Allegorie als „leere[s] Zentrum des supplementären Spiels der Perspektiven und Relationen"[101] in Erscheinung. Eine Verschränkung von Sein und Bewusstsein im Sinne des klassisch-aufklärerischen Transparenzideals suggeriert die durch die Allegorie ins Werk gesetzte Deutungsarbeit gerade nicht mehr: Sie gibt sich vielmehr als „invention", als schöpferischer Akt der Sinnstiftung, und damit als Index semiotischer Differenz zu erkennen. Allerdings ist, so ließen sich Warnings Überlegungen mit Drügh ergänzen, die allegorische als ostentativ uneigentliche Rede mit dem Hinweis auf ihre semantische Beliebigkeit in ihren semiotischen Implikationen nicht hinreichend erfasst. Allegorien sind nicht allein Manifestationen, sondern zugleich Reflexionsfiguren des Uneigentlichen. Sie verweisen gerade durch ihre Konventionalität darauf, „dass sich Sinn *nur* in Figuren der Trennung, in bewusstseins- und zeichenkonstitutiven Spaltungen, manifestieren kann, nie aber in Synthesen, die alle Spuren des Getrennten beseitigen wollen"[102]. So wird die Spur einer primären Differenz in der Allegorie lesbar: nicht als gescheiterte Repräsentation, wie sich in Anknüpfung an W. Benjamin sagen ließe, sondern als repräsentiertes Scheitern.

* * *

Imaginatio erwies sich in den vorangehenden Kapiteln in ihren vielfältigen Varianten – als Prinzip künstlerischer Gestaltung oder performativer Bewusstseinskonstitution, als Vermögen der Überschreitung ontosemiotischer Differenz, als Schöpferin eines ‚univers de signes' und als kreativer Garant einer Lesbarkeit der Dinge – als Figur eines kritisch werdenden Verhältnisses von Welt und Selbst. Ihre Inthronisation zur Königin der Vermögen ist an das Bewusstsein des zeichenhaften Charakters der dem Menschen gegebenen Wirklichkeit gebunden. *Imaginatio*

99 Vgl. Warning 1994, 606–607.

100 Warning 1994, 603.

101 Warning 1994, 608. Warning verknüpft die Allegorie, ähnlich wie Benjamin, mit einem problematisch werdenden Zeitbewusstsein, das er als Differenzierungskriterium romantischen und modernen Dichtens in Anschlag bringt: „Der Ablösung des [romantischen] Korrespondenzgedankens durch die Allegorie entspricht die Substitution von Selbstpräsenz durch ein emphatisches Zeitbewusstsein [...] In ihrem Bezug auf diese temporalisierte Innerlichkeit ist die Allegorie wesentlich supplementär" (Warning 1994, 603–604).

102 Drügh 2000, 28.

avanciert in diesem Kontext zur herausragenden Reflexionsfigur des Übergangs eines der diskursiven Ordnung Entzogenen in eine Ordnung der Diskurse und fungiert, insofern sie den Prozess subjektiver Semiose fokussiert, als Schema moderner Subjektivität und literarischer Repräsentation gleichermaßen.

Wenn *imaginatio* als performatives Prinzip der Gestaltung zeichenhafter Zusammenhänge zum Grundprinzip des subjektiven Bewusstseins wie auch der ästhetischen Schöpfung avanciert, so ist ihre Kehrseite ein Verlust von Selbst und Welt, mithin eine Preisgabe des ‚Eigentlichen' an die Uneigentlichkeit des phantasmatischen Entwurfs. Repräsentation, dies wird in Baudelaires Anverwandlung des Konzepts deutlich, ist nicht ohne Verluste zu haben. Er betrifft sowohl das Zeichen als auch das von ihm Repräsentierte: Repräsentation vergegenwärtigt das Abwesende im Gegenwärtigen, das im Zuge dessen seines Eigenwerts beraubt und zur signifikanten Materialität herabgestuft zu werden droht. Umgekehrt erhält das Abwesende im Gegenwärtigen eine ihm fremde Gestalt, die dessen Wesen verfehlen mag.

Wenn Zeichen und Repräsentiertes in eine Relation treten, so ist ihre Bezugsetzung darum eine Darstellung ihrer Differenz. Tritt diese ins Bewusstsein, so kann sie als Verlust an Unmittelbarkeit, an Wahrheit oder an Sein beklagt oder aber als Anlass zu imaginativen Grenzüberschreitungen begrüßt werden; stets aber wirft sie die Frage auf, wie das Abwesende im Zeichen zu einer Gegenwart gelangen kann. Baudelaires Denken der *imaginatio* kreist um diese Frage. Das Ewige und das Neue, das Erhabene, das Schockierende – um eine von W. Benjamin besonders hervorgehobene Schlüsselkategorie des ästhetischen Denkens Baudelaires zu nennen –, schließlich die Melancholie werden in Baudelaires Dichtung zu kardinalen Figuren einer im Kunstwerk erfahrbaren Differenz. Sie bezeichnen zugleich die Autonomie der von ihnen zum Vorschein gebrachten Sphäre des Sinnes, die als eine von der Ebene der Prädikation kategorial verschiedene Sphäre der Medialität um so deutlicher hervortritt, je weniger der Gehalt des Werks repräsentationistisch abgesichert ist.

Doch kann diese Evidenz des Sinnes nicht zum Garant einer im Kunstwerk zur Darstellung gebrachten Sinntotalität gewendet werden. Im Paradigma der Erhabenheit wird die Fiktion eines Absoluten, im Paradigma der Melancholie die Fiktion eines Ursprungs dekonstruiert. Vordergründig – und insbesondere mit Blick auf die kunsttheoretischen Schriften – scheint diese Bewegung der Dekonstruktion in *imaginatio* zu einem Stillstand zu gelangen. In Gestalt der *imaginatio* ist dem Subjekt ein entzogenes Innen eingetragen, das als Figur eines Anderen des modernen Subjekts am Ursprung des Bedeutens stehen soll. Betrachtet man indes die poetische Modellierung in *Une mort héroïque*, so wird deutlich, dass die dekonstruktive Bewegung, die in den Paradigmen Melancholie und Erhabenheit den imaginären Charakter des Eigentlichen zum Vorschein brachte, auch *imaginatio* selbst erfasst. In *Une mort héroïque* erweist sich *imaginatio* als selbst schon phantasmatisch konstituiert: Sie erscheint als Figur eines Anderen, auf das sie verweist, ohne mit ihm indes zusammenzufallen.

Wenn die hier entworfene semiotische Konfiguration die Prämissen repräsentationistischer Entwürfe dekonstruiert und die Möglichkeit stabiler Sinnentwürfe dementiert, so ist in ihr doch eine gegenläufige Tendenz erkennbar, die die Möglichkeit des Sinnes, wenngleich in seiner ‚profanen' Variante, affirmiert. Das Unendliche im Endlichen, das Ewige im Zeitlichen, das Erhabene im Kreatürlichen indizieren als Figuren der Differenz zugleich eine Alterität, welche im Kunstwerk quasi als eine in der Immanenz konfigurierte Transzendenz zur Geltung kommt: als Erfahrung des Werdens von Sinn abseits metaphysischer Begründungsinstanzen, oder, mit Benjamin gesprochen: als profane Erleuchtung. Wenn Baudelaires Denken der *imaginatio* ‚melancholisch' ein leeres Zentrum symbolischer Ordnungen in den Blick nimmt, das eine Koinzidenz von Zeichen und Bezeichnetem zum unerreichbaren Gegenstand des Begehrens werden lässt, so hat es andererseits die Unhintergehbarkeit dieser Erfahrung zu bedenken.

Baudelaires Poetik der *imaginatio* ist eine Poetik der Negativität, die die Pole von *imaginatio* und Tod auseinanderhält, um in der Auslotung ihrer Kluft ein Movens der eigenen poetischen Rede zu suchen. Wenn *imaginatio* gemäß der berühmten Definition aus dem *Salon de 1859* als Vermögen der Auffindung von Analogien und Metaphern, ja, als Vermögen der Synthese und der Analyse entworfen wird, so scheint eine Anknüpfung an Imaginationskonzepte aus dem 18. Jahrhundert unübersehbar[103]. Doch die Korrelierung von *imaginatio* und Tod lässt diese vordergründige Zuordnung prekär erscheinen; und eine genauere Betrachtung des poetischen Werks zeigt, dass Baudelaire im Kontext seiner Poetik immer wieder ausgreift auf die ‚Rätselfrage', wie ein unvordenkliches Zusammenfallen beider Pole zu denken sei.

[103] Auf diesen Bezug macht P. Geyer aufmerksam (Geyer 1997, 35, Anm. 59).

IV IMAGINATIONEN DES ENDES. GEDICHTANALYSEN

Serré, fourmillant, comme un million d'helminthes,
Dans nos cerveaux ribote un peuple de Démons,
Et, quand nous respirons, la Mort dans nos poumons
Descend, fleuve invisible, avec de sourdes plaintes[1].

Dass Kunst nichts anderes sein kann als die Einschreibung einer Differenz, die mit der Konstituierung des ästhetischen Raumes die Präsenz ihres Referenten sowohl setzt als auch verfehlt, ist eine Denkfigur, die sich der Dichtung Baudelaires wie keine zweite einprägt. *Une mort héroïque* inszeniert paradigmatisch diese Verschränkung von Position und Negation in der Konstituierung des Kunstwerks: Die künstlerische Schöpfung vollzieht sich hier im Zeichen des Endes, das zur Figur einer ereignishaften Enthebung von Sinn aus einer präreflexiven, unbegrifflichen und Ich-freien Dynamik des *penser* avanciert. Wenn die Valorisierung des Endes auf den ersten Blick wie eine Reprise romantischer Topoi erscheint[2], so erweist sich jedoch seine Erhebung zum künstlerischen Gestaltungsprinzip als eine Besonderheit der Baudelaireschen Poetik, die geeignet ist, deren Spezifität gegenüber der Romantik kenntlich zu machen. Wo nämlich die romantischen Entwürfe aus ihren Szenarien des Endes die Verheißung einer neuen Welt ausklammern[3], eine ästhetische Verklärung des Endes nur zögernd unternehmen[4], ja, sich „als Apokalypse ohne Metaphysik, als Entschleierung des Nichts"[5] verstehen, will Baudelaire gerade

1 *Au lecteur*, OC I, 5.
2 Vgl. zur literarischen Modellierung des Endes in der Romantik Koppenfels 1991.
3 Vgl. Koppenfels 1991, 245.
4 Vgl. Koppenfels 1991, 247. Koppenfels verweist auf Coleridges *Ancient Mariner* (1797), der nach der Ausfahrt ans äußerste Ende der Welt und der alptraumhaften Erfahrung eines „*life in death*" „gleichsam als *revenant*" in die Alltagswelt zurückkehre, dessen Überleben also weniger die Erfüllung einer Verheißung als eine Perpetuierung des Endes darstellt.
5 Koppenfels 1991, 248.

das apokalyptische Zerreißen des letzten Schleiers zum Prinzip ästhetischer Schöpfung wenden[6].

Als apokalyptische Konfiguration wurde eine solche Verschränkung von Anfang und Ende beschrieben[7]. Fragt man, wie sie im Werk Baudelaires zur Anschauung kommt, so stößt man auf eine unüberschaubare Zahl von Bildern. „C'est Elle! noire et pourtant lumineuse"$_{14}$[8], heißt es in *Les ténèbres*. Das Oxymoron des ‚schwarzen Glanzes' ist die Erzeugungsformel für eine Fülle von Bildern, die der Denkfigur des Anfangs im Ende eine Anschauungsform verleihen. Als ‚düstere Flamme'$_{7}$ erscheint sie in *La géante*[9]; als ‚Tête-à-tête sombre et limpide'$_{33}$ in *L'irrémédiable*[10]; als Unentscheidbarkeit von ‚schwarzem Abgrund'$_{9}$ und ‚Sternenhimmel'$_{9}$ in *Hymne à la Beauté*[11]; als ‚flammende' schwarze Augen$_{9/10}$ in *Sed non satiata*[12]. Nicht zuletzt die ‚Strahlen der Kunst' und der ‚Ruhm des Martyriums' aus *Une mort héroïque* gehören in dieses Bildfeld[13]. Die Relevanz der apokalyptischen Denkfigur für Baudelaires Werk wurde häufig vermerkt. „Baudelaire a ranimé la grande idée sacrificielle inscrite dans la poésie. Il a inventé, lorsque Dieu pour beaucoup avait cessé d'être, que la mort peut être efficace. Qu'elle seule réformera l'unité de l'homme perdu"[14], schreibt Y. Bonnefoy in seinem Essai über die *Fleurs du mal*. Als Prinzip der Entfremdung, als Ursprung einer als Todverfallenheit bestimmten Zeitlichkeit liegt für Baudelaire, folgt man Bonnefoy, im Tod die Verheißung, eine ursprüngliche Einheit wiederzuerlangen. Wenn Bonnefoy diese besondere Semantisierung des Todes aber als Aktualisierung einer die Lyrik quasi seit ihren Anfängen prägenden „idée sacrificielle" entwirft, so überspielt er die Paradoxie, die in Baudelaires Versuch liegt, dem Tod die Möglichkeit des Neuen abzugewinnen. Dieser Aspekt ist in den Studien, die sich dem Motiv des

6 Diesen Aspekt übersieht Koppenfels allerdings in seinem notwendig kursorischen Durchgang durch die apokalyptischen Entwürfe Baudelaires; vgl. Koppenfels 1991, 249–250.

7 Die apokalyptische Konfiguration eines Anfangs im Ende und deren Relevanz für die moderne Poetologie hat M. Moog-Grünewald an den Beispielen Baudelaires und Mallarmés herausgestellt (vgl. Moog-Grünewald 2002b). Vgl. allgemein zur Denkfigur der Apokalypse auch den von ihr und V. Olejniczak Lobsien herausgegebenen Sammelband: *Apokalypse – der Anfang im Ende* (Moog-Grünewald/Olejniczak Lobsien 2002).

8 OC I, 38.

9 OC I, 22.

10 OC I, 80.

11 OC I, 24.

12 OC I, 28.

13 OC I, 321.

14 Bonnefoy 1980, 48. In ähnliche Richtung zielt eine Bemerkung von J. Prévost: „L'idée de la mort, sur laquelle se ferment les Fleurs du Mal, reste pour le poète plus réelle et plus religieuse que celle même de Dieu" (Prévost 1953, 123–124).

Todes im Werk Baudelaires widmen, allgemein wenig beleuchtet[15]. Dennoch ist er erklärungsbedürftig, will man die Denkfigur des Anfangs im Ende nicht schlicht als ein utopisches Begehren deuten, das darauf zielt, eine unaufhebbare – und als unaufhebbar gewusste – Kontingenz ästhetisch zu transzendieren.

Schon die Rekurrenz des Bildes legt eine besondere Bedeutung der Denkfigur innerhalb des Werks nahe. Ihre zahlreichen Varianten lassen zumindest zwei Grundfiguren erkennen. Erstens kann der Tod als zentrierendes Moment des Lebens oder aber – ästhetisch – des Kunstwerks aufgerufen werden. Der Tod tritt dann gleichsam als neue Transzendenz in Erscheinung: Durch die imaginative Antizipation des Endes sieht sich das subjektive Bewusstsein auf sein Anderes verwiesen, genauer auf die Möglichkeit, ein Anderes überhaupt nur denken zu können. Die Formulierung knüpft absichtsvoll an Kants Definition des Erhabenen an[16]: Der Tod erscheint in dieser Perspektive als Figur eines Unverfügbaren, das *im* Denken als dessen Jenseits präsent ist und als solches eine zentrierende Funktion entfalten kann. Im letzten Gedicht der ersten Ausgabe, *La mort des artistes*, ist das Motiv in dieser Weise funktionalisiert. Das Bild der ‚neuen Sonne' erscheint hier quasi als poetologische Summe der *Fleurs du mal*:

LA MORT DES ARTISTES

Combien faut-il de fois secouer mes grelots
Et baiser ton front bas, morne caricature ?
Pour piquer dans le but, de mystique nature,
Combien, ô mon carquois, perdre de javelots ?

Nous userons notre âme en de subtils complots,
Et nous démolirons mainte lourde armature,
Avant de contempler la grande Créature
Dont l'infernal désir nous remplit de sanglots !

Il en est qui jamais n'ont connu leur Idole,
Et ces sculpteurs damnés et marqués d'un affront,
Qui vont se martelant la poitrine et le front,

15 Die Bezugsetzung von ästhetischer Schöpfung und Tod im Werk Baudelaires wird hier zwar zumeist erwähnt, doch argumentativ nicht näher begründet; vgl. etwa Eigeldinger 1973, und allgemein zum Motiv des Todes im Werk Baudelaires die materialreiche Studie von J. E. Jackson (Jackson 1982). Der Tod, so seine These, figuriert in den *Fleurs du mal* als einheitsstiftendes Prinzip der poetischen Rede und als Modus des Selbstbezugs (vgl. ibd., 14), der in einer – nicht weiter explizierten – Verschränkung von Tod und Eros fundiert sei (vgl. ibd., 16). Wenig überzeugend ist die abschließende psychoanalytisch orientierte Applikation des Todesmotivs auf die Biographie Baudelaires (ibd., 125–141).

16 Vgl. Kant, *Kritik der Urteilskraft*, B 92; zum Erhabenen s.o., Kap. III.2.

> N'ont qu'un espoir, étrange et sombre Capitole !
> C'est que la Mort, planant comme un soleil nouveau,
> Fera s'épanouir les fleurs de leur cerveau ![17]

Kunst als Mimesis am Tod: dieser Modus des Mimetischen, den Th. W. Adorno als einzig möglichen der Kunst konzedierte[18], scheint in diesem Gedicht exemplarisch eingefordert. Das zumal in der französischen Romantik rekurrente Bild der schwarzen Sonne[19] erfährt in Baudelaires Gedicht eine für seine Poetik bezeichnende Transformation zum „soleil nouveau“$_{13}$: Dass ästhetische Schöpfung im Zeichen des Todes möglich ist, ja, dass in ihm überhaupt erst deren Möglichkeitsbedingung zu finden sein könnte, ist im Gedicht die Hoffnung derjenigen Künstler, die das Telos mimetischer Kunst, die Schau eines (freilich schon zum bloßen „Idole“$_{9}$ profanierten) Ideals, nicht erreichen können. Dass eine solche Schöpfung aber in der Tat möglich geworden *ist*, suggeriert die Anspielung auf den Titel der Sammlung, „les fleurs de leur cerveau“$_{14}$. Im Zeichen der Endlichkeit menschlicher Existenz sollen sich die von der „neuen Sonne“$_{13}$ hervorgebrachten „Blumen“$_{14}$ entfalten: Der Tod tritt als neue Transzendenz an die Stelle eines von der Sonne konnotierten höchsten Seins. Seine Prägnanz bezieht das Bild des erloschenen Gestirns aus den gegenstrebigen Konnotationen der Sonne als dem Urgrund des Seienden und des Todes als Figur einer als Todverfallenheit verstandenen Zeitlichkeit: Gerade die Zeit als Instanz, die die Substantialität des Seienden aushöhlt und Sinntotalität negiert, ist als Prinzip ästhetischer Sinnstiftung aufgerufen. Das aus metaphysischer Rückbindung entlassene Kunstwerk entsteht, so legt der Vergleich nahe, aus dem Bezug auf eine Leere, die sich am Ort des Seinsgrundes öffnet. Die Verabschiedung transzendenter Sinngarantien gibt ästhetische Schöpfung nicht schon frei auf ein beliebiges Spiel der Zeichen, sondern postuliert mit dem Bild der „neuen Sonne“$_{13}$ ein irreduzibles Zentrum der identifikatorischen Teilhabe noch an der Abwesenheit, der sie sich verdanken soll[20].

[17] OC I, 127. Zuerst erschienen 1851 (*Le Messager de l'Assemblée*).

[18] Vgl. Adorno 2003b, 38–39 und 201–202.

[19] Vgl. nur, in Anknüpfung an Dürers *Melencolia I*, den „*soleil* noir“$_{4}$ in Nervals Sonett *El Desdichado* (Nerval 1966, 693). In direktem Bezug zu Baudelaires Gedicht steht E. A. Poes Erzählung *The Conversation of Eiros and Charmion* (1839), wo das Bild der schwarzen Sonne bereits eine Umdeutung zur apokalyptischen Konfiguration einer angesichts des Endes gesteigerten Intensität des Lebens erfährt – ohne dass dabei allerdings, wie bei Baudelaire, die Denkfigur des Endes gewendet würde zur poetologischen Figur des Anfangs im Ende. – Die biblische Belegstelle der Verdunklung der Sonne findet sich Offenbarung 6,12.

[20] Ein solches Kunstwerk, das seine Legitimation aus einer Partizipation an der Absenz des Seins bezieht, scheint zwar eine Option allein der „sculpteurs damnés“$_{10}$ zu sein. Betrachtet man aber den Entwurf der Quartette, so drängt sich unweigerlich die Frage auf, ob der Kunst die Möglichkeit einer Partizipation an einem Absoluten überhaupt gegeben ist. Denn das dort entworfene, der *imitatio* sich verschreibende Kunstwerk ist bloße „caricature“$_{2}$, „Narr“ („mes grelots“$_{1}$) der Künstler, „Créature“$_{7}$ schließlich das Repräsentierte. Die Rede vom

Dass die ‚neue Sonne' als Garant ästhetischer Sinnstiftung fungieren soll, legt die Vermutung nahe, man habe es mit einer – womöglich letzten – Metamorphose des transzendentalen Signifikats im Sinne Derridas zu tun. Doch Baudelaires Werk kennt eine zweite Perspektivierung des Motivs, die den Tod nicht als neues Zentrum, sondern als Figur eines schöpferischen Werdens begreift. „C'est la mort qui fait vivre"$_1$[21]: diese Zeile aus *La mort des pauvres* ist paradigmatisch für Baudelaires Konzeption einer als Todverfallenheit verstandenen Zeitlichkeit, die zum generativen Prinzip des Lebens avanciert. Figur dieser Valorisierung ist das in den *Fleurs du mal* rekurrente Bild des tröstenden Gifts, des *pharmakon népenthès*, wie Baudelaire in *Un mangeur d'opium* schreibt[22]. *Pharmakon népenthès* ist im Prätext De Quinceys ein Euphemismus für Opium: ein Gift, das zugleich Heilmittel ist, als Ursprung des Leidens zugleich auch dessen Linderung verspricht. In *La mort des pauvres* findet sich eine Entfaltung dieses rekurrenten Bildes zu antithetischer Struktur:

> C'est la Mort qui console, hélas ! et qui fait vivre ;
> C'est le but de la vie, et c'est le seul espoir
> Qui, comme un élixir, nous monte et nous enivre,
> Et nous donne le cœur de marcher jusqu'au soir [...]

Das Bild des „élixir" begegnet quasi als *consolatio mortis*, als treibende, doch zugleich todbringende Kraft menschlicher Existenz, die als „seul espoir"$_2$ zudem den Platz theologischer Heilsgewissheiten okkupiert. Das so verstandene Ende ist ambivalent: Es ist *im* Leben in jedem Augenblick präsent. Als entfremdende Macht soll gerade die todbringende Zeitlichkeit in paradoxer Weise Sinnentwürfe ermöglichen, die dem Leben Ziel und Richtung geben.

Dass es sich bei diesen beiden Formen der Konzeptualisierung eines Anfangs im Ende um zwei Perspektivierungen eines und desselben Sachverhalts handelt, zeigt sich etwa in *Le voyage*, dem groß angelegten Abschlussgedicht, das in der Ausgabe von 1861 als *conclusio* an die Stelle von *La mort des artistes* tritt. Der Tod erscheint hier wiederum als Garant des Sinnes; dabei erfährt das Motiv aber eine Reinterpretation, die das Ende im Diesseits immer schon präsent erscheinen lässt.

„Idole"$_9$ schließlich, von einem εἴδωλον ohne Teilhabe am Sein, erweist das Ideal als ein säkularisiertes und partikularisiertes („*leur* Idole"$_9$ [Herv. CB]) und modelliert im Rückgriff auf Topoi aus dem Umkreis des Erhabenen, die einer karikierenden Depotenzierung unterzogen werden, das gescheiterte Projekt der *imitatio* als ein ridiküles Erhabenes. – Die Zusammenführung der konträren Isotopien des Profanen und des Erhabenen in *La mort des artistes* vermerkt E. Auerbach (vgl. Auerbach 1976, 156–157). Vgl. zum „ridikülen" als einem „verfehlten" Erhabenen (mit Bezug auf Benjamins Trauerspielbuch) B. Menke 1991, 198–228.

21 OC I, 126.

22 Vgl. OC I, 465.

Um diese Wende zu verstehen, ist ein Blick auf die anthropologische Konfiguration nötig, die ihr zugrunde liegt. In *Le voyage* erscheint der Mensch als dezentriertes, der Zeitlichkeit unterworfenes Wesen:

> Nous imitons, horreur ! la toupie et la boule
> Dans leur valse et leurs bonds ; même dans nos sommeils
> La Curiosité nous tourmente et nous roule,
> Comme un Ange cruel qui fouette des soleils.
>
> Singulière fortune où le but se déplace,
> Et, n'étant nulle part, peut être n'importe où !
> Où l'Homme, dont jamais l'espérance n'est lasse,
> Pour trouver le repos court toujours comme un fou ![23]

Ähnlich wie Chateaubriand entwirft Baudelaire eine ungerichtete Bewegung des Lebens, die als ihr eigenes generatives Prinzip zur Selbstüberschreitung drängt. Doch Baudelaire setzt die bei Chateaubriand in den Hintergrund gerückte sündentheologische Erblast in ihr Recht. Die Überschreitung ist Verfehlung; verfehlt ist ihr Ziel von Anfang an$_{29}$, denn die Verfehlung selbst ist Triebkraft der Bewegung: Eine sündige *curiositas* steht am Ursprung des Unternehmens$_{27}$. Sündig ist die Neugierde in Baudelaires Aneignung allerdings nicht als Weltzuwendung, sondern als eine Selbstzuwendung, die unweigerlich eine Trennung einschreibt. Renés „étrange blessure"[24] in der Pascalschen Grauzone des „nulle part"$_{30}$ und des „n'importe où"$_{30}$ erscheint in Baudelaires *Le voyage* in doppelter Funktion: Sie gibt das sich entziehende Ziel vor$_{29/30}$ und ist zugleich, als eine von *curiositas* zugefügte Folterqual, die Triebkraft des Begehrens$_{28}$. „Je suis la plaie et le couteau !"[25], heißt es in einem berühmten Vers aus *L'Héautontimoroumleast*: Wenn Prinzip und Telos in der Subjektkonstitution in eins fallen, so ist der Blick freigegeben auf deren unverfügbaren Grund, zugleich aber auf die Heillosigkeit des Unternehmens; die Bewegung der Überschreitung setzt eine Differenz, mit ihr aber das Begehren nach ihrer Aufhebung und das Wissen um deren Unmöglichkeit. Wenn bei René die Verdichtung des Begehrens zur imaginären Gestalt ein Phantasma auf den Plan ruft, in dem dem Subjekt auf eine reflexiv nicht verfügbare, doch evidente Weise sein Anderes gegenübertritt – in dem, anders gesagt, mit der Differenz deren Aufhebung schon gesetzt ist –, so ist bei Baudelaire die Differenz unwiderruflich. Gerade hierin erweist sich Baudelaire weit eher als Schüler Pascals denn dessen selbsternannter Adept Chateaubriand[26]: Wie bei Pascal, so ist auch bei Baudelaire *imaginatio* diejenige Instanz, die als Figur des Falls und der Entzweiung illusori-

[23] OC I, 130.
[24] Chateaubriand 1969, 131.
[25] OC I, 79.
[26] Vgl. zu Chateaubriands Berufung auf sein Vorbild Pascal bes. Chateaubriand 1978, 829–830.

sche Bilder des Begehrens entwirft. Die einzige explizite Nennung der *imaginatio* in den *Fleurs du mal* führt sie in eben dieser Funktion vor:

> Chaque îlot signalé par l'homme de vigie
> Est un Eldorado promis par le Destin ;
> L'Imagination qui dresse son orgie
> Ne trouve qu'un récif aux clartés du matin[27].

Vor diesem Hintergrund nun entwirft das Gedicht die Möglichkeit einer vorgeblich ganz anderen Fahrt. „Nous nous embarquerons sur la mer des ténèbres!"$_{125}$[28], heißt es im Fortgang. Auf dem „Meer der Finsternis" verspricht nun gerade der Tod die Restitution des verlorenen Ziels und damit auch die Restitution des Anfangs:

> Ô Mort, vieux capitaine, il est temps ! levons l'ancre !
> Ce pays nous ennuie, ô Mort ! Appareillons !
> Si le ciel et la mer sont noirs comme de l'encre,
> Nos cœurs que tu connais sont remplis de rayons !
>
> Verse-nous ton poison pour qu'il nous réconforte !
> Nous voulons, tant ce feu nous brûle le cerveau,
> Plonger au fond du gouffre, Enfer ou Ciel, qu'importe ?
> Au fond de l'Inconnu pour trouver du *nouveau !*[29]

Der Tod fügt das Leben zu einer Ganzheit, die ihm als anarchischer und atelischer Bewegung nicht zukommen kann. Als Grundgegebenheit der menschlichen Existenz ist er in dieser immer schon präsent, ja, er erfährt als *pharmakon népenthès*$_{141}$ eine Verinnerlichung zur eigentlichen Triebkraft des Lebens. Auf den ersten Blick ist diese der ungerichteten Bewegung der Selbstüberschreitung, die Chateaubriand in *René* entwirft und Baudelaire im zweiten Teil von *Le voyage* aufgreift, nicht unähnlich. Doch wo die *imaginatio*-geleitete Lebensreise im Licht der aufgehenden Sonne – „aux clartés du matin"$_{40}$ – ihren imaginären Charakter einbekennen musste, herrscht unter der Führung des Todes keine Illusion über das Eigentliche. Wenn die Bilder der *imaginatio* vorgeben, ihr Anderes einzuholen, sind die Bilder des Todes eingestandenermaßen Projektionen und, ähnlich wie in Mme de Staëls Traum vom Norden, die Erfüllung des Pascalschen Traums einer universalen Falschheit imaginativer Bilder:

> Si le ciel et la mer sont noirs comme de l'encre,
> Nos cœurs que tu connais sont remplis de rayons !

[27] OC I, 130.
[28] OC I, 133.
[29] OC I, 134.

Imaginatio ist hier indes keineswegs verabschiedet. Die ‚Strahlen' des Herzens greifen ein Bild auf, mit dem Baudelaire in den kunstkritischen Schriften den mit *imaginatio* begabten Künstler charakterisierte: „Je veux illuminer les choses avec mon esprit“[30]. Doch die Trugbilder der *imaginatio* sind *gewusste* Trugbilder; sie kehren, so ließe sich mit Blick auf die abschließenden Verse vereinfachend sagen, als Bedeutung wieder. „[E]ncre“$_{139}$ valorisiert den materiellen, nicht-signifikanten Aspekt der Schrift: Indiziert die Schwärze von Himmel und Meer den Verlust transzendenter Garantien, so erweist sich die Natur als signifikante Materialität, der Bedeutung, so suggeriert der Text, aus einem als *illumination* verstandenen Akt der Lektüre heraus zukommen kann. Damit ist die Relevanz des Todes in einer neuen und für Baudelaires Lyrik bezeichnenden Weise perspektiviert. Der Tod figuriert als Garant einer Sinnbildung, die sich abgründig – „au fond du gouffre“$_{143}$ – und im Zeichen bedeutungsmäßiger Indifferenz der im Akt der Lektüre zu überschreitenden phänomenalen Welt – „Enfer ou Ciel, qu'importe?“$_{143}$ – vollzieht. Baudelaires Reflexion über die Fundierung des Anfangs im Ende erweist sich hier als Reflexion über die sinnkonstitutive Funktion der Differenz. Sie prägt sich in der Doppelgestalt von Tod und *imaginatio* aus, die als Metafiguren das produktive Wechselspiel der Setzung und Aufhebung von Differenzen zur Anschauung bringen. Letztlich kommt in ihnen eine imaginative Selbstüberschreitung der *imaginatio* zur Darstellung, die allerdings nicht auf die Etablierung eines repräsentationistischen Weltverhältnisses zielt, sondern auf eine subjektive Selbstsetzung oder, in ästhetischer Perspektive, auf eine autonome Setzung des Kunstwerks. Zweifellos ist es das Phantasma des ‚Eigentlichen', das Baudelaires Aneignung des Todes leitet. Entscheidend ist aber – dies sollen die folgenden Kapitel zeigen –, dass Baudelaire sich nicht mit der Restitution ‚metaphysischen' Denkens im Zeichen des Todes begnügt. Denn in einer letzten Wende reflektiert sein anthropo-ästhetisches Denken auf den Seinsstatus der Differenz: Wenn nämlich das Fundament des Sinnes schlechthin unverfügbar ist, so ist auch noch das Denken des Endes imaginativ-imaginär fundiert. Die Bewegung der Dekonstruktion, welche die Scheinhaftigkeit phantasmatischer Sinnentwürfe entlarvt, trifft in letzter Instanz noch den Mythos der *imaginatio* selbst, ‚jenseits' dessen sich ein reflexiv unverfügbares Anderes des Denkens abzeichnet. Die Doppelkonfiguration aus Zeit und *imaginatio* rückt mithin als eine selbst schon imaginative Darstellungsform einer imaginativen Sinnbildung in den Blick. Die Darstellung eines Anderen des Denkens führt zur Selbstaufhebung dieser Figuren. Diese lässt indes nicht ‚Gewissheit' oder ‚Wahrheit', verstanden als eine Präsenz des Referenten im Zeichen, hervortreten, sondern rückt vielmehr die Unhintergehbarkeit einer autonomen Dimension des Sinnes in den Blick.

[30] *Salon de 1859*, CE 329.

Wie kann das Ende zu einem Anfang gewendet werden? Wie kann die Differenz, die das Wirken der Zeitlichkeit einschreibt, gewendet werden zum ‚Ziel' der Lebensfahrt und zum ‚Grund' des Kunstwerks? Baudelaires Gedichte nehmen diese Frage immer wieder in den Blick. Betrachtet werden in den folgenden Kapiteln poetische Texte; denn in den poetologischen Schriften ist der Nexus von Tod und Kreativität zwar implizit vorausgesetzt, doch nicht näher begründet[31]. Das poetische Werk hingegen lotet die Verschränkung von *imaginatio* und Tod in immer neuen Entwürfen aus und gewinnt aus ihr ein zentrales Strukturprinzip seiner imaginativen *écriture*. Zwei Ausprägungen dieses Denkens sind in Baudelaires Werk auszumachen, die zwanglos als Figuren der von Foucault entworfenen „Doppelbewegung" – vom Sein zum Denken, vom Denken zum Sein – zu fassen sind. Die Konstruktion der Zeit als Agon der Körper markiert ein Eindringen des Anderen in den Raum des autonomen Subjekts, aus dem in paradoxer Weise Sinnstrukturen hervorgehen sollen (Kap. IV.1). Die gegenläufige Bewegung, in der das Denken das ihm vorgängige Sein einzuholen sucht, gewinnt in Baudelaires Werk in komplexen Raumentwürfen Gestalt (Kap. IV.2). ‚Hinter' Raum und Zeit – und der Kluft, die in ihnen festgeschrieben ist – zeichnet sich deren Koinzidenz ab. Diese erhält im Kunstwerk eine Figur: Bild, Emblem und Stimme sind in Baudelaires Lyrik Figuren einer Reflexion auf die Medialität des Kunstwerks. Ein letztes Kapitel widmet sich darum dem Entwurf des ästhetischen Zeichens in der Lyrik Baudelaires (Kap. IV.3).

31 Die Denkfigur eines Anfangs im Ende ist allerdings auch in den kunstkritischen und poetologischen Schriften häufig implizit präsent; so etwa, wenn in *Le peintre de la vie moderne* der nur knapp dem Tod entronnene *réconvalescent* als Träger einer ‚neuen' Wahrnehmung der Wirklichkeit erscheint, oder auch, wenn im Fall De Quinceys die melancholische Belebung der Welt als Supplement eines unsagbaren Verlustes figuriert. Zu letzterem s.o., Kap. III.3, hier 221–228.

1 *Le Temps règne en souverain.* Figurationen der Zeit

„À chaque minute nous sommes écrasés par l'idée et la sensation du temps"[1], heißt es in Baudelaires Tagebuch. Die Zeit als eine körperlich wie geistig erfahrbare entfremdende Macht ist ein Bild, das die Gedichte der *Fleurs du mal* und der *Petits poèmes en prose* variantenreich entwerfen: Sie erscheint als Greis[2] und als unheilbringender Gott[3], in Gestalt von Krankheit und Tod[4], von „brutal" schlagenden Uhren[5], „hinkenden Tagen" oder „Schneejahren"[6]. *L'horloge*, das letzte Gedicht aus *Spleen et Idéal*, kondensiert solche Bilder einer entfremdenden Zeit im Rückgriff auf das barocke *memento-mori*-Motiv zur allegorischen Konfiguration:

L'HORLOGE

Horloge ! dieu sinistre, effrayant, impassible,
Dont le doigt nous menace et nous dit : « *Souviens-toi !*
Les vibrantes Douleurs dans ton cœur plein d'effroi
Se planteront bientôt comme dans une cible ;

« Le Plaisir vaporeux fuira vers l'horizon
Ainsi qu'une sylphide au fond de la coulisse ;
Chaque instant te dévore un morceau du délice
A chaque homme accordé pour toute sa saison.

« Trois mille six cents fois par heure, la Seconde
Chuchote : *Souviens-toi !* – Rapide, avec sa voix
D'insecte, Maintenant dit : Je suis Autrefois,
Et j'ai pompé ta vie avec ma trompe immonde !

« *Remember ! Souviens-toi,* prodigue ! *Esto memor !*
(Mon gosier de métal parle toutes les langues.)
Les minutes, mortel folâtre, sont des gangues
Qu'il ne faut pas lâcher sans en extraire l'or !

« *Souviens-toi* que le Temps est un joueur avide
Qui gagne sans tricher, à tout coup ! c'est la loi.
Le jour décroît ; la nuit augmente ; *souviens-toi !*
Le gouffre a toujours soif ; la clepsydre se vide.

1 *Hygiène* II (OC I, 669).
2 Vgl. *Le portrait* (OC I, 40).
3 Vgl. *L'horloge* (OC I, 81).
4 Vgl. nur *Le portrait* (OC I, 40).
5 Vgl. *Rêve parisien* (OC I, 101–103).
6 Vgl. das zweite *Spleen*-Gedicht (LXXVI; OC I, 73).

> « Tantôt sonnera l'heure où le divin Hasard,
> Où l'auguste Vertu, ton épouse encor vierge,
> Où le Repentir même (oh ! la dernière auberge !),
> Où tout te dira : Meurs, vieux lâche ! il est trop tard ! »[7]

Die Personifikationen des „instant“$_{7}$ und der „Seconde“$_{9}$, die „zitternden Schmerzen“$_{3}$, die, Pfeilen gleich, das Herz des Angesprochenen durchbohren$_{4}$, der „Augenblick“, der Genüsse stückweise verzehrt$_{7}$, das insistierende „Souviens-toi“$_{9}$ der Sekunden, der Stundenschlag der Uhr markieren eine fragmentierte Zeit, deren Diskontinuität in Gestalt eines sich selbst nicht gegenwärtigen „Jetzt“$_{11}$ zur Sprache gelangt: „Maintenant dit: Je suis Autrefois“$_{11}$. Die Zeit ist durch eine Kluft gezeichnet, die sie ihrerseits dem ihr unterworfenen Subjekt einschreibt. Dass die Dezentrierung des Subjekts durch die Zeit verantwortet ist, ist eine Denkfigur, die sich in Baudelaires poetischen Texten häufig findet. Eindrücklich entwirft das Prosagedicht *La chambre double* diesen Zusammenhang:

> Oh ! oui ! Le Temps a reparu ; Le Temps règne en souverain maintenant ; et avec le hideux vieillard est revenu tout son démoniaque cortège de Souvenirs, de Regrets, de Spasmes, de Peurs, d'Angoisses, de Cauchemars, de Colères et de Névroses.
> Je vous assure que les secondes maintenant sont fortement et solennellement accentuées, et chacune, en jaillissant de la pendule, dit : – « Je suis la Vie, l'insupportable, l'implacable Vie ! » [...].
> Oui ! le Temps règne ; il a repris sa brutale dictature. Et il me pousse, comme si j'étais un bœuf, avec son double aiguillon. – « Et hue donc ! bourrique ! Sue donc, esclave ! Vis donc, damné ! »[8]

Das Verlangen nach einer Überschreitung eines solchen „temps infernal“ hat G. Poulet als zentralen Aspekt des Zeitentwurfs im Werk Baudelaires herausgearbeitet[9]. Als Funktionen einer „extase de la vie“ und einer „horreur de la vie“ hebt er zwei Dimensionen der Zeitlichkeit gegeneinander ab[10]: Er stellt der alptraumhaften Erfahrung eines „temps infernal“[11] eine ekstatische, mit Traum oder Rausch verknüpfte Affirmation des Augenblicks gegenüber[12]. In *La chambre double* und in *Rêve parisien* etwa kommt eine solche Aufhebung der Zeit exemplarisch zur Gestaltung: Die Traumstadt aus *Rêve parisien* und das ‚traumgleiche' Zimmer aus *La chambre double* – „Une chambre qui ressemble à une rêverie“[13] – inszenieren

7 OC I, 81; zuerst erschienen 1860 (*L'artiste*).
8 OC I, 280–282.
9 Vgl. Poulet 1956, 327–349.
10 Poulet 1956, 327, mit Bezug auf einen Eintrag in *Mon cœur mis à nu*: „Tout enfant, j'ai senti dans mon cœur deux sentiments contradictoires, l'horreur de la vie et l'extase de la vie“ (OC I, 703).
11 Poulet 1956, 336.
12 Vgl. Poulet 1956, 328.
13 OC I, 280.

eine imaginative Überschreitung des „temps infernal“ auf einen zeitenthobenen Raum der Ewigkeit. Gerade diese beiden Gedichte eignen sich zur Erhellung der Frage nach dem Verhältnis der beiden Konzeptualisierungsmodi der Zeit im Werk Baudelaires. Beide Gedichte kennzeichnet eine auffallende inhaltliche und formale Zweiteilung, mit der ein imaginativer Raumentwurf einer tristen, der Herrschaft der Zeit unterstellten Wirklichkeit opponiert wird. In *Rêve parisien* transzendiert das Ich die Sphäre des „temps infernal“ auf ein geträumtes Außen, dessen Enthobenheit aus zeitlichen Bezügen bereits die erste Strophe behauptet:

De ce terrible paysage,
Tel que jamais mortel n'en vit,
Ce matin encore l'image,
Vague et lointaine, me ravit.

Die imaginative Entgrenzung ist geradezu plakativ als eine Entbindung aus zeitlichen Bezügen entworfen$_{2}$. Im auch formal abgesetzten zweiten Teil wird demgegenüber die Seele zum Kerker, die Zeit zur Instanz, die das Ich in die Entfremdung treibt:

En rouvrant yeux pleins de flamme
J'ai vu l'horreur de mon taudis,
Et senti, rentrant dans mon âme,
La pointe des soucis maudits ;

La pendule aux accents funèbres
Sonnait brutalement midi,
Et le ciel versait des ténèbres
Sur le triste monde engourdi.

Die Grenzen zwischen Zeit und Ewigkeit, zwischen Wirklichkeit und Traum sind in *Rêve parisien* klar gezogen. Es ist diese vergleichsweise eingängige Semantisierung der Zeit, die in der Forschungsliteratur immer wieder thematisiert wurde; so etwa bei W. Benjamin, der zuerst auf die Relevanz der vergegenständlichten Zeit bei Baudelaire aufmerksam gemacht hat[14]. Jenseits der Sphäre eines „temps infernal“ liegt demnach eine Sphäre der Ewigkeit, in der, so der Konsens, auch das Kunstwerk seinen Ort hat. Komplexer und durchaus repräsentativer für das Werk Baudelaires ist jedoch der phantasmatische Entwurf in *La chambre double*. Als eine zunächst ins Auge springende Differenz gegenüber *Rêve parisien* ist festzuhalten, dass das Gedicht *keine* imaginative Überschreitung des Realen, sondern eine Einblendung des Imaginativen in die Realität selbst inszeniert. Dies führt unmittelbar zum entscheidenden Unterschied: Während *Rêve parisien* Traum und Wirklichkeit scharf kontrastiert, ist in *La chambre double* die Frage nach der Artikulation der

[14] Vgl. Benjamin 1991c, 642.

beiden Bereiche mitbedacht. Diese ist dem Gedicht als Doppelfigur aus Zeit und *imaginatio* eingeschrieben: Der von außen in den Seelen-Kerker dringende „Temps [...] en souverain“[15] erhält gerade in der im Zentrum des Raumes platzierten „souveraine des rêves“[16], einer Figur der *imaginatio*, ein Gegenstück. Die Parallelen zwischen den beiden Figuren sind im Gedicht deutlich profiliert. Wie die Zeit, so ist auch die „souveraine des rêves“ eine das Ich unterwerfende, ja, dieses verschlingende Macht: „Voilà bien ces yeux dont la flamme traverse le crépuscule ; ces subtiles et terribles *mirettes*, que je reconnais à leur effrayante malice ! Elles attirent, elles subjuguent, elles dévorent le regard de l'imprudent qui les contemple“[17]. Gerade *imaginatio* also, das unzugängliche Zentrum des subjektiven Innenraumes, soll Züge der Zeitlichkeit tragen. Doch umgekehrt hält auch die Zeit, wie *imaginatio*, eine Verheißung des Neuen bereit. So heißt es zu Ende des Gedichts, eingerahmt durch den allegorischen Entwurf des „temps infernal“: „Il n'y a qu'une Seconde dans la vie humaine qui ait mission d'annoncer une *bonne nouvelle*, la bonne nouvelle qui cause à chacun une inexplicable peur“[18]. Die hier behauptete Artikulation von „temps infernal“ und „temps extatique“ ist für die Konzeptualisierung der Zeit bei Baudelaire von zentraler Bedeutung. *La chambre double* inszeniert keinen einen zeitenthobenen Augenblick erfüllter Präsenz, sondern vielmehr den Versuch eines Ausschlusses der Zeit aus dem imaginativen Entwurf – und dessen Scheitern:

> Ô béatitude ! ce que nous nommons généralement la vie, même dans son expansion la plus heureuse, n'a rien de commun avec cette vie suprême dont j'ai maintenant connaissance et que je savoure minute par minute, seconde par seconde !
> Non ! il n'est plus de minutes, il n'est plus de secondes ! Le temps a disparu ; c'est l'Eternité qui règne, une éternité de délices !
> Mais un coup terrible, lourd, a retenti à la porte, et, comme dans les rêves infernaux, il m'a semblé que je recevais un coup de pioche dans l'estomac[19].

Zeit und *imaginatio* sind in Baudelaires Werk unwiderruflich aufeinander verwiesen. Die Zeit ist nicht lediglich eine entfremdende Macht; sie gibt auch den unverzichtbaren Rahmen ab für die Entfaltung imaginativer Entwürfe. Darum gilt auch das Umgekehrte: Den imaginativen Entwürfen ist ein Index der Zeit eingeschrieben, der diese als jeweils nur temporäre Sinnkonstellierungen kenntlich macht.

Die wohl elaborierteste Modellierung eines solchen inneren Bruchs in der Zeit, in dem der imaginative Entwurf seinen Ursprung haben soll, findet sich in *Les sept vieillards*, das dem urbanen Raum eine Seelentopographie einzeichnet:

15 OC I, 281.
16 OC I, 280.
17 OC I, 280.
18 OC I, 282.
19 OC I, 281.

LES SEPT VIEILLARDS

À Victor Hugo.

Fourmillante cité, cité pleine de rêves,
Où le spectre en plein jour raccroche le passant !
Les mystères partout coulent comme des sèves
Dans les canaux étroits du colosse puissant.

Un matin, cependant que dans la triste rue
Les maisons, dont la brume allongeait la hauteur,
Simulaient les deux quais d'une rivière accrue,
Et que, décor semblable à l'âme de l'acteur,

Un brouillard sale et jaune inondait tout l'espace,
Je suivais, roidissant mes nerfs comme un héros
Et discutant avec mon âme déjà lasse,
Le faubourg secoué par les lourds tombereaux.

Tout à coup, un vieillard dont les guenilles jaunes
Imitaient la couleur de ce ciel pluvieux,
Et dont l'aspect aurait fait pleuvoir les aumônes,
Sans la méchanceté qui luisait dans ses yeux,

M'apparut. On eût dit sa prunelle trempée
Dans le fiel ; son regard aiguisait les frimas,
Et sa barbe à longs poils, roide comme une épée,
Se projetait, pareille à celle de Judas.

Il n'était pas voûté, mais cassé, son échine
Faisant avec sa jambe un parfait angle droit,
Si bien que son bâton, parachevant sa mine,
Lui donnait la tournure et le pas maladroit

D'un quadrupède infirme ou d'un juif à trois pattes.
Dans la neige et la boue il allait s'empêtrant,
Comme s'il écrasait des morts sous ses savates,
Hostile à l'univers plutôt qu'indifférent.

Son pareil le suivait : barbe, œil, dos, bâton, loques,
Nul trait ne distinguait, du même enfer venu,
Ce jumeau centenaire, et ces spectres baroques
Marchaient du même pas vers un but inconnu.

A quel complot infâme étais-je donc en butte,
Ou quel méchant hasard ainsi m'humiliait ?
Car je comptai sept fois, de minute en minute,
Ce sinistre vieillard qui se multipliait !

Que celui-là qui rit mon inquiétude,
Et qui n'est pas saisi d'un frisson fraternel,
Songe bien que malgré tant de décrépitude
Ces sept monstres hideux avaient l'air éternel !

Aurais-je, sans mourir, contemplé le huitième,
Sosie inexorable, ironique et fatal,
Dégoûtant Phénix, fils et père de lui-même ?
– Mais je tournai le dos au cortège infernal.

Exaspéré comme un ivrogne qui voit double,
Je rentrai, je fermai ma porte, épouvanté,
Malade et morfondu, l'esprit fiévreux et trouble,
Blessé par le mystère et par l'absurdité !

Vainement ma raison voulait prendre la barre ;
La tempête en jouant déroutait ses efforts,
Et mon âme dansait, dansait, vieille gabarre
Sans mâts, sur une mer monstrueuse et sans bords ![20]

In *Les sept vieillards* gelangt das lyrische Ich zu eben jener Vergegenwärtigung der Macht der Zeit, zu der *L'Horloge* ermahnt; ein Unterfangen, das, so der Kommentar seines illustren *dédicataire*, die Kunst um einen „frisson nouveau" bereichert haben soll[21]. Von einem „metaphysischen Schwindel"[22] angesichts einer unerbittlich sich replizierenden Temporalität spricht das Gedicht. Zeit erscheint als boshafter – und beiläufig melancholischer$_{18}$ – Greis, der den Seelen-Nebel des lyrischen Ich zum Messer schleift$_{18}$ und Tote zu zertreten scheint$_{27}$. Feindselig$_{28}$, unheilvoll$_{36}$, unerbittlich$_{42}$, ironisch$_{42}$ und schicksalhaft$_{42}$ kehrt er quasi im Minutentakt$_{35}$ als Grauen einer sich stetig replizierenden Differenz wieder. Gebrochenheit schreibt sich der Gestalt selbst ein – „Il n'était pas voûté, mais cassé"$_{21}$ – und reproduziert sich im lyrischen Ich, das sich seinerseits – „comme un ivrogne qui voit double"$_{45}$ – als entzweit erfährt:

Vainement ma raison voulait prendre la barre ;
La tempête en jouant déroutait ses efforts,
Et mon âme dansait, dansait, vieille gabarre
Sans mâts, sur une mer monstrueuse et sans bords !

Das offene, uferlose Meer ist die Verräumlichung der paradoxen, an die schlechte Unendlichkeit des Ahasveros erinnernde Unendlichkeit der Greise: die bildhafte Verdichtung der Dezentriertheit einer in die Zeitlichkeit geworfenen Subjektivität. Doch die vordergründig einfache, gerichtete Beziehung zwischen Zeit und Subjekt

20 OC I, 87–88. Zuerst erschienen 1859 (*Revue contemporaine*).

21 Am 6.10.1859 schreibt Victor Hugo anlässlich des Erhalts von *Les sept vieillards* und *Les petites vieilles* an Baudelaire: „Que faites-vous quand vous écrivez ces vers saisissants : *les Sept Vieillards* et *les Petites Vieilles*, que vous me dédiez et dont je vous remercie ? Que faites-vous ? […] Vous dotez le ciel de l'art d'on ne sait quel rayon macabre. Vous créez un frisson nouveau" (*À Charles Baudelaire, 6 octobre 1859*, in: Hugo 1950, 314).

22 Scholl 2001, 248.

wird textuell dementiert. Denn die Greise erweisen sich ihrerseits als Ausgeburten eines Imaginären, das sich im Blick des Passanten zur Gestalt verdichtet.

> Fourmillante cité, cité pleine de rêves,
> Où le spectre en plein jour raccroche le passant ! [...]
>
> Un matin, cependant que dans la triste rue
> Les maisons, dont la brume allongeait la hauteur,
> *Simulaient* les deux quais d'une rivière accrue,
> Et que, décor *semblable à* l'âme de l'acteur,
>
> Un brouillard sale et jaune inondait tout l'espace,
> Je suivais, roidissant mes nerfs comme un héros
> Et discutant avec mon âme déjà lasse,
> Le faubourg secoué par les lourds tombereaux.
>
> Tout à coup, un vieillard dont les guenilles jaunes
> *Imitaient* la couleur de ce ciel pluvieux,
> Et dont l'aspect aurait fait pleuvoir les aumônes,
> Sans la méchanceté qui luisait dans ses yeux,
>
> M'apparut. On eût dit sa prunelle trempée
> Dans le fiel ; son regard aiguisait les frimas,
> Et sa barbe à longs poils, roide comme une épée,
> *Se projetait*, pareille à celle de Judas. [Herv. CB]

Die Vision ist als „simul[ation]“$_{7}$, „imit[ation]“$_{14}$ und „proje[ction]“$_{20}$ das Ergebnis des imaginativ-analogischen Prinzips der Auffindung von Korrespondenzen. Imitiert ist in den sieben Greisen der Seelen-Raum selbst: „brume“$_{6}$ und „brouillard sale et jaune“$_{9}$ klingen an, wenn die „guenilles jaunes“$_{13}$ als *imitatio* des „ciel pluvieux“$_{14}$ ausgewiesen werden. „[S]a barbe [...] roide comme une épée“$_{19}$ ist Echo des „roidi[r]“$_{10}$, und selbst noch der verpatzte „Almosen-Regen“$_{15}$ hat im regenverhangenen Himmel ein Analogon. Schließlich inszeniert sich aber auch das Ich selbst zwar nicht als Produkt, aber doch als Funktion des „faubourg“ („Je suivais [...]/Le faubourg$_{10/12}$“). Wenn es sich abschließend als ein im Meer treibendes Schiff imaginiert, so knüpft auch dieses Bild an den Beginn des Gedichts an, das den Seelen-Raum der Großstadt als System von in Kanälen gebändigten Geheimnis-Fluten$_{3/4}$ entwirft, um diesen auf die Offenheit und Unendlichkeit des Meeres zu entgrenzen. Der vermeintlich eindeutige Ursprung der subjektiven Dezentriertheit – die Entfremdung unter der Herrschaft der Zeit – ist destabilisiert. Es ist unklar, ob die Zeit die Entzweiung des Subjekts zu verantworten hat, oder aber ob die Entzweiung des Subjekts die gebrochene Zeitlichkeit überhaupt erst hervorbringt.

Betrachtet man die Verfahren zur Modellierung dieser intrikaten Konfiguration, so fällt zunächst die Semantisierung des Raumes auf: Das räumlich nicht näher bestimmte allegorische Szenarium in *L'horloge* weicht in *Les sept vieillards* der Großstadt als Schauplatz für den Entwurf des „temps infernal"[23]. Der Raum avanciert damit zum eigenständigen Bedeutungsträger, der die Inszenierung eines Jenseits der Ordnungen des subjektiven Bewusstseins erlaubt. Die labyrinthische Struktur der Stadt figuriert dabei zunächst die imaginative Tätigkeit der Auffindung von Analogien und des Vernehmens von Korrespondenzen; die zu Ende inszenierte Entgrenzung hingegen entwirft eine durch keine diskursiven Regeln mehr einholbare Dimension des Imaginären, die, so suggeriert der Abschluss des Gedichts, durch die Strukturen der *imaginatio* nur vorübergehend gebändigt wurde. Die qua Analogie operierende *imaginatio* erscheint hier als eine selbst schon bezähmte Instanz, ‚jenseits' derer sich ein autonomes, unbezähmtes Anderes des Subjekts findet. Als Jenseits, so behauptet der Text, ist dieses jedoch in paradoxer Weise im Bewusstsein immer schon präsent: In den durch die Häuser-Kanäle domestizierten Geheimnissen$_3$, dem anschwellenden Fluss$_7$ und dem nebelüberfluteten Raum$_9$ ist von Anfang an die Entgrenzung der abschließenden Verse perspektiviert. Diese lässt auch die allegorischen Figuren des Gedichts – die sieben Greise wie auch das Ich und die Stadtlandschaft – als nur temporäre Gestaltungen eines Imaginären erscheinen. Nicht zufällig erinnert das abschließende Bild des Meeres an das Motiv des überbordenden Flusses, das in Chateaubriands *René* die Aporien der Subjektkonstitution vor Augen führte. Auch in *Les sept vieillards* steht die Frage nach der Möglichkeit einer Emergenz des Subjekts zur Debatte. Wenn aber Chateaubriand aus der fragilen Konstitution des Subjekts das melancholische Bewusstsein eines sich gerade über seine Andersheit definierenden Subjekts ableitete, so steigert sich in Baudelaires Lyrik das Bewusstsein der Unverfügbarkeit des Grundes zur Hysterie angesichts der nicht abzuweisenden Möglichkeit des Selbstverlusts, den die Einsicht in die imaginativ-imaginäre Verfasstheit des Wirklichen mit sich führt. Als Phantasmen nämlich erweisen sich nicht nur die Greise; Phantasma ist die im Großstadtlabyrinth figurierte *imaginatio*, Phantasma ist aber auch das dem Faubourg ‚folgende' Subjekt selbst. Wo *imaginatio* und Zeit als Phantasmen in Erscheinung treten, werden sie zum Spiegel einer die Figuren des Sinnes und insbesondere des Subjekts aushöhlenden Negativität.

Wie lässt sich angesichts der Gebrochenheit des Subjekts, seiner Differenz zu sich selbst, die das Wirken der Zeitlichkeit einschreibt, und wie lässt sich angesichts eines die subjektive Selbstpräsenz hintergehenden, das Subjekt enteignenden Imaginären ästhetische Schöpfung denken? Kann Zeitlichkeit als Todverfallenheit im Sinne eines „soleil nouveau"$_{13}$[24] zum kreativen Akt gewendet werden? Kann die ewige Selbstzeugung der Zeit, „fils et père de lui-même"$_{43}$, als ästhetische Schöp-

23 Poulet 1956, 336.
24 *La mort des artistes*, OC I, 127.

fung gedacht, kann der „metaphysische Schwindel“[25] des enteigneten Subjekts zum Dispositiv poetischer Rede werden? Emphatisch behauptet Baudelaires Lyrik eben dies. Ein Bildfeld insbesondere profiliert das komplexe Zusammenspiel von Zeit und ästhetischer Schöpfung: Der Agon der Körper ist als Ort eines Sinn-Ereignisses entworfen. Im ‚Verschlingen', im ‚Verstümmeln' und ‚Töten' des Anderen ist ein Akt der Vereinnahmung bezeichnet, der als selbstreflexive Figur der poetischen Rede lesbar ist (Kap. 1.1). Ihre Voraussetzung hat diese Denkfigur einer an die Zeitlichkeit gebundenen ästhetischen Sinnbildung in den Aporien der Repräsentation; ihren sprachlichen Vollzug findet sie in Figuren des Widerspruchs, die die Sphäre des *éternel* als eine autonome Sphäre des Sinnes profilieren (Kap. 1.2).

1.1 Körper und Stimme. Der Schuldzusammenhang des Kreatürlichen

„Dans le spirituel non plus que dans le matériel, rien ne se perd. De même que toute action, lancée dans le tourbillon de l'action universelle, est en soi irrévocable et irréparable [...], de même toute pensée est ineffaçable“[26], so beschreibt Baudelaire in *Un mangeur d'opium* einen universellen, Körperliches und Geistiges in sich begreifenden Schuldzusammenhang des Kreatürlichen[27]. Die Hinrichtung Fancioulles in *Une mort héroïque* oder auch der „cuisinier aux appétits funèbres“,[28] in *Les ténèbres* sind Beispiele einer in Baudelaires Lyrik rekurrenten Figur, die Geistiges und Körperliches ineinanderblendet, um das Geistige als Agon der Körper zu entwerfen.

Was wie ein Rückgriff auf die Tradition allegorischer Dichtung erscheinen könnte – die Konkretisierung des Geistigen in der Materialität des Körpers – ist mit deren Tendenz, die semantische ‚Unbotmäßigkeit' der Allegorie durch die Scheidung von eigentlicher und uneigentlicher Bedeutung in Grenzen zu halten[29], nicht verrechenbar. Die Differenz zwischen Uneigentlichem und Eigentlichem, zwischen Körper und Geist, ist vielmehr durch die ostentative Verdinglichung des Geistigen nivelliert: Der verstümmelte Körper, die verstorbene Kreatur, der Kadaver werden zu Bildern eines in die Vergänglichkeit gezerrten Geistigen, wie umgekehrt die Pro-

25 Scholl 2001, 248.

26 *Un mangeur d'opium*, OC I, 507.

27 Von einem Schuldzusammenhang des Kreatürlichen als „Kern des Schicksalsgedankens“ ist in Benjamins Trauerspielbuch die Rede, als „Überzeugung, dass Schuld, als welche in diesem Zusammenhang stets kreatürliche Schuld – christlich – die Erbsünde –, nicht sittliche Verfehlung des Handelnden ist, durch eine wie auch immer flüchtige Manifestierung Kausalität als Instrument der unaufhaltsam sich entrollenden Fatalitäten auslöst“ (Benjamin 1991b, 308).

28 OC I, 38.

29 Vgl. Drügh 2000, 8–9.

liferation des Materiellen diesem spirituelle Dignität konzediert. An die Stelle der gerichteten Beziehung von wörtlicher und übertragener Bedeutung tritt eine Unentscheidbarkeit, in der weniger die Gegenwärtigkeit eines überweltlichen Sinnes in der Materialität des Irdischen als vielmehr dessen Unmöglichkeit indiziert ist: Nur als Bruchstück einer unverfügbaren Sinntotalität kann Sinn in ihm zutage treten. Komplementär zur *prostitution* als Chiffre der Entäußerung des Selbst[30] verweisen diese Bilder auf das paradoxe Prinzip einer Sinnstiftung, die mit der Synthese von Zeichen und Bezeichnetem deren Divergenz immer schon setzt: *Lutte* und *prostitution*, die Verstümmelung des Anderen im Wort und das in der sprachlichen Setzung prostituierte Selbst, bezeichnen bei Baudelaire die gegenläufigen Bewegungen der Selbstentäußerung und der Vereinnahmung des Anderen, die die Errichtung sinnhafter Ordnungen unweigerlich fordert. Sie entwerfen die Artikulation von Körper und Geist, von Wort und Gegenstand, von Zeichen und Bezeichnetem als deren Fragmentierung, machen die Aufhebung der Differenz von Selbst und Anderem, ähnlich wie das Bild des Todes, auf einen mit ihr gleichursprünglichen Akt der Zerstörung transparent.

Dennoch sind sie nicht bloße Reflexionsfiguren einer an der unaufhebbaren Differenz von Sein und Zeichen scheiternden Bedeutung. Wenn im Zitat von der Unwiderruflichkeit menschlichen Handelns die Rede ist, wenn diese gar eine Entsprechung in einer „unauslöschlichen" Gedächtnisinschrift haben soll, so ist damit implizit die Möglichkeit einer Überschreitung der „action universelle" behauptet. Quasi in der Immanenz des „tourbillon" soll diese sich vollziehen: als „harmonie éternelle par la lutte éternelle"[31], wie Baudelaire an anderer Stelle prägnant formuliert. Dass im Agon selbst eine flüchtige Ewigkeit zur Geltung gelangen könnte, ist eine Denkfigur, die Baudelaires Lyrik vielfach entwirft:

DUELLUM

Deux guerriers ont couru l'un sur l'autre ; leurs armes
Ont éclaboussé l'air de lueurs et de sang.
Ces jeux, ces cliquetis du fer sont les vacarmes
D'une jeunesse en proie à l'amour vagissant.

Les glaives sont brisés ! comme notre jeunesse,
Ma chère ! Mais les dents, les ongles acérés,
Vengent bientôt l'épée et la dague traîtresse.
Ô fureur des cœurs mûrs par l'amour ulcérés !

30 S.o., S. 196–197.

31 In einem Brief an Poulet-Malassis heißt es: „[N]e saisissez-vous pas [...] que, quelle que soient les transformations des races humaines, quelque rapide que soit la destruction, la nécessité de l'antagonisme doit subsister [...] ? C'est, si vous consentez à accepter cette formule, l'harmonie éternelle par la lutte éternelle" (À Auguste Poulet-Malassis, fin août 1860, Corr. II, 86).

Dans le ravin hanté des chats-pards et des onces
Nos héros, s'étreignant méchamment, ont roulé,
Et leur peau fleurira l'aridité des ronces.

– Ce gouffre, c'est l'enfer, de nos amis peuplé !
Roulons-y sans remords, amazone inhumaine,
Afin d'éterniser l'ardeur de notre haine ![32]

Mit *éternité* ist ein Schlüsselbegriff der Ästhetik Baudelaires aufgerufen. Wenn im tödlichen Kampf der Krieger die Glut ihres Hasses Ewigkeit erhalten soll, so ist damit die materielle Welt des „tourbillon de l'action universelle" in ein intrikates Verhältnis zur Sphäre des Ästhetischen gesetzt. Dieses in *Duellum* vorerst nur konstatierte, nicht explizierte Verhältnis ist in Baudelaires Lyrik als eine obstinate metafigurale Dimension mitgeführt: als belebte Statue etwa[33], als hybride ‚Engels-Sphinx'[34] oder ‚steinerner Traum'[35], oder auch in den beliebten metapoetischen Bildern aus der anorganischen Natur: Mineralien, Metall und Kristall als Figuren einer im materiellen Zusammenhang beschlossenen, doch dieser in paradoxer Weise enthobenen Ewigkeit[36].

Diese Ewigkeit ist anderes als das Begehren nach einer Verewigung des Augenblicks erfüllter Präsenz, dessen Realisierung dem Kunstwerk zugemutet würde. In ihr ist nicht schon, wie etwa im *éternel* Gautiers, eine weltenthobene Sphäre des Ästhetischen bezeichnet, in der ein selbstpräsenter Sinn auffindbar wäre[37]; als in sich widersprüchliche todgeweihte Unsterblichkeit verweigert sie vielmehr ein ‚Vergessen' sinnkonstitutiver Differenzen. Baudelaires Texte exponieren in der Figur der zerstörenden Setzung ostentativ ein paradoxes Zugleich von Figuration und Defiguration als Ort der Entfaltung von Sinn: Erst die Figuren der Trennung, in denen das Scheitern einer als Schaffung erfüllter Präsenz gedachten Zeichensyn-

32 OC I, 36; zuerst erschienen 1858 (*L'Artiste*).
33 *Allégorie* (OC I, 116).
34 XXVII (*Avec ses vêtements ondoyants et nacrés*; OC I, 29).
35 *La Beauté* (OC I, 219.
36 Im Gegensatz zum christlichen, aber in Übereinstimmung mit antikem Denken behauptet Baudelaire, wie A. Kablitz vermerkt, die Ewigkeit der Materie (vgl. Kablitz 2002, 165).
37 In *Du Beau dans l'art* schreibt Gautier: „Le beau dans son essence absolue, c'est Dieu. [...] Le beau n'appartient donc pas à l'ordre sensible, mais à l'ordre spirituel. Il est invariable, car il est absolu, et cela seul peut varier qui est relatif. Descendu de ces hautes régions dans le monde sensible, le beau, non pas en lui-même, mais dans ses manifestations, est soumis aux influences extérieures. Les mœurs, les habitudes, les modes, la corruption, la barbarie, peuvent en troubler la notion. [...] les manifestations du beau caché doivent se soumettre à la règle des formes sensibles : seulement que l'artiste, à travers les peintures de la vie ou du monde matériel poursuive son rêve idéal, pense au ciel en peignant la terre, et à Dieu en peignant l'homme ; sans quoi ses ouvrages, quelque curieuse qu'en soit l'exécution, n'auront pas ce caractère général, éternel, immuable, qui donne consécration aux chefs-d'œuvres : il leur manquera la vie" (Gautier 1856, 160–161).

these manifest wird, offenbaren, was sich als Ereignis des Sinnes bezeichnen lässt: eines Sinnes, dessen Sein erst in seiner Entbindung aus materiellen wie aus geistigen Bezügen als Widerständigkeit gegenüber einer Referentialisierung, mithin als eine vom Sein der Dinge autonome Dimension erfahrbar wird.

Die poetologische Relevanz der Bildfelder der Verstümmelung und der Einverleibung zeigt sich schon in den kunstkritischen Schriften, wenn Baudelaire im Kontext der Reflexion auf die imaginative Schöpfung Metaphern wie „pâture“[38] oder „escrime“[39] – wenn auch in ironischer Brechung – zur Konzeptualisierung des schöpferischen Prozesses heranzieht. Besondere Prägnanz erhalten sie allerdings in den poetischen Texten. Zwei zentrale Metaphern halten Baudelaires Friedhofsszenarien bereit: In „Gewissens-Bissen“ ist hier ein vergeistigter Akt der Einverleibung figuriert, „Verswürmer“ fungieren als Bilder der Verschränkung von Vergänglichkeit und ästhetischer Schöpfung:

> – Je suis un cimetière abhorré de la lune,
> Où comme des remords se traînent de longs vers
> Qui s'acharnent toujours sur mes morts les plus chers[40].

Die Verstorbenen als *incitamenta* geistiger Hervorbringungen zu entwerfen, erinnert an den Mythos des Ursprungs der Kunst in der Verlusterfahrung, die *Un mangeur d'opium* entwirft. Mit der allegorischen Dekonstruktion der innen/außen-Opposition behauptet das zweite *spleen*-Gedicht ein Ineinsfallen von Körper und Geist, das im Bild der von den Würmern verschlungenen Toten die Endlichkeit des Geistigen ostentativ hervorkehrt. Eine Analogie von Körperlichem und Geistigem ist auch in „remords“$_9$ indiziert. Ist mit dem ‚Verschlingen' die Vereinnahmung des Gegenstands im melancholischen, und das heißt für Baudelaire: in jedem Weltbezug bezeichnet, so schlägt diese in den „remords“ zurück auf das

[38] „[L]'univers visible [...] est une espèce de pâture que l'imagination doit digérer et transformer“ (*Salon de 1859*, CE 329; erneut in *L'œuvre et la vie d'Eugène Delacroix*, CE 430). Vgl. auch, in analoger Funktionalisierung zur Konzeptualisierung eines leib-seelischen Parallelismus, im Poe-Essai: „la vérité [...] est la pâture de la raison“ (*Notes nouvelles sur Edgar Poe*, CE 636; erneut in *Théophile Gautier*, CE 672). Vgl. auch das bezüglich eines ästhetisch-anthropologischen Parallelismus besonders aufschlussreiche Zitat im Hugo-Essai: „J'ignore dans quel monde Victor Hugo a mangé préalablement le dictionnaire de la langue qu'il était appelé à parler ; mais je vois que le lexique français, en sortant de sa bouche, est devenu un monde, un univers coloré, mélodieux et mouvant“ (*Victor Hugo*, CE 735).

[39] „[M.G.] est penché sur sa table, dardant sur une feuille de papier le même regard qu'il attachait tout à l'heure sur les choses, s'escrimant avec son crayon, sa plume, son pinceau, faisant jaillir l'eau du verre au plafond, essuyant sa plume sur sa chemise, pressé, violent, actif, comme s'il craignait que les images ne lui échappent, querelleur quoique seul, et se bousculant lui-même“ (*Le peintre de la vie moderne*, CE 456–466).

[40] *Spleen* (LXXVI; OC I, 73).

Subjekt: Sie bezeichnen einen vergeistigten Akt des Verschlingens, eine in die Dimension des Geistigen gespiegelte, gegen den Agens selbst gerichtete Zerstörung, die den Bezug auf den Anderen als Enteignung des Selbst nicht weniger denn des Anderen entwirft. „Remords" ist Figur eines Widerhalls von *action* und *passion* der Körper im Seelenraum des Ich, in dem die Trennung von Materiellem und Spirituellem in fataler Weise zugunsten der Materialität des Geistigen aufgehoben ist: Wie der Körper, so unterliegt auch der Geist der zersetzenden Macht einer aus agonaler Interaktion entstehenden Zeitlichkeit, die diesen in die Dispersion treibt. Die Frage nach der Überwindung des „remords" ist mithin immer auch die Frage nach der Möglichkeit einer Überwindung der Zeit. So fallen in dem Gedicht *L'irréparable* die allegorischen Figuren „Remords" und „Irréparable" als Varianten der Allegorie eines die Körper verschlingenden Chronos in eins:

> Pouvons-nous étouffer le vieux, le long Remords,
> Qui vit, s'agite et se tortille,
> Et se nourrit de nous comme le ver des morts,
> Comme du chêne la chenille ?
> Pouvons-nous étouffer l'implacable Remords ? [...]
>
> L'Irréparable ronge avec sa dent maudite
> Notre âme, piteux monument,
> Et souvent il attaque, ainsi que le termite,
> Par la base le bâtiment.
> L'Irréparable ronge avec sa dent maudite ! [...][41]

Wenn in den Gewissens-Bissen eine Analogie von Geistigem und Körperlichem bezeichnet ist, die eine Transzendenz des Spirituellen dezidiert desavouiert, so ist demgegenüber in „vers" die Dimension des Ästhetischen zugleich mit ‚Leben' konnotiert. „Ce qui est créé par l'esprit est plus vivant que la matière"[42], heißt es emphatisch in Baudelaires Tagebuch; diese im zweiten *spleen*-Gedicht und in *L'irréparable* nur latent mitgeführte Konnotation erhält in *Le mort joyeux* deutlichere Konturen. „Vers" taucht hier ebenfalls als ironisches Bild der Koinzidenz körperlicher Vergänglichkeit und ästhetischer Schöpfung auf:

> Ô vers ! noirs compagnons sans oreille et sans yeux,
> Voyez venir à vous un mort libre et joyeux ;
> Philosophes viveurs, fils de la pourriture,
>
> A travers ma ruine allez donc sans remords,
> Et dites-moi s'il est encor quelque torture
> Pour ce vieux corps sans âme et mort parmi les morts ![43]

[41] OC I, 54–55.
[42] *Fusées,* OC I, 649.
[43] OC I, 70.

Den „vers“$_{9}$ ist hier konzediert, was dem lebendig toten Ich mangelt; ja, die Anspielung auf die Selbstzeugung des Lebens aus der unbelebten Materie$_{11}$ erhebt die Verswürmer geradezu zum Inbegriff eines sich selbst setzenden Seins. Wenn darum ästhetische Schöpfung als eine Entzweiung des Künstlers, ja, als ein selbstzerstörerisches Unterfangen zum Zwecke einer Belebung der Verswürmer entworfen ist, so ist damit erneut eine Sphäre umspielt, die diese Dialektik – und damit die Zeitlichkeit – transzendieren soll. „[S]ans remords“$_{12}$ lautet eine der Formeln, mit der die Lyrik Baudelaires eine solche intransigente Sphäre als Negativ des kreatürlichen Schuldzusammenhangs evoziert. Sie findet sich auch am Ende des Gedichts ***Allégorie***, wo sie signifikanterweise an die Darstellungsform der Allegorie geknüpft ist:

ALLÉGORIE

C’est une femme belle et de riche encolure,
Qui laisse dans son vin traîner sa chevelure.
Les griffes de l’amour, les poisons du tripot,
Tout glisse et tout s’émousse au granit de sa peau.
Elle rit à la Mort et nargue la Débauche,
Ces monstres dont la main, qui toujours gratte et fauche,
Dans ses jeux destructeurs a pourtant respecté
De ce corps ferme et droit la rude majesté.
Elle marche en déesse et repose en sultane ;
Elle a dans le plaisir la foi mahométane,
Et dans ses bras ouverts, que remplissent ses seins,
Elle appelle des yeux la race des humains.
Elle croit, elle sait, cette vierge inféconde
Et pourtant nécessaire à la marche du monde,
Que la beauté du corps est un sublime don
Qui de toute infamie arrache le pardon.
Elle ignore l’Enfer comme le Purgatoire,
Et quand l’heure viendra d’entrer dans la Nuit noire,
Elle regardera la face de la Mort,
Ainsi qu’un nouveau-né, – sans haine et sans remords[44].

Die hier evozierte Allegorie des allegorischen Prinzips – „une femme belle et de riche encolure“$_{1}$ – begegnet, anders als im vergleichbaren Fall der Imaginationsallegorie im *Salon de 1859*, nicht als eine sich entziehende Schöpferinstanz, sondern als ein in seiner Materialität aufdringlich präsentes Wesen$_{4}$, das dem universellen, Materielles und Geistiges umgreifenden Agon enthoben sein soll. Die betonte Substantialisierung ist allerdings durch die Dynamisierung der Gestalt$_{9}$ zurückgenommen. Statik und Dynamik konvergieren im Motiv der belebten Statue und machen

[44] OC I, 116; zuerst erschienen 1857 (*Les Fleurs du mal*)

sie zum Exponenten der widersprüchlichen Konfiguration eines Ewigen im Zeitlichen, wie Baudelaire sie in *Le Peintre de la vie moderne* beschreibt.

Dass in dem Gedicht die Dialektik von Erhebung und Entwertung, die Benjamin als zentrales Moment der Allegorie bestimmt hat, zur Geltung kommt, hat W. Menninghaus in seiner Interpretation hervorgehoben[45]. „Mort“$_{5}$ und „Débauche“$_{5}$ als Attribute der Allegorie ließen sich demnach als Figuren einer „Mortifizierung des Gegenstandes“ und einer „Willkür allegorischer Funktionalisierung“[46] lesen: „[I]ndifferente Abstraktion“, „destruktive Herrschaft“ und „Universalität“[47] der Allegorie, so resümiert Menninghaus, gelangen im Gedicht zur Darstellung. Dass dabei offen bleibt, ob die Allegorie Agens oder Patiens ihrer „jeux destructeurs“$_{7}$ ist, weist die Figur als Mittlerin im Spiel der *action universelle* aus[48]. Im Motivkreis der Einverleibung, der Zerstückelung figuriert die Allegorie die *impassibilité* einer autonomen, dem Schuldzusammenhang des Kreatürlichen enthobenen Dimension des Sinnes.

Dass ein solcher atopischer Raum allein in der Kunst zur Anschauung gelangen kann, ist eine Denkfigur, die sich in Baudelaires Werk häufig findet; so etwa in *Une charogne* aus den *Fleurs du mal*:

UNE CHAROGNE

Rappelez-vous l'objet que nous vîmes, mon âme,
Ce beau matin d'été si doux :
Au détour d'un sentier une charogne infâme
Sur un lit semé de cailloux,

Les jambes en l'air, comme une femme lubrique,
Brûlante et suant les poisons,
Ouvrait d'une façon nonchalante et cynique
Son ventre plein d'exhalaisons.

Le soleil rayonnait sur cette pourriture,
Comme afin de la cuire à point,
Et de rendre au centuple à la grande Nature
Tout ce qu'ensemble elle avait joint ;

Et le ciel regardait la carcasse superbe
Comme une fleur s'épanouir.
La puanteur était si forte, que sur l'herbe
Vous crûtes vous évanouir.

45 Vgl. Menninghaus 1980, 163–175.
46 Menninghaus 1980, 168.
47 Menninghaus 1980, 174.
48 Vgl. auch Menninghaus 1980, 168.

Les mouches bourdonnaient sur ce ventre putride,
D'où sortaient de noirs bataillons
De larves, qui coulaient comme un épais liquide
Le long de ces vivants haillons.

Tout cela descendait, montait comme une vague,
Ou s'élançait en pétillant ;
On eût dit que le corps, enflé d'un souffle vague,
Vivait en se multipliant.

Et ce monde rendait une étrange musique,
Comme l'eau courante et le vent,
Ou le grain qu'un vanneur d'un mouvement rhythmique
Agite et tourne dans son van.

Les formes s'effaçaient et n'étaient plus qu'un rêve,
Une ébauche lente à venir,
Sur la toile oubliée, et que l'artiste achève
Seulement par le souvenir.

Derrière les rochers une chienne inquiète
Nous regardait d'un œil fâché,
Epiant le moment de reprendre au squelette
Le morceau qu'elle avait lâché.

– Et pourtant vous serez semblable à cette ordure,
À cette horrible infection,
Étoile de mes yeux, soleil de ma nature,
Vous, mon ange et ma passion !

Oui! telle vous serez, ô la reine des grâces,
Après les derniers sacrements,
Quand vous irez, sous l'herbe et les floraisons grasses,
Moisir parmi les ossements.

Alors, ô ma beauté ! dites à la vermine
Qui vous mangera de baisers,
Que j'ai gardé la forme et l'essence divine
De mes amours décomposés ![49]

Das Gedicht beschwört die Erinnerung an einen Zwischenfall: an das unerwartete Auffinden eines Kadavers „[a]u détour d'un sentier“$_{3}$, der als mitgeteilte Erinnerung zum *incitamentum* ästhetischer Schöpfung wird. Die Begebenheit ist, wie auch die *allocutio* selbst, ein Vorgriff auf den Tod: die plötzliche und unmittelbare Erfahrung der Sterblichkeit, die im Verlauf des Gedichts zur Vorwegnahme des Todes der Angesprochenen gewendet wird. In der Verschränkung der sinnlichen Präsenz des Todes und des Einst der Erinnerung, das das Ich in eine – allerdings wohldefinierte – Distanz zum Ende setzt, ist dem Text eine poetologische Bedeu-

[49] OC I, 31–32; zuerst erschienen 1857 (*Les fleurs du mal*).

tungsebene von Anfang an eingezeichnet: Der Text inszeniert ein ‚Aufblühen' von ‚Gedanken-Blumen' im Zeichen des Todes, wie es in *La mort des artistes* evoziert ist[50]. Diese Ebene wird jedoch erst im Verlauf des Gedichts explizit; vorerst gibt sich das Gedicht als detailgetreue *descriptio* eines Kadavers. Die Abundanz der Vergleiche$_{5/10/14/19/21/23/26}$ entwirft dessen Repräsentation allerdings bereits als einen Akt imaginativer Aneignung. In ihnen ist, gegenläufig zur denotierten Zersetzung, eine Auferstehung des Kadavers zu neuem Leben inszeniert, die als Schöpfung einer Gegenwelt$_{25}$ geradezu als ironische Illustration des Diktums aus den kunstkritischen Schriften, dass ein Kunstwerk „wie eine Welt" zu erschaffen sei, gelesen werden kann[51].

Das Bildfeld des Verschlingens, das durch Fliegen$_{17}$, Insektenlarven$_{19}$, eine Hündin$_{33}$ und Ungeziefer$_{45}$ evoziert ist, markiert ostentativ eine auf keinen metaphysischen Horizont mehr bezogene Vergänglichkeit der Kreatur. Erst das Ende des Gedichts expliziert die metapoetische Konnotation dieser Bilder, wenn in offenkundiger Anspielung auf das schöpferische Prinzip der *imaginatio* von „mes amours décomposés"$_{48}$ die Rede ist, deren „forme"$_{47}$ und „essence"$_{47}$ das Ich zu verewigen gedenkt. Der Topos der durch den Künstler verliehenen Unsterblichkeit kündigt dabei an, was in der zum Gedicht entfalteten *allocutio* bereits vollzogen sein soll: die Restitution einer der Endlichkeit enthobenen Dimension in der künstlerischen Schöpfung.

Wenn Zerstörung als Schöpfung, Schöpfung als Zerstörung lesbar wird, so verleiht Baudelaire den poetischen Zeichen durch die Verschmelzung zweier Sinnhorizonte eine neue Lesbarkeit. In dieser Engführung kreatürlicher Vergänglichkeit und ästhetischer Schöpfung wird die Grenze von Sein und Zeichen textimmanent reproduziert und als überschreitbar inszeniert. So gelangen die antiparallel geführten Bedeutungsebenen der Belebung des Unbelebten und der Zersetzung in den Versen 29–32 in einer metapoetischen Konfiguration zur Koinzidenz:

> Les formes s'effaçaient et n'étaient plus qu'un rêve,
> Une ébauche lente à venir,
> Sur la toile oubliée, et que l'artiste achève
> Seulement par le souvenir.

Das dialektische Bild der ‚Zersetzung als Neubelebung' kulminiert im Widerspruch von Formen, deren Verblassen$_{29}$ Entstehung$_{30}$ ist, und in einer Skizze, die im Vergessen ihrer Vollendung entgegen sieht$_{31}$, in einem Kunstwerk mithin, das Ort der Koinzidenz eines schöpferischen, figurierend-defigurierenden Weltbezugs ist.

50 S.o., S. 267.

51 „Un bon tableau, fidèle et égal au rêve qui l'a enfanté, doit être produit comme un monde" (*Salon de 1859*, CE 327).

Führen die drei abschließenden Strophen vordergründig die Vergleichsstruktur der ersten Strophen fort, so ist doch bereits durch die Konventionalität des an die barocke *memento-mori*-Tradition anknüpfenden Vergleichs eine Differenz zu den Fügungen in den vorangehenden Versen markiert. Wenn dabei der Geliebten anempfohlen wird, sich qua Sprache gegenüber dem zersetzenden Prinzip zu behaupten, und wenn das Ich in deren Bewahrung gerade anderes realisiert wissen will als die kreatürliche Zersetzung, so ist der Unsterblichkeitstopos zweifelsohne ironisch gebrochen. Dennoch wäre es verkürzt, wollte man das Gedicht ausschließlich als Parodie sei es petrarkistischer, sei es romantischer Vorgaben lesen[52]. *Une charogne* führt in der Immanenz des Textes das Funktionieren eines paradoxen figurierend-defigurierenden Prinzips der Sinnkonstitution vor Augen. Wird in den Vergleichen die Similarität zweier Bedeutungsebenen statuiert, die in ihrer syntagmatischen Entfaltung als zwei heterogene, ja konträre Dimensionen – Entstehung und Zerstörung – lesbar werden, so konvergieren beide Ebenen im polysemen „décomposer"$_{48}$, dessen metaphorische Ambiguität erst durch die uneindeutige Kontextualisierung sinnfällig wird. Das Gedicht kann geradezu als Abriss der Ästhetik Baudelaires gelesen werden: zum einen, weil in ihm die Dialektik imaginativer Komposition und Dekomposition in paradoxen Figurationen einen poetischen Ausdruck erhält, die das Kunstwerk zur Chiffre der zerstörend-schöpferischen *imaginatio* avancieren lassen; zum anderen darum, weil diese widersprüchlichen Figurationen ihrerseits einen atopischen Raum des Sinnes zur Geltung bringen, dessen Autonomie gerade durch die im Widerspruch implizierte Destabilisierung des Referenzbezugs sichtbar wird. Dass dieser Raum aber als Raum des Ästhetischen bezeichnet ist, dass ostentativ das Gedicht selbst als dessen Entfaltung ausgewiesen ist – das seinerseits vorgibt, *allocutio* zu sein, die flüchtige Hervorbringung der Stimme –, delegiert die Hervorbringung des Atopos an das Zeichen: Baudelaires Dimension des zeitenthobenen *éternel* ist keine Utopie, sondern gründet in den Aporien des Sprachlichen selbst.

52 So Labarthe 1999, 159–161. Der dominant ironische Duktus, den P. Labarthe zu Recht dem Gedicht bescheinigt, ist bereits in der siebten Strophe gebrochen. Eben darum kann das Gedicht aber auch als Anderes denn die bloße Ostentation einer „corruptibilité de l'être" (Labarthe 1999, 160) gelesen werden, deren Intention eine parodierende Inversion romantischer Todesidealisierungen wäre. Insbesondere bezüglich der letzten Strophen scheint eine Deutung als bloße ironische Desavouierung des Unsterblichkeitstopos fraglich. – Gegenüber Labarthe vermerkt C. Pichois nicht weniger reduktiv: „le poète [...] conservera le souvenir [de la femme], magnifié, spiritualisé. La forme créée par lui ne saurait périr" (OC I, 889).

1.2 Chronotopoi des Endes

Die Fundierung der zeitenthobenen Ewigkeit der Kunst in den Aporien einer subjektiven Symbolisierungsleistung wird besonders in den Gedichten aus *Spleen et Idéal* häufig entworfen. Das dritte *Spleen*-Gedicht wurde unter dieser Perspektive öfter diskutiert[53]. Es konstruiert das allegorische Szenarium einer entfremdenden Zeit und benennt mit „ennui“$_{17}$ das Prinzip des Selbstverlusts: Ein Ende der *curiositas* treibt das Ich in die melancholische Erstarrung:

SPLEEN

J'ai plus de souvenirs que si j'avais mille ans.

Un gros meuble à tiroirs encombré de bilans,
De vers, de billets doux, de procès, de romances,
Avec de lourds cheveux roulés dans des quittances,
Cache moins de secrets que mon triste cerveau.
C'est une pyramide, un immense caveau,
Qui contient plus de morts que la fosse commune.
– Je suis un cimetière abhorré de la lune,
Où comme des remords se traînent de longs vers
Qui s'acharnent toujours sur mes morts les plus chers.
Je suis un vieux boudoir plein de roses fanées,
Où gît tout un fouillis de modes surannées,
Où les pastels plaintifs et les pâles Boucher,
Seuls, respirent l'odeur d'un flacon débouché.

Rien n'égale en longueur les boiteuses journées,
Quand sous les lourds flocons des neigeuses années
L'ennui, fruit de la morne incuriosité,
Prend les proportions de l'immortalité.
– Désormais tu n'es plus, ô matière vivante !
Qu'un granit entouré d'une vague épouvante,

53 Auf die Debatte zwischen H. R. Jauß und P. de Man bezüglich der Deutung des Gesangs der Sphinx soll an dieser Stelle nur hingewiesen werden; eine Zusammenfassung bietet J. Culler (vgl. Culler 1987). Sieht Jauß im Gesang der Sphinx einen Umschlag des *spleen* in eine „Gegenwelt“ des Schönen gegeben (Jauß 1960, 261; vgl. auch 1982, 813–865, bes. 843–846), so wendet P. de Man sich entschieden gegen die, wie er sagt, harmonisierende Tendenz dieser Interpretation. Der Gesang der Sphinx, so schreibt er, „is not the sublimation but the forgetting, by inscription, of terror, the dismemberment of the aesthetic whole into the unpredictable play of the letter“ (de Man 1982, xxv; zit. in Culler 1987, 205; eine Replik findet sich in Jauß 1989b, 202–208). Culler unterstreicht gegenüber Jauß und de Man die unaufhebbare Ambivalenz der letzten Zeile: „Far form returning us at its end to its poetic origin, Spleen reveals an incompatibility between the emergence of the poem and the expression of the allegorical figure and leaves us with a song whose status and impact are decidedly uncertain“ (Culler 1987, 204).

Assoupi dans le fond d'un Saharah brumeux ;
Un vieux sphinx ignoré du monde insoucieux,
Oublié sur la carte, et dont l'humeur farouche
Ne chante qu'aux rayons du soleil qui se couche[54].

Der zu Beginn des Gedichts beschworene subjektive Innenraum öffnet sich im Zeichen des *ennui*$_{17}$ auf die Negativität einer entleerten Welt$_{15-24}$. Ähnlich wie bei Pascal und Condillac meint *ennui* ein Ende der Repräsentation: ein Ausfall der Weltzuwendung des Ich, und damit auch ein Ausbleiben der imaginativen Entwürfe, in denen eine sich performativ konstituierende Subjektivität überhaupt erst zur Vergewisserung gelangen kann. Die Innerlichkeit, auf die sich das Ich verwiesen sieht, verliert mit dem Ausfall der *imaginatio* ihre Möglichkeitsbedingung. So gibt der *ennui* den Blick nicht frei auf eine selbstpräsente Subjektivität, sondern auf ein leeres Zentrum: Die „neigeuses années"$_{16}$ und der in der Folge genannte „Sahara brumeux"$_{21}$ konfigurieren ein entleertes, durch keine Bilder projektiv belebtes subjektives Innen. Dem entspricht die Selbstentzweiung des auf sich verwiesenen Subjekts, das sich in einer für Baudelaires Dichtung typischen Figur der Selbstobjektivierung – das „je" des ersten Teils weicht dabei dem als „vieux sphinx"$_{22}$ angesprochenen „tu" des zweiten Teils – an sich selbst wendet. Prägnant ist die Einsicht in den illusionären Charakter seiner Autonomie als eine ‚vergessene' Kartierung entworfen: Es gibt keinen Ort, der den „vieux sphinx"$_{22}$ verzeichnete; es gibt kein Gedächtnis, das sich seiner erinnerte. Wenn damit der Tod des Subjekts besiegelt scheint, so ist dieser doch – wie vielfach vermerkt wurde – im letzten Vers des Gedichts dementiert. Im Schein der untergehenden Sonne erwacht die Sphinx zum Leben, ihr Gesang wird, wie H. R. Jauß hervorhob, zur Selbstbezeichnung des Gedichts und zum Ort einer ‚Rettung' des vom Verstummen bedrohten Subjekts. Das Gedicht avanciert, so ließe sich ergänzen, zur Figur des in den abschließenden Versen beschworenen Anfangs im Ende. Ein das Gedicht prägender allegorischer Gestus der Bedeutungszuweisung kann dabei als Inszenierung dieser besonderen Macht des Sprachlichen gelesen werden: Just im Augenblick des Selbstverlustes verleiht dieser dem „tu" die neue, allegorische Gestalt des „vieux sphinx ignoré"$_{22}$[55]. In dem Maße, wie sich das *sujet de l'énoncé* als ein Vergessenes entwirft, tritt es als sinn-schöpferisches *sujet de l'énonciation* in Erscheinung. Die Situierung der Sphinx bezeichnet freilich ein unzugängliches Jenseits der Ordnungen des subjektiven Bewusstseins als Ort dieses Subjekts – ein der Kartierung Entzogenes und doch in seiner steinernen Materialität in emphatischem Sinne Vorhandenes.

54 OC I, 73. Zuerst erschienen 1857 (*Les fleurs du mal*).

55 Vgl. zur Sphinx als Figur einer imaginativen Rezentrierung des Subjekts auch Culler 1987, 201, und Jauß 1982, 843–844.

Die Sphinx ist Anschauungsform der von Foucault herausgearbeiteten ‚Rätselfrage' der Moderne: Wie kommt es, dass der Mensch denkt, was er nicht denkt? Diese genuin anthropologische Frage erhält in Baudelaires Gedicht im Text selbst eine Figur. In paradoxer Weise nämlich ist die Sphinx, betrachtet man das Gedicht als Inszenierung des subjektiven Bewusstseins, entgegen der Aussage des Textes in diesem präsent. Der Text ist in sich widersprüchlich – was ihn jedoch, wie in Anknüpfung an die Debatte um seine ‚Lesbarkeit' festzuhalten ist, nicht schon zur Figur einer unaufhebbaren *unreadability* macht[56]. Er führt nämlich nicht schlicht ein Scheitern des Bedeutens vor Augen; in Rede steht vielmehr ein Scheitern, das Scheitern des Bedeutens zu sagen[57]. Im Gedicht kommt mithin eine Dialektik von Sinnsetzung und Sinnentzug, die jeden Akt der Symbolisierung begleitet, zur Sprache. Diese Dialektik impliziert eine für Baudelaires Dichtung wesentliche Denkfigur der Subjektivität. Im *ennui* gelangt die Bewegung des Denkens an eine Grenze, die sich als schlechthin nicht überschreitbar erweist. Indem sich nämlich ein Ende der denkerischen Performanz als ebenso illusionär erweist wie die Selbstpräsenz des mit sich identischen Subjekts, erweist sich zugleich die Unhintergehbarkeit des in dieser Performanz sich profilierenden Individuellen. Dies rückt die Möglichkeit einer nicht als Introspektion, sondern als semiotische Performanz perspektivierten Selbstvergewisserung in den Blick. Ihren Ausdruck findet sie in sprachlichen Figuren, die auf einem performativen Widerspruch beruhen: Die Texte des *ennui* dementieren sich, vereinfacht gesagt, selbst, indem sie vorgeben, das Nichts zu sagen. Plakativ exponieren sie damit das Ineins von Figuration und Defiguration, das als Prinzip ästhetischer Schöpfung zum Fluchtpunkt der poetologischen Reflexionen Baudelaires wurde. Damit aber stellen sie zugleich – jenseits einer als Illusion entlarvten subjektiven Autonomie – eine autonome Dimension des Sinnes dar, die zum Ort eben jener Subjektivität werden kann, welche in der Preisgabe an die symbolische Ordnung schon verfehlt schien.

Dass im ästhetischen Sinnentwurf gerade die Unverfügbarkeit des Selbst dessen Unhintergehbarkeit bezeugt, ist eine Denkfigur, die die in den Umkreis der *spleen*-Gedichte gehörenden Texte häufiger entwerfen. In *Obsession* findet sich die vielleicht expliziteste Reflexion auf das Scheitern, noch das Scheitern darzustellen. Nicht eben euphorisch begrüßt das Gedicht die Einsicht, dass Absenz nicht minder unverfügbar ist als Präsenz:

[56] Zu dieser Debatte s.o., S. 292, Anm. 53.

[57] Vgl. Drügh 2000, 23. Drügh stellt diesen Modus des Bedeutens in Anknüpfung an P. de Man als „allegorical narrative" den „tropological narratives" – in denen sich einerseits ein Begehren nach Bedeutung, andererseits dessen Scheitern ausdrückt – gegenüber; vgl. de Man 1979, 205.

OBSESSION

Grands bois, vous m'effrayez comme des cathédrales ;
Vous hurlez comme l'orgue ; et dans nos cœurs maudits,
Chambres d'éternel deuil où vibrent de vieux râles,
Répondent les échos de vos *De profundis*.

Je te hais, Océan ! tes bonds et tes tumultes,
Mon esprit les retrouve en lui ; ce rire amer
De l'homme vaincu, plein de sanglots et d'insultes,
Je l'entends dans le rire énorme de la mer.

Comme tu me plairais, ô nuit ! sans ces étoiles
Dont la lumière parle un langage connu !
Car je cherche le vide, et le noir, et le nu !

Mais les ténèbres sont elles-mêmes des toiles
Où vivent, jaillissant de mon œil par milliers,
Des êtres disparus aux regards familiers[58].

Die apokalyptische Figur eines Anfangs im Ende$_{12-14}$ ist hier als Implikation einer Aporie perspektiviert, die aller Sinnkonstitution zugrunde liegt: als Kluft, die sich zwischen der zeitlichen Sukzessivität des Bewusstseins und der räumlichen Simultaneität der Dinge auftut. Das Ich befindet sich in einem atopischen Raum des ‚Zwischen', das ihn von Präsenz$_{14}$ und Absenz$_{11}$ gleichermaßen scheidet. Präsenz ist durch seine Konstituierung in der Dimension der Zeit vereitelt: Das Rauschen des Waldes$_1$, das Orgelspiel$_2$ und das *De profundis*$_4$, das aufgewühlte Meer schließlich$_4$ und dessen ‚riesenhaftes' Lachen$_8$ werden ihm zu Chiffren der eigenen *conditio*, die sich allein in Figuren zeitlicher Sukzessivität – in Musik und Stimme – als ein selbst dem Werden unterworfenes Wesen ohne festen Identitätskern zu entwerfen vermag[59]. Nurmehr die Leere scheint darum die Verheißung zu bergen, die endlose Bewegung in der Zeit zu einem Stillstand zu bringen$_{11}$; doch auch dies erweist sich als illusorisch: Im nächtlichen Sternenhimmel ergreifen selbst noch die Sterne das

[58] OC I, 75–76; zuerst erschienen 1860, *Revue contemporaine*. Eine kurze Analyse des Gedichts hat P. de Man in seinem Aufsatz *Anthropomorphism and Trope in the Lyric* vorgelegt; vgl. de Man 1984, 252–262. De Man deutet *Obsession* als Defiguration der in *Correspondances* entworfenen Paradoxie einer Sprache, die ihr Anderes als ein von ihr unabhängiges und außerhalb ihrer existierendes Ganzes sagen will; als Kontrafaktur gleichsam, die letztlich nichts anderes bezeichne als den Zeichencharakter der Sprache selbst. De Mans Grundgedanke eines im Text zum Austrag kommenden Widerstreits von Metaphysik und Rhetorik wird hier aufgegriffen und entfaltet.

[59] Gegen de Mans Lektüre ist festzuhalten, dass das Hallen der Stimme im Seelen-Grab gerade nicht subjektive Selbstpräsenz, sondern – als Einschreibung einer das Gedicht kennzeichnenden Differenz zwischen räumlicher Simultaneität und zeitlicher Sukzessivität – eine dezentrierte Subjektivität figuriert (vgl. de Man 1984, 258).

Wort, um dem Subjekt seine unaufhebbare Bindung an die Zeit vor Augen zu führen[60].

Dass jeder Akt der Weltzuwendung zugleich die Zeitgebundenheit des Menschen ins Bewusstsein ruft, ist im Gedicht als Folge des menschlichen Falls, genauer: einer menschlichen Niederlage$_6$ perspektiviert[61]. Diese topische Denkfigur, derzufolge aus dem Fall des Menschen und der aus ihr hervorgehenden Doppelnatur ein unvollkommener Typus der Erkenntnis resultiere, findet sich etwa bei Condillac und Pascal, und vor diesen bei Montaigne[62]: Die menschliche Zeitlichkeit unterläuft jede Fundierung der Bedeutung in re und lässt Erkenntnis als einen von der subjektiven Weltzuwendung je schon geprägten, die Wahrheit darum verfehlenden Akt erscheinen. „[N]ous les [sc. les choses] teignons de nos qualités“[63], heißt es prägnant bei Pascal; eben diese Verfehlung ist bei Baudelaire – in Abwandlung der Pascalschen Farbmetaphorik – als sinnproduktives Moment perspektiviert:

12 Mais les ténèbres sont elles-mêmes des toiles
Où vivent, jaillissant de mon œil par milliers,
Des êtres disparus aux regards familiers.

Die an die Dimension der Zeit gebundene denkerische Performanz treibt, vergleichbar der Ausfahrt auf das ‚Meer der Finsternis'[64] in *Le voyage*, Figuren des Sinnes hervor, die das Intendierte verfehlen. Allein ein Ende der Bewegung verheißt eine Aufhebung der Differenz; diese aber ist dem Subjekt eben darum verwehrt, weil mit dem Ausfall der Bilder zugleich das Subjekt seiner Möglichkeit beraubt ist. Das Scheitern noch der Darstellung eines Endes des Darstellens lässt Leere zum atopischen Ort des Begehrens werden.

Wenn Bedeutung schon in ihren Ursprüngen verfehlt ist, wenn Verfehlung jeden Akt der Errichtung symbolischer Ordnungen unweigerlich begleitet, so liegt in diesem Scheitern die Möglichkeit einer – allerdings prekären – Selbstvergewisserung,

60 Auf die Relevanz der ‚sprechenden' Sterne als Figur des Phantasmas einer Versöhnung von, wie er sagt, ästhetischem Erleben und Wissen, hat de Man hingewiesen; vgl. de Man 1984, 256.

61 In diesem Kontext ließe sich ergänzen, dass auch das Lachen$_{5/7}$ Baudelaire als Konsequenz des menschlichen Falls und als Index einer unaufhebbaren Widersprüchlichkeit der *conditio humana* gilt (vgl. *De l'essence du rire*, CE 241–263). Eine Hybridisierung von menschlichem Fall und der Niederlage Satans findet sich ebenfalls in diesem Aufsatz: „Le rire est satanique, il est donc profondément humain“ (CE 250).

62 „Nous n'auons aucune communication à l'estre, par ce que toute humaine nature est tousiours au milieu entre le naistre & le mourir, ne baillant de soy qu'vne obscure apparence & ombre, & vne incertaine & debile opinion“ (Montaigne, *Essai* II, 12, in: Montaigne 1981, 366–367; vgl. Pascal 2000, 613–614).

63 Pascal 2000, 614.

64 S.o., S. 271.

die aus der Gestaltung des verfehlten Weltbezugs selbst hervorgeht. In dieser Perspektive verspricht gerade die Auslieferung an das entfremdende Prinzip der Zeit, den Bann zu lösen, mit dem sie das Subjekt belegt.

LE GOÛT DU NÉANT

Morne esprit, autrefois amoureux de la lutte,
L'Espoir, dont l'éperon attisait ton ardeur,
Ne veut plus t'enfourcher ! Couche-toi sans pudeur,
Vieux cheval dont le pied à chaque obstacle butte.

Résigne-toi, mon cœur ; dors ton sommeil de brute.

Esprit vaincu, fourbu ! Pour toi, vieux maraudeur,
L'amour n'a plus de goût, non plus que la dispute ;
Adieu donc, chants du cuivre et soupirs de la flûte !
Plaisirs, ne tentez plus un cœur sombre et boudeur !

Le Printemps adorable a perdu son odeur !

Et le Temps m'engloutit minute par minute,
Comme la neige immense un corps pris de roideur ;
Je contemple d'en haut le globe en sa rondeur
Et je n'y cherche plus l'abri d'une cahute.

Avalanche, veux-tu m'emporter dans ta chute ?[65]

Ähnlich wie *Spleen* und *Obsession* unternimmt auch *Le goût du néant* den aussichtslosen Versuch, das „néant“, den Ausfall der Repräsentation, zur Darstellung zu bringen; und ähnlich wie in diesen beiden Gedichten treibt dieser Versuch die geradezu exuberante Bildlichkeit einer allegorischen Seelenlandschaft hervor. Diese fügt sich jedoch nicht zum Ganzen. Sie bleibt fragmentarisch und gewinnt erst vor dem Hintergrund intertextueller Bezüge Prägnanz. Aufgerufen ist das romantische Endzeitszenarium eines in die Eiswüste gebannten, lebendig toten Subjekts[66]. Obwohl dessen Herrscher nicht benannt wird, steht auch dieses Gedicht offenkundig im Zeichen des *ennui*, einer totenhaften Erstarrung des Ich, die der Ausfall einer subjektiven Zeit („Espoir“$_{2}$) zu verantworten hat$_{3}$. Es ist bezeichnend für die

[65] OC I, 76; zuerst erschienen 1859 (*Revue française*).

[66] Vgl. zur romantischen Endzeitlandschaft, die paradigmatisch etwa Coleridges *Ancient Mariner* und Poes *Arthur Gordon Pym* entwerfen, erneut Koppenfels 1991. Im 19. Jahrhundert bildet sich – offenbar inspiriert durch eine These Buffons, derzufolge das Weltende durch eine zunehmende Abkühlung der Erde herbeigeführt werde (Koppenfels 1991, 255, Anm. 17) – ein genuin ‚nördliches' Imaginarium heraus, das zur Modellierung apokalyptischer Weltuntergangsvisionen herangezogen wird; Koppenfels nennt u.a. – mit direktem oder indirektem Bezug auf Buffon – Cousin de Grainvilles einflussreiches Werk *Le dernier homme* (1805), Byrons Gedicht *Darkness* (1816), Mary Shelleys *Frankenstein* (1818) und *The last man* (1826). Vgl. zur Motivgeschichte der Polarfahrt und zu der in ihr entworfenen apokalyptischen Konfiguration bes. Menke 2002, Menke 2001, Frank 1979 und Metzner 1976.

Wende, die *Le goût du néant* der Denkfigur einer entfremdenden Zeit gibt, dass diese deutlich positiv konnotiert ist: „Lutte“$_1$, „amour“$_7$ und „dispute“$_7$ sind dynamisierende Momente einer agonalen Weltzuwendung unter der Herrschaft des „Espoir“$_2$, die weniger als entfremdende Macht denn als Möglichkeit eines über Klänge und Düfte vermittelten Weltbezugs$_{8/10}$ entworfen ist. Erst in der melancholischen Erstarrung weicht der vernehmende Weltbezug einer rein kontemplativen Welterfahrung, die sich als Ausgrenzung des Selbst aus dem Weltzusammenhang vollzieht$_{13}$. An die Stelle des „Espoir“$_2$ tritt „le Temps“$_{11}$, eine verdinglichte und gleichsam metaphysisch unbehauste Zeit; genauer aber *ist* der Ausfall des „Espoir“$_2$ schon die Objektivierung zum „Temps“$_{11}$. Auf Signifikantenebene nämlich erweist sich letzterer als Metamorphose der inneren Zeit: als Übergang von „Printemps“$_{10}$, der Zeit des Anfangs, Neues verheißenden, zum „Temps“$_{11}$. Bewegung und Erstarrung werden hier in ein intrikates Verhältnis gebracht. Wenn der vergegenständlichte „Temps“$_{11}$ die melancholische Erstarrung des Ich zu verantworten hat, so geht er doch zugleich aus eben dieser Erstarrung überhaupt erst hervor. Das Gedicht konfiguriert einen Widerspruch. Der substantialisierte „Temps“$_{11}$ erscheint als diejenige Instanz, die das Ich in die Erstarrung treibt, indem sie es in Differenz zu sich selbst setzt. Indem aber der Verlust des „Espoir“$_2$ der Erstarrung vorangeht und unauffällig als dessen Auslöser profiliert wird, avanciert das lyrische Ich selbst zum Ausgangspunkt des *ennui*. Der Ursprung der melancholischen Erstarrung wird zum Unverfügbaren. Es ist unentscheidbar, ob die Fragmentierung des Zeitkontinuums die allegorische Bildhaftigkeit hervorbringt, oder aber ob die Bilder selbst diese Fragmentierung zu verantworten haben. So ist auch die Allegorie des „Temps“$_{11}$ *zugleich* Auslöser *und* Ergebnis eines allegorischen Gestus der Bedeutungszuweisung, dessen Ursprung zum Arkanum wird. Diese Ambiguisierung ist von zentraler Bedeutung für die besondere Perspektivierung der Zeit in *Le goût du néant*. Mit ihr wird das Konzept einer fragmentierenden, entfremdenden Zeit hinfällig; „Temps“$_{11}$, die Figur dieser Zeit, erscheint selbst schon phantasmatisch konstituiert.

Die Erfahrung des *spleen*, die hier umstandslos mit der melancholischen Erstarrung des Ich gleichgesetzt werden kann, hat H. R. Jauß als eine Preisgabe des Selbst beschrieben. Sie vollzieht sich als eine Exteriorisierung des subjektiven Innen: „[D]ie Grenze zwischen Innen und Außen stürzt zusammen, und das innerlich Aufgehobene kann jetzt von außen, als eine fremde Macht, wiederkehren“[67]. In der allegorischen Seelenlandschaft ist eine solche Exteriorisierung exemplarisch realisiert: „esprit“$_{1/6}$, „cœur“$_{5/9}$, „Espoir“$_2$ und „Temps“$_{11}$ treten dem Ich als ihm äußerliche Seelenmächte gegenüber. Doch die Distanzierung des Ich geht mit einer Selbstsetzung einher, die sich in einer für die Lyrik Baudelaires exemplarischen Weise als Vergewisserung im Nichtidentischen realisiert. Die abschließenden Verse

[67] Jauß 1982, 844.

der dritten Strophe führen diese dialektische Verschränkung von Selbstpreisgabe und Selbstkonstituierung vor Augen:

> Je contemple d'en haut le globe en sa rondeur
> Et je n'y cherche plus l'abri d'une cahute.

Die Distanznahme gewährt einen melancholischen Ausblick auf die Welt. Wenn die erhöhte Beobachterposition traditionell mit dem platonischen *ascensio*-Schema verknüpft ist und – als Blick aus transzendenter Position – eine Einsichtnahme in die Weltordnung verspricht, so erfährt dieser Topos offenbar bereits im Rahmen antiker *cura sui* eine Umdeutung, die den Akt der Distanzierung als ethopoietische Maßnahme zum Zwecke einer Überwindung der Todesfurcht reinterpretiert[68]. Dieser Aspekt klingt an, wenn die abschließende Strophe eine Auslieferung an das entfremdende Prinzip imaginiert. Dabei zeugt die Distanznahme des Ich von irdischen Zusammenhängen von der Konstituierung einer radikal auf sich selbst verwiesenen Subjektivität, deren fragile Konstitution allerdings in der abschließenden Apostrophe deutlich wird: „Avalanche, veux-tu m'emporter dans ta chute?"$_{15}$. Baudelaire nutzt das suggestive Potential des romantischen Bildes, um dem Endzeitszenarium ein dynamisches Moment einzuschreiben, das dieses zur apokalyptischen Konfiguration im eigentlichen Sinne, nämlich zur Konfiguration eines Anfangs im Ende macht: *In* der Ordnung der Temporalität – und *durch* diese Ordnung – soll deren tödlicher Bann gelöst werden. Hier zeichnet sich ein Modus subjektiver Selbstvergewisserung ab, der indes prekär bleiben muss; denn die Performanz steht der Kontrolle des Subjekts gerade nicht zur Disposition. Ein Gedicht, das *Le goût du néant* thematisch nahe steht, ja, geradezu als dessen ironische *réécriture* gelten könnte, wenn es nicht aller Wahrscheinlichkeit nach vor diesem Gedicht entstanden wäre, kann diesen Aspekt erhellen:

> PAYSAGE
>
> Je veux, pour composer chastement mes églogues,
> Coucher auprès du ciel, comme les astrologues,
> Et, voisin des clochers, écouter en rêvant
> Leurs hymnes solennels emportés par le vent.
> Les deux mains au menton, du haut de ma mansarde,
> Je verrai l'atelier qui chante et qui bavarde ;
> Les tuyaux, les clochers, ces mâts de la cité,
> Et les grands ciels qui font rêver d'éternité.
>
> Il est doux, à travers les brumes, de voir naître
> L'étoile dans l'azur, la lampe à la fenêtre,
> Les fleuves de charbon monter au firmament
> Et la lune verser son pâle enchantement.

[68] Vgl. Dünne 2003, 368.

Je verrai les printemps, les étés, les automnes ;
Et quand viendra l'hiver aux neiges monotones,
Je fermerai partout portières et volets
Pour bâtir dans la nuit mes féeriques palais.
Alors je rêverai des horizons bleuâtres,
Des jardins, des jets d'eau pleurant dans les albâtres,
Des baisers, des oiseaux chantant soir et matin,
Et tout ce que l'Idylle a de plus enfantin.
L'Emeute, tempêtant vainement à ma vitre,
Ne fera pas lever mon front de mon pupitre ;
Car je serai plongé dans cette volupté
D'évoquer le Printemps avec ma volonté,
De tirer un soleil de mon cœur, et de faire
De mes pensers brûlants une tiède atmosphère[69].

Paysage ist das gleichsam in die Positivität des autonomen, seiner selbst bewussten Subjekts gewendete Pendant zu *Le goût du néant*. Wie dort begegnet die Selbstausgrenzung des Subjekts zu erhöhter Position; wie dort sind winterliche Schneefelder evoziert, deren die ästhetische Schöpfung offenbar als ihrer Möglichkeitsbedingung bedarf. Diese ist in emphatischem Sinne *poiesis*: „évoquer le Printemps"$_{24}$, „tirer un soleil de mon cœur"$_{25}$, „faire [...]"$_{25}$ – in exponierter Stellung am Zeilenende – „[...] De mes penser brûlants un tiède atmosphère"$_{26}$. Nichts allerdings könnte konträrer zu *Le goût du néant* sein als der Ton, in dem das Gedicht diese dem Subjekt anheim gestellte poetische Schöpfung unterschwellig dementiert. Die klischeehafte Aufnahme des Melancholie-Paradigmas$_{5}$, der Rückgriff auf die romantische Figur des einsam-genialen Künstlers, die romantische Schwellensituation am Fenster und deren Steigerung zum ostentativen Gestus der Ausgrenzung, die der ästhetischen Schöpfung vorangehen soll$_{15}$, der Rückzug in den subjektiven Innenraum, in dem das Ich in autonomem Schöpfertum tätig wird – dies alles lässt die „Idylle [...] enfantin[e]"$_{20}$ zur Selbstbezeichnung des Textes werden. Der Auftakt des Gedichts benennt das Ziel der Invektive. „Je veux"$_{1}$: das Ich beansprucht nichts Geringeres als eine Identifizierung mit dem gestalterischen Prinzip, das seine imaginativen Entwürfe hervortreibt. In *Le goût du néant* steht diesem „Je veux"$_{1}$ signifikanterweise das an die Lawine gerichtete „veux-tu [...]?"$_{15}$ gegenüber. Ästhetische Performanz, so hält *Le goût du néant Paysage* entgegen, steht dem Subjekt nicht zur Disposition. Sie kann darum stets nur zu einer Vergewisserung führen, die auf eine – wenngleich supplementäre – Identität verzichten muss, um der ereignishaften Bewegung einer welt- und bewusstseinskonstitutiven Trennung ein produktives Moment abzugewinnen, das – quasi erst in einem zweiten Schritt –

[69] OC I, 82; zuerst erschienen 1857 (*Le Présent*). Eine Analyse des Gedichts hat J. Holstein vorgelegt (vgl. Holstein 2004, 163–166).

gewendet werden kann zur Vergewisserung angesichts drohender *annihilatio* des Ich durch eben jenes schöpferische Prinzip.

Ähnlich wie in *Une charogne* wird eine Sphäre des Ästhetischen unauffällig zum Ort dieser Vergewisserung stilisiert. So ist mit „chute“$_{15}$ der menschliche Sündenfall aufgerufen – eine für Baudelaires Dichtung zentrale Metapher künstlerischer Schöpfung; „neige immense“$_{12}$ und „un corps pris de roideur“$_{12}$ mögen die Materialität von Papier und Buchstaben konnotieren. Das Gedicht inszeniert sich als Ort einer Veräußerung des Subjekts und soll doch zugleich der Ort seiner Rettung sein; auch *Le goût du néant* avanciert mithin zum Ort der in der Figur des Anfangs im Ende konnotierten Dialektik von Sinnbegehren und Sinnentzug.

Fragt man nach den sprachlichen Verfahren, die diese intrikate Konfiguration zur Darstellung bringen, so ist zuerst die Allegorie zu nennen, deren Funktion mit Blick auf Jauß' grundlegende Bestimmung zu präzisieren ist. „Je contemple d'en haut le globe en sa rondeur“$_{13}$, so lautet Baudelaires imaginativ-imaginäre Erfüllung des metaphysischen Traums einer Sinntotalität, deren Kehrseite eine radikale Vereinsamung ist: „Et je n'y cherche plus l'abri d'une cahute“$_{14}$. Das „Et“ setzt gleichsam selbstverständlich in einen Bezug, was keineswegs selbstverständlich aufeinander bezogen ist: die Auflösung der Grenze von Innen und Außen, die das Subjekt in die Unbehaustheit treibt, und die Ausgrenzung des Selbst aus dem Weltzusammenhang. Jauß' Deutung des allegorischen Verfahrens bei Baudelaire muss im Hinblick auf diese Verse ergänzt werden: Es ist nicht so, dass mit dem Fall der Grenze von Innen und Außen das Innerste nach Außen getrieben würde und als Allegorie wiederkehrte. Wo die Repräsentationen der Welt und des Selbst *als* Repräsentationen erkannt sind – und dies ist der Fall, wenn das Ich mit der Selbstausgrenzung aus dem Weltzusammenhang ostentativ eine Distanz zu dieser setzt –, muss die Grenze von Selbst und Welt fallen, *weil* sie sich als Repräsentation erweist. Der Akt der Distanznahme ist bereits die Ausweisung der Repräsentationen, die nun in der Tat als Allegorien – als Elemente einer simulakrenhaften Wirklichkeit – wiederkehren. Wenn die Allegorie aber stets die Arbitrarität ihrer Sinnzuweisung hervorkehrt, so artikuliert sich zugleich Sinnbegehren in der ostentativen Gebärde projektiver Sinnsetzung, die in ihr festgehalten ist. Die exuberante Bildlichkeit führt dabei indes weniger zu einer Fixierung als zu einer Vervielfachung der den Text konstituierenden Bedeutungsebenen, die das *sujet de l'énonciation* als eine bild-schöpfende, einen imaginativen Selbst- und Weltbezug herstellende Performanz setzen.

Die Beschwörung einer allegorischen Szenerie, die Inszenierung des Selbstverlusts und die abschließende Thematisierung des schöpferischen Akts rücken das Gedicht in die Nähe des zweiten *spleen*-Gedichts. „Hinkende Tage“$_{15}$ als allegorisches Korrelat einer veräußerlichten Zeit, „Schnee“$_{16}$ als in die Erstarrung treibendes Prinzip, der melancholische ‚Fall' in die Materialität$_{19}$ als Versteinerung: In höchster Dichte entwirft auch *Spleen* das Motiv des Selbstentzugs qua Raum-Zeit, für die nicht nur die hinkenden Tage und die Flocken der Schnee-Jahre einstehen, sondern selbst noch die „Proportionen“$_{18}$ der Unsterblichkeit. Im abschließenden

Gesang bündeln sich, wie H. R. Jauß hervorgehoben hat, die Ambivalenzen des Gedichts[70]. Der Gesang der Sphinx gilt ihm als Figur der Rückwendung des Gedichts auf sich selbst; diese aber lässt den Gehalt des Gedichts, wie er an anderer Stelle schreibt, als Darstellung seines Werdens, mithin als „Poesie der Poesie“[71], in den Blick treten. Dass in *Le goût du néant* hingegen gerade die Auslieferung an das entfremdende Prinzip Erlösung verspricht – „avalanche“$_{12}$, das Prinzip der Dynamisierung, ist metonymisch auf „neige“$_{15}$, das Prinzip der Versteinerung, bezogen – , konkretisiert dieses Werden zum Bild und wendet die apokalyptische Denkfigur eines Anfangs im Ende zur Figur einer zerstörenden Setzung, deren Ort und deren Aufhebung die Sprache, deren Materialisierung die Schrift ist. Die Aporien einer Sinnkonstitution, die Selbst und Welt als je schon Verfehlte setzt, kommen in *Le goût du néant* nicht zu einer Lösung. Doch indem das Gedicht die Aporie als solche inszeniert, tritt es selbst als Ort einer paradoxen Koinzidenz von Sinnsetzung und Sinnentzug in Erscheinung.

Die bislang betrachteten Gedichte führen in uneindeutigen, ja widersprüchlichen textuellen Konfigurationen eine Dimension des Sinnes vor Augen, deren Autonomie gerade vor dem Hintergrund der vom Text ins Werk gesetzten pragmatischen und semantischen Dissonanzen in Erscheinung tritt. Gerade diejenigen Figuren, die der Identität des Textes Brüche einschreiben und mögliche Ansprüche auf Sinntotalität preisgeben, erweisen sich dabei als Inszenierungen einer Unhintergehbarkeit des Sinnes: Die Allegorie, die Apostrophe, das Oxymoron oder auch das Paradox führen vor Augen, dass das Sinnverstehen weniger durch die Referentialisierung als vielmehr durch die Unterstellung einer Einheit des Sinnes geleitet ist. Wenn der in ihnen fixierte ‚antidiskursive' Gestus vorgängige Schematisierungen der Wirklichkeit aufbricht, so lässt er den Akt der lyrischen Transgression selbst als seinen Referenten in Erscheinung treten[72]. *Le goût du néant* und *Spleen* wenden dieses der Ordnung des Identischen entzogene Moment des Nichtidentischen zum Ort eben jener Subjektivität, die in der Preisgabe an die Ordnung des Identischen ihrer Möglichkeitsbedingung schon beraubt schien: Subjektivität konstituiert sich in dieser Perspektive als Fluchtpunkt der widersprüchlichen Pluralität simultaner Kontexte, die das Gedicht entwirft[73]. Im begrenzten Raum des Textes kann sich eine Selbsterfahrung artikulieren, die die offene Prozessualität ihres Werdens als Manifestationsform subjektiver Freiheit – im Sinne einer den Code transzendierenden Individualität – begreift.

[70] Vgl. Jauß 1960, 261.
[71] Vgl. Jauß 1979, 699; vgl. zum Gesang der Sphinx auch Jauß 1982, 813–865, bes. 843–846.
[72] Auf diesen Konnex weist K. Stierle in seinem paradigmatischen Hölderlin-Aufsatz hin; vgl. Stierle 1997c.
[73] Vgl. Stierle 1997c, 251.

Diese für das Werk Baudelaires zentrale poetologische Figur kommt in den berühmten abschließenden Versen des Gedichts *L'Héautontimorouménos* paradigmatisch zur Darstellung:

[...]

Ne suis-je pas un faux accord
Dans la divine symphonie,
Grâce à la vorace Ironie
Qui me secoue et qui me mord ?

Elle est dans ma voix, la criarde !
C'est tout mon sang, ce poison noir !
Je suis le sinistre miroir
Où la mégère se regarde.

Je suis la plaie et le couteau !
Je suis le soufflet et la joue !
Je suis les membres et la roue,
Et la victime et le bourreau !

Je suis de mon cœur le vampire,
– Un de ces grands abandonnés
Au rire éternel condamnés,
Et qui ne peuvent plus sourire ![74]

Zwei Strategien der Sinnkonstituierung leiten die Figurationen des Textes. Erstens exponieren Widersprüche$_{21–24}$ ostentativ die referentielle Unhintergehbarkeit der textuellen Sinnpositionen, die sich auch in allegorischer Lektüre nicht zu einer kohärenten Figur zusammenschließen lassen. Zweitens, und gleichsam gegenläufig zur Sinnstreuung durch die Figuren des Widerspruchs, beziehen similaritätsbasierte Ordnungsstrukturen die logisch unmöglichen Bildreihen aufeinander und verleihen ihnen eine paralogische Folgerichtigkeit. Die spiegelbildliche Verknüpfung der Konversen, der syntaktische Parallelismus ihrer Reihung$_{21–23/25}$, nicht zuletzt die Kürze der Verse und die syntaktisch klar markierten Zäsuren am Zeilenende stellen der semantischen Dispersion die Zentriertheit der formalen Struktur gegenüber, die nun allerdings weniger Ausdruck einer vorgängigen Ordnung als vielmehr Ausdruck der Nachträglichkeit der textuell konstituierten Sinnpositionen ist. Als Fluchtpunkt dieser Positionen zeichnet sich die Figur eines Subjekts ab, das zum Ursprung der widersprüchlichen Rede avanciert: Baudelaires Verse, die Opfer und Henker im sprechenden Ich vereinen, beschwören den Schuldzusammenhang des Kreatürlichen, doch wenden sie diesen zu einer selbstbezüglichen Dynamik: Patiens und Agens, „plaie" und „couteau"$_{21}$, „soufflet" und „joue"$_{22}$, „membres" und „roue"$_{23}$, „victime" und „bourreau"$_{24}$ gelangen im *sujet de l'énoncé* zu einer wider-

[74] OC I, 78–79. Zuerst erschienen 1857 (*L'Artiste*).

sprüchlichen Einheit. Gegenläufig zu der auf semantischer Ebene vollzogenen Ambiguisierung artikuliert sich mithin auf pragmatischer Ebene eine deutlich markierte Gewissheit des Selbst. Wird diese zunächst als rhetorische Frage formuliert$_{16}$, so folgt – gleichsam als deren Echo – eine Affirmation des Selbst, das sich als Spiegel$_{19}$, dann, durch eine insistierende, an die Ich-bin-Worte Jesu erinnernde Selbstaffirmation, als Figur des Widerspruchs entwirft. Es wäre verkürzt, in der Spiegelmetapher eine Chiffre reiner Passivität zu sehen[75]; der Spiegel ist Spiegel eben nur als Reflexionsfläche, mithin als Medium, und figuriert gerade darum selbst bereits eine Enthebung aus dem kreatürlichen Schuldzusammenhang. Er kondensiert gleichsam den von P. de Man herausgestellten „metamorphic crossing"[76], der in Baudelaires Lyrik Betrachter und Betrachtetes aufeinander bezieht, und fixiert diesen zu einer Figur der Metamorphose selbst: Einer der Vergewisserung nicht zugänglichen, doch diese ermöglichenden reinen Performanz, die als generatives Prinzip des kreatürlichen Schuldzusammenhangs die Differenz von *action* und *passion* hervortreibt. Darum markiert er gerade *nicht* eine heteronome Determiniertheit des Ich, sondern stellt angesichts der drohenden Vereinnahmung, für die die Megäre einsteht, die nicht zu tilgende Spur eines der Vereinnahmung entzogenen Anderen heraus. Diese Spur aber führt gerade die widersprüchliche Rede eindringlich vor Augen. Denn durch die Ineinssetzung heben sich die Kontraria nicht auf, sondern geben den Blick frei auf eine von der Referentialisierung unabhängige Sinnkonstitution, die dem Subjekt einen Freiraum jenseits diskursiver Fixierungen eröffnet. In *Pauvre Belgique*, Baudelaires groß angelegter Invektive gegen eine dort vorgeblich übliche „[a]bdication de l'individu"[77], taucht das Henker-Opfer-Motiv in eben diesem Sinne auf:

> Je n'ai jamais si bien compris qu'en la voyant la sottise absolue des convictions.
> Ajoutons que quand on leur [sc. aux Belges] parle révolution *pour de bon*, on les épouvante.
> *Vieilles Rosières*. MOI, quand je consens à être républicain, *je fais le mal le sachant*.
> Oui ! *Vive la Révolution !*
> toujours ! quand même !
> Mais moi je ne suis pas dupe ! je n'ai jamais été dupe ! Je dis *Vive la Révolution !* comme je dirais : *Vive la Destruction ! Vive l'Expiation ! Vive le Châtiment ! Vive la Mort !*
> Non seulement, je serais heureux d'être victime, mais je ne haïrais pas d'être bourreau, – pour sentir la Révolution de deux manières ![78]

Ein „freies", verstanden als ein den diskursiven Vorgaben der „sottise absolue des convictions" enthobenes Individuum artikuliert sich gerade in der Figur des Widerspruchs.

[75] So die Deutung von J. Starobinski; vgl. Starobinski 1989, 35–36.
[76] De Man 1984, 258.
[77] OC I, 900.
[78] OC I, 960–961.

Singulier aspect des bouches dans la rue et partout.
Pas de lèvres de volupté.
Pas de lèvres de commandement.
Pas de lèvres d'ironie.
Pas de lèvres d'éloquence[79],

resümiert Baudelaire an anderer Stelle die ‚Unmündigkeit' des Belgiers. „Volupté", „commandement", „ironie" und „éloquence" betonen einen dem in „lèvres" konnotierten Akt des Sprechens vorausliegenden Willen, der auch in *L'Héautontimorouménos* durch die ironische Negierung vorgegebener Sinndispositive zu einer Affirmation seiner selbst gelangt.

Gerade der durch den Widerspruch bewirkte Aufschub der Referentialisierung lässt das Gedicht zum Ort einer Vergewisserung des Sinnes werden. Die widersprüchliche Rede führt keineswegs in eine Sinnleere, sondern macht deutlich, dass selbst einer aus Referenzbezügen entbundenen sprachlichen Performanz noch ein Sinn beigelegt werden kann – und muss. An die bekannte, doch von G. Deleuze neu formulierte Einsicht in die Unhintergehbarkeit des Sinnes erinnert Baudelaires Inszenierung des Widerspruchs:

> [L]es propositions qui désignent des objets contradictoires ont elles-mêmes un sens. Leur désignation pourtant ne peut en aucun cas être effectuée [...]. C'est que les objets impossibles [...] sont des objets « sans patrie », à l'extérieur de l'être, mais qui ont une position précise et distincte à l'extérieur : ils sont de l' « extra-être », purs événements idéaux ineffectuables dans un état de choses[80].

Baudelaires Konfigurationen des Widerspruchs zielen auf die Darstellung der reinen Möglichkeit des Sinnes. In der Positivität des Sprachlichen tritt durch die Destruktion des Referenzbezugs hervor, was der diskursiven Logik entzogen ist, doch dieser als deren Möglichkeitsbedingung vorausgeht: Ein Anderes der Sprache, verstanden als ein Werden von Sinn. So ist es nur konsequent, dass dieses Andere zwar im *Je* eine Stimme erhält, doch nicht schon in diesem aufgeht. Vielmehr ist es die Ironie, die als Urheberin des „faux accord"$_{13}$ und damit auch, so suggeriert der Text, als dasjenige Prinzip, das das Ich in die Doppelrolle von Henker und Opfer treibt, auf den Plan tritt: Die Entzweiung des Subjekts und seine Affirmation verdankt sich einer Sprache, deren Bedeutungsebenen nicht mehr aufeinander abbildbar sind, sondern dissonant$_{13}$ nebeneinander stehen. Dass dabei unentscheidbar bleibt, ob die Entzweiung des Ich durch die Ironie verantwortet ist$_{15/16}$, oder aber ob die Ironie, wie die Anspielung auf das schwarze Blut suggeriert$_{18}$, als Effekt menschlicher Dezentriertheit zu deuten ist[81], lässt den Ursprung der Rede ins

[79] OC I, 829.

[80] Deleuze 1969, 49.

[81] „[P]oison noir"$_{18}$ spielt auf die schwarze Galle an, deren Entstehung wiederum mit dem menschlichen Sündenfall verknüpft ist; vgl. Wagner-Egelhaaf 1997, 43.

Bodenlose entgleiten. Der Freiraum des Subjekts erscheint damit einmal mehr kontaminiert durch ein seinem Herrschaftsbereich sich Entziehendes; die Sprache wird indes zur Anschauungsform des Vollzugs einer reflexiv unverfügbaren semiotischen Performanz.

* * *

Die Zeit begegnet in Baudelaires Lyrik in zwei Ausprägungen. Erstens konkretisiert sich im Agon der Körper, in den allegorischen Figuren und in den Endzeitlandschaften des *ennui* eine ‚mortalistisch' gegründete[82], als Todverfallenheit verstandene Zeit, wie sie M. Foucault unter dem Begriff der „finitude fondamentale" als kennzeichnend für die moderne Episteme herausstellte[83]. Zweitens sucht Baudelaire eine Zeit zu konzeptualisieren, die als reines Werden von Sinn dem durch *imaginatio* und Zeit inszenierten Spiel von Aufhebung und Setzung entzogen ist. Es liegt nahe, diese beiden Typen als Varianten einer Dichotomie von äußerer und innerer Zeit zu begreifen, wie sie etwa mit Augustins *Confessiones* Eingang in das Denken der Zeitlichkeit fand[84]. Doch Baudelaires Zeit der Semiose ist als ein subjektives Zeitbewusstsein nicht schon hinreichend bestimmt. Sie ist, *imaginatio* vergleichbar, tendenziell Ich-frei: Dem Subjekt entzogen, ist sie eine reine Bewegung des Werdens. Mit *imaginatio* steht sie in einem keineswegs akzidentellen Zusammenhang. Wenn etwa in *Une mort héroïque* die Figur der Zeit die Figur der *imaginatio* abschattet, umgekehrt aber die Figur der *imaginatio* eine Metamorphose der Zeit ist, so ist damit nur zu bildhafter Konkretion gebracht, was sich Baudelaires Lyrik als eine kardinale Denkfigur einprägt: dass nämlich das Ereignis des Sinnes Funktion einer trennend-verbindenden Bewegung der Semiose ist, in der Zeitlichkeit und menschliche Kreativität unwiderruflich aufeinander verwiesen sind. Doch diesem Entwurf steht ein zweiter, komplexerer zur Seite, der erst in der Dekonstruktion der Doppelfigur von Zeit und *imaginatio* zur Geltung kommt. So erweisen *Une mort héroïque* und *Les sept vieillards* die in dieser Doppelfigur codierte zerstörend-schöpferische Bewegung selbst schon als ein Konstrukt, ‚jenseits' dessen sich die Präsenz des Sinnes als ein aus der gesteigerten Reflexivität der Sprache hervortretendes Anderes der symbolischen Ordnung abzeichnet.

Dieser zweifachen Perspektivierung entsprechen zwei zentrale Darstellungsverfahren. Zum einen tragen Figuren der Differenz Baudelaires Dichtung einen Index des Anderen ein. *Imaginatio* und Zeit sind hier herausragende Metafiguren; doch

[82] Den Begriff des ‚Mortalismus' zieht Warning in Anknüpfung an Foucault zur Beschreibung einer vitalistischen, doch auf den Tod zentrierten Konzeption der Zeitlichkeit bei Zola heran; vgl. Warning 2003, 288, bes. Anm. 48.

[83] Vgl. zum Konzept der „finitude fondamentale" Foucault 1966, 326; s.o., S. 33.

[84] Vgl. Augustinus, *Confessiones* XI, 14–29; in: Augustinus 1987, 626–667.

auch der Agon der Körper, die Bildfelder der Zerstörung und der Verstümmelung, die allegorischen Metamorphosen des Ich, die Endzeitlandschaften des *ennui* sind Figuren einer der Positivität des Gegebenen eingetragenen Alterität. Zum anderen findet das Denken des Anderen einen Vollzug in einem imaginativen Schreiben, das diese Koinzidenz in Verfahren der Sinnstiftung und des Sinnentzugs umsetzt, um den Text selbst zu deren Anschauungsform werden zu lassen.

Fragt man nach der Relation dieser beiden Typen der Zeit, so kann es hilfreich sein, diese mit einer von C. Castoriadis eingeführten Differenzierung zu kontrastieren[85]. Castoriadis unterscheidet zwischen einer identitätslogischen und einer imaginären, auch poetischen Zeit. Die identitätslogische Zeit, so Castoriadis, beruht auf gesellschaftlich geschaffenen Maßeinheiten; die imaginäre Zeit hingegen geht aus einem ‚Anderswerden' hervor, genauer: die imaginäre Zeit *ist* dieses Anderswerden: „Otherness and time are solidary [...]. Time is being insofar as being is otherness, creation and destruction"[86]. Eine solche irreduzible Alterität bringt nun auch Baudelaire ins Spiel, wenn er durch die Dekonstruktion der Doppelfigur von Zeit und *imaginatio* ein Anderes des Denkens als Fluchtpunkt seiner Zeitentwürfe profiliert. Von besonderem heuristischen Wert für die Betrachtung der Lyrik Baudelaires ist Castoriadis' Modell nun darum, weil es Licht auf die besondere Relation zwischen der ‚imaginären' Zeit und der Konstruktion des Raumes in Baudelaires Lyrik wirft. Denn die imaginäre Zeit, so Castoriadis, konkretisiert sich in räumlichen Strukuren – „There is poietic space, space unfolding with and through the emergence of forms"[87] – genauer: imaginäre Zeit kann nur durch die Emergenz von Formen im Raum zur Anschauung gelangen. Hier zeigt sich eine besondere Affinität, die sein Modell zu Baudelaires Denken der Zeit unterhält; denn wenn bei Baudelaire jenseits von Schöpfung und Zerstörung, jenseits des Spiels von Zeit und *imaginatio* ein diesem entzogenes Anderes erfahrbar wird, so bedarf es doch einer figurativen Verräumlichung, damit das Andere überhaupt zu einer Darstellung kommen kann.

[85] Vgl. Castoriadis 1975 und Castoriadis 1991. Castoriadis' Differenzierung wurde, soweit ersichtlich, zuerst von R. Warning im literaturwissenschaftlichen Kontext fruchtbar gemacht; vgl. Warning 2003, 275–276.

[86] Castoriadis 1991, 58.

[87] Castoriadis 1991, 59.

2 *Profondeur de l'espace, allégorie de la profondeur du temps*[1]. Topographien der *imaginatio*

Die Semantisierung des Raumes in Baudelaires Werk ist Reflex der oben skizzierten imaginären Zeit[2]: Die Räume seiner Gedichte sind figurative Verdichtungen des Wechselspiels von Zeit und *imaginatio*. Häufig sind sie Orte der Entfremdung; so kommt gerade im Umkreis der *spleen*-Gedichte die melancholische Setzung verfehlter Präsenz in komplexen Raumkonstruktionen zur Gestaltung. Vermittels der Dekonstruktion der innen/außen-Opposition entwerfen diese Texte den problematischen Grund des in ihnen sich artikulierenden Subjekts: „Höhlen unergründlicher Trauer"[3], „Seelen-Grab"[4], „Winkel" des Herzens und „Trauer-Grund"[5] bezeichnen in den *Fleurs du mal* atopische Räume, die sich mittels einer allegorischen Ineinanderblendung von Innen und Außen konstituieren[6]. Wenn mit der Verräumlichung des subjektiven Innen zum Seelenraum ein geläufiges Verfahren allegorischer Dichtung aufgegriffen scheint, so ist dabei eine Distinktion von Eigentlichem und Uneigentlichem allerdings preisgegeben. Baudelaires Raumentwurf impliziert nämlich gerade *nicht* die Affirmation der Grenze von Innen und Außen. Der Nichtort entsteht vielmehr quasi aus einer Torsion des Raumes, die das Innen als Außen, das Außen als Innen markiert. Das Außen ist ‚eigentlich' innen, das Innen ist ‚eigentlich' außen. Diese in sich widersprüchliche Figur erzeugt durch die kontinuierliche Umbesetzung der textuellen Sinnpositionen ein Oszillieren in der Referentialisierung, das eine konstitutive Instabilität von Signifikant und Signifikat offen zur Geltung bringt. Die Raumgestaltung ist in diesem Sinne ein kardinales Darstellungsverfahren einer dezentrierten Subjektivität. Sie inszeniert Negativität als (Ab-)Grund des Subjekts, ohne aber – hierin sind die Raumentwürfe denen der Zeit vergleichbar – eine Dimension des Sinnes preiszugeben. Der Atopos indiziert nicht die unhintergehbare Opazität des Zeichens, das dann allenfalls noch im Verstummen zu sich selbst fände, sondern wird als der selbst unsagbare Ursprung melancholischer Semiose profiliert.

Wenn bereits die *Fleurs du mal* diesen Typus des Raumes rekurrent entwerfen und als Grund der poetischen Rede inszenieren, so schöpfen erst die Prosagedichte die Möglichkeiten, die in der Konfigurierung atopischer Räume liegen, aus. Der Raum erlangt hier als zentrale semiologische Metapher poetologische Relevanz: Er

[1] OC I, 430–431.
[2] S.o., S. 307.
[3] Vgl. *Les ténèbres*, OC I, 38.
[4] Vgl. *Le mauvais moine*, OC I, 14–15.
[5] Vgl. *A une Madone*, OC I, 58–59.
[6] Vgl. zu dieser melancholietypischen Raumkonstruktion Starobinski 1963, 416–417.

erlaubt es, die paradoxe Artikulation einer Sphäre temporärer Sinnentwürfe mit ihrem negativen Grund darzustellen. Dabei steht die Semantisierung des Raumes – anders als die der Gedichte der *Fleurs du mal*, die sich zumeist darauf beschränken, einen atopischen Raum zu evozieren, ohne ihn aber semantisch aufzuladen – für eine Rezentrierung des Subjekts im Zeichen des Imaginären. Die Reflexion auf die Konstituierung des subjektiven Bewusstseins führt indes auch in den *Petits poèmes en prose* immer eine Reflexion auf dessen Zeichenhaftigkeit mit sich. Die Kluft zwischen Welt und Bewusstsein erweist sich dabei einmal mehr als Figur semiotischer Differenz, die ihrerseits den Fluchtpunkt für eine Reflexion auf die Bedingungen poetischer Sinnkonstituierung bildet. Die Raumentwürfe sind mithin nicht allein als eine *mise en scène* der subjektiven Bewusstseinskonstitution, sondern zugleich als eine *mise en abyme* der künstlerischen Schöpfung lesbar[7].

Dass die Prosagedichte allegorisch lesbar sein sollen, mag überraschen[8]. Gerade die Stadtgedichte in den *Petits poèmes en prose* werden immer wieder als Beispiele

[7] Dass Baudelaires Werk die Modellierung eines ‚modernen' Bewusstseins darstellt, wurde immer wieder herausgestellt; vgl. H. Friedrichs grundlegenden Befund einer in Baudelaires Lyrik vollzogenen „Entpersönlichung" des Dichtens, die das Ich als „Erleider der Modernität" in Erscheinung treten lasse (Friedrich 1992 [1956], 36–37). Den Konnex der Großstadterfahrung und einer ‚modernen' Bewusstseinskonstitution suchte zuerst W. Benjamin unter dem Leitbegriff des choc zu erhellen (Benjamin 1991c, 605–653). In Anknüpfung an Benjamin deutet Stierle den choc als Alteritätserfahrung, die im poetischen *moment privilégié* überwunden werden soll; die eigentliche Innovation Baudelaires bestehe darin, dass dieser Subjektivität – und zwar in der Figur des *flâneur* – zur Darstellung bringe (vgl. Stierle 1974 und, anknüpfend, Stierle 1993; zur Stadt als ‚Bewusstseinslandschaft' bes. 747–764). Eine allegorische Lektüre der *Fleurs du mal* schlägt H. R. Jauß in seinem richtungweisenden Aufsatz zu *Baudelaires Rückgriff auf die Allegorie* vor (Jauß 1979). Für Jauß und Stierle sind die bei Baudelaire entworfenen Räume Räume des ‚Eingedenkens' oder aber der *memoria*, eine Deutung, an die neuere Publikationen wie selbstverständlich anknüpfen (vgl. etwa Vinken 1991). – Vgl. zur Stadt als Bewusstseinsmodell das instruktive einleitende Kapitel in Stierles Buch *Der Mythos von Paris* (Stierle 1993, 12–50; mit einem Überblick über Modelle der Lesbarkeit von Benjamin über Freud bis hin zu Barthes). – Vgl. zu Baudelaires Stadtlyrik allgemein Stierles paradigmatischen Aufsatz zur Poetik der *Tableaux parisiens* (Stierle 1974, 285–322) und die Abschnitte zu Baudelaire in seinem Buch *Der Mythos von Paris* (Stierle 1993, 697–902). Vgl. weiterhin Weich 1998, 117–123 und 173–183; Doetsch 2004, 95–261, bes. 136–203.

[8] Mit ‚allegorischer' Lesbarkeit ist im Folgenden – abseits traditioneller rhetorischer und hermeneutischer Bestimmungen – eine ‚Lesbarkeit' gemeint, wie sie W. Benjamin in seinem Trauerspielbuch und im Passagenwerk herausarbeitete: eine Lesbarkeit also, die weniger auf einer konventionellen Zuordnung eines Signifikats zu einem Signifikant beruht, sondern vielmehr einen im Akt des Lesens aus ungesicherter Bedeutung generierten Sinn meint. – Die Prosagedichte rückten in den letzten Jahren verstärkt in den Blick der Forschung; vgl. nur neben dem ‚Klassiker' Nies 1964 die neueren Studien von Murphy 2003; Kaplan 1990; Hauck 1994, 41–107; Greiner 1993; Hiddleston 1987 und weiterhin Johnson 1979; Bernard 1959. Immer noch instruktiv zur Debatte um die Poetik des Prosagedichts ist das prägnante Referat

für eine Dichtung angeführt, die sich bei aller Einforderung ästhetischer Autonomie einer mimetischen Wirklichkeitsabbildung verpflichtet sieht[9]. Zweifellos lassen sich die Gedichte referentiell lesen. Der Anlass für die folgenden Analysen ist aber der Befund, dass die Gedichte in einer solchen Lektüre nicht aufgehen. Der Raum der Prosagedichte, und insbesondere der Stadtraum, ist vieldeutig: Dem textuell entworfenen ‚Real'-Raum sind Sinnfiguren eingeschrieben, die einerseits – in einer anthropologischen Perspektive – als Reflexion auf die Bedingungen der Bewusstseinskonstitution, andererseits aber – in semiologischer Perspektivierung – als Reflexion auf die Frage nach der Möglichkeit poetischer, allgemeiner: symbolischer Sinnkonstitution lesbar sind. Diese Mehrdeutigkeit wird in der Forschung auch nicht generell bestritten. Sie ist durch Figuren, die bei der Lektüre eine Überschreitung des Literalsinnes auf eine figurative Bedeutungsebene geradezu fordern, nur allzu deutlich markiert: Feen und Clowns, Göttinnen, Chimären, Satan und Seele treten im textuell entworfenen Raum als Handlungsträger der in ihm inszenierten ‚Dramen' auf. Dass die allegorischen Elemente sich zu einer kohärenten Bedeutungsdimension zusammenschließen lassen, wurde aber bislang weniger beachtet. Häufig werden die Prosagedichte als Bruchstücke eines dissoziierten, nicht zu einer höheren Einheit zusammenzuführenden Sinnes betrachtet[10], eine Deutung, der nicht zuletzt auch Baudelaires Selbstaussage in der Vorrede seines Werks Vorschub leistet: „Hachez-la [sc. cette tortueuse fantaisie] en nombreux fragments, et vous verrez que chacun peut exister à part"[11], schreibt er dort. Doch will man aus diesen selbst fragmenthaften und nicht eben eindeutigen Vorbemerkungen eine Lektüreperspektive gewinnen, so ist zu bedenken, dass dort *auch* von einer inneren Bezogenheit der Gedichte – der ‚Wirbel' einer Gedicht-‚Schlange', wie Baudelaire despektierlich, doch in deutlicher Betonung der Äquivalenzbeziehung zwischen den Teilen schreibt – die Rede ist[12]. „[J]e vous envoie un petit ouvrage dont on ne pourrait pas dire, sans injustice, qu'il n'a ni queue ni tête, puisque tout, au contraire, y est à la fois tête et queue, alternativement et réciproquement"[13], heißt es einleitend. Die folgenden Kapitel greifen die implizite Aufforderung an den Leser, diese Bezüge aufzufinden, auf. Sie wollen in den Raumfiguren Reflexionsfiguren jener Grenze ausfindig machen, deren Relevanz die

des Forschungsstandes in Hauck 1994, 4–27. – Vgl. zur Poetik des Prosagedichts weiterhin Todorov 1978, 116–131; Johnson 1979; Caws/Riffaterre 1983; Hauck 1994.

9 Dezidiert von der Prämisse einer mimetischen Wirklichkeitsabbildung geht etwa die Studie von F. Nies aus (Nies 1964). Vgl. aber die differenzierten Überlegungen zur Referentialisierung des Prosagedichts von J. Hauck (Hauck 1994, 16–18).

10 Vgl. Hauck 1994, 46, bes. Anm. 60; Doetsch 2004, 203–209.

11 OC I, 275. – Vgl. zur *dédicace* der *Petits poèmes en prose* die Erläuterungen von Johnson 1979, 24–29, sowie Greiner 1993, 216–224; Hauck 1994, 41–51.

12 Vgl. OC I, 275.

13 OC I, 275.

Analyse der poetologischen und der poetischen Schriften ergab: einen liminalen Raum über dem Abgrund der Negativität, aus dem in einer paradoxen Doppelbewegung Trennung und Verbindung gleichermaßen hervorgehen. Fluchtpunkt der Überlegungen ist dabei die Frage, inwiefern gerade in den Raumentwürfen neue Strategien der Subjektkonstituierung zur Geltung kommen, die über die in den vorangehenden Kapiteln skizzierte, nur flüchtige Selbstvergewisserung hinausgehen.

Wenn die folgenden Analysen eine ‚allegorische' Lesart der Prosagedichte fokussieren, so ist damit eine wie immer geartete Bezogenheit der Gedichte auf einen lebensweltlichen Kontext – dies versteht sich – nicht bestritten. Doch eine solche Lektüre birgt die Gefahr, den semantischen Pluralismus der Prosagedichte auf einige wenige thematische und motivische Grundfiguren zu reduzieren, die vermeintlich eine außertextuelle Wirklichkeit modellieren, und in ihnen den Gehalt der poetischen Rede schon erschöpft zu sehen. Sie übersieht die Tatsache, dass Baudelaires Dichtung keineswegs als ein in sich geschlossener Text-Raum eine ihm äußere Wirklichkeit reproduzieren will. Wenn die poetischen Texte nämlich eine Reflexion auf jene Grenze mit sich führen, die diese beiden Räume zu unwiderruflich distinkten Sphären macht, so bedeutet dies, dass der Bezug der Sprache zur Wirklichkeit nicht mehr als ein einfaches Repräsentationsverhältnis denkbar ist. Der Bruch zwischen äußerer und innerer Wirklichkeit – wie zwischen Wirklichkeit und Sprache – fordert *auch* eine Neukonzeptualisierung poetischer Sinnkonstitution. Die textuell modellierten Wirklichkeitsausschnitte sind in dieser Perspektive Funktionen einer Selbst und Welt konstituierenden Bewegung des *penser*, die durch den Text weniger bezeichnet denn inszeniert wird. Gerade für den Entwurf einer Poetik der *imaginatio* – einer Poetik also, die eine Kluft, eine wie immer gedeutete Abgründigkeit als Ursprung poetischer Rede geltend macht – ist darum nicht die Frage nach einer konkreten Referentialisierung, sondern vielmehr das im Gedicht gestaltete widersprüchliche Verhältnis zwischen verschiedenen Ebenen der Referentialisierbarkeit von Interesse. Dieser Aspekt gibt den folgenden Analysen eine leitende Perspektive vor. Die Ausblendung des lebensweltlichen Kontexts erfolgt darum in bewusster Reduzierung der semantischen Pluralität der Texte zugunsten der Profilierung von Konfigurationen, die – im Sinne der hier zur Debatte stehenden Poetik der *imaginatio* – auf eine sinnkonstitutive Differenz reflektieren[14].

[14] Beiläufig sei bemerkt, dass sich Einwände gegen die Fokussierung einer ‚allegorischen' Dimension – *mutatis mutandis* – auch gegen eine referentielle Lektüre wenden ließen. Denn erstens scheitert der Versuch einer allegorisch nicht kontaminierten Deutung der Prosagedichte schon an der notorischen Unmöglichkeit einer klaren Distinktion von ‚wörtlicher' und ‚übertragener' Bedeutung. So gelingt es selbst J. Hauck, einem dezidierten Befürworter einer ‚wörtlichen', d.h. referentiellen Lektüre, nicht, die selbstauferlegte Beschränkung auf einen zunächst zu eruierenden *sensus litteralis* konsequent durchzuhalten; vgl. nur seine

Die hier untersuchten Texte erweisen sich in dieser Perspektive als eine Fortschreibung der apokalyptischen Szenerien, die die oben betrachteten *spleen*-Gedichte der *Fleurs du mal* beschwören. Die äußerste Grenze, der nicht kartierbare, exterritoriale Ort, den die Polar- und Wüstenlandschaften als Grauen des Nichts entwerfen, kehrt in den Stadtlandschaften wieder. Doch das Ende wird nun benannt und beschrieben, es wird *im* – und *als* – Bewusstseinsraum organisiert, es wird zum begeh-, erfahr- und begreifbaren Raum. Dies bedeutet nicht, dass es eine Supplementierung erfährt; Negativität bleibt dem Bewusstseinsraum in vielfältigen Figuren eingeschrieben. Doch der Ausgriff auf das Ende wird in den *Petits poèmes en prose* zum Anlass seiner Kartierung. Fluchtpunkt der Reflexionen ist, ähnlich wie in den oben betrachteten Gedichten des *ennui*, die Frage nach dem Verhältnis von Rezeptivität und Spontaneität in der subjektiven Welt- und Bewusstseinskonstitution. Wo aber die *Fleurs du mal* angesichts einer unaufhebbaren Differenz von Welt und Bewusstsein die schöpferische Produktivität einer aus aller Relationalität entbundenen subjektiven Spontaneität zur Darstellung bringen, betonen die *Petits poèmes en prose* eine unaufhebbare Zweidimensionalität von Rezeptivität und Spontaneität, aus der in reflexiv nicht verfügbarer Weise Figuren des Sinnes, mithin auch die Figuren des Subjekts, hervorgehen. Die Prosagedichte sind darum Orte einer vielgestaltigen, wandelbaren Subjektivität, doch zugleich Modellierungen einer der Dichotomie von Subjekt und Objekt vorausliegenden Präsenz einer Dimension des Sinnes.

Die wohl geläufigste Metapher für den *mundus conclusus* des subjektiven Bewusstseins in Baudelaires Lyrik ist die Stadt. Die Stadt ist in den Gedichten Baudelaires nicht lediglich *ein* Raum unter anderen; sie erscheint vielmehr als *der* paradigmatische Ort ‚moderner' Subjektivität. Dass die Stadt zur kardinalen Metapher des subjektiven Bewusstseins werden konnte, kann nicht überraschen. Ihr eignet eine Ambivalenz, die sie geradezu zur Figur des modernen Subjekts avancieren lässt[15]. Schon G. Simmel wies auf ein „Grundmotiv"[16] der Moderne hin, das in der

Analyse des Prosagedichts *Le galant tireur* (Hauck 1994, 52–65). Zweitens kann eine am *sensus litteralis* orientierte Lektüre nicht ohne eine Ausblendung textkonstitutiver Prägnanzen vollzogen werden. Konfigurationen der Differenz werden vor diesem Hintergrund deutbar als „Dekonstruktion" (vgl. Doetsch 2004, bes. 211, 237–238 und passim) oder gar „Perversion" (Hauck 1994, 63) vorgängiger Modelle, es wird aber nicht hinreichend deutlich, inwiefern solchen negativen Kategorien positive Bezugspunkte der poetischen Rede abgewonnen werden können (vgl. zum Problem der negativen Kategorien moderner Lyrik Friedrich 1992 [1956], 19–23).

15 Vgl. den Übersichtsartikel von J. Früchtl, der das „Prinzip der Moderne [...] im städtischen Leben konzentriert" sieht (Früchtl 1998, 768). Dieses Prinzip bestimmt er mit Hegel als Subjektivität, verstanden als Struktur der Selbstbeziehung des erkennenden Subjekts. Die Hegelschen Begriffe der Entzweiung und der Entfremdung, doch auch die von J. Habermas im Anschluss an Hegel herausgestellten Grundstrukturen der Moderne – eine gesteigerte individuelle Autonomie, eine Schwächung sozialer Bindungskräfte sowie Pluralität und

Großstadt zur Geltung kommt: den Anspruch des Subjekts auf Selbstbehauptung angesichts der „Übermächte" Gesellschaft, Geschichte, Kultur und Technik[17]. Diese Determinanten des modernen Lebens verweisen das Subjekt, mit Foucault gesprochen, auf die metaphysisch unbehauste Zeit einer „finitude fondamentale"[18]. In diesem Sinne erscheint die Stadt als Verräumlichung der Zeit – als eine Sphäre des Todes, wie gerade Baudelaires Schriften bezeugen; von einem „chaos mouvant où la mort arrive au galop de tous les côtés à la fois"[19] ist anschaulich in *Perte d'auréole* die Rede. Andererseits aber legt die Stadt als kultureller Raum Zeugnis ab von menschlicher Enthebung aus naturhafter Determiniertheit. Sie ist ein Gedächtnisraum, der durch sein bloßes Vorhandensein ein kollektives Wissen um die menschliche Schöpferkraft verwahrt. In ihr ist eine von metaphysischen Garantien unabhängige, autonome Fähigkeit zur Sinn-Schöpfung bezeugt. Vom Menschen erschaffen, doch vom Einzelnen als je schon vorhanden erfahren – „irréductible antériorité"[20] im Sinne Foucaults –, entzieht sich die Stadt der Dichotomie von Freiheit und Notwendigkeit. Darum kann sie zum Ort einer Lesbarkeit werden, wenn eine auf göttliche Heilswahrheiten bezogene Lesbarkeit des ‚Buchs der Natur' längst hinfällig geworden ist. „[T]out pour moi devient allégorie"$_{31}$[21], heißt es paradigmatisch in *Le cygne* aus den *Tableaux parisiens*: Die Stadt erscheint gerade in Baudelaires Lyrik als paradoxer Ort der Entfremdung und *zugleich* als Entfaltungsraum subjektiver Sinn-Schöpfung. So zeichnet sich in den Großstadtszenarien in einem Spiel der Phantasmen schemenhaft die paradoxe Gestalt des modernen Subjekts ab, das vor dem Hintergrund heteronomer Determiniertheit gerade im Todes-Raum der Großstadt zu imaginativer Selbstvergewisserung gelangt.

Die Lesbarkeit der Stadt bleibt jedoch prekär. Wenn die ästhetische Vergegenwärtigung der Natur dem neuzeitlichen Subjekt Einheit und Ganzheit am Ort einer Entzweiung suggeriert[22], so sind die Zeichen der Großstadt nur als widersprüchliche Figuren lesbar, die sich zu keiner Sinntotalität fügen. „Le vertige senti dans les grandes villes est analogue au vertige éprouvé au sein de la nature. – Délices du chaos et de l'immensité"[23], bemerkt Baudelaire denn auch an anderer Stelle. Die Erfahrung sinnerfüllter Präsenz ist im Chaos des Stadt-Raumes gebrochen, ohne dass darum aber die sinn-schöpferische Tätigkeit des Subjekts hinfällig wäre. So

Dezentrierungserscheinungen – lassen sich, so Früchtl, anhand des Stadtdiskurses paradigmatisch aufzeigen.

16 Simmel 1995, 116.

17 Simmel 1995, 116.

18 Foucault 1966, 326.

19 OC I, 352.

20 Foucault 1966, 324.

21 OC I, 86.

22 Vgl. den grundlegenden Aufsatz Ritter 1974.

23 *Notes sur l'art philosophique*, CE 528.

wird die Großstadt zum Projektionsraum der *imaginatio*, ihre Zeichen zum *incitamentum* einer metaphysisch ungesicherten Bewegung der Lektüre.

Thema fast aller Stadtgedichte ist die Lesbarkeit der Stadt; ja, ‚Lesbarkeit' darf als Faszinosum eines großen Teils der Prosagedichte überhaupt gelten. Diese Hinwendung zur Lesbarkeit ist unmittelbarer Reflex einer Subjektivität, die sich weniger qua Repräsentation als vielmehr über ein hermeneutisches Selbst- und Weltverhältnis konstituiert. Die Stadt, die Baudelaire einmal als „archive" der „vie universelle"[24] bezeichnet hat, ist in seinem Werk signifikante Materialität: Häuser und Paläste werden zu Sinnbildern subjektiver Entfremdung[25]; steinerne Phantome mahnen den Passanten zum Eingedenken[26]; vor allem aber die Bewohner der Stadt werden dem Dichter zum Gegenstand einer Lektüre.

Lesbarkeit impliziert das Bewusstsein, dass Zeichen und Bezeichnetes nicht bruchlos ineinander aufgehen[27]. Sie bezeichnet eine Kluft zwischen Physis und Bedeutung, die im Akt des Lesens zu überschreiten ist, um der signifikanten Materialität Sinnkonstellationen abzugewinnen. Wenn darum die Stadt zur Projektionsfläche des Subjekts wird, so ist in ihr ***auch*** eine Widerständigkeit erfahrbar, die ein der Darstellung Unverfügbares zu Bewusstsein bringt. Bedeutung ist den Elementen des Stadtraums nicht eingeschrieben, sondern ist im Leseblick zu rekonstruieren; sie wird durch den entziffernden Blick weniger dar- denn hergestellt. „[J]'ai refait l'histoire de cette femme, ou plutôt sa légende"[28], heißt es im Prosagedicht *Les fenêtres*. Die Legende ist selbst bereits Gelesenes, mithin imaginativ Assimiliertes: Das Gedicht erzählt, wie das Ich in einem schöpferischen Akt der Lektüre den Gesichtszügen, der Haltung, den Gesten und den Gewohnheiten einer alten Frau deren Geschichte abzugewinnen sucht. Dabei mag das Ich indes die kritische Frage nach dem Wahrheitsgehalt seiner „légende" – „Es-tu sûr

[24] *Salon de 1859*, CE 383; s.u., Anm. 26. – Vgl. allgemein zur Lesbarkeit der Stadt Stierle 1993, 12–50.

[25] So in den berühmten Versen aus *Le cygne*:

> Paris change ! mais rien dans ma mélancolie
> N'a bougé ! palais neufs, échafaudages, blocs,
> Vieux faubourgs, tout pour moi devient allégorie,
> 32 Et mes chers souvenirs sont plus lourds que des rocs. (OC I, 86)

[26] So im *Salon de 1859*: „Vous traversez une grande ville vieillie dans la civilisation, une de celles qui contiennent les archives les plus importantes de la vie universelle, et vos yeux sont tirés en haut, *sursùm, ad sidera* ; car sur les places publiques, aux angles des carrefours, des personnages immobiles, plus grands que ceux qui passent à leurs pieds, vous racontent dans un langage muet les pompeuses légendes de la gloire, de la guerre, de la science et du martyre. [...] Fussiez-vous le plus insouciant des hommes, le plus malheureux ou le plus vil, mendiant ou banquier, le fantôme de pierre s'empare de vous pendant quelques minutes, et vous commande, au nom du passé, de penser aux choses qui ne sont pas de la terre" (CE 382–383).

[27] Zu den semiotischen Implikationen einer ‚Lesbarkeit' der Welt s.o., Kap. III.2.

[28] OC I, 339.

que cette légende soit la vraie ?"[29] – nicht gelten lassen, soll diese sich doch keineswegs als Duplikat der Wirklichkeit, sondern als Modus ästhetischer Selbstvergewisserung empfehlen, die sich als imaginative Überschreitung einer per se belanglosen Wirklichkeit vollzieht. Dass diese Überschreitung im Zeichen des ‚soleil nouveau' als Anfang im Ende zu verstehen ist, stellt auch *Les fenêtres* eigens heraus. Von einem „trou noir ou lumineux"[30] ist die Rede, und weiter: „Il n'est pas d'objet plus profond, plus mystérieux, plus fécond, plus ténébreux, plus éblouissant qu'une fenêtre éclairée d'une chandelle"[31]. Doch die Figur des Anfangs im Ende tritt hier weniger für das Wechselverhältnis aus Position und Negation ein, das in den oben betrachteten Gedichten des *spleen* zur Geltung kam, als vielmehr für eine als *illumination* zu verstehende Lektüre, die in allegorischem Gestus der signifikanten Materialität Bedeutung verleiht. Die Denkfigur der Schöpfung als Setzung verfehlter Präsenz ist damit nicht verabschiedet, aber doch in einer neuen Weise perspektiviert. Den Anfang im Ende als Prinzip einer lesenden Sinnkonstituierung zu begreifen, bedeutet, der Medialität des Kunstwerks einen neuen Spielraum zu erschließen. Wo die Gedichte des *spleen* die Leere hinter den Zeichen beklagen, um diese Klage dialektisch zu wenden zu einer flüchtigen Vergewisserung in der Evidenz der Semiose, suchen die Prosagedichte die Präsenz des Zeichens zum eigentlichen Referenten des Textes zu wenden. Das bedeutet aber keine Rückkehr zu repräsentationistischen Poetologemen. Eher ließe sich in den Prosagedichten eine Umsetzung der zentralen ästhetischen Denkfigur sehen, dass das Kunstwerk „wie eine Welt" zu schaffen sei. Ästhetische Erfahrung resultiert hier aus einem „Akt der Grenzüberschreitung in einen eigenen Raum der Erfahrung"[32], aus einer Hineinversetzung in eine „Ordnung des Imaginären"[33], die sich als Übertritt in einen autonomen Erfahrungsraum der Kunst vollzieht.

2.1 Stadt-Lektüren

Dass die menschliche Fähigkeit zur Semiose sich gerade am Stadt-Raum bewährt, hat Baudelaire in seinem Guys-Essai herausgestellt. Die Großstadt-Fantasmagorien dieses Malers gelten ihm als Zeugnisse einer menschlichen Fähigkeit der Gestaltung, die eine unstrukturierte Mannigfaltigkeit des sinnlich Gegebenen in Sinn-Figuren zu überführen vermag. Gerade hier entfalten sich Reflexionen über die

29 OC I, 339.
30 OC I, 339.
31 OC I, 339. Vgl. zur poetologischen Relevanz des Fenstermotivs als Figur der Verschränkung von *mimesis* und *poiesis* Holstein 2004, 149–179.
32 Stierle 1997b, 55.
33 Stierle 1997b, 55.

Lesbarkeit der Stadt, die auch für die Prosagedichte als paradigmatisch gelten dürfen. Die Überlegungen in *Le peintre de la vie moderne* werden daher an dieser Stelle zunächst skizziert, bevor der Fortgang der Analyse resümiert wird.

Im dritten Kapitel seines Guys-Essai beschreibt Baudelaire die Großstadt als Faszinosum der Lesbarkeit. Dargestellt wird ein fiktiver Tag im Leben des M. G., in Personalunion „homme du monde, homme des foules et enfant"[34]. Zugleich – und vordringlich – ist M. G. *flâneur* und *artiste*, eine Subjektfigur, die sich, wie das Kapitel zeigt, in einem Akt des Lesens konstituiert. Die Aneignung der Großstadt durch den Künstler vollzieht sich, folgt man diesem Essai, in zwei Stufen. Zunächst einmal ist sinnliches ‚Material' zu sammeln; dieses ist sodann qua *imaginatio* zum Kunstwerk zu transfigurieren. Beides obliegt dem „artiste", der sich als *flâneur* zum Zweck einer Akkumulation vorerst unstrukturierter sinnlicher Mannigfaltigkeit in das großstädtische Getümmel begibt:

> La foule est son domaine, comme l'air est celui de l'oiseau, comme l'eau celui du poisson. Sa passion et sa profession, c'est d'*épouser la foule*. Pour le parfait flâneur, pour l'observateur passionné, c'est une immense jouissance que d'élire domicile dans le nombre, dans l'ondoyant, dans le mouvement, dans le fugitif et l'infini. Etre hors de chez soi, et pourtant se sentir partout chez soi ; voir le monde, être au centre du monde et rester caché au monde, tels sont quelques-uns des moindres plaisirs de ces esprits indépendants, passionnés, impartiaux, que la langue ne peut que maladroitement définir. L'observateur est un *prince* qui jouit partout de son incognito [...]. Ainsi l'amoureux de la vie universelle entre dans la foule comme dans un immense réservoir d'électricité. On peut aussi le comparer, lui, à un miroir aussi immense que cette foule ; à un kaléidoscope doué de conscience, qui, à chacun de ses mouvements, représente la vie multiple et la grâce mouvante de tous les éléments de la vie. C'est un *moi* insatiable du *non-moi*, qui, à chaque instant, le rend et l'exprime en images plus vivantes que la vie elle-même, toujours instable et fugitive[35].

Die paradoxe Situierung des *flâneur* in einem ambivalenten Raum des „Zwischen" – „hors de chez soi, et pourtant [...] partout chez soi" – erinnert nicht von ungefähr an den atopischen Raum der Königin der Vermögen. Der *flâneur* bildet, reduziert auf die bloße Wahrnehmung, das unsichtbare Zentrum seiner Welt. Als gleichsam ideales Auge erfasst er eine flüchtige Wirklichkeit im Moment ihres Aufscheinens:

> Quand M. G., à son réveil, ouvre les yeux et qu'il voit le soleil tapageur donnant l'assaut aux carreaux des fenêtres, il se dit avec remords, avec regrets : « Quel ordre impérieux ! quelle fanfare de lumière ! Depuis plusieurs heures déjà, de la lumière partout ! de la lumière perdue par

[34] So der Titel des entsprechenden Kapitels in *Le peintre de la vie moderne* (CE 458). Vgl. zur Figur des *flâneur* in der literarischen Tradition des 19. Jahrhunderts Stierle 1974, 289–298; Stierle 1993, 17; 38–29; 209; 214–220; Smith 1998, 76–96, und die Sektion zum Flaneur in Benjamins Passagenarbeit (Benjamin 1991g, 524–569). Vgl. auch die knappen Bemerkungen Doetsch 1999, 202–203.

[35] *Le peintre de la vie moderne*, CE 463–464.

> mon sommeil ! Que de choses *éclairées* j'aurais pu voir et que je n'ai pas vues ! » Et il part ! et il regarde couler le fleuve de la vitalité, si majestueux et si brillant. Il admire l'éternelle beauté et l'étonnante harmonie de la vie dans les capitales, harmonie si providentiellement maintenue dans le tumulte de la liberté humaine[36].

Begriffe wie „l'ondoyant", „le mouvement", „le fugitif" und insbesondere „le fleuve de la vitalité" verweisen auf ein Werden, das erst durch den „œil d'aigle"[37] des Betrachters in Ordnung überführt wird. Mit dem „Adlerauge" wird eine Vogelperspektive insinuiert, die dem *flâneur* zwar durchaus nicht zukommt, die aber paradigmatisch für eine auf die Freisetzung von Ordnungsstrukturen zielende Perspektivierung einer kontingenten Wirklichkeit steht[38]. Offenkundig ist der *flâneur* nicht Figur der Trennung, sondern der atopischen Vereinigung mit dem Anderen. Vergleichbar ist er dem Kind, Figur einer vorsymbolischen, nicht durch vorgegebene Sinndispositive determinierten Anschauung – „l'enfant voit tout en *nouveauté*"[39], wie Baudelaire im Guys-Essai schreibt –, doch eher noch dem *génie*, der die aufgefundene Mannigfaltigkeit auch zu strukturieren vermag: „[L]e génie n'est que l'*enfance retrouvée* à volonté, l'enfance douée maintenant, pour s'exprimer, d'organes virils et de l'esprit analytique qui lui permet d'ordonner la somme de matériaux involontairement amassée"[40]. Denn auf die der subjektiven Willkür zunächst entzogene „Materialanhäufung" folgt im abendlichen Kampf mit den Malutensilien eine Überführung in künstlerische Form:

36 *Le peintre de la vie moderne*, CE 464.

37 „Si une mode, une coupe de vêtement a été légèrement transformée, [...], croyez qu'à une distance énorme son *œil d'aigle* l'a déjà deviné" (CE 464). – Die herausragende Sehkraft wird dem *flâneur* auch in anderen einschlägigen Werken bescheinigt und darf zum Zeitpunkt der Abfassung des Essais bereits als topisch gelten; vgl. Smith 1998.

38 Vgl. hierzu M. de Certeaus Differenzierung paradigmatischer Konzeptualisierungsstrategien des großstädtischen Raumes in seinem Buch *Pratiques de l'espace*. Er stellt hier zwei Formen einer wahrnehmenden Aneignung der Stadt gegenüber, die sich in den Begriffspaaren ‚Blick' und ‚Begehen', ‚Auge' und ‚Körper', *voyeur* und *flâneur*, sowie – bezüglich ihrer Zeitlichkeit – als atemporale Kartierung einerseits, als temporäre Semantisierung andererseits kennzeichnen lassen. Wo dem *voyeur* die Großstadt aus erhöhter Position als zeitenthobene Ganzheit gegeben ist, leistet der *flâneur* eine partielle Schematisierung unter den Bedingungen der Zeitlichkeit (vgl. Certeau 1990, 139–164). Baudelaires Figur des *flâneur* kontaminiert die beiden Konzeptualisierungsstrategien, um aus ihnen – einmal mehr – die paradoxe Figur eines ‚Zugleich' von intentionalem subjektivem Handeln und Erkennen zu entwerfen.

39 *Le peintre de la vie moderne*, CE 462. Gemäß einer ‚klassischen' Auffassung bezieht sich die Sinnlichkeit – anders als der Begriff – unmittelbar auf das Individuelle; vgl. Frank 1983, 458, mit Verweis auf Kant: „[E r k e n n t n i s] ist entweder A n s c h a u u n g oder B e g r i f f [...]. Jene bezieht sich unmittelbar auf den Gegenstand und ist einzeln; dieser ist mittelbar, vermittelst eines Merkmals, was mehreren Dingen gemeinsam sein kann" (Kant, *Kritik der reinen Vernunft*, B 377).

40 *Le peintre de la vie moderne*, CE 462.

> Mais le soir est venu [...]. Maintenant, à l'heure où les autres dorment, celui-ci est penché sur sa table, dardant sur une feuille de papier le même regard qu'il attachait tout à l'heure sur les choses, s'escrimant avec son crayon, sa plume, son pinceau, faisant jaillir l'eau du verre au plafond, essuyant sa plume sur sa chemise, pressé, violent, actif, comme s'il craignait que les images ne lui échappent, querelleur quoique seul, et se bousculant lui-même. Et les choses renaissent sur le papier, naturelles et plus que naturelles, belles et plus que belles, singulières et douées d'une vie enthousiaste comme l'âme de l'auteur. La fantasmagorie a été extraite de la nature. Tous les matériaux dont la mémoire s'est encombrée se classent, se rangent, s'harmonisent et subissent cette idéalisation forcée qui est le résultat d'une perception *enfantine*, c'est-à-dire d'une perception aiguë, magique à force d'ingénuité ![41]

Es ist aufschlussreich, zu sehen, wie Baudelaires Essai die paradoxe Koinzidenz von Rezeptivität und Spontaneität umkreist, ohne diese letztgültig fassen zu können. *Enfant* und *génie*, *flâneur* und *artiste* sind Doppelfiguren, in denen Baudelaire das intrikate Verhältnis von Sinnlichkeit und subjektiver Gestaltungskraft zu denken sucht. Bereits die changierende Metaphorik, mit der der *flâneur* im Zitat oben bedacht wird, offenbart eine ungesicherte Semantisierung: Die reine Rezeptivität des in einen „réservoir d'électricité" geworfenen „amoureux de la vie universelle" steigert sich zum gestalt-abbildenden Spiegel und schließlich zum mit Bewusstsein begabten, produktiv-schöpferischen, Subjektives und Objektives vermittelnden Kaleidoskop. Spiegel und Kaleidoskop entwerfen den *flâneur* als Medium. Doch die Koinzidenz von Rezeptivität und Spontaneität, für die dieses steht, ist zwar metaphorisch darstellbar, bleibt aber reflexiv unverfügbar. Nicht zufällig ist der „unabhängige", doch „leidenschaftliche" Geist des *flâneur* sprachlich kaum zu fassen: Als Figur des performativen Prinzips der Sinnkonstitution ist er selbst *ineffabile*, ist, wie *imaginatio*, der symbolischen Ordnung der Sprache entzogen. Auch die Behauptung, die „idéalisation forcée" sei schon das Ergebnis der „perception *enfantine*", lässt offen, wie die Artikulation der rezeptiven „perception" und der schöpferischen „idéalisation" denn nun eigentlich zu denken sei. Und so ist es wohl ebenfalls kein Zufall, dass der Hinweis auf das an die Zimmerdecke verspritzte Wasser eine Anspielung auf eine Metapher enthält, mit der Baudelaire in den *Notes nouvelles sur Edgar Poe* gerade den Moment der Inspiration beschreibt:

> Autant certains écrivains affectent l'abandon, visant au chef-d'œuvre les yeux fermés, pleins de confiance dans le désordre, et attendant que les caractères jetés au plafond retombent en poèmes sur le parquet, autant Edgar Poe – l'un des hommes les plus inspirés que je connaisse – a mis d'affectation à cacher la spontanéité, à simuler le sang-froid et la délibération[42].

Nicht die „matériaux amassées", auch nicht der Wille lenkt die Hand des Künstlers[43] – ein schlechthin unverfügbarer Augenblick der Inspiration tritt vielmehr als

[41] *Le peintre de la vie moderne*, CE 465–466.
[42] *Notes nouvelles sur Edgar Poe*, CE 637.
[43] So die Deutung dieser Passage durch K. Stierle; vgl. Stierle 1993, 723–724.

,Grund' der künstlerischen Betätigung Constantin Guys' in den Blick. So kann es auch nicht erstaunen, dass gerade die Abendstunde, und damit der in Baudelaires Dichtung vielbemühte Schwellenmoment einer unvorgreiflichen Verschränkung von *imaginatio* und Zeit, als Moment der künstlerischen Schöpfung gewählt wird[44]; ebenso wenig, dass gerade die Figur des nur knapp dem Tode entronnenen *réconvalescent* als Identifikationsfigur des *flâneur* entworfen wird.

Wenn nicht der Wille die Hand des Künstlers lenkt, so scheint indes Benjamins Befund, der ,Erinnerung' käme im Werk Baudelaires einheitsstiftendes Potential zu, in der Passage zur *idéalisation forcée* eine Bestätigung zu finden. „Tous les matériaux dont la mémoire s'est encombrée se classent, se rangent, s'harmonisent et subissent [une] idéalisation forcée"[45], heißt es dort: Der Gedächtnisraum erscheint als Ort des Identischen, dem die Stiftung einer Einheit des Disparaten obliegt. Dieses Konzept des Gedächtnisses erinnert an De Quinceys Palimpsest-Modell, das Baudelaire in seinem Résumé der *Suspiria de profundis* ausführlich bespricht:

> « Qu'est-ce que le cerveau humain, sinon un palimpseste immense et naturel ? Mon cerveau est un palimpseste et le vôtre aussi, lecteur. Des couches innombrables d'idées, d'images, de sentiments sont tombées successivement sur votre cerveau, aussi doucement que la lumière. Il a semblé que chacune ensevelissait la précédente. Mais aucune en réalité n'a péri »[46].

Mit dem ,Palimpsest' berührt De Quincey die prekäre Schaltstelle von Geistigem und Körperlichem, der auch Baudelaires Überlegungen bezüglich der *imaginatio* gelten. Das Gedächtnis ist jenes in den kunstkritischen Schriften beschworene „magasin d'images et de signes"[47], das die Mannigfaltigkeit des Sinnlichen aufnimmt und sie in eine subjektive Ordnung überführt:

> [E]ntre le palimpseste qui porte, superposées l'une sur l'autre, une tragédie grecque, une légende monacale, et une histoire de chevalerie, et le palimpseste divin créé par Dieu, qui est notre incommensurable mémoire, se présente cette différence que dans le premier il y a comme un chaos fantastique, grotesque, une collision entre des éléments hétérogènes ; tandis que dans le second la fatalité du tempérament met forcément une harmonie parmi les éléments les plus disparates. Quelque disparate que soit une existence, l'unité humaine n'en est pas troublée. Tous les échos de la mémoire, si on pouvait les réveiller simultanément, formeraient un concert, agréable ou douloureux, mais logique et sans dissonances[48].

44 Vgl. zur Semantisierung dieser Schwelle nur die einschlägigen Gedichte *Crépuscule du soir* und *Le* confiteor *de l'artiste*; zur Interpretation des Letzteren s.u., Kap. IV.2, S. 339–352.

45 *Le peintre de la vie moderne*, CE 466.

46 *Un mangeur d'opium*, OC I, 505.

47 *Salon de 1859*, CE 329.

48 *Un mangeur d'opium*, OC I, 505–506. Der letzte Satz des Zitats ist eine Ergänzung Baudelaires; vgl. die Anmerkung OC I, 1400.

Die „idéalisation forcée" des *flâneur* findet ein Echo in einer „harmonie [forcée]", die aus der „fatalité du tempérament" hervorgehen soll. Das Gedächtnis avanciert zur Ordnungsfigur des Ungeordneten: Es bildet gleichsam das *tableau*, in welchem sich *images*, *idées*, *sentiments* in einer nunmehr subjektivierten, einer „unité humaine" eher denn einer überzeitlichen Ordnung des Wissens verpflichteten Ordnung formieren.

Diese „unité humaine" ist nun freilich ambivalent. Sie ist als „fatalité du tempérament" der Grund für die Harmonie der Elemente, erscheint aber als „unité humaine" zugleich als ein Effekt eben jener Harmonie[49]. Wenn das Palimpsest-Modell die Überführung chaotischer Mannigfaltigkeit in Ordnung und damit eben jene Vermittlung von Rezeptivität und Spontaneität modelliert, die der Guys-Essai thematisiert, so bleibt auch hier die Frage, wie eine solche Vermittlung zu denken sei, in der Schwebe. Und so lässt sich auch die Differenz, die das wohlgeordnete Gedächtnis-Palimpsest vom herkömmlichen Palimpsest, einem Tummelplatz disparater Geschehnisse, scheidet, zwar konstatieren, doch reflexiv nicht einholen. Der künstlerische Schöpfungsprozess erweist sich gerade in *Le peintre de la vie moderne* als zentrale Leerstelle und zugleich als Fluchtpunkt der ästhetischen Reflexionen Baudelaires.

Die Beschreibung des Tages eines *flâneur* ist Fiktion. Sie entwirft einen künstlerischen Erzeugungsvorgang, der die Lesbarkeit einer fragmentierten, dem steten Wandel unterworfenen Wirklichkeit, mehr noch: der die ‚Rätselfrage' nach einer Einheit von Rezeptivität und Spontaneität zu denken sucht: die Frage also, wie Sinnbildung in gleichsam säkularisierter Form möglich sein kann. Dabei geht es dem Guys-Essai weniger darum, diese Kluft zu schließen, als vielmehr darum, vor dem Hintergrund ihrer Unüberwindlichkeit den Prozess der ästhetischen Sinnbildung als Faszinosum herauszustellen. Mit Walter Benjamin ließe sich Baudelaires Phantasmagonie als profane Erleuchtung – als eine metaphysisch ungesicherte Überschreitung signifikanter Materialität – beschreiben[50]. Auf die Ambivalenzen dieser ‚Lesbarmachung' der Welt wurde bereits hingewiesen; sie prägen sich auch der *idéalisation forcée* des *flâneur* ein. Als Rezeptionsvorgang, und das heißt: in

49 Reminiszenzen an eine „ursprünglich-synthetische Einheit der Apperzeption" mögen im Text des Kant-Lesers De Quincey anklingen; vgl. Kants Fundierung des transzendentalen Subjekts in der *Kritik der reinen Vernunft*: „Der Gedanke: diese in der Anschauung gegebene Vorstellungen gehören mir insgesamt zu, heißt demnach so viel, als ich vereinige sie in einem Selbstbewusstsein [...] nur dadurch, dass ich das Mannigfaltige derselben in einem Bewußtsein begreifen kann, nenne ich dieselbe insgesamt meine Vorstellungen; denn sonst würde ich ein so vielfärbiges verschiedenes Selbst haben, als ich Vorstellungen habe, deren ich mir bewusst bin. Synthetische Einheit des Mannigfaltigen der Anschauungen, als a priori gegeben, ist also der Grund der Identität der Apperzeption selbst [...]" (Kant, *Kritik der reinen Vernunft*, B 134).

50 Vgl. zur „profanen Erleuchtung" Benjamins Sürrealismus-Aufsatz (Benjamin 1991f); s.o., Kap. III.2, hier S. 204–216.

Treue zu den „Phänomenen“[51], entwirft Baudelaire zunächst den Prozess künstlerischer Stadt-Lektüre. Treue spiegelt sich etwa in der Klage des *flâneur* beim verspäteten Erwachen – „de la lumière perdue par mon sommeil ! Que de choses *éclairées* j'aurais pu voir et que je n'ai pas vues !“, Treue spiegelt sich auch in der „curiosité profonde et joyeuse“, mit der das Kind das Neue absorbiert – „C'est à cette curiosité profonde et joyeuse qu'il faut attribuer l'œil fixe et animalement extatique des enfants devant le *nouveau*“[52], und Treue spiegelt sich schließlich in der „schwierigen“ Kunst des „être *sincère sans ridicule*“[53], die M. G. auszeichnet. Dennoch ist die Gestaltung der Wirklichkeit Ergebnis einer „idéalisation forcée“. Erst diese verleiht dem ästhetischen Gegenstand Konturen und lässt in einer zuvor nicht gegebenen Bestimmtheit hervortreten, was sich dem *flâneur* als unstrukturierte Mannigfaltigkeit darbot. Keineswegs aber will Baudelaire diesen Akt der Gewalt als Mortifizierung des Gegenstandes verstanden wissen; er fasst vielmehr die ästhetische Enthebung eines Sinnzusammenhangs aus dem „fleuve de la vitalité“[54] wiederum als ‚Leben'. Und so ist der Hinweis auf Papier, Bleistift, Feder und Pinsel in der Beschreibung des kreativen Prozesses mehr als nur Illustration des künstlerischen Schaffens. Sie markieren mit der ‚neuen' Materialität der *fantasmagorie* zugleich auch die Preisgabe der zuvor gesammelten „matériaux amassés“ – als Figuren einer Differenz, die das kontingente Sein des Sinnlichen vom Sein des Sinnes trennt und diesem eben darum die Treue hält. Verabschiedet ist hier eine platonisierende Hierarchie von Urbild und Abbild: „Et les choses renaissent sur le papier, naturelles et plus que naturelles, belles et plus que belles, singulières et douées d'une vie enthousiaste comme l'âme de l'auteur“[55]. Das Papier wird zum Ort des Eigentlichen, nämlich: zur „Erscheinung“[56] der *fantasmagorie.* Nicht als Sinn-Aufschub, sondern als gesteigerte Präsenz, als Präsenz des Neuen, Singulären – des nie Dagewesenen – figuriert hier das Kunstwerk, das damit zugleich Bestätigung seines Schöpfers ist, genauer: des Lebens, mit dem die Seele seines Schöpfers begabt ist. Vielleicht deutlicher noch als in den bislang betrachteten Schriften zeigt sich hier die besondere Relevanz, die Baudelaire ästhetischer Differenz beimisst:

51 Vgl. zur „Rettung“ der Phänomene Benjamin 1991b, 214–215.

52 *Le peintre de la vie moderne*, CE 462.

53 *Le peintre de la vie moderne*, CE 463.

54 *Le peintre de la vie moderne*, CE 464.

55 *Le peintre de la vie moderne*, CE 466.

56 Im Anschluss an Adorno und Benjamin hat M. Moog-Grünewald die ‚apparition' als Kennzeichen der ästhetischen Moderne gedeutet (vgl. Moog-Grünewald 2002b, 171). Die entsprechende Stelle bei Adorno lautet: „Als apparition, als Erscheinung und nicht Abbild, sind Kunstwerke Bilder. [...] Ist apparition das Aufleuchtende, das Angerührtwerden, so ist das Bild der paradoxe Versuch, dies Allerflüchtigste zu bannen. [...] Sind Kunstwerke als Bilder die Dauer des Vergänglichen, so konzentrieren sie sich im Erscheinen als einem Momentanen“ (Adorno 2003b, 130–131).

Die dem Kunstwerk eingezeichnete Trennung ist ***zugleich*** die Voraussetzung für das autonome ‚Leben' des Kunstwerks ***und*** für die ‚Rettung' der Phänomene.

Die Prosagedichte bringen diesen in *Le peintre de la vie moderne* beschriebenen Modus der lesenden Sinnstiftung als Thema zur Geltung; doch sie geben sich auch selbst als Ergebnis eines solchen Lektüreakts. In der symbolischen Ordnung der Gedichte ist gleichsam die Dynamik ihres Entstehens festgehalten. Die Texte rücken damit eine Differenz in den Blick, die auch ästhetisch nicht überwunden, wohl aber in den Sinnfiguren des Gedichts reflektiert werden kann. *In* der symbolischen Ordnung zur Geltung zu bringen, was der Immanenz des Textes vorausliegt, ist das Telos dieser Gedichte. Sie sind im oben dargestellten Sinn[57] Inszenierungen von Alterität: Sie zielen darauf, die Bewegung der Semiose – ihr eigenes Sinn-Werden – im Akt des Lesens zur Erfahrung zu bringen. So verstehen sich die Gedichte denn auch selbst als Ausgangspunkt einer als *illumination* zu verstehenden Lektüre[58]. Die in *Le peintre de la vie moderne* beschworene Überführung kontingenter Mannigfaltigkeit in Sinnfiguren können sie – als eine selbst schon in Sprache überführte Lektüre der Welt – zwar nicht bieten. Dennoch eröffnen sie die Möglichkeit, im Akt der Lektüre – kaleidoskopartig, um in Baudelaires Metaphorik zu bleiben – variable Kohärenzen zu bilden. Die Verfahren, die dies ermöglichen, wurden schon bei der Analyse des Prosagedichts *Une mort héroïque* beschrieben. Erstens inszenieren die Texte über Verfahren der Sinnstreuung ihre eigene referentielle Unhintergehbarkeit. Zweitens erlauben Verfahren der Paradigmatisierung, im Akt der Lektüre Kohärenzen zu bilden, die nicht den Regularitäten einer diskursiv-rationalen Sinnkonstituierung unterliegen, sondern einem imaginativ-analogischen Prinzip der Auffindung von Ähnlichkeiten gehorchen. Zur Geltung kommen diese nicht in einer linearen Lektüre, sondern in einer die Linearität des Textes überschreitenden Lesebewegung, die die poetische Textur zu temporären Figuren verdichtet. Eben dies – eine über Verfahren der Paradigmatisierung gesteigerte Relationierbarkeit – soll die gesteigerte Präsenz des Sinnes hervorbringen, die Baudelaire in *Le peintre de la vie moderne* beschwört, wenn er von einer ästhetischen Transfiguration der Wirklichkeit spricht: „les choses renaissent sur le papier, naturelles et plus que naturelles, belles et plus que belles, singulières et douées d'une vie enthousiaste comme l'âme de l'auteur"[59].

In *Les veuves* kommt dieses poetisch-poetologische Grundprinzip der Prosagedichte zur Reflexion:

> Avez-vous quelquefois aperçu des veuves sur ces bancs solitaires, des veuves pauvres ? Qu'elles soient en deuil ou non, il est facile de les reconnaître. D'ailleurs il y a toujours dans le

57 S.o., S. 306–307.

58 Zur Ästhetik der *illumination* s.o., Kap. III.1, hier 173–184.

59 *Le peintre de la vie moderne*, CE 465–466.

> deuil du pauvre quelque chose qui manque, une absence d'harmonie qui le rend plus navrant. Il est contraint de lésiner sur sa douleur. Le riche porte la sienne au grand complet [...][60].

Mit den beiden Typen der Trauer stellt *Les veuves* zwei poetologische Paradigmen gegenüber, die sich mit den Begriffen der Differenz und der Alterität verknüpfen lassen. In Rede steht einerseits das romantische Paradigma einer qua Fülle repräsentierbaren Absenz, wie es in Chateaubriands *vague des passions* zur Geltung kommt. Das semiotische Modell, das diesem Paradigma zugrunde liegt, trägt zwar der Leere ‚hinter' den Repräsentationen Rechnung, doch wendet es die Arbitrarität des Zeichens zum Index des Entzogenen und erklärt gerade das Scheitern der Repräsentation zum Ort einer Koinzidenz von Zeichen und Bezeichnetem. Ironisch markiert der Text das Unbillige dieses Anspruchs, wenn er den Schmerz mit der Trauerkleidung identifiziert: „Le riche porte [sa douleur] au grand complet". – Ein Scheitern stellt auch die Trauer des Armen dar, doch in einer komplexen, reflexiv gewordenen Variante: das Scheitern, noch das Scheitern des Bedeutens vollendet darzustellen. Erst dieses zweifache Scheitern, das eine Differenz setzt zwischen Zeichen und Bezeichnetem und diese Differenz selbst noch einmal darstellt, führt im Blick des Betrachters zu einer Intensitätserfahrung, wie sie gerade die Prosagedichte als Inbegriff ästhetischer Erfahrung immer wieder beschwören: „l'absence d'harmonie [...] le rend *plus navrant* [Herv. CB]". *Les Veuves* entwirft die Grundzüge einer Poetik, die ihr Selbstverständnis nicht aus einer mimetischen Intention schöpft. Wenn sie Differenz in die symbolische Ordnung einholt, so nicht als deren Vergegenwärtigung im Zeichen, sondern als eine Negativität, die *in* dieser Ordnung als deren Anderes zu einer Darstellung kommt. Die Reflexion auf das aus der Romantik überkommene Negativitätskonzept treibt ein Konzept der Alterität hervor, das das Andere des Sprechens im Akt des Sprechens je schon dargestellt sieht. Dies impliziert eine Transformation des Paradigmas: Im Sinne Foucaults ließe sich von einem in neuer Weise valorisierten ‚Sein' der Sprache sprechen; im Sinne des hier bevorzugten Modells von Benjamin ließe sich eine Sphäre der Medialität hervorheben, die als Fundierungsgrund sprachlicher Repräsentationen in den Blick tritt.

Seinen Ort hat dieses Andere im Akt der Lektüre. In den Figuren des Dichters und des Philosophen ist auch *Les veuves* eine Figur des Lesers eingeschrieben. „Dans ces traits [...] il déchiffre tout de suite [d'] innombrables légendes [...]", heißt es zu Beginn des Gedichts. Die Prosagedichte, so soll das folgende Kapitel zeigen, sind Allegorien des Lesens. Sie entwerfen Lesen als einen Akt der Sinnstiftung: als eine nachträglich ‚ins Werk' gesetzte Semiose, die eine gesteigerte Präsenz des Ästhetischen weniger zur Kenntnis nimmt als selbst überhaupt erst hervorbringt. Sie sind zugleich Allegorien des Lesers, einer Subjektfigur, die sich als Effekt

60 OC I, 292. Eine detaillierte Analyse des Gedichts hat H. Doetsch vorgelegt (Doetsch 1999, 197–228).

einer lesenden Wahrnehmungsrelation – gleichsam abseits der Paradoxien des modernen Subjekts – konstituiert.

Die hier skizzierte Konfiguration kommt auf einer poetologischen Ebene in vielfältigen Facetten zur Darstellung. *Any where out of the world* profiliert paradigmatisch das Faszinosum einer aus metaphysischen Garantien entbundenen Bewegung des Lesens, aus der in einer reflexiv unverfügbaren Weise Sinn hervortritt; *Le Thyrse* perspektiviert diese Bewegung als Effekt einer imaginativen Selbstüberschreitung der *imaginatio*. *A une heure du matin* fragt sodann nach den Möglichkeiten einer in der Semiose fundierten Subjektivität. Schließlich entwerfen *Le fou et la vénus* und *Le vieux saltimbanque* paradigmatisch eine der Sphäre der Repräsentation vorausliegende Sphäre des Semiotischen als einen autonomen, wenngleich reflexiv unverfügbaren Wirklichkeitsbereich (Kap. 2.2). Das Paradigma der Lesbarkeit gibt indes den Verfahren der poetischen Sinnkonstituierung eine leitende Perspektive vor. Die ineinandergreifenden Strategien, die dieses Paradigma hervortreibt, werden anhand einer ausführlicheren Analyse vorgestellt: Den Abschluss dieses Kapitels bildet die Interpretation des poetisch wie poetologisch zentralen Gedichts *Le* confiteor *de l'artiste* aus den *Petits poèmes en prose* (Kap. 2.3).

2.2 Poetik des Lesens

Any where out of the world konstruiert exemplarisch einen Lektüreparcours, an dessen Beginn die Negativität einer dezentrierten Subjektivität, an dessen Ende das Ereignis des Sinnes und damit eine – wenngleich prekäre – subjektive Vergewisserung steht. Das Gedicht ist ein zunächst einseitiger Dialog des lyrischen Ich mit seiner Seele. Von vornherein ist das Ich als Gespaltenes inszeniert: Die für Baudelaires Lyrik typische Sprechsituation des Seelendialogs setzt mit „mon âme" ein veräußerlichtes Anderes des Selbst, das als ein heterogenes Innen dessen unzugängliches Zentrum bildet. Dieses Zentrum ist nun allerdings keineswegs Quelle und Ursprung subjektiver Autonomie. Dem sprechenden Ich steht vielmehr eine stumme, in melancholischer Erstarrung befangene Seele gegenüber. So ist die Überschreitung des ihr korrespondierenden, als Todverfallenheit entworfenen Lebens-Raumes das Telos der „unaufhörlichen" Zwiegespräche des Ich mit seiner Seele:

ANY WHERE OUT OF THE WORLD

N'importe où hors du monde

Cette vie est un hôpital où chaque malade est possédé du désir de changer de lit. Celui-ci voudrait souffrir en face du poêle, et celui-là croit qu'il guérirait à côté de la fenêtre.

Il me semble que je serais toujours bien là où je ne suis pas, et cette question de déménagement en est une que je discute sans cesse avec mon âme.

« Dis-moi, mon âme, pauvre âme refroidie, que penserais-tu d'habiter Lisbonne ? Il doit y faire chaud, et tu t'y ragaillardirais comme un lézard. Cette ville est au bord de l'eau ; on dit qu'elle est bâtie en marbre, et que le peuple y a une telle haine du végétal, qu'il arrache tous les arbres. Voilà un paysage selon ton goût ; un paysage fait avec la lumière et le minéral, et le liquide pour les réfléchir ! »
Mon âme ne répond pas.
« Puisque tu aimes tant le repos, avec le spectacle du mouvement, veux-tu venir habiter la Hollande, cette terre béatifiante ? Peut-être te divertiras-tu dans cette contrée dont tu as souvent admiré l'image dans les musées. Que penserais-tu de Rotterdam, toi qui aimes les forêts de mâts, et les navires amarrés au pied des maisons ? »
Mon âme reste muette.
« Batavia te sourirait peut-être davantage ? Nous y trouverions d'ailleurs l'esprit de l'Europe marié à la beauté tropicale ».
Pas un mot. – Mon âme serait-elle morte ?
« En es-tu donc venue à ce point d'engourdissement que tu ne te plaises que dans ton mal ? S'il en est ainsi, fuyons vers les pays qui sont les analogies de la Mort. – Je tiens notre affaire, pauvre âme ! Nous ferons nos malles pour Tornéo. Allons plus loin encore, à l'extrême bout de la Baltique ; encore plus loin de la vie, si c'est possible ; installons-nous au pôle. Là le soleil ne frise qu'obliquement la terre, et les lentes alternatives de la lumière et de la nuit suppriment la variété et augmentent la monotonie, cette moitié du néant. Là, nous pourrons prendre de longs bains de ténèbres, cependant que, pour nous divertir, les aurores boréales nous enverront de temps en temps leurs gerbes roses, comme des reflets d'un feu d'artifice de l'Enfer ! »
Enfin, mon âme fait explosion, et sagement elle me crie : « N'importe où ! n'importe où ! pourvu que ce soit hors de ce monde ! »[61]

Wenn das Ende in *Any where out of the world* auf den ersten Blick eben jene Kommensurabilität von Welt und Bewusstsein verspricht, die doch anderswo im Werk Baudelaires längst obsolet scheint, so erweist die genauere Betrachtung auch in diesem Gedicht das Ende nicht als Figur der Identität, sondern der sinnkonstitutiven Setzung von Differenz. Vordergründig beschreibt das Gedicht eine Suche nach Identität. Sie soll das entfremdete Ich in einen Identifikationsraum führen, der ihm Leben in emphatischem Sinne gewährt: in einen Raum des Artifiziellen in Lissabon; eine Sphäre des Imaginären etwa in Holland, Ort eines das Erhabenheitsparadigma evozierenden paradoxen Ineins von „repos" und „mouvement"[62]; oder in eine Sphäre der Verschmelzung europäischer Spiritualität und tropischer Sinnlichkeit in Batavia. Als utopisch entlarvt das Schweigen der Seele aber diese vorgeblichen Orte der Versöhnung. Wenn das Ich schließlich als ultimatives Refugium einen Raum des Todes erwägt, und wenn in der Tat gerade in ihm die Bewegung des Suchens zum Stillstand kommt, so scheint das Ende als ‚soleil nouveau' zum neuen Zentrum der entzweiten Subjektivität zu avancieren. Denn der Todes-Raum

[61] OC I, 356–357; zuerst erschienen 1867 (*Revue nationale et étrangère*). Eine Interpretation dieses Gedichtes hat B. Teuber vorgelegt (vgl. Teuber 2001, 172–201).
[62] S.o., Kap. III.2.

verspricht eine prekäre Identität: eine Identifizierung mit der Differenz selbst, die in der „aurore boréale“ eine spektakuläre Gestalt erhält:

> « [...] les aurores boréales nous enverront de temps en temps leurs gerbes roses, comme des reflets d'un *feu d'artifice* de l'Enfer ! »
> Enfin, mon âme *fait explosion* [...] [Herv. CB]

Diese Identität bleibt jedoch ungesichert. Die „analogie[] de la Mort“ ist ein imaginativer Vorgriff auf das Ende, doch nicht schon das Ende selbst. Wenn das Ende auf diese Weise seiner Präsenz beraubt ist, so stellt sich die Frage, wie es dennoch in einer Evidenz erfahrbar sein kann, die es zum Garanten einer emphatisch als ‚Leben' beschworenen Selbstvergewisserung werden lässt. Um dies zu erhellen, ist ein zweiter Blick auf die imaginäre Lebens-Fahrt des dezentrierten Ich nötig. Der *parcours* des entzweiten Subjekts führt durch eine Welt der Texte. Thomas Hoods *Bridge of Sighs* ist zunächst zitiert, ein Gedicht, das Baudelaire 1865 übersetzte und dem er den Titel seines Gedichts entnahm. Dann folgen eigene Texte: An *Rêve parisien* erinnert die Architektur Lissabons; *L'invitation au voyage* ist aufgerufen, wenn von Holland die Rede ist; die Rede von der „beauté tropicale“ evoziert schließlich die unzähligen Gedichte, die eine imaginäre Ausfahrt des Ich in die Tropen schildern. Auch der „pôle“, die eigentliche ‚Todesanalogie', ist ein textueller Raum: Die romantischen Endzeitszenarien sind in ihm evoziert, vor allem aber Baudelaires eigenes Gedicht *De profundis clamavi*, eine selbst schon aus der Lektüre von Psalm 130 hervorgehende Totenklage, in der das Ich die Erfahrung des eigenen Todes artikuliert. So ist es der Text, der, überführt in eine subjektive Ordnung, den Ort des Eigenen bezeichnet.

Poetologisch relevant ist dabei die *mise en abyme* der Lektürebewegung im Gedicht. *Any where out of the world* entwirft diese Bewegung als eine die Linearität der Diskurse durchbrechende Aneignung disparater Texte nach dem Prinzip imaginativ-analogischer Reihung und deren Zusammenfügung zum subjektiven *parcours*. Die konkrete geographische Lokalisierung – Lissabon, Holland, Batavia, schließlich der Nordpol – bildet einen mäandrierenden, ungerichteten *parcours* des Denkens ab. Doch suggeriert die abschließende ‚Nordung' dieser Reise sehr wohl den Eindruck einer linear-gerichteten Bewegung, die durch die Figur des Endes noch akzentuiert wird. Der Norden ist Figur einer Fügung der Fragmente zu einer imaginären Ganzheit, mittels derer eine ungerichtete Bewegung, welche die Texte als Denk-Räume verbindet, zur übergreifenden Einheit zusammengeführt wird. Er figuriert ein Sinn-Ereignis, das sich im – und als – Akt der Lektüre vollzieht. So ist *Any where out of the world* eine Allegorie der Schöpfung, die sich im Lesen vollzieht: als Ereignis, das das Gedicht aus einem offenen diskursiven Kontext heraushebt und zur Einheit des Werks gestaltet.

In dem Franz Liszt gewidmeten Gedicht *Le Thyrse* verleiht Baudelaire diesem strukturbildenden Prinzip seiner Poetik eine weitere Anschauungsform:

> Qu'est-ce qu'un thyrse ? Selon le sens moral et poétique, c'est un emblème sacerdotal dans la main des prêtres ou des prêtresses célébrant la divinité dont ils sont les interprètes et les serviteurs. Mais physiquement ce n'est qu'un bâton, un pur bâton, perche à houblon, tuteur de vigne, sec, dur et droit. Autour de ce bâton, dans des méandres capricieux, se jouent et folâtrent des tiges et des fleurs, celles-ci sinueuses et fuyardes, celles-là penchées comme des cloches ou des coupes renversées. Et une gloire étonnante jaillit de cette complexité de lignes et de couleurs, tendres ou éclatantes. Ne dirait-on pas que la ligne courbe et la spirale font leur cour à la ligne droite et dansent autour dans une muette adoration ? Ne dirait-on pas que toutes ces corolles délicates, tous ces calices, explosions de senteurs et de couleurs, exécutent un mystique fandango autour du bâton hiératique ? Et quel est, cependant, le mortel imprudent qui osera décider si les fleurs et les pampres ont été faits pour le bâton, ou si le bâton n'est que le prétexte pour montrer la beauté des pampres et des fleurs ? [...] – Le bâton, c'est votre volonté, droite, ferme et inébranlable ; les fleurs, c'est la promenade de votre fantaisie autour de votre volonté ; c'est l'élément féminin exécutant autour du mâle ses prestigieuses pirouettes. Ligne droite et ligne arabesque, intention et expression, roideur de la volonté, sinuosité du verbe, unité du but, variété des moyens, amalgame tout-puissant et indivisible du génie, quel analyste aura le détestable courage de vous diviser et de vous séparer ? [...][63]

Mit dem Motiv des Thyrsusstabs greift Baudelaire auf eine von De Quincey verwendete Metapher für das Denken zurück[64]. Das Motiv erscheint auf den ersten Blick wie eine Entkräftung romantischer Bedenklichkeiten angesichts der Frage, wie eine subjektive Selbstbegrenzung angesichts einer zur Selbstüberschreitung drängenden Bewegung des Lebens möglich sein könne[65]. Die romantische Metapher des überbordenden Flusses, die in „méandres capricieux" aufgegriffen ist, wird überlagert durch die Metaphorik des Stabs, Bild eines unerschütterlichen und wie selbstverständlich männlichen Willens, der die kapriziös-verspielte Phantasie zu bändigen scheint. Der Phallozentrismus, den die Metaphorik und die obsessive Dualisierung – homme/femme, ligne droite/ligne arabesque, intention/expression, volonté/sinuosité, unité/variété – scheinbar offen zur Geltung bringen, kann allerdings mit Blick auf weitere Belegstellen aus den Schriften Baudelaires relativiert werden. So betonen die kunstkritischen Schriften häufiger eine ontologische Schwäche gerade der „ligne droite", weil diese in der Natur keinen Ort habe, und kennzeichnen sie als Index eines subjektiven Beherrschungswillens[66]. Doch wichtiger als die offene *abiectio* der *ligne droite* ist die verdeckte Dekonstruktion, die *Le*

[63] OC I, 335–336; zuerst erschienen 1863 (*Revue nationale et étrangère*).
[64] Vgl. *Un mangeur d'opium*, OC I, 444 und 515.
[65] S.o., Kap. II.5.
[66] Letzteres kommt nirgends deutlicher zum Ausdruck als in Baudelaires Lobrede auf Eugène Delacroix in seiner *Exposition universelle de 1855*, CE 238–239.

thyrse selbst vornimmt. Die zitierte Passage setzt ein mit einer Devalorisierung des Thyrsusstabs. Dieser sei, entzöge man ihm seinen „sens moral et poétique", nichts als ein bloßer Stecken:

> Qu'est-ce qu'un thyrse ? Selon le sens moral et poétique, c'est un emblème sacerdotal dans la main des prêtres ou des prêtresses célébrant la divinité dont ils sont les interprètes et les serviteurs. Mais physiquement ce n'est qu'un bâton, un pur bâton, perche à houblon, tuteur de vigne, sec, dur et droit.

Baudelaires Beschreibung des Thyrsusstabs vollzieht eine Kritik, wie sie insbesondere im 18. Jahrhundert in ideologiekritisch-aufklärerischem Gestus an den Bildern der *imaginatio* geübt wurde. Ihr geht es um die Enthüllung des von *imaginatio* erzeugten Scheins zugunsten des ‚Eigentlichen'. Was allerdings Baudelaires Kritik zutage fördert –, und darin liegt das dekonstruktive Potential der Passage – ist die Unausweichlichkeit der Frage nach einer imaginativen Fundierung der männlichen *volonté* selbst. Sie bedarf zu ihrer Darstellung der *imaginatio*; erweckt sie den Eindruck, diese zu beherrschen, so ist dieser Eindruck nachträglich gegenüber der primär dienenden Funktion, die der Thyrsusstab als Hopfenstange, Rebpfahl oder – wie in der Folge mit Blick auf Liszt deutlich wird – als Taktstock erfüllt. Dass Baudelaire die Opposition von *fantaisie* und *volonté* überhaupt eröffnet, mag den Text zu einem der weniger überzeugenden Prosagedichte machen. Doch seine Relevanz für diese Studie liegt darin, dass er das in *Any where out of the world* zugrunde liegende Schema des *parcours* und seiner Synthese zur Ganzheit als Variante einer Poetik der *imaginatio* herausstellt. *In imaginatio* liegt die Möglichkeit einer Überschreitung der *imaginatio*; doch diese ist für Baudelaire, anders, als *Le peintre de la vie moderne* suggerieren mag, weniger eine Überschreitung auf die Welt, die in den Figuren der *imaginatio* zu einer Präsenz gebracht würde, als vielmehr eine reflexive Rückwendung der *imaginatio* auf die von ihr hervorgebrachten Gebilde und deren Synthese zu imaginativ-imaginärer Ganzheit. Eine selbstreflexive *imaginatio* wird für Baudelaire zum Denkmodell einer Einheit, die gerade in der Entzweiung aufzufinden, genauer: zu erschaffen ist – und damit zur Figur einer wenngleich instabilen Subjektivität.

Wenn die Erfahrung des Lesens die Stiftung imaginärer Ganzheit ist, so liegt in ihr auch ein Moment der subjektiven Vergewisserung. *A une heure du matin* ist eine poetisch-poetologische Transposition des in *Le peintre de la vie moderne* thematisierten Schöpfungsakts. Zugleich ist das Gedicht dessen Fortschreibung: Wo *Le peintre de la vie moderne* von einer dem Künstlergenie offen stehenden Möglichkeit eines unmittelbaren Weltbezugs ausgeht, den die geniale Schöpferkraft eines autonomen Subjekts ästhetisch transzendiert, lässt *A une heure du matin* eine Preisgabe des Selbst als unumgängliche Voraussetzung des subjektiven Weltbezugs hervortreten. Ein Scheitern autonomer Selbstbegründung geht hier der künstlerischen Transfiguration der Wirklichkeit voraus; die abendliche Phantasmagonie soll kompensatorisch zu einem Garant des Selbst werden. Das Gedicht kann als paradigmatisch für eine im ästhetischen Vollzug ihre Vergewisserung suchende Subjektivität gelten. Es führt das Scheitern des Versuchs vor Augen, Subjektivität in einer Ordnung des Identischen zu fundieren, und öffnet dieses Scheitern auf die Frage nach der Möglichkeit einer subjektiven Selbstbegründung im Nichtidentischen.

À UNE HEURE DU MATIN

Enfin ! seul ! On n'entend plus que le roulement de quelques fiacres attardés et éreintés. Pendant quelques heures, nous posséderons le silence, sinon le repos. Enfin ! la tyrannie de la face humaine a disparu, et je ne souffrirai plus que par moi-même.
Enfin ! il m'est donc permis de me délasser dans un bain de ténèbres ! D'abord, un double tour à la serrure. Il me semble que ce tour de clef augmentera ma solitude et fortifiera les barricades qui me séparent actuellement du monde.
Horrible vie ! Horrible ville ! Récapitulons la journée : avoir vu plusieurs hommes de lettres, dont l'un m'a demandé si l'on pouvait aller en Russie par voie de terre (il prenait sans doute la Russie pour une île) ; avoir disputé généreusement contre le directeur d'une revue, qui à chaque objection répondait : « – C'est ici le parti des honnêtes gens », ce qui implique que tous les autres journaux sont rédigés par des coquins ; avoir salué une vingtaine de personnes, dont quinze me sont inconnues ; avoir distribué des poignées de main dans la même proportion, et cela sans avoir pris la précaution d'acheter des gants ; être monté pour tuer le temps, pendant une averse, chez une sauteuse qui m'a prié de lui dessiner un costume de *Vénustre* ; avoir fait ma cour à un directeur de théâtre, qui m'a dit en me congédiant : « – Vous feriez peut-être bien de vous adresser à Z.... ; c'est le plus lourd, le plus sot et le plus célèbre de tous mes auteurs, avec lui vous pourriez peut-être aboutir à quelque chose. Voyez-le, et puis nous verrons » ; m'être vanté (pourquoi ?) de plusieurs vilaines actions que je n'ai jamais commises, et avoir lâchement nié quelques autres méfaits que j'ai accomplis avec joie, délit de fanfaronnade, crime de respect humain ; avoir refusé à un ami un service facile, et donné une recommandation écrite à un parfait drôle ; ouf ! est-ce bien fini ?
Mécontent de tous et mécontent de moi, je voudrais bien me racheter et m'enorgueillir un peu dans le silence et la solitude de la nuit. Âmes de ceux que j'ai aimés, âmes de ceux que j'ai chantés, fortifiez-moi, soutenez-moi, éloignez de moi le mensonge et les vapeurs corruptrices du monde, et vous, Seigneur mon Dieu ! accordez-moi la grâce de produire quelques beaux vers qui me prouvent à moi-même que je ne suis pas le dernier des hommes, que je ne suis pas inférieur à ceux que je méprise ![67]

„[U]n double tour à la serrure. Il me semble que ce tour de clef [...] fortifiera les barricades qui me séparent actuellement du monde." – Anschaulich entwirft das Gedicht den gescheiterten Versuch einer subjektiven Selbstkonstitution durch den Ausschluss des Anderen. Die ‚Barrikade' zwischen Selbst und Welt erweist sich jedoch als durchlässig. Die Vergegenwärtigung des Tages durch das erinnernde Subjekt bezeugt eine Kontaminierung des Selbst durch sein Anderes und dementiert die ersehnte Einheit: „m'être vanté (pourquoi ?) de plusieurs vilaines actions

[67] OC I, 287–288. Zuerst erschienen 1862 (*La Presse*).

que je n'ai jamais commises, et avoir lâchement nié quelques autres méfaits que j'ai accomplis avec joie". Das Ich ist selbst Teil einer als Ort des „mensonge" und der „vapeurs corruptrices" bestimmten Welt, und der tyrannisierende Zugriff der Welt bleibt auch nach deren Ausschluss als Leiden am Selbst präsent: „la tyrannie de la face humaine a disparu, et je ne souffrirai plus que par moi-même". Der Akt, mit dem das Ich seine Trennung von der Welt zu besiegeln glaubt, „un double tour à la serrure", ist damit von vornherein als gescheitert ausgewiesen. Die Dunkelheit, in die Ich und Welt gemeinsam versinken, bezeichnet eine Indifferenz des vermeintlich Differenten, zugleich aber auch eine Distanzierung des Ich, das sich in doppelter Verneinung – „Mécontent de tous et mécontent de moi" – vom Eigenen und vom Fremden gleichermaßen distanziert.

Das Eigene und das Fremde sind in *A une heure du matin* als Innen- und Außenraum entworfen und chiastisch aufeinander bezogen: In dem Maße, wie sich das Eigene dem Ich als das Fremde erweist, wird das Fremde als das Eigene einsichtig. Die Durchlässigkeit der Grenze von Eigenem und Fremdem lässt erneut sinnfällig werden, was geradezu als Grundgesetz der Semiotik Baudelaires gelten darf: dass die Konstituierung des Selbst nur um den Preis der Entäußerung an eine ihm fremde Ordnung möglich ist. In dieser Konfiguration ist es die doppelte Verneinung, mittels derer ein Raum des Individuellen als ein atopisches Jenseits normativer Festschreibungen inszeniert und als Möglichkeitsgrund subjektiver Sinnentwürfe imaginiert werden kann.

Anders als der *flâneur* aus *Le peintre de la vie moderne* gedenkt das Ich, dem ästhetischen Akt eine Vergewisserung abzugewinnen:

> Mécontent de tous et mécontent de moi, je voudrais bien me racheter et m'enorgueillir un peu dans le silence et la solitude de la nuit. Âmes de ceux que j'ai aimés, âmes de ceux que j'ai chantés, fortifiez-moi, soutenez-moi, éloignez de moi le mensonge et les vapeurs corruptrices du monde, et vous, Seigneur mon Dieu ! accordez-moi la grâce de produire quelques beaux vers qui me prouvent à moi-même que je ne suis pas le dernier des hommes, que je ne suis pas inférieur à ceux que je méprise ![68]

Im Text ist vollzogen, wovon die Rede ist. Der letzte Teil inszeniert mit seinen auffallenden Parallelstrukturen ostentativ ein Wahrwerden des Ersehnten. Damit mündet der im ersten Teil des Gedichts evozierte *parcours* in eine ästhetische Ordnung, die ihren Ursprung, die Großstadterfahrung, zwar mit sich führt, doch gleichsam nurmehr als ein in der Positivität ästhetischer Erfahrung aufgehobenes Negatives. Unnötig scheint hier die Frage nach konkreten lebensweltlichen, womöglich autobiographischen Bezügen[69]; wichtiger schon der Hinweis auf literarische Prä- und Kotexte[70], die das Gedicht als Ergebnis eines subjektiven

[68] OC I, 288.
[69] Vgl. OC I, 1314.
[70] Vgl. OC I, 1314–1315.

Konstruktivismus ausweisen. So wurde „m'être vanté (pourquoi ?) de plusieurs vilaines actions que je n'ai jamais commises, et avoir lâchement nié quelques autres méfaits que j'ai accomplis avec joie" gelegentlich auf das vorangehende *Le Mauvais Vitrier* bezogen; doch die Bemerkung ließe sich auch als Kommentar des Gedichtes selbst lesen, das die Frage nach seinem Wirklichkeitsbezug absichtsvoll in der Schwebe hält.

Was in *Le peintre de la vie moderne* nur latent anklang – die letztliche Unverfügbarkeit des schöpferischen Aktes – wird in *A une heure du matin* explizit. Erst die Selbstpreisgabe an ein Anderes kann die ästhetische Transfiguration des Großstadt-Tages, mithin eine subjektive Selbstvergewisserung leisten. Für dieses Andere stehen zu Ende des Gedichts die „besungenen" Seelen: „Âmes de ceux que j'ai aimés, âmes de ceux que j'ai chantés": Die Parallelführung des *aimer* und des *chanter* unterstreicht die Analogie, ja, die Identität der Bewegung der Entäußerung und der künstlerischen Schöpfung. Unauffällig ist diese indes als Akt der Setzung einer Differenz entworfen: Zwischen „Âmes" und „ceux que j'ai aimés", zwischen „âme" und „ceux que j'ai chantés" ist eine Differenz, die die „Seelen" der in die symbolische Ordnung eingeholten „ceux" zum symbolisch Unverfügbaren stilisiert.

In Baudelaires Prosadichtung wird dagegen der *parcours* durch die Großstadt zur Figur einer performativen Vergewisserung des Selbst. Dem Akt des Schreibens vergleichbar konfiguriert er signifikante Materialität zur Lesbarkeit: Er ist, wie es in *Les fenêtres* heißt, ‚Re-Faktur' des Gegebenen zum *legendum*.

Wenn die Welt lesbar sein soll, dann muss sie eine Textur aufweisen. Ihr muss ein Moment der Selbstdarstellung eignen, die ihre Erschließung im Lektüreblick erst ermöglicht. Diese Denkfigur führt zurück auf das bereits angerissene Problem eines liminalen Raumes, in dem die Dichotomie von Selbst und Welt zur Aufhebung gelangt: Das *surnaturel* – und die in ihm festgeschriebene Ambivalenz – gelangt in den Stadtgedichten zu einer Aktualisierung[71].

Das *surnaturel*, so wurde oben ausgeführt, meint eine Mitteilbarkeit der Physis. Es postuliert eine welterschließende Kraft ‚jenseits' der Dichotomie von Subjekt und Objekt, die der subjektiven Weltzuwendung vorausliegt und diese ermöglicht, sich ihr aber entzieht – jene Kraft also, die im *Salon de 1859* in *imaginatio* eine Gestalt erhielt. Reflexionen über eine solche semiotische Präformation des Lektüresubstrats finden sich in Baudelaires Prosagedichten allenthalben. Sie bringen, mit Foucault gesprochen, den „virtuellen Diskurs"[72] zur Darstellung, der die „sandige Weite des Ungedachten" durchläuft. Was dieses „Ungedachte" ‚ist', bleibt indes unbestimmt. Vergleichbar der *imaginatio*, die in Personalunion „reine des facultés" und „reine du vrai" ist, wird auch das im *surnaturel* codierte

[71] Zum *surnaturel* s.o., S. 204–216.

[72] Vgl. erneut Foucault 1966, 333–334.

Nichtidentische bald als Sein der Welt, bald als Sein des Selbst entworfen. Als eine „fête[] du cerveau“ beschreibt Baudelaire diese ‚Sonntagsstimmung' der Seele in seinem Aufsatz *Exposition universelle de 1855*:

> [une de] ces admirables heures, véritables fêtes du cerveau, où les sens plus attentifs perçoivent des sensations plus retentissantes, où le ciel d'un azur plus transparent s'enfonce comme un abîme plus infini, où les sons tintent musicalement, où les couleurs parlent, où les parfums racontent des mondes d'idées [...][73].

Baudelaires Denken der Ekstase ist eine Exploration eines den Figuren des Sinnes entzogenen, diese fundierenden Unfigürlichen. Es bewegt sich im Zwischenraum von Subjekt und Objekt, von Selbst und Welt, von Zeichen und Bedeutung und intendiert – dem Denken der *imaginatio* vergleichbar –, das reflexiv Unverfügbare zu einer Reflexion zu bringen. So ist die Ekstase in einer charakteristischen Ambivalenz *zugleich* eine Selbstüberschreitung des Seins *und* eine Selbstüberschreitung des Imaginären: „C'était l'explosion du nouvel an : [...] délire officiel d'une grande ville fait pour troubler le cerveau du solitaire le plus fort“[74]; oder, raffinierter, in *Les veuves*:

> [D]ans les jardins publics il est des allées hantées [...] par *[d]es âmes tumultueuses* et fermées [...].
> C'est surtout vers ces lieux que le poète et le philosophe aiment diriger leurs avides conjectures [...]. Car s'il est une place qu'ils dédaignent de visiter [...], c'est surtout la joie des riches. Cette *turbulence dans le vide* n'a rien qui les attire [Herv. CB][75].

Diese Figuren in der ‚Weite des Ungedachten' meinen eine Gestaltwerdung zur Lesbarkeit. In den Prosagedichten tritt sie häufig in Erscheinung. Stets ist dabei aber die Brechung, die der reflektierende Zugriff der Ekstase einschreibt, im Text mitbedacht. Eindrücklich entwirft *Le fou et la vénus* diese unaufhebbare Verschränkung von Position und Negation, die die Darstellung des Nichtidentischen in symbolischen Ordnungen unweigerlich fordert:

> LE FOU ET LA VÉNUS
>
> Quelle admirable journée ! Le vaste parc se pâme sous l'œil brûlant du soleil, comme la jeunesse sous la domination de l'Amour.
> L'extase universelle des choses ne s'exprime par aucun bruit ; les eaux elles-mêmes sont comme endormies. Bien différente des fêtes humaines, c'est ici une orgie silencieuse.
> On dirait qu'une lumière toujours croissante fait de plus en plus étinceler les objets ; que les fleurs excitées brûlent du désir de rivaliser avec l'azur du ciel par l'énergie de leurs couleurs, et que la chaleur, rendant visibles les parfums, les fait monter vers l'astre comme des fumées.
> Cependant, dans cette jouissance universelle, j'ai aperçu un être affligé.

[73] *Exposition universelle de 1855*, CE 239–240.
[74] OC I, 279.
[75] OC I, 292.

> Aux pieds d'une colossale Vénus, un de ces fous artificiels, un de ces bouffons volontaires chargés de faire rire les rois quand le Remords ou l'Ennui les obsède, affublé d'un costume éclatant et ridicule, coiffé de cornes et de sonnettes, tout ramassé contre le piédestal, lève des yeux pleins de larmes vers l'immortelle Déesse.
> Et ses yeux disent : – « Je suis le dernier et le plus solitaire des humains, privé d'amour et d'amitié, et bien inférieur en cela au plus imparfait des animaux.
> Cependant je suis fait, moi aussi, pour comprendre et sentir l'immortelle Beauté ! Ah ! Déesse ! ayez pitié de ma tristesse et de mon délire ! »
> Mais l'implacable Vénus regarde au loin je ne sais quoi avec ses yeux de marbre[76].

Le fou et la vénus inszeniert ein Seelen-Fest. Von einer stillen Ekstase der Dinge ist die Rede, von einer auf den Betrachter übergehenden „énergie", aber auch von einem Ende der Ekstase, das im *bouffon* eine Gestalt erhält. Wenn die Trauer im Zentrum der Freude vordergründig einen Verlust der Transzendenz betrifft, so erweist eine genauere Betrachtung, dass der *bouffon* weniger den Entzug des Göttlichen als vielmehr die Selbstsetzung des Menschen als unterworfene Kreatur figuriert. Die Unerbittlichkeit der „colossale Vénus" erinnert weit eher an eine weltliche Geliebte denn an die Inkarnation göttlicher Liebe, wie auch der insistierende Hinweis auf ihre Artifizialität die Präsenz des Göttlichen allenfalls in einer von Menschenhand geschaffenen Variante nahelegt. So figuriert der zu Füssen der Statue platzierte *bouffon* eine in der Setzung der Transzendenz entäußerte Schöpferkraft, die nur als Gefallene in die eigene Schöpfung Eingang finden kann: Als „le dernier [...] des humains" – die Formel ist unmittelbar den romantischen Endzeitentwürfen entlehnt[77] – wird er zur Figur eben jener Endlichkeit, die er im schöpferischen Akt unweigerlich setzt.

Im Blick des Ich jedoch wird das Scheitern des *bouffon* lesbar. Freude und Trauer fügen sich ihm zu der *einen* Konfiguration einer in der Positivität des Gegebenen zur Anschauung kommenden Differenz, die diese zum Index ihres Anderen werden lässt. So ist *Le fou et la vénus auch* die Selbstdarstellung eines Schreibens, das den Ausgriff auf das Andere des Zeichens zwar intendiert, doch dessen Verfehlung im reflexiven Zugriff mitbedenkt, gerade in ihr aber die Figuren des Sinnes und mit ihnen die Figur des Lesers gründet.

Die Konfiguration einer der Positivität eingezeichneten Negativität und ihre Fügung zur Ganzheit im Blick des Betrachters wird auch in *Le vieux saltimbanque* entworfen. Das Gedicht bündelt die bislang betrachteten Facetten einer Poetik der Lesbarkeit: die Verschränkung der imaginativen Bewegung des *penser* mit einer reflexiven Rückwendung, die diese zur Ganzheit fügt; die subjektive Vergewisserung im Nichtidentischen; und schließlich die Denkfigur eines aus scheiternder

76 OC I, 283–284. Zuerst erschienen 1862 (*La Presse*).

77 Der ‚letzte Mensch' ist eine seit Cousin de Grainvilles Werk *Le dernier homme* in den romantischen Endzeitlandschaften häufig bemühte Figur; vgl. Koppenfels 1991, 245–290.

Ekstase heraus konstituierten Bewusstseins. Es nimmt die semiotischen Prozesse in den Blick, die dieses Scheitern darstellen, und damit die intrikate Frage, wie angesichts eines im schöpferischen Akt immer schon veräußerten Selbst die Möglichkeit einer subjektiven Vergewisserung zu denken sei. Der *saltimbanque* wird dabei, vergleichbar dem Brockengespenst in *Un mangeur d'opium*, zur Reflexionsfigur eines leeren Zentrums der Symbolisierung, das durch die Sprache weniger indiziert als vielmehr überhaupt erst hervorgebracht wird.

LE VIEUX SALTIMBANQUE

Partout s'étalait, se répandait, s'ébaudissait le peuple en vacances. C'était une de ces solennités sur lesquelles, pendant un long temps, comptent les saltimbanques, les faiseurs de tours, les montreurs d'animaux et les boutiquiers ambulants, pour compenser les mauvais temps de l'année.

En ces jours-là il me semble que le peuple oublie tout, la douleur et le travail ; il devient pareil aux enfants. Pour les petits c'est un jour de congé, c'est l'horreur de l'école renvoyée à vingt-quatre heures. Pour les grands c'est un armistice conclu avec les puissances malfaisantes de la vie, un répit dans la contention et la lutte universelles.

L'homme du monde lui-même et l'homme occupé de travaux spirituels échappent difficilement à l'influence de ce jubilé populaire. Ils absorbent, sans le vouloir, leur part de cette atmosphère d'insouciance. Pour moi, je ne manque jamais, en vrai Parisien, de passer la revue de toutes les baraques qui se pavanent à ces époques solennelles.

Elles se faisaient, en vérité, une concurrence formidable : elles piaillaient, beuglaient, hurlaient. C'était un mélange de cris, de détonations de cuivre et d'explosions de fusées. Les queues-rouges et les Jocrisses convulsaient les traits de leurs visages basanés, racornis par le vent, la pluie et le soleil ; ils lançaient, avec l'aplomb des comédiens sûrs de leurs effets, des bons mots et des plaisanteries d'un comique solide et lourd comme celui de Molière. Les Hercules, fiers de l'énormité de leurs membres, sans front et sans crâne, comme les orangs-outangs, se prélassaient majestueusement sous les maillots lavés la veille pour la circonstance. Les danseuses, belles comme des fées ou des princesses, sautaient et cabriolaient sous le feu des lanternes qui remplissaient leurs jupes d'étincelles.

Tout n'était que lumière, poussière, cris, joie, tumulte ; les uns dépensaient, les autres gagnaient, les uns et les autres également joyeux. Les enfants se suspendaient aux jupons de leurs mères pour obtenir quelque bâton de sucre, ou montaient sur les épaules de leurs pères pour mieux voir un escamoteur éblouissant comme un dieu. Et partout circulait, dominant tous les parfums, une odeur de friture qui était comme l'encens de cette fête.

Au bout, à l'extrême bout de la rangée de baraques, comme si, honteux, il s'était exilé lui-même de toutes ces splendeurs, je vis un pauvre saltimbanque, voûté, caduc, décrépit, une ruine d'homme, adossé contre un des poteaux de sa cahute ; une cahute plus misérable que celle du sauvage le plus abruti, et dont deux bouts de chandelles, coulants et fumants, éclairaient trop bien encore la détresse.

Partout la joie, le gain, la débauche ; partout la certitude du pain pour les lendemains ; partout l'explosion frénétique de la vitalité. Ici la misère absolue, la misère affublée, pour comble d'horreur, de haillons comiques, où la nécessité, bien plus que l'art, avait introduit le contraste. Il ne riait pas, le misérable ! Il ne pleurait pas, il ne dansait pas, il ne gesticulait pas, il ne criait pas ; il ne chantait aucune chanson, ni gaie ni lamentable, il n'implorait pas. Il était muet et immobile. Il avait renoncé, il avait abdiqué. Sa destinée était faite.

> Mais quel regard profond, inoubliable, il promenait sur la foule et les lumières, dont le flot mouvant s'arrêtait à quelques pas de sa répulsive misère ! Je sentis ma gorge serrée par la main terrible de l'hystérie, et il me sembla que mes regards étaient offusqués par ces larmes rebelles qui ne veulent pas tomber.
> Que faire ? À quoi bon demander à l'infortuné quelle curiosité, quelle merveille il avait à montrer dans ces ténèbres puantes, derrière son rideau déchiqueté ? En vérité, je n'osais ; et, dût la raison de ma timidité vous faire rire, j'avouerai que je craignais de l'humilier. Enfin, je venais de me résoudre à déposer en passant quelque argent sur une de ses planches, espérant qu'il devinerait mon intention, quand un grand reflux de peuple, causé par je ne sais quel trouble, m'entraîna loin de lui.
> Et, m'en retournant, obsédé par cette vision, je cherchai à analyser ma soudaine douleur, et je me dis : Je viens de voir l'image du vieil homme de lettres qui a survécu à la génération dont il fut le brillant amuseur ; du vieux poète sans amis, sans famille, sans enfants, dégradé par sa misère et par l'ingratitude publique, et dans la baraque de qui le monde oublieux ne veut plus entrer ![78]

Le vieux saltimbanque versetzt den Leser in einen Schwellen-Raum: „vacances" bezeichnet, wie der surnaturale Augenblick des Erwachens, einen Moment des Übergangs. Seine hervorragende Positionierung im Zeitkontinuum wird im Text noch eigens unterstrichen, wenn von der in ihm vollzogenen Enthebung aus dem kreatürlichen Schuldzusammenhang – „un répit dans la contention et la lutte universelles" – die Rede ist.

Ähnlich wie *Le fou et la vénus* ist *Le vieux saltimbanque* als allegorische Inszenierung eines subjektiven Innenraums lesbar. Signifikant ist die Doppeldeutigkeit des „frénétique", das ebenso auf die Exaltiertheit der städtischen Masse wie auf eine Ekstase des Geistes verweist. So erscheint denn auch die großstädtische Masse, ein „reflux de peuple", als Figur eben jenes „fleuve de la vitalité"[79], dem der *flâneur* im ästhetischen Akt Sinnfiguren abgewinnt. Präsent ist dieser im Text „en vrai Parisien", welcher – quasi kaleidoskopartig – das Jahrmarktstreiben ‚Revue passieren' lässt. Das Präfix *re-* ist in der Formulierung „passer la revue" zu valorisieren: Das Wahrgenommene ist das ‚immer schon' Gesehene, und in der Tat bedarf es kaum des poststrukturalistischen Instrumentariums, um in der Ambivalenz der „revue de toutes les baraques qui se pavanent" eine Metamorphose der in *Le peintre de la vie moderne* offen gebliebenen Frage nach der Vermittlung von Rezeptivität und Spontaneität ausfindig zu machen. Die ‚sich spreizenden' Buden legen Zeugnis ab von einer Schematisierungsleistung, deren subjekt- oder objektseitige Verortung ungeklärt bleibt. Diese Unsicherheit perpetuiert sich in der Darstellung des ‚fleuve de la vitalité' selbst: Der Text kumuliert Bilder, die selbst schon Ergebnis eines Abstraktionsprozesses sind. Es gibt im Gedicht, abgesehen vom Ich und vom *saltimbanque*, keine individualisierten Gestalten. Die Mannigfaltigkeit des

78 OC I, 295–297; zuerst erschienen 1861 (*Revue fantaisiste*).

79 *Le peintre de la vie moderne*, CE 464. Eine Analyse des Gedichts legte kürzlich R. Warning vor; vgl. Warning 2007.

Sinnlichen ist schon subsumiert unter Schemata, deren Zustandekommen freilich offen bleibt. Wenn sodann die Bewegung des Werdens als symbolischer Tausch ohne zweckrationale Fundierung – als eine ungerichtete Zirkulation von Werten – ausgewiesen wird – „[L]es uns dépensaient, les autres gagnaient, les uns et les autres également joyeux" – so zeichnet sich auch hier die Frage, wie sich der kontingenten Mannigfaltigkeit Sinnfiguren abgewinnen lassen, als heimlicher Fluchtpunkt des Textes ab. Wie, so ließe sich diese mit Blick auf *Le vieux saltimbanque* formulieren, kann aus dem Spiel ‚Ernst' werden? Anders: Wie kann aus der Beliebigkeit der Bedeutungszuweisung Sinn werden? Oder, in der ‚romantischen' Variante dieser Frage: Wie kann aus der ungerichteten Bewegung des Denkens die Figur eines autonomen Subjekts hervorgehen? Dass es eben diese Frage ist, die in *Le vieux saltimbanque* aufgeworfen wird, legt schon der Auftakt der Beschreibung nahe: „Elles se faisaient, en vérité, une concurrence formidable", heißt es dort. Isoliert durch den Einschub „en vérité", tritt der Beginn des Satzes als Einheit klar hervor. Valorisiert ist dabei das Prädikat – „le verbe, [...] qui donne le branle à la phrase", wie Baudelaire in *Les Paradis artificiels* schreibt[80] –, gegenüber der „majesté substantielle"[81] des Substantivs, das zugunsten der Pronominalform ausgeblendet ist. „[S]e faire" ist nichts anderes als eine *mise en abyme* der Emergenz der im Folgenden evozierten Gestalten; dass diese nun aber gerade weiblich sein sollen – denn „Elles" ist absichtsvoll platziert; es bezeichnet über den anaphorischen Bezug auf „les baraques" metonymisch die Menge – lässt sich wiederum als ein Hinweis auf das imaginative Prinzip der Sinnkonstitution lesen.

Wie wird vor dem Hintergrund dieser offenen Frage das Subjekt dargestellt? – Das Ich inszeniert sich in *Le vieux saltimbanque* als *flâneur*:

> L'homme du monde lui-même et l'homme occupé de travaux spirituels échappent difficilement à l'influence de ce jubilé populaire [...]. Pour moi, je ne manque jamais, en vrai Parisien, de passer la revue de toutes les baraques qui se pavanent à ces époques solennelles.

„L'homme du monde" und „l'homme occupé de travaux spirituels", Metamorphosen jener Doppelfiguren, in denen Baudelaire in *Le peintre de la vie moderne* das intrikate Verhältnis von Sinnlichkeit und subjektiver Gestaltungskraft reflektiert, stellen zwei Typen der Subjektivität dar, für die der Text gerade *nicht* optiert, wenn er das lyrische Ich vorerst als „vrai Parisien" inszeniert. Doch was genau hat man unter einem „vrai Parisien" zu verstehen? Kann ein „vrai Parisien" der in „homme du monde" und „homme occupé de travaux spirituels" festgeschriebenen Differenz von ‚monde' und ‚esprit' ein Drittes entgegensetzen? Im zweiten Teil des Gedichts ist diese Frage zwar nicht beantwortet, aber doch in ihren Implikationen reflektiert. Das Ich stößt auf einen *saltimbanque*, jener notorischen Figur eines

80 OC I, 431.
81 OC I, 431.

paradoxen Ineins von *imaginatio* und Zeit, die *Une mort héroïque* entwirft: „Au bout, à l'extrême bout", „exilé", „caduc, décrépit" und „voûté", gebrochen wie die „sept vieillards"[82], ist er Figur einer als Todverfallenheit verstandenen Zeitlichkeit. Mehr noch: „Il avait renoncé, il avait abdiqué" – die hier insinuierte Abdankung des *saltimbanque* präsupponiert ein vergangenes Herrschertum. Hier klingt an, was auch *Une mort héroïque* mit der Doppelfigur von Fürst und Narr andeutete: die Ähnlichkeit, ja, die letztliche Ununterscheidbarkeit von *ratio* und *imaginatio. Imaginatio*, *ratio* und Zeit erweisen sich einmal mehr als Metamorphosen eines und desselben Prinzips. Im *saltimbanque* erhält dieser eine Figur, und so kann es nicht erstaunen, dass sich der Erzähler bei seinem Anblick in fataler Weise auf sich selbst verwiesen sieht: Seine Unfähigkeit, den Alten anzusprechen, findet in der Stummheit des Alten eine Entsprechung; seine Unfähigkeit, zu weinen – „ces larmes rebelles qui ne veulent pas tomber" – entspricht jener des Alten – „il ne pleurait pas"[83]. Dies legt nahe, auch die abschließende Überlegung, man sei auf einen „vieil homme de lettres" gestoßen, auf das Ich zu beziehen.

Was aber zeichnet den „homme de lettres" vor dem „homme du monde" und dem „homme [...] spirituel" aus? – Die im *saltimbanque* inkarnierte Figur des Subjekts erscheint in signifikanter Doppeldeutigkeit zugleich als Leser – „homme [qui se consacre aux] lettres" – *und* als eine symbolische Konfiguration – „homme [constitué] de lettres" [Erg. CB]. Der Greis ist, dem Brockengespenst De Quinceys vergleichbar[84], eine *mise en abyme* der Grenze zwischen Symbolischem und Imaginärem: Das in ihm figurierte Subjekt konstituiert sich im – und *als* – Geflecht symbolischer Formen; nicht als autonomer Ursprung sinn-schöpferischer Tätigkeit, sondern als Effekt einer dem Subjekt entzogenen Bewegung der Semiose. So ist er Figur der Abwesenheit subjektiver Autonomie und einer imaginären Fundiertheit, die gerade auch das Subjekt und selbst noch *imaginatio* betrifft – und den imaginativ-imaginären Grund der Mythen vom sinnschöpferischen Subjekt, von der freien Schöpferkraft der *imaginatio*, ja, von der Stabilität des Sinnes kenntlich macht. Doch der Text ist mehr als eine prä-postmoderne Verabschiedung des transzendentalen Signifikats. Von einem „Wunder [...] in stinkender Dunkelheit" ist im Text die Rede: Von einer „cahute" und einem Vorhang, der ihr Inneres verbirgt, von einem Zögern des Erzählers, das Wort an den Alten zu richten, und von einem ‚Je ne sais quoi', das das Ich der Szenerie entzieht:

> Que faire ? A quoi bon demander à l'infortuné quelle curiosité, quelle merveille il avait à montrer dans ces ténèbres puantes, derrière son rideau déchiqueté ? En vérité, je n'osais ; et, dût la raison de ma timidité vous faire rire, j'avouerai que je craignais de l'humilier. Enfin, je

82 S.o., S. 278.

83 Auf die Tatsache, dass es sich beim *saltimbanque* um einen phantasmatischen Doppelgänger des Ich handelt, wies auch R. Warning hin (vgl. Warning 2007, 184).

84 S.o., Kap. III.3.

venais de me résoudre à déposer en passant quelque argent sur une de ses planches, espérant qu'il devinerait mon intention, quand un grand reflux de peuple, causé par je ne sais quel trouble, m'entraîna loin de lui[85].

Der Text evoziert ein ‚profanes' Allerheiligstes, dessen Ort gerade der Verfall sein soll. Es figuriert ein Äußeres der Ordnung des Identischen, das in dieser dennoch als Mysterium präsent sein soll: als Absenz am Ort vorgeblicher Präsenz, und damit als ein Anderes des Bewusstseins, das in der Semiose als deren negativer Grund stets mitgeführt wird. Der Text bedenkt die konstitutive Abwesenheit des Grundes symbolischer Ordnungen als eine Absenz, die jeder symbolische Akt unweigerlich reproduziert: als Setzung einer Differenz, die das *sujet de l'énonciation* vom *sujet de l'énoncé* trennt und damit ein leeres Zentrum erst hervorbringt. So ist es kein Zufall, dass der symbolische Tausch des Jahrmarkts vor dem *saltimbanque* zum Stillstand gelangt: „[...] je venais de me résoudre à déposer en passant quelque argent sur une de ses planches, espérant qu'il devinerait mon intention, quand un grand reflux de peuple, causé par je ne sais quel trouble, m'entraîna loin de lui". Der *saltimbanque* ist das unbewegte Zentrum des ‚tourbillon de la vie'. Er ist Figur des Endes – genauer: Figur der dem Geist eingeschriebenen Möglichkeit, im Vorgriff auf das Ende sein Anderes imaginativ einzuholen. Dem Zugriff des Ich bleibt er entzogen, der Versuch, es durch die symbolische Form des Geldes in die Ordnung des Identischen einzugemeinden, scheitert: Wohl ist eine Annäherung an das Mysterium denkbar, doch dieses ist weder der Erkenntnis zugänglich, noch offenbart es sich dem Ich. Es ist jedoch signifikant, dass das im Gedicht artikulierte Einheitsbegehren – die Koinzidenz von Welt und Bewusstsein im Tod – textuell gebrochen ist. Bezeichnenderweise ist der Ausdruck der Trauer an die ‚weinenden' Kerzen („bouts de chandelles[] coulants") delegiert. Die Tränen, die in *Une mort héroïque* als Garant einer unmittelbaren Darstellbarkeit einer subjektiven Innenwelt figurierten[86], können in *Le vieux saltimbanque* eine solche Innenwelt allenfalls noch re-präsentieren. Das Ende des Bewusstseins entzieht sich der Vergegenwärtigung in der symbolischen Ordnung und kommt dennoch in ihr zur Darstellung: als Erfahrung einer gescheiterten Offenbarung, oder anders: als Ausdruck eines Scheiterns des Bedeutens, das der Text selbst dementiert. Erfahrbar ist dieses Scheitern als gesteigerte Intensität – „Je sentis ma gorge serrée par la main terrible de l'hystérie, et il me sembla que mes regards étaient offusqués par ces larmes rebelles qui ne veulent pas tomber"; perspektiviert wird es aber als Sinn-Erfahrung, die aus einer reflexiven Rückwendung des Selbst erwächst: „Et, m'en retournant, obsédé par cette vision, je cherchai à analyser ma soudaine douleur, et je me dis : Je viens de voir l'image du vieil homme de lettres". Die Feststellung ist für sich genommen kaum geeignet, die „soudaine douleur" zu erklären. Sie erscheint eher

85 OC I, 296.

86 Zur Interpretation des Gedichts s.o., Kap. III.4.

selbst schon als eine Verhüllung des *tremendum*, das die äußerste Grenze des Bewusstseins markiert: Ähnlich wie Fancioulle gewährt der *saltimbanque* einen Ausblick auf das unverfügbare Andere, das dessen Identität in paradoxer Weise begründet und darum zugleich Index seiner Gefährdung ist; und ähnlich wie dort ist es dieser Abgrund, über dem sich die Sinnbildung vollzieht.

Die bislang betrachteten Prosagedichte konfigurieren in ihrer Gesamtheit ein Paradigma der Lesbarkeit, das dem Paradigma der Repräsentation gleichsam als dessen Korrektiv und dessen Fundierung zur Seite gestellt wird. Die Figur des Subjekts zeichnet sich in ihnen als Leser ab – als ein durch den Akt der Lektüre hervorgebrachter Ursprung einer weltkonstituierenden Wahrnehmungsrelation, die Sinn über einer per se nicht sinnhaften Wirklichkeit erzeugt. Die hier sich konturierende Poetik der Alterität entwirft das Andere des Denkens einerseits als eine intensive Erfahrung einer Präsenz – die, insofern sie zu ihrer Darstellung auf das repräsentationistische Negativitätsmodell rekurriert, auf dieses verwiesen bleibt. Andererseits aber profiliert sie es als ein reflexiv unverfügbar bleibendes Ereignis des Sinnes, das in einem jeden Akt der zeichenhaften Weltzuwendung zur Anschauung gelangt. Die Figuren der Grenze und des Endes sind dabei als Figuren einer Differenz zu verstehen, die das Sein des Sinnes vom Sein der Dinge trennt. Sie weisen die Räume der Prosagedichte als Binnenräume des subjektiven Bewusstseins aus, die in selbst- und weltkonstituierender Bewegung eine Kluft zwischen Welt und Bewusstsein einschreiben.

Dass die Paradoxien des Sinnes nicht allein die semantische Ebene prägen, sondern auch einem Schreiben Raum geben, das der imaginativen Bewegung des Denkens in der Verlaufsgestalt des Textes eine Figur verleiht, soll die folgende Analyse des Prosagedichts *Le* confiteor *de l'artiste* erweisen. Auch *Le* confiteor *de l'artiste* rekurriert auf Figuren des Negativen – auf einen Mangel, auf das Ende, die Grenze, den Schmerz –, um das Andere des Kunstwerks zu entwerfen. Doch bettet es diese Figuren ein in eine die Dichotomie von Präsenz und Absenz überschreitende Ordnung des Imaginären, die als Erfahrung von Sinnhaftigkeit die repräsentationistische Fundierung noch der Alterität überschreitet. Die Strategien der Sinnkonstitution, die für Baudelaires dichterische Praxis aus der Poetik des Lesens erwachsen, sollen abschließend anhand der Interpretation dieses Gedichts beleuchtet werden.

2.3 Bekenntnis des Künstlers

Ebenso wie den bislang betrachteten Beispielen ist auch *Le* confiteor *de l'artiste* eine poetologische Bedeutungsebene eingezeichnet. Auf dem Sinnhorizont des Erhabenen entfaltet es eine Reflexion auf die Implikationen ästhetischer Sinnkonstitution: ihre imaginativ-imaginäre Fundierung; ihre notwendige Prämisse, die Setzung verfehlter Präsenz; und ihren Vollzug in einer sprachlichen Performanz, die

die sinnkonstitutive Bewegung des *penser* abzubilden gedenkt. Das Gedicht fragt nach einem *dégagement*, einer Emergenz von Sinn: Wie kann sich Sinn als eine die Zeitlichkeit transzendierende Ganzheit innerhalb der Ordnung der Zeit konstituieren? Und es setzt selbst Verfahren ins Werk, die das *dégagement* poetisch umsetzen.

> LE *CONFITEOR* DE L'ARTISTE
>
> Que les fins de journées d'automne sont pénétrantes ! Ah ! pénétrantes jusqu'à la douleur ! car il est de certaines sensations délicieuses dont le vague n'exclut pas l'intensité ; et il n'est pas de pointe plus acérée que celle de l'Infini.
>
> Grand délice que celui de noyer son regard dans l'immensité du ciel et de la mer ! Solitude, silence, incomparable chasteté de l'azur ! une petite voile frissonnante à l'horizon, et qui par sa petitesse et son isolement imite mon irrémédiable existence, mélodie monotone de la houle, toutes ces choses pensent par moi, ou je pense par elles (car dans la grandeur de la rêverie, le *moi* se perd vite !); elles pensent, dis-je, mais musicalement et pittoresquement, sans arguties, sans syllogismes, sans déductions.
>
> Toutefois, ces pensées, qu'elles sortent de moi ou s'élancent des choses, deviennent bientôt trop intenses. L'énergie dans la volupté crée un malaise et une souffrance positive. Mes nerfs trop tendus ne donnent plus que des vibrations criardes et douloureuses.
>
> Et maintenant la profondeur du ciel me consterne ; sa limpidité m'exaspère. L'insensibilité de la mer, l'immuabilité du spectacle, me révoltent... Ah ! faut-il éternellement souffrir, ou fuir éternellement le beau ? Nature, enchanteresse sans pitié, rivale toujours victorieuse, laisse-moi ! Cesse de tenter mes désirs et mon orgueil ! L'étude du beau est un duel où l'artiste crie de frayeur avant d'être vaincu[87].

Das in *Le* confiteor *de l'artiste* entworfene Szenarium kontrastiert auffallend mit den bislang betrachteten Gedichten, in denen nicht die Natur, sondern die Großstadt die Kulisse für eine allegorische Entfaltung des melancholischen Bewusstseins abgab, und in denen allegorische Gestalten der *conditio allegorica* des modernen Subjekts eine Anschauungsform verliehen. Im Hinblick auf die in ihm artikulierte Poetologie steht das Gedicht jedoch nicht im Gegensatz zu den Großstadtgedichten. Es codiert vielmehr gleichsam den Ursprungsraum der den Baudelaireschen Stadtraum bevölkernden Allegorien und perspektiviert diesen als einen Ort des Imaginären. *Le* confiteor *de l'artiste* darf daher als zentraler Referenztext einer Poetik der *imaginatio* gelten. Sein Interesse für den Fortgang dieser Studie liegt aber nicht allein in seiner poetologischen Dimension; insbesondere auch die Ver-

[87] OC I, 278–279; zuerst erschienen in *La Presse*, 1862. Eine ausführliche und instruktive Interpretation des Gedichts hat K. Westerwelle vorgelegt (vgl. Westerwelle 1993); der für seinen historischen Materialismus kritisierte W. Benjamin hätte hier indes gerechtigkeitshalber als Gewährsmann für das zugrunde gelegte Melancholiekonzept durchaus Erwähnung finden können (etwa durch Ausweisen des Zitats S. 669, das – korrekt zitiert – lauten müsste: „[die] Welt, die unterm Blick des Melancholischen sich auftut"; Benjamin 1991b, 318). Vgl. zu *Le* confiteor *de l'artiste* auch Bohrer 1996, 105–197 und 112–122 sowie Doetsch 2004, 203–239.

fahren, die der Text ins Werk setzt, um das *dégagement* poetisch zu realisieren, sind für den Fortgang der Studie von Interesse.

Das Gedicht entfaltet die im Tagebuch entworfenen Urszene einer intensiven ästhetischen Erfahrung beim Anblick des Meeres[88] in der Dimension der Zeit: Meer und Himmel figurieren als *incitamenta* einer *rêverie*, die, ähnlich wie die im Tagebuch beschriebene *idée poétique*, als eine das Reale überschreitende Bewegung des Denkens zu bestimmen ist. Im Vergleich zum Tagebucheintrag fällt aber die veränderte Sprechsituation auf: Die Erfahrung des Schönen ist nicht sogleich als „spectacle“ ausgewiesen, sondern als Wiedergabe einer unmittelbaren Erfahrung. Die elliptische Satzstruktur und die kurzen, parataktisch gereihten Sätze, die Exklamationen und Interjektionen suggerieren Unmittelbarkeit, auch die von K. Westerwelle vermerkten „sprunghaften Aussagen und Leerstellen“[89] sind in diesem Sinne Reflexe einer Rede, die einen situativen Kontext voraussetzt, nicht schon entwirft[90]. Diese für Baudelaires Dichtung, die gewöhnlich auf reflexive Distanz zu ihrem Gegenstand bedacht ist, eher untypische Situation ist ein zentrales Moment der poetischen Sinnkonstitution. Denn ein dem Sprecher und dem Leser gemeinsames *hic et nunc*, das die lakonische Formulierung unterstellt, ist im Gedicht nicht gegeben; es ist vielmehr, im Sinne der Bühlerschen Deixis am Phantasma[91], im Akt des Lesens zuerst zu konstituieren[92]. Das Fragmentarische, Bruchstückhafte hat gerade den Zweck, eine imaginative Supplementierung zur Ganzheit ins Werk zu setzen; die im Gedicht zu verzeichnenden Leerstellen, die durch fehlende Kohärenz und Kohäsion fühlbar werden, exponieren die konstruktive Dimension der poetischen Rede und markieren damit zugleich deren Differenz zum Dargestellten. So ist das Gedicht geprägt durch Abwesenheiten: durch die Abwesenheit der evozierten Gegenstände nicht weniger denn durch das Ausbleiben der Erfahrung erfüllter Präsenz angesichts des Erhabenen, das auf semantischer Ebene zur Darstellung gelangt[93]. Differentialität zeichnet sich schließlich auch der dargestellten Subjektivität ein. Ist diese zunächst nur als *origo* der *rêverie*, d. h. als *sujet de l'énonciation* greifbar, so folgt auf ihr Erscheinen als *sujet de l'énoncé* („je pense

88 S.o., S. 185.

89 Westerwelle 1993, 668.

90 Darum indizieren sie gerade keine „Abstraktion [der Welt] von ihrem Sein“, wie Westerwelle vorschlägt (Westerwelle 1993, 669).

91 Vgl. Bühler 1982 [1934], 121–140.

92 Vgl. auch K. Westerwelles Interpretation des Syntagmas „toutes ces choses“: „Die Vergegenständlichung zum Ding, die durch das verweisende Demonstrativpronomen ‚ces’ (diese) noch einmal unterstrichen wird, hebt die Mächtigkeit der Imagination hervor. Jene Durchdringungs- und Bildkraft, die nicht den Dingen innewohnt, sondern mit dem Blick auf die Dinge erscheint, jener Schein der Dinge hat sich hier zur Präsenz der Dinge gefestigt“ (Westerwelle 1993, 672).

93 K. Bohrer deutet demgemäß das Gedicht als Modellierung des „Verschwinden[s] des Schönen“ (Bohrer 1996, 112).

par elles") alsbald auf semantischer Ebene der Verweis auf den Selbstverlust, der die Eingliederung in das textuell evozierte semiotische Universum der *rêverie* als Entäußerung kennzeichnet („le *moi* se perd vite"). Auf morphologischer Ebene aber wird diese Entäußerung in raffinierter Weise dementiert, indem durch die Substantivierung des Personalpronomens *moi* dieses seiner spezifischen deiktischen Funktion entkleidet wird. Der Sprechakt, der als solcher bereits den qua Prädikation behaupteten Verlust des Ich implizit in Frage stellt, indiziert dies, indem er die Identifizierung von *sujet de l'énonciation* und *sujet de l'énoncé*, die den Abschnitt bislang kennzeichnete, preisgibt. Ostentativ verweist das Gedicht also auf die Negativität des Dargestellten und stellt sie zugleich, indem es die Zeichen aus dem repräsentationistischen Anspruch auf Präsenz entbindet, als Möglichkeitsbedingung der Sinnkonstition heraus. Dabei begünstigt gerade die „seltsam[e]"[94] Unerfülltheit der evozierten Szenerie, das heißt: die Reduktion des Evozierten auf Himmel, Meer und Segel, jene Totalwahrnehmung, die implizites Telos der topischen Forderung nach *simplicité* in der Darstellung des Erhabenen ist[95].

Intendiert das Gedicht darum Präsenz, so nicht die Präsenz des Gegenstandes, sondern jene der durch den Anblick des Meeres ausgelösten *rêverie*. Die imaginative Bewegung des *penser* entfaltet sich, ausgelöst durch die sinnliche Erfahrung der Größe, als spontane Aktivität des Geistes, die das Unermessliche in die Begrenzung der subjektiven Anschauungsform überführt. Gleichermaßen an Subjekt und Objekt gebunden, ist dieses Denken Medium: „toutes ces choses pensent par moi, ou je pense par elles". „Grandeur" und darum Similarität mit dem Meer als materiellem Zeichen des Unendlichen wird ihm zugesprochen; behauptet wird eine ideale Kommensurabilität von Geist und Materie, in der das Erhabene in einer Bewe-

94 So die Formulierung Westerwelles. „[Die] Vorstellungen und Visionen bleiben seltsam unerfüllt, weil sie nicht dargestellt, und das heißt ausgeschmückt werden: von letzter Sonneneinstrahlung, von nassem Laub, von modrigem Geruch oder ähnlichem ist nicht die Rede" (Westerwelle 1993, 668).

95 Vgl. zu der für die Darstellung des Erhabenen geforderten „simplicité" Boileaus Erläuterungen zu dem Beispiel „Qu'il mourut" aus Corneilles *Horace* (Boileau 1966a, 341; vgl. auch ibd., 337. Dass ein „pedantische[s] Ausmalen aller Einzelheiten" Sache der „gottgleichen Männer", welche nach den „Höhen schriftstellerischer Kunst strebten", nicht sei, vermerkt freilich schon Pseudo-Longinus ([Pseudo-]Longinus 1988, 112). Vgl. zur *simplicité* als produktionsästhetischem Korrelat der im Erhabenen zu erzeugenden performativen Kraft auch Condillac 1970a, 110–113, der am *Horace*- und am *Fiat-lux*-Beispiel den „langage des grandes passions" (ibd., 111) als einen durch besondere Kürze gekennzeichneten Modus des Sprechens fasst: „Par le nombre et par la beauté des idées que ces expressions abrégées réveillent en même temps, elles ont l'avantage de frapper l'âme d'une manière admirable, et sont, pour cette raison, ce qu'on nomme *sublime*" (ibd., 113). „[L]e sublime doit fuir les détails", so gibt Baudelaire diesen insbesondere auch in der Kunsttheorie verbreiteten Topos in seinem *Salon de 1846*, CE 149, wieder.

gung des Denkens in eine ihm per se – als Absolutum – nicht eignende Ordnung überführbar wird.

Gleichwohl, so behauptet der Text, handelt es sich dabei nicht um die Ordnung des Rationalen: von den „syllogistischen Spitzfindigkeiten" der *ratio* ist das musikalisch-malerische Denken zu differenzieren. *Penser* verweist – im Gegensatz zu *raisonner* – auf eine der diskursiven Ordnung entzogene, diese transzendierende Sphäre, analog jener, welche die *Salons* im Begriff der *imagination* verhandelten[96]: auf einen liminalen Raum, in dem Selbst und Welt, in dem auch Rezeptivität und Produktivität zur Vermittlung gelangen und der gerade dadurch sein weltkonstitutives Potential entfalten kann.

Ein objektives Korrelat erhält dieser Raum in der Textur des Gedichts, das sich als die zur Anschauung gebrachte Vermittlung von Subjektivem und Objektivem in der evozierten Sphäre des Sinnlichen darstellt. Die auffallenden Parallelstrukturen – die betonte lautliche Similarität[97] und syntaktische Parallelismen[98] – akzentuieren Similarität gegenüber (logischer) Kontiguität, können mithin als *mimesis* an einem von rationalen „Spitzfindigkeiten" freien Gedankenstrom gelesen werden. Das Gedicht intendiert mithin eine Engführung von *mimesis* und *poiesis*, wie sie die *Salons* als Telos der Kunst konturierten und wie sie im Vorwort der *Petits poèmes en prose* eingefordert ist: „une prose poétique, musicale sans rythme et sans rime, assez souple et assez heurtée pour s'adapter aux mouvements lyriques de l'âme, aux ondulations de la rêverie, aux soubresauts de la conscience"[99]: eine Anähnelung weniger an ein Gegebenes denn an eine in der *rêverie* performativ sich konstituierende Subjektivität. Indes ist die Bewegung des Bildens, die *penser* bezeichnet, qua Sprache zwar indiziert, doch nicht selbst schon in eine begriffliche Ordnung überführt; erst vor diesem Horizont dieser Inkongruenz zeichnet sich der Prozess der Lektüre selbst als unendliche Deutungsarbeit ab. Die textuellen Leerstellen, deren imaginativ-imaginäre Supplementierung die Lektüre erfordert, stellen das Kunstwerk als Ort einer Sinnkonstitution heraus, die die Bewegung des *penser* beim Anblick des Meeres in die symbolische Ordnung des Textes einzuholen gedenkt, um der *rêverie* im Lektüreakt ein Korrelat zu verleihen. Ist die *rêverie* Schema

96 Die semantische Differenzierung des *pensare* als einer subjektiven Bewegung des Denkens gegenüber dem *ragionare* wurde namentlich von K. Stierle mit Bezug auf Petrarca geltend gemacht; vgl. Stierle 1995, 143.

97 Vgl. in dem der *rêverie* gewidmeten Satz „Solitude, silence, incomparable chasteté de l'azur ! une petite voile frissonnante à l'horizon, et qui par sa petitesse et son isolement imite mon irrémédiable existence, mélodie monotone de la houle, toutes ces choses pensent par moi, ou je pense par elles" die Häufung der Sibilanten und der i-Laute im ersten Teilsatz; die Häufung des m und des dunklen o-Lautes, die als Onomatopöie des Meeresrauschens intendiert sein mag; sowie die Häufung des Okklusivs p im letzten Teilsatz.

98 So etwa der Chiasmus „toutes ces choses pensent par moi, ou je pense par elles" und das ternäre „sans arguties, sans syllogismes, sans déductions".

99 OC I, 275–276.

eines subjektiven Konstruktivismus, der die signifikante Materialität auf eine sinnhafte Ordnung hin überschreitet, so ist der Akt des Lesens Nachvollzug eines in ihr sich vollziehenden Prozesses der Bedeutungskonstituierung: jener Typus der ästhetischen Erfahrung, den die kunstkritischen Schriften in den Metaphern der *traduction*, der *interprétation* und der *création* einforderten und als *manière de sentir* dem (romantischen) Kunstwerk zuschrieben[100].

Die Konstituierung des subjektiven Bewusstseins ist gebunden an eine melancholisch-erhabene Szenerie und findet in ihr, so behauptet das Gedicht, ihre Möglichkeit. Dass das Gedicht auf das Paradigma des Erhabenen rekurriert, haben K. Westerwelle und H. Doetsch vermerkt[101]. In der Tat bildet das Gedicht dessen Kardinaltopoi gleichsam Punkt für Punkt ab: Die Unermesslichkeit des Gegenstandes erzeugt das notorische Gefühl der Lust („grand délice") angesichts der schieren Größe, der Einsamkeit und der Stille, die wiederum ein Jenseits des sinnlich Präsenten indiziert. Konnotativ – doch nicht denotativ – wird dieses als Absolutum lesbar: „immensité", das dem „infini diminutif" des Tagebuchzitats entspricht, konnotiert einen „infini total", die „chasteté de l'azur" steht metaphorisch für das Spirituelle, das seinerseits „incomparable", ein dem Vergleich enthobenes Absolutes, ist. Und auch hierin entspricht das Gedicht den Vorgaben des Erhabenheitsdiskurses, in dem die Uneigentlichkeit der Rede zur topischen Chiffre der Unmöglichkeit einer Versprachlichung des per definitionem unsagbaren Absoluten avanciert. Erfahrbar wird dem wahrnehmenden Ich eine dem Erhabenen eignende „energetische Kraft"[102], die ihrerseits auf dessen entzogenen Ursprung verweist. Erzeugt nun diese „énergie dans la volupté" zunächst ein Gefühl der Lust, so schlägt sie allmählich – und ebenfalls den topischen Vorgaben des Erhabenheitsdiskurses folgend[103] – in die gegenteilige Erfahrung des Lebensentzugs und in den Abbruch des Spiels der Fakultäten um:

[100] Doch auch eine explizit der Dichtung gewidmete Bemerkung kann hier angeführt werden. Im fragmentarischen Aufsatz *Puisque réalisme il y a* heißt es: „Tout bon poète fut toujours *réaliste.*/Equation entre l'impression et l'expression./Sincérité" (CE 824).

[101] Westerwelle 1993, 671–672; Doetsch 2004, 203–239. Vgl. zu den Erhabenheitstopoi auch Westerwelle 1993, 668–673.

[102] Die dem Erhabenen innewohnende „force énergique" hat bereits Boileau in seinen Reflexionen über das Erhabene herausgestellt: „On y sent [...] une certaine force energique, qui marquant l'horreur de la chose qui y est énoncée, a je ne sçais quoy de sublime" (Boileau 1966b, 550). Von ἐνθουσιασμός und πάθος als das Erhabene erzeugende Kräfte ist bereits bei Pseudo-Longinus die Rede ([Pseudo-]Longinus 1988, 42/44; Übers. ibd., 43/45).

[103] Vgl. Burkes ‚Physiologie' des Erhabenen in seiner *Philosophical Enquiry into the Origin of our Ideas of the Sublime and Beautiful*, die davon ausgeht, dass das von der Größe des betrachteten Gegenstandes affizierte Auge des Betrachters eine zunehmende nervöse „Spannung" erzeuge: „[T]hough the image of one point should cause but a small tension of this membrane, another, and another, and another stroke, must in their progress cause a very great one, until it arrives at last to the highest degree; and the whole capacity of the eye,

Toutefois, ces pensées, qu'elles sortent de moi ou s'élancent des choses, deviennent bientôt trop intenses. L'énergie dans la volupté crée un malaise et une souffrance positive. Mes nerfs trop tendus ne donnent plus que des vibrations criardes et douloureuses.

Wenn der ‚Sieg' der Natur dabei textuell in der Behauptung einer das wahrnehmende Subjekt affizierenden Eigendynamik des Sinnlichen begründet ist, so ist der psychophysikalischen Erklärung indes ein alternatives Erklärungsschema unterlegt: „Et maintenant la profondeur du ciel me consterne; sa limpidité m'exaspère. L'insensibilité de la mer, l'immuabilité du spectacle, me révoltent..." – Tiefe und Klarheit des Himmels, Gefühllosigkeit und Unbewegtheit des Meeres sind in semiotischer Perspektive zwei unterschiedlichen Deutungen zugänglich, deren Umschlagen als Erfahrung eines Scheiterns des Erhabenen inszeniert ist: Konzediert der Text die Möglichkeit eines Transzendierens des Irdischen, so unter der Prämisse, dass dieses nur im Bewusstsein einer verweigerten Letztbegründung zu vollziehen sei.

Wenn das „Et maintenant" ein Scheitern des Erhabenen suggeriert, so ist dessen Verfehlung freilich im Gedicht von Anfang an unterschwellig indiziert: So lässt das Segel, Identifikationsfigur des gefallenen Menschen – von einer „irrémédiable existence" ist die Rede –, durch die in ihm konnotierte Betonung der Horizontalen die Absenz der Vertikale spürbar werden, die Baudelaire an anderer Stelle dem Erhabenen zuspricht[104]; die auf ein spirituelles Jenseits hin zu überschreitende Materialität präsentiert sich geradezu aufdringlich in ihrer verdinglichten, der Immaterialität des Erhabenen konträren Form („choses"); und die an die Natur sich entäußernde „existence" hegt keine Illusionen über ein mögliches Remedium ihrer *conditio*. Das von Hegel herausgearbeitete Doppelverhältnis des Erhabenen zur erscheinenden Welt ist im Gedicht mithin von Anfang an exponiert; Prägnanz erhält es freilich erst im Schema des aus der Überstrapazierung von Sinnlichkeit – respektive *imaginatio* – resultierenden *ennui*. Eine vergleichbare doppelte Per-

vibrating in all its parts must approach near to the nature of what causes pain, and consequently must produce an idea of the sublime" (Burke 1958, 137). Die letztlich auf der cartesischen Psychophysik fußende Pathologie des Erhabenen entspricht in ihrer Symptomatik der durch meditative Übungen überstrapazierten Imagination, die etwa Dubos in seinen *Réflexions critiques* festgehalten hat: „[L]'imagination trop allumée ne présente plus distinctement aucun objet, & une infinité d'idées sans liaison & sans rapport s'y succédent tumultueusement l'une à l'autre : [...] l'esprit las d'être tendu se relâche ; & une rêverie morne & languissante, durant laquelle il ne jouit précisément d'aucun objet, est l'unique fruit des efforts qu'il a faits pour s'occuper lui-même" (Du Bos 1967 [1770], 7).

104 In den *Paradis artificiels*, die das Gegenmodell eines – wenn auch künstlich herbeigeführten – gelungenen Erhabenen entwerfen, ist es hingegen gerade der über dem Meer schwebende Vogel, der zur Identifikationsfigur des Ich wird: „[L]'oiseau qui plane au fond de l'azur *représente* d'abord l'immortelle envie de planer au-dessus des choses humaines ; mais déjà vous êtes l'oiseau lui-même" (*Un mangeur d'opium,* OC I, 420).

spektive auf die Natur entwerfen die ersten Zeilen des Gedichts *Alchimie de la nature* aus den *Fleurs du mal*:

> L'un t'éclaire avec son ardeur,
> L'autre en toi met son deuil, Nature !
> Ce qui dit à l'un : Sépulture !
> Dit à l'autre : Vie et splendeur ! [...]

Wenn hier zwei Deutungsmöglichkeiten behauptet werden, die vom jeweiligen Subjekt abhängen, so ist doch die imaginative Belebung der Natur, auf die der erste Vers anspielt, als subjektive Projektion von einer grundlegenderen Ambivalenz, die per se einer doppelten Perspektivierung zugänglich ist. Eben dies profiliert *Le* confiteor *de l'artiste*: Verweist die Unendlichkeit des Meeres vor dem Hintergrund eines religiösen Sinnhorizonts auf eine Transzendenz, die die subjektive *rêverie* als mystische Vereinigung mit den Gegenständen legitimiert, so ist die imaginative Belebung der Natur vor einem säkularen Hintergrund ein Akt subjektiver Projektion, der die ekstatische Selbstentäußerung als disseminierende „perte du moi" erweist[105], die göttliche Transzendenz als dämonische Macht entlarvt[106] und das in der Immanenz zur Geltung gelangende *infini* als schlechte Unendlichkeit einer *souffrance éternelle* vor Augen führt. Wo die französische Romantik eine Manifestation Gottes zu finden hoffte, findet Baudelaires moderne Aneignung des Erhabenheitsparadigmas eine endlose Endlichkeit, die allenfalls in temporären Sinnentwürfen aufzuheben ist und ihren ultimativen Fluchtpunkt nicht mehr in einer göttlichen Transzendenz, sondern im Abbruch des Spiels der Fakultäten findet.

Wenn jedoch das sprechende Ich der Natur ein Ende abfordert („Cesse de tenter mes désirs et mon orgueil !"), wenn das Ende selbst zum Gegenstand des subjektiven Begehrens wird, so ist dies nicht schon in der Einsicht in ein Scheitern des Erhabenen begründet. Vor dem anthropologischen Bezugshorizont einer gespalte-

[105] Erneut ist auf eine Parallele in *Les paradis artificiels* hinzuweisen, welche die Ambivalenzen der imaginativen Identifizierung mit den Gegenständen der phänomenalen Welt zum Ausdruck bringt: „Il arrive quelquefois que la personnalité disparaît et que l'objectivité, qui est le propre des poètes panthéistes, se développe en vous si anormalement, que la contemplation des objets extérieurs vous fait oublier votre propre existence, et que vous vous confondez bientôt avec eux" (OC I, 419). Das „se confondre", das der *imagination* par excellence zukommende Vermögen der Identifikation (s.o., S. 153), das bei dieser jedoch mit einem emphatischen „[être] bien elle-même" einhergeht, begegnet hier als eine völlige Entäußerung des Ich an den betrachteten Gegenstand oder, wie Baudelaire ausführt, als Dissemination des Selbst: „Vous avez disséminé votre personnalité aux quatre vents du ciel, et, maintenant, quelle peine n'éprouvez-vous pas à la rassembler et à la concentrer !", so beschreibt Baudelaire die wenig angenehmen Nachwirkungen des Haschischrauschs und, implicite, des poetischen Erlebens eines „poète panthéiste" (OC I, 426).

[106] Die abschließende Apostrophe an die Natur („Cesse de tenter mes désirs et mon orgueil") kann als Anspielung auf die Versuchung Jesu durch Satan gedeutet werden.

nen Menschennatur liegt in der Forderung nach einer Aufhebung des Begehrens, die die „irrémédiable existence" zur ekstatischen Vereinigung mit dem Anderen über sich hinaustreibt, ein Begehren nach der Koinzidenz von Endlichkeit und Unendlichkeit beschlossen, die die Spaltung des Subjekts in jener Geste subjektiver Selbstaffirmation, die Hegel der romantischen Todeskonzeption bescheinigt hat, zur Aufhebung bringt – nicht in einem erhabenen Augenblick erfüllter Präsenz freilich, sondern als Entbindung aus „unangemessene[r] Endlichkeit"[107]. Das Ende gewinnt hier als Reflexionsfigur der Interferenz von *mimesis* und *poiesis* eine Relevanz, die über seine romantische Bestimmung als Movens für die Erfahrung des Erhabenen hinausgeht[108].

Bereits W. Benjamin hat auf die poetologische Relevanz des Abbruchs des Spiels der Fakultäten aufmerksam gemacht und sie in den Kontext von Baudelaires Ästhetik des Chock gestellt:

[107] Für Hegel hat der Tod in der Romantik affirmativen Charakter, nämlich: „die Bedeutung der Negativität, d.h. der Negation des Negativen". Der Tod „schlägt deshalb ebenso sehr zum Affirmativen, als Auferstehung des Geistes aus seiner bloßen Natürlichkeit und unangemessenen Endlichkeit, um. Der Schmerz und Tod der sich ersterbenden Subjektivität verkehrt sich zur Rückkehr zu sich, zur Befriedigung, Seligkeit und zu jenem versöhnten affirmativen Dasein, das der Geist nur durch die Ertötung seiner negativen Existenz, in welcher er von seiner eigentlichen Wahrheit und Lebendigkeit abgesperrt ist, zu erringen vermag" (Hegel 1986b, 135).

[108] Dass das Erhabene eine Erfahrung der Erhebung über die Todverfallenheit des Irdischen sei, haben Mme de Staël und Chateaubriand hervorgehoben. So heißt es in Mme de Staëls *De l'Allemagne*: „[L]e sublime de l'esprit, des sentimens et des actions doit son essor au besoin d'échapper aux bornes qui circonscrivent l'imagination. L'héroïsme de la morale, l'enthousiasme de l'éloquence, l'ambition de la gloire donnent des jouissances surnaturelles qui ne sont nécessaires qu'aux âmes à-la-fois exaltées et mélancoliques, fatiguées de tout ce qui se mesure, de tout ce qui est passager, d'un terme enfin, à quelque distance qu'on le place" (Staël 1998, 182). – Die romantische Bestimmung knüpft ihrerseits an die Theorien des Erhabenen aus dem 18. Jahrhundert an, die stets den Tod als Letztbegründung des erhabenen Schauers und als das im Erhabenen zu Überwindende anführten. Der Schmerz würde, so führt Burke aus, als Vorbote des „king of terrors", nämlich des Todes, gedeutet (vgl. Burke 1958, 40), welcher aufgrund der Vermitteltheit des Naturschauspiels die vermischte Empfindung des „delightful horror" zu erzeugen vermag: „[I]f the pain and terror are so modified as not to be actually noxious; if the pain is not carried to violence, and the terror is not conversant about the present destruction of the person, [...] they are capable of producing delight; not pleasure, but a sort of delightful horror" (ibd., 136). – Gerade in der neuen Bewertung des Todes zeigt sich aber, dass Baudelaires Gedicht mehr – und anderes – ist als eine Dekonstruktion des Erhabenheitsdiskurses romantischer Provenienz, eine Deutung, zu der H. Doetsch neigt; vgl. Doetsch 2004, bes. 211, 237–238 und passim. Vgl. zu Baudelaires Aneignung genuin romantischer Topoi auch Bohrer 1996, 48–77.

> [Baudelaire] spricht von einem Duell, in dem der Künstler, ehe er besiegt wird, vor Schrecken aufschreit. Dieses Duell ist der Vorgang des Schaffens selbst. Baudelaire hat also die Chockerfahrung ins Herz seiner artistischen Arbeit hineingestellt[109].

Vor einem ästhetischen Bezugshorizont erscheint die Einforderung des Endes in der Tat als Besetzung desjenigen Schemas, das in *Le peintre de la vie moderne* als abendliches Gefecht des Künstlers mit seinen Malutensilien zum Zwecke einer „idéalisation forcée" disparater Eindrücke zur „fantasmagorie" inszeniert ist[110]: als Begehren nach einer ästhetischen Form, in welche die Kontinuität der *rêverie* zu überführen wäre. So ist es bezeichnend, dass sich das Motiv des Endes nicht erst zu Ende des Gedichts findet, sondern dessen Auftakt bildet: „Que les fins de journées d'automne sont pénétrantes ! Ah ! pénétrantes jusqu'à la douleur ! car [...] il n'est pas de pointe plus acérée que celle de l'Infini". Der Beginn des Gedichts kündigt ein Schwellenerlebnis an: Das Ende des Tages, wie auch der Herbst, markieren einen Übergang in einem zeitlichen Kontinuum, indem sie eine Grenze setzen, die diesem die Qualität des Diskontinuierlichen verleiht[111]. Baudelaire hat diese Momente des Übergangs häufiger beschrieben. Im Kapitel *Le goût de l'infini* in *Les paradis artificiels* ist es der Augenblick des Erwachens, der in ähnlicher Weise eine Perspektive auf die Unendlichkeit öffnet:

> Il est des jours où l'homme s'éveille avec un génie jeune et vigoureux. Ses paupières à peine déchargées du sommeil qui les scellait, le monde extérieur s'offre à lui avec un relief puissant, une netteté de contours, une richesse de couleurs admirables. Le monde moral ouvre ses vastes perspectives, pleines de clartés nouvelles. [...] Mais ce qu'il y a de plus singulier dans cet état exceptionnel de l'esprit et des sens [...], c'est qu'il n'a été créé par aucune cause bien visible et facile à définir[112].

Der hier behauptete voraussetzungslose Anfang des epiphanen Erlebens ist in *Le* confiteor *de l'artiste* freilich durch den Komplementärbegriff des Endes abgelöst. Dass das Ende in dieser Weise auf den Anfang zurückgebogen ist, dass erst das Ende einen Anfang möglich machen soll, wertet das Ende zum Prinzip ästhetischer Sinnkonstitution auf. Das Ende ist dabei freilich nicht als Gegenpol zum Unendlichen zu verstehen. Es wird im Gedicht vielmehr zum Unbegrenzten in Relation gesetzt, ja mit ihm identifiziert: „Que les fins de journées d'automne sont pénétrantes! [...] il n'est pas de pointe plus acérée que celle de l'Infini": In raffinierter Weise – nämlich über die Qualität des Scharfen, Durchdringenden – sind „fin" und „infini" aufeinander bezogen: Erst im Ende als Konvergenzpunkt der endlosen Endlichkeit der *rêverie* und der Unendlichkeit des *infini* kann eine Ent-

109 Benjamin 1991c, 615–616.

110 Vgl. *Le peintre de la vie moderne*, CE 465–466; s.o., S. 315–324.

111 Vgl. zur Struktur des Konzepts ‚Ende' Stierle 1997d.

112 OC I, 401.

grenzung gedacht werden: als eine Ganzheit, die freilich nicht mehr als zeitenthobenes Absolutum entworfen ist, sondern sich in der Ordnung der Zeit konstituieren soll[113]. Steht das Erhabene im Verdacht, Substruktion eines Subjekts zu sein, das der „immuabilité du spectacle" Transzendenz abzugewinnen sucht, so ist das Ende – insbesondere das absolute Ende des Todes – Figur einer unaufhebbaren Negativität. Doch nur von diesem Ende aus ist eine Ganzheit, ist ästhetische Erfahrung als Evidenz einer ereignishaft sich vollziehenden Sinn-Erfahrung überhaupt fassbar.

Dass künstlerische Sinnschöpfung sich aus einer in die Zukunft projizierten Erfahrung des Endes ableitet, dass erst aus der unvordenklichen Konvergenz von Endlichkeit und Unendlichkeit, die in ihm eine Chiffre erhält, Zeichen-Schöpfung denkbar ist, die darum stets das Stigma des Melancholischen trägt, ist eine für die Lyrik Baudelaires typische Denkfigur. Dass das Ende die Setzung einer Differenz ist, die Traum und Wirklichkeit, Einheit und Entzweiung sondert und dadurch erst hervorbringt; dass es dasjenige Ereignis ist, das Sinn aus der unstrukturierten Mannigfaltigkeit des Sinnlichen im liminalen Raum der *rêverie* hervorzubringen vermag; und dass das Ende Differenz – ästhetische wie anthropologische Differenz – einschreibt und eben darum *auch* als Index ihrer Aufhebung figurieren kann, darin besteht Baudelaires Transformation des Romantisch-Erhabenen. Erst vor diesem Hintergrund erhält das Abbrechen des Spiels der Fakultäten im Schrei des Künstlers seine für die Lyrik Baudelaires entscheidende Perspektivierung: als Moment eines ereignishaften Werdens von Sinn aus einer präreflexiven, unbegrifflichen und Ich-freien Dynamik des *penser*.

Die Figur des Endes verklammert die Bedeutungsebenen des Textes. So doppelt sich der Schrei, der dem sprechenden Ich zufolge den Abbruch der „étude du beau" bezeichnen soll, zu einer das Gedicht umgreifenden Struktur von Anfang und Ende[114]; so ist mit den *arguteries* auf die Isotopie der *pénétration* verwiesen, deren Negierung („*sans* arguteries", Herv. CB) auf der lautlichen Ebene des Gedichtes dementiert ist[115]. Auch das Begehren nach einem Ende, das das sprechende Ich in der Apostrophe an die Natur artikuliert, kann vor diesem Hintergrund als ein Unternehmen gelesen werden, das beabsichtigt, im Ende selbst die Möglichkeit der Sinnbildung zu fundieren.

113 Vgl. Stierle 1997d, 362.

114 „L'étude du beau est un duel où l'artiste crie de frayeur avant d'être vaincu" – „Que les fins de journées d'automne sont pénétrantes ! *Ah !* pénétrantes jusqu'à la douleur ! [...] *Ah !* faut-il éternellement souffrir [...]" [Herv. CB].

115 Wenn nämlich das Fehlen der Plosivlaute und das so erzeugte *legato* in „mélodie monotone de la houle" noch als Reflex eines nicht analysierten sinnlichen Kontinuums zu lesen sein mag, so markiert das durch die Plosivlaute in „toutes ces choses pensent par moi, ou je pense par elles" erzeugte *staccato* in aller Deutlichkeit den Einbruch der Differenz in der Schaffung der ästhetischen Struktur.

Die Apostrophe – „Cesse de tenter mes désirs et mon orgueil !“ – öffnet den durch das zweifache „Ah !“ konstituierten Rahmen, innerhalb dessen sich die ekstatische Einheitserfahrung vollzieht. Sie kehrt im Augenblick des Bruchs Einheit, genauer: die Möglichkeit, Einheit zu denken – hervor, die Sprache notwendig voraussetzt. Das Wort als Macht, die der Natur gebietet: Dies erinnert an das „schlagende[] Beispiel der Erhabenheit“[116], das seit Longins Περὶ ὕψους im Diskurs des Erhabenen fest verankert ist: das biblische *Fiat lux*, „das Wort […] als der idealen Macht, mit deren Befehl des Daseins nun auch das Daseiende wirklich […] unmittelbar gesetzt ist“[117]. In Baudelaires Aneignung scheint die Apostrophe zwar auf den ersten Blick eher ein Ende als einen Anfang zu setzen – das Ende der imaginativen Bewegung des *penser*, und damit der Einheitserfahrung mit der Natur. Dennoch ist dieses Ende zugleich ein Anfang: Der abschließende Satz, mit dem das Gedicht die zu Beginn erschlossene und durch die Beifügung in Klammern erweiterte Metaebene erreicht, affirmiert ein geistiges, in der Natur von dieser getrenntes Ich.

Wird die Erfahrung des Erhabenen für gescheitert erklärt – wird mithin die Erfahrung eines der Materialität Jenseitigen wenn nicht negiert, so auf die sie fundierende Negativität hin transparent gemacht – so indiziert der letzte Satz, wo die Moderne Erhabenheit noch zu finden glaubt: in einer aus ihrer referentiellen Funktion entbundenen, emotiven und konativen, ihre performative Dimension akzentuierende Sprachstruktur[118]. Siegt die Natur, so setzt der Allegoriker mit der Apostrophe der entleerten Transzendenz die Evidenz des Zeichens entgegen, das in paradoxer Weise das Ich preisgibt, indem es dieses zugleich als Nichtidentisches bewahrt.

So kann schließlich auch der durch Eröffnungs- und Schlussatz konstituierte Rahmen, in den die fingierte Unmittelbarkeit des Gedichts eingespannt ist, als eine Reflexion auf die Aporie, dass Unmittelbarkeit durch ihre Artikulation je schon der begrifflichen Vereinnahmung preisgegeben ist, gelesen werden. Er präsentiert das Gedicht als reflexive Aneignung der ekstatischen Erfahrung, mithin als Resultat eben jener Ganzheit intendierenden Konstellierung, die das Verhältnis von spontanem imaginativen Vermögen und intentionalem Akt der künstlerischen Schöpfung als Verhältnis von Offenheit und Begrenztheit figuriert. Das Gedicht in seiner räumlichen Gegebenheit ist selbst Figuration der Zeitstruktur des Endes: In ihm soll realisiert sein, was in der ekstatischen Entäußerung qua sinnlicher Erfahrung scheitert: die Vermittlung von Endlichem und Unendlichem, Beschränktem und Unbeschränktem, zu einer widersprüchlichen Einheit von Identität und Differenz,

[116] Hegel 1986a, 481.

[117] Hegel 1986a, 481.

[118] Eine analoge Betonung der performativen Dimension der Sprache findet sich auch schon im Titel des Gedichts, denn „confiteor“ meint, wie H. Doetsch vermerkt, den Akt des Sündenbekenntnisses (Doetsch 2004, 209).

die sich im Gedicht als Kopräsenz von Simultangestalt und Verlaufsgestalt objektiviert.

Baudelaires Gedicht bringt die unaufhebbare Ambivalenz eines jeden Zeichengebrauchs, der stets Sinnerzeugung unter Verweigerung einer Letztbegründung impliziert, zur Darstellung. Es ist ein entscheidendes Moment seiner Ästhetik, dass er diese nicht vereindeutigt, die Antinomien des Ästhetischen vielmehr im Kunstwerk einer prekären, weil supplementären, doch zugleich als supplementär gewussten Einheit zusammenführt. Die poetologische Relevanz eines solchen Wissens hat H. Doetsch im Rahmen seiner Überlegungen zu einer Poetik der Prosagedichte herausgestellt; diese seien als „partialisierte[] Schematisierungsarbeit eines unverfügbaren Anderen"[119] zu verstehen, welche erweise, „daß jedes scheinbar sinnerfüllte Ganze durch einen kontingenten Schnitt in eine indistinkte Menge an Sinnpotentialitäten zustande [komme]"[120]. Doch ist Baudelaires Revision metaphysischen Denkens weit davon entfernt, sich auf eine Denunzierung der heimlichen Gewalt, die Doetsch – gut poststrukturalistisch – in der Metapher des Schnitts konnotiert wissen möchte, zu beschränken. Seine Dichtung ist nicht vom Verstummen bedroht, wenn auch die Einförmigkeit des von ihm geschaffenen poetischen Universums eine solche Deutung nahe legen mag. *Poiesis* beinhaltet für ihn beides: die Herausstellung der Aporien der Sinnkonstitution und zugleich die Entfaltung einer poetischen Produktivität, die nicht auf die Schaffung autoreferentieller Gebilde zielt, sondern der Sprache ein wenn auch begrenztes und äußerst prekäres welterschließendes Potential zubilligt. So führt seine Lyrik stets die Frage mit sich, wie Sinnkonstituierung als eine die dezentrierende Macht der Zeitlichkeit überschreitende Ereignishaftigkeit möglich sei. Es ist diese bei Baudelaire ungelöst bleibende Ambivalenz, welche die bei H. Doetsch zu beobachtende Tendenz zur Reduktion des Gedichts auf einen Diskurs der Dekonstruktion so wenig plausibel macht[121]. Der Text affirmiert mit der Auflösung eines präsenzmetaphysischen Sinnverständnisses zugleich obstinat die Evidenz des seines metaphysischen Fundaments beraubten Sinnes. Die Einheit von Identität und Differenz erweist sich als Erfahrung einer dem cartesischen Zweifel nicht zur Disposition stehenden Überwindung des Kontingenten in einer ereignishaften Sinnkonstitution. So beschreibt

[119] Doetsch 2004, 203.

[120] Doetsch 2004, 207.

[121] Insofern scheint mir bei Doetsch eben jene Tendenz zur Sinntotalisierung vorzuliegen, die er offenbar für ein Defizit der Hermeneutik hält. Gerade teils ausgesprochen emphatische Spitzen gegen ein vorgeblich naives, um Sinnverstehen bemühtes Lesen – etwa in der Rede von der „Sinnfalle", in die der arglose Leser zu tappen droht (vgl. Doetsch 2004, 207) – verweisen ja in allererster Linie auf die bei ihm unreflektierte Prämisse einer jeden Sprachverwendung, dass auch die Behauptung des Sinnverzichts – als sprachliche Äußerung – allemal auf das Sinnpostulat rekurriert, ein Verzicht auf Sinntotalität also nicht einfach durch deren (sprachliche) Negierung zu haben ist.

der Auftakt des Gedichts, hervorgehoben durch das insistierende „il est […]; et il n'est pas […]", eine solche auf ihre Voraussetzungen nicht mehr befragbare Erfahrung: „Que les fins de journées d'automne sont pénétrantes ! Ah ! pénétrantes jusqu'à la douleur ! car il est de certaines sensations délicieuses dont le vague n'exclut pas l'intensité ; et il n'est pas de pointe plus acérée que celle de l'Infini".

Zutiefst modern ist das Gedicht, wie H. Doetsch sagt, in der Tat, und dies nicht aufgrund seiner Dekonstruktion romantischer Topoi, sondern als Reflexion auf die Bedingungen der Sinnkonstitution. Baudelaires Lyrik vermeidet eine Verdrängung der Einsicht in den negativen Grund des Erhabenen, wie sie auch die trivialpoststrukturalistische Option auf ein nur vermeintlich freies Spiel der Signifikanten meidet, und stellt Sprache in ihrer aporetischen Verfasstheit dar: als Aporie, die als solche die *conditio* des Menschen – als „conséquence fatale de la dualité de l'homme"[122] – abzubilden vermag.

* * *

In seinen Topographien des Endes sucht Baudelaire Wege, das Andere des Denkens zur Darstellung zu bringen – die ‚Rätselfrage', die, folgt man Foucault, der Moderne zu denken aufgegeben ist: ein Ungedachtes, das den unvordenklichen Grund abgibt für die Konstitution des subjektiven Bewusstseins. Es ist diese Rätselfrage, die die Raumkonstruktion in den Prosagedichten leitet. Die in ihnen entworfenen Räume bestehen aus einigen wenigen, doch rekurrenten Elementen. Ihr Schema ist in *Le* confiteor *de l'artiste* niedergelegt: Die dort inszenierte, in die Verlaufsgestalt des Gedichts gespiegelte imaginative Bewegung kehrt in den Prosagedichten verräumlicht wieder. Das Ende, das in diesem Gedicht den Moment der Enthebung des subjektiven Bewusstseins markiert, ist unabdingbares Requisit ihrer Topographien. Es erscheint als äußerste Grenze des Lebens-Raumes in *Any where out of the world*; als „double tour à la serrure" in *A une heure du matin*; oder auch implizit, wenn von einem „parc" oder einem „jardin public" die Rede ist, in *Le fou et la vénus* oder *Les veuves*[123]. Auch allegorische Figuren verleihen dem Ende eine Gestalt: so Fancioulle aus *Une mort héroïque*; so die ‚letzten' Menschen, die in *Le fou et la vénus*, in *Le vieux saltimbanque* oder *A une heure du matin* begegnen; so die Witwen in *Les veuves* und schließlich die Doppelfigur des „Temps en souverain" und der „souveraine des rêves"[124] in *La chambre double*. Das subjektive

[122] *Le peintre de la vie moderne*, CE 456.

[123] Als Heterotopie im Sinne Foucaults hat H. Doetsch den Park im Paris des 19. Jahrhunderts analysiert: als „utopische Punkte der Vereinigung" nämlich, „welche die nunmehr getrennten Körper der Angehörigen verschiedener Schichten zusammenbringen sollen" (Doetsch 1999, 201).

[124] OC I, 280.

Bewusstsein, so ließe sich mit Blick auf *Le* confiteor *de l'artiste* sagen, könnte sich seiner selbst nicht bewusst werden, sähe es sich nicht in der Vielfalt seiner Gestalten auf sein Anderes verwiesen. Aus dieser Denkfigur beziehen die Figuren der Grenze, des Endes oder auch des Todes ihre besondere Relevanz. Das Andere erscheint bei Baudelaire als eine Spiegelfläche des Bewusstseins: Indem die Grenze, die das Selbst und sein Anderes trennend verbindet, hervortritt, gelangt das Selbst zum Bewusstsein – und damit zur Vergewisserung seiner selbst und der gegenständlichen Welt.

Zu Recht betont W. Benjamin die Relevanz der „Masse", die „[Baudelaires] Schaffen als verborgene Figur eingeprägt" ist[125]. Wenn Baudelaire sein Werk als „tortueuse fantaisie" bezeichnet, so ist nur explizit gemacht, was die Gedichte selbst immer wieder als ihre Entstehungsbedingungen thematisieren: eine mit vorgegebenen Wahrnehmungs- und Deutungsschemata nicht verrechenbare Konstituierungsleistung des Bewusstseins. Baudelaires Großstadtszenarien sind gleichsam die in Sprache fixierte Gestaltungskraft der *imaginatio*. Die Masse erscheint in ihnen als das sinnliche Substrat, dem der *parcours* des *flâneur* Sinnfiguren abgewinnt. Über diese Figuren legt sich eine Welt allegorischer Gestalten, die selbst nur die offenkundigste Ausprägung einer Formung sinnlicher Mannigfaltigkeit durch das trennend-verbindende Prinzip der *imaginatio* sind. Sie sind Metafiguren: Figuren der Überführung des Chaos in die Ordnung des subjektiven Bewusstseins, als deren Ergebnis sich die Prosagedichte darstellen – und mithin Anschauungsformen einer konstruktiven Dimension des Bewusstseins.

Die Verfahren, durch welche die performative Bewegung der Sinnkonstitution textuell entworfen wird, wurden bereits beschrieben: Allegorisierung, Bildhäufung, und, wie sich in Anknüpfung an J. Hauck ergänzen ließe, Dialogizität – die semantische Vielstimmigkeit als Modus der Inszenierung eines nicht mehr in einer hierarchisch übergeordneten Einheit aufgehenden Sinnes[126]. Dem Verfahren der Zerstreuung steht ein gegenläufiger Gestus der Sinnstiftung gegenüber: eine durch Paradigmatisierung gesteigerte Selbstbezüglichkeit auf allen Ebenen der Textkonstitution, deren Strukturprinzip eher imaginativ-analogisch denn diskursiv-rational ist. Die Rekurrenz analoger Figuren, ein kardinales Verfahren dieser Paradigmatisierung, tritt erst in der kontrastiven Betrachtung verschiedener Prosagedichte hervor: Die Wiederkehr ähnlicher Figuren in je unterschiedlicher Gestalt ermöglicht es, in den Gedichten – gegen die lineare Lektüre – textübergreifende Prägnanzen ausfindig zu machen. Erzeugt ist dabei freilich weniger der Eindruck einer endgültigen Sinnfixierung als derjenige einer kontinuierlichen Metamorphose der Sinnfiguren im Akt des Lesens. Gerade dieses Verfahren besiegelt die Trennung vom Anspruch auf eine mimetische Wirklichkeitsabbildung und fordert zugleich eine

[125] Benjamin 1991c, 618.
[126] Vgl. Hauck 1994, 18–27.

Lektüre, die dieser Trennung Rechnung trägt. Wenn die Stadtgedichte sich als Inszenierungen eines Akts der Lektüre geben, so ist diese Inszenierung eine *mise en abyme* der Erfahrung des Lesens im Raum des Textes: eine aus den Ansprüchen auf eine referentielle Lesbarkeit entbundene, unabschließbare Bewegung, die nicht auf eine Ganzheit des Sinnes zielen kann, doch in bruchstückhaften Figurationen die Möglichkeit des Sinnes antizipieren und in temporären Konstellierungen hervortreten lassen kann. So sind die Prosagedichte Ausdruck einer Kunstauffassung, die im Kunstwerk eine komplexe Artikulation von subjektivem Innen und gegenständlichem Außen realisiert sieht: nicht als Objektivierung des Subjektiven oder als Subjektivierung einer gegenständlichen Welt, sondern als Medium im eigentlichen Sinne: als symbolische Form, die Selbst und Welt weniger bezeichnet als überhaupt erst setzt.

3 *Tête-à-tête sombre et limpide.* Die Zeichen der *imaginatio*

> Baudelaire [...] zwingt der Moderne selbst [...] heroisch Traum und Bild ab, ja transfiguriert den Verlust aller Bilder selbst ins Bild[1].

Die Raum- und Zeitentwürfe in der Lyrik Baudelaires führen immer wieder auf die Rätselfrage zurück, wie der Konnex von Spontaneität und Rezeptivität in der Bewusstseinskonstitution zu denken ist. Sie begegnet im vergeblichen Versuch einer Versöhnung von Raum und Zeit – etwa in *Obsession*; im Entwurf einer ungesicherten Sphäre des Semiotischen – etwa in *Le* confiteor *de l'artiste*; und als prekär werdende Grenze von Selbst und Welt in den unzähligen Gedichten, die mittels der Dekonstruktion der innen/außen-Opposition einen atopischen Ort des Selbst entwerfen. Zu einer letztgültigen Antwort gelangen diese Entwürfe nicht. Deutlich wird in ihnen allein die prinzipielle Verschiebbarkeit der Grenze, die Selbst und Welt trennend verbindet. Dabei kommt in den Gedichten aber auch immer wieder die Unhintergehbarkeit einer diese Differenz übergreifenden Sphäre des Semiotischen zur Geltung, die, folgt man den kunstkritischen und poetologischen Schriften, gerade im Kunstwerk zu besonderer Evidenz gelangen soll.

Das Kunstwerk – Bild, Zeichnung und Statue ebenso wie Musik und Stimme – wird auch in den poetischen Texten zur zentralen Reflexionsfigur der ästhetischen Sinnbildung und zur Figur einer Präsenz der Welt im subjektiven Bewusstsein. Mit dem Rekurs auf diese Figur ist freilich nicht intendiert, eine utopische Positivität im zeichenhaften Weltbezug zu behaupten. Denn auch dort, wo Baudelaire eine Überwindung der Dichotomie von Subjekt und Objekt im Kunstwerk entwirft, erscheint diese als Paradoxie einer reflexiv nicht verfügbaren Koinzidenz des Konträren. In den Figuren des Kunstwerks iteriert sich die für das Raum-Zeit-Verhältnis konstatierte Aporie eines undenkbaren, doch dem Denken aufgegebenen Ineins von Simultaneität und Sukzessivität: Wird in denjenigen Gedichten, die die Differenz von Selbst und Welt thematisieren, der zeitlichen Konstituierung des Bewusstseins die räumliche Dimension der gegenständlichen Welt gegenübergestellt, so tritt in den Gedichten, die den medialen Status des Zeichens reflektieren, die Simultaneität des Bildes der Sukzessivität der Stimme gegenüber; die Kluft zwischen Selbst und Welt wird in den Repräsentationssystemen Bild und Stimme als Differenz von semiotischer Performanz und Sistierung zur Ganzheit perpetuiert. Wenn damit die oben formulierte Rätselfrage nicht gelöst ist, so eröffnet dies doch einmal mehr die Möglichkeit, den Atopos ‚zwischen' Zeichen und Bezeichnetem zu erkunden, in

1 Adorno 1981, 97.

dem die subjektiven Welten des Kunstwerks ihren paradoxen Ursprung haben sollen.

Bild und Stimme sind, ähnlich wie Raum und Zeit, als sich gegenseitig reflektierende Doppelfiguren konstruiert. Denn einerseits bringt das Bild nicht schlicht die Abbildfunktion des Bewusstseins ins Spiel, sondern zugleich eine Differenz zwischen Abbild und Abgebildetem. So betonen Baudelaires Gedichte gerne das performative Moment der Bildgestaltung; etwa, wenn vom Malen in der Dunkelheit die Rede ist, von einem Gott, der vor den Augen des Ich alptraumhafte Szenerien entwirft, von verblassenden Zeichnungen und unbekannten Künstlern[2]. Verwiesen wird damit auf den schöpferischen Akt, aus dem das Bild hervorgeht; dieses kann gerade darum zum Index eines Anderen seiner selbst werden. Andererseits aber ist auch die Stimme nicht einfach ein in der Dimension der Zeit entfaltetes Repräsentationssystem, das, insofern es einen Keil zwischen Welt und Selbst treibt, als unzureichend angesehen werden muss. Gerade sie ist vielmehr Bedingung eines Verfahrens der *mimesis*, das den Akt der *poiesis* selbst abzubilden sucht.

Wenn nun Bild und Stimme sich gegenseitig abschatten – wenn das Bild sowohl den metaphorischen Bezug auf den Referenten als auch, aus dem performativen Akt der Entstehung heraus, eine Differenz bezeichnet; und wenn umgekehrt die Stimme sowohl den performativen Akt der Setzung einer Differenz als auch die *mimesis* eines als Werden verstandenen Akts der Schöpfung darstellt –, so ist der Raum der Differenz zwar ausgeleuchtet, doch letztlich bleibt das an die Kunst gebundene Sinn-Ereignis reflexiv unverfügbar. ‚Hinter' der Doppelfigur von Bild und Stimme zeichnet sich wiederum ein Anderes ab, das mit dem Spiel der Differenzen nicht verrechenbar ist. Das Kunstwerk wird in dieser Perspektive zum Zeugnis einer aus dem Gegebenen nicht ableitbaren, ereignishaften Sinnschöpfung. Die Originalität dieser Reflexionen – selbst noch gegenüber avancierten poststrukturalistischen Positionen – liegt dabei darin, dass sie Zeitlichkeit in der Konstitution des Zeichens bedenken – freilich nicht als eine dem Zeichen äußerlich bleibende diachrone Dimension, die das per se stabile Zeichen in die Dispersion treibt, sondern als eine im Zeichen selbst verortete Differenz, die – als solche – eine Disseminierung des Sinnes bedingt, dabei aber zugleich die Möglichkeitsbedingung einer kreativen, die Zwänge des sprachlichen Systems überwindenden Zeichenverwendung ist.

Anhand der Analyse von vier Gedichten soll die Entfaltung dieser Reflexionen in den Blick genommen werden. Das frühe Sonett *Le mauvais moine* zeigt anhand einer Engführung von Bild und Stimme die Aporien der Sinnbildung auf (Kap. 3.1). Diese lassen eine instabile Subjektfigur hervortreten, deren paradoxe Konstituiertheit in dem späteren Gedicht *L'irrémédiable* das *incitamentum* einer ungesi-

[2] Vgl. neben den im Folgenden besprochenen Gedichten bes. *Rêve parisien* (OC I, 101–103) und *Le gouffre* (OC I, 142–143).

cherten Bewegung der Semiose im Spannungsfeld von Performanz und Repräsentanz abgibt (Kap. 3.2). Wo die ersten beiden Gedichte anhand des Paradigmas des Bildes die Bedingungen ästhetischer Sinnbildung perspektivieren, tritt im sodann analysierten Gedicht *A une Madone* die Sprache selbst als Träger der Semiose und als Medium einer Sphäre des Sinnes in Erscheinung (Kap. 3.3). *A une Madone* lässt sich als Wegmarke eines poetologischen Paradigmenwechsels lesen, der *imaginatio* nicht mehr als bild-, sondern vielmehr als sprachschöpferisches Vermögen begreift. Die Implikationen dieses Wandels soll die Analyse des Gedichts *Semper eadem* erhellen (Kap. 3.4). Die Interpretationen sind um die je unterschiedlichen Konzeptualisierungen des Zeichens bei Baudelaire zentriert, verstehen sich aber zugleich als in sich geschlossene Analysen poetologischer Schlüsseltexte Baudelaires.

3.1 Bilder des Nichts

Das bereits 1842 oder 1843[3] entstandene Gedicht *Le mauvais moine* stellt eine frühe Reflexion auf eine als prekär erfahrene Differenz von Welt und Bewusstsein dar. Sie entfaltet sich am Paradigma des Bildes: Ein äußeres Bild tritt dabei metaphorisch ein für ein – allerdings abhanden gekommenes – mentales Bild. Die melancholische Urszene eines auf ein leeres Zentrum im Selbst verwiesenen Ich ist hier in der extremen Zuspitzung einer Rückwendung auf einen Seelen-Spiegel entworfen, der keine Bildwelten mehr zurückzustrahlen vermag und damit dem Ich die gesuchte Vergewisserung verweigert. Wo aber mit dem Ausfall des Bildes die Grenze von Außen und Innen zu zerfallen droht, da erweist die Sprache ihr sinnkonstitutives Potential. Eine in sich paradoxe Bewegung der Semiose tritt an die Stelle des zunächst aufgerufenen repräsentationistischen Bewusstseinsmodells.

LE MAUVAIS MOINE

Les cloîtres anciens sur leurs grandes murailles
Étalaient en tableaux la sainte Vérité,
Dont l'effet, réchauffant les pieuses entrailles,
Tempérait la froideur de leur austérité.

En ces temps où du Christ florissaient les semailles,
Plus d'un illustre moine, aujourd'hui peu cité,
Prenant pour atelier le champ des funérailles,
Glorifiait la Mort avec simplicité.

– Mon âme est un tombeau que, mauvais cénobite,
Depuis l'éternité je parcours et j'habite ;
Rien n'embellit les murs de ce cloître odieux.

3 Vgl. zur Entstehung des Gedichts die Anmerkungen OC I, 856–857.

Ô moine fainéant ! quand saurai-je donc faire
Du spectacle vivant de ma triste misère
Le travail de mes mains et l'amour de mes yeux ?[4]

Ähnlich wie die oben betrachteten *spleen*-Gedichte[5] lässt sich das Gedicht als Figuration eines Widerspruchs lesen: Die vorgeblich unmögliche Überführung der „triste misère“$_{13}$ in die Form des Kunstwerks ist durch das Gedicht selbst bereits vollzogen. „Le travail de mes mains et l'amour de mes yeux“$_{14}$ verweist in diesem Sinne selbstreferentiell auf das Sprachgebilde. Allerdings tritt dabei an die Stelle des im Gedicht beschworenen Bildes$_2$ die Sprache, genauer die Schrift; so mag die ambivalente abschließende Strophe mit „travail de mes mains“$_{14}$ und „amour de mes yeux“$_{14}$ ebenso auf das Bild wie auf die Materialität der Schrift anspielen. Bild und Sprachzeichen treten in ein Analogieverhältnis. *Tertium comparationis* ist dabei die Transfigurationsleistung, die beide Medien gleichermaßen erbringen; nachdrücklich ist diese gerade auch für das Bild herausgestellt, wenn vom ‚Ausbreiten' der heiligen Wahrheit$_2$ die Rede ist. Wort und Bild sind als Weisen ästhetischer Performanz aufeinander bezogen. Nebensächlich erscheint demgegenüber die notorische Sehnsucht nach einem transparenten Zeichen, die im *ut pictura poesis*-Topos zur Geltung kommt[6]. Die Bezugsetzung von Wort und Bild ermöglicht vielmehr eine Reflexion über die Bedingungen einer subjektiven Repräsentation von Wirklichkeit.

Von einem Seelen-Raum ist in den Terzetten die Rede$_9$, von nackten Wänden und fehlenden inneren Bildern$_{11}$, von einer endlosen Wanderschaft im Seelen-Grab$_{9-10}$, die unschwer als Sinnsuche vor dem Hintergrund eines Ausfalls der Repräsentation lesbar ist. Das Motiv der Wanderschaft rückt unauffällig die zeitliche Dimension des Bewusstseins in den Blick und profiliert diese als Auslöser des Verlusts, ist doch die melancholische Wanderschaft die Kehrseite eben jener melancholischen Trägheit, die dem Ich eine Transfiguration der Wirklichkeit verwehrt[7]. Die Beschwörung der Vergangenheit scheint dabei auf den ersten Blick ganz im Dienst der Konturierung einer modernen *conditio* – quasi ex negativo – zu stehen: In aller Klarheit arbeitet das Gedicht mit den Figuren des „illustre moine“$_6$ und des „mauvais cénobite“$_9$ eine konzeptuelle Opposition heraus; Arbeit und Trägheit, Glaube und Zweifel scheinen unter der übergeordneten Differenz von christlichem Mittelalter und Moderne unversöhnlich gegenüber zu stehen. Quartette und Terzette stellen in vordergründig eindeutiger, durch den Gedankenstrich auch formal markierten Opposition eine ferne Vergangenheit dem Jetzt des spre-

4 OC 14–15; zuerst erschienen 1851 (*Le Messager de l'Assemblée*).

5 S.o., Kap. IV.1, hier S. 302.

6 Vgl. zu dieser Motivierung ekphrastischen Schreibens Krieger 1995, 44.

7 Vgl. zur topischen Verschränkung von Stillstand und unendlicher Wanderschaft im Melancholiediskurs Wagner-Egelhaaf 1997, 18.

chenden Ich gegenüber. Die historische Tiefendimension, gegen die die Gegenwart des sprechenden Ich konturiert wird, lässt dabei deutlich hervortreten, was den Ausfall der Repräsentation zu verantworten hat: Ist nämlich die Kunst des „illustre moine“$_6$ auf das Sinn-Versprechen einer göttlichen Transzendenz$_2$ bezogen, so erscheint die Kunst des „mauvais cénobite“$_9$ aus metaphysischer Rückbindung entlassen. Trotz der intrikaten Metaphorik[8] wirkt das Gedicht darum auf den ersten Blick durchaus schlicht. Unschwer lassen sich die beiden Paradigmen auf die *parallèles* der Kulturen beziehen, die die französische Romantik in Anknüpfung an Chateaubriand und Mme de Staël hervorgebracht hat. Geradezu als Paraphrase der in *Le vague des passions* herausgearbeiteten Differenz von christlichem Mittelalter und einer der Religion entfremdeten Moderne liest sich der Text[9], wenn er im Rekurs auf Schemata des Melancholie-Diskurses eben jene selbstbezügliche moderne Subjektivität entwirft, die Chateaubriand in *Le génie du christianisme* beschwört.

Dennoch exponiert das Gedicht nicht einfach das Scheitern eines Ich, dessen metaphysische Unbehaustheit ihm etwa den Zugang zu einer darzustellenden Wahrheit verwehrte, an einer auf *repraesentatio* verpflichteten Kunst. Es dekonstruiert vielmehr in raffinierter Weise die vordergründig klare Opposition von Mittelalter und Antike und bereichert dabei den durch Chateaubriand profilierten Befund des Reflexivwerdens einer christlich präformierten modernen Subjektivität um den Aspekt einer Sinnerfahrung, die sich immanent – ohne die Garantien einer von ihr selbst erst gesetzten Transzendenz – vollzieht. Der Ausfall der Eschatologie rückt eine Sphäre des Sinnes in den Blick, deren Evidenz sich überhaupt nur dem aus der Heilsordnung entbundenen Ich erschließen kann. Diese aber lässt die scharf herausgearbeitete Differenz zwischen der im mittelalterlichen Kunstwerk behaupteten Wahrheitsschau und der melancholischen Klage des lyrischen Ich hinfällig werden.

Schon die ersten beiden Strophen deuten an, dass das Motiv des Bildes darauf zielt, die Distanz auszumessen, die das Bild vom Dargestellten trennt. Die Wahrheit nämlich, die im Medium des Bildes offenbar werden soll, ist im schöpferischen Akt weniger repräsentiert denn hergestellt:

> 1 Les cloîtres anciens sur leurs grandes murailles
> *Étalaient* en tableaux la sainte Vérité [Herv. CB]

Ob man den zweiten Vers als ironisches Spiel mit dem Wahrheitsbegriff liest oder aber als Illustration des Diktums aus den kunsttheoretischen Schriften, dass die Wahrheit der Kunst die Wahrheit einer anderen Welt, eben jener der Kunst, sei: Der Hinweis auf das Gemachtsein der Wahrheit dementiert deren Anspruch auf

8 Vgl. hierzu ausführlich Kablitz 1984, 258–262.

9 Vgl. Chateaubriand 1978, 716.

Repräsentation. Wenn das Gedicht Identität behauptet zwischen Zeichen und Bezeichnetem – das Bild *ist* Wahrheit –, und wenn es den schöpferischen Akt an die „cloîtres“$_1$ – metonymisch: an die christliche Religion – delegiert, so ist die ungeklärte Beziehung zwischen Zeichen und Repräsentiertem, die das repräsentationistische Denken kennzeichnet, eher herausgestellt als überspielt. Im zweiten Quartett wird dies vollends explizit. Ein menschlicher Aktant tritt nun auf den Plan; und mit diesem, unauffällig, mundaner Ruhm$_6$ und dessen Vergänglichkeit$_6$ – und eine zuvor nicht gegebene Differenz. Das Kunstwerk wird unter den Händen des „illustre moine“$_6$ zum Zeichen: Nicht die Präsenz der Wahrheit, sondern der Verweischarakter des Bildes wird fokussiert, wenn mit „la Mort“$_8$ eine allegorische Figur zum Referenten wird, wenn von einem „illustre moine“$_6$ als Urheber des Bildes und von einer „glorifi[cation]“$_8$ als ästhetischer Sublimierung der Wirklichkeit im Akt der Bildschöpfung die Rede ist. Eine zweifache Differenz des Bildes – zum Repräsentierten und zum Zeichen-Schöpfer – wird hier offen zur Geltung gebracht. Dass indes die Kunst des „illustre moine“$_6$ einen Ausgriff ausgerechnet auf das Ende zu vollziehen gedenkt und mit der „glorifi[cation de] la Mort“$_8$ nichts Geringeres beansprucht, als das nicht Wissbare in eine symbolische Form zu überführen, führt die Repräsentation vollends an ihre Grenze[10].

Das dekonstruktive Moment tritt noch deutlicher hervor, wenn man das Gedicht mit einem Prätext, dem 1833 entstandenen Gedicht *Melancholia* von Gautier, kontrastiert. „J’aime les vieux tableaux de l’école allemande“$_1$[11], setzt der Text ein, um sodann weitläufig die Differenz zwischen Mittelalter und Moderne als Differenz eines naiv-kindlichen Glaubens und moderner Auf-, nein: Abgeklärtheit zu entwerfen. „J’aime“$_1$ markiert einen Gestus der Vereinnahmung, der die poetische Diktion Gautiers insgesamt kennzeichnet. So weiß das Gedicht über Cimabue,

10 J. Prévost sieht in der zweiten Strophe eine Anspielung auf den *Trionfo della morte* des Camposanto in Pisa (vgl. den Kommentar von C. Pichois, OC I, 856–857). Plausibilität gewinnt seine Vermutung – sieht man von der Entsprechung mit der im Gedicht evozierten Szene eines Malens auf einem Gräberfeld ab – durch eine Variante aus dem Manuskript, die den vermeintlichen Maler des Freskos, Andrea Orcagna, namentlich erwähnt. V. 12 lautet in dieser auf 1842 oder 1843 datierten Variante: „Impuissant Orcagna, quand saurai-je donc faire / […]“. Die pikturale Vorgabe vollzieht nun in der Tat einen Ausgriff auf das Ende und bindet es in die sinnhafte Ordnung eines göttlichen Heilsplans ein. Ostentativ markiert sie dabei die Differenz, die die Wirklichkeit von ihrer künstlerischen Sublimierung scheidet, indem sie diese Differenz bildintern reproduziert: Sterben, Tod und Auferstehung beschreiben hier die Stationen eines Heilswegs, der den Gläubigen aus irdischer Kontingenz in ein göttliches Jenseits führt. Gerade die Todesallegorie – im Bild eine Hybridgestalt aus Chronos und Saturn, im Text hingegen eine nicht näher beschriebene Personifikationsallegorie$_8$ – erscheint dabei als Figur der Distanz, die das bildinterne *incitamentum* von ihrer ästhetischen Transfiguration trennt.

11 Théophile Gautier, „Melancholia“, in: Gautier 1970, 83.

Giotto und die Meister des Camposanto Ähnliches zu berichten wie Baudelaires *Mauvais moine*, freilich in einer grundverschiedenen Perspektivierung:

> C'etaient des ouvriers qui faisaient leur ouvrage
> Du matin jusqu'au soir, avec force et courage ;
> C'étaient des gens pieux et pleins d'austérité,
> Sachant bien qu'ici-bas tout n'est que vanité ;
> Leur atelier à tous était le cimetière [...][12].

Das Geheimnis dieser Künstler, so verrät das Gedicht im Fortgang, ist das Geheimnis des Glaubens: „la vie alors de croyance était pleine"$_{81}$[13]; die Gemälde indes, die aus dieser Kunst hervorgehen, sind veritable Spiegel göttlicher Transzendenz: „Leurs tableaux sont vraiment les purs miroirs du ciel"$_{32}$[14]. Gautiers Lob des mittelalterlichen Malers lässt die besondere Gestaltung des Themas bei Baudelaire deutlich hervortreten. Baudelaire verdichtet Gautiers Bilder und steigert durch Ambiguisierung der Referenz die Komplexität des Textes[15]. Er lässt den Künstler als Vereinzelten hervortreten und hebt unauffällig seine mundanen Ambitionen hervor. Entscheidend ist aber, dass das Gemälde des ‚guten' Mönchs bei Baudelaire nicht in einem supplementären Verhältnis zu einer vorgängigen und von ihm zu repräsentierenden Wahrheit steht. Es handelt sich vielmehr um ein im Sinne der späten kunstkritischen Schriften ‚modernes' Kunstwerk: Der Ausgriff auf das Ende lässt das Kunstwerk als Inbegriff welt-schöpferischer Kreativität erscheinen. Obsolet ist damit die in Gautiers *Melancholia* entworfene Parallele; ästhetische Differenz steht zur Debatte, wenn das Bild im Text, der Text im Bild einen Spiegel erhält.

Vor diesem Hintergrund erweist sich der ‚gute' Mönch weniger als Gegenstück denn als Doppelgänger des schlechten Mönchs. Dem entspricht, dass auch der scheinbar klaren Opposition zwischen Vergangenheit und Gegenwart in Quartetten und Terzetten eine ternäre Struktur unterlegt ist, die von einer repräsentationistischen Kunst über eine im Sinne des *Salon de 1859* imaginative Kunst hin zu der gescheiterten Transfiguration des „mauvais cénobite"$_{9}$ führt. Dem „rien"$_{11}$ kommt in der Modellierung dieser Konfiguration eine besondere Relevanz zu. Mit der Setzung des „rien"$_{11}$ vollzieht der ‚schlechte' Mönch sprechend eben jene Supplementierung, die der ‚gute' Mönch mit der Schaffung des Bildes vollbringt. Diese Analogie zwischen den beiden Figuren, die sich im Manuskript kaum andeutet, hat Baudelaire bezeichnenderweise in der endgültigen Version klar herausgearbeitet. In Vers 12 tritt hier an die Stelle der ursprünglichen Selbstansprache – „Impuissant

12 Gautier 1970, 84–85.

13 Gautier 1970, 85.

14 Gautier 1970, 84.

15 Diesen Aspekt hat A. Kablitz in seiner Interpretation des Gedichts herausgearbeitet; vgl. Kablitz 1984, 258–262.

Orcagna"$_{12}$ – das endgültige „Ô moine fainéant !"$_{12}$, das einerseits „illustre moine"$_{6}$ aufgreift und die Analogiebeziehung der beiden Figuren betont – das lyrische Ich erscheint hier gleichsam als dessen von *acedia* heimgesuchter Klosterbruder –, und das andererseits, indem es den Mönch als „fainéant"$_{12}$ bezeichnet, den Index des Negativen, den „rien"$_{11}$ einschreibt, in raffinierter Weise auch als Signatur des Subjekts geltend macht und als Ergebnis eines Akts der Schöpfung oder aber des Fingierens – je nachdem, ob man *fainéant* von *faire* oder aber von *feindre* ableiten will – perspektiviert. Die schöpferische Produktivität des den Tod verherrlichenden Mönchs erscheint als Kehrseite, ja als Manifestationsform eines das Nichts in die symbolische Form überführenden Vermögens der Sinnstiftung; Bild und Stimme erweisen sich als Indices einer und derselben Schöpferkraft, die das Scheitern des Bedeutens selbst zum Anlass nimmt, die Unhintergehbarkeit des Sinnes zu inszenieren. Diesem Parallelismus entspricht auch, dass sich Ostentation im Sinne Benjamins nicht allein dem im Gedicht beschworenen Werk des guten Mönchs, sondern auch dem Gedicht selbst bescheinigen lässt, das sein ‚Gemachtsein' schon durch den Rückgriff auf die formale Vorgabe des lyrischen Gattungsschemas des Sonetts und dessen Überbietung hervorkehrt[16], gerade darin aber die Sukzessivität der Stimme überlagert durch Rekurrenzen, die im jeweils Gegenwärtigen das schon Vergangene aufscheinen lassen, in der Sukzessivität des Gedichts temporäre figürliche Verdichtungen hervortreten lässt.

Die flüchtige Konstellierung von Sinn, als deren Ergebnis das Gedicht sich präsentiert, setzt nun aber, so scheint es, einen Ursprung im Begehren$_{12-14}$. Was wie ein metaphysischer Rest wirken könnte, ist jedoch dementiert, wenn der Text das in die Zukunft gerichtete Begehren$_{12-14}$ in die materielle Gegenwart des Gedichts einschreibt, in dem seine Erfüllung bereits vollzogen ist. Ursprung und Telos verlieren damit ihre Unterscheidbarkeit; das Gedicht ist in unendlicher Bewegung immer wieder von neuem auf sich selbst bezogen. Der Akt der Transfiguration ist als reflexiv nicht einholbares und darum auch der subjektiven Selbstkonstitution nicht zur Disposition stehendes Sinnereignis profiliert; der Text inszeniert sich als das paradoxe Ereignis seiner Präsenz, die beides, Begehren und Erfüllung, negiert, um als ein reflexiv unverfügbar bleibender Konvergenzpunkt von Performanz und Repräsentanz in Erscheinung zu treten. Es ist darum nur konsequent, wenn weder Stimme noch Bild, weder Begehren noch dessen Erfüllung als deren Figur erscheinen: wenn das Gedicht mit „le travail de mes mains" und „l'amour de mes yeux"$_{14}$ in autoreferentiellem Gestus auf den Akt des Schreibens verweist und damit die Schrift als Figur einer paradoxen Koinzidenz und als Ort einer Epiphanie des Sinnes setzt.

[16] Vgl. bes. die ungewöhnliche *rime double* V. 2/4/6/8 bzw. die *rime léonine riche* V. 6/8 und die, wenn man so will, *rime triple* V. 2/4.

Der Rückgriff auf eine geschichtsphilosophische Denkfigur motiviert in *Le mauvais moine* den Entwurf eines poetologischen Stufenmodells, das drei Typen künstlerischer Sinnkonstitution nebeneinander stellt. Der *imitatio*$_{1-4}$ und der *imaginatio*$_{5-8}$ steht das Modell einer reflexiv gewordenen *imaginatio* zur Seite$_{9-14}$. Es entwirft das Kunstwerk über die Denkfigur des Anfangs im Ende und profiliert Sprache – genauer die Schrift – als deren wahlverwandtes Medium: In ihr erhält eine reflexiv unverfügbare Koinzidenz von Bild und Stimme eine Figur. Wenn damit die Unhintergehbarkeit des Sinnes hervorgekehrt ist, so ist damit jedoch nicht schon ein Ineinsfallen von Wahrheit und Schöpfung, das etwa das erste Quartett exponierte, wiedererlangt. Die über dem Abgrund der Negativität hervortretenden Sinnentwürfe sind unwiderruflich gebunden an die Dimension der Zeit und können darum lediglich temporäre Restitutionen einer abhanden gekommenen Ordnung sein.

In Baudelaires frühem Gedicht deutet sich ein Fluchtpunkt seines Denkens der *imaginatio* an, ohne dass dieser bereits so klar hervortreten würde, wie dies in späteren Texten der Fall ist. Wenn diese nämlich die Bewegung der Semiose als Einschreibung einer Differenz von Selbst und Welt entwerfen, so begreifen sie insbesondere die Grenze, die das Ich von der Welt entzweit, als Setzung: Ihnen erweisen sich gleichsam die Mauern des „cloître odieux"$_{11}$, die den lebendig Toten umschließen, als selbst schon zeichenhaft konstituiert. Die Trauer des Gedichts erscheint vor diesem Hintergrund als Chiffre, die eine per se unendliche Bewegung der Semiose indiziert *und* distanziert. In *Le mauvais moine* sind diese Implikationen des Poetologems nicht zur kohärenten Figur verdichtet. Dass der Aufschub des Seins wie auch seiner Absenz durch das Zeichen erst vollzogen werden könnte; dass in diesem darum *auch* erfahrbar werden kann, was sich der Fixierung durch Sprache entzieht – ja, dass es gerade einer Abundanz der Zeichen bedarf, um der Sprache Figuren einzuschreiben, die dieser im Entzug ihres Gegenstandes die Erfahrung einer Evidenz des Sinnes abgewinnen: Diese Implikation des Poetologems löst erst die spätere Lyrik Baudelaires ein. Die auf ein ‚leeres' Zentrum fixierte Poetik der Absenz, eine vom Verstummen bedrohte Poetik, die *Le mauvais moine* profiliert, öffnet sich damit auf eine den Schein affirmierende Poetik, welche in einem allegorischen *modus significandi* den ihr adäquaten Darstellungsmodus findet.

3.2 Zauberspiegel

In dem fast zwei Jahrzehnte nach *Le mauvais moine* entstandenen Guys-Aufsatz wertet Baudelaire das Nichts zum Konstituens des Schönen auf, wenn er fast beiläufig bemerkt, das Nichts verschönere das Sein – „Le *rien* embellit ce qui est"[17]. Diese Feststellung liest sich wie eine Vorwegnahme des Mallarméschen Itinerariums vom Nichts zum Schönen[18], und in der Tat unternimmt Baudelaires Dichtung eben jene „Positivierung der Negativität"[19], die mit Blick auf Mallarmé als zentrales Verfahren modernen Dichtens herausgestellt wurde[20]. Auf Baudelaires Poetologie bezogen, meint dies, dass Negativität gewendet wird zum paradoxen Grund des Kunstwerks; genauer: dass sie als reine Prozessualität eines Sinn-Geschehens profiliert wird. Die implizite Teleologie, die im Diktum Mallarmés beschlossen ist, sucht man allerdings bei Baudelaire vergeblich. Die poetologischen Reflexionen, die seinen Gedichten eingeschrieben sind, beruhigen sich nicht beim Gedanken an einen im Kunstwerk ereignishaft hervortretenden, unhintergehbaren und in seiner Unhintergehbarkeit Vergewisserung gewährenden Sinn. Das *éternel* ist für Baudelaire nicht ohne das *transitoire*, ästhetische Schöpfung nicht ohne Zerstörung zu haben. Diese unaufhebbare Zweidimensionalität konfiguriert den Raum, in dem seine Gedichte in immer neuen Bildern ein durch die Verfehlung des Bedeutens hervorgetriebenes leeres Zentrum entwerfen. Was bereits *Le mauvais moine* anklingen lässt – die Darstellbarkeit dieser zentralen Absenz in einem allegorischen, auf Ostentation seiner Differenz bedachten Schreiben – avanciert im späteren Dichten zum kardinalen Dispositiv einer Lyrik, die die Unverfügbarkeit ihres Entfaltungsgrundes bedenkt, ohne darum schon im Verstummen die letztmögliche Darstellungsform zu suchen.

Im Gedicht *L'irrémédiable* ist diese intrikate Konfiguration exemplarisch gestaltet. Melancholie ist Thema des Gedichts und zugleich Strukturmoment eines selbstbezüglichen Schreibens, das eine im Gedicht sich artikulierende exzentrische Subjektivität als zentrierende Instanz einer melancholischen *écriture* reinszeniert:

L'IRRÉMÉDIABLE

I

Une Idée, une Forme, un Être
Parti de l'azur et tombé
Dans un Styx bourbeux et plombé
Où nul œil du Ciel ne pénètre ;

Un Ange, imprudent voyageur
Qu'a tenté l'amour du difforme,
Au fond d'un cauchemar énorme
Se débattant comme un nageur,

[17] *Le peintre de la vie moderne*, CE 490.

[18] „[A]près avoir trouvé le Néant, j'ai trouvé le Beau", lautet die berühmte Stelle aus einem Brief Mallarmés an Henri Cazalis (Mallarmé 1959, 220).

[19] Moog-Grünewald 2002b, 193.

[20] Vgl. Moog-Grünewald 2002b, 193.

Et luttant, angoisses funèbres !
Contre un gigantesque remous
Qui va chantant comme les fous
Et pirouettant dans les ténèbres ;

Un malheureux ensorcelé
Dans ses tâtonnements futiles,
Pour fuir d'un lieu plein de reptiles,
Cherchant la lumière et la clé ;

Un damné descendant sans lampe,
Au bord d'un gouffre dont l'odeur
Trahit l'humide profondeur,
D'éternels escaliers sans rampe,

Où veillent des monstres visqueux
Dont les larges yeux de phosphore
Font une nuit plus noire encore
Et ne rendent visibles qu'eux ;

Un navire pris dans le pôle,
Comme en un piège de cristal,
Cherchant par quel détroit fatal
Il est tombé dans cette geôle ;

– Emblèmes nets, tableau parfait
D'une fortune irrémédiable,
Qui donne à penser que le Diable
Fait toujours bien tout ce qu'il fait !

II

Tête-à-tête sombre et limpide
Qu'un cœur devenu son miroir !
Puits de Vérité, clair et noir,
Où tremble une étoile livide,

Un phare ironique, infernal,
Flambeau des grâces sataniques,
Soulagement et gloire uniques,
– La conscience dans le Mal ![21]

In *L'irrémédiable* tritt zunächst eine Entpersönlichung des Sprechens hervor[22]: Gleichsam aus dem Nichts erhebt sich eine Stimme, die in imaginärer Evokation Bildfetzen aneinanderreiht. Getilgt sind alle deiktischen Elemente, die über die Immanenz des Sprachlichen auf einen Ursprung der Stimme hinausweisen könn-

21 OC 79–80; zuerst erschienen 1857 (*L'Artiste*).

22 Entpersönlichung hat zuerst H. Friedrich als Merkmal der Dichtung Baudelaires herausgearbeitet; vgl. Friedrich 1992 [1956], 36–38.

ten: Personal- und Lokaldeixis, besonders aber die im finiten Verb festgeschriebene Temporaldeixis fehlen im Gedicht. Ein fehlendes Zentrum indiziert auch die Flut unverbundener Bilder, die das Gedicht asyndetisch aneinanderreiht. So lässt sich denn auch die auf semantischer Ebene beschworene Erfahrung des Falls in eine kontingente Wirklichkeit als *mise en abyme* des durch diese Reihung inszenierten Verlusts des Ursprungs lesen. Ostentativ jedoch vollzieht die Stimme eine Fügung zum Sinn: Die Sukzessivität der Bilder fügt sich zur Simultaneität des *einen* „tableau parfait“$_{29}$ und der *einen* „fortune irrémédiable“$_{30}$, die zum Referenten des Gedichts erklärt wird. Ein im Sinne Baudelaires imaginativer Modus der Weltaneignung liegt dieser Schaffung des „tableau“$_{29}$ zugrunde. Dabei sind freilich nicht die evozierten Bilder selbst als originäre Schöpfungen zu betrachten – Byron, Thomas Moore, Vigny und Lamartine, Dante, Poe, Charles d’Orléans und Caspar David Friedrich wurden als Referenten des Gedichts genannt, und der platonisierende Kontext, in dem die Bilder stehen, bedarf kaum der Erwähnung[23]. Das *tableau* entsteht *nicht* als autonome subjektive Schöpfung, sondern als Kombination des schon Gegebenen: Diskursive Vorgaben bilden die *pâture*[24] einer imaginativen Performanz, die die disparaten Bilder auf die *idée génératrice*[25] der „fortune irrémédiable“$_{30}$ zentriert. Keinerlei logischer Ordnung unterworfen, fügen sich die Bilder dabei nicht, wie Starobinski vorschlägt, zu quasi-narrativer Sukzessivität[26]. Die Ordnung, in die die Bilder gestellt sind, verdankt sich vielmehr dem analogischen Prinzip der *imaginatio*, ihre Abfolge gehorcht einer Logik der abgestuften Ähnlichkeiten, die vom Geistigen („Idée“, „Forme“$_{1}$) zur Materialität des „navire“$_{25}$ fortschreitet. Dass dabei das *descensio*-Schema insofern eine Umbesetzung erfährt, als die dominierende Vertikale der Horizontalen, die Evokation des platonisch-christlichen Dualismus von Immanenz und Transzendenz der weltimmanenten Lokalisierung in einem geographischen Norden weicht, ist noch näher zu betrachten. Zunächst ist festzuhalten, dass sich vor dem Hintergrund dieser vom Gedicht

23 Vgl. die Anmerkungen OC I, 989, die für das Motiv des gefallenen Engels auf Byron, Thomas Moore, Vigny und Lamartine verweisen; Starobinski ergänzt Dantes Inferno als Prä-Text. E. A. Poes Erzählungen *A MS. Found in a Bottle* und *The Narrative of Arthur Gordon Pym* sind in der siebten Strophe anzitiert; Starobinski ergänzt den naheliegenden Hinweis auf Caspar David Friedrichs Eismeer. Charles d’Orléans schließlich soll sich das Brunnenmotiv der neunten Strophe verdanken; vgl. Starobinski 1989, 41.

24 „Tout l’univers visible n’est qu’un magasin d’images et de signes auxquels l’imagination donnera une place et une valeur relative ; c’est une espèce de pâture que l’imagination doit digérer et transformer“ (*Salon de 1859*, CE 328–329).

25 *Salon de 1859*, CE 327.

26 Von einer „allégorisation quasi narrative“ spricht Starobinski bezüglich des ersten Teils des Gedichts, während im zweiten Teil eine „allégorisation plus hiéroglyphique“ dominiere (Starobinski 1989, 39–45). Gegen eine narrative Ordnung spricht bereits die Abundanz infiniter Verbformen im ersten Teil, welche zur Sistierung der in der poetischen Rede evozierten Bilder zum statischen „emblème“ beitragen.

inszenierten konstruktiven Bewegung die besondere Bedeutung des fehlenden Ursprungs zeigt: Weniger von einem ‚Fügen' als von einem ‚Sich-Fügen' der Bilder muss mit Blick auf *L'irrémédiable* die Rede sein: Eine Ich-freie Performanz bringt, gleichsam als Summe der „emblèmes"$_{29}$, die Konstellation der „fortune irrémédiable"$_{30}$ hervor.

Die Entbergung des Sinns bringt mithin dem Subjekt zunächst keinen Trost an der temporären Sinnkonstellierung. Sie lässt es vielmehr auf semantischer Ebene als Gefallenes, als ein in der Ordnung der Diskurse je schon Verfehltes in Erscheinung treten. Es ist in dieser Hinsicht bezeichnend, dass der Text ein Hervorgehen des „tableau parfait"$_{29}$ aus dem Wirken Satans insinuiert:

> – Emblèmes nets, tableau parfait
> D'une fortune irrémédiable,
> Qui donne à penser que le Diable
> 32 Fait toujours bien tout ce qu'il fait !

Das ‚böse', unheilvolle Prinzip, das für die Entstehung des „tableau"$_{29}$ oder auch der „fortune irrémédiable"$_{29}$ in Anschlag gebracht wird, erinnert einmal mehr an die Denkfigur der Schöpfung als Setzung verfehlter Präsenz; an das Bewusstsein also, dass mit der zeichenhaften Ordnung immer auch eine Exteriorität gesetzt ist, die vom Zeichen intendiert, doch verfehlt ist, und deren Verfehlung zu negieren ist, soll das Zeichen sein sinnkonstitutives Potential entfalten können. Böse ist ein solches schöpferisches Prinzip darum, weil seine Performanz sich als Setzung einer Differenz erweist, aus der das Differenzierte als Unterworfenes hervorgeht: Die Engführung kreatürlichen Falls und ästhetischer Schöpfung lässt das für Baudelaires Dichtung zentrale Poetologem der zerstörenden Schöpfung hervortreten.

Diese Schwundstufe des ästhetischen Weltbezugs ist ihrem Wesen nach allegorisch: Sie ist Anders-Rede, die in ostentativer Hervorkehrung ihres ‚Gemacht-Seins' mit ihrer Differenz zur Welt zugleich Welt setzt. Fragt man nach den textuellen Verfahren, die es erlauben, eine solche Anders-Rede zu inszenieren, so ist erstens die Reflexion auf den Bildcharakter des Evozierten hervorzuheben. Wenn der Text seine Sinnfiguren als „tableau"$_{29}$ bezeichnet und damit deren Zeichenhaftigkeit betont, so thematisiert er deren Differenz und gibt sie zugleich als überschreitbar aus. Die Oxymora des zweiten Teils zumal – „sombre et limpide"$_{33}$ und „clair et noir"$_{35}$ – können als Metaphern einer sinnkonstitutiven Unentscheidbarkeit gelesen werden, die Opazität und Transparenz des Zeichens gleichermaßen einfordert. Zweitens erhält die allegorische Dialektik aus Sinnzuweisung und Sinnentzug in der formalen Ordnung des Gedichts eine Entsprechung. Hier wiederholt sich der Eindruck der durch die inhaltlichen Korrespondenzen der Bilder erzeugten Symmetrie in einer selbst schon melancholisch zu nennenden Fixierung auf das Prinzip der Rekurrenz, die die Achtzahl zum arbiträren Ordnungsprinzip erhebt: Die achtsilbigen Verse fügen sich im ersten Teil zu acht Strophen, im zweiten Teil zu acht Zeilen. Die Analogie der Strophen des ersten Teils und der Verse des zweiten Teils wird noch einmal durch die jeweils gleichermaßen optisch abgesetzte achte Strophe respektive achte Zeile unterstrichen. Von einer spiegelsymmetrischen Struktur hat Starobinski bezüglich der Anordnung der beiden Teile gesprochen[27]; tatsächlich erinnert das Gedicht eher an ein Fraktal, welches in potentiell unendlicher Iteration des ihn erzeugenden Algorithmus wuchernde Ordnungsstrukturen hervorbringt. Es schreibt der Endlichkeit des Gedichts einen Index des Unendlichen ein – doch einer „ironischen"$_{37}$, „infernalischen"$_{37}$ Unendlichkeit, die gerade nicht mehr die unerreichbare Transzendenz meint, sondern sich als heil-los arbiträre Struktur erweist. Die auf semantischer Ebene thematisierte Differenz von Ordnung und Unordnung ist damit implizit schon dementiert, anders: Ordnung und Unordnung konvergieren im ästhetischen Gegenstand. Dieser wird selbst zur *mise en abyme* einer Unentscheidbarkeit, die die Möglichkeit seiner Lektüre implizit in Frage stellt. Wenn sich dabei dem Leseblick die Form des Gedichts als potentieller Bedeutungsträger geradezu aufdrängt und zum Changieren zwischen selbst- und fremdreferentieller Lektüre nötigt, so ist auch der textuell erzeugte Sinn nicht mehr unzweideutig im Signifikat zentriert. Die signifikante Form übernimmt vielmehr unter ostentativer Hervorkehrung der Arbitrarität der von ihr erzeugten Ordnung sinnstabilisierende Funktion – gleichsam als ‚Exoskelett', um eine prägnante Formulierung aus anderem Kontext aufzugreifen[28]. So wird der im Motiv des (Sünden-) Falls mitgedachte Verlust des Zentrums durch eine exuberante Produktivität der Peripherie, die in autoreferentiellem Gestus das Zeichen selbst als Matrix der Produktion von Sinn ausweist, komplementiert[29]. Sinnfixierung und Sinnstreuung inszeniert das Gedicht drittens auch, wenn in syntagmatischer Bildfolge vor den Augen des Lesers gleichsam eine Prozession phantasmatischer Evokationen defiliert, die zu den „emblèmes"$_{29}$ der „fortune irrémédiable"$_{30}$ gerinnen. Das letzte Bild aus der Reihe der „emblèmes"$_{29}$, das im Eis gefangene Schiff, kann als *mise en abyme* dieser Dialektik gelesen werden: Das Gedicht enthebt die Bilder des „tableau"$_{29}$ einer vorgängigen Ordnung, um sie als „emblèmes"$_{29}$ der „fortune irrémédiable"$_{30}$ zu fixieren.

Die Dialektik von Fixierung und Bewegung ist in der achten Strophe vorerst zugunsten der Fixierung entschieden: Die Bilder werden emphatisch als Träger von Bedeutung – und zwar als „emblèmes"$_{29}$ – ausgewiesen; akzentuiert ist damit eine metafigurale Dimension des Gedichts, die dem Text ein melancholisches Bildschema substruiert[30] und nahe legt, den zweiten Teil als Subscriptio des ersten Teils zu lesen. Perspektiviert wird diese allerdings durch die noch dem ersten Teil

[27] Vgl. Starobinski 1989, 43.

[28] R. A. Fox spricht mit Bezug auf die Synopsen in Burtons *Anatomy of Melancholy* von einem „exoskeleton" (Fox 1976, 29–30; vgl. Wagner-Egelhaaf 1997, 112).

[29] Zu dieser für eine melancholische Schreibweise typischen Figur vgl. Wagner-Egelhaaf 1997, 115.

[30] Vgl. Wagner-Egelhaaf 1997, 97.

zugehörige achte Strophe, die – gleichsam als Scharnier zwischen Pictura und Subscriptio im Zwischenraum von Bild und Bedeutung – das ‚Sehen' der poetischen Bilder in eine deutende, sinn-zuschreibende Lektüre überführt: „[T]ableau parfait [...] Qui *donne à penser* que le Diable/Fait toujours bien tout ce qu'il fait !" [Herv CB]$_{30-32}$. Die durch die Subscriptio behauptete Bedeutung ist damit als Substruktion seitens des Rezipienten profiliert. Dass diese aber nur temporär sein kann, erweist spätestens der zweite Teil, der der *conclusio* des ersten Teils, „la perfection des œuvres du diable", wie Starobinski schreibt, einen mit diesem keineswegs deckungsgleichen „dénominateur dernier qui est l'autoréflexion" beifügt[31]. So ist der Gestus, mit dem der Text die Bilderflut fixiert und damit distanziert, Auftakt der reflexiven Distanznahme im zweiten Teil und zugleich eine Reflexion auf das allegorische Prinzip, das dem Deutungsakt zugrunde liegt.

Die „tête-à-tête sombre et limpide"$_{33}$ im zweiten Teil des Gedichts hat W. Benjamin mit einigem Recht als Ursituation des Dichtens Baudelaires bezeichnet[32]. Das „tableau"$_{30}$ des ersten Teils kehrt als „miroir"$_{33}$ wieder, die Bildfolge der ersten Strophen wird als Konfiguration eines subjektiven Selbstbezugs perspektiviert, die sogleich Anlass zu einem neuen, letzten Bild gibt:

Tête-à-tête sombre et limpide
Qu'un cœur devenu son miroir !
Puits de Vérité, clair et noir,
Où tremble une étoile livide,

Un phare ironique, infernal,
Flambeau des grâces sataniques,
Soulagement et gloire uniques,
– La conscience dans le Mal !

Auf Charles d'Orléans wurde als Schöpfer der Brunnenmetapher verwiesen[33]; doch bezieht das Bild sein semantisches Potential erst aus der Zusammenführung mit der Metapher des im Wasser gespiegelten, zitternden Sterns, der erneut einen platonischen Sinnhorizont aufruft[34]. Die im ersten Teil evozierte Konfiguration erfährt damit eine signifikante Umcodierung. Wurde dort nämlich jeglicher Bezug auf eine Transzendenz negiert („un Styx bourbeux et plombé/Où nul œil du Ciel ne pénètre"$_{3-4}$), so konnotiert der Stern im Brunnen als Reflex des himmlischen Sterns ein transzendentes Urbild, dem er als Abbild seine Existenz verdankt. Die Ambi-

31 Von einer „double leçon" des Textes geht Starobinski aus; vgl. hierzu und zu den zitierten Textausschnitten Starobinski 1989, 40.

32 Benjamin 1991c, 659.

33 Vgl. Starobinski 1989, 44.

34 Das Bild verweist auf den platonischen Mythos, dass jeder Seele ein Stern zugeteilt sei, zu dem die Seele nach einer ‚wohl verlebten' Zeit zurückkehrt (vgl. Platon, *Timaios* 41d-e und 42b).

valenz des neuplatonischen Denkmodells offenbart sich in ihrer ganzen Tragweite, wenn die Materie als Spiegel des Geistigen zum Garant für die Präsenz des Gespiegelten wird, als „Puits de Vérité“$_{35}$ gar zum Medium der Erkenntnis avanciert. Als „infernalisch“$_{37}$ hingegen erweist sich das Geistige, nunmehr unverkennbar mit dem im ersten Teil benannten dämonischen Prinzip identifiziert.

Wenn an die Stelle der Bildmetapher jene des Spiegelbildes tritt, so erreicht der Akt der Distanznahme, der sich am Ende des ersten Teils mit der Reflexion auf die semiotische Differenz des Evozierten ankündigt, im zweiten Teil eine Reflexionsstufe, die die indexikalische Relation zum verlorenen Ursprung als ikonische Relation reinterpretiert. Ist damit größtmögliche Übereinstimmung von Abbild und Urbild eingefordert, so expliziert der zweite Teil nur, was latent bereits im ersten Teil anklingt: dass nämlich eine Subjektivität, die sich selbst als entzweit begreift, eine ursprüngliche Einheit als ihr Anderes setzt, das in der Rede vom Fall immer schon bezeichnet ist. Der Stern erschließt – quasi via negationis – die verloren geglaubte Transzendenz. Signifikant ist aber, dass kein ontologisches Primat des Urbildes behauptet ist; denn als Abbild ist der Stern *nicht* ausgewiesen, vielmehr suggeriert erst der kontextuelle Bezug zum Spiegel des Herzens, der ‚Brunnen der Wahrheit' sein soll, dessen Uneigentlichkeit. Der Text konfiguriert gewissermaßen, gleichsam in Fortschreibung der das Gedicht kennzeichnenden Tendenz zur Ontologisierung des Ästhetischen, durch die in „étoile“$_{36}$ mitgeführten Konnotationen eine Transzendenz *in* der Immanenz. Die Bilderfülle klärt sich in ihr zu dem einen Bild, das mit der Selbstentzweiung zugleich ein zentrierendes Moment – „étoile“$_{36}$, „phare“$_{37}$, „flambeau“$_{38}$ – setzt. Freilich sind letztere, mehr noch als der Stern, Figuren einer nurmehr profanen Erleuchtung, vergleichbar der *illumination* durch den *esprit* des Künstlers, die die kunstkritischen Schriften entwerfen[35].

In einer letzten Wende$_{40}$ tritt die im zweiten Teil suspendierte Stigmatisierung der Materie erneut in Kraft. Die Bildfolge des ersten Teils mündet in eine begrifflich-abstrakte Feststellung, deren Bezug zur ersten Strophe dem Gedicht eine zirkuläre Struktur verleiht:

> Il [sc. le dernier vers] luit abstraitement sur le fond des visions antécédentes [...]. « La conscience dans le Mal » est la résultante de toutes les images allégoriques qui la préfiguraient. Et en même temps elle renvoie à ce qui fut le premier mot du poème : « Une Idée », comme si un cercle recommençait, et comme si l'irrémédiable de la mélancolie vouait la chute à se répéter indéfiniment, et la capture à s'éterniser[36].

35 Vgl. *Salon de 1859*, CE 329, und oben, S. 173-184.
36 Starobinski 1989, 45.

Die als Ende gesetzte und als Ende zugleich dementierte *conclusio* bringt noch einmal die textkonstitutive Figur von Bewegung und Stillstand zur Darstellung und verweist den Text auf sich selbst zurück.

Die von Starobinski herausgestellte ‚melancholische' Attitüde des Gedichts verdankt sich einem allegorischen *modus significandi*, der die Alterität des Zeichens gegenüber der Welt ostentativ exponiert und die Kluft von Welt und Zeichen zum zentrierenden Moment seines Schreibens werden lässt. Dabei treibt die qua Allegorie ins Bild gesetzte Differenz zugleich einen Spalt in das Subjekt selbst; und dennoch bringt die textuell modellierte subjektive Innerlichkeit nicht schlicht die Selbstentzweiung eines reflexiv auf sich bezogenen Ich zur Darstellung. Indem das *sujet de l'énonciation* seiner selbst als einer „fortune irrémédiable" gewahr wird, nimmt es Distanz zu sich; freilich nicht im Sinne reflexiver Spaltung, sondern als Entfaltung eines Selbst, das sich in imaginativen Projektionen allegorisch entwirft, um in der Bannung fremder Bilder der eigenen *conditio allegorica* inne zu werden.

Der konstruktive Charakter des Hervorgebrachten wird durch Verfahren der Doppelung, der begrifflich-abstrakten und der bildhaft-konkreten Variierung präsent gehalten, die der Text durch die Evokation der Bilder einerseits, die reflexive Distanznahme andererseits inszeniert. Auch dieses Gedicht exploriert das komplexe Verhältnis von ästhetischer Repräsentanz und Performanz: Stillstand und Bewegung, das Sistieren von Bedeutung im Bild und die Performanz poetischer Rede werden in eine gemeinsame textuelle Konfiguration gebracht[37]. Dabei führt der Text die beiden gegenstrebigen Prinzipien von Bild und Stimme nicht zu vordergründiger Einheit zusammen, sondern beharrt darauf, im Wechselspiel von Bewegung und Erstarrung seine eigene referentielle Unhintergehbarkeit zu inszenieren. Er setzt der linearen, quasi reibungsfreien Lektüre das Innehalten, der stetigen Konfigurierung die diskontinuierliche Bewegung der Re- und der Defigurierung entgegen; verabschiedet ist damit die Illusion eines Aufgehens der Bedeutung im Bezeichneten in quasi unmittelbarer Sinnerfahrung. Anders als im neuplatonischen Modell ist eine wie immer geartete Präsenz des Geistigen in der heil-losen Materie negiert; unaufhebbar ist die Kluft von Materiellem und Geistigem, die der Text in der Flut der von ihm erzeugten Bilder nur darstellen, doch nicht überwinden kann. Dies bedeutet aber auch, dass der Abstieg der Seele in die Materialität diese nie ‚erreichen' kann: Sündhaft, ja satanisch ist in dieser Perspektive der melancholische Akt der Versenkung selbst, deren Bodenlosigkeit in

[37] Nur vordergründig – und unter Absehung von dem metafiguralen Status des Textes – kann das Gedicht als Anleitung zu subjektiver Kontingenzbewältigung gelesen werden. In diese Richtung zielt Deutung Th. Greiners, der im „Leuchtfeuer" der letzten Strophe eine „Rettung des Ich-Bewußtseins in der Verdammungssituation, d.h. de[n] Widerstand gegen eine Hingabe an sie" als „Richtungszeichen auf dem einzig möglichen Weg" indiziert sieht (Greiner 1993, 170).

der Vergeblichkeit des Unterfangens, das Materielle im Geistigen einzuholen, gründet.

Doch wenn der neuplatonische Bezugshorizont dementiert ist, so ist er keineswegs preisgegeben. Er bildet den Hintergrund, der die Paradoxien des Sinnes als solche erfahrbar macht. Der Text erzeugt eine Dynamik, in der die Fixierung von Sinn durch den Akt reflexiver Distanznahme abgelöst wird, der, alsbald wieder in eine bildhafte Ordnung überführt, selbst zur Matrix der Generierung von Sinn wird, die nicht allein Darstellung, sondern zugleich Herstellung der Dichotomie ist[38]. Damit eröffnet sich der Text den für die Allegorie so häufig beschworenen, paradox anmutenden Freiraum einer imaginativen Neubelebung des im differentiellen Darstellungsmodus entseelten Gegenstandes: nicht als vermeintliches Einholen einer zu repräsentierenden Präsenz in Sprache, sondern als Sprachfügung, die in ihren Ambivalenzen die Sprachgebundenheit der Semiose inszeniert und damit ihr eigenes Sein statuiert. Es kann darum nicht wundernehmen, dass die hierarchische Opposition von Geistigem und Materiellem nicht verabschiedet ist. Denn erst indem Sprache die eigene Differenz zum Nicht-Sprachlichen setzt, ist sie als solche erkennbar. „Die Allegorie kennt keine Sprache der Dinge“[39]; sehr wohl aber kennt sie eine „Sprache der Sprache“, die um so deutlicher vernehmbar ist, als die Dinge verstummen: Eine Sprache, die in der Setzung der Differenz zu den Dingen diese als solche profiliert.

Insofern Baudelaires allegorischer Darstellungsmodus die Differenz von Sprache und Welt voraussetzt, ist er nicht mit einer Konzeption verrechenbar, die Sinnkonstitution als Effekt eines differentiellen Spiels der Zeichen konzipiert: denn auch und gerade als Substrukt nötigt Sinn den Blick in den Abgrund zwischen Sinnlichem und Geistigem auf, der ihm immer schon vorgängig erscheinen muss, und zwingt dazu, einen ereignishaften Akt des Transzendierens der Physis zu postulieren. Der oben beschriebene Übergang von der Vertikalen zur Horizontalen ist in diesem Zusammenhang noch einmal aufzugreifen. Baudelaires Gedicht, dessen Bedeutungsebenen eine vereindeutigende Lektüre nicht zulassen, verabschiedet nicht die vertikale Dimension des Sinnes zugunsten einer Öffnung auf einen horizontalen Raum der Zeichen – signifikanterweise ist auch das Schiff „gefallen“$_{28}$ –, sondern setzt in der Analogisierung von Vertikale und Horizontale gerade ihre Indifferenz. Die auf das Diesseits verwiesene Sinnkonstitution bleibt ein Akt der Transgression. Dabei konturiert aber insbesondere die changierende axiologische Markierung von Spirituellem und Materiellem die im allegorischen Modus vollzogene Wende von einer repräsentationistischen zu einer semiotischen Perspektivierung des Weltbezugs, die die Stigmatisierung der Materie zum sündhaften Substrat des Bedeutens nicht aufrecht zu erhalten vermag. Insistierend markiert der Text

38 Vgl. B. Menke 1991, 199.

39 B. Menke 1991, 198.

vielmehr die Verschränkung beider Pole: Erst der materielle Spiegel kann als Brunnen der Wahrheit darstellen, was sich ohne ihn entzöge: Eine Dimension des Sinnes konturiert sich erst *in* und *als* Differenz zum Materiellen und zum Geistigen gleichermaßen[40].

Das neuplatonische Denkschema erlaubt, eine quasi weltimmanente Transzendenz zu konfigurieren: eine Bewegung der Semiose, deren Vollzug die Sprache selbst ist. Die Ambivalenz, die *imaginatio* seit jeher eignet – einerseits als Schöpferin von Unordnung, wenn sie in Träumen oder Wahnvorstellungen zur Herrscherin avanciert, andererseits als Stifterin von Ordnungsstrukturen, wenn sie im Wachzustand im Dienst der *ratio* steht –, ist im Gedicht zu der *einen* Konfiguration eines Prinzips zusammengefasst, das Ordnungsstrukturen schafft, dabei aber immer auch seine Ohnmacht entbirgt, vermittels dieser Strukturen auf die Welt zuzugreifen.

3.3 Pygmalions Statue

A UNE MADONE

Ex-voto dans le goût espagnol

Je veux bâtir pour toi, Madone, ma maîtresse,
Un autel souterrain au fond de ma détresse,
Et creuser dans le coin le plus noir de mon cœur,
Loin du désir mondain et du regard moqueur,
Une niche, d'azur et d'or tout émaillée,
Où tu te dresseras, Statue émerveillée.
Avec mes Vers polis, treillis d'un pur métal
Savamment constellé de rimes de cristal,
Je ferai pour ta tête une énorme Couronne ;
Et dans ma Jalousie, ô mortelle Madone,
Je saurai te tailler un Manteau, de façon
Barbare, roide et lourd, et doublé de soupçon,
Qui, comme une guérite, enfermera tes charmes ;

[40] Hier korrespondiert Baudelaires Aneignung der Spiegelmetapher mit einem im Kontext des Neuplatonismus dominierenden Deutungsschema. Offenbar wird hier nicht die narzisstische – die ikonische Relation von Abbild und Urbild betonende – Deutung valorisiert; der Spiegel ist hier vielmehr eine kardinale Metapher zur Konzeptualisierung des diffizilen Verhältnisses von Spirituellem und Materiellem, die plausibel zu machen sucht, wie das Numinose sich in der sinnlich wahrnehmbaren Wirklichkeit entbergen kann. Locus classicus dieser Konzeption ist das bekannte Paulus-Zitat aus dem Korintherbrief: „Wir sehen jetzt durch einen Spiegel ein dunkles Bild; dann aber von Angesicht zu Angesicht. Jetzt erkenne ich stückweise; dann aber werde ich erkennen, wie ich erkannt bin“ (1. Kor.13,12). Vgl. zur Metapherngeschichte Konersmann 1991, 75–173.

Non de Perles brodé, mais de toutes mes Larmes !
Ta Robe, ce sera mon Désir, frémissant,
Onduleux, mon Désir qui monte et qui descend,
Aux pointes se balance, aux vallons se repose,
Et revêt d'un baiser tout ton corps blanc et rose.
Je te ferai de mon Respect de beaux Souliers
De satin, par tes pieds divins humiliés,
Qui, les emprisonnant dans une molle étreinte,
Comme un moule fidèle en garderont l'empreinte.
Si je ne puis, malgré tout mon art diligent,
Pour Marchepied tailler une Lune d'argent,
Je mettrai le Serpent qui me mord les entrailles
Sous tes talons, afin que tu foules et railles,
Reine victorieuse et féconde en rachats,
Ce monstre tout gonflé de haine et de crachats.
Tu verras mes Pensers, rangés comme les Cierges
Devant l'autel fleuri de la Reine des Vierges,
Etoilant de reflets le plafond peint en bleu,
Te regarder toujours avec des yeux de feu ;
Et comme tout en moi te chérit et t'admire,
Tout se fera Benjoin, Encens, Oliban, Myrrhe,
Et sans cesse vers toi, sommet blanc et neigeux,
En Vapeurs montera mon Esprit orageux.

Enfin, pour compléter ton rôle de Marie,
Et pour mêler l'amour avec la barbarie,
Volupté noire! des sept Péchés capitaux,
Bourreau plein de remords, je ferai sept Couteaux
Bien affilés, et, comme un jongleur insensible,
Prenant le plus profond de ton amour pour cible,
Je les planterai tous dans ton Cœur pantelant,
Dans ton Cœur sanglotant, dans ton Cœur ruisselant ![41]

A une Madone ist Baudelaires vielleicht ambitioniertester Versuch, das Verhältnis von Repräsentation und Performanz in der Dichtung zu einer Reflexion zu bringen. Das Gedicht ist von größter Anschaulichkeit. Sie resultiert nicht zuletzt aus der Konventionalität der aufgerufenen Bilder: Maria im Strahlenkranz, Maria im Sternenmantel, Maria vom Siege, Maria als Mutter des Erbarmens und die *Mater dolorosa* werden evoziert und erwecken unweigerlich den Eindruck des Vertrauten. Diese fast bildhafte Plastizität geht einher mit einer Sinnstreuung, die die vermeintlich unmittelbare Evidenz des Geschehens dementiert und auf die poetische Rede selbst zurückverweist; denn die Madonnenfigur ist von tiefer Mehrdeutigkeit: Von einer sterblichen Madonna$_{10}$ ist die Rede, die zugleich Himmelskönigin$_{30}$ ist, die als Statue$_{6}$ oder Votivgabe – wie es im Untertitel des Gedichts heißt – den Seelen-

[41] OC I, 58–59; zuerst erschienen 1860 (*La Causerie*).

Raum$_3$ des Ich schmücken soll und zudem als Figur des Gedichts selbst in Erscheinung tritt$_{7/8}$. Wie ein Rückgriff auf neuplatonisch-petrarkistische oder auf romantische Traditionen könnte diese Hybridisierung von Göttlichem und Weltlichem wirken. Doch es geht im Gedicht nicht darum, die Repräsentierbarkeit des Göttlichen in der Geliebten zu statuieren oder – in romantischer Manier – die Geliebte als Repräsentantin eines *noumenon* zu inszenieren, das in letzter Instanz eine unveräußerliche Individualität des lyrischen Ich meint[42]. Die semantische Polyvalenz rückt vielmehr in den Blick, was die petrarkistische und die romantische Aneignung des Motivs suspendieren: Nicht von einer Statue, sondern von einem mentalen Bild ist die Rede; das bildschöpferische Vermögen der Phantasie ist am Werk, wenn die Figur im tiefsten Herzenswinkel in einer atopischen Grauzone des verinnerlichten Außen eine Gestalt erhält. Damit ist die Madonna als Figur des Zeichens lesbar – doch eines Zeichens, das einmal mehr jenseits repräsentationistischer Vorgaben als Ort eines Widerspruchs profiliert wird: Nicht ein überweltlicher Sinn, sondern eine konstitutive Instabilität des Sinnes kommt zur Geltung, wenn das Gedicht die eigenen Setzungen zu bildhafter Konkretheit bringt, um sie alsbald wieder zu zerstreuen, damit aber seiner Identität Brüche einschreibt, die mit einem Bezug auf ein zu repräsentierendes Jenseits nicht verrechenbar sind.

A une Madone kann als Zusammenschau des Denkens der *imaginatio* in den *Fleurs du mal* gelesen werden. Kunstvoll verflochten wie der „treillis d'un pur métal"$_7$, aus dem die Krone der im Gedicht evozierten Madonna gefertigt ist, sind im Gedicht anthropologische und poetologische, psychologische und ästhetische Denkfiguren aus dem Diskurs der *imaginatio*. Zwar lassen sich diese Figuren nicht auf eine vereindeutigende Lektüre reduzieren, doch lassen sie sich voneinander abheben und in eine Beziehung setzen. Dabei zeigt sich, dass das Gedicht den oben skizzierten Paradigmenwechsel im Bereich der Poetologie exemplarisch ausprägt[43]: Leitparadigma für die Konzeptualisierung des qua *imaginatio* gefertigten Zeichens ist nicht mehr das Bild, sondern die Sprache. Damit sind die Aporien der *imaginatio* nicht gelöst, wohl aber in einem neuen Medium bedacht, das die Konzeptualisierung einer verzeitlichten Semiose in den Horizont des Denkbaren rückt: Die Madonna steht für eine *imaginatio* spezifisch ‚modernen', nämlich sprachschöpferischen Zuschnitts.

Offenkundig gehört das Gedicht in die Reihe derjenigen Gedichte, die unter Dekonstruktion der innen/außen-Opposition einen atopischen Ort des subjektiven Bewusstseins modellieren. Altar und Madonna sind unterirdisch („souterrain"$_2$) platziert, zugleich in einem subjektiven Innenraum („dans le coin le plus noir de mon cœur"$_3$), den Schwärze und Trauer als Raum der Melancholie ausweisen. Wenn das lyrische Ich seine Unfähigkeit bekennt, eine „Lune d'argent"$_{24}$ als Fuß-

42 Vgl. Küpper 1988.

43 S.o., S. 357.

schemel herzustellen, so ist ostentativ die Unverfügbarkeit des „Trauer-Grundes“$_{2}$ bezeichnet. Allein die Schlange, Chiffre der Melancholie und des menschlichen Falls in die Entzweiung, kann Grund des Kunstwerks sein, auf dem sich die Madonna als phantasmagorisches Produkt menschlicher Kunstfertigkeit zur Erlöserin des Ich erhebt.

Von einer Verdichtung vorreflexiver Leidenschaft zum Kunstwerk ist im Gedicht die Rede, wenn aus Begehren und Trauer die Hüllen der Statue entstehen; zugleich von der Schaffung eines Kunstwerks im atopischen Raum einer Konvergenz von Identischem und Nichtidentischem. Das sprachliche Verfahren, das dem Objektwerden der Leidenschaften korrespondiert, ist im Sinne Benjamins allegorisch: „Vers“$_{7}$, „Jalousie“$_{10}$ und „Larmes“$_{14}$ gerinnen im Gedicht zu den Emblemen eines objektgewordenen Begehrens und eines vielfach fragmentierten Ich-Bewusstseins. Diese konturieren die Madonna quasi ex negativo als eine aus der Formgebung hervorgehende Interiorität. Der damit suggerierte Konstruktcharakter der Madonna konstrastiert mit der zu Beginn des Gedichts entworfenen Sprechsituation: Hier tritt das lyrische Ich in einen imaginären Dialog mit der Madonna. Der Seinsstatus der Angesprochenen ist mithin in einer für das Gedicht bezeichnenden Weise suspendiert. Dem entspricht, dass zunächst von einer madonnenhaften Geliebten die Rede ist$_{1}$; dann wendet sich das lyrische Ich an eine allerdings personifizierte Statue$_{6}$, um schließlich erneut eine nunmehr als ‚sterblich' bezeichnete Madonna$_{10}$ anzusprechen. Diese semantische Streuung ist – oben wurde dies angedeutet – kein akzessorisches Element eines auf *variatio* bedachten Schreibens, sondern ein entscheidendes Moment der poetischen Sinnkonstitution. Denn wenn bald die Statue, bald die Geliebte angesprochen wird, so statuiert das Gedicht ein Ineinsfallen des Zeichens mit seinem Referenten im mentalen Bild – jedoch weniger, um eine substantielle Beziehung zwischen diesen zu affirmieren, als vielmehr, um eine fundamentale Inkongruenz von Bild und beigelegtem Sinn hervorzukehren. Der Text schafft damit eine semantische Doppelbödigkeit, die gerade auch die abschließende Hinrichtung der Madonna nicht aufzuheben vermag: Ist die Madonna als mentales Bild ein Kunstwerk, deren Vollendung$_{37}$ zur *mater dolorosa* die letzten Verse zelebrieren? Oder ist das Geschehen als Hinrichtung *in effigie* zu deuten – und bezeichnet sich das Ich also mit einigem Recht als Henker? Zweifellos begünstigt das Gedicht die letztgenannte Lektüre. Doch einer Vereindeutigung verschließt sich der Text. Ins Zentrum der poetischen Sinnkonstitution tritt damit die Frage nach der Relation von Zeichen und Bezeichnetem. Dem Zeichen wird zugemutet, beides zu sein: Präsenz des Referenten *und* dessen Absenz. Um diese Paradoxie kreist dieses für Baudelaires Poetik der *imaginatio* zentrale Gedicht.

Will man sich die Implikationen dieser Konzeption vergegenwärtigen, so empfiehlt es sich, den Text zunächst mit einem in den Forschungsbeiträgen zu *A une Madone* wenig beachteten Prä-Text zu kontrastieren. Offenkundig knüpft das Gedicht an den Pygmalion-Mythos an; ein Blick auf die Vorgabe Ovids kann dessen besondere Ausformung bei Baudelaire erhellen. Pygmalion, gekränkt durch die

„Fehle […], die dem weiblichen Sinne so häufig / Gab die Natur“[44], verlebt einsame Tage, bis er aus Elfenbein eine Statue von nie gesehener Schönheit schnitzt. Er entflammt in Liebe zu ihr und wirbt mit Geschenken um ihre Gunst; auch von der bei Baudelaire aufgegriffenen Einkleidung der Figur berichtet das Gedicht:

> […] ornat quoque uestibus artus;
> 264 dat digitis gemmas, dat longa monilia collo,
> aure leues bacae, redimicula pectore pendent.
> cuncta decent; nec nuda minus formosa uidetur[45].

Venus erhört Pygmalions Bitte, die Jungfrau zum Leben zu erwecken. Unter den Liebkosungen ihres Schöpfers erwacht die Statue:

> […] oraque tandem
> ore suo non falsa premit; dataque oscula uirgo
> sensit erubuit, timidumque ad lumina lumen
> 294 attollens pariter cum caelo uidit amantem[46].

Der Vergleich mit Baudelaires *A une Madone* lässt eine Fülle von Transformationen hervortreten, die je für sich genommen kommentierungswürdig wären – so etwa die gewandelte Sprechsituation, die atopische Situierung der Madonna Baudelaires und nicht zuletzt die religiöse Überformung des Motivs. An dieser Stelle soll jedoch die poetologische Perspektivierung in Baudelaires Aneignung des Mythos interessieren. Ovids Metamorphose hat einen Anfang und ein Ende. Sorgsam hebt der Text den Grund für Pygmalions Tun hervor: Ein von der Natur gegebener weiblicher Fehl kränkt den Künstler und treibt ihn in die Einsamkeit. Seine Statue ist denn auch eine Gegenschöpfung, die diesen Mangel ausgleicht; das Ende des Gedichts spricht von einer gelungenen Korrektur der Natur – „ora […] non falsa“. Ungleich komplexer stellt sich die Situation bei Baudelaire dar. Auf eine „détresse“$_2$ als Ursache der Schöpfung wird auch hier verwiesen, doch dies geschieht beiläufig. Auf die Weltabwendung als Voraussetzung der Kunst spielt das Gedicht eingangs lediglich an. Erst an späterer Stelle – signifikanterweise im Mittelteil des Gedichts – avanciert Melancholie, figuriert durch die Schlange, zum Grund, auf dem sich das Kunstwerk erhebt. Unscharf bleibt auch das Telos der Metamorphose. Ein solches

[44] Ovid 1990, 249.

[45] Ovid, *Metamorphoses* X, 263–266, in: Ovid 2004, 293 („[…] Mit Gewand' auch schmückt er die Glieder, / Gibt an die Finger Gestein, gibt hangende Schnüre dem Halse, / Und läßt Perlen am Ohr, um die Brust ihr schweben die Kettlein, / Alles geziemt; doch scheint sie auch nackt nicht weniger lieblich“; Ovid 1990, 249).

[46] Ovid, *Metamorphoses* X, 291–294, in: Ovid 2004, 294 („[…] Endlich vereint er / Zum nicht täuschenden Munde den Mund: die gegebenen Küsse / Fühlt die Errötende, hebt zu dem Lichte die leuchtenden Augen / Schüchtern empor und schaut mit dem Himmel zugleich den Geliebten“; Ovid 1990, 250).

deutet sich an, wenn das Motiv des Blicks – „timidumque ad lumina lumen / attollens pariter cum caelo uidit amantem“$_{293-294}$ aufgegriffen wird: „Tu verras mes Pensers [...] Te regarder“$_{29-32}$. Die Reziprozität der Blicke dementiert indes die gerichtete Bezogenheit, die Ovids Prätext unterstreicht, wenn der Blick der Geliebten nicht allein Pygmalion, sondern mit ihm den Himmel erblickt. Liest man beide Gedichte als Inszenierung ästhetischer Schöpfung, so stellt Baudelaires Gedicht eine Radikalisierung gegenüber Ovid dar. Das Geschehen wird seiner impliziten Teleologie entkleidet; die Metamorphose der Madonna, die oben als Figuration des paradoxen Ineins von Präsenz und Absenz im Zeichen profiliert wurde, wird als Figur eines ungerichteten Werdens von Sinn lesbar. Wo Ursprung und Ende das Gedicht Ovids zu einem Ganzen fügen, ist dem Gedicht Baudelaires der Boden entzogen: Ein anarchisches und atelisches Werden steht in Rede, wenn sich die Madonna auf einem nachträglich gesetzten Grund zur Figur des Bewusstseins erhebt.

Ist Sinnkonstituierung als ereignishaftes Werden von Sinn zu verstehen, so kann auch die Figur des Subjekts nicht stabil sein. Es kann demgemäß nicht wundernehmen, dass der erste Teil semantisch durch eine Dekonstruktion der Subjektfigur und deren imaginativ-imaginäre Restituierung im Erhabenen dominiert wird[47]. Im einleitenden „Je veux bâtir“$_{1}$ treten zunächst künstlerisches Schaffen und Begehren in engste Verbindung. Ein für den ersten Teil des Gedichts charakteristisches Verfahren der Paradigmatisierung tut ein übriges, die innige Durchdringung von ungerichtetem Begehren und subjektiver Intentionalität herauszuarbeiten: Die gegenständlichen Attribute der Madonna – „Couronne“$_{9}$, „Manteau“$_{11}$, „Perles“$_{14}$, „Robe“$_{15}$, „Souliers“$_{19}$, „Lune d'argent“$_{24}$, „Serpent“$_{25}$ und „Cierges“$_{29}$ – realisieren idealtypisch die von Jakobson beschriebene Übertragung des Prinzips der Äquivalenz von der Achse der Selektion auf die Achse der Kombination[48]. Zweierlei semantische Paradigmen indes sind diesen Attributen zugeordnet: „Vers polis“$_{7}$, „rimes“$_{8}$ und „art diligent“$_{23}$ lassen die Schöpfung als Produkt intentionalen künstlerischen Schaffens erscheinen, „Jalousie“$_{10}$, „soupçon“$_{12}$, „Larmes“$_{14}$, „Désir“$_{16}$, „Respect“$_{19}$ und „haine“$_{28}$ hingegen situieren die Hervorbringung der Statue vor dem Hintergrund einer der *ratio* unverfügbar bleibenden Leidenschaft. Die den Attributen der Madonna jeweils zugeordneten Begriffe treten durch ihre Parallelführung mit diesem Paradigma in einen Zusammenhang. Offensichtlich ist hier intendiert, eine Aufhebung der Grenze von künstlerischem Schaffen und vorbewusstem Begehren zu suggerieren. Dem Verfahren der Rekontextualisierung in *Une charogne* vergleichbar, verleiht das Gedicht seinen Zeichen eine neue Lesbarkeit; damit inszeniert es die Denkfigur einer imaginativen Selbstschöpfung und perspektiviert diese in einer für Baudelaires Dichtung spezifischen Weise. Romantisch

47 Zum Erhabenen s.o., Kap. III.2.

48 Vgl. Jakobson 1993, 94.

mutet zwar die postulierte Ununterscheidbarkeit ungerichteten Begehrens und gerichteten Willens an, aus welchen die Sinn-Figuren des Bewusstseins hervorgehen. Doch wenn das Gedicht implizit die Rätselfrage aufgreift, wie aus dem Begehren die Intentionalität des subjektiven Willens hervorgehen kann, und dieses auf die ebenfalls romantische Frage hin profiliert, wie das Unsagbare zum Bild sistiert werden kann, so ist die Perspektivierung gegenüber der Romantik doch eine andere. Denn wenn der Text die Konstitution des subjektiven Bewusstseins unter Rückgriff auf das Erhabene thematisiert$_{33-36}$, so ist dieses Erhabene als Heraussetzung einer Transzendenz aus einer sinnlich-imaginativen Wirklichkeit entworfen. Die Metamorphose de Madonna zum erhabenen „sommet blanc et neigeux“$_{35}$ ist als eine solche Heraussetzung zu verstehen. Erst diese verleiht der ungerichteten Bewegung der Semiose eine Richtung – „vers toi“$_{35}$ –, dem fragmentierten Ich Totalität – „*tout en moi* te chérit“$_{33}$, „*tout* se fera benjoin […]“$_{34}$ [Herv. CB].

Betrachtet man die Verlaufsgestalt des Gedichts, so erweist sich das Motiv des Erhabenen als *mise en abyme* eines selbstreflexiven Schreibens, dessen Modellierung den ersten Teil des Gedichts dominiert. Eine Krone aus Versen ist zunächst zu verfertigen, die für das Gedicht selbst einsteht und es als ein Gebilde entwirft, das in widersprüchlicher Weise die Flüchtigkeit der Stimme mit der in Kristall und Metall konnotierten Zeitenthobenheit korreliert; einen Mantel sodann, der mit „roid[eur]“$_{12}$ an die Härte der metallenen Verse anknüpft und in seinen Schichten – „jalousie“$_{10}$, Eifersucht oder aber Eifer, und „soupçon“$_{12}$, Vermutung oder Verdacht – die poetische Rede als Effekt subjektiver *poiesis* und als Vergegenständlichung einer subjektiven *conjecture* herausstellt; „Désir“$_{15}$ und „Respect“$_{19}$ schließlich, die sich zu „Robe“$_{15}$ und „Souliers“$_{19}$ verdichten. Unverkennbar tragen diese vom lyrischen Ich verliehenen Attribute fetischhafte Züge. Eifersucht, Begehren und Achtung erweisen sich als treibende Kräfte einer Bemächtigung, in der sich ein subjektiver Beherrschungswille manifestiert – so sind Mantel$_{12}$ und Schuhe$_{19}$ weniger als Bekleidung denn als Gefängnis der Madonna entworfen –, die zugleich aber die Unverfügbarkeit des Anderen enthüllt. Scheint die Kleidung nämlich die Körperlichkeit der Madonna zu verhüllen, so zeigt die genauere Lektüre, dass sie vielmehr deren Absenz poetisch umspielt. Wo Ovid mehrfach auf die Materialität der Statue Pygmalions hinweist und dem Faszinosum ihres Erwachens zum Leben immerhin zehn Zeilen seines Gedichts widmet, verzichtet Baudelaires Text auf eine Beschreibung des Körpers seiner Madonna. Zwar ist im Text von ihm die Rede – „corps blanc et rose“$_{18}$ und „pieds divins“$_{20}$ werden erwähnt –, doch signifikanterweise *nach* der Schaffung der Kleidung, die dadurch gleichsam zum Ursprung des Körpers avanciert. So erweckt die insistierende Rede von der Verhüllung der Madonna den Eindruck, man habe es mit einem leeren, jedenfalls aber ostentativ ausgeblendeten Zentrum zu tun. Bei aller Betonung erotischen Begehrens bleibt das Andere als Anderes ungreifbar. Der Ort eines Eigentlichen bleibt in *A une Madone* vakant; wenn in den Schuhen nur dessen Spur$_{22}$ aufzufangen ist, so erhält dessen Unverfügbarkeit eine eindrückliche Figur. Quasi als Negativ des detailliert beschriebenen künstlerischen Akts der Verhüllung konturiert sich auf diese Weise das Innen des Kunstwerks, das damit selbst zur Figur einer Heraussetzung des Transzendenten aus signifikanter Materialität wird. Dabei lässt das parergonale Verfahren den Supplementcharakter der semiotischen Produktivität deutlich hervortreten: Das Andere des Bewusstseins, hervorgegangen aus der schöpferischen Tätigkeit des Ich, entzieht sich durch eben diese Schöpfung; künstlerische Tätigkeit ist *nicht* die Schaffung einer substantiell zu denkenden Schönheit, sondern die Hervorbringung einer Grenze, die das Selbst von seinem Anderen scheidet und dieses damit als sich Entziehendes zur Erscheinung bringt. Dass diese Heraussetzung des Anderen die Voraussetzung für die Konstituierung einer subjektiven Einheit ist, wird deutlich, wenn das fragmentierte Ich im Lob der Madonna zu einer temporären Ganzheit findet$_{34}$.

Lässt sich die parergonale Funktionalisierung der Madonnenattribute als poetologische Chiffre lesen, so ist auch die Statue selbst als Metafigur$_{7–9}$ ausgewiesen. Unschwer ist sie als Figur der *imaginatio* erkennbar: So greift nicht allein „Reine"$_{30}$ die Ikonographie der Königin der Vermögen aus dem *Salon de 1859* auf, auch das Bild der sie umringenden Gedanken nimmt auf diese Passage Bezug[49]. Die Statue als Produkt schöpferischer Tätigkeit wird damit zur Figur ihres eigenen imaginativimaginären Ursprungs und figuriert die Bewegung der Sinnstiftung, aus der sie hervorgegangen ist. Diese Bewegung ist freilich nicht mehr an das Paradigma des Bildes gebunden. Das bildschöpferische Vermögen der *imaginatio* tritt nun als ein sprachschöpferisches Vermögen in Erscheinung. Denn ähnlich wie in *Les ténèbres* ist in der Frauengestalt die Verlaufsgestalt des Gedichts figuriert: Das Gedicht beschreibt nicht die Statue, sondern deren Entstehung; diese aber findet eine Entsprechung in der Entfaltung des Gedichts selbst. Weit raffinierter als in *Les ténèbres* ist eine Engführung des auf semantischer Ebene beschriebenen Akts der *poiesis* mit der Sukzessivität des Textes vollzogen. Auf den ersten Blick nämlich scheint die Bewegung des Texts in der Manier der Schildbeschreibung Homers der Bewegung des Künstlers bei der Herstellung der Statue zu folgen[50]. Genauer aber ist nicht das Gedicht *mimesis* eines Werdens des Kunstwerks, vielmehr ähnelt sich die Entstehung der Statue an die Verlaufsgestalt des Gedichts an. Beginnend mit der Krone entwirft der Künstler Mantel, Kleid, Schuhe und Fußschemel in der absteigenden Bewegung des Textes. Sprache erscheint hier nicht als *mimesis* eines Werdens; das Werden der Statue ist als Effekt poetischer Rede perspektiviert:

> 7 Avec mes Vers polis, treillis d'un pur métal
> Savamment constellé de rimes de cristal,
> Je ferai pour ta tête une énorme Couronne [...]

[49] Vgl. *Salon de 1859*, CE 321; s.o., S. 153.

[50] Vgl. zur Schildbeschreibung als Paradigma des Wunsches, „eine Identität zu ‚stiften' zwischen Poiesis und Mimesis", Moog-Grünewald 2001, 1.

Der Referent, so behauptet das Gedicht, wird durch die Sprache hervorgebracht. Dabei perspektiviert die abschließende Hinrichtung der Madonna die sprachimmanente Setzung und Aufhebung von Differenzen über die Denkfigur der Schöpfung als Zerstörung: Die Vollendung des Kunstwerks wird in der Vernichtung seines Gegenstandes gesucht.

Dass Baudelaires Gedicht sich nicht in der Modellierung der Denkfigur eines Anfangs im Ende erschöpft, sondern seine semiologisch-poetologischen Positionen um eine hermeneutische Perspektivierung ergänzt, sei abschließend vermerkt. Mit den Gedanken als Lichtquelle, die der Madonna und dem umgebenden Raum Sichtbarkeit verleihen, ist dem Gedicht die Figur des Lesers eingeschrieben. „[L'artiste imaginatif] dit: ‚Je veux illuminer les choses avec mon esprit et en projeter le reflet sur les autres esprits'"[51], heißt es im *Salon de 1859*; das Bild der Gedanken-Kerzen entwirft einen Modus ästhetischer Erfahrung, den die kunstkritischen Schriften in den Metaphern der *traduction*, der *interprétation* oder auch der *conjecture* fassen[52]: eine ästhetische Erfahrung, die nicht die eines Augenblicks erfüllter Präsenz ist, sondern aus der Deutungsarbeit des Lesers hervorgeht. Wenn dabei die Kerzen zugleich Augen, Gedanken und Lichtquellen sind, die mit ihren Reflexen den „plafond peint en bleu"$_{31}$ bestirnen, so finden sie ihren eigentlichen Bezugspunkt im Blick des Anderen: Die Reziprozität des Blickes ist Ausdruck der unendlichen Bewegung der Semiose, deren Anlass und deren Ergebnis das Kunstwerk abgibt. Unentscheidbar ist dabei der Ursprung der Bewegung; Betrachter und Betrachtetes können jeweils füreinander einstehen. Exteriorität und Interiorität, Identität und Alterität erweisen sich dem Gedicht als gleichermaßen fremd. Es dementiert das repräsentationistische Schema einer Präsenz des Außen im Innen, um die reine Möglichkeit des Sinnes als eine reflexiv nicht fassbare, doch im Kunstwerk zu einer Anschauung gelangenden Sphäre zu profilieren.

3.4 Die Sphäre des Sinnes

Ähnlich wie *Les ténèbres* funktionalisiert *A une Madone* die Gestaltwerdung eines Phantasmas als poetologische Metapher. Doch was in *Les ténèbres* lediglich als Chiffre eines Ineinsfallens von Rezeptivität und Spontaneität lesbar wurde, gewinnt in *A une Madone* an Komplexität. In vielfältigen selbstreflexiven Figuren ist dem Gedicht eine Differenz zum Sein eingeschrieben, das nurmehr als Begehrtes, nicht aber als Gegenwärtiges im Gedicht zur Darstellung gelangt. Der Akt des Sprechens avanciert indes zum Index eines Sich-Ereignens von Sinn, das den Oppositionen

51 *Salon de 1859*, CE 329.
52 S.o., S. 179.

von Präsenz und Absenz ‚voraus'liegt, diese hervortreibt und in ihnen als eine von der semantischen Ebene unabhängige Dimension des Semiotischen zur Geltung kommt. Als eine Sphäre der Medialität hat W. Benjamin diese Sphäre des Semiotischen beschrieben:

> Was an einem geistigen Wesen mitteilbar ist, in dem teilt es sich mit; das heißt: jede Sprache teilt sich selbst mit. Oder genauer: jede Sprache teilt sich in sich selbst mit, sie ist in reinstem Sinne „Medium" der Mitteilung. Das Mediale, das ist die *Unmittel*barkeit aller geistigen Mitteilung, ist das Grundproblem der Sprachtheorie[53].

Dieses Grundproblem nicht allein der Sprachtheorie, sondern insbesondere auch der poetologischen Reflexionen Baudelaires, führt bei diesem zu einer Diktion, die angesichts des offenen Verhältnisses von Signifikant und Signifikat dennoch die Möglichkeit des Sinnes affirmiert – freilich nicht durch die poetische Evokation des Phantasmas eines fixierten Sinnes, sondern durch eine Ostentation des Zeichencharakters der Sprache, die dem Scheitern eines Sagens der Dinge das Scheitern, dieses Scheitern zu sagen, entgegensetzt. Nicht in einem vermeintlich unmittelbaren Sprechen, sondern in der gesteigerten Reflexivität des poetischen Textes soll die Mitteilbarkeit des Sprachlichen zur Vorstellung gebracht werden.

Semper eadem, eines der späten Gedichte, entwirft eindringlich diese Sphäre der Mitteilbarkeit. In einer zu höchster Komplexität gesteigerten selbstreferentiellen Sprache sucht es das Andere des Sprechens, verstanden als ein Sinn-Werden, darzustellen.

SEMPER EADEM

« D'où vous vient, disiez-vous, cette tristesse étrange,
Montant comme la mer sur le roc noir et nu ? »
– Quand notre cœur a fait une fois sa vendange,
Vivre est un mal. C'est un secret de tous connu,

Une douleur très simple et non mystérieuse,
Et, comme votre joie, éclatante pour tous.
Cessez donc de chercher, ô belle curieuse !
Et, bien que votre voix soit douce, taisez-vous !

Taisez-vous, ignorante ! âme toujours ravie !
Bouche au rire enfantin ! Plus encor que la Vie,
La Mort nous tient souvent par des liens subtils.

Laissez, laissez mon cœur s'enivrer d'un *mensonge*,
Plonger dans vos beaux yeux comme dans un beau songe,
Et sommeiller longtemps à l'ombre de vos cils ![54]

[53] Benjamin 1991d, 142–143 [kursiv im Original].
[54] OC 41; zuerst erschienen 1860 (*Revue contemporaine*).

Semper eadem steht im Zeichen einer Öffnung auf den Anderen. Das Ich holt dessen Stimme als Echo eines schon Vergangenen in die eigene Rede ein – weniger freilich, um einen Dialog, als vielmehr, um die Absenz eines Dialogs zu inszenieren, bedenkt man, dass der angesprochene Andere in der symbolischen Ordnung der Sprache ostentativ als Abwesender inszeniert wird. Die Sprechsituation indiziert unmittelbar das Thema des Gedichts, das einmal mehr ein Grundmotiv der Dichtung Baudelaires – die in der Sprache verfehlte, weil als verfehlt gesetzte Präsenz des Anderen – reflektiert.

Es ist diese Verfehlung, die die Semantik des Textes prägt. Die Figurenkonstellation ist für Baudelaires Lyrik topisch: Das Bild des „roc noir et nu“$_{2}$ ruft mit dem schwarzen Fels als Symbol melancholischer Erdenschwere das Paradigma der Melancholie auf und inszeniert das lyrische Ich als Melancholiker; das Du hingegen ist in charakteristischer Ambivalenz Geliebte oder auch, nimmt man „âme“$_{9}$ im wörtlichen Sinne, die Seele selbst. Topisch innerhalb des Melancholie-Diskurses ist die ambivalente Herkunft der „tristesse“$_{1}$, die in diskurstypischer Ambivalenz zunächst durch das Bild des den Fels überspülenden Meeres als Heimsuchung von außen modelliert wird, dann aber mit dem Hinweis auf „notre cœur“$_{3}$ in einen subjektiven Innenraum verlagert wird und aus der reflexiven Rückwendung des Ich auf sich selbst, für die „vendange“$_{3}$ metaphorisch einsteht, begründet wird[55]. Die Einsicht in die menschliche Endlichkeit als Bewusstsein heteronomer Determiniertheit ist es, die die Melancholie hervortreibt: „La Mort nous tient souvent par des liens subtils“$_{11}$.

Der ambivalenten Selbstbegründung des Subjekts steht auf semantischer Ebene die gegenläufige Tendenz zur Sinnfixierung gegenüber. Das Gedicht ist antithetisch strukturiert. So setzt „Montant comme la mer sur le roc noir et nu“$_{2}$ der Dynamik des Meeres den statischen Felsen, dem Wandel das Unwandelbare, sich selbst Identische entgegen. Diese Dynamik findet eine Entsprechung in der *curiositas*$_{7}$ und der gleichsam permanenten Selbstentäußerung$_{9}$ des angesprochenen Du, dem fröhlichen Konterpart des traurigen Ich[56]. Dass dieses Ich sich dezidiert als spre-

[55] Diese Innen-Außen-Ambivalenz kennzeichnet die Melancholie seit den Anfängen ihrer theoretischen Konzeptualisierung; vgl. Starobinski 1963, 415.

[56] Bereits die Neugierde, die der Angesprochenen zugeschrieben wird, verweist wiederum auf die Melancholie selbst, darf doch die Dialektik von Stillstand und unendlicher Wanderschaft als topische Chiffre melancholischer Ambivalenzen gelten (vgl. Wagner-Egelhaaf 1997, 18); die „âme toujours ravie“ steht daher gerade nicht, wie Th. Greiner meint, in polarer Opposition zum Melancholiker (vgl. Greiner 1993, 145). Die Verschränkung von Trauer und Ekstase in der Figur des Melancholikers zählt seit den antiken Anfängen der Rede über die Melancholie zum topischen Kernbestand des Diskurses; vgl. die berühmte Anfangsfrage des pseudo-aristotelischen Problems XXX.1: „Διὰ τί πάντες ὅσοι περιττοὶ γεγόνασιν ἄνδρες ἢ κατὰ φιλοσοφίαν ἢ πολιτικὴν ἢ ποίησιν ἢ τέχνας φαίνονται μελαγχολικοὶ ὄντες [...];“ ([Pseudo-]Aristoteles, *Problemata physica*, 953a10; „Warum erweisen sich alle außergewöhnlichen Männer in Philosophie oder Politik oder Dichtung oder in den Künsten

chend inszeniert, wurde bereits gesagt; demgegenüber ergeht an das Du eine explizite und zweifache Schweigeaufforderung$_{8/9}$, die es geradezu in die Rolle des sprach-losen *infans*$_{10}$ drängt. In der Opposition von Leben und Tod schließlich scheinen diese Dichotomien innerhalb einer ontologischen Dimension von Sein und Nicht-Sein polarisiert.

Und doch stehen die Kontraria nicht in klarer Abgrenzung einander gegenüber. Der Text inszeniert vielmehr eine Verschleifung der Oppositionen: so etwa in der expliziten Analogisierung von „douleur"$_5$ und „joie"$_6$, die die Ähnlichkeit des Sprechers und der Angesprochenen gerade in ihrer Differenz valorisiert. Dem entspricht auf semantischer Ebene die Aufforderung an das Du, einzuhalten in der Bewegung des Suchens, einzuhalten auch im Sprechen, in Bewegungs- und Kommunikationslosigkeit zu verharren und gleichsam selbst in felsenhafte Erstarrung zu verfallen$_{7-9}$. Findet die Bewegung des Meeres im Ärgernis des umherschweifenden Du ein Analogon, so setzt mit dem zweiten Terzett deren Identifizierung ein: Das Du, Chiffre fröhlich-kindlicher Neugierde, wird gleichsam selbst Meer, in das das Ich eintaucht$_{13}$; und deutete bereits seine Bezeichnung als ‚Kind' seine Ausweisung aus der Ordnung der Diskurse in eine Ordnung des Imaginativen an[57], so erscheint es nunmehr als Supplement der ex- oder intrinsischen „tristesse"$_1$ im Zeichen einer Öffnung des oppositiv Gesetzten. Denn die in „*mensonge*"$_{12}$ aktualisierte ontologische Opposition von Sein und Schein – die allerdings auf lautlicher Ebene bereits durch das homonyme ‚mon songe' konterkariert wird – wird mit „beau songe"$_{13}$ endgültig in die Opposition von Sein und Bewusstsein überführt, für die ein imaginäres Schönes, ein schöner Traum eben, einsteht[58]. Diese Überführung erfasst auch die Verortung des Ich in einem Raum der Tiefe – „plonger dans vos beaux yeux"$_{13}$ – und platziert es im Refugium eines liminalen „ombre de vos cils"$_{14}$: in einer Schattenwelt, einem Raum abwesender Präsenz, um aus ihr heraus seine Träume zu entfalten. Gleichsam quer zu der durch die Opposition von Leben und Tod gebil-

als Melancholiker?"; vgl. zur Verortung des Problems XXX.1 in der Geschichte des Melancholiebegriffs Klibansky/Panofsky/Saxl 1992, 55–92 und Wagner-Egelhaaf 1997, 37–41).

57 Das Kind wird in Baudelaires Schriften mehrfach als Reflexionsfigur eines durch *curiositas* geprägten, vorreflexiven – genauer: imaginativen – Zugangs zur Welt konturiert. Vgl. *Morale du joujou* (CE 201–207) und insbesondere die bekannte Passage aus dem Guys-Essay, in der das Kind zur Identifikationsfigur des Künstlers avanciert: „L'enfant voit tout en *nouveauté* ; il est toujours *ivre*. Rien ne ressemble plus à ce qu'on appelle l'inspiration, que la joie avec laquelle l'enfant absorbe la forme et la couleur. [...] L'homme de génie a les nerfs solides ; l'enfant les a faibles. Chez l'un, la raison a pris une place considérable ; chez l'autre, la sensibilité occupe presque tout l'être. Mais le génie n'est que l'*enfance retrouvée* à volonté [...]" (*Le peintre de la vie moderne*, CE 461–463 und 466). Vgl. zur Figur des Kindes als Archetypus eines die Ordnung des Diskurses überschreitenden „Dritten" auch Kristeva 1977.

58 Von einer „Lust an der Lüge", die Th. Greiner dem Gedicht unterlegt, kann also kaum die Rede sein, zumal diese Interpretation auf dem Missverständnis beruht, dass der „‚schöne Traum' [...] zur Lüge" gemacht werde (Greiner 1993, 144–145).

deten ontologischen Dimension konstituiert sich so eine Dimension, die als Dimension des Semiotischen bezeichnet werden kann: Ein Raum des Sinnes, der die binäre Opposition von Leben und Tod überschreitet. Liest man das angesprochene Du nicht als Geliebte, sondern – was die Bezeichnung „âme“$_9$ nahe legt – als eine Figur des Ich, genauer: als Personifikation einer kindlich-vorreflexiven Ich-Instanz, so entspricht die anvisierte Situierung ‚zwischen' Licht und Dunkelheit der atopischen, ontologisch unbestimmbaren Grauzone, die Louis Aragon fast siebzig Jahre später als die des nun endgültig seiner Souveränität beraubten Subjekts bestimmen wird: „Nous n'existons qu[e] [...] dans la zone où se heurtent le blanc et le noir. Et que m'importe le blanc ou le noir ? Ils sont du domaine de la mort“[59].

Die Bilder, die die Prozessualität des Leidens hervorheben – das Bild der „Weinlese“$_3$ des Herzens als Figur des Übergangs in das „vivre est un mal“$_4$ und das Bild des Todes als Marionettenspieler$_{11}$ –, konfigurieren ihrerseits diesen paradoxen Raum in der Simultaneität des Textes: Innerhalb der Klammer der doppelten – und widersprüchlichen – Begründung der „tristesse“$_1$ vollzieht sich die Rede des Ich, bis das zweite Terzett gleichsam seinen Übertritt in eine Welt des Traumes inszeniert. Signifikanterweise figuriert die Subjektinstanz im ersten Fall („cœur“$_3$) als Agens, im zweiten Fall („La mort nous tient“$_{11}$) aber als Patiens; in der Begründung der „tristesse“$_1$ konstituiert sich demnach aber ein Widerspruch, der den Grund der Melancholie zu einem Unverfügbaren macht. Aus diesem Widerspruch heraus artikuliert sich im Terzett das Begehren nach einem liminalen Raum, in dem sich die Träume des Ich entfalten: einem ‚Zwischen'raum zwischen Ich und Du, Reflexion und Vorreflexivem, Aktion und Passion; ein paradoxer Raum, der fast beiläufig an die Melancholie als *conditio* seiner Entfaltung rückgebunden wird, wenn mit „s'enivrer“$_{12}$ die mit „vendange“$_3$ aufgerufene Isotopie des Weines aufgenommen und gleichsam weitergesponnen wird, mithin eine logisch nicht gegebene Begründungsrelation zwischen melancholischer Selbstzuwendung und imaginativer Selbstentgrenzung suggeriert wird.

Inwiefern holt die sprachliche Gestaltung des Texts diese semantischen Vorgaben ein? Der Text kann sein Sinpotential nur durch die Suspendierung zeichenschöpferischer *différance* zugunsten des Prinzips der Identität entfalten. Und doch gibt es textuelle Elemente, die die *différance*, den paradoxen Ursprung des Sinnentwurfs, indizieren; gerade der poetische Text, will man das Poetische mit R. Jakobson als Projektion des „Prinzip[s] der Äquivalenz von der Achse der Selektion auf die Achse der Kombination“[60] fassen, exponiert ja durch seine gesteigerte Selbstreferenz per se schon diese Kluft.

Das letzte Terzett führt dies vor. Die hier behauptete Übergängigkeit der Opposition von „*mensonge*“ und „beau songe“ ist nicht in der syntaktischen Struktur

[59] Aragon 1996, 14.
[60] Jakobson 1993, 94.

begründet, sondern vielmehr in der lautlichen Entsprechung von „songe“$_{12}$ und „*mensonge*“$_{13}$, die ihrerseits erst durch die Similarität beider Begriffe auf semantischer Ebene die Prägnanz eines Sekundärcodes gewinnt, welcher im performativen Akt der Lektüre deren imaginäre Synthese außerhalb logisch-syntaktischer Begründungsrelationen – gleichsam als Auffüllung textueller Leerstellen – ins Werk setzt. Doch die wechselseitige Bezogenheit von Reflex und Reflektiertem ist selbst als Chiffre eines textuell inszenierten Spiels der Zeichen lesbar, das sich über dem Abgrund seiner referentiellen Unhintergehbarkeit entfaltet[61]; insofern inszeniert sich der Text selbst unter Verabschiedung ontologischen Legitimierungsbegehrens als eine solche atopische Zwischenzone.

Dem entspricht die auf lautlicher Ebene erzeugte Sekundärstruktur in der letzten Strophe, die mit der Häufung der /õ/-Laute, des Liquids /l/ und der Frikative ein *legato* als Entsprechung des evozierten Ortes der Ruhe erzeugen mag, jedenfalls aber auf der lautlichen Ebene dem Gedicht ein iteratives Moment verleiht. Auch auf metrischer und syntaktischer Ebene ist das Terzett regelmäßig, ohne aber die Zäsuren syntaktisch übermäßig zu betonen. Es tritt damit in Opposition sowohl zu den beiden Quartetten, die mit dem *alexandrin ternaire* jeweils in der letzten Zeile die sonst regelmäßige metrische Strukturierung durchbrechen, als auch zum ersten Terzett, dessen Regelmäßigkeit durch die scharfen syntaktischen Einschnitte Fragmenthaftigkeit suggeriert. Asemantische Ordnungsstrukturen kennzeichnen also dieses zweite Terzett und lassen es als Reflex der auf semantischer Ebene zu verzeichnenden Verschleifung der durch den Text gesetzten Oppositionen erscheinen. Man mag darin den Versuch einer poetischen Einlösung des durch den semantischen Gehalt des Gedichts eingeforderten Dritten, der binären Opposition von Sein und Nicht-Sein sich Widersetzenden, sehen; ist es doch eben diese Strukturierung außerhalb einer festgefügten Ordnung des Bedeutens, doch *zugleich* auch außerhalb unstrukturierter Mannigfaltigkeit, die Baudelaire in seinem Aufsatz über Théophile Gautier (1859) als Schönheit bestimmt hat: „C'est un des privilèges prodigieux de l'Art que l'horrible, artistement exprimé, devienne beauté et que la *douleur* rythmée et cadencée remplisse l'esprit d'une *joie* calme“[62]. Die schmale Grenze von „horrible“ und „beauté“, von „*douleur*“ und „*joie*“, ist durch „Rhythmus“ und „Kadenz“ bezeichnet: durch Ordnungsstrukturen, die sich nicht auf ihren semantischen Gehalt reduzieren lassen, sondern unabhängig von diesem einen Raum des Semiotischen erschließen.

[61] Ein Bedeutungspluralismus, der, so ließe sich einwenden, im Reim stets gegeben ist; doch gewinnt die im vorliegenden Vers sich etablierende Relation durch das Ineinsfallen von lautlicher und semantischer Similarität, durch die *rime riche* und durch die Tatsache, dass der *signifiant* „songe“ im *signifiant* „*mensonge*“ enthalten ist, wie auch durch den Kursivdruck von „*mensonge*“ eine besondere Prägnanz.

[62] *Théophile Gautier*, CE 682.

Beachtung verdient der Titel des Gedichts, der dem Text eine weitere reflexive Dimension einzeichnet und eine ihn konstituierende Differenzstruktur noch einmal unterstreicht. Nicht nur durch seinen Status als Paratext[63] darf er ‚liminalen' Status beanspruchen. Er bedient sich zudem des Lateinischen, einer Sprache, die nicht das Französische ist, doch keineswegs auch eine ‚ganz andere' Sprache: Latein ist als ‚Ursprung des Französischen' und zugleich als eine aller zeitlichen Veränderung enthobene ‚ewige Sprache' konnotiert. In der Opposition des lateinischen Titels zum Gedicht in französischer Sprache reproduziert sich also erneut und gleichsam sprachimmanent der Antagonismus eines mit sich identischen Seins und eines dem Wandel unterworfenen Werdens, den das Bild des meerumspülten Felsen vorgibt. Unterstützt wird diese Lektüre durch den semantischen Gehalt der beiden Titelwörter, die – bei aller Mehrdeutigkeit des „eadem" – ‚Selbstidentität in der Zeit' aussagen[64]. Der als Paratext bereits selbst als Chiffre des Liminalen deutbare Titel exponiert also durch die Wahl der Signifikanten explizit seine ‚Schwellenhaftigkeit'. Dabei lässt sich die Opposition des lateinischen Titels zum französischen Gedicht als poetologische Chiffre – im Sinne einer Zeitenthobenheit des Kunstwerks – lesen. In ihr zeichnet sich erneut die Frage nach dem Verhältnis von Sein und Werden ab, deren paradoxes Ineinsfallen der Sprache selbst angetragen wird. Nicht ein Vergessen der Differenz gründet die ästhetische Autonomie; Differenz ist vielmehr in die Sprache hineingenommen – ostentativ, wie sich mit Blick auf den lateinischen Titel sagen ließe – und avanciert zur Figur eines Werdens von Sinn.

63 Vgl. zum Konzept des „paratexte" als Artikulation von „texte et hors-texte" Genette 1987. Genette beschreibt die ambivalente semiotische Struktur des Paratextes als „‚zone indécise' entre le dedans et le dehors [...] sans limite rigoureuse" (ibd., 8).

64 Der Titel inspiriert zu Spekulationen über seine Herkunft. Einerseits ist *Semper eadem* als lateinischer Glaubenssatz der katholischen Kirche bekannt, andererseits ist auf die Verwendung der Formel in philosophischem Kontext hinzuweisen. Ein früher Beleg findet sich in Ciceros *Timaios*-Übersetzung, wo es das platonische τὸ ὂν ἀεί (vgl. Platon, *Timaios* 27 d) aufnimmt: „Quid est quod semper sit neque ullum habeat ortum, et quod gignatur nec umquam sit? quorum alterum intellegentia et ratione conprehenditur, quod unum atque idem semper est; alterum quod adfert *ad* opinionem sensus rationis expers, quod totum opinabile est, id gignitur et interit nec umquam esse uere potest. omne autem quod gignitur ex aliqua causa gigni necesse est; nullius enim rei causa remota reperiri origo potest. quocirca si is qui aliquod munus efficere molitur eam speciem quae semper eadem intuebitur atque id sibi proponet exemplar, praeclarum opus efficiat necesse est; sin autem eam quae gignitur, numquam illam quam expetet pulchritudinem consequetur" (Cicero, *Timaeus* 2, 3–4). Auch in Baudelaires eigene Dichtung hat die Formel indes Eingang gefunden. In dem 1857 publizierten Gedicht *L'horloge* ist in ihr eine der Macht der Zeitlichkeit enthobene Sphäre bezeichnet: „au fond de ses [sc. du chat] yeux adorables je vois toujours l'heure distinctement, toujours la même, une heure vaste, solennelle, grande comme l'espace, sans divisions de minutes ni de secondes, – une heure immobile qui n'est pas marquée sur les horloges, et cependant légère comme un soupir, rapide comme un coup d'œil" (OC I, 299).

* * *

Wenn Baudelaire seinen Gedichten in Gestalt des Bildes, des Emblems oder der Stimme Reflexionsfiguren des sprachlichen Zeichens einschreibt, so einerseits als Figur einer Instabilität der semiotischen Differenzen, die die repräsentationistische Illusion einer Präsenz des Sinnes, der Gewissheit oder der Wahrheit in der künstlerischen Schöpfung hervorbringen, andererseits aber als Figur eines Sinnereignisses, das sich außerhalb diskursiver Rationalität vollzieht. Das Kunstwerk erscheint dabei zwar als Figur eines Sinnganzen, das in der Einheit des Werks zur Anschauung kommt; doch diese Einheit ist nicht die supplementäre Identität, die dem Werk aus einem ihm vorgängigen Re-Präsentierten erwächst. Sie tritt gerade dort in Erscheinung, wo vorgängige Schematisierungen der Wirklichkeit zerbrechen. Wo die Präsenz der Dinge als Verfehlte in Erscheinung tritt – dies zeigten die Gedichte in je unterschiedlicher Perspektivierung –, manifestiert sich eine Präsenz des Sinnes, die der Destruktion repräsentationistischer Illusionen widersteht.

Baudelaires Reflexionen auf die Medialität von Bild, Stimme und Schrift sind doppelbödig. Sie konstruieren einerseits einen Modus subjektiver Bewusstseinskonstitution im Spannungsfeld von Spontaneität und Rezeptivität, andererseits aber sind sie Kristallisationspunkte poetologischer Entwürfe, die die Polarität von *mimesis* und *poiesis* ausloten. Fluchtpunkt der Erwägungen ist eine für Baudelaire unaufhebbare Zweidimensionalität von semiotischer Performanz und Sistierung zur Ganzheit, die die Konstitution des subjektiven Bewusstseins wie der künstlerischen Hervorbringung leitet. In dieser Perspektive offenbart sich eine besondere Affinität der Sprache zu *imaginatio*: Die für die imaginativen Entwürfe konstitutive Doppelung von Setzung und Zerstörung findet in der Sprache ein adäquates Medium. So gibt sich *imaginatio* in ihrer modernen Reflexionsstufe, nämlich: als Bewegung der Semiose, weit eher sprach-schöpferisch denn bild-schöpferisch. Im Zuge dessen erschließen sich neue Möglichkeiten der subjektiven Vergewisserung. Leitparadigma ist hier nicht mehr das Bild; die Fragilität einer aus Repräsentationen geschöpften supplementären Identität erweisen drastisch Gedichte wie *Le goût du néant* oder *A une heure du matin*. Sie führen die Instabilität der durch Repräsentationen gebildeten Grenze von Selbst und Welt eindringlich vor Augen. Die Sprache hingegen erscheint als ein der Darstellung einer performativ sich konstituierenden Subjektivität angemessenes Medium, die im Gedicht realisierte Einheit von Simultangestalt und Verlaufsgestalt als Ort ihrer Vergewisserung.

V SCHLUSS

Die Analysen der vorangegangenen Kapitel haben gezeigt, dass Baudelaires Poetik durch den Versuch geprägt ist, die paradoxe Einheit von Identität und Differenz im Kunstwerk als Dimension des imaginativen Vermögens zu entwerfen. Dabei werden die Ambivalenzen, die *imaginatio* im neuzeitlichen Diskurs kennzeichnen, für seine Poetologie strukturbildend: *Imaginatio*, das Vermögen der Vergegenwärtigung eines Abwesenden, erscheint in Baudelaires Schriften als ein für die künstlerische Schöpfung konstitutives Prinzip der Verknüpfung, *zugleich* aber auch als ein Vermögen der Setzung von Differenz. Unter seinem Wirken konstituieren sich die Figuren des Subjekts und, allgemeiner noch, die Figuren des Sinnes. Wenn *imaginatio* diese Figuren setzt, so allerdings zwangsläufig als verfehlte: Eine der konstantesten Denkfiguren in der Dichtung Baudelaires betrifft eine Setzung verfehlter Präsenz durch das imaginative Vermögen. Vor dem Hintergrund dieser Konzeption erweist sich die besondere Relevanz einer zweiten Denkfigur, der des Anfangs im Ende, für die Lyrik Baudelaires: Es ist nicht etwa so, dass im Ende – als kardinaler Figur der Differenz – *auch* ein Anfang liegen kann; vielmehr ist ein Anfang überhaupt nur im Ende aufzusuchen.

Die beiden Denkfiguren werden in Baudelaires Erwägungen zweifach – im Hinblick auf die Subjektfigur und im Hinblick auf die von *imaginatio* hervorgebrachten Figuren des Sinnes – perspektiviert. Vor einem anthropologischen Horizont bildet die Frage nach einer imaginativen Selbstsetzung des Subjekts den Fluchtpunkt seiner Überlegungen; in semiologischer Perspektivierung gilt es, vor dem Hintergrund einer Krise der Repräsentation den Ort des Sinnes neu zu bestimmen. Aus dem Zusammenspiel dieser beiden Perspektiven ergibt sich die ästhetische und poetologische Relevanz der *imaginatio*.

* * *

In anthropologischer Perspektivierung ist *imaginatio* die ambivalente Figur eines Anderen des Subjekts. Sie ist Figur seiner Emergenz aus unverfügbarem Grund und damit seiner Gefährdung; ihre Bilder indizieren die nicht auszuschließende Drohung eines Einbruchs des Kontingenten, das das Subjekt zu zerstören droht. Doch ein Bewusstseinsmodell, das Bewusstwerdung an eine denkerische Performanz bindet, kann auf die Bilder der *imaginatio* nicht verzichten. Das Subjekt könnte sich seiner selbst nicht gewiss werden, sähe es sich in seinen Repräsentationen nicht auf sich selbst verwiesen. Subjektkonstitution und -destruktion treten damit in ein für Baudelaire typisches Verhältnis: Das Ich, das in den Bildern der *imaginatio* Vergewisserung sucht, sieht sich auf sein Anderes als Fundierungsgrund des Selbst verwiesen.

Die Konstruktionen von Zeit und Raum im Werk Baudelaires lassen in je unterschiedlicher Weise diese Fundierung des Subjekts in einem unverfügbaren Grund in Erscheinung treten. Die Zeit, wie sie im Agon der Körper entworfen wird, markiert ein Eindringen des Anderen in den Raum des autonomen Subjekts. Sie bringt die imaginative Grundfigur des ‚Schlags eines vernunftlosen Äußeren' zu bildhafter Konkretion und tritt damit als Figur einer kardinalen Leerstelle modernen Wissens in Erscheinung: In ihr gelangt, mit Foucault gesprochen, ein Sein, das das Cogito überbordet, zur Darstellung. In umgekehrter Perspektive sucht das Denken, das ihm vorgängige Sein in seine Entwürfe einzuholen, mithin seinen Entstehungsgrund zu erschließen – und damit der Reflexion verfügbar zu machen, was dieser entzogen ist. Hier kommt den vielfältigen Figuren des Endes eine besondere Relevanz zu. Als Figur der Selbstdarstellung eines Anderen diskursiver Ordnungen führen sie das Denken auf die Möglichkeit, dieses Andere „auch nur denken zu können"[1], und verheißen ihm eine prekäre Vergewisserung an einem unverfügbaren, doch evidenten Grund.

Die hier in Frage stehende Denkfigur der imaginativen Selbstsetzung kann an die offen gebliebene Frage der Romantik anknüpfen, wie angesichts der Negativität des reinen Werdens eine Konstituierung des Subjekts denkbar sein kann. Ein sich selbst begrenzendes Prinzip der Entgrenzung brachte bereits Chateaubriands *René* mit dem Bild des überbordenden Mississippi ins Spiel; wie, so lautete die Frage, die das suggestive Bild latent mit sich führte, ist es möglich, dass aus einer ungerichteten Bewegung des Lebens die Bestimmtheit des Subjekts, mehr noch: der Figuren des Sinnes hervorgehen können? *Le* confiteor *de l'artiste*, das die Grundzüge eines Denkens der *imaginatio* für Baudelaires Werk paradigmatisch exponiert, entwirft dieses reine Werden als eine die Dichotomie von Subjekt und Objekt überschreitende, ‚Ich-freie' Bewegung des *penser*. Dabei erlaubt die Einschreibung einer Differenz eine Konfigurierung des Kunstwerks zur Ganzheit wie auch eine Enthebung des Subjekts aus dem semiotischen Kontinuum, das Selbst und Welt in der imaginativen Bewegung des *penser* verbindet.

Die Dialektik von imaginativer Entgrenzung und gegenläufiger Begrenzung, von Aufhebung und Setzung einer Differenz führt in *Le* confiteor *de l'artiste* eine wechselseitige Bezogenheit von Zeit und *imaginatio* vor Augen, die Baudelaires Werk insgesamt prägt. Anschaulich kommt sie in der Doppelfigur von *bouffon* und Kind in *Une mort héroïque* zur Geltung: Die Familienähnlichkeit von Henker und

[1] Vgl. noch einmal Kant, *Kritik der Urteilskraft*, B 92.

Opfer lässt in der Zeit *imaginatio*, in *imaginatio* aber wiederum die Zeit sichtbar werden. In dieser wechselseitigen Bespiegelung verliert sich der Ursprung der imaginativen Bewegung. Es ist nicht so, dass die Konfiguration aus Zeit und *imaginatio* die Immanenz der Reflexion überwinden könnte, das Andere des Bewusstseins als Anderes einholen könnte. Vielmehr soll gerade in der gesteigerten Reflexivität der beiden Figuren ein Anderes des Denkens *als* Anderes zur Anschauung kommen. Die phantasmatische Verfasstheit *beider* Figuren – der Zeit wie auch der *imaginatio* – lässt dabei die phantasmatische Verfasstheit auch des Modells einer subjektkonstitutiven Bewegung des Werdens in den Blick treten und treibt alle Versuche, sich eines Entstehungsgrundes des Subjekts zu versichern, in die Aporie. So entwirft *Une mort héroïque* folgerichtig die Erfahrung des Anderen als profane Erleuchtung: als eine unerhörte, reflexiv nicht verfügbare Überschreitung einer Grenze im Wissen, dass diese unüberschreitbar ist.

Angesichts der Evidenz des Sinnes erwägen Baudelaires Texte in immer neuen Varianten die Möglichkeit einer subjektiven Vergewisserung im Nichtidentischen und umkreisen damit die intrikate Frage nach einer vorreflexiven Erfahrbarkeit eines Anderen des Bewusstseins. Diese ist an eine Selbstdarstellung der Differenz gebunden, die Baudelaire *par excellence* im Kunstwerk realisiert sieht. Wenn er mithin an das romantische Modell einer imaginativen Selbstsetzung des Subjekts anknüpft, so entwickelt er aus ihr eine Ästhetik, die die Erfahrung der Differenz zum zentralen Moment ästhetischer Erfahrung erhebt.

* * *

Die hier beschriebene anthropologische Konfiguration ist mithin nicht einfach *ein* Thema unter anderen in der Lyrik Baudelaires. Ihre besondere Relevanz ist in ihrer Affinität zu den semiologischen Prämissen begründet, unter denen Baudelaires poetologisches Denken steht. Diese Semiologie markiert zunächst einen Bruch mit dem Repräsentationismus des *âge classique* wie auch mit seiner subjektzentrierten romantischen Variante. Sie macht in den Repräsentationen des Subjekts ein Moment des Negativen aus und führt dieses, mit Foucault gesprochen, auf eine „finitude fondamentale“[2] zurück, eine dem Subjekt entzogene „irréductible antériorité“[3], die dessen paradoxen Grund bildet. Dies aber lässt eine Instabilität der Grenze zwischen Subjekt und Objekt, welche die Repräsentationen des subjektiven Bewusstseins indizieren, in den Blick treten. Die Repräsentationen erweisen in dieser Perspektive ihre konstitutiv allegorische Verfasstheit: Sie sind Bruchstücke einer Ordnung der Dinge, die nurmehr als Utopie in Erscheinung treten kann. Mit Fug und Recht lässt sich darum in Bezug auf Baudelaires semiologisches Denken von

2 Foucault 1966, 326.
3 Foucault 1966, 324.

einem ‚Opakwerden' des Zeichens sprechen. Dieses kennt aber seinerseits zwei Ausformungen. Erstens reduziert die im Werk Baudelaires allgegenwärtige Semantik des Todes Negativität auf *eine* zentrale Leerstelle des Bewusstseins. Zweitens erscheint Negativität im Zuge einer Verzeitlichung des Daseins als konstitutives Moment in einem jeden Akt der Welterschließung. Dabei zeichnet sich eine Tendenz ab, den Ausgriff auf das Andere als eine im Akt des Sprechens je schon realisierte Semiotisierungsleistung zu denken, die weniger der autonomen subjektiven Schöpferkraft als vielmehr einem dem Subjekt unverfügbaren Imaginären zukommt. Dieses wiederum erlaubt es dem Subjekt, in ein hermeneutisches Selbst- und Weltverhältnis zu treten. Die Poetik der *imaginatio* erweist sich hier als eine Poetik der Lesbarkeit, die den Vollzug poetischer Rede als einen dem elementaren Akt des Lesens vergleichbaren Akt der deutenden Welterschließung konzipiert. Insbesondere in den Raumentwürfen kommt dieser Aspekt zur Geltung. Modelliert wird in ihnen eine Lesbarkeit des Anderen, genauer: die Lesbarkeit des virtuellen Diskurses, der, folgt man Foucault, in den ‚sandigen Weiten' des Ungedachten auszumachen sein soll[4]. Eine profane Erleuchtung ist diese Lektüre allemal: Sie ist die Re-Konfiguration des Gegebenen zu einer Lesbarkeit, die ihm per se nicht zukommt. So ist denn auch mit der Wende zur Lesbarkeit die Kluft von Selbst und Welt nicht überwunden – der imaginativ-imaginäre Zugriff auf die Welt erfordert eine semiotische Präformation der Welt, deren Ort in einer für Baudelaires Werk typischen Ambivalenz unbestimmt bleibt. Als ein Seinsgeschehen perspektiviert die Ekstase der Dinge diese Lesbarkeit; als Sinngeschehen hingegen erweist sie die profane Erleuchtung des *flâneur*. Die Grenze zwischen Symbolischem und Vorsymbolischem erweist sich auch hier als Faszinosum der Dichtung Baudelaires. Sie erhält Konturen als eine von der Ebene der Prädikation kategorial verschiedene Dimension des Semiotischen, die im Blick des Betrachters ereignishaft hervortritt und deren Darstellung zum Telos der Dichtung wird. Ihr gilt Baudelaires Aufmerksamkeit, wenn er das diffizile Verhältnis von Zeit und *imaginatio* auslotet; sie steht im Zentrum seiner Raumentwürfe und erhält im Kunstwerk eine Figur.

* * *

Baudelaires Konzeption ästhetischer Sinnkonstitution gründet in einer Poetik der *imaginatio*, die ihrerseits auf einen anthropologischen Bezugshorizont verwiesen ist. Die Affinität von Anthropologie und Ästhetik kann nicht erstaunen, bedenkt man, dass gemäß einem in *Le peintre de la vie moderne* formulierten, für die Lyrik Baudelaires kardinalen Poetologem die *conditio humana* selbst die Kunst hervortreiben soll. Der Kunst schreibt sich das Signum des gefallenen Menschen ein: Die Entzweiung, die die Enthebung des Bewusstseins aus seinem Anderen impliziert,

[4] Vgl. noch einmal Foucault 1966, 333–334; s.o., S. 34.

iteriert sich in der Schöpfung des Kunstwerks. Als Schöpfung setzt dieses Selbst und Welt, und zwar als Verfehlte; mit der Verfehlung aber setzt es das Begehren nach Einheit und das Wissen um die Unmöglichkeit, diese zu erreichen. Das ‚Ewige' im ‚Zeitlichen' ist Baudelaires Formel für die paradoxe Präsenz des Nichtidentischen im Kunstwerk.

Wie, so ließe sich die Frage formulieren, die Baudelaire in Abwandlung des romantischen Subjektivitätsproblems stellt, ist es möglich, dass aus einem reinen Werden die Sinnhaftigkeit des Kunstwerks hervorgeht? Wenn Baudelaire dies mit dem Konstrukt einer Doppelbewegung aus Setzung und Zerstörung zu erhellen sucht, so ist damit die Frage nach einer Selbstbegrenzung der *imaginatio* zwar beantwortet; doch unentschieden bleibt, wie in dieser Doppelbewegung die Einheit des Sinnes begründet sein kann. Es ist eine Stärke der Poetik Baudelaires, dass sie diese Frage nicht zu beantworten sucht, sondern absichtsvoll offen hält. Die Modernität der Lyrik Baudelaires gründet nicht zuletzt darin, dass sie diese irreduzible Zweidimensionalität affirmiert und in ihr eine Möglichkeit der poetischen Welterschließung sucht.

Wenngleich Sinn der reflexiven Vergewisserung nicht zur Disposition steht, ist er für Baudelaire unhintergehbar. Gerade in der gesteigerten Reflexivität, die aus der Selbstbezüglichkeit der *imaginatio* erwächst, kann ein Anderes des Denkens zum Vorschein kommen. ‚Hinter' Raum und Zeit – und der Kluft, die in ihnen festgeschrieben ist – zeichnet sich deren Koinzidenz ab: das ‚Ewige' im Prosagedicht *L'horloge*; die ‚Strahlen der Kunst' in *Une mort héroïque*; das ‚Wunder in stinkender Dunkelheit' in *Le vieux saltimbanque*. Die Bewegung der Setzung und der Aufhebung von Differenzen erscheint in dieser Perspektive als das selbstreflexive Supplement eines dem subjektiven Zugriff entzogenen Anderen.

Dass die Sphäre des Sinnes sich diskursiver Rationalität entzieht, doch in ihrer Evidenz unhintergehbar ist, rückt für Baudelaire die Möglichkeit in den Blick, der im Kunstwerk zur Darstellung gelangenden Bewegung der Semiose eine wenngleich prekäre Vergewisserung abzugewinnen. Ihr Ort ist nicht die als entfremdend erfahrene Sphäre diskursiver Rationalität, sondern das reine Sich-Ereignen von Sinn. Sie ist gebunden an die Darstellbarkeit eines Anderen des Kunstwerks *im* Kunstwerk selbst; so kann es denn auch nicht wundernehmen, dass die Frage nach einer Darstellbarkeit der Differenz zum Fluchtpunkt des poetologischen Denkens Baudelaires wurde. Das Erhabene, das Neue, das Interessante oder auch das Schockierende sind in dieser Perspektive Versuche, die Erfahrbarkeit der Differenz zu erschließen und sie in einem ästhetischen Erleben eigenen Rechts zu gründen. Diese setzt für Baudelaire mithin gerade nicht ein Vergessen, sondern ein Bewusstwerden der Differenz voraus, die das ästhetische Zeichen vom Bezeichneten trennt. Dem Kunstwerk ist damit eine ästhetische Autonomie konzediert, die über die supplementäre Identität des mimetischen Werks hinausgeht, ohne aber in eine ästhetische Selbstbezüglichkeit zu münden.

Wenn die oben genannten Modi ästhetischer Erfahrung den epiphanen Moment eines Sinn-Geschehens im Zeichen des Verlusts metaphysischer Garantien markieren, so erweist sich im Werk Baudelaires immer wieder das Lesen – die Überschreitung signifikanter Materialität auf eine Bedeutung – als Fluchtpunkt der Reflexionen über die Möglichkeit ästhetischer Erfahrung. Sein produktionsästhetisches Gegenstück ist der Akt des Schreibens. Das frühe Gedicht *Le mauvais moine* deutet diese Wahlverwandtschaft zwischen einer Ästhetik, die der Kunst einen Ausgriff auf die Negativität abverlangt, und dem Medium der Sprache, genauer der Schrift, als ein Reflexivwerden der im Sinne des *Salon de 1859* ‚imaginativen' Kunst. Weniger ein Scheitern der zeichenhaften Welterschließung als vielmehr ein Scheitern, dieses Scheitern zu sagen, erscheint hier als Anlass, die Unhintergehbarkeit des Sinnes in der Schrift zu inszenieren. Als Einheit von Simultan- und Verlaufsgestalt und als Figur einer Koinzidenz von Repräsentanz und Performanz perspektiviert dieses Gedicht einerseits den wahrheits-schöpfenden ästhetischen Akt der Setzung und der Aufhebung der Differenz, andererseits den Akt des Lesens als einen seinerseits schöpferischen Nachvollzug dieser Bewegung.

* * *

Die Denkfiguren der Poetik der *imaginatio* prägen sich Themen und Motiven, doch auch der sprachlichen Gestaltung der Dichtung Baudelaires ein. Die Szenarien des *spleen*, des *ennui* und des Todes, die Thematik des ‚Bösen', ja des ‚Satanischen', der Motivkreis des kreatürlichen Schuldzusammenhangs in seinen beiden Ausprägungsformen – Prostitution und Einverleibung – sind Ausdruck des zentralen Poetologems, demzufolge Schöpfung als Setzung verfehlter Präsenz zu verstehen ist. Dass diese aber erfahrbar ist, setzt die paradoxe Präsenz eines Jenseits des Denkens *im* Denken selbst voraus, die in vielfältigen allegorisch lesbaren Figuren in die Dichtung Baudelaires Eingang finden: Die Zeit, die Grenze, das Ende, doch auch der Melancholiker, der *flâneur*, *bouffon*, *saltimbanque* oder *fou*, die profane Heilige schließlich sind Metafiguren, die den Akt imaginativer Transfiguration in seinen beiden Facetten, der Setzung und der Aufhebung von Differenz, zur Darstellung bringen.

Imaginatio ist aber nicht allein Fluchtpunkt motivischer und thematischer Präferenzen in der Lyrik Baudelaires. Sie ist zugleich ein kardinales Dispositiv einer imaginativen *écriture*. Ihre Verfahren wurden bereits ausführlich beschrieben. Sie sind geprägt durch ein Zusammenspiel zweier gegenläufiger Tendenzen: Zum einen zielen syntagmatische Ambivalenzen, ja Widersprüche, auf eine Pluralisierung der Sinnebenen des Textes; zum anderen aber bündeln Verfahren der Paradigmatisierung – semantische, syntaktische, metrische und nicht zuletzt phonetische Rekurrenzen – diese zu Konfigurationen, die freilich jenseits diskursiver Reflexivität den imaginativ-imaginären Ursprung der symbolischen Ordnung zur Geltung bringen. Die Allegorie ist das vielleicht prägnanteste Verfahren, Sprache als Form der

Selbstdarstellung von Negativität zu valorisieren. Wenn Allegorien per se ein Index der Differenz eignet, so kommt diese Differenz in allegorischen Metafiguren – an erster Stelle sind die Doppelfiguren aus Zeit und *imaginatio* in ihren vielfältigen Ausprägungsformen zu nennen – zu einer Reflexion. Die Doppelung von Zeit und *imaginatio* ist gleichsam die figurative Gestaltung der Denkfigur einer imaginativen Überschreitung der *imaginatio*. Drei weitere zentrale Darstellungsprinzipien begegnen in den *Fleurs du mal* und zumal in den *Petits poèmes en prose*: Erstens kommt in ihnen ein Verfahren zur Geltung, das sich mit Blick auf Derridas Kant-Lektüre als eine parergonale Funktionalisierung der Sprache beschreiben ließe: Die Häufung der Signifikanten erweist diese als Chiffren einer ungesicherten Bedeutung und exponiert die referentielle Unhintergehbarkeit der Zeichen. Zweitens fokussieren textuelle Leerstellen die menschliche Fähigkeit zur *conjecture* und bringen diese zur Reflexion. So werden semantische Brüche in *Une mort héroïque* und *Le* confiteor *de l'artiste* zum Anlass einer Deutungsarbeit des Lesers, die den Akt des Lesens zum Komplement eines sinn-schöpferischen Schreibens avancieren lässt. Und drittens stellt die Engführung von *mimesis* und *poiesis* – etwa in *Les ténèbres* und in *Le* confiteor *de l'artiste* – die Analogie, wenngleich nicht die Identität, von subjektiver Bewusstseinskonstitution und dem Akt des Lesens respektive des Schreibens heraus und profiliert das Schreiben als Figur einer sinnkonstitutiven Bewegung der Semiose.

* * *

Ästhetische Autonomie gründet in einer erfahrbar gemachten Differenz: Dem Kunstwerk muss ein Index seines Anderen eingeschrieben sein, damit es sich als autonomer Raum konstituieren kann. Nur im unaufhebbaren Wechselspiel aus Position und Negation jedoch kommt *im* Kunstwerk dessen Anderes, *im* Anderen das Kunstwerk zur Darstellung. Diese Figur prägt sich der Dichtung Baudelaires ein. Sie ist im Sinne Foucaults ‚modern', insofern sie dem ‚Anderen' des Denkens, das zu denken der Moderne aufgegeben ist, eine Stimme verleiht: Dieses ‚Andere' in der Sprache zu einer Darstellung zu bringen, ist Fluchtpunkt für Baudelaires Denken der *imaginatio*. Doch die Figur überschreitet die moderne Konfiguration, insofern sie deren Setzung – das ‚Jenseits' eines dem Menschen unverfügbaren Grundes – dekonstruiert, um Negativität als Implikation der Schaffung sinnhafter Ordnungen herauszustellen. Jeder Akt der imaginativen Schöpfung, so ließe sich resümieren, führt sein Anderes mit sich, insofern jeder Akt der Schöpfung sein Anderes je schon setzt. Künstlerische Schöpfung ist in diesem Sinne *illumination*: Sie ist ein Akt der Sinnzuschreibung, die in der Materialität des Gegebenen deren potentiellen Sinn ausmacht und diesen im Werk zu ästhetischer Prägnanz bringt. Wenn Baudelaire in seinen Reflexionen über *imaginatio* ausgreift auf das Ungedachte, so erhalten seine Überlegungen durch die Frage nach dem Ort des Anderen Konturen, die über die Moderne hinausweisen. Das Konstrukt eines trennend-verbindenden Prinzips der Sinnkonstitution erscheint in dieser Perspektive selbst als Chiffre einer unverfügbaren und unabschließbaren imaginativen Semiose.

ANHANG.
CHARLES BAUDELAIRE, *UNE MORT HÉROÏQUE*

Fancioulle était un admirable bouffon, et presque un des amis du Prince. Mais pour les personnes vouées par état au comique, les choses sérieuses ont de fatales attractions, et, bien qu'il puisse paraître bizarre que les idées de patrie et de liberté s'emparent despotiquement du cerveau d'un histrion, un jour Fancioulle entra dans une conspiration formée par quelques gentilshommes mécontents.

Il existe partout des hommes de bien pour dénoncer au pouvoir ces individus d'humeur atrabilaire qui veulent déposer les princes et opérer, sans la consulter, le déménagement d'une société. Les seigneurs en question furent arrêtés, ainsi que Fancioulle, et voués à une mort certaine.

Je croirais volontiers que le Prince fut presque fâché de trouver son comédien favori parmi les rebelles. Le Prince n'était ni meilleur ni pire qu'un autre ; mais une excessive
319 sensibilité le rendait, en beaucoup de cas, plus cruel et plus despote que tous | ses pareils. Amoureux passionné des beaux-arts, excellent connaisseur d'ailleurs, il était vraiment insatiable de voluptés. Assez indifférent relativement aux hommes et à la morale, véritable artiste lui-même, il ne connaissait d'ennemi dangereux que l'Ennui, et les efforts bizarres qu'il faisait pour fuir ou pour vaincre ce tyran du monde lui auraient certainement attiré, de la part d'un historien sévère, l'épithète de « monstre », s'il avait été permis, dans ses domaines, d'écrire quoi que ce fût qui ne tendît pas uniquement au plaisir ou à l'étonnement, qui est une des formes les plus délicates du plaisir. Le grand malheur de ce Prince fut qu'il n'eut jamais un théâtre assez vaste pour son génie. Il y a de jeunes Nérons qui étouffent dans des limites trop étroites, et dont les siècles à venir ignoreront toujours le nom et la bonne volonté. L'imprévoyante Providence avait donné à celui-ci des facultés plus grandes que ses Etats.

Tout d'un coup le bruit courut que le souverain voulait faire grâce à tous les conjurés ; et l'origine de ce bruit fut l'annonce d'un grand spectacle où Fancioulle devait jouer l'un de ses principaux et de ses meilleurs rôles, et auquel assisteraient même, disait-on, les gentilshommes condamnés ; signe évident, ajoutaient les esprits superficiels, des tendances généreuses du Prince offensé.

De la part d'un homme aussi naturellement et volontairement excentrique, tout était possible, même la vertu, même la clémence, surtout s'il avait pu espérer y trouver des plaisirs inattendus. Mais pour ceux qui, comme moi, avaient pu pénétrer plus avant dans les profondeurs de cette âme curieuse et malade, il était infiniment plus probable que le Prince voulait juger de la valeur des talents scéniques d'un homme condamné à mort. Il voulait profiter de l'occasion pour faire une expérience physiologique d'un intérêt *capital*, et vérifier jusqu'à quel point les facultés habituelles d'un artiste pouvaient être altérées ou modifiées par la situation extraordinaire où il se trouvait ; au-delà, existait-il dans son âme une intention plus ou moins arrêtée de clémence ? C'est un point qui n'a jamais pu être éclairci.

Enfin, le grand jour arrivé, cette petite cour dé|ploya toutes ses pompes, et il serait
320 difficile de concevoir, à moins de l'avoir vu, tout ce que la classe privilégiée d'un petit Etat, à ressources restreintes, peut montrer de splendeurs pour une vraie solennité. Celle-là était doublement vraie, d'abord par la magie du luxe étalé, ensuite par l'intérêt moral et mystérieux qui y était attaché.

Le sieur Fancioulle excellait surtout dans les rôles muets ou peu chargés de paroles, qui sont souvent les principaux dans ces drames féeriques dont l'objet est de représenter symboliquement le mystère de la vie. Il entra en scène légèrement et avec une aisance parfaite, ce qui contribua à fortifier, dans le noble public, l'idée de douceur et de pardon.

Quand on dit d'un comédien : « Voilà un bon comédien », on se sert d'une formule qui implique que sous le personnage se laisse encore deviner le comédien, c'est-à-dire l'art, l'effort, la volonté. Or, si un comédien arrivait à être, relativement au personnage qu'il est chargé d'exprimer, ce que les meilleures statues de l'Antiquité, miraculeusement animées, vivantes, marchantes, voyantes, seraient relativement à l'idée générale et confuse de beauté, ce serait là, sans doute, un cas singulier et tout à fait imprévu. Fancioulle fut, ce soir-là, une parfaite idéalisation, qu'il était impossible de ne pas supposer vivante, possible, réelle. Ce bouffon allait, venait, riait, pleurait, se convulsait, avec une indestructible auréole autour de la tête, auréole invisible pour tous, mais visible pour moi, et où se mêlaient, dans un étrange amalgame, les rayons de l'Art et la gloire du Martyre. Fancioulle introduisait, par je ne sais quelle grâce spéciale, le divin et le surnaturel, jusque dans les plus extravagantes bouffonneries. Ma plume tremble, et des larmes d'une émotion toujours présente me montent aux yeux pendant que je cherche à vous décrire cette inoubliable soirée. Fancioulle me prouvait, d'une manière péremptoire, irréfutable, que l'ivresse de l'Art est plus apte que toute autre à voiler les terreurs du gouffre ; que le génie peut jouer la comédie au bord de la tombe avec une joie qui l'empêche de voir la tombe, perdu, comme il est, dans un paradis excluant toute idée de tombe et de destruction. |

Tout ce public, si blasé et frivole qu'il pût être, subit bientôt la toute-puissante
321 domination de l'artiste. Personne ne rêva plus de mort, de deuil, ni de supplices. Chacun s'abandonna, sans inquiétude, aux voluptés multipliées que donne la vue d'un chef-d'oeuvre d'art vivant. Les explosions de la joie et de l'admiration ébranlèrent à plusieurs reprises les voûtes de l'édifice avec l'énergie d'un tonnerre continu. Le Prince lui-même, enivré, mêla ses applaudissements à ceux de sa cour.

Cependant, pour un œil clairvoyant, son ivresse, à lui, n'était pas sans mélange. Se sentait-il vaincu dans son pouvoir de despote ? humilié dans son art de terrifier les cœurs et d'engourdir les esprits ? frustré de ses espérances et bafoué dans ses prévisions ? De telles suppositions non exactement justifiées, mais non absolument injustifiables, traversèrent mon esprit pendant que je contemplais le visage du Prince, sur lequel une pâleur nouvelle s'ajoutait sans cesse à sa pâleur habituelle, comme la neige s'ajoute à la neige. Ses lèvres se resserraient de plus en plus, et ses yeux s'éclairaient d'un feu intérieur semblable à celui de la jalousie et de la rancune, même pendant qu'il applaudissait ostensiblement les talents de son vieil ami, l'étrange bouffon, qui bouffonnait si bien la mort. A un certain moment, je vis Son Altesse se pencher vers un petit page, placé derrière elle, et lui parler à l'oreille. La physionomie espiègle du joli enfant s'illumina d'un sourire ; et puis il quitta vivement la loge princière comme pour s'acquitter d'une commission urgente.

Quelques minutes plus tard un coup de sifflet aigu, prolongé, interrompit Fancioulle dans un de ses meilleurs moments, et déchira à la fois les oreilles et les cœurs. Et de l'endroit de la salle d'où avait jailli cette désapprobation inattendue, un enfant se précipitait dans un corridor avec des rires étouffés.

Fancioulle, secoué, réveillé dans son rêve, ferma d'abord les yeux, puis les rouvrit presque aussitôt, démesurément agrandis, ouvrit ensuite la bouche comme pour respirer convulsivement, chancela un peu en avant, un peu en arrière, et puis tomba roide mort sur les planches.

Le sifflet, rapide comme un glaive, avait-il réelle|ment frustré le bourreau ? Le Prince avait-il lui-même deviné toute l'homicide efficacité de sa ruse ? Il est permis d'en douter. Regretta-t-il son cher et inimitable Fancioulle ? Il est doux et légitime de le croire.

322 Les gentilshommes coupables avaient joui pour la dernière fois du spectacle de la comédie. Dans la même nuit ils furent effacés de la vie.

Depuis lors, plusieurs mimes, justement appréciés dans différents pays, sont venus jouer devant la cour de *** ; mais aucun d'eux n'a pu rappeler les merveilleux talents de Fancioulle, ni s'élever jusqu'à la même *faveur*[1].

[1] OC I, 319–324; zuerst erschienen 1863 (*Revue nationale et étrangère*).

NAMENSINDEX

Verzeichnet sind die in der Primärliteratur aufgeführten Autoren. Baudelaire wird nicht eigens aufgeführt. Ein Register der in der Arbeit zitierten Werke Baudelaires findet sich S. 403.

WERKINDEX

Verzeichnet sind die in der Arbeit zitierten Texte Baudelaires.

LITERATURVERZEICHNIS

Primärliteratur

Aragon, Louis, *Le paysan de Paris*, Paris 1996.

Aristoteles, *Über die Seele*, gr./dt., übers. nach W. Theiler v. H. Seidl, Hamburg 1995.

Aristoteles, „De memoria et reminiscentia", in: *Parva naturalia*, hg. v. D. Ross, Oxford 1955.

Aristoteles, „De insomniis", in: *De insomniis. De divinatione per somnum*, übers. u. erl. v. Ph. J. van der Eijk, *Werke in deutscher Übersetzung* 14. III, begründet von E. Grumach, hg. v. H. Flashar, Berlin 1994, 15–24.

Aristoteles, „De memoria et reminiscentia", in: *Parva naturalia*, hg. v. D. Ross, Oxford 1955.

Aristoteles, *De memoria et reminiscentia*, übers. u. erl. v. R. A. H. King, *Werke in deutscher Übersetzung* 14. II, begründet von E. Grumach, hg. v. H. Flashar, Berlin 2004.

Aristoteles, *Ethica Nicomachea*, hg. v. F. Susemihl/O. Apelt, Leipzig 1912 [1878].

Augustinus, *Sancti Aurelii Augustini Epistulae I-LV*, hg. v. K. D. Daur, *Aurelii Augustini Opera* III.1, *Corpus Christianorum. Series latina* XXI, Turnhout 2004.

Augustinus, *Bekenntnisse. Confessiones*, eingel., übers. u. erl. v. J. Bernhart, Frankfurt a. M. 1987.

Bacon, Francis, *Neues Organon* 1, lat.-dt., hg. v. W. Krohn, Hamburg 1990.

Baudelaire, Charles, *Œuvres complètes*, hg. v. C. Pichois, 2 Bde., Paris 1975/76 [= OC].

Baudelaire, Charles, *Correspondances*, hg. v. C. Pichois unter Mitarbeit v. J. Ziegler, 2 Bde., Paris 1973 [= Corr.].

Baudelaire, Charles, *Curiosités esthétiques, L'art romantique et autres œuvres critiques*, hg. v. H. Lemaitre, Paris 1962 [= CE].

Berkeley, George, „Principles of Human Knowledge", in: *Principles of Human Knowledge and Three Dialogues*, hg. v. H. Robinson, Oxford/New York 1996, 1–95.

Boethius, *Trost der Philosophie*, lat./dt., aus dem Lateinischen von E. Neitzke, Frankfurt a. M. 1997.

Boileau, Nicolas, „Traité du sublime, ou du merveilleux dans le discours“, in: *Œuvres complètes*, hg. v. F. Escal, Paris 1966, 331–440 [= 1966a].

Boileau, Nicolas, „Réflexions critiques“, in: *Œuvres complètes*, hg. v. F. Escal, Paris 1966, 491–563 [= 1966b].

Borges, Jorge Luis, „El idioma analítico de John Wilkins“, in: *Obras completas* II, *1952-1972*, Barcelona 1996, 84–87.

Brieude, Art. „Imagination. (*Imaginatio.*) Moyen préservatif & curatif. (*Thérapeutique.*)“, in: *Dictionnaire méthodique. Médécine*, VII, Paris, an VI – 1798, 474–487 [= 1798a].

Brieude, Art. „Imagination. (Cause de maladie) (*Pathologie.*)“, in: *Dictionnaire méthodique. Médécine*, VII, Paris, an VI – 1798, 487–491[= 1798b].

Burke, Edmund, *A Philosophical Enquiry into the Origin of our Ideas of the Sublime and Beautiful*, London 1958.

Chateaubriand, François-René de, *Essai sur les révolutions. Génie du christianisme*, hg. v. M. Regard, Paris 1978.

Chateaubriand, François-René de, „René“, in: *Œuvres romanesques et voyages* I, hg. v. M. Regard, Paris 1969.

Cicero, „Timaeus“, in: *M. Tulli Ciceronis Paradoxa stoicorum, Academicorum reliquiae cum Lucullo, Timaeus, De natura deorum, De divinatione, De fato*, hg. v. O. Plasberg, Leipzig 1908.

Condillac, Etienne Bonnot de, *Essai sur l'origine des connaissances humaines. Œuvres complètes* I, Genève 1970 [= Nachdr. d. Ausg. Paris 1821–1822] [= 1970a].

Condillac, Etienne Bonnot de, *Traité des systèmes. Œuvres complètes* II, Genève 1970 [= Nachdr. d. Ausg. Paris 1821–1822] [= 1970b].

Condillac, Etienne Bonnot de, „Extrait raisonné du Traité des sensations“, in: *Œuvres complètes* III, Genève 1970 [= Nachdr. d. Ausg. Paris 1821–1822], 3–36 [= 1970c].

Condillac, Etienne Bonnot de, „Traité des sensations“, in: *Œuvres complètes* III, Genève 1970 [= Nachdr. d. Ausg. Paris 1821–1822], 37–310 [= 1970d].

Condillac, Etienne Bonnot de, „Traité des animaux“, in: *Œuvres complètes* III, Genève 1970 [= Nachdr. d. Ausg. Paris 1821–1822], 329–471 [= 1970e].

Condillac, Etienne Bonnot de, „Traité de l'art d'écrire“, in: *Œuvres complètes* V, Genève 1970, 187–497 [= Nachdr. d. Ausg. Paris 1821–1822] [= 1970f].

Condillac, Etienne Bonnot de, *Grammaire. Œuvres complètes* VI, Genève 1970 [= Nachdr. d. Ausg. Paris 1821–1822] [= 1970g].

Condillac, Etienne Bonnot de, *La langue des calculs. Œuvres complètes* XVI, Genève 1970 [= Nachdr. d. Ausg. Paris 1821–1822] [= 1970h].

D'Alembert, Jean, „Discours préliminaire de l'encyclopédie“, in: *Œuvres complètes* I, Genève 1967 [= Nachdr. d. Ausg. Paris 1821–1822], 13–114.

Dante Alighieri, *Opere minori* I.1. *Vita nuova. Rime*, hg. v. D. de Robertis/G. Contini, Milano/Napoli 1995.

Dante Alighieri, *De vulgari eloquentia*, hg. v. A. Marigo, Firenze 1957.

Descartes, René, *Meditationes de prima philosophia. Œuvres de Descartes* VII, hg. v. Ch. Adam/P. Tannery, Paris 1996 [= 1996a].

Descartes, René, *Meditations et principes. Traduction française. Œuvres de Descartes* IX, hg. v. Ch. Adam/P. Tannery, Paris 1996 [= 1996b].

Descartes, René, „*Des passions de l'âme*", in: *Œuvres de Descartes* IX, hg. v. Ch. Adam/P. Tannery, Paris 1996, 291–497 [= 1996c].

Diderot, Denis, „Salon der 1767", in: *Salon de 1767. Salon de 1769*, hg. v. E. M. Bukdahl/M. Delon/A. Lorenceau, Paris 1990, 53–525.

Diderot, Denis, *Salon de 1765. Essais sur la peinture*, hg. v. E. M. Bukdahl/A. Lorenceau/G. May, Paris 1984.

Diderot, Denis, „Lettre sur les aveugles", in: *Œuvres*, hg. v. A. Billy, Paris 1951, 811–872.

Diderot, Denis, Art. „Mélancolie", in: ders./Jean d'Alembert (Hg.), *Encyclopédie, ou dictionnaire raisonné des sciences, des arts et des métiers* XXI, Genève 1778, 432–437 [= 1778a].

Diderot, Denis, Art. „Nation", in: ders./Jean d'Alembert (Hg.), *Encyclopédie, ou dictionnaire raisonné des sciences, des arts et des métiers* XXII, Genève 1778, 747 [= 1778b].

Diderot, Denis, Art. „Somnambule, & somnambulisme", in: ders./Jean d'Alembert (Hg.), *Encyclopédie, ou dictionnaire raisonné des sciences, des arts et des métiers* XXXI, Genève 1778, 393–397 [= 1778c].

Diogenes Laertius, *De vitis, dogmatis et apophthegmatis clarorum philosophorum libri decem* II, hg. v. H. G. Huebner, Hildesheim/New York 1981 [= Nachdr. d. Ausg. Leipzig 1828].

Du Bos, Jean-Baptiste, *Réflexions critiques sur la poésie et sur la peinture*, Genève 1967 [= Nachdr. d. Ausg. Paris 1770].

Ficino, Marsilio, *Platonic theology* V, hg. v. J. Hankins/W. Bowen, übers. v. M. J. B. Allen, Cambridge, Mass./London 2005.

Ficino, Marsilio, *Platonic theology* III, hg. v. J. Hankins/W. Bowen, übers. v. M. J. B. Allen/J. Warden, Cambridge, Mass./London 2003.

Ficino, Marsilio, *Platonic theology* II, hg. v. J. Hankins/W. Bowen, übers. v. M. J. B. Allen/J. Warden, Cambridge, Mass./London 2002.

Fleury, M., *De l'imagination, considérée comme cause et comme moyen préservatif et curatif des maladies*, Paris 1818.

Gautier, Théophile, „Du Beau dans l'art", in: ders., *L'art moderne*, Paris 1856, 129–166.

Gautier, Théophile, *Poésies complètes* II, hg. v. R. Jasinski, Paris 1970.

Hegel, Georg Wilhelm Friedrich, *Vorlesungen über die Ästhetik* I, *Werke* 13, hg. v. E. Moldenhauer/K. M. Michel, Frankfurt a. M. 1986 [= 1986a].

Hegel, Georg Wilhelm Friedrich, *Vorlesungen über die Ästhetik* II, *Werke* 14, hg. v. E. Moldenhauer/K. M. Michel, Frankfurt a. M. 1986 [= 1986b].

Herder, Johann Gottfried von, *Ideen zur Philosophie der Geschichte der Menschheit. Sämmtliche Werke* 13, hg. v. B. Suphan, Berlin 1887.
Horaz, *Odes et épodes*, hg. v. F. Villeneuve, Paris 1959.
Hugo, Victor, *Correspondance 2. 1849–1866*, Paris 1950.
Hülser, K. (Hg.), *Die Fragmente zur Dialektik der Stoiker* II, Stuttgart/Bad Cannstatt 1987.
Joly, H., *L'imagination. Étude de psychologie*, Paris 1877.
Kant, Immanuel, *Kritik der reinen Vernunft*, Hamburg 2003.
Kant, Immanuel, *Kritik der Urteilskraft*, Hamburg 2001.
Lamartine, Alphonse de, *Méditations*, hg. v. F. Letessier, Paris 1968.
Lamartine, Alphonse de, „La chute d'un ange", in: *Œuvres poétiques complètes*, hg. v. M.-F. Guyard, Paris 1963, 803–1081.
Lamartine, Alphonse de, *Cours familier de littérature* I, Paris 1856.
Lévesque de Pouilly, *Théorie de l'imagination*, Paris, an XI – 1803.
Locke John, *An Essay concerning human understanding* II, *The works of John Locke* 1, Aalen 1963 [Nachdr. d. Ausg. London 1823].
Maine de Biran, *Mémoire sur la décomposition de la pensée. Œuvres de Maine de Biran* III, hg. v. P. Tisserand, Paris 1924.
Malebranche, Nicolas, *Œuvres* I, hg. v. G. Rodis-Lewis/G. Malbreil, Paris 1979.
Mallarmé, Stéphane, „Crise de vers", in: *Œuvres complètes* II, hg. v. B. Marchal, Paris 2003, 204–213.
Mallarmé, Stéphane, *Correspondance 1862–1871*, hg. v. H. Mondor, Paris 1959.
Meister, Jacques Henri, *Lettres sur l'imagination*, Londres 1799.
La Mettrie, Julien Offray de, *L'homme machine. Die Maschine Mensch*, übers. u. hg. v. C. Becker, Hamburg 1990.
Milton, John, *Paradise lost*, introduced by Ph. Pullman, Oxford 2005.
Montaigne, Michel de, *Les Essais* I (I/II), Hildesheim/New York 1981.
Montesquieu, „De l'esprit des lois", in: *Œuvres complètes* II, hg. v. R. Caillois, Paris 1951, 225–995.
Nerval, Gérard de, „Les Chimères", in: *Œuvres*, hg. v. H. Lemaitre, Paris 1966.
Nicole, Pierre, „De la connaissance de soi-même", in: *Œuvres philosophiques et morales*, hg. v. Ch. Jourdain, Hildesheim 1970 [Nachdr. d. Ausg. Paris 1845], 11–69.
Obeuf, H.-N., *Dissertation sur l'imagination, présentée et soutenue à la Faculté de Médecine de Paris, le 1er décembre 1815, pour obtenir le grade de Docteur en Médecine*, Paris 1815.
Ovidius, *Metamorphoses*, hg. v. R. J. Tarrant, Oxford 2004.
Ovid, *Metamorphosen*, übers. v. J. H. Voß, Frankfurt a. M./Leipzig 1990.
Pascal de la Court, Louys, *Tableau des Gaules en forme de colloque entre des hommes des principales nations de l'Europe, divisé en deux parties*, Paris 1622.
Pascal, Blaise, „Pensées", in: *Œuvres complètes* II, hg. v. M. Le Guern, Paris 2000, 541–1082.

Pico della Mirandola, Gianfrancesco, *Über die Vorstellung. De imaginatione*, lat.-dt., hg. v. E. Kessler, München 1984.

Platon, „Ion", in: *Werke in acht Bänden. Griechisch und deutsch*, hg. v. G. Eigler, Bd. 1: *Ion, Hippias II, Protagoras, Laches, Charmides, Euthyphron, Lysis, Hippias I, Alkibiades I*, bearbeitet von H. Hofmann, übers. v. F. Schleiermacher, Darmstadt 2001, 1–39.

Platon, „Phaidros", in: *Werke in acht Bänden. Griechisch und deutsch*, hg. v. G. Eigler, Bd. 5: *Phaidros, Parmenides, Briefe*, bearbeitet von D. Kurz, übers. v. D. Kurz/F. Schleiermacher, Darmstadt 2001, 1–193.

Platon, „Philebos", in: *Werke in acht Bänden. Griechisch und deutsch*, hg. v. G. Eigler, Bd. 7: *Timaios. Kritias. Philebos*, bearbeitet von K. Widdra, übers. v. H. Müller/F. Schleiermacher, Darmstadt 2001, 255–443.

Platon, *Politeia. Werke in acht Bänden. Griechisch und deutsch*, hg. v. G. Eigler, Bd. 4: *Der Staat*, bearbeitet von D. Kurz, übers. v. F. Schleiermacher, Darmstadt 2001.

Platon, „Sophistes", in: *Werke in acht Bänden. Griechisch und deutsch*, hg. v. G. Eigler, Bd. 6: *Theaitetos. Der Sophist. Der Staatsmann*, bearbeitet von P. Staudacher, übers. v. F. Schleiermacher, Darmstadt 2001, 219–401.

Platon, „Timaios", in: *Werke in acht Bänden. Griechisch und deutsch*, hg. v. G. Eigler, Bd. 7: *Timaios. Kritias. Philebos*, bearbeitet von K. Widdra, übers. v. H. Müller/F. Schleiermacher, Darmstadt 2001, 1–210.

Plotin, *Enneaden. Plotins Schriften*, 7 Bde., übers. v. R. Harder, Hamburg 1956–71.

[Pseudo-]Aristoteles, *Problemata physica*, hg. v. C. A. Ruelle, Leipzig 1923.

[Pseudo-]Aristoteles, *Problemata physica*, übers. v. H. Flashar, Darmstadt 1962.

[Pseudo-]Longinus, *Vom Erhabenen*, gr./dt., übers. u. hg. v. O. Schönberger, Stuttgart 1988.

Quintilian, *Institutionis oratoriae libri duodecim* 1, hg. v. M. Winterbottom, Oxford 1970 [= 1970a].

Quintilian, *Institutionis oratoriae libri duodecim* 2, hg. v. M. Winterbottom, Oxford 1970 [= 1970b].

Rimbaud, Arthur, *Œuvres complètes*, hg. v. A. Antoine, Paris 1972.

Rivarol, Antoine de, *L'universalité de la langue française*, hg. v. J. Dutourd, Paris 1991.

Rousseau, Jean-Jacques, „Essai sur l'origine des langues", in: *Œuvres complètes* V. *Écrits sur la musique, la langue et le théâtre*, hg. v. B. Gagnebin/M. Raymond et al., Paris 1995, 371–429.

Rousseau, Jean-Jacques, „Émile", in: *Œuvres complètes* IV. *Émile. Éducation – Morale – Botanique*, hg. v. B. Gagnebin/M. Raymond, Paris 1969, 239–877.

Staël, Germaine de, *De la littérature considérée dans ses rapports avec les institutions sociales*, hg. v. A. Blaeschke, Paris 1998.

Staël, Germaine de, *De l'Allemagne* I, hg. v. S. Balayé, Paris 1968 [= 1968a].

Staël, Germaine de, *De l'Allemagne* II, hg. v. S. Balayé, Paris 1968 [= 1968b].
Thomas von Aquin, *Summa theologiæ* Bd. 12. *Human intelligence*, hg. v. P. T. Durbin, Cambridge/New York 2006.
Voltaire, *Dictionnaire philosophique*, hg. v. R. Naves/J. Benda, Paris 1967.
Voltaire, Art. „Imagination, imaginer", in: Denis Diderot/Jean d'Alembert (Hg.), *Encyclopédie, ou dictionnaire raisonné des sciences, des arts et des métiers* XVIII, Genève 1778, 371–381.

Forschungsliteratur

Aarsleff, H., *From Locke to Saussure. Essays on the Study of Language and Intellectual History*, London 1982.
Abel, E., „Redefining the Sister Arts – Baudelaire's Response to the Art of Delacroix", in: *Critical Inquiry* 6 (1980), 363–384.
Adorno, Th. W., *Negative Dialektik. Jargon der Eigentlichkeit*, *Gesammelte Schriften* 6, hg. v. R. Tiedemann, Frankfurt a. M. 2003 [= 2003a].
Adorno, Th. W., *Ästhetische Theorie*, *Gesammelte Schriften* 7, hg. v. R. Tiedemann, Frankfurt a. M. 2003 [= 2003b].
Adorno, Th. W., *Noten zur Literatur*, *Gesammelte Schriften* 11, hg. v. R. Tiedemann, Frankfurt a. M. 1981.
Agamben, G., *Stanze. La parola e il fantasma nella cultura occidentale*, Torino 1977.
Assmann, A./Assmann, J., „Geheimnis und Offenbarung", in: dies./Th. Sundermeier (Hg.), *Schleier und Schwelle. Geheimnis und Offenbarung* [= Archäologie der literarischen Kommunikation V, 2], München 1998, 7–14.
Auerbach, E., „Baudelaires ‚Fleurs du Mal' und das Erhabene", in: A. Noyer-Weidner (Hg.), *Baudelaire*, Darmstadt 1976, 137–160, hier 156–157 [zuerst in: E. Auerbach, *Vier Untersuchungen zur Geschichte der französischen Bildung*, Bern 1951, 107–127].
Auroux, S., „Condillac ou la vertu des signes", in: Condillac, *La Langue des calculs*, hg. v. A.-M. Chouillet/S. Auroux, Lille 1981, I-XXX.
Auroux, S./Kaltz, B., „Analyse, Expérience", in: R. Reichardt/E. Schmidt (Hg.), *Handbuch politisch-sozialer Grundbegriffe in Frankreich 1680–1820*, Heft 6, München 1986, 7–40.
Austin, Ll. J., *L'univers poétique de Baudelaire: symbolisme et symbolique*, Paris 1956.
Babb, L., *The Elizabethan Malady. A Study of Melancholia in English Literature from 1580 to 1642*, East Lansing 1965.
Backes, M., *Die Figuren der romantischen Vision. Victor Hugo als Paradigma*, Tübingen 1994.
Barck, K., *Poesie und Imagination. Studien zu ihrer Reflexionsgeschichte zwischen Aufklärung und Moderne*, Stuttgart 1993.
Barck, K., „Baudelaires Ästhetik der Modernität. Widerspiegelung und Vergegenständlichung als Probleme einer Poetik", in: D. Schlenstedt (Hg.)., *Literarische Widerspiegelung. Geschichtliche und theoretische Dimensionen eines Problems*, Berlin/Weimar 1983, 291–358.
Barthes, R., *Le degré zéro de la littérature, suivi de Nouveaux essais critiques*, Paris 1972.

Becq, A., *Genèse de l'esthétique française moderne – De la raison classique à l'imagination créatrice. 1680–1814*, Pisa 1984.

Begemann, Ch., *Furcht und Angst im Prozeß der Aufklärung. Zu Literatur und Bewußtseinsgeschichte des 18. Jahrhunderts*, Frankfurt a. M. 1987.

Behrens, R., „Vorwort", in: ders./J. Steigerwald (Hg.), *Die Macht und das Imaginäre. Eine kulturelle Verwandtschaft in der Literatur zwischen Früher Neuzeit und Moderne*, Würzburg 2005, 7–13.

Behrens, R. (Hg.), *Ordnungen des Imaginären. Theorien der Imagination in funktionsgeschichtlicher Sicht* [= Sonderheft der Zeitschrift für Ästhetik und Allgemeine Kulturwissenschaft], Hamburg 2002 [= 2002a].

Behrens, R., „Theoretische und literarische Modellierung der Imagination in der französischen Frühaufklärung", in: ders. (Hg.), *Ordnungen des Imaginären. Theorien der Imagination in funktionsgeschichtlicher Sicht* (= Sonderheft der Zeitschrift für Ästhetik und Allgemeine Kunstwissenschaft), Hamburg 2002, 117–140 [= 2002b].

Behrens, R., „‚Sens intérieur' und meditierende Theoriesuche. Jacob Heinrich Meisters *Lettres sur l'imagination* (1794/1799)", in: P.-A. Alt/A. Košenina/H. Reinhardt/W. Riedel (Hg.), *Prägnanter Moment. Festschrift für Hans-Jürgen Schings*, Würzburg 2002, 149–165 [= 2002c].

Beierwaltes, W., *Das wahre Selbst. Studien zu Plotins Begriff des Geistes und des Einen*, Frankfurt a. M. 2001.

Beierwaltes, W., *Denken des Einen. Studien zur neuplatonischen Philosophie und ihrer Wirkungsgeschichte*, Frankfurt a. M. 1985.

Beierwaltes, W., *Identität und Differenz*, Frankfurt a. M. 1980.

Beil, U. J., Art. „Phantasie", in: *Historisches Wörterbuch der Rhetorik* 6, hg. v. G. Ueding, Tübingen 2003, Sp. 927–943.

Benjamin, W., „Der Begriff der Kunstkritik in der deutschen Romantik", in: *Gesammelte Schriften* I.2, hg. v. R. Tiedemann/H. Schweppenhäuser, Frankfurt a. M. 1991, 7–122 [= 1991a].

Benjamin, W., „Ursprung des deutschen Trauerspiels", in: *Gesammelte Schriften* I.1, hg. v. R. Tiedemann/H. Schweppenhäuser, Frankfurt a. M. 1991, 203–430 [= 1991b].

Benjamin, W., „Charles Baudelaire. Ein Lyriker im Zeitalter des Hochkapitalismus", in: *Gesammelte Schriften* I.2, hg. v. R. Tiedemann/H. Schweppenhäuser, Frankfurt a. M. 1991, 509–690 [= 1991c].

Benjamin, W., „Über Sprache überhaupt und über die Sprache des Menschen", in: *Gesammelte Schriften* II.1, hg. v. R. Tiedemann/H. Schweppenhäuser, Frankfurt a. M. 1991, 140–157 [= 1991d].

Benjamin, W., „Über das Programm der kommenden Philosophie"; in: *Gesammelte Schriften* II.1, hg. v. R. Tiedemann/H. Schweppenhäuser, Frankfurt a. M. 1991, 157–171 [= 1991e].

Benjamin, W., „Der Sürrealismus", in: *Gesammelte Schriften* II.1, hg. v. R. Tiedemann/H. Schweppenhäuser, Frankfurt a. M. 1991, 295–310 [= 1991f].

Benjamin, W., *Das Passagen-Werk. Gesammelte Schriften* V, hg. v. R. Tiedemann/H. Schweppenhäuser, Frankfurt a. M. 1991 [= 1991g].

Benjamin, W., *Briefe* I, hg. v. G. Scholem/Th. W. Adorno, Frankfurt a. M. 1978.

Bernard, B./Saint-Giron, B. et al. (Hg.), *Le paysage et la question du sublime*, Paris 1997.

Bernard, S., *Le poème en prose de Baudelaire à nos jours*, Paris 1959.

Birus, H., „Zwischen den Zeiten. Friedrich Schleiermacher als Klassiker der neuzeitlichen Hermeneutik", in: ders. (Hg.), *Hermeneutische Positionen. Schleiermacher, Dilthey, Heidegger, Gadamer*, Göttingen 1982, 15–58.

Blanchot, M., „Le mythe de Mallarmé", in: *La part du feu*, Paris 1949, 35–48.

Blumenberg, H., „‚Nachahmung der Natur'. Zur Vorgeschichte der Idee des schöpferischen Menschen", in: *Wirklichkeiten, in denen wir leben*, Stuttgart 1981, 55–103.

Bode, Ch., *Ästhetik der Ambiguität. Zu Funktion und Bedeutung von Mehrdeutigkeit in der Literatur der Moderne*, Tübingen 1988.

Bohrer, K. H., *Der Abschied. Theorie der Trauer*, Frankfurt a. M. 1996.

Bohrer, K. H., „Das Böse – eine ästhetische Kategorie?", in: *Nach der Natur: Über Politik und Ästhetik*, München 1988, 110–132.

Bonnefoy, Y., „Les fleurs du mal", in: *L'improbable, suivi de Un rêve fait à Mantoue*, Paris 1980, 29–38.

Bras, G./Cléro, J. P., *Pascal. Figures de l'imagination*, Paris 1994.

Brookner, A., *The Genius of Future: Diderot, Stendhal, Baudelaire, Zola, the Brothers Goncourt, Huysmans - Essays in French Art Criticism*, Ithaca 1988, 57–87.

Budick, S./Iser, W. (Hg.), *Languages of the Unsayable. The Play of Negativity in Literature and Literary Theory*, Stanford 1987.

Bühler, K., *Sprachtheorie. Die Darstellungsfunktion der Sprache*, Stuttgart/New York 1982 [1934].

Bundy, M. W., *The Theory of Imagination in classical and medieval thought*, Philadelphia 1978 [1927].

Busche, H., „Die Aufgaben der phantasia nach Aristoteles", in: Th. Dewender/Th. Welt (Hg.), *Imagination – Fiktion – Kreation. Das kulturschaffende Vermögen der Phantasie*, München 2003.

Busche, H., „Die interpretierende Kraft der Aisthesis. Wahrheit und Irrtum der Wahrnehmung bei Aristoteles", in: G. Figal (Hg.), *Interpretationen der Wahrheit*, Tübingen 2002, 112–142.

Busche, H., *Die Seele als System. Aristoteles' Wissenschaft von der Psyche*, Hamburg 1997.

Busche, H., „Hat Phantasie nach Aristoteles eine interpretierende Funktion in der Wahrnehmung?“, in: *Zeitschrift für philosophische Forschung* 51 (1997), 565–589.

Camassa, G./Evrard, E./Benakis, L./Pagnoni-Sturlese, M. R., Art. „Phantasia“, in: *Historisches Wörterbuch der Philosophie* 7, hg. v. J. Ritter/K. Gründer, Darmstadt 1989, Sp. 516–522.

Carrier, D., *High Art – Charles Baudelaire and the Origins of Modernist Painting*, University Park, Pennsylvania, 1996.

Carrier, D., „Baudelaire's Philosophical Theory of Beauty“, in: *Nineteenth-Century French Studies* 23 (1994–1995), 382–402.

Cassirer, E., „Descartes' Wahrheitsbegriff“, in: *Descartes. Leben – Werk – Wirkung. Gesammelte Werke* 20, hg. v. B. Recki, Darmstadt 2005, 3–25.

Cassirer, E., *Das Erkenntnisproblem in der Philosophie und Wissenschaft der neueren Zeit. Gesammelte Werke* 3, hg. v. B. Recki, Hamburg 1999.

Castex, P.-G., *Baudelaire critique d'art. Étude et Album, Paris* 1969.

Castoriadis, C., „Time and Creation“, in: J. Bender/D. E. Wellbery (Hg.), *Chronotypes. The Construction of Time*, Stanford 1991, 38–64.

Castoriadis, C., „La découverte de l'imagination“, in: *Domaines de l'homme. Les carrefours du labyrinthe* II, Paris 1986, 409–454.

Castoriadis, C., *L'institution imaginaire de la société*, Paris 1975.

Caws, M. A./Riffaterre, H., (Hg.), *The Prose Poem in France – Theory and Practice*, New York 1983.

Certeau, M. de, *L'invention du quotidien*. Bd. 1: *Arts de faire*, Paris 1990.

Chambers, R., *Mélancolie et opposition. Les débuts du modernisme en France*, Paris 1987.

Chambers, R., „‚L'art sublime du comédien' ou le regardant et le regardé'. Autor d'un mythe de Baudelaire“, in: *Saggi e ricerche di letteratura francesa* 11 (1971), 191–260.

Coseriu, E., *Die Geschichte der Sprachphilosophie von der Antike bis zur Gegenwart*. Bd. 2: *Von Leibniz bis Rousseau*, Tübingen 1972.

Coseriu, E./Meisterfeld, R., *Geschichte der romanischen Sprachwissenschaft*. Bd. 1: *Von den Anfängen bis 1492*, Tübingen 2003.

Couliano, I. P., *Éros et magie à la Renaissance. 1484*, Paris 1984.

Culler, J., „On the negativity of Modern Poetry“, in: S. Budick/W. Iser (Hg.), *Languages of the Unsayable. The Play of Negativity in Literature and Literary Theory*, Stanford 1987, 189–208.

Cuntz, M., *Der göttliche Autor. Apologie, Prophetie und Simulation in Texten Pascals*, Stuttgart 2004.

Cürsgen, D., „Die Phantasietheorie des Damascius und ihre Stellung im neuplatonischen Denken“, in: Th. Dewender/Th. Welt (Hg.), *Imagination – Fiktion – Kreation. Das kulturschaffende Vermögen der Phantasie*, München 2003, 99–113.

De Man, P., „Anthropomorphism and Trope in the Lyric", in: *The Rhetoric of Romanticism*, New York 1984, 239–262.

De Man, P., „The Rhetoric of Blindness: Jacques Derrida's Reading of Rousseau", in: *Blindness and Insight. Essays in the Rhetoric of Contemporary Criticism*, Minneapolis 1983, 102–141 [= 1983a].

De Man, P., „The Rhetoric of Temporality", in: *Blindness and Insight: Essays in the Rhetoric of Contemporary Criticism*, Minneapolis 1983, 187–228 [= 1983b].

De Man, P., „Introduction", in: H. R. Jauß, *Toward an Aesthetics of Reception*, Minneapolis 1982.

De Man, P., „Allegory (Julie)", in: *Allegories of Reading. Figural language in Rousseau, Nietzsche, Rilke, and Proust*, New Haven/London 1979, 188–220.

Deleuze, G., *Logique du sens*, Paris 1969.

Derrida, J., *L'archéologie du frivole*, Paris 1990.

Derrida, J., *La Vérité en peinture*, Paris 1978.

Derrida, J., „FORS. Les mots anglés de Nicolas Abraham et Maria Torok", in: N. Abraham/M. Torok, *Le verbier de l'homme aux loups*, Paris 1976, 7–73.

Derrida, J., „La différance", in: *Marges de la philosophie*, Paris 1972, 1–29 [= 1972a].

Derrida, J., „La pharmacie de Platon", in: *La dissémination*, Paris 1972, 77–213 [= 1972b].

Derrida, J., *De la grammatologie*, Paris 1967 [= 1967a].

Derrida, J., „Cogito et histoire de la folie", in: *L'écriture et la différence*, Paris 1967, 51–97 [= 1967b].

Derrida, J., „La structure, le signe et le jeu dans le discours des sciences humaines", in: *L'écriture et la différence*, Paris 1967, 409–428 [= 1967c].

Derrida, J., *La voix et le phénomène: Introduction au problème du signe dans la phénoménologie de Husserl*, Paris 1967 [= 1967d].

Dewender, Th., „Zur Rezeption der Aristotelischen Phantasialehre in der lateinischen Philosophie des Mittelalters", in: Th. Dewender/Th. Welt (Hg.), *Imagination - Fiktion - Kreation. Das kulturschaffende Vermögen der Phantasie*, München 2003, 141–160.

Dewender, Th./Welt, Th. (Hg.), *Imagination - Fiktion - Kreation. Das kulturschaffende Vermögen der Phantasie*, München 2003.

Doetsch, H., „Momentaufnahmen des Flüchtigen. Skizze zu einer Lektüre von *Le peintre de la vie moderne*", in: K. Westerwelle (Hg.), *Charles Baudelaire. Dichter und Kunstkritiker*, Würzburg 2007, 139–162.

Doetsch, H., *Flüchtigkeit. Archäologie einer modernen Ästhetik bei Baudelaire und Proust*, Tübingen 2004.

Doetsch, H., „Baudelaires Pariser Topographien (am Beispiel von *Les veuves*)", in: A. Mahler (Hg.), *Stadt-Bilder. Allegorie, Mimesis, Imagination*, Heidelberg 1999, 197–228.

Drost, W., „Baudelaire und die Kunstkritik“, in: K. Westerwelle (Hg.), *Charles Baudelaire. Dichter und Kunstkritiker*, Würzburg 2007, 189–210.

Drost, W., „Kriterien der Kunstkritik Baudelaires. Versuch einer Analyse“, in: A. Noyer-Weidner (Hg.), *Baudelaire*, Darmstadt 1976, 410–442.

Drügh, H. J., *Anders-Rede. Zur Struktur und historischen Systematik des Allegorischen*, Freiburg i. Br. 2000.

Dünkelsbühler, U., *Kritik der Rahmen-Vernunft. Parergon-Versionen nach Kant und Derrida*, München 1991.

Dünne, J., *Asketisches Schreiben. Rousseau und Flaubert als Paradigmen literarischer Selbstpraxis in der Moderne*, Tübingen 2003.

Dürbeck, G., *Einbildungskraft und Aufklärung – Perspektiven der Philosophie, Anthropologie und Ästhetik um 1750*, Tübingen 1998.

Eco, U., *La ricerca della lingua perfetta*, Roma/Bari 1993.

Eigeldinger, M., „Baudelaire et la conscience de la mort“, in: *Poésie et métamorphoses*, Neuchâtel 1973, 137–154.

Engell, J., *The Creative Imagination. Enlightenment to Romanticism*, Cambridge, Mass./London 1981.

Engelstätter, M., *Melancholie und Norden. Studien zur Entstehung einer Wahlverwandtschaft von der Antike bis zu Caspar David Friedrich*, Hamburg 2008.

Faroult, G., „‚La douce Mélancolie‘ selon Watteau et Diderot. Représentations mélancoliques dans les arts en France au XVIIIe siècle“, in: J. Clair (Hg.), *Mélancolie. Génie et folie en Occident*, Paris 2005, 274–283.

Fattori, M./Bianchi, M. (Hg.), *Phantasia – Imaginatio*. V° colloquio internazionale del lessico intelletuale europeo, Roma 9–11 gennaio 1986, Rom 1988.

Ferran, A., *L'Esthétique de Baudelaire*, Paris 1968 [= Nachdr. der Ausgabe Paris 1933].

Ferreyrolles, G., *Les reines du monde. L'imagination et la coutume chez Pascal*, Paris 1995.

Figal, G., „Die Konstellation der Modernität. Walter Benjamins Hermeneutik der Geschichte“, in: *Internationale Zeitschrift für Philosophie* 1 (1993), 130–142.

Fink, G.-L., „Diskriminierung und Rehabilitierung des Nordens im Spiegel der Klimatheorie“, in: A. Arndt/A. Blödorn/D. Fraesdorff/A. Weisner/Th. Winkelmann (Hg.), *Der Er-fahrene Norden. Bilder, Reisen, Stereotypen*, Frankfurt a. M. 2002, 45–107.

Foucault, M., „Le retour de la morale“, in: *Dits et écrits* IV, hg. v. D. Defert/F. Ewald, Paris 1994, 696–707 [= 1994a].

Foucault, M., „Des espaces autres“, in: *Dits et écrits* IV, hg. v. D. Defert/F. Ewald, Paris 1994, 752–762 [= 1994b].

Foucault, M., „Vérité, pouvoir et soi“, in: *Dits et écrits* IV, hg. v. D. Defert/F. Ewald, Paris 1994, 777–783 [= 1994c].

Foucault, M., *Folie et déraison. Histoire de la folie à l'âge classique*, Paris 1972.

Foucault, M., *L'archéologie du savoir*, Paris 1969.

Foucault, M., *Les mots et les choses*, Paris 1966.
Foucault, M., *Naissance de la clinique*, Paris 1963.
Fox, R. A., *The Tangled Chain. The Structure of Disorder in the ,Anatomy of Melancholy'*, Berkeley/Los Angeles/London 1976.
Frank, M., „Vieldeutigkeit und Ungleichzeitigkeit", in: *Das Sagbare und das Unsagbare. Studien zur deutsch-französischen Hermeneutik und Texttheorie*, Frankfurt a. M. 1989, 196–212 [= 1989a].
Frank, M., „‚Ein Grundelement der historischen Analyse: die Diskontinuität'. Die Epochenwende von 1775 in Foucaults ‚Archäologie'", in: *Das Sagbare und das Unsagbare. Studien zur deutsch-französischen Hermeneutik und Texttheorie*, Frankfurt a. M. 1989, 362–407 [= 1989b].
Frank, M., „Subjekt, Person, Individuum", in: ders./A. Haverkamp (Hg.), *Individualität*, München 1988, 3–20.
Frank, M., *Die Unhintergehbarkeit von Subjektivität. Reflexionen über Subjekt, Person und Individuum aus Anlass ihrer ,postmodernen' Toterklärung*, Frankfurt a. M. 1986.
Frank, M., *Was ist Neostrukturalismus?*, Frankfurt a. M. 1983.
Frank, M., *Die unendliche Fahrt. Ein Motiv und sein Text*, Frankfurt a. M. 1979.
Frey, H.-J., *Studien über das Reden der Dichter*, München 1986.
Friedrich, H., *Die Struktur der modernen Lyrik*, Reinbek 1992 [1956].
Friedrich, H., „Pascals Paradox. Das Sprachbild einer Denkform", in: *Zeitschrift für Romanische Philologie* 56 (1936), 322–370.
Froidevaux, G., *Baudelaire, représentation et modernité*, Paris 1989.
Früchtl, J., „Gesteigerte Ambivalenz. Die Stadt als Denkbild der Post/Moderne", in: *Merkur* 52 (1998), 766–780.
Fumaroli, M., „La mélancolie et ses remèdes: la reconquête du sourire dans la France classique", in: J. Clair (Hg.), *Mélancolie. Génie et folie en Occident*, Paris 2005, 210–224.
Gadamer, H. G., „Vom Zirkel des Verstehens", in: *Kleine Schriften* IV, Tübingen 1977, 54–61.
Genette, G., *Seuils*, Paris 1987.
Gewecke, F., *Wie die neue Welt in die alte kam*, Stuttgart 1986.
Geyer, P., *Die Entdeckung des modernen Subjekts. Anthropologie von Descartes bis Rousseau*, Tübingen 1997.
Gilman, M., *Baudelaire the Critic*, New York 1943.
Gnüg, H., *Kult der Kälte: der klassische Dandy im Spiegel der Weltliteratur*, Stuttgart 1988.
Greiner, Th., *Ideal und Ironie, Baudelaires Ästhetik der ,modernité' im Wandel vom Vers- zum Prosagedicht*, Tübingen 1993.
Grimm, R. R., „Romantisches Christentum. Chateaubriands nachrevolutionäre Apologie der Religion", in: K. Maurer/W. Wehle (Hg.), *Romantik. Aufbruch zur Moderne*, München 1991, 13–72.

Guillerm, J.-P., „L'emprise des traditions critiques dans les *Salons* de Charles Baudelaire", in: J. E. Jackson/C. Pichois (Hg.), *Baudelaire et quelques artistes: affinités et résistances*, Paris 1997, 67–81.
Gumbrecht, H. U., „Modern, Modernität, Moderne", in: O. Brunner/W. Conze/R. Koselleck (Hg.), *Geschichtliche Grundbegriffe. Historisches Lexikon zur politisch-sozialen Sprache in Deutschland* 4, Stuttgart 1979, 93–131.
Gusdorf, G., *Naissance de la conscience romantique au siècle des lumières*, Paris 1976.
Habermas, J., *Der philosophische Diskurs der Moderne*, Frankfurt a. M. 1988.
Hannoosh, M., „Painting as Translation in Baudelaire's Art Criticism", in: *Forum for Modern Language Studies* 22 (1986), 22–33.
Harris, R./Taylor, T. J., *Landmarks in Linguistic Thought. The Western Tradition from Socrates to Saussure*, London/New York 1989.
Hartung, S., „Victor Cousins ästhetische Theorie. Eine nur relative Autonomie des Schönen und ihre Redeption durch Baudelaire", in: *Zeitschrift für französische Sprache und Literatur* 107 (1997), 173–213.
Harvey, R. E., *The Inward Wits – Psychological Theory in the Middle Ages and the Renaissance*, London 1975.
Hauck, J., *Typen des französischen Prosagedichts. Zum Zusammenhang von moderner Poetik und Erfahrung*, Tübingen 1994.
Haverkamp, A., „Kryptische Subjektivität – Archäologie des Lyrisch-Individuellen", in: M. Frank/A. Haverkamp (Hg.), *Individualität*, München 1988, 347–383.
Heidegger, M., *Sein und Zeit*, Tübingen 2001 [1927].
Heidegger, M., „Die Zeit des Weltbildes", in: *Holzwege. Gesamtausgabe* 5, Frankfurt a. M. 1977, 75–113.
Hersant, Y., „L'Acédie et ses enfants", in: J. Clair (Hg.), *Mélancolie. Génie et folie en Occident*, Paris 2005, 54–59.
Hess, G., *Die Landschaft in Baudelaires ‚Fleurs du Mal'*, Heidelberg 1953.
Hiddleston, J. A., „Baudelaire and Constantin Guys", in: *Modern Language Review* 90 (1995), 603–621.
Hiddleston, J. A., *Baudelaire and „Le spleen de Paris"*, Oxford 1987.
Hirschberger, E., *Dichtung und Malerei im Dialog – Von Baudelaire bis Eluard, von Delacroix bis Max Ernst*, Tübingen 1993.
Holstein, J., *Fenster-Blicke. Zur Poetik eines Parergons*, Tübingen (Diss.), 2004.
Homann, R./Müller, A./Tonelli, G., Art. „Erhaben, das Erhabene", in: *Historisches Wörterbuch der Philosophie* 2, hg. v. J. Ritter, Darmstadt 1972, Sp. 624–635.
Honneth, A., „Kommunikative Erschließung der Vergangenheit. Zum Zusammenhang von Anthropologie und Geschichtsphilosophie bei Walter Benjamin", in: *Internationale Zeitschrift für Philosophie* 1 (1993), 3–19.

Hörisch, J., „Objektive Interpretation des schönen Scheins“, in: N. W. Bolz/R. Faber, *Walter Benjamin. Profane Erleuchtung und rettende Kritik*, Würzburg 1985, 50–66.

Horkheimer, M./Adorno, Th. W., *Dialektik der Aufklärung*, Frankfurt a. M. 2003 [1944].

Imdahl, M., *Farbe. Kunsttheoretische Reflexionen in Frankreich*, München 1987.

Imdahl, M., „Die Rolle der Farbe in der französischen Malerei. Abstraktion und Konkretion“, in: W. Iser (Hg.), *Immanente Ästhetik – Ästhetische Reflexion. Lyrik als Paradigma der Moderne*, München 1966, 195–225.

Iser, W., Art. „Fiktion/Imagination“, in: U. Ricklefs (Hg,), *Fischer Lexikon Literatur* 1, Frankfurt a. M. 1996, 662–679.

Iser, W., *Das Fiktive und das Imaginäre. Perspektiven literarischer Anthropologie*, Frankfurt a. M. 1993.

Jakobson, R., „Linguistik und Poetik“, in: *Poetik. Ausgewählte Aufsätze 1921–1971*, hg. v. E. Holenstein/T. Schelbert, Frankfurt a. M. 1993, 83–121.

Jackson, J. E., *La mort Baudelaire. Essai sur les ‚Fleurs du mal‘*, Neuchâtel 1982.

Jauß, H. R., „Ursprünge der Naturfeindschaft in der Ästhetik der Moderne“, in: K. Maurer/W. Wehle (Hg.), *Romantik – Aufbruch zur Moderne*, München 1991, 357–382 [erweitert zu: „Kunst als Anti-Natur. Zur ästhetischen Wende nach 1789“, in: R. Bubner et al., *Die Trennung von Natur und Geist*, München 1991, 209–243].

Jauß, H. R., „Der literarische Prozeß des Modernismus von Rousseau bis Adorno“, in: *Studien zum Epochenwandel der ästhetischen Moderne*, Frankfurt 1989, 67–103 [= 1989a].

Jauß, H. R., „Response to Paul de Man“, in: W. Godzich/L. Waters (Hg.), *Reading de Man Reading*, Minneapolis 1989, 202–208.

Jauß, H. R., *Ästhetische Erfahrung und literarische Hermeneutik*, Frankfurt am Main 1982 [= 1989b].

Jauß, H. R., „Die Mythe vom Sündenfall (Gen. 3). Interpretation im Lichte der literarischen Hermeneutik“, in: M. Fuhrmann/W. Pannenberg (Hg.), *Text und Applikation*, München 1981, 25–36.

Jauß, H. R., „Baudelaires Rückgriff auf die Allegorie“, in: W. Haug (Hg.), *Formen und Funktionen der Allegorie – Symposium Wolfenbüttel 1978*, Stuttgart 1979, 686–700, bes. 694–700 [erneut in: *Studien zum Epochenwandel der ästhetischen Moderne*, Frankfurt a. M. 1990, 166–188].

Jauß, H. R., „Literarische Tradition und gegenwärtiges Bewusstsein von Modernität“, in: *Literaturgeschichte als Provokation*, Frankfurt am Main 1970, 11–66.

Jauß, H. R., „Zur Frage der ‚Struktureinheit‘ älterer und moderner Lyrik (Théophile de Viau: Ode III, Baudelaire: Le Cygne)“, in: *Germanisch-Romanische Monatsschrift*, N.F. 10 (1960), 231–266.

Johnson, B., *Défigurations du langage poétique – La seconde révolution baudelairienne*, Paris 1979.

Jonard, N., *L'Ennui dans la littérature européenne des origines à l'aube du XXe siècle*, Paris 1998.

Kablitz, A., „Pascals Zeiten. Zeitanalyse und Geschichte in den *Pensées*", in: R. Behrens/A. Gipper/V. Mellinghoff-Bourgerie (Hg.), *Croisements d'anthropologie. Pascals ‚Pensées' im Geflecht der Anthropologien*, Heidelberg 2005, 111–129.

Kablitz, A., „Baudelaires (Neu-)Platonismus", in: *Romanistisches Jahrbuch* 53 (2002), 158–178.

Kablitz, A., *Lamartines ‚Méditations poétiques'*, Stuttgart 1985.

Kablitz, A., „Das Spiel mit der Mimesis. Aspekte der Wirklichkeitsdarstellung in einigen Texten der *Fleurs du Mal*", in: *Zeitschrift für französische Sprache und Literatur* 94 (1984), 246–271.

Kallendorf, C./Zelle, C./Pries, Ch., Art. „Das Erhabene", in: *Historisches Wörterbuch der Rhetorik* 2, hg. v. G. Ueding, Tübingen 1994, Sp. 1357–1389.

Kaplan, E. K., *Baudelaire's Prose Poems. The Esthetic, the Ethical, and the Religious in „The Parisian Prowler"*, Athens/London 1990.

Kapp, V., „Bilder des Nordens in der französischen Literatur der Romantik", in: A. Engel-Braunschmidt/G. Fouquet/W. von Hinden/I. Schmidt (Hg.), *Ultima Thule. Bilder des Nordens von der Antike bis zur Gegenwart*, Frankfurt am Main u.a. 2001, 107–121.

Kelley, D. J., „Deux aspects du *Salon de 1846* de Baudelaire: La dédicace aux bourgeois et la couleur", in: *Forum for Modern Language Studies* 5 (1969), 331–346.

Klein, R., „L'imagination comme vêtement de l'âme chez Marsile Ficin et Giordano Bruno", in: *La Forme et l'Intelligible*, Paris 1970, 65–88.

Klibansky, R./Panofsky, E./Saxl, F., *Saturn und Melancholie. Studien zur Geschichte der Naturphilosophie und Medizin, der Religion und der Kunst*, übers. v. Ch. Buschendorf, Frankfurt a. M. 1992 [1990; engl. Orig. 1964].

Köchler, H., „Heideggers Konzeption des Subjekts auf dem Hintergrund seiner Ontologie", in: R. L. Fetz/R. Hagenbüchle/P. Schulz (Hg.), *Geschichte und Vorgeschichte der modernen Subjektivität* 2, Berlin/New York 1998, 1059–1072.

Konersmann, R., *Lebendige Spiegel. Die Metapher des Subjekts*, Frankfurt a. M. 1991.

Koppenfels, W. von, *Bild und Metamorphose. Paradigmen einer europäischen Komparatistik*, Darmstadt 1991.

Kreutzer, W., *Die Imagination bei Baudelaire*, Würzburg 1970.

Krieger, M., „Das Problem der Ekphrasis. Wort und Bild, Raum und Zeit – und das literarische Werk", in: G. Boehm/H. Pfotenhauer (Hg.), *Beschreibungskunst – Kunstbeschreibung: Ekphrasis von der Antike zur Gegenwart*, München 1995, 41–57.

Kristeller, P. O., *Die Philosophie des Marsilio Ficino*, Frankfurt a. M. 1972.

Kristeva, J., „Noms de Lieu", in: *Polylogue*, Paris 1977, 467–491 [zuerst erschienen in *Tel Quel* 68 (1976)].

Kristeva, J., „Poésie et négativité", in: *Σημειωτική. Recherches pour une sémanalyse*, Paris 1969.

Küpper, J., „Lyrik der Dekadenz. Zu Gabriele D'Annunzios Gestaltung der ‚schicksalhaften Begegnung' (Ricordo di Ripetta)", in: R. Warning/W. Wehle (Hg.), *Fin de siècle*, München 2002, 143–163.

Küpper, J., *Diskurs-Renovatio bei Lope de Vega und Calderón. Untersuchungen zum spanischen Barockdrama. Mit einer Skizze zur Evolution der Diskurse in Mittelalter, Renaissance und Manierismus*, Tübingen 1990.

Küpper, J., „Zum romantischen Mythos der Subjektivität. Lamartines *Invocation* und Nervals *El Desdichado*", in: *Zeitschrift für französische Sprache und Literatur* 98 (1988), 137–165.

Küpper, J., *Ästhetik der Wirklichkeitsdarstellung und Evolution des Romans von der französischen Spätaufklärung bis zu Robbe-Grillet*, Stuttgart 1987.

Kurz, G., „Benjamin. Kritischer gelesen", in: *Philosophische Rundschau* 23 (1976), 161–190.

Labarthe, P., *Baudelaire et la tradition de l'allégorie*, Genève 1999.

Lacan, J., „Le stade du miroir comme formateur de la fonction du Je", in: *Écrits* I, Paris 1966, 89–97.

Lachmann, R., *Erzählte Phantastik. Zu Phantasiegeschichte und Semantik phantastischer Texte*, Frankfurt a. M. 2002.

Lachmann, R., „Trugbilder. Poetologische Konzepte des Phantastischen", in: B. Greiner/M. Moog-Grünewald (Hg.), *Etho-Poietik*, Bonn 1998, 179–201.

Lachmann, R., „Anmerkungen zur Fantastik", in: M. Pechlivanos et al. (Hg.), *Einführung in die Literaturwissenschaft*, Stuttgart 1995, 224–229.

Laforgue, P., *Ut pictura poesis. Baudelaire, la peinture et le romantisme*, Lyon 2000.

Link, Ch., *Subjektivität und Wahrheit. Die Grundlegung der neuzeitlichen Metaphysik durch Descartes*, Stuttgart 1978.

Lyotard, J.-F., „Das Erhabene und die Avantgarde", in: *Merkur* 38 (1984), 151–165.

Maierhofer, M., *Zur Genealogie des Imaginären: Montaigne, Pascal, Rousseau*, Tübingen 2003.

Mainusch, H./Warning, R., Art. „Imagination", in: *Historisches Wörterbuch der Philosophie* 4, hg. v. J. Ritter/K. Gründer, Darmstadt 1976, Sp. 217–220.

Marquard, O., *Transzendentaler Idealismus, romantische Naturphilosophie, Psychoanalyse*, Köln 1987.

Marquard, O., „Felix culpa? – Bemerkungen zu einem Applikationsschicksal von Genesis 3", in: M. Fuhrmann/W. Pannenberg (Hg.), *Text und Applikation*, München 1981, 53–71.

Marx, J., „Le concept d'imagination au XVIIIe siècle", in: R. Trousson (Hg.), *Thèmes et figures du Siècle des Lumières*, Genève 1980, 147–159.

Matzat, W., „Subjektivitätsmuster in Pascals *Pensées*", in: R. Behrens/A. Gipper/V. Mellinghoff-Bourgerie (Hg.), *Croisements d'anthropologie. Pascals ‚Pensées' im Geflecht der Anthropologien*, Heidelberg 2005, 203–216.

Matzat, W., *Diskursgeschichte der Leidenschaft. Zur Affektmodellierung im französischen Roman von Rousseau bis Balzac*, Tübingen 1990.

Matzat, W., „Baudelaires Exotismus – Zur Differenzierung von romantischer und moderner Lyrik", in: *Germanisch-Romanische Monatsschrift* N.F. 37 (1987), 147–165.

May, G., *Diderot et Baudelaire – Critiques d'Art*, Genf/Paris 1957.

Mehnert, H., *Melancholie und Inspiration – Begriffs- und wissenschaftsgeschichtliche Untersuchungen zur poetischen ‚Psychologie' Baudelaires, Flauberts und Mallarmés, mit einer Studie über Rabelais*, Heidelberg 1978.

Meier, C., „*Imaginatio* und *phantasia* in Enzyklopädien vom Hochmittelalter bis zur frühen Neuzeit", in: Th. Dewender/Th. Welt (Hg.), *Imagination – Fiktion – Kreation. Das kulturschaffende Vermögen der Phantasie*, München 2003, 161–181.

Menke, B., „Pol-Apokalypsen, die Enden der Welt – im Gewirr der Spuren", in: M. Moog-Grünewald/V. Olejniczak Lobsien (Hg.), *Apokalypse. Der Anfang im Ende*, Heidelberg 2002, 311–337.

Menke, B., „Polarfahrt als Bibliotheksphänomen und die Polargebiete der Bibliothek: Nachfahren Petrarcas und Dantes im Eis und in den Texten", in: A. Engel-Braunschmidt/G. Fouquet/W. von Hinden/I. Schmidt (Hg.), *Ultima Thule. Bilder des Nordens von der Antike bis zur Gegenwart*, Frankfurt am Main u.a. 2001, 145–172.

Menke, B., *Sprachfiguren. Name – Allegorie – Bild nach Walter Benjamin*, München 1991.

Menke, Ch., „Stichwort: Subjekt. Zwischen Weltbemächtigung und Selbstbehauptung", in: D. Thomä (Hg.), *Heidegger-Handbuch. Leben – Werk – Wirkung*, Stuttgart/Weimar 2003, 258–267.

Menke, Ch., *Die Souveränität der Kunst. Ästhetische Erfahrung nach Adorno und Derrida*, Frankfurt a. M. 1991.

Menninghaus, W., *Unendliche Verdopplung. Die frühromantische Grundlegung der Kunsttheorie im Begriff absoluter Selbstreflexion*, Frankfurt a. M. 1987.

Menninghaus, W., *Walter Benjamins Theorie der Sprachmagie*, Frankfurt a. M. 1980.

Metzner, J., *Persönlichkeitszerstörung und Weltuntergang. Das Verhältnis von Wahnbildung und literarischer Imagination*, Tübingen 1976.

Modrak, D., „Phantasia Reconsidered", in: *Archiv für Geschichte der Philosophie* 66 (1986), 47–69.

Moog-Grünewald, M., „Eidos/Idea/Enthusiasmos. Charles Baudelaires konspirative Subversion platonischer Dichtungstheorie“, in: dies., *Was ist Dichtung?*, Heidelberg 2008, 77–86.

Moog-Grünewald, M., „Vorbemerkung“, in: dies. (Hg.), *Das Neue. Eine Denkfigur der Moderne*, Heidelberg 2002, vii-xxv [= 2002a].

Moog-Grünewald, M., „Poetik der Décadence – eine Poetik der Moderne“, in: R. Warning/W. Wehle (Hg.), *Fin de siècle*, München 2002, 165–194 [= 2002b].

Moog-Grünewald, M., „Der Sänger im Schild – oder: Über den Grund ekphrastischen Schreibens“, in: H. J. Drügh/M. Moog-Grünewald (Hg.), *Behext von Bildern? Ursachen, Funktionen und Perspektiven der textuellen Faszination durch Bilder*, Heidelberg 2001, 1–19.

Moog-Grünewald, M., „Noch einmal über Baudelaire und Delacroix, gelegentlich eines Portraits“, in: dies./Ch. Rodiek (Hg.), *Dialog der Künste – Intermediale Fallstudien zur Literatur des 19. und des 20. Jahrhunderts – Festschrift für Erwin Koppen*, Frankfurt a. M. 1989, 215–228 [= 1989a].

Moog-Grünewald, M., *Jakob Heinrich Meister und die „Correspondance littéraire“*, Berlin/New York 1989 [= 1989b].

Moog-Grünewald, M., „Tassos Leid – Zum Ursprung moderner Dichtung“, in: *arcadia* 21 (1986), 113–128.

Moog-Grünewald, M./Olejniczak Lobsien, V. (Hg.), *Apokalypse. Der Anfang im Ende*, Heidelberg 2002.

Müller-Vollmer, K., *Poesie und Einbildungskraft. Zur Dichtungstheorie Wilhelm von Humboldts, mit der zweisprachigen Ausgabe eines Aufsatzes Humboldts für Frau von Staël*, Stuttgart 1967.

Münchberg, K., *René Char. Ästhetik der Differenz*, Heidelberg 2000.

Murphy, S., *Logiques du dernier Baudelaire. Lectures du ‚Spleen de Paris'*, Paris 2003.

Murphy, S., „La Scène parisienne: Lecture d'*Une mort héroïque* de Baudelaire“, in: K. Cameron/J. Kearns (Hg.), *Le Champ littéraire, 1860–1900*, Amsterdam 1996, 49–61.

Nies, F., *Poesie in prosaischer Zeit. Untersuchungen zum Prosagedicht bei Aloysius Betrand und Baudelaire*, Heidelberg 1964.

Nussbaum, M. C., „The Role of *Phantasia* in Aristotle's Explanation of Action“, in: *Aristotle's ‚De motu animalium'. Text with Translation, Commentary and Interpretive Essays*, Princeton 1978, 221–269.

Oesterle, G., „Karikatur als Vorschule von Modernität – Überlegungen zu einer Kulturpoetik der Karikatur mit Rücksicht auf Charles Baudelaire“, in: S. Vietta/D. Kemper (Hg.), *Ästhetische Moderne in Europa – Grundzüge und Problemzusammenhänge seit der Romantik*, München 1998, 259–286.

Olejniczak Lobsien, V./Lobsien, E., *Die unsichtbare Imagination. Literarisches Denken im 16. Jahrhundert*, München 2003.

Paganini, G., „Signes, imagination et mémoire. De la psychologie de Wolff à l'Essai de Condillac", in: *Revue des sciences philosophiques et théologiques* 72 (1988), 287–300.

Panofsky, E., *Idea. Ein Beitrag zur Begriffsgeschichte der älteren Kunsttheorie*, Berlin 1960.

Park, K., „Picos *De imaginatione* in der Geschichte der Phantasie", in: Gianfrancesco Pico della Mirandola, *Über die Vorstellung. De imaginatione*, lat.-dt., hg. v. E. Kessler, München 1984, 21–56.

Penzenstadler, F., *Romantische Lyrik und klassizistische Tradition. Ode und Elegie in der Französischen Romantik*, Stuttgart 2000.

Penzenstadler, F., „Ästhetischer Relativismus und Klimatheorie in klassizistischer und romantischer Poetik", in: *Zeitschrift für französische Sprache und Literatur* 102 (1992), 263–286.

Penzkofer, G./Matzat, W. (Hg.), *Der Prozeß der Imagination. Magie und Empirie in der spanischen Literatur der frühen Neuzeit*, Tübingen 2005.

Poulet, G., *Études sur le temps humain*, Paris 1956.

Preisendanz, W., „Die geschichtliche Ambivalenz narrativer Phantastik in der Romantik"; in: *Athenäum* 2 (1992), 117–129.

Prévost, J., *Baudelaire. Essai sur l'inspiration et le création poétiques*, Paris 1953.

Pries, Ch. (Hg.), *Das Erhabene: zwischen Grenzerfahrung und Größenwahn*, Weinheim 1989 [= 1989a].

Pries, Ch., „Vorwort", in: dies. (Hg.), *Das Erhabene: zwischen Grenzerfahrung und Größenwahn*, Weinheim 1989, 1–30 [= 1989b].

Reckermann, A., „Pascal als Theoretiker religiöser Erfahrung", in: W. Haug/D. Mieth (Hg.), *Religiöse Erfahrung*, München 1992, 307–333.

Ricken, U., „Etienne Bonnot de Condillac", in: L. Kreimendahl (Hg.), *Philosophen des 18. Jahrhunderts*, Darmstadt 2000, 171–188.

Ricken, U., *Sprache, Anthropologie, Philosophie in der französischen Aufklärung*, Berlin 1984.

Ricken, U., „Condillacs *liaison des idées* und die *clarté* des Französischen", in: *Die Neueren Sprachen* N.F. 13 (1964), 552–567.

Riedel, Ch., *Subjekt und Individuum. Zur Geschichte des philosophischen Ich-Begriffes*, Darmstadt 1989.

Ritter, J., „Landschaft. Zur Funktion des Ästhetischen in der modernen Gesellschaft", in: ders., *Subjektivität*, Frankfurt a. M. 1974, 141–163.

Rosenmeyer, Th. G., „*Φαντασία* und Einbildungskraft. Zur Vorgeschichte eines Leitbegriffs der europäischen Ästhetik", in: *Poetica* 18 (1986), 197–248.

Ross, D., *Aristotle*, London 1995 [1923].

Rosset, F., „Coppet et les stéréotypes nationaux", in: K. Kloocke (Hg.), *Le groupe de Coppet et l'Europe. 1789–1830*. Actes du cinquième colloque de Coppet, 8–10 juillet 1993, Lausanne/Paris 1994, 55–66.

Rousseau, N., *Connaissance et langage chez Condillac*, Genève 1986.

Rubin, V. L., „Two Prose Poems by Baudelaire: *Le Vieux Saltimbanque* and *Une mort héroïque*“, in: *Nineteenth-Century French Studies* 14 (1985–86), 51–60.

Said, E. W., *Orientalism*, New York 1979.

Sanyal, D., „Conspirational Poetics: Baudelaire's ‚Une mort héroïque'“, in: *Nineteenth-Century French Studies* 27 (1999), 305–322.

Sartre, J.-P., „La liberté cartésienne“, in: ders. (Hg.), *Descartes. 1596–1650*, Paris 1946, 9–52.

Saussure, F. de, *Cours de linguistique générale*, hg. v. Ch. Bally/A. Sechehaye, Paris 1979 [1916].

Scheer, B., *Einführung in die philosophische Ästhetik*, Darmstadt 1997.

Schings, H.-J., *Melancholie und Aufklärung. Melancholiker und ihre Kritiker in Erfahrungsseelenkunde und Literatur des 18. Jahrhunderts*, Stuttgart 1977.

Schmitt, A., „Die ‚Wende des Denkens auf sich selbst' und die Radikalisierung des Begriffs des Neuen in der Neuzeit“, in: M. Moog-Grünewald (Hg.), *Das Neue. Eine Denkfigur der Moderne*, Heidelberg 2002, 13–38.

Schmitz-Emans, M., *Die Sprache der modernen Dichtung*, München 1997.

Schofield, M., „Aristotle on the Imagination“, in: M. C. Nussbaum/A. O. Rorty (Hg.), *Essays on Aristotle's ‚De anima'*, Oxford 1992, 249–277 [zuerst in: G. E. R. Lloyd/G. E. L. Owen (Hg.), *Aristotle on Mind and the Senses: Proceedings of the Seventh Symposium Aristotelicum*, Cambridge 1978, 99–130]).

Scholl, A., *Descartes's dreams: imagination in the Meditations*, New York/Oxford 2005.

Scholl, D., „Barocke Aspekte bei Baudelaire?“ in: *Literaturwissenschaftliches Jahrbuch* 42 (2001), 245–270.

Schulte-Sasse, J., Art. „Einbildungskraft/Imagination“, in: K. Barck et al. (Hg.), *Ästhetische Grundbegriffe* 2, Stuttgart/Weimar 2001, 88–120.

Sepper, D. L., *Descartes's Imagination. Proportion, Images, and the Activity of Thinking*, Berkeley/Los Angeles/London 1996.

Simmel, G. „Die Großstädte und das Geistesleben“, in: *Aufsätze und Abhandlungen 1901–1908*, Bd. 1, hg. v. R. Kramme/A. Rammstedt/O. Rammstedt, *Gesamtausgabe* 7, hg. v. O. Rammstedt, Frankfurt a. M. 1995, 116–131.

Smith, P., „‚Le peintre de la vie moderne' and ‚La Peinture de la vie ancienne'“, in: R. Hobbs (Hg.), *Impressions of French Modernity – Art and Literature in France 1850–1900*, Manchester 1998, 76–96.

Soetbeer, C., *Balzacs ‚Séraphîta' und die Konstruktion des Nordens im Modus der romantischen Phantastik*, Frankfurt a. M. 2003.

Sonntag, M., „‚Gefährte der Seele, Träger des Lebens'. Die medizinischen Spiritus im 16. Jahrhundert“, in: G. Jüttemann/M. Sonntag/Ch. Wulf (Hg.), *Die Seele. Ihre Geschichte im Abendland*, Weinheim 1991, 165–179.

Stamelman, R., „The Shroud of Allegory: Death, Mourning and Melancholy in Baudelaire's Work“, in: *Texas Studies in Literature and Language* 25 (1983), 390–409.

Starobinski, J., *La mélancolie au miroir. Trois lectures de Baudelaire*, Paris 1989.

Starobinski, J., „Bandello and Baudelaire: Le Prince et son bouffon“, in: N.N., *Le Mythe d'Etiemble: Hommages, études et recherches*, Paris 1979, 251–259.

Starobinski, J., „Les rimes du vide. Une lecture de Baudelaire“, in: *Nouvelle Revue de Psychanalyse* 11 (1975), 133–143.

Starobinski, J., „Jalons pour une histoire du concept d'imagination“, in: *L'Œil vivant II. La relation critique*, Paris 1970, 173–195 [= 1970a].

Starobinski, J., *Portrait de l'artiste en saltimbanque*, Genève 1970 [= 1970b].

Starobinski, J., „Sur quelques répondants allégoriques du poète“, in: *Revue d'Histoire littéraire française* 67 (1967), 402–412.

Starobinski, J., „L'encre de la mélancolie“, in: *Nouvelle Revue Française* 11 (1963), 410–423.

Steigerwald, J./Watzke, D. (Hg.), *Reiz – Imagination – Aufmerksamkeit. Erregung und Steuerung der Einbildungskraft im klassischen Zeitalter (1680–1830)*, Würzburg 2003.

Steinhagen, H., „Zu Walter Benjamins Begriff der Allegorie“, in: W. Haug, *Formen und Funktionen der Allegorie*, Stuttgart 1979, 666–685.

Stierle, K., „Vorwort. Krise und Aktualität des Werkbegriffs“, in: *Ästhetische Rationalität. Kunstwerk und Werkbegriff*, München 1997, 11–21 [= 1997a].

Stierle, K., „Die Absolutheit des Ästhetischen“, in: *Ästhetische Rationalität. Kunstwerk und Werkbegriff*, München 1997, 42–64 [= 1997b].

Stierle, K., „Sprache und Identität des Gedichts. Das Beispiel Hölderlins“, in: *Ästhetische Rationalität. Kunstwerk und Werkbegriff*, München 1997, 235–282 [= 1997c].

Stierle, K., „Die Wiederkehr des Endes“, in: *Ästhetische Rationalität. Kunstwerk und Werkbegriff*, München 1997, 361–381 [= 1997d].

Stierle, K., „Trauer der Stimme, Melancholie der Schrift. Zur lyrischen Struktur des Rondeaus bei Charles d'Orléans“, in: W.-D. Stempel (Hg.), *Musique naturele. Interpretationen zur französischen Lyrik des Spätmittelalters*, München 1995.

Stierle, K., *Der Mythos von Paris. Zeichen und Bewusstsein der Stadt*, München/Wien 1993.

Stierle, K., „Die Modernität der französischen Klassik. Negative Anthropologie und funktionaler Stil“, in: F. Nies/K. Stierle (Hg.), *Französische Klassik*, München 1985, 81–128.

Stierle, K., „Gespräch und Diskurs – Ein Versuch im Blick auf Montaigne, Descartes und Pascal“, in: ders./R. Warning (Hg.), *Das Gespräch*, München 1984, 297–333.

Stierle, K., „Gibt es eine poetische Sprache?“ in: *Poetica* 14 (1982), 270–278.

Stierle, K., „Baudelaires 'Tableaux parisiens' und die Tradition des tableau de Paris“, in: *Poetica* 6 (1974), 285–322.

Swain, V. E., „The Legitimation Crisis: Event and Meaning in Baudelaire's ‚Le Vieux Saltimbanque' and ‚Une mort héroïque'", in: *Romanic Review* 73 (1982), 452–462.

Teuber, B., „Imaginatio borealis in einer Topographie der Kultur", in: A. Engel-Braunschmidt/G. Fouquet/W. von Hinden/I. Schmidt (Hg.), *Ultima Thule. Bilder des Nordens von der Antike bis zur Gegenwart*, Frankfurt am Main u.a. 2001, 173–201.

Teuber, B., „Nachahmung des Bösen bei Baudelaire", in: A. Kablitz/G. Neumann (Hg.), *Mimesis und Simulation*, Freiburg i. Br. 1998, 603–630.

Todorov, T., „La poésie sans le vers", in: ders., *Les genres du discours*, Paris 1978, 116–131.

Todorov, T., *Introduction à la littérature fantastique*, Paris 1970.

Trabant, J., „La critique de l'arbitraire du signe chez Condillac et Humboldt", in: W. Busse/J. Trabant (Hg.), *Les Idéologues. Sémiotique, théories et politiques linguistiques pendant la Révolution française*, Amsterdam/Philadelphia 1986, 73–96.

Tugendhat, E., *Der Wahrheitsbegriff bei Husserl und Heidegger*, Berlin 1967.

Valverde, I., *Moderne – modernité – Deux notions dans la critique d'art française de Stendhal à Baudelaire, 1824–1863*, Frankfurt a. M. 1994.

Vietta, S., *Literarische Phantasie: Theorie und Geschichte. Barock und Aufklärung*, Stuttgart 1986.

Vinken, B., „Zeichenspur, Wortlaut: Paris als Gedächtnisraum. Hugos *A l'Arc de Triomphe*, Baudelaires *Le Cygne*", in: A. Haverkamp/R. Lachmann (Hg.), *Gedächtniskunst: Raum, Bild, Schrift. Studien zur Mnemotechnik*, Frankfurt a. M. 1991, 231–262.

Vivier, R., „Critique et métaphysique", in: *Revue d'Histoire littéraire de la France* 67 (1967), 413–423.

Wagner-Egelhaaf, M., *Die Melancholie der Literatur. Diskursgeschichte und Textfiguration*, Stuttgart/Weimar 1997.

Warning, R., „Baudelaires Prosagedicht: *Le vieux saltimbanque*", in: K. Westerwelle (Hg.), *Charles Baudelaire. Dichter und Kunstkritiker*, Würzburg 2007, 175–188.

Warning, R., „Der Chronotopos Paris bei den Realisten", in: A. Kablitz/W. Oesterreicher/R. Warning (Hg.), *Zeit und Text. Philosophische, kulturanthropologische, literarhistorische und linguistische Beiträge*, München 2003, 269–310.

Warning, R., „Imitatio und Intertextualität – Zur Geschichte lyrischer Dekonstruktion der Amortheologie: Dante, Petrarca, Baudelaire", in: *Lektüren romanischer Lyrik. Von den Trobadors zum Surrealismus*, Freiburg i. Br. 1997, 105–141.

Warning, R. „Baudelaire und der Wahnsinn der Dichter. Zum Prosagedicht ‚Le crépuscule du soir'", in: A. Sabban/Ch. Schmitt (Hg.), *Sprachlicher Alltag. Linguistik – Rhetorik – Literaturwissenschaft. Festschrift für Wolf-Dieter Stempel*, Tübingen 1994, 591–610.

Warren, E. W., „Imagination in Plotinus“, in: *The Classical Quarterly* N. S. 16 (1966), 277–285.

Watson, G., „The Concept of ‚Phantasia' from the Late Hellenistic Period to Early Neoplatonism“, in: *Aufstieg und Niedergang der römischen Welt* II, 36.7, Berlin/New York 1994, 4765–4810.

Watson, G., *Phantasia in Classical thought*, Galway 1988.

Watson, G., „Φαντασία in Aristotle, *De Anima* III. 3“, in: *The Classical Quarterly* 32 (1982), 100–113.

Watzke, D., „Anatomische Struktur der Imagination und ihr Funktionswechsel im medizinischen Denken der Neuzeit“, in: Th. Dewender/Th. Welt (Hg.), *Imagination – Fiktion – Kreation. Das kulturschaffende Vermögen der Phantasie*, München 2003, 229–242.

Wehle, W., „Kunst und Subjekt: Von der Geburt ästhetischer Anthropologie aus dem Leiden an Modernität – Nodier, Chateaubriand“, in: R. L. Fetz/R. Hagenbüchle/P. Schulz (Hg.), *Geschichte und Vorgeschichte der modernen Subjektivität* 2, Berlin/New York 1998, 901–941.

Wehle, W., „Das Erhabene. Aufklärung durch Aufregung“, in: P. Geyer (Hg.), *Das 18. Jahrhundert. Aufklärung*, Regensburg 1995, 9–22.

Wehle, W., „Vom Erhabenen oder Über die Kreativität des Kreatürlichen“, in: S. Neumeister (Hg.), *Frühaufklärung*, München 1994, 195–240.

Wehr, Ch., *Imaginierte Wirklichkeit. Untersuchungen zum „récit phantastique“ von Nodier bis Maupassant*, München 1997.

Weich, H., *Paris en vers. Aspekte der Beschreibung und semantischen Fixierung von Paris in der französischen Lyrik der Moderne*, Stuttgart 1998.

Welsch, W., *Aisthesis. Grundzüge und Perspektiven der Aristotelischen Sinneslehre*, Stuttgart 1987.

Welt, Th., „‚ἐκλήθη δὲ φαντασία οἱονεὶ φαοστασία τις οὖσα'. Phantasie als Ausdruck des Seins im späten Neuplatonismus“, in: Th. Dewender/Th. Welt (Hg.), *Imagination – Fiktion – Kreation. Das kulturschaffende Vermögen der Phantasie*, München 2003, 69–97.

Westerwelle, K., „Einleitung“, in: dies. (Hg.), *Charles Baudelaire. Dichter und Kunstkritiker*, Würzburg 2007, 9–26 [= 2007a].

Westerwelle, K., „Baudelaires Rezeption der Antike. Zur Deutung von *Spleen* und *Idéal*“, in: dies. (Hg.), *Charles Baudelaire. Dichter und Kunstkritiker*, Würzburg 2007, 27–75 [= 2007b].

Westerwelle, K., *Montaigne. Die Imagination und die Kunst des Essays*, München 2002.

Westerwelle, K., „Zeit und Schock: Charles Baudelaires ‘Confiteor des Artisten’“, in: *Merkur* 47 (1993), 667–682.

Wolf, Ph., Art. „Einbildungskraft“, in: A. Nünning (Hg.), *Lexikon Literatur- und Kulturtheorie*, Stuttgart/Weimar 2001, 132–133.

Zaiser, R., „Die Modernität der französischen Romantik als imaginatio borealis: Das Bild des Nordens als kritische Revision des Klassik-Paradigmas in der ästhetischen Theorie von Madame de Staël, Victor Hugo und Stendhal" [im Druck].

Zelle, C., *Die doppelte Ästhetik der Moderne. Revisionen des Schönen von Boileau bis Nietzsche*, Stuttgart/Weimar 1995.

Zelle, C., „Schönheit und Erhabenheit. Der Anfang der doppelten Ästhetik bei Boileau, Dennis, Bodmer und Breitinger", in: Ch. Pries (Hg.), *Das Erhabene: zwischen Grenzerfahrung und Größenwahn*, Weinheim 1989, 55–73.

Zima, P. V., *Ästhetische Negation. Das Subjekt, das Schöne und das Erhabene von Mallarmé und Valéry zu Adorno und Lyotard*, Würzburg 2005.

Zima, P. V., „Innovation als Negation. Peripetien des Subjekts zwischen Moderne und Postmoderne", in: M. Moog-Grünewald (Hg.), *Das Neue. Eine Denkfigur der Moderne*, Heidelberg 2002, 91–100.

Zintzen, C., „Bemerkungen zur neuplatonischen Seelenlehre", in: G. Jüttemann/M. Sonntag/Ch. Wulf (Hg.), *Die Seele. Ihre Geschichte im Abendland*, Weinheim 1991, 43–58.

Zollna, I., *Einbildungskraft (*imagination*) und Bild (*image*) in den Sprachtheorien um 1800; ein Vergleich zwischen Frankreich und Deutschland*, Tübingen 1990.

Imaginatio borealis
Bilder des Nordens

Herausgegeben von Olaf Mörke

Band 1 Annelore Engel-Braunschmidt / Gerhard Fouquet / Wiebke von Hinden / Inken Schmidt (Hrsg.): Ultima Thule. Bilder des Nordens von der Antike bis zur Gegenwart. 2001.

Band 2 Wiebke von Hinden: Ernst Fuhrmann: Fotoregisseur. Die Pflanzenfotografien des Auriga-Archivs. Zivilisationskritische Tendenzen in der Fotografie der Neuen Sachlichkeit. 2003.

Band 3 Cornelia Soetbeer: Balzacs *Séraphîta* und die Konstruktion des Nordens im Modus der romantischen Phantastik. 2003.

Band 4 Inken Schmidt-Voges: De antiqua claritate et clara antiquitate Gothorum. Gotizismus als Identitätsmodell im frühneuzeitlichen Schweden. 2004.

Band 5 Edmund Voges: Briefe aus dem Norden – Verhandlungen mit dem Norden. Konstruktionen einer iberischen Moderne bei Ángel Ganivet und Josep Pla. 2004.

Band 6 Esther Leroy: Konstruktionen des *Germanen* in bildungsbürgerlichen Zeitschriften des deutschen Kaiserreiches. 2004.

Band 7 Astrid Arndt / Andreas Blödorn / David Fraesdorff / Annette Weisner / Thomas Winkelmann (Hrsg.): Imagologie des Nordens. Kulturelle Konstruktionen von Nördlichkeit in interdisziplinärer Perspektive. 2004.

Band 8 Harald Bollbuck: Geschichts- und Raummodelle bei Albert Krantz (um 1448–1517) und David Chytraeus (1530–1600). Transformationen des historischen Diskurses im 16. Jahrhundert. 2006.

Band 9 Henrike Weyh: *Norden* und *Dänemark* als Bilder nationaler Selbstdarstellung im dänischen Landschaftsgarten. 2006.

Band 10 Thomas Winkelmann: Alltagsmythen vom Norden. Wahrnehmung, Popularisierung und Funktionalisierung von Skandinavienbildern im bundesdeutschen Modernisierungsprozess. 2006.

Band 11 Ulrike Gerken: ... *um die Nationaleinheit zu begründen und zu befestigen* ... Der Beitrag des Kieler Lektorats für dänische Sprache und Literatur zur Identitätsstiftung im dänischen Gesamtstaat (1811–1848). 2007.

Band 12 Jasmin Lemke: Selbstthematisierung im Spiegel des Fremden. Nord-Süd-Antagonismus bei Stendhal. 2007.

Band 13 Karin Schaer: *...dette hidindtil saa lidet, dog mangesteds urigtig bekiendte Land.* Die Umdeutung des Islandbildes in Eggert Ólafssons *Reise igiennem Island* und ihr Einfluss auf die Konstruktion einer isländischen Identität im 18. Jahrhundert. 2007.

Band 14 Victor Andrés Ferretti: Boreale Geltung. Zu Nördlichkeit, Raum und Imaginärem im Werk von Jorge Luis Borges. 2007.

Band 15 Andreas Fülberth / Albert Meier / Victor Andrés Ferretti (Hrsg.): Nördlichkeit – Romantik – Erhabenheit. Apperzeptionen der Nord/Süd-Differenz (1750–2000). 2007.

Band 16 Sebastian Seibert: Reception and Construction of the Norse Past in Orkney. 2008.

Band 17 Frank Zimmer: Engagierte Geschichte/n. Dokumentarisches Erzählen im schwedischen und norwegischen Roman 1965–2000. 2008.

Band 18 Christina Johanna Bischoff: In der Zeichenwelt. Zu Baudelaires Poetik der *imaginatio*. Mit der Skizze einer Diskursgeschichte der *imaginatio*. 2009.

www.peterlang.de